ŒUVRES
DE
WALTER SCOTT,

TRADUITES

PAR M. LOUIS VIVIEN,

AVEC TOUTES LES NOTES, PRÉFACES, INTRODUCTIONS ET MODIFICATIONS
AJOUTÉES PAR L'AUTEUR A LA DERNIÈRE ÉDITION D'ÉDIMBOURG;

ET

DE NOUVELLES NOTES HISTORIQUES ET LITTÉRAIRES PAR LE TRADUCTEUR.

TROISIÈME ÉDITION.

Tome Seizième.

—

PÉVERIL DU PIC.

PARIS:

Chez LEFÈVRE, Éditeur, rue de l'Éperon, 6.

POURRAT FRÈRES, Éditeurs, ‖ DAUVIN et FONTAINE, Libraires,
Rue des Petits-Augustins, 5. ‖ Passage des Panoramas, 35.

—

1840.

OEUVRES

DE

WALTER SCOTT.

TOME XVI.

Peveril du Pic.
(Walter Scott)

OEUVRES
DE
WALTER SCOTT

TRADUITES

PAR M. LOUIS VIVIEN,

AVEC TOUTES LES NOTES, PRÉFACES, INTRODUCTIONS ET MODIFICATIONS AJOUTÉES PAR L'AUTEUR
A LA DERNIÈRE ÉDITION D'ÉDIMBOURG;
ET DE NOUVELLES NOTES HISTORIQUES ET LITTÉRAIRES PAR LE TRADUCTEUR.

TROISIÈME ÉDITION.

TOME SEIZIÈME.

PÉVÉRIL DU PIC.

Paris,

Chez LEFÈVRE, Éditeur, rue de l'Éperon, 6;
DAUVIN et FONTAINE, Libraires, passage des Panoramas, 35;
POURRAT FRÈRES, Éditeurs, rue des Petits-Augustins, 5.

1840.

INTRODUCTION

DE PÉVERIL DU PIC.

Si j'avais eu égard à ma réputation, comme on dit que la prudence me commandait de le faire, j'aurais pu tirer une barre, et rester pour la vie, ou peut-être même (qui sait?) pour quelques années après ma mort, « l'ingénieux Auteur de *Waverley*. » Mais je n'étais pas plus désireux de ce genre d'immortalité, qui aurait pu durer quelque vingt ou trente ans, que Falstaff ne l'était de l'embaumement que lui promettait son patron le prince de Galles, après la bataille de Shrewsbury. — « Embaumé? Si vous m'embaumez aujourd'hui, vous pourrez me saler et me manger demain! »

Je sentais qu'en abandonnant mon occupation de romancier, j'avais atteint une heure de la vie trop avancée pour m'en créer une autre, et que je ne pouvais guère m'attendre maintenant à acquérir ces nouveaux tours dont on dit proverbialement que les chiens qui se font vieux ne peuvent plus les apprendre. En outre, je n'avais pas encore appris du public que mes importunités lui fussent désagréables; et en même temps que j'étais supporté avec quelque patience, je sentais que j'avais obtenu toute la réputation que j'avais vivement ambitionnée. Ma mémoire était bien fournie de notices historiques, locales et traditionnelles, et j'étais devenu un fléau presque aussi toléré du public que le mendiant depuis longtemps connu du quartier, et qui est en faveur sans autre raison, peut-être, que l'habitude que chacun a prise de lui donner son aumône, et qui est devenue comme une partie de la promenade de chaque jour. Il est un fait général qu'on ne peut nier : — Tous les hommes vieillissent, et tous doivent s'user; mais les hommes d'un esprit ordinaire, quoique reconnaissant le fait dans sa généralité, sont peu disposés à admettre, en ce qui les touche personnellement, un exemple spécial de décadence. Réellement, on ne peut guère s'attendre à ce qu'eux-mêmes distingueront les effets de l'apoplexie de l'archevêque de Grenade ; et ils sont assez portés à mettre, dans leurs compositions, sur le compte d'une simple négligence ou d'une chance malheureuse, ce que d'autres pourront considérer comme des symptômes d'affaiblissement mortel. Je n'avais d'autre alternative que de déposer entièrement la plume, dont l'usage, à cette période de la vie que j'avais atteinte, m'était devenu une habitude, ou de continuer comme auparavant de l'abandonner à ses caprices, jusqu'à ce que le public me fît clairement comprendre qu'il ne voulait plus de moi, avertissement qu'en toute probabilité je devais recevoir, et dont j'étais déterminé à faire mon profit sans en attendre la répétition. Et pour être bien compris du lecteur, j'ajouterai que j'étais résolu à me regarder comme suffisamment averti, dès que l'apparition d'un nouveau roman de l'*Auteur de Waverley* aurait cessé de faire quelque sensation dans le monde littéraire.

Une circonstance accidentelle décida du choix d'un sujet pour l'ouvrage actuel. Il y a maintenant plusieurs années que mon frère puîné, Thomas Scott, déjà mentionné dans ces notes [1], passa deux ou trois saisons dans l'île de Man, et qu'ayant eu accès aux archives de ce singulier pays, il en copia de nombreux extraits qu'il me communiqua. Ces papiers furent remis entre mes mains dans un moment où mon frère avait intention d'en faire usage pour je ne sais plus quelle composition littéraire; mais il ne mit pas ce projet à exécution et se fatigua de sa tâche de copiste. Les papiers, je suppose, furent perdus dans le cours d'une vie militaire; mais leur teneur, c'est-à-dire celle des plus remarquables, resta gravée dans la mémoire de l'auteur.

L'intéressante et romantique histoire de William Christian frappa surtout mon imagination. Je retrouvai le même personnage mentionné, ainsi que son père, dans quelques chroniques de l'île conservées par le comte de Derby et publiées dans les *Desiderata curiosa* du Dr. Peck. William Christian était fils d'Edward, ancien gouverneur de l'île, et lui-même en fut ensuite un des deux *Dempsters* ou juges suprêmes. Le père et le fils embrassèrent le parti des insulaires, et tous deux s'élevèrent contre les réclamations que le comte de Derby, comme roi de l'île, faisait de certains droits féodaux. Après l'exécution du comte à Bolton-le-Moors, le capitaine Christian se posa comme chef des Têtes-

---

[1] *Voyez* la Préface générale de sir Walter Scott, en tête de *Waverley*. (L. V.)

Rondes, si on peut les nommer ainsi, et trouva moyen de se mettre en communication avec une flotte envoyée par le parlement. L'île fut livrée aux insurgés par les Mankois [1] insurgés. L'altière comtesse et son fils furent arrêtés et jetés en prison, où ils furent longtemps retenus, mais sans y être l'objet de bien grandes rigueurs. Lors de la restauration, la comtesse ou reine-douairière de l'île s'empara à son tour de William Dhône, ou William aux Blonds Cheveux, ainsi qu'on avait surnommé William Christian, le mit en jugement et le fit exécuter, d'après les lois de l'île, pour avoir détrôné sa maîtresse-lige et l'avoir emprisonnée elle et les siens. Les romanciers et les liseurs de romans conviendront généralement que la destinée de Christian, et le contraste de son caractère avec celui de la courageuse mais vindicative comtesse de Derby, illustrée durant les guerres civiles par son opiniâtre défense de Latham-House, contenait l'essence d'un récit intéressant. Je me suis peu arrêté, néanmoins, sur la mort de William Christian, ainsi que sur la manière dont Charles II envisagea cette extension du pouvoir féodal, et sur la lourde amende dont il chargea les domaines de Derby, pour cet empiétement de juridiction dont la comtesse s'était rendue coupable. Encore bien moins me suis-je prononcé sur la justice ou la culpabilité de cette action, qui est aujourd'hui appréciée par les gens de l'île selon qu'ils se trouvent liés avec la victime, ou peut-être selon le degré de partialité qu'ils peuvent avoir conservé, soit pour les Têtes-Rondes, soit pour les Cavaliers de cette époque de dissensions. Je ne crois pas avoir fait injure à la mémoire de ce gentleman, non plus qu'à aucun de ses descendants, dans sa personne; et cependant j'ai très-volontiers donné au représentant actuel de son nom la facilité d'exposer dans cette édition du roman ce qu'il a cru nécessaire pour justifier la mémoire de son ancêtre. Le lecteur trouvera cet exposé dans les notices dont M. Christian a désiré l'insertion [2]. Je ne pouvais moins faire, en considération de la manière polie et courtoise dont il se posait le champion de l'honneur de sa famille, sentiment auquel on ne supposera guère qu'un Écossais puisse rester indifférent.

Sur un autre point, M. Christian se plaint avec justice que l'Edward Christian qui figure dans l'ouvrage comme frère du gentleman exécuté en conséquence de l'acte d'autorité arbitraire de la comtesse, soit re-

[1] Habitants de l'île de Man.
[2] *Voyez l'Appendice*, n° 1, à la fin du volume.

présenté comme un misérable profondément dépravé, ayant seulement le degré d'esprit et de courage nécessaire pour se soustraire à l'horreur aussi bien qu'à la haine. Toute allusion personnelle a été complétement étrangère à la pensée de l'auteur. L'Edward Christian du roman est un personnage tout fictif. Les commentateurs l'ont, assez naturellement, identifié avec un frère de William Christian, nommé Edward, qui mourut en prison, après une détention de sept ou huit ans dans le château de Peel, en 1650. Je n'ai eu sur cet Edward aucune sorte de renseignement ; et comme j'ignorais même qu'une telle personne eût existé, il était difficile qu'on m'accusât d'avoir diffamé son caractère. Il suffit à ma justification qu'à la période où se rapporte mon histoire ait existé un Edward Christian, dont j'ignore absolument la parenté et l'origine, mais que nous savons avoir pris part à des actes qui mettent en droit de le supposer capable de tout. Le fait est que le 5 juin 1680, Thomas Blood, (le fameux voleur de la couronne), *Edward Christian*, Arthur O'Brien et d'autres, furent convaincus d'avoir trempé dans un complot ayant pour but d'ôter la vie au célèbre duc de Buckingham et de noircir sa mémoire; mais que cet Edward fût le même que le frère de William Christian, c'est ce qui est impossible, puisque ce frère mourut en 1650. Je n'aurais pas, au reste, employé ce nom d'Edward, si j'avais supposé qu'il pût être rattaché à aucune famille existante. Ces points de généalogie sont amplement éclaircis dans les notes jointes à l'appendice.

J'aurais dû faire observer, dans les précédentes éditions de ce roman, que Charlotte de la Trémouille, comtesse de Derby, représentée comme catholique, était, dans le fait, une protestante française. Pour avoir ainsi travesti la noble dame, j'ai seulement l'excuse de Lucio : « Je parlais selon le jeu. » Dans une histoire dont la plus grande partie est une fiction avouée, l'auteur est libre d'introduire telles variations d'un fait réel que peut exiger son plan, ou qui sont propres à le seconder ; et la religion de la comtesse de Derby, durant le complot papiste, paraît rentrer dans cette catégorie. Si j'ai outre-passé les immunités d'un romancier et ses priviléges, je crains que ce cas ne soit ni le seul ni le plus important dans lequel j'aie mérité un tel reproche. Pour parler en termes clairs, l'héroïque comtesse serait beaucoup moins fondée à m'intenter une action en diffamation, que Didon ne le serait contre la mémoire de Virgile pour le scandale posthume dont il l'a chargée.

Le caractère de Fenella, qui, par sa singularité, a fait sur le public une impression favorable, était loin d'être original. La belle esquisse de Mignon, dans le *Lehrjahr* de William Meister, ouvrage célèbre sorti de la plume de Gœthe, m'avait donné l'idée d'un être analogue. Mais la copie sera trouvée bien éloignée du type; et je ne puis même être accusé d'avoir fait aucun autre emprunt que celui de la pensée première, à un auteur, la gloire de sa patrie, et, pour les écrivains de tous les pays, un exemple et un modèle envers lequel tous doivent être fiers d'avouer une obligation.

Des traditions de famille m'avaient fourni deux circonstances qui offrent quelque analogie avec celle dont il s'agit. La première est tirée de la relation d'un procès insérée dans un recueil de causes écossaises cité dans une note du chapitre xx.

L'autre, — dont l'éditeur n'a nulle raison de douter, l'ayant souvent entendu raconter par des témoins du fait, — constate qu'une femme peut garder un secret (ce que la satire dit être impossible), même quand ce secret se lie à l'usage de sa langue.

Vers le milieu du dix-huitième siècle, une femme errante se présenta à la porte du grand-père de l'auteur, M. Robert Scott, fermier opulent du Roxburghshire, et fit comprendre par signes qu'elle désirait un abri pour la nuit; selon l'usage du temps, cette demande lui fut accordée sans peine. Le lendemain, le pays était couvert de neige, et le départ de cette femme fut rendu impossible. Elle séjourna ainsi assez longtemps, sa nourriture n'augmentant pas sensiblement la dépense d'un nombreux domestique; et quand le temps se fut adouci, elle avait appris à s'entretenir par signes avec ceux au milieu desquels elle se trouvait, et put leur faire entendre qu'elle désirait rester avec eux en travaillant au rouet et aux autres occupations de la maison pour gagner son entretien. Ces sortes de conventions n'étaient pas rares alors; la muette fut admise, sur la confiance de sa frugalité, et se montra un membre utile de cet intérieur patriarcal. Elle filait, tricotait et cardait bien, outre d'autres talents analogues; mais elle excellait surtout à nourrir et à élever la volaille. Sa manière de siffler les hôtes de la basse-cour pour les réunir avait quelque chose de si extraordinaire et de si perçant, que ceux qui l'entendaient regardaient de tels sons comme provenant d'une fée plutôt que d'un être humain.

Trois ou quatre ans se passèrent ainsi, sans que la famille conçût la plus légère idée que cette femme fût autre que ce qu'elle avait toujours paru être, une créature imparfaite et privée de la parole ; mais dans un moment de surprise elle laissa tomber le masque qu'elle avait si longtemps porté.

Il arriva qu'un dimanche toute la famille, ainsi que les domestiques, était allée à l'église, à l'exception de Lizzie la Muette[1], que son infirmité faisait supposer incapable de profiter du service divin, et qui pour cette raison restait à la ferme pour prendre soin de la maison. Tandis qu'elle était assise dans la cuisine, un petit garnement de berger, au lieu d'avoir l'œil à son troupeau dans le pré, comme il l'aurait dû, se glissa dans la maison pour voir ce qu'il y pourrait picorer, ou peut-être seulement par curiosité. Tenté par quelque chose qui à ses yeux était une friandise, il avança la main pour s'en emparer, croyant ne pas être vu. La muette vint tout à coup sur lui, et dans un mouvement de surprise, oubliant son rôle, elle s'écria en bon écossais et d'une voix bien distincte : Ha ! petit membre du diable ! L'enfant, fort effrayé, par la nature de celle qui le tançait ainsi, bien plus que par la simple circonstance d'avoir été pris sur le fait d'une faute insignifiante, s'enfuit hors de lui jusqu'à l'église porter la nouvelle miraculeuse que la muette avait retrouvé sa langue.

La famille revint à la ferme dans une grande surprise ; mais on trouva Lizzie retombée dans son état de mutisme habituel, ne voulant communiquer avec eux que par signes, et de cette manière niant positivement ce que l'enfant affirmait.

De ce moment, la confiance fut détruite entre les autres membres de la famille et la muette ou plutôt silencieuse Lizzie. Des piéges lui furent tendus pour découvrir son imposture supposée : elle sut les éluder tous avec adresse. Souvent des armes à feu furent déchargées près d'elle à l'improviste, sans que jamais on la vît tressaillir. Il semble cependant probable qu'elle se fatigua de toute cette défiance, car un matin elle disparut comme elle était venue, sans adieu ni cérémonie.

On la revit, dit-on, de l'autre côté de la frontière, en pleine possession de la parole. Que cette circonstance soit exacte ou non, c'est ce dont ne se mirent pas en peine de s'assurer ceux dont je tiens l'anecdote, non plus que je ne puis affirmer le fait. Le berger grandit, et

---

[1] *Dumb Lizzie.*

toujours il affirma qu'elle l'avait apostrophé très-distinctement. Nous ne pouvons deviner par quel motif cette femme avait persévéré si longtemps dans un déguisement aussi peu nécessaire que rigoureux ; peut-être était-ce la suite de quelque aberration mentale. Je puis seulement ajouter que j'ai tout lieu de croire à la parfaite authenticité du fait, en ce que nous en avons rapporté ici, et qu'il peut servir de parallèle au cas imaginaire de Fenella.

ABBOTSFORD, 1er juillet 1831.

LETTRE
SERVANT DE PRÉFACE.

ÉCRITE

PAR LE RÉVÉREND DOCTEUR DRYASDUST D'YORK

AU

CAPITAINE CLUTTERBUCK,

RÉSIDANT A FAIRY-LODGE, PRÈS DE KENNAQUHAIR, N. B.[1]

TRÈS-DIGNE ET TRÈS-CHER MONSIEUR,

J'AURAIS pu répondre à votre dernière lettre avec le classique *haud equidem invideo, miror magis*[2]. Car, bien que depuis mon enfance je me sois occupé des choses de l'antiquité, je n'aime cependant pas que des esprits et des spectres remplissent l'office de commentateurs; et, en vérité, le récit que vous faites de votre conversation avec notre illustre père, dans le crypte ou cabinet le plus retiré des éditeurs d'Édimbourg, a produit sur moi l'effet à peu près que produit l'apparition du fantôme d'Hector sur le héros de l'Énéide :

Obstupui, steteruntque comæ[3];

et, comme je le disais, je vous répète que la Vision m'a surpris, sans que je vous aie envié le plaisir d'avoir vu notre illustre progéniteur; seulement, il semble qu'il lui soit maintenant permis de se montrer à sa famille plus librement qu'autrefois, ou que le vieux gentleman soit devenu quelque peu causeur dans ces derniers temps. Bref, pour ne pas épuiser votre patience en conjectures, moi aussi, j'ai eu la Vision de l'auteur de *Waverley*. Je ne prétends pas me targuer d'un orgueil

---

[1] *North-Britain*, dans le nord de l'Angleterre.
[2] Je n'envie pas, j'admire.
[3] Je reste stupéfait, et mes cheveux se dressent.

déplacé, en vous faisant observer que cette entrevue a été accompagnée de circonstances en quelque sorte plus décidément flatteuses que celles qui ont marqué votre rencontre avec lui chez notre digne éditeur ; car la vôtre avait l'apparence d'une rencontre fortuite, tandis que la mienne a été précédée de la communication d'un épais rouleau de papiers contenant une nouvelle histoire intitulée PÉVERIL DU PIC.

Je n'eus pas plutôt vu que ce manuscrit renfermait une narration qui pouvait bien s'étendre à trois cent trente pages par volume [1], ou environ, que je devinai à l'instant d'où me venait ce don ; et m'étant mis à en parcourir les feuillets, je commençai à concevoir sérieusement la pensée qu'il se pourrait que je visse bientôt l'auteur lui-même.

Et puis, une circonstance qui me semble à remarquer, c'est que tandis que l'arrière-boutique de M. Constable fut jugée un lieu assez solennel pour votre audience, notre vénérable *senior* voulut bien m'accorder la mienne dans la solitude de mon propre logement, *intrà parietes* [2], en quelque sorte, et sans danger d'interruption. Je dois noter, en outre, que les traits, les formes et le costume de l'*Eidolon* [3], comme vous nommez justement l'apparition de notre père, me parurent mieux caractérisés et plus distincts qu'il ne vous avait été accordé de les voir dans l'occasion précédente. Je reviendrai sur ce point ; mais le Ciel me préserve de me glorifier moi-même ou d'élever aucune prétention de supériorité sur les autres descendants de notre père commun, parce que j'aurais reçu de telles marques d'une préférence décidée ! — *Laus propria sordet* [4]. Je suis bien convaincu que l'honneur n'a pas été fait à ma personne, mais à mon habit ; — que la préférence n'élevait pas Jonas Dryasdust au-dessus de Clutterbuck, mais le docteur en théologie au-dessus du capitaine. *Cedant arma togœ* [5] : — c'est là une maxime qu'il ne faut oublier en aucun temps, et dont il faut surtout se souvenir quand le soldat est en demi-solde.

Mais je m'aperçois que pendant tout ce temps je vous tiens sous le vestibule, et que je vous fatigue de longs préliminaires, tandis que

---

[1] La première édition formait trois volumes. (L. V.)

[2] Entre quatre murs.

[3] Fantôme, apparition.

[4] Je déteste la louange qu'on se donne à soi-même.

[5] L'épée le cède à la toge.

vous voudriez me voir *properare in mediam rem*[1]. Votre désir va être rempli; car, comme Sa Grâce a coutume de le dire spirituellement de moi, personne ne conte une histoire aussi bien que le docteur Dryasdust, quand une fois il a sauté la barrière; — *jocosè hoc*[2]. Mais je reviens.

J'avais effleuré la crème de la narration que j'avais reçue depuis environ huit jours, et cela ne m'avait pas coûté peu de peine et d'attention; car l'écriture de notre père est devenue si menue et si difficile à déchiffrer, que j'avais été obligé de faire usage d'une forte loupe. Me sentant les yeux un peu fatigués vers la fin du second volume, je me renversai dans mon fauteuil, et je me mis à réfléchir si plusieurs des reproches qui avaient été particulièrement adressés à notre père et patron ne pourraient pas être regardés comme s'appliquant d'une manière spéciale aux pages dont je venais d'achever la lecture. — Il s'y trouve assez de fictions, me disais-je en moi-même, pour embarrasser la marche de toute une histoire; — assez d'anachronismes pour renverser toute chronologie! Le vieux gentleman a dépassé toutes les bornes : — *abiit*, — *evasit*, — *erupit*[3].

Tandis que ces pensées me traversaient l'esprit, je tombai dans un de ces accès de rêverie somnolente auxquels je suis assez sujet après dîner, quand je suis tout à fait seul ou que je n'ai près de moi que mon vicaire. J'étais éveillé, cependant, car je me souviens que je voyais, dans les cendres du brasier, la figure d'une mitre avec les tours d'une cathédrale à l'arrière-plan; de plus, je me souviens aussi d'avoir contemplé pendant un certain temps la physionomie avenante du docteur Whiterose, mon oncle maternel, — le même dont il est parlé dans le Coeur de Mid-Lothian, — et dont le portrait, orné de sa perruque et de ses insignes canoniques, est suspendu au-dessus de ma cheminée. En outre, je me rappelle d'avoir remarqué les fleurs sculptées sur le cadre en bois de chêne, et d'avoir jeté les yeux sur les pistolets accrochés au-dessous, armes avec lesquelles mon oncle avait dessein d'aller embrasser la cause du prince Charles-Édouard, dans la mémorable année 1746; car, en réalité, il faisait si peu de cas de sa sûreté personnelle, en comparaison du maintien des principes de l'Église épis-

---

[1] Entrer en plein sujet.
[2] Ceci est dit en plaisantant.
[3] Il est parti, il s'est échappé, il a tout franchi.

copale, qu'il n'attendait que la nouvelle de l'entrée du Prétendant à Londres pour se hâter de joindre son étendard.

Cette espèce d'assoupissement dont je jouissais alors me paraît compatible avec les méditations les plus sérieuses et les plus profondes qui puissent en aucun temps s'élever dans mon esprit. Je rumine alors les écarts tristes ou riants de mon imagination, dans un état qui tient du sommeil et de la veille, et que je regarde comme tellement favorable à la philosophie, que je ne doute pas que quelques-uns de ses systèmes les plus distingués n'aient été enfantés sous son influence. Mon domestique est, en conséquence, dressé à marcher comme sur du duvet; — les gonds de mes portes sont soigneusement huilés; — toutes les précautions sont prises pour empêcher que je ne sois brusquement et prématurément rappelé au grand jour d'un monde de labeur. Mon habitude en ceci est si bien connue, que les écoliers eux-mêmes, entre quatre et cinq heures, traversent la ruelle sur la pointe du pied. Mon cabinet est le sanctuaire même de Morphée. Il est vrai qu'il y a un coquin de marchand de balais, un misérable braillard, *quem ego...* Mais ceci est une affaire qui regarde la session trimestrielle.

J'avais donc la tête inclinée sur mon fauteuil, dans la situation philosophique que je viens de décrire, et les yeux du corps commençaient à se clore, afin, sans doute, que ceux de mon esprit n'en fussent que plus largement ouverts, quand un coup frappé à la porte, avec plus de force et d'une manière plus impérative que ne se le permet à cette heure aucun visiteur au fait de mes habitudes, me fit tressaillir. Je me redressai vivement sur mon siége, et j'entendis les pas de mon domestique qui marchait rapidement dans le corridor, suivi d'un autre pas lourd et mesuré qui ébranlait le parquet de chêne de la longue galerie, de manière à commander forcément mon attention. — Un étranger, monsieur, qui arrive d'Édimbourg par la malle-poste du Nord, désire parler à Votre Révérence : telle fut la phrase de Jacob en ouvrant la porte de toute sa largeur; et le ton solennel avec lequel il la prononça, quoique dans l'annonce en elle-même il n'y eût rien de particulier, me prépara à l'approche d'un visiteur de qualité et d'importance peu ordinaires.

L'auteur de *Waverley* parut. C'était un homme gros et grand, vêtu d'une redingote de voyage qui recouvrait des habits couleur tabac, taillés à l'imitation de ceux que portait le grand Rôdeur ¹. Son chapeau à larges bords, — car il dédaignait la frivolité moderne d'un bonnet de voyage, — était fixé sur sa tête par un large mouchoir de soie, de manière à protéger à la fois ses oreilles du froid et du babil des agréables compagnons de route que lui avait procurés la voiture publique qu'il venait de quitter. Son œil, lourdement ombragé d'un épais sourcil gris, respirait le bon sens mêlé d'une finesse sardonique; — à d'autres égards, ses traits étaient largement dessinés, et formaient plutôt une physionomie un peu lourde qu'ils n'annonçaient l'esprit et le génie. Mais son nez se projetait d'une manière remarquable, qui me rappela ce vers du poëte latin :

. . . . . Immodicum surgit pro cuspide rostrum ².

Il tenait à la main un fort bâton de voyage; — un double barcelonne protégeait son cou; — son ventre était quelque peu proéminent, « mais c'était peu de chose. » — Ses culottes étaient d'une étoffe épaisse et substantielle; — enfin, une paire de grandes bottes, dont les tiges retombaient sur elles-mêmes pour ne pas emprisonner ses robustes mollets, ne cachait pas ses confortables bas de voyage en laine d'agneau, non pas travaillés au métier, mais tricotés à l'ancienne et vénérable mode connue en Écosse sous le nom de *ridge-and-furrow* ³. Il paraissait avoir dépassé de beaucoup cinquante ans, sans être cependant arrivé à soixante, ce que je remarquai avec plaisir, dans l'espoir qu'on pouvait encore attendre de lui bon nombre d'ouvrages; d'autant plus que l'air de santé répandu dans toute sa personne, — l'étendue et la force de sa voix, — la fermeté de son pas, — la rotondité de sa jambe, — le son creux de son *hem!* et la sonorité bruyante de son éternument étaient autant de signes d'une constitution faite pour résister au temps.

En contemplant cette puissante stature, je fus malgré moi frappé de l'idée qu'elle réalisait, dans mon imagination, le Robuste Gentleman ⁴ n° II, qui fournit un tel sujet de réflexions variées à notre très-amusant et très-élégant voyageur au royaume d'Utopie, M. Geof-

---

¹ *The Rambler;* titre d'un ouvrage périodique rédigé par le célèbre Johnson. (L. V.)
² Son bec énorme se projette comme un dard.
³ *Côte-et-sillon.* On reconnaît les *bas à côtes*, si chers à nos pères. (L. V.)
⁴ *Stout Gentleman.*

frey Crayon [1]. Réellement, sans un léger trait de caractère dudit *Stout Gentleman*, — je veux parler de la galanterie qu'il montre envers son hôtesse, chose qui dérogerait notablement aux habitudes de notre *senior*, — j'aurais été porté à croire qu'en cette occasion mémorable M. Crayon avait effectivement passé son temps dans le voisinage de l'auteur de *Waverley*. Mais notre digne patriarche, soit dit à sa louange, loin de cultiver la société du beau sexe, semble tenir plutôt, en évitant la compagnie de la partie femelle de l'humanité, de l'humeur de notre ami et parent M. Jonathan Oldbuck [2], conjecture à laquelle je fus conduit par une circonstance qui se présenta immédiatement après son entrée.

Après les expressions convenables de gratitude et de félicitations pour la présence de mon respectable visiteur, je lui proposai, comme le rafraîchissement le plus en rapport avec l'heure du jour, de faire apporter la table à thé par ma cousine et femme de charge miss Catherine Whiterose; mais il rejeta ma proposition avec un dédain digne du laird de Monkbarns. — Point de boisson à médisance [3]! s'écria-t-il; point d'insipide caquetage de femmes pour moi! Emplissez le mousseux tankard [4], — coupez la tranche savoureuse de bœuf; — je ne veux d'autre société que la vôtre, — d'autres rafraîchissements que ceux que peuvent fournir la barrique et le gril.

Le beefsteak, les rôties et le tankard furent bientôt prêts; et, apparition ou être corporel, mon visiteur déploya, comme convive, une dextérité qui aurait pu faire envie à un chasseur affamé, après une chasse au renard de quarante milles. Il ne manqua pas non plus de faire quelques appels aussi imposants que prolongés, non-seulement au tankard, mais à deux flacons d'excellent madère et de vieux porto que j'avais tirés, le premier du cellier où il se mûrissait à portée de la chaleur bienfaisante du four, l'autre d'une crypte profonde de mon antique cave, qui peut-être a renfermé jadis les vendanges des vainqueurs du monde, car les voûtes en sont composées de briques romaines. Je ne pus m'empêcher d'admirer le vigoureux appétit que montrait le vieux gentleman

---

[1] Pseudonyme sous lequel l'*humourist* et spirituel Washington Irving a publié deux de ses ouvrages, *the Sketch-Book* et *Bracebridge-Hall*. (L. V.)

[2] De l'*Antiquaire*. (L. V.)

[3] *Scandal-broth*. L'heure du thé est aussi celle de la causerie. (L. V.)

[4] Pot à bière. (L. V.)

pour la bonne chère de la vieille Angleterre, et de l'en féliciter : Monsieur, me répondit-il, il faut que je mange en Anglais, pour me rendre digne de prendre place dans une des compagnies les plus choisies de véritables esprits anglais qui aient jamais entouré et découpé un aloyau montagnard ou un généreux plum-pudding.

Je lui demandai, mais avec toute la déférence et la modestie convenables, quel était le but de son voyage, et à quelle société distinguée il appliquait une description si générale. A l'humble imitation de votre exemple, je vais donner au dialogue suivant la forme dramatique, sauf quand la description deviendra nécessaire.

L'Auteur de Waverley. — A qui pourrais-je appliquer une telle description, sinon à la seule société à laquelle elle puisse être complétement applicable, — à ces infaillibles appréciateurs des vieux livres et du vieux vin, — au *Roxburgh Club* de Londres? N'avez-vous pas appris que j'ai été élu membre de cette société de bibliomanes d'élite [1]?

Dryasdust (*fouillant à sa poche*). — J'en ai su quelque chose par le capitaine Clutterbuck, qui m'a écrit, — oui, voici sa lettre, — qu'un tel bruit avait couru parmi les antiquaires d'Écosse, et que ceux-ci craignaient beaucoup que vous ne vous laissiez entraîner à l'hérésie de préférer le bœuf anglais au mouton de sept ans à tête noire, le marasquin au whisky, et la soupe à la tortue au *cocky-leeky* [2], auquel cas ils devront nécessairement vous renoncer comme un homme perdu. Mais, ajoute le capitaine, — (son écriture sent un peu le militaire dont la main est plus accoutumée à manier l'épée que la plume) — notre ami est tellement sur la RÉSERVE, — (je crois que c'est bien la *réserve* qu'il a mis) — que ce ne devra pas être une faible tentation, celle qui le fera sortir de son incognito.

L'Auteur. — Une faible tentation, non sans doute; mais c'en est une bien puissante, celle qui me place sur un pied d'égalité avec les propriétaires des trésors littéraires d'Althorp et de Hodnet, en buvant avec eux le négus [3] au madère, préparé par les mains du classique

---

[1] L'auteur est fier d'ajouter qu'il a eu l'honneur d'être élu membre de cette association distinguée, simplement comme *Auteur de Waverley*, sans aucune autre désignation. C'était pour lui un motif de plus de déposer le masque de l'anonyme, afin d'être en droit de venir occuper son fauteuil resté vacant à cette réunion pleine de charmes. (W. S.)

[2] Ou *Cock-a-leekie*; soupe aux poireaux, dans laquelle on a fait bouillir une poule.
(L. V.)

[3] Boisson composée de vin, d'eau chaude, de sucre et d'épices. (L. V.)

Dibdin[1]; — qui m'appelle à prendre part à ces débats approfondis qui assignent « à chaque petit volume à dorure ternie » le rang qui lui appartient; — à boire à la mémoire impérissable des Caxton, des Valdarar, des Pynson, et des autres pères de ce grand art[2] qui nous a faits tous, et chacun de nous en particulier, ce que nous sommes. Ce sont là, mon cher fils, des tentations pour lesquelles vous me voyez en train d'abandonner ce tranquille coin du feu de l'existence, où, ignorant et ignoré, — sauf par l'intermédiaire de la famille pleine d'avenir à laquelle j'ai donné l'être, — je me proposais d'achever le soir de ma vie.

A ces mots, notre respectable ami fit de nouveau un copieux appel au tankard, comme si la figure même qu'il avait employée lui eût suggéré ce remède spécifique contre les maux de la vie, recommandé dans la réponse si connue de l'anachorète de Johnson :

> Approche, mon enfant, et bois un peu de bière.

Quand il eut replacé sur la table le tankard d'argent, et repris, par une profonde aspiration, l'haleine qu'une longue rasade lui avait fait perdre, je ne pus m'empêcher de faire écho au soupir qu'il avait poussé, et cela d'un ton de compassion tellement pathétique, qu'il fixa sur moi un regard surpris. — Qu'est-ce-ci? dit-il avec quelque aigreur; vous, créature de ma volonté, me reprocherez-vous mon élévation ? Vous ai-je consacré depuis sept ans, à vous et à vos compagnons, les meilleures heures de ma vie, pour que vous osiez murmurer ou vous plaindre si, pour les années qui me restent, je cherche quelques jouissances dans une société si bien appropriée à mes occupations?

Je m'humiliai devant le vieillard offensé, et je protestai qu'il était loin de ma pensée de rien faire ou dire qui pût lui déplaire. Il parut en partie apaisé, mais il me regardait encore d'un air de soupçon en m'adressant les paroles du vieux Norton dans la ballade du *Soulèvement du Nord* :

> Que veux-tu, Francis Norton?
> Tu es mon plus jeune fils et mon héritier.
> Tu as quelque chose sur le cœur :
> Quoi que ce puisse être, dis-le-moi.

DRYASDUST. — Hé bien, en implorant pour ma présomption votre

---

[1] Célèbre bibliophile anglais. (L. V.)
[2] L'imprimerie. (L. V.)

bonté paternelle, je soupirais seulement à la pensée que vous puissiez vous hasarder au milieu d'un corps de critiques pour lesquels, en leur qualité d'habiles antiquaires, la recherche du vrai est un devoir spécial, et qui, en conséquence, frapperont peut-être de la censure la plus sévère ces écarts que vous vous plaisez si souvent à faire en dehors du sentier de la vérité historique.

L'Auteur. — Je vous comprends. Vous voulez dire que ces savants n'auront que peu de tolérance pour un roman, pour une œuvre d'imagination fondée sur l'histoire?

Dryasdust. — De fait, monsieur, j'ai quelque crainte que leur respect pour la base ne soit tel, qu'il les rende peu disposés à l'indulgence pour la nature inconsistante de l'édifice qu'elle supporte; précisément comme tout voyageur classique se répand en expressions de douleur et d'indignation lorsque, parcourant la Grèce, il rencontre un kiosque turc superposé aux ruines d'un ancien temple.

L'Auteur. — Mais puisque nous ne pouvons rebâtir le temple, un kiosque ne peut-il être une jolie chose? Ce ne sera pas une construction tout à fait correcte en architecture, en la jugeant rigoureusement sur les règles classiques; mais elle offre à l'œil quelque chose de peu commun, que le spectateur contemple avec un plaisir de même nature que celui qu'il trouve dans la lecture d'un conte oriental.

Dryasdust. — Je ne suis pas en état de lutter avec vous de métaphores, monsieur; mais je dois dire, pour l'acquit de ma conscience, que l'on vous reproche beaucoup d'avoir corrompu les sources pures des connaissances historiques. Vous en approchez, dit-on, comme ce paysan ivre qui un jour souilla la source limpide où se désaltérait sa famille, en y jetant une vingtaine de pains de sucre et une barrique de rhum, et qui par là changea un breuvage simple et salubre en une boisson stupéfiante, abrutissante et enivrante, plus agréable au goût, à la vérité, que le liquide naturel, mais par là même plus perfidement dangereuse.

L'Auteur. — J'admets votre métaphore, docteur; mais quoique de bon punch ne puisse suppléer au manque d'eau pure, cependant, quand on en use avec modération, ce n'est pas *malum in se;* et j'aurais regardé comme une chose peu digne qu'après avoir aidé, le samedi soir, à épuiser la source, le ministre de la paroisse prêchât, le dimanche matin, contre l'hospitalité de l'honnête paysan. Je lui aurais répondu que la saveur du liquide aurait dû tout d'abord le mettre sur ses gardes, et que s'il en avait pris une goutte de trop, il devait en accuser sa propre imprudence plus que l'hospitalité de celui qui le régalait.

Dryasdust. — J'avoue que je ne vois pas exactement comment ceci s'applique au cas actuel.

L'Auteur. — Non? c'est que vous êtes un de ces nombreux argumentateurs qui jamais ne suivront leur métaphore un pas au delà de leur propre voie. Je vais m'expliquer. Un pauvre diable tel que moi, fatigué de mettre à contribution son imagination stérile et bornée, cherche quelque sujet général dans le champ vaste et sans bornes de l'histoire, qui fournit des exemples de toute espèce ; — il rencontre quelque personnage, quelque combinaison de circonstances, quelque trait de mœurs frappant qu'il croit propres à être avantageusement employés comme base d'une combinaison fictive ; — il les revêt de telle couleur que son habileté lui suggère, — il les orne de tels accessoires romanesques qu'il croit propres à en relever l'effet général, — il y introduit telles nuances de caractère qui pourront le mieux contraster entre elles ; — et il croit peut-être avoir rendu quelque service au public, s'il réussit à lui présenter un agréable tableau d'imagination pour lequel l'anecdote ou la circonstance originale qu'il a pris la liberté d'enrôler de force à son service ne lui a fourni qu'une légère esquisse. Or, je ne puis voir de mal en ceci. Les trésors de l'histoire sont accessibles à chacun ; ils ne seront ni plus épuisés ni plus appauvris par les emprunts de cette espèce qu'on pourra leur faire, que la fontaine n'est mise à sec parce que nous en tirons l'eau nécessaire à nos besoins domestiques ; et à la modeste accusation de falsification élevée contre une œuvre positivement annoncée comme fictive, on ne peut que répondre par l'exclamation de Prior :

> Que diable! faut-il attester la vérité d'une chanson ?

Dryasdust. — Non; mais je crains qu'ici vous n'éludiez l'accusation. On ne vous accuse pas sérieusement de dénaturer l'histoire, quoique je puisse vous assurer avoir vu quelques graves traités dans lesquels on avait jugé nécessaire de combattre vos assertions.

L'Auteur. — C'était certainement pointer une batterie contre le brouillard du matin.

Dryasdust. — Mais outre cela, et surtout, on dit que vous êtes en danger de faire négliger l'histoire, — les lecteurs se contentant des connaissances vides et superficielles qu'ils acquièrent dans la lecture de vos ouvrages, et étant portés par là à négliger les sources d'informations plus sévères et plus exactes.

L'Auteur. — Je nie la conséquence. J'espère, au contraire, avoir dirigé l'attention du public sur divers points qu'ont éclaircis des écrivains plus savants et plus profonds; parce que mes romans y avaient attaché quelque intérêt. — Je pourrais alléguer des preuves; mais je déteste la vanité, — je déteste la vanité. L'histoire de la baguette divinatoire est bien connue : — c'est en elle-même une légère branche d'arbre sans valeur, mais qui indique, par ses mouvements, que sous terre sont cachées des veines de métaux précieux, lesquelles, ensuite, enrichissent les spéculateurs qui s'attachent laborieusement à les exploiter avec soin. Je ne réclame pas d'autre mérite pour mes inductions historiques; mais ceci est quelque chose.

Dryasdust. — Nous autres antiquaires plus sévères, monsieur, pouvons accorder que ceci est vrai : à savoir, que vos ouvrages peuvent accidentellement avoir mis des hommes d'un jugement solide sur la trace de recherches qu'autrement peut-être ils n'eussent pas songé à entreprendre. Mais ceci ne vous affranchira pas du reproche d'égarer les personnes jeunes, indolentes et frivoles, en mettant entre leurs mains des ouvrages qui ont une telle apparence d'instruction, que peut-être elles s'en feront un rempart contre leur conscience qui leur reproche d'employer leurs loisirs à cette lecture, et qui cependant ne laissent dans leur esprit frivole que les notions mal digérées, incertaines, et souvent fausses dont vos romans abondent.

L'Auteur. — Il me serait très-malséant, révérend docteur, d'accuser de jargon un homme de votre robe; mais, je vous prie, n'y a-t-il pas quelque chose qui y ressemble dans le pathos dont vous brodez le tableau de ces dangers? Je prétends, au contraire, qu'en présentant à la jeunesse et aux personnes qui ont peu de temps à donner à l'étude « la vérité sévère parée des ornements de la fiction[1], » je rends

---

[1] Le docteur a nié le droit qu'avait l'auteur de s'abriter sous cette citation; mais l'auteur persiste à croire qu'il est en droit d'y chercher tout l'abri qu'elle peut lui procurer, commune et usée comme elle est. L'expression *vérité sévère* ne s'applique pas à la narration elle-même, mais à la morale qui en découle, et sur laquelle l'auteur n'a jamais reçu de reproche. Les *ornements de la fiction* s'appliquent à la marche et non à l'essence de l'histoire que les incidents imaginaires ont pour objet de développer. (W. S.)

un service réel à celles d'entre elles qui ont le plus de génie et d'aptitude ; car le goût de l'étude n'a besoin que d'être mis sur la voie : — la moindre étincelle déterminera l'explosion, quand la traînée est convenablement disposée. Ayant été intéressé à des aventures fictives attribuées à une époque et à des caractères historiques, le lecteur sera curieux ensuite de connaître les faits réels, et de savoir jusqu'à quel point le romancier les a bien représentés. Mais, alors même que le lecteur plus insouciant se bornerait à la lecture d'une œuvre de fiction, il aura encore acquis, en fermant le livre, un certain degré de connaissances, non peut-être de l'espèce la plus exacte, mais tel que sans cela il ne l'eût pas acquis. Et cette remarque ne s'applique pas seulement aux esprits d'une nature basse et indolente : elle embrasse, au contraire, nombre de personnes de talents d'ailleurs fort élevés, et qui, néanmoins, soit faute de temps, soit par manque de persévérance, sont portées à se contenter du léger degré de connaissances qu'elles peuvent se procurer par une telle voie. Le grand duc de Marlborough, par exemple, ayant cité avec quelque inexactitude dans une conversation je ne sais quel fait de l'histoire d'Angleterre, on lui demanda son autorité : — « Les pièces historiques de Shakspeare, répondit le vainqueur de Blenheim, la seule histoire d'Angleterre que j'aie lue de ma vie. » Un instant de réflexion convaincra chacun de nous combien plus nous sommes familiarisés avec ces parties de l'histoire anglaise que l'immortel barde a dramatisées, qu'avec aucune autre époque des annales britanniques.

DRYASDUST. — Et vous avez l'ambition, mon digne monsieur, de rendre un semblable service à la postérité ?

L'AUTEUR. — Puissent les saints me préserver de me rendre coupable d'une vanité si mal fondée ! je montre seulement ce qui a été fait quand il y avait des géants dans le pays. Nous autres pygmées du temps actuel, nous pouvons du moins, cependant, faire quelque chose ; et il est bien d'avoir un modèle sous les yeux, quoique ce modèle soit inimitable.

DRYASDUST. — Fort bien, monsieur ; avec moi vous pouvez tout dire, car pour raisons à vous bien connues, il m'est impossible d'argumenter longtemps contre vous. Mais je ne sais si tout ce que vous avez dit réconciliera le public avec les anachronismes de votre ouvrage actuel : voici une comtesse de Derby que vous tirez du froid de sa tombe et que vous chargez d'une série d'aventures qui datent de vingt ans après sa mort, outre que vous la donnez comme catholique, quand par le fait c'était une zélée huguenote.

L'Auteur. — Elle pourra m'assigner en dommages-intérêts, comme dans la cause Didon contre Virgile.

Dryasdust. — Une faute plus grave, c'est que les mœurs de vos personnages sont encore plus inexactes que de coutume. Votre puritain est faiblement tracé, en comparaison de votre caméronien[1].

L'Auteur. — J'adhère à l'accusation; mais, quoique je persiste à regarder l'hypocrisie et le fanatisme comme des aliments convenables au ridicule et à la satire, je sens néanmoins la difficulté de vouer l'exagération de l'enthousiasme religieux au rire ou à l'horreur, sans employer des couleurs qui blesseront peut-être les personnes vertueuses et animées d'une religion sincère. Bien des choses sont licites, que nous sommes habitués à regarder comme inconvenantes; et il est bien des nuances de sentiments trop respectables pour être insultées, quoique nous ne sympathisions pas entièrement avec elles.

Dryasdust. — Sans compter, mon digne monsieur, que peut-être vous regarderiez le sujet comme épuisé.

L'Auteur. — Au diable les hommes de la génération actuelle, pour donner toujours à la conduite de leurs voisins la pire interprétation!

A ces mots, et en me jetant de la main une sorte d'adieu singulier, il ouvrit la porte et descendit l'escalier d'un pas rapide. Je me redressai vivement et sonnai mon domestique, qui se présenta à l'instant même. Je lui demandai ce qu'était devenu l'étranger? — il nia qu'un étranger fût entré chez moi. — Je lui montrai les flacons vides : — il... il eut l'assurance de me répondre que de tels vides s'opéraient quelquefois quand je n'avais eu d'autre société que la mienne. Je ne sais trop que croire dans cette affaire douteuse, mais j'imiterai certainement votre exemple en plaçant ce dialogue, avec ma présente lettre, en tête de Péveril du Pic.

Je suis,
    mon cher monsieur,
        votre très-fidèle et très-obéissant serviteur,
            Jonas Dryasdust.

York, le jour de St.-Michel, 1822.

[1] Cette désignation peut s'appliquer soit au vieux Deans du *Cœur de Mid-Lothian*, soit à Balfour de Burley d'*Old Mortality*; mais elle paraît convenir plus spécialement au dernier. (L. V.)

PÉVERIL DU PIC.

> Si parfois mes lecteurs me trouvaient particulièrement lourd et ennuyeux, ils peuvent être certains qu'il y a là-dessous quelque secret motif.
>
> *Le Moraliste anglais.*

CHAPITRE PREMIER.

> Alors que les animosités civiles se changèrent en dissensions, et que les hommes furent divisés par des haines dont ils ignoraient le motif; alors que des discours irritants, des jalousies et des craintes poussaient les gens les uns contre les autres...
>
> BUTLER.

GUILLAUME, le Conquérant de l'Angleterre, fut, ou du moins se crut le père d'un certain Guillaume Péveril, qui était près de lui à la bataille d'Hastings et qui s'y distingua. L'esprit exempt de préjugés du monarque qui, dans ses actes publics, prenait le titre de *Gulielmus Bastardus*, ne devait pas, selon toute probabilité, regarder l'illégitimité de son fils comme un empêchement à ses faveurs royales, lorsque le vainqueur normand dicta des lois à l'Angleterre, et que les terres des Saxons furent à sa disposition absolue. Guillaume ou William Péveril obtint une concession libérale de propriétés et de seigneuries dans le comté de Derby[1], et fit ériger cette forteresse gothique suspendue au-dessus de l'entrée de la Caverne du Diable et si bien connue des touristes, forteresse qui a valu au village voisin le nom de Castleton[2].

De ce baron féodal, qui, dans le choix de sa retraite, avait suivi les mêmes principes que l'aigle dans celui de son aire, et qui l'avait construite comme si son seul dessein, ainsi qu'un Irlandais le dit des tours de Martello, avait été de laisser une énigme à deviner à la postérité, descendait, ou du moins prétendait descendre (car sa généalogie était quelque peu hypothétique), une famille opulente ayant rang de che-

---

[1] Derby est un des comtés du centre de l'Angleterre. (L. V.)
[2] Village du Château.

valiers, et résidant dans ce même comté de Derby. Le vaste fief de Castleton, avec ses landes et ses forêts adjacentes, et toutes les curiosités qu'elles renferment, avait été confisqué, à l'époque orageuse du roi Jean [1], sur un des William Péveril, et avait été l'objet d'une nouvelle concession au lord Ferrers de ce temps. Néanmoins les descendants de ce William, quoique ne possédant plus ce qu'ils prétendaient avoir été originairement leur propriété, se distinguèrent pendant longtemps avec orgueil par le titre de Péverils du Pic, qui servait à indiquer leur haute origine et leurs prétentions élevées.

A l'époque de Charles II, le représentant de cette ancienne famille était sir Geoffrey Péveril, homme en qui l'on pouvait remarquer la plupart des attributs ordinaires d'un gentilhomme de campagne d'autrefois, et qui n'offrait que fort peu de traits individuels propres à le distinguer du type général de cette digne classe de l'humanité. Il était fier de petits avantages, irrité pour de petits désappointements, incapable d'adopter une résolution ou de se former une opinion en dehors de ses préjugés; — orgueilleux de sa naissance, prodigue dans son état de maison, bon convive avec ceux de ses parents et de ses connaissances qui reconnaissaient la supériorité de son rang, querelleur et difficile à vivre avec tous ceux qui contestaient ses prétentions; — bon pour les pauvres, sauf quand ils pillaient son gibier; — royaliste de conviction, et détestant également une tête ronde, un braconnier et un presbytérien. En religion, sir Geoffrey professait les principes épiscopaux, mais avec tant d'exaltation que bien des gens pensaient qu'il nourrissait toujours en secret les croyances de l'Église romaine, que sa famille n'avait abjurées qu'au temps de son père, et qu'il avait une dispense pour se conformer aux observances extérieures du culte protestant. Cette médisance avait au moins cours parmi les puritains, et l'influence non douteuse que sir Geoffrey Péveril paraissait posséder parmi les gentilshommes catholiques des comtés de Derby et de Chester semblait prêter quelque appui à la rumeur.

Tel était sir Geoffrey, qui aurait pu descendre au tombeau sans laisser d'autre trace de son passage en ce monde qu'une plaque de cuivre dans le cœur de l'église paroissiale, s'il n'eût vécu dans ces temps qui forçaient au mouvement les esprits les moins actifs, comme une tempête soulève les eaux pesantes du lac le plus tranquille. Quand éclatèrent les guerres civiles, Péveril du Pic, fier de sa généalogie et brave par caractère, leva un régiment pour le roi, et montra dans le commandement plus de capacité qu'on ne lui en avait supposé jusque-là.

Au milieu même de la tourmente civile, il s'éprit d'une jeune, jolie et aimable demoiselle de la noble maison de Stanley, et il l'épousa.

---

[1] Jean, dit Sans-Terre, frère et successeur de Richard Cœur-de-Lion, 1199-1216

(L. V.)

Depuis ce moment, il eut d'autant plus de mérite dans son loyalisme, qu'il l'arrachait à la société de sa jeune épouse, sauf à de très-rares intervalles, que ses devoirs lui permettaient une visite accidentelle à ses foyers. Dédaignant de se laisser détourner de son devoir militaire par le charme des plaisirs domestiques, Péveril du Pic combattit pendant plusieurs rudes années de guerre civile, et tint sa place d'une manière assez distinguée, jusqu'à ce que son régiment fut surpris et taillé en pièces par Poyertz, l'entreprenant et heureux général de cavalerie de Cromwell. Échappé au désastre du champ de bataille, le cavalier vaincu, en vrai descendant de Guillaume-le-Conquérant, dédaigna de se soumettre et se jeta dans son château fortifié, lequel fut attaqué et défendu dans un siége de cette espèce irrégulière qui amena la destruction de tant de résidences baroniales durant le cours de ces malheureuses guerres. Le château de Martindale, après avoir beaucoup souffert du canon que Cromwell lui-même conduisit contre lui, fut enfin forcé de se rendre à la dernière extrémité. Sir Geoffrey fut fait prisonnier, et si la liberté lui fut rendue, à la condition expresse de rester à l'avenir sujet paisible de la république, ses fautes passées, comme s'exprimait le parti dominant, furent sévèrement punies par de lourdes amendes et la séquestration de ses biens.

Mais ni sa promesse forcée, ni la crainte de nouvelles conséquences fâcheuses pour sa personne ou ses propriétés, ne purent empêcher Péveril du Pic de rejoindre le brave comte de Derby, la nuit qui précéda la fatale affaire de Wiggane-Lane, où les forces du comte furent dispersées. Sir Geoffrey, ayant pris part à cette action, échappa, après la défaite, avec les débris des royalistes, pour aller rejoindre Charles II. Il fut encore témoin de la déroute finale de Worcester, où il fut une seconde fois fait prisonnier; et comme, dans l'opinion de Cromwell et le langage du temps, il était regardé comme un opiniâtre *malignant*[1], il courut grand risque de partager le sort du comte de Derby, exécuté à Bolton-le-Moor, comme il avait partagé avec lui les dangers des deux actions. Mais la vie de sir Geoffrey fut sauvée par le crédit d'un ami, qui avait de l'influence dans les conseils d'Olivier. Cet ami était un M. Bridgenorth, homme de la classe moyenne, dont le père avait réussi dans quelques entreprises commerciales, durant le règne paisible de Jacques Ier, et avait légué à son fils une somme d'argent considérable, en addition au médiocre patrimoine dont il avait hérité de son père.

La petite mais solide maison de briques de Moultrassie-Hall n'était qu'à deux milles de Martindale-Castle, et le jeune Bridgenorth avait suivi la même école que l'héritier des Péveril. Une sorte de liaison, sinon d'intimité, se forma entre eux, et se fortifia dans les jeux de leur jeunesse : — d'autant plus que Bridgenorth, quoique n'admettant pas

---

[1] Malveillant, mal-pensant.

au fond de son âme les prétentions de supériorité de sir Geoffrey autant que la vanité de l'autre l'eût voulu, montrait une déférence raisonnable au représentant d'une famille qui l'emportait tellement sur la sienne en ancienneté et en importance, sans penser qu'en agissant ainsi il pût se dégrader en aucune façon.

M. Bridgenorth ne porta cependant pas sa complaisance jusqu'à embrasser le parti de sir Geoffrey durant la guerre civile. Il prêta au contraire une active assistance comme juge de paix, en organisant la milice pour la cause du parlement, et, pendant quelque temps, il fut revêtu d'un grade militaire dans ce service. Cette ligne de conduite lui fut dictée en partie par ses principes religieux, car c'était un zélé presbytérien, et en partie par ses idées politiques, lesquelles, sans être absolument démocratiques, penchaient vers le côté populaire de la grande question nationale. En outre, il était capitaliste, et ne laissait pas d'avoir l'œil ouvert sur ses intérêts de ce monde. Il savait comment mettre à profit les opportunités qu'offrait la guerre civile d'augmenter sa fortune par un habile emploi de ses capitaux, et il n'eut pas de peine à voir que ces opportunités devaient très-probablement se rencontrer dans la cause du parlement, tandis que celle du roi, de la manière dont elle était conduite, n'offrait aux riches qu'une suite d'exactions et d'emprunts forcés. Par toutes ces raisons, Bridgenorth devint décidément Tête-Ronde, et toute relation d'amitié entre son voisin et lui fut subitement rompue. Cette rupture, au reste, eut lieu avec d'autant moins d'aigreur que, pendant toute la guerre civile, sir Geoffrey fut presque constamment en campagne, attaché à la fortune chancelante de son malheureux maître, tandis que le major Bridgenorth, qui n'avait pas tardé à renoncer au service militaire actif, résidait principalement à Londres, et ne faisait à Moultrassie-Hall que de rares apparitions.

Pendant ces visites, il apprit avec grand plaisir que lady Péveril avait montré beaucoup de bienveillance à mistress Bridgenorth, et lui avait donné, à elle et à sa famille, un asile au château de Martindale, dans un moment où Moultrassie-Hall avait été menacé de pillage par un corps mal discipliné des Cavaliers du prince Rupert. Cette liaison s'était resserrée dans de fréquentes promenades, que la proximité de leurs habitations permettait à lady Péveril de faire avec mistress Bridgenorth, laquelle se regardait comme fort honorée de se voir ainsi admise dans la société d'une dame si distinguée. Le major Bridgenorth apprit avec une véritable satisfaction cette intimité croissante, et il résolut d'en montrer sa gratitude, autant qu'il le pourrait, sans se faire trop de tort à lui-même, en employant toute son influence en faveur du malheureux époux de lady Péveril. Ce fut principalement à la médiation du major Bridgenorth que sir Geoffrey dut la conservation de sa vie après la bataille de Worcester. Il obtint pour lui la permission de racheter ses domaines séquestrés, à des conditions plus douces que n'en avaient

CHAPITRE I.

obtenu beaucoup d'autres moins opiniâtres que sir Péveril dans leurs principes royalistes; et finalement, quand le chevalier, pour se procurer l'argent qu'il avait à verser dans les coffres de l'état, fut contraint de vendre une portion considérable de son patrimoine, le major Bridgenorth s'en rendit acquéreur, et cela à un taux plus élevé que dans de semblables circonstances aucun Cavalier n'eût obtenu d'un membre du comité des séquestres. Il est vrai que le prudent fonctionnaire ne perdit nullement ses intérêts de vue dans la transaction; car, après tout, le prix était très-modéré, et les terres touchaient à celles de Moultrassie-Hall, dont cette adjonction tripla au moins la valeur. Mais il n'en était pas moins vrai que l'infortuné propriétaire eût été obligé d'en passer par de bien pires conditions, si le major, comme membre du comité, avait usé, à l'exemple des autres, de tous les avantages que lui donnait sa position; et Bridgenorth se fit honneur d'avoir, en cette occasion, sacrifié volontairement ses intérêts à une générosité qui tourna au profit de sa considération.

Sir Geoffrey Péveril pensa de même, d'autant plus que M. Bridgenorth semblait porter son élévation avec une grande modestie, et se montrait disposé, dans sa prospérité actuelle, à témoigner à son voisin la même déférence personnelle que lors de leur ancienne liaison. Nous ne serons que justes envers le major Bridgenorth, en faisant observer qu'il agissait ainsi par respect pour les malheurs autant que pour les prétentions de son noble voisin, et qu'avec la franche générosité d'un véritable Anglais, il accordait bien des points d'étiquette sur lesquels lui-même était indifférent, uniquement parce qu'il voyait que sa complaisance faisait grand plaisir à sir Geoffrey.

Péveril du Pic rendait justice à la délicatesse de son voisin, et cette considération le faisait passer sur bien des choses. Il oubliait que le major Bridgenorth était déjà en possession d'un bon tiers de son domaine, et que divers prêts d'argent lui donnaient sur le reste des droits qui en absorbaient bien un second tiers. Il s'efforçait même d'oublier, ce dont il était encore plus difficile de ne pas se souvenir, le changement de leurs situations respectives et de l'état de leurs demeures.

Avant la guerre civile, les créneaux orgueilleux et les tourelles de Martindale-Castle dominaient le manoir en briques rouges qui se détachait à peine du milieu des vertes plantations, comme un chêne des forêts de Martindale aurait écrasé de son voisinage un des jeunes frênes dont Bridgenorth avait orné son avenue; mais après le siège que nous avons mentionné, le manoir embelli et augmenté était devenu aussi prédominant dans le paysage, auprès des restes noircis et démantelés du château, dont une aile seule restait habitable, que l'eût été le jeune frêne, dans toute la vigueur de son port et de ses jets, auprès de ce chêne séculaire, dépouillé et mutilé par la foudre, une partie de son tronc, fendue en éclats, gisant sur le sol, tandis que le reste, noirci et déshonoré, eût encore été debout, mais sillonné, déchiré, et n'ayant plus ni vie ni feuillage. Sir Geoffrey ne pouvait se dissimuler que la position et l'avenir des deux voisins avaient subi un changement aussi désavantageux pour lui-même que les dehors de leurs habitations; et que, bien que l'autorité du fonctionnaire délégué par le parlement, du membre du comité des séquestres, n'eût été exercée que pour la protection du *malignant*, elle n'eût pas été moins efficace si le major eût voulu la faire servir à sa ruine totale; en un mot, qu'il était devenu le protégé, tandis que son voisin s'était élevé à la situation de protecteur.

Deux considérations, outre la nécessité et les avis constants de son épouse, aidaient Péveril du Pic à endurer avec quelque patience cet état d'abaissement. La première était que les opinions politiques du major Bridgenorth commençaient, sur beaucoup de points, à s'identifier avec les siennes propres. Comme presbytérien, il n'était pas ennemi absolu de la monarchie, et avait été fort affecté du jugement imprévu et de l'exécution du roi; comme citoyen et propriétaire, il craignait la domination militaire, et quoiqu'il ne désirât pas voir la restauration de Charles accomplie par la force des armes, néanmoins il arriva à cette conclusion, que rétablir sur le trône l'héritier de la famille royale à des conditions qui pussent garantir et protéger ces immunités et ces priviléges nationaux pour lesquels le long parlement avait d'abord combattu[1], serait pour les révolutions qui avaient agité la Grande-Bretagne la conclusion la plus sûre et la plus désirable. Les idées du major sur ce point approchaient tellement, en effet, de celles de son voisin, qu'il avait presque permis à sir Geoffrey, qui avait un doigt dans la plupart des complots royalistes, de l'envelopper dans la malheureuse prise d'armes de Penruddock et de Groves, dans l'ouest, insurrection dans laquelle beaucoup de presbytériens étaient engagés avec le parti cavalier[2]. Et bien que sa prudence habituelle l'eût tenu en dehors de ce danger et de quelques autres, le major Bridgenorth fut regardé, durant les dernières années de la domination de Cromwell et l'interrègne qui leur succéda, comme un homme désaffectionné pour la république et un partisan de Charles Stuart.

Mais outre ce rapprochement d'opinions politiques, un autre lien d'intimité unissait les familles du château et du manoir. Le major Bridgenorth, éminemment favorisé de la fortune dans toutes ses transactions d'intérêts, fut frappé, dans l'intérieur de sa famille, de coups aussi cruels que répétés, et à cet égard devint un objet de compassion pour son voisin plus pauvre et plus flétri par le malheur. Depuis le début

---

[1] On donna le nom de *long parlement* à la dernière assemblée des communes convoquée par l'infortuné Charles Ier en 1640, et dont les restes affaiblis et déshonorés, flétris par les contemporains et par l'histoire sous le nom de *croupion* (*rump*), furent ignominieusement dissous et expulsés par Cromwell en 1653. (L. V.)

[2] Le parti royaliste était désigné par la dénomination de *cavalier*. (L. V.)

de la guerre civile jusqu'à la restauration, le major perdit successivement une famille qui ne se composait pas de moins de six enfants ; tous succombèrent sans doute à cette délicatesse de constitution qui enlève ces petits êtres précisément à l'époque de leur vie où leur gentillesse et leur gracieux caquetage commencent à les rendre plus chers aux cœurs de leurs parents.

Au commencement de l'année 1658[1], il ne restait plus d'enfants au major Bridgenorth ; avant que cette année n'expirât, il avait une fille, à la vérité, mais dont la naissance fut payée de la vie d'une femme affectionnée, dont la santé avait été minée par les chagrins maternels, et par cette réflexion amère et déchirante que les enfants qu'ils avaient perdus tenaient d'elle cette faiblesse de constitution qui n'avait pu surmonter les crises de l'enfance. La même voix qui apprit à Bridgenorth qu'il était père d'un enfant vivant (ce fut la voix amie de lady Péveril) lui annonça aussi la triste nouvelle qu'il n'avait plus d'épouse. Les impressions du major Bridgenorth étaient fortes et profondes plutôt que promptes et véhémentes : sa douleur prit la forme d'une sombre stupeur, d'où ne purent le tirer ni les remontrances amicales de sir Geoffrey (qui, dans cette triste conjoncture, ne manqua pas de se rendre près de son voisin, quoiqu'il n'ignorât pas qu'il dût y rencontrer le pasteur presbytérien), ni même les pieuses exhortations de celui-ci.

Enfin lady Péveril, avec cette vive inspiration d'une femme incitée par la vue du malheur et les sentiments de compassion, eut recours à un de ces expédients par lesquels un morne désespoir est souvent changé en une douleur que du moins les larmes peuvent adoucir. Elle plaça dans les bras de Bridgenorth l'enfant dont la naissance venait de lui coûter si cher, et le conjura de se souvenir que son Alice n'était pas morte tout entière, puisqu'elle survivait dans cet être faible qu'elle avait légué à ses soins paternels.

— Éloignez-la ! — éloignez-la ! dit l'infortuné, et ce furent les premiers mots qu'il eût prononcés ; que je ne la voie pas. — Ce n'est qu'un autre bouton qui est éclos pour se flétrir, et l'arbre qui l'a porté ne fleurira plus !

Il rejeta presque l'enfant entre les bras de lady Péveril, se couvrit le visage de ses mains et sanglota. Lady Péveril ne lui dit pas « consolez-vous ; » mais elle se hasarda à lui promettre que le bouton viendrait à fruit.

— Jamais, jamais ! s'écria Bridgenorth ; éloignez ce malheureux enfant, et que l'on m'apprenne seulement quand je devrai en porter le deuil ! — Porter le deuil ! répéta-t-il en s'interrompant ; quelle autre couleur devrai-je porter le reste de ma vie ?

— Je prendrai l'enfant pour quelques mois, dit lady Péveril, puisque sa vue vous est si pénible ; la petite Alice recevra les mêmes soins que

---

[1] La dernière année du protectorat de Cromwell. (L. V.)

notre Julien, jusqu'à ce que ce soit pour vous un plaisir et non une peine de l'avoir sous les yeux.

— Cette heure ne viendra jamais, répliqua le malheureux père ; son sort est écrit : — elle suivra les autres. — Que la volonté de Dieu soit faite ! — Madame, je vous remercie ; — je la confie à vos soins, et je rends grâces à Dieu de ce que mes yeux ne doivent pas voir ses derniers instants.

Sans retenir plus longtemps l'attention du lecteur sur ce triste sujet, il nous suffira de dire que lady Péveril accepta pour la petite orpheline tous les devoirs d'une mère ; et ce fut peut-être en grande partie à ses soins judicieux que la vie précaire de l'enfant dut sa conservation ; car la faible étincelle se fût probablement éteinte, si elle avait eu à supporter, comme les premiers enfants du major, les précautions excessives et les attentions minutieuses d'une mère à laquelle tant de pertes successives donnaient une sorte d'inquiétude nerveuse. Lady Péveril fut d'autant plus disposée à entreprendre cette tâche, qu'elle-même avait perdu deux enfants en bas âge, et qu'elle attribuait la conservation du troisième, alors bel et vigoureux garçon de trois ans, à ce que Julien avait été soumis à un régime et à un traitement autres que ceux qui sont généralement suivis. Elle résolut d'adopter le même régime pour la petite orpheline, en qui elle avait reconnu une disposition semblable à celle de son propre fils ; et elle le fit avec un égal succès. Par un emploi moins fréquent de médicaments, par une attention soutenue, quoique prudente, à seconder plutôt qu'à hâter la marche de la nature, la débile enfant, confiée aux soins d'une excellente nourrice, grandit chaque jour en force et en vitalité.

Sir Geoffrey, comme beaucoup d'hommes de son caractère franc et bienveillant, était naturellement passionné pour les enfants ; et il prenait tant de part aux chagrins de son voisin, qu'il ne se souvint que le major était presbytérien que lorsqu'il s'agit de faire baptiser l'enfant par un ministre de cette secte.

Ce fut un moment difficile : — le père semblait hors d'état de prendre l'initiative ; et que le seuil du château de Martindale fût souillé par le pied hérétique d'un ministre non-conformiste, c'était un sujet d'horreur pour son orthodoxe propriétaire. Il avait vu le célèbre Hugh Peters, la Bible d'une main et un pistolet de l'autre, entrer en triomphe dans la cour de Martindale lors de la reddition du château ; et l'amertume de cette heure s'était implantée dans son âme comme un dard acéré. Telle fut cependant l'influence de lady Péveril sur les préventions de son époux, qu'il fut amené à souffrir que la cérémonie eût lieu dans un petit bâtiment situé à l'extrémité du jardin, et qui, à proprement parler, ne se trouvait pas compris dans l'enceinte du château. La dame osa même assister à la cérémonie, à laquelle procéda le révérend M. Solsgrace, qui autrefois avait prononcé un sermon de trois heures devant la chambre des communes, lors des actions de grâces rendues après la délivrance d'Exeter. Sir Geoffrey Péveril eut soin de s'absenter du château pendant toute cette journée, et ce fut seulement au soin extrême qu'il prit de faire laver, parfumer, et en quelque sorte purifier le pavillon, qu'on aurait pu deviner qu'il savait ce qui s'y était passé.

Mais quelles que fussent les préventions du bon chevalier contre la croyance religieuse de son voisin, elles n'altéraient en rien les sentiments de compassion que lui inspirait sa douleur. La manière dont il manifestait sa sympathie était quelque peu singulière, mais elle convenait bien au caractère de tous les deux, et aux termes auxquels ils en étaient vis-à-vis l'un de l'autre.

Chaque matin le bon baronnet faisait de Moultrassie-Hall le but de sa promenade à pied ou à cheval, et disait en passant un seul mot de bienveillance. Quelquefois il entrait dans le vieux salon où le propriétaire s'abandonnait dans la solitude à sa morne douleur; mais plus fréquemment (car sir Geoffrey ne prétendait pas à de grands talents de conversation) il ne dépassait pas la terrasse, et s'arrêtant ou faisant arrêter sa monture près des jalousies de la fenêtre, il criait de là au triste habitant de cette demeure : Comment cela va-t-il, M. Bridgenorth? (le chevalier ne voulut jamais accorder à son voisin la désignation de son grade militaire de major;) — je suis venu pour vous recommander d'avoir bon courage, voisin, et pour vous dire que Julien va bien, et que la petite Alice va bien, et que tout le monde va bien au château de Martindale.

Un profond soupir, quelquefois accompagné d'un « je vous remercie, sir Geoffrey; mes reconnaissants devoirs à lady Péveril, » était généralement la seule réponse de Bridgenorth. Mais la nouvelle était reçue par l'un avec autant de douce satisfaction que l'autre en avait à l'apporter. Peu à peu elle était devenue moins pénible et le major y avait pris plus d'intérêt; la fenêtre n'était jamais fermée, et le fauteuil de cuir qui était placé auprès n'était jamais vide, quand approchait l'heure habituelle de la courte visite du baronnet. Enfin l'attente de cet instant devint le pivot sur lequel roulèrent les pensées du pauvre Bridgenorth durant tout le reste du jour. La plupart des hommes ont connu, à une époque quelconque de leur vie, l'influence de ces moments rapides autour desquels tout vient se grouper. L'heure où un amant passe sous la fenêtre de sa maîtresse, — l'heure où l'épicurien entend la cloche du dîner, sont celles dans lesquelles se concentre tout l'intérêt de leur journée : — les heures qui précèdent sont absorbées par l'attente, celles qui suivent, par le souvenir de ce qui s'est passé; et l'imagination, s'arrêtant sur la moindre circonstance, change les secondes en minutes, et les minutes en heures. Ainsi placé dans son fauteuil solitaire, Bridgenorth pouvait apercevoir de loin le pas majestueux de sir Geoffrey, ou l'allure pesante de son cheval de guerre, Noir-Hastings, qui avait porté son maître dans plus d'une action; il pouvait entendre le chevalier fredonner la chanson « Le roi reprendra sa couronne, » ou siffler son air favori « Marauds de Têtes-Rondes, » dont les sons se changeaient graduellement en un respectueux silence à mesure que sir Geoffrey approchait du séjour de l'affliction ; puis alors s'élevait la voix mâle et forte du chevalier avec sa salutation accoutumée.

Par degrés, la communication se prolongea un peu, à mesure que la douleur du major Bridgenorth, en perdant, comme tous les sentiments humains, le caractère exclusif où venaient s'absorber toutes ses autres impressions, lui permit de prêter jusqu'à un certain point l'oreille à ce qui se passait autour de lui, de s'acquitter des diverses occupations qui le réclamaient, et de donner quelque attention à la situation du pays que déchiraient les luttes des factions auxquelles la restauration seule put mettre un terme. Néanmoins, bien que se remettant peu à peu de l'effet du choc qu'il avait reçu, le major Bridgenorth se sentait tout aussi incapable que jamais d'élever son esprit à l'effort nécessaire pour voir son enfant ; et quoique séparé par une distance si courte de l'être à l'existence duquel il s'intéressait plus qu'à toute autre chose au monde, il avait seulement fait connaissance avec les fenêtres de la chambre où reposait la petite Alice, et souvent on l'avait vu les contempler de sa terrasse, quand le soir elles reflétaient les rayons du soleil couchant. Dans le fait, doué comme il l'était à beaucoup d'égards d'une grande force d'âme, il ne pouvait surmonter la sombre persuasion que ce dernier gage d'affection devait bientôt descendre à son tour au tombeau qui déjà avait dévoré tout ce qui lui était cher ; et il attendait, dans une anxiété pleine d'angoisses, le moment où il apprendrait l'apparition des premiers symptômes de la fatale maladie.

La voix de Péveril continua d'être celle d'un consolateur, jusqu'au mois d'avril 1660[1], qu'elle prit tout à coup un ton nouveau et tout différent : « Le roi reprendra sa couronne, » loin de cesser de se faire entendre, quand d'un trot rapide Noir-Hastings monta l'avenue, accompagna le bruit de ses pas jusque sur le pavé de la cour du manoir, lorsque sir Geoffrey sauta de sa grande selle de guerre garnie de nouveau de pistolets de deux pieds de long, et que, couvert de son casque d'acier et de sa cuirasse, et son bâton de commandement à la main, il s'élança, les yeux étincelants et les joues enflammées, dans la salle où se trouvait le major étonné, en s'écriant : — Debout, debout, voisin ! ce n'est plus le temps de rester enterré au coin du feu ! Où sont votre cotte de buffle et votre sabre, voisin ? Prenez le bon côté une fois dans votre vie, et réparez les erreurs passées. Le roi est toute mansuétude, voisin, — toute clémence et bonté royale. J'obtiendrai votre plein pardon.

---

[1] Époque où se prépara à Londres la restauration de Charles II, qui s'accomplit le mois suivant. (L. V.)

— Que signifie tout ceci? dit Bridgenorth. — Tout va-t-il bien chez vous? — tout va-t-il bien au château de Martindale, sir Geoffrey?

— Aussi bien que vous pouvez le souhaiter, Alice, et Julien, et tous. Mais j'ai des nouvelles qui valent vingt fois mieux que cela. — Monk s'est déclaré à Londres contre ces puants drôles du Croupion; — Fairfax a pris les armes dans le comté d'York. — Vive le roi! — vive le roi, voisin! Épiscopaux, presbytériens, tous prennent le buffle et la bandoulière pour le roi Charles[1]. J'ai reçu une lettre de Fairfax, qui me recommande d'occuper Derby et Chesterfield[2] avec tout le monde que je pourrai réunir. Le diable soit de lui! c'est une plaisante chose que ce soit lui qui m'envoie des ordres; — mais n'importe: — tout le monde est ami, maintenant; et vous et moi, voisin, nous chargerons de front comme le doivent de bons voisins. Voyez! Lisez, — lisez, — lisez! — puis mettez vos bottes, et soyez en selle dans un instant.

> Vivent les Cavaliers! — vivent les Cavaliers!
> Priez pour les Cavaliers.
> Tapez, tapez dru
> Sur le vieux Belzébuth;
> Olivier tremble dans sa bière!

Après s'être abandonné d'une voix retentissante à cette élégante effusion d'enthousiasme royaliste, le cœur du brave Cavalier se trouva trop plein. Il se jeta sur une chaise en s'écriant: — Aurais-je jamais cru vivre assez pour voir cet heureux jour! Et à sa propre surprise autant qu'à celle de Bridgenorth, il se mit à pleurer.

En réfléchissant à la crise où se trouvait le pays, le major Bridgenorth pensa, comme Fairfax et d'autres chefs du parti presbytérien, que leur franche adhésion à la cause royale était la mesure la plus sage et la plus patriotique qu'ils pussent adopter dans les circonstances, alors que tous les rangs et toutes les classes cherchaient un refuge contre l'incertitude et les oppressions de toute nature qui résultaient de l'interminable lutte entre les factions de Westminster-Hall et de Wallingford-House. Il se joignit donc à sir Geoffrey, avec moins d'enthousiasme, il est vrai, mais avec non moins de sincérité, dans les mesures nécessaires pour assurer à la cause du roi la partie du pays où ils se trouvaient, ce qui eut lieu aussi efficacement et sans plus de résistance que dans le reste de l'Angleterre. Les deux voisins étaient à Chesterfield quand ils apprirent le débarquement du roi sur la côte anglaise; et sir Geoffrey annonça aussitôt son dessein de se rendre près de Sa Majesté, avant même de retourner au château de Martindale.

— Qui sait, voisin, dit-il, si sir Geoffrey Peveril reviendra jamais à

---

[1] *Voyez* la note A, à la fin du volume.
[2] *Derby*, chef-lieu du comté du même nom; *Chesterfield*, ville du même comté. (L. V.)

Martindale? On doit distribuer des titres là-bas parmi eux, et j'ai mérité quelque chose aussi bien que les autres. — Lord Péveril sonnerait bien; — ou bien comte de Martindale. — Non, pas de Martindale; — comte du Pic. — En attendant, fiez-vous à moi pour vos affaires; — je veillerai à votre sûreté. — J'aurais voulu que vous ne fussiez pas presbytérien, voisin; — le titre de chevalier, — j'entends de chevalier-bachelier, et non de chevalier-baronnet, — vous aurait bien été.

— Je laisse ces dignités à ceux qui valent mieux que moi, sir Geoffrey, et ce que je désire le plus ardemment, c'est d'apprendre, à mon retour, que tout va bien à Martindale.

— Tout ira bien; — vous les trouverez tous bien, Julien, Alice, lady Péveril, et tous. — Portez-leur mes compliments, et embrassez-les tous, voisin, lady Péveril et tous; — il peut se faire qu'à mon retour vous embrassiez une comtesse. Tout ira bien pour vous, maintenant que vous êtes devenu *honnête homme*.

— J'ai toujours voulu l'être, sir Geoffrey, dit Bridgenorth d'un ton calme.

— Bien, bien, bien; — je n'ai pas voulu vous offenser. Tout est bien maintenant; — ainsi donc, vous à Moultrassie-Hall et moi à White-Hall. Est-ce bien parlé? Ha, ha! Allons, mon hôte, un verre de canarie à la santé du roi, avant que nous montions à cheval. — J'oubliais, voisin; — vous ne portez pas de santés.

— Je désire la santé du roi aussi sincèrement que si j'y buvais un gallon; et à vous, sir Geoffrey, je vous désire bon succès et prompt retour.

CHAPITRE II.

> Hé bien donc, nous entendrons meugler les bœufs, nous mettrons les tonneaux en perce, et nous tournerons les robinets. Le sang coulera à flots : mais ce sera celui des bœufs et des moutons, de la venaison et de la volaille, avec le plus pur du sang de John Barleycorn [1].
>
> *Vieille Comédie.*

QUELQUES récompenses que Charles eût pu vouloir accorder en retour des souffrances et de la fidélité de Péveril du Pic, il n'en aurait eu aucune à sa disposition qui égalât le plaisir que la Providence réservait à Bridgenorth à son retour dans le Derbyshire. L'activité qui lui avait été imposée avait eu l'effet ordinaire de lui rendre jusqu'à un certain point le ressort et l'énergie de son caractère, et il sentit qu'il serait désormais indigne de lui de retomber dans l'état de tristesse léthargique dont il venait d'être tiré. Le temps avait aussi, comme de coutume, adouci la violence de ses regrets ; et quand il eut passé un jour à Moultrassie, regrettant de ne pouvoir attendre les nouvelles indirectes de la santé de sa fille, que sir Geoffrey était dans l'habitude de lui apporter à peu près chaque jour, il réfléchit qu'il serait convenable sous tous les rapports que lui-même allât rendre à Martindale-Castle une visite personnelle, pour y porter à lady Péveril les nouvelles dont l'avait chargé le chevalier, la rassurer sur la santé de son époux, et se satisfaire lui-même au sujet de celle de sa fille. Il s'arma de courage contre ce qu'il avait à craindre de pis ; il se rappelait les joues creuses, les yeux éteints, les mains amaigries et les lèvres pâles, qui avaient signalé la santé défaillante de ses premiers enfants.

— Je vais revoir encore une fois, se dit-il, ces signes de mortalité ; — je vais encore une fois revoir un être chéri auquel j'ai donné l'existence, descendre vers la tombe qui aurait dû me renfermer longtemps avant elle. N'importe ; — il est indigne d'un homme de reculer si longtemps devant ce qui doit être. — Que la volonté de Dieu soit faite !

Il se rendit donc, le lendemain matin, au château de Martindale, calma les inquiétudes de lady Péveril au sujet des nouveaux dangers auxquels pouvait s'être exposé son époux, et lui annonça les espérances d'honneurs qu'il avait conçues.

---

[1] *Jean-grain-d'orge*, personnification populaire de la bière, par allusion à l'orge qui sert à la brasser. (L. V.)

— Le Tout-Puissant soit loué de ce que sir Geoffrey est en sûreté ! répondit la dame ; quant à la seconde de vos nouvelles, il en sera ce qu'il plaira au gracieux souverain qui nous est rendu. Nous sommes assez grands pour notre fortune, et nous avons assez de fortune pour le contentement, sinon pour la splendeur. Et je vois maintenant, M. Bridgenorth, la folie d'ajouter foi aux maux que nous annoncent de vains pressentiments. Les tentatives répétées de sir Geoffrey en faveur des Stuarts l'avaient si souvent conduit à de nouveaux malheurs, que lorsque, l'autre matin, je le vis encore une fois couvert de sa fatale armure, et que j'entendis le son de sa trompette si longtemps silencieuse, je crus voir son linceul et entendre son glas de mort. Je vous dis cela d'autant plus volontiers, mon bon voisin, que je crains que vous-même n'ayez abandonné votre esprit aux appréhensions d'une calamité qui vous semblait inévitable, et qu'il peut plaire à Dieu de démentir comme il a démenti les miennes. Voici venir quelque chose qui vous en donnera l'assurance.

Tandis qu'elle parlait, la porte de la chambre s'ouvrit, et deux jolis enfants entrèrent. L'aîné, Julien Péveril, beau garçon de quatre à cinq ans, conduisait par la main, d'un air de protection affectueuse mêlé d'une certaine dignité, une petite fille de dix-huit mois, qui le suivait en trottinant, et dont les pas chancelants étaient soutenus par son petit compagnon, plus grand et plus robuste.

Bridgenorth jeta vivement un regard craintif sur les traits de sa fille ; et ce coup d'œil rapide suffit pour lui montrer, à son inexprimable ravissement, que ses craintes n'étaient pas fondées. Il la prit dans ses bras, la pressa sur son sein, et l'enfant, quoique alarmée d'abord de la véhémence de ses caresses, y répondit bientôt par un sourire, comme si la nature eût parlé en elle. Puis il la tint à quelque distance, l'examina plus attentivement, et se convainquit que le teint du petit ange qu'il avait dans ses bras, loin d'indiquer une complexion étique et maladive, avait toute la fraîcheur de la santé, et que ses petits membres, quoique délicats, étaient fermes et souples.

— Je n'aurais pas cru cela possible, dit-il en regardant lady Péveril, qui, de son siége, observait la scène avec un vif plaisir ; j'en rends d'abord grâces à Dieu, et ensuite à vous, madame, qui avez été son instrument.

— Il va falloir que Julien renonce à sa petite compagne, je suppose ? répondit lady Péveril ; mais Moultrassie-Hall n'est pas loin d'ici, et je verrai souvent mon élève. Dame Marthe, votre femme de charge, est une femme sensée et soigneuse. Je lui dirai quels principes j'ai suivis avec la petite Alice, et.....

— A Dieu ne plaise que ma fille y vienne jamais ! interrompit vivement le major Bridgenorth ; Moultrassie a été le tombeau de tous mes autres enfants. L'air des terrains bas ne leur convenait point ; — ou peut-être y a-t-il un sort attaché à la maison. Je chercherai pour elle quelque autre lieu où la placer.

— C'est ce que vous ne ferez pas, avec votre permission, major Bridgenorth. Si vous agissiez ainsi, nous devrions supposer que vous ne me croyez pas capable d'accomplir la tâche que j'ai commencée. Si elle ne va pas habiter la maison de son père, elle ne quittera pas la mienne. Je garderai la petite lady comme un gage de sa sûreté et de ma propre habileté ; et puisque vous craignez l'humidité des terrains bas, j'espère que vous viendrez souvent la visiter ici.

Cette proposition alla au cœur du major Bridgenorth. C'était précisément le point auquel il aurait voulu arriver au prix d'un monde, mais qu'il n'avait pas cru pouvoir atteindre.

On ne sait que trop que ceux dont la famille est depuis longtemps poursuivie par une maladie fatale, telle que l'affection qui avait régné dans celle du major, contractent, à cet égard, une véritable superstition, et attribuent aux lieux, aux circonstances, aux soins individuels, beaucoup plus de puissance que peut-être ils n'en peuvent avoir en aucun cas, pour détourner les funestes effets d'une prédisposition constitutionnelle. Lady Péveril savait que son voisin était particulièrement frappé de cette impression, et que son abattement d'esprit, ses inquiétudes excessives, la force de ses appréhensions, la contrainte et la tristesse de la solitude à laquelle il s'était condamné, étaient réellement propres à produire le mal qu'il redoutait par-dessus tout. Elle était touchée de compassion pour lui, elle était d'ailleurs reconnaissante de la protection qu'il leur avait autrefois accordée ; — et puis, elle s'était attachée à l'enfant. Quelle femme reste inaccessible à ce sentiment envers la faible créature à laquelle elle a donné ses soins? Et pour tout dire, la dame avait sa part de la vanité humaine : c'était, à sa manière, une sorte de lady Bonne[1] (car ce caractère n'était pas encore devenu le partage exclusif des vieilles femmes et des simples), et elle était fière de l'habileté avec laquelle elle avait détourné l'invasion probable de la maladie héréditaire si cruellement invétérée dans la famille de Bridgenorth. En d'autres cas, il n'eût pas été besoin, peut-être, de tant de raisons pour expliquer un acte d'humanité et de bon voisinage ; mais la guerre civile avait si récemment déchiré le pays en tant de fractions ennemies, et tellement brisé tous les liens ordinaires de voisinage et d'amitié, que c'était une chose presque extraordinaire de voir ces liens subsister encore entre des personnes d'opinions politiques différentes.

Le major Bridgenorth le sentit ; et tandis qu'une larme de joie brillant dans son œil montrait combien il serait heureux d'accepter l'offre de lady Péveril, il ne put s'empêcher de lui représenter les inconvé-

---

[1] *Lady Bountiful.*

nients inévitables de son plan, quoique ce fût du ton d'un homme qui aurait été charmé de voir ses objections victorieusement réfutées. — Madame, lui dit-il, votre bonté fait de moi le plus heureux et le plus reconnaissant des hommes; mais ce qu'elle vous inspire se peut-il concilier avec votre tranquillité? Sir Geoffrey a sur beaucoup de points des opinions qui ont différé, et qui probablement diffèrent encore des miennes. Il est de haute naissance, et ma famille est médiocre. Il suit les rites de l'Église anglicane, et moi je me conforme au catéchisme des théologiens assemblés à Westminster.....

— J'espère, interrompit lady Péveril, que ni l'une ni l'autre des deux croyances ne m'interdira de servir de mère à votre enfant privée de la sienne. J'ai la confiance, M. Bridgenorth, que l'heureuse restauration de Sa Majesté, œuvre accomplie par la main de la Providence, aura pour résultat de fermer et de cicatriser parmi nous toutes les plaies de nos dissensions civiles et religieuses, et qu'au lieu de montrer la pureté supérieure de notre foi en persécutant ceux qui pensent autrement que nous sur des points de doctrine, nous nous attacherons à en faire ressortir la tendance évangélique, en luttant entre nous de bienveillance envers les hommes, comme la voie la meilleure de montrer notre amour pour Dieu.

— Votre Seigneurie parle sous l'inspiration de son bon cœur, repartit Bridgenorth, qui avait sa part des préjugés du temps; et j'ai l'assurance que si tous ceux qui s'intitulent loyalistes et cavaliers pensaient comme vous, — et comme mon ami sir Geoffrey, — (ceci fut ajouté après une pause d'un instant, et peut-être était-ce plutôt un compliment que la sincère expression de ce qu'il pensait) — ceux qui, comme nous, ont cru autrefois de leur devoir de prendre les armes pour la liberté de conscience et contre le pouvoir arbitraire pourraient maintenant se reposer en paix et dans le contentement. Mais je ne sais ce qui en sera. Vous avez parmi vous des esprits chauds et violents; je ne puis dire que nous ayons toujours usé de notre pouvoir avec une parfaite modération, et la vengeance est douce à la race déchue d'Adam.

— Allons, M. Bridgenorth, reprit gaîment lady Péveril, ces fâcheux pronostics ne peuvent que conduire à des conclusions qui très-probablement sans eux ne se réaliseraient jamais. Vous savez ce que dit Shakspeare :

> « Fuir le sanglier avant que le sanglier ne vous poursuive, c'est l'appeler sur vos traces, c'est l'exciter à la poursuite quand il n'y songeait pas. »

Mais je vous demande pardon; il y a si longtemps que nous ne nous sommes vus, que j'oubliais que vous n'aimez pas les pièces de théâtre.

— Avec tout le respect que je vous dois, mylady, répondit Bridgenorth, je serais fort à blâmer si j'avais besoin des vaines paroles d'un histrion ambulant du Warwickshire pour m'enseigner en cette circonstance mon devoir de gratitude envers Votre Seigneurie, et éveiller en moi le sentiment qui me dit que je dois me laisser diriger par vous, en tout ce que me permettra ma conscience.

— Puisque vous m'accordez une telle influence, j'en userai avec modération, afin que dans ma domination, du moins, je vous puisse donner une idée favorable du nouvel ordre de choses. Si donc vous voulez bien être mon sujet pour un jour, voisin, je suis sur le point, d'après le commandement de mon seigneur et époux, de promulguer mes ordres pour réunir jeudi prochain tout le voisinage au château ; et je vous prie non-seulement d'y assister vous-même, mais encore de déterminer votre digne pasteur, et ceux de vos voisins et amis, quel que soit leur rang, que vous croirez convenable d'y inviter, de se réunir au reste du voisinage pour célébrer le joyeux événement de la restauration du roi, et montrer par là qu'à l'avenir toute désunion aura cessé entre nous.

L'ancien parlementaire [1] se trouva fort embarrassé de la proposition. Il leva et baissa alternativement les yeux et les porta autour de lui, arrêtant d'abord son regard sur les hauts lambris en chêne sculpté, puis le reportant sur le plancher, puis le promenant çà et là dans la chambre, jusqu'à ce qu'il s'arrêtât sur son enfant, dont la vue lui suggéra un autre cours d'idées, meilleur que n'avaient pu le lui fournir le plafond et le parquet.

— Madame, dit-il enfin, je suis depuis longtemps étranger à tout ce qui est fête, peut-être par suite d'une mélancolie naturelle, peut-être à cause de l'abattement auquel doit se laisser aller un malheureux privé de tout ce qui lui était cher, et à l'oreille duquel la gaîté produit l'effet discordant d'un air agréable exécuté sur un instrument faux. Mais quoique ni mes pensées ni mon tempérament ne me portent à la joie, je dois être reconnaissant envers le Ciel du bien qu'il m'a envoyé par l'intermédiaire de Votre Seigneurie. David, l'homme selon le cœur de Dieu, fit ses ablutions et mangea du pain après que son enfant chéri lui eut été enlevé ; — moi, à qui le mien est rendu, ne montrerai-je pas de gratitude pour un bienfait, quand il a montré tant de résignation dans l'affliction ? Madame, j'accepterai votre gracieuse invitation ; et ceux de mes amis sur lesquels je puis avoir quelque influence m'accompagneront au festin, afin que notre Israël puisse ne plus faire qu'un seul peuple.

Ayant prononcé ces mots, de l'air d'un martyr plutôt que d'un con-

---

[1] *Parliamentarian*, partisan du parlement, c'est-à-dire républicain ; à peu près comme nous dirions *conventionnel*. (L. V.)

vive invité à une fête joyeuse, et après avoir embrassé sa petite fille et l'avoir bénie d'un ton solennel, le major Bridgenorth reprit le chemin de Moultrassie-Hall.

CHAPITRE III.

Il ne manque ici ni d'appétit ni de bouches ; fasse le Ciel qu'il n'y manque non plus ni provisions ni joie !

Ancienne Comédie.

ÊME dans les occasions ordinaires, et avec d'amples moyens, une grande réception n'était pas alors une sinécure comme dans les temps modernes, où la dame qui préside n'a besoin que d'indiquer à ses gens le jour et l'heure où elle veut que la fête ait lieu. A cette époque plus simple, il fallait que la dame de la maison entrât réellement dans tous les détails et s'occupât de l'arrangement général ; et d'une petite galerie communiquant à son appartement et ayant vue sur la cuisine, sa voix perçante se faisait entendre de temps à autre, comme celle de l'esprit des tempêtes, dominant le bruit des terrines et des casseroles, — le grincement des broches, — le craquement des os sous les couperets, — les criailleries des cuisiniers, — et tous les autres sons tumultueux qui forment l'accompagnement des apprêts d'un grand dîner.

Mais tous ces soins, tous ces embarras furent plus que doublés à l'approche du festin qui se préparait au château de Martindale, où le génie présidant à la fête était à peine pourvu de moyens suffisants pour réaliser ses intentions hospitalières. La conduite tyrannique des maris, en de tels cas, est universelle ; et je ne sais si je connais un seul maître de maison à qui il ne soit arrivé d'annoncer inopinément à son innocente moitié, dans le moment le plus inopportun et le plus défavorable, qu'il avait invité

« Quelque odieux major
A venir à six heures, »

au grand désappointement de la dame, et au risque de déranger, peut-être, ses arrangements domestiques.

Péveril du Pic fut encore plus imprévoyant ; car il avait chargé sa dame d'inviter tous les *honnêtes gens* du voisinage à venir faire bonne chère au château de Martindale, en l'honneur de l'heureuse restauration de Sa Majesté très-sacrée, sans expliquer précisément où l'on pourrait se procurer des provisions. Depuis l'époque du siége, le parc à daims s'était changé en solitude, et le pigeonnier ne pouvait pas être d'une grande ressource pour un tel festin. Le vivier, à la vérité, était bien garni (ce que les presbytériens du voisinage notaient comme une circonstance suspecte), et le gibier ne coûtait que la peine de le tuer, dans les immenses bruyères et sur les hauteurs du Derbyshire : mais ce n'étaient là que les parties secondaires du banquet ; et les seuls coadjuteurs et conseillers de lady Péveril, l'intendant et le bailli, ne pouvaient s'accorder sur les moyens de se procurer la partie la plus substantielle et, en quelque sorte, le corps principal du repas, — la viande de boucherie. L'intendant menaçait de sacrifier une belle paire de bouvillons; le bailli, qui faisait valoir la nécessité de leurs services agricoles, s'élevait avec force contre un tel sacrifice ; et la nature bonne et soumise de lady Péveril ne pouvait même prévenir quelques réflexions d'impatience sur le manque de prévoyance de son chevalier absent, qui l'avait ainsi inconsidérément placée dans une situation si embarrassante.

Ces reproches tacites n'étaient guère mérités, si un homme n'est responsable que des résolutions qu'il adopte quand il est parfaitement maître de lui-même. A force d'espérances et de craintes, de victoires et de défaites, de luttes et de souffrances, toutes s'élevant de la même cause et tournant, on peut dire, sur le même pivot, le loyalisme de sir Geoffrey, comme celui de beaucoup d'hommes placés dans une situation semblable, avait acquis le caractère d'une passion ardente et enthousiaste ; et le changement de fortune, aussi singulier que surprenant, qui non-seulement réalisait, mais qui même surpassait de beaucoup ses vœux les plus vifs, occasionna temporairement une sorte de ravissement et d'ivresse qui sembla s'étendre sur tout le royaume. Sir Geoffrey avait vu Charles et ses frères, et il avait été reçu par le joyeux monarque avec cette gracieuse et franche urbanité qui lui gagnait le cœur de tous ceux qui l'approchaient. Les services et le loyal dévouement du chevalier avaient été pleinement reconnus ; et si la récompense n'en avait pas été expressément promise, du moins on avait donné à entendre qu'elle ne serait pas oubliée. Était-il possible que, dans la jubilation de ses esprits, Péveril du Pic s'arrêtât à penser comment sa femme se procurerait le bœuf et le mouton nécessaires pour fêter ses voisins ?

Heureusement pour la dame embarrassée, quelqu'un avait eu la présence d'esprit de prévoir cette difficulté. Au moment où elle venait de se résoudre, fort à contre-cœur, à emprunter au major Bridgenorth la somme nécessaire pour exécuter les ordres de son époux, et tandis qu'elle était à déplorer amèrement la nécessité où elle se voyait de se départir de ses principes habituels de stricte économie, l'intendant, qui, soit dit en passant, n'avait pas encore dégrisé depuis le moment où l'on avait reçu la nouvelle du débarquement du roi à Douvres, se précipita dans l'appartement en faisant craquer ses doigts, et en donnant des marques d'une joie un peu plus bruyante qu'il ne convenait à la dignité du grand salon de mylady.

— Que signifie ceci, Whitaker? dit la dame avec quelque humeur; car elle était interrompue au commencement d'une lettre destinée à son voisin, sur la désagréable affaire de l'emprunt en question. — Serez-vous toujours le même? — Faites-vous un rêve?

— Une vision de bon augure, j'espère, répondit l'intendant en agitant ses mains d'un air triomphant; bien meilleure que celle de Pharaon, quoique, comme la sienne, ce soit une vision de vaches grasses.

— Expliquez-vous clairement, je vous prie, Whitaker, ou envoyez-moi quelqu'un qui puisse parler à propos.

— Eh! sur ma vie, madame, ce que j'ai à vous dire parle de soi-même. Ne les entendez-vous pas beugler? ne les entendez-vous pas bêler? Une paire de bœufs gras et dix superbes moutons! Le château est avitaillé, maintenant: viennent les assiégeants quand ils voudront; et Gatherill pourra labourer ses damnés *mains*[1], par-dessus le marché.

La dame, sans faire d'autres questions à son serviteur transporté, se leva et s'approcha d'une fenêtre, d'où elle vit en effet les bœufs et les moutons qui avaient causé le ravissement de Whitaker. — D'où viennent-ils? demanda-t-elle avec quelque surprise.

— Le devine qui pourra, répondit Whitaker; le drôle qui les a amenés était un paysan de l'Ouest, et il a seulement dit qu'ils étaient envoyés par un ami, pour aider à la fête de Votre Seigneurie. L'homme n'a pas voulu s'arrêter pour boire; — je suis fâché qu'il n'ait pas voulu s'arrêter pour boire. — Je demande pardon à Votre Seigneurie de ne l'avoir pas retenu par les oreilles pour le forcer à boire; — il n'y a pas eu de ma faute.

— J'en ferais le serment.

— Non, madame, je vous jure par Dieu qu'il n'y a pas eu de ma faute, continua le zélé intendant; car, pour l'honneur du château, j'ai bu moi-même à sa santé en ale double, quoique j'eusse déjà pris mon coup du matin. Je vous dis la vérité pure, mylady; j'en jure Dieu!

— Je crois que vous n'avez pas eu un grand effort à faire pour cela, Whitaker; mais si en de telles occasions vous buviez et vous juriez un peu moins pour montrer votre joie, ne pensez-vous pas que ce serait tout aussi bien?

— Je demande pardon à Votre Seigneurie, dit Whitaker d'un ton fort respectueux; j'espère savoir me tenir à ma place. Je suis le pauvre serviteur de Votre Seigneurie, et je sais qu'il ne me convient pas de

---

[1] Pièces de terre principales d'un domaine, ordinairement celles qui touchent aux bâtiments d'exploitation. (L. V.)

boire et de jurer comme Votre Seigneurie, — je voulais dire comme Son Honneur sir Geoffrey. Mais, je vous prie, si je ne buvais et ne jurais pas selon mon rang, comment reconnaîtrait-on l'intendant de Péveril du Pic? — et je puis dire aussi le sommelier, puisque j'ai toujours eu les clefs des caves depuis que le vieux Spigots[1] a été tué sur la tour du nord-ouest, une marie-jeanne à la main. — Je dis, comment un vieux Cavalier comme moi se distinguerait-il de ces coquins de Têtes-Rondes qui ne font que jeûner et prier, si nous ne buvions et ne jurions pas selon notre rang?

La dame ne répondit pas, car elle savait bien que c'eût été inutile; et après un instant de silence, elle prévint l'intendant qu'elle voulait que tous ceux dont les noms étaient marqués sur un papier qu'elle lui remit, fussent invités au festin qui se préparait.

Whitaker, au lieu de recevoir la liste avec la muette déférence d'un majordome moderne, s'approcha de l'embrasure d'une des fenêtres, et, ajustant ses lunettes, se mit à parcourir les noms inscrits. Les premiers étant ceux des familles de Cavaliers les plus distinguées du voisinage, il murmura quelques sons approbatifs; — arrivé à celui de Bridgenorth, il fit une pause, et laissa échapper une interjection de dédain; — cependant il acquiesça encore en se disant: — Après tout, c'est un bon voisin; ainsi, cela peut passer pour une fois. Mais quand il lut le nom et le surnom de Nehemiah Solsgrace, le ministre presbytérien, Whitaker perdit tout à fait patience; et il déclara qu'il aimerait autant se jeter dans l'Eldon-Hole[2] que de consentir à envoyer un message ou à faire aucune démarche pour que le vieux hibou de puritain, qui avait usurpé la chaire d'un pur ministre orthodoxe, fît jamais voir son ombre sous la porte du château de Martindale. — Les chiens d'hypocrites à oreilles tondues, s'écria-t-il avec un jurement cordial, ont eu leur tour du beau temps. Le soleil est maintenant de notre côté de la haie, et nous règlerons les vieux comptes, aussi sûr que mon nom est Richard Whitaker!

— Vous vous fiez à vos longs services, Whitaker, et à l'absence de votre maître; sans quoi vous n'auriez pas osé vous oublier ainsi en ma présence, dit la dame.

L'agitation inaccoutumée de la voix de lady Péveril attira l'attention de l'intendant réfractaire, malgré sa propre exaltation. Il n'eut pas plutôt aperçu l'œil enflammé et les joues animées de sa maîtresse, que son obstination fut tout à coup domptée.

— La peste m'étouffe, dit-il, j'ai fâché tout de bon mylady! elle ne se fâche pourtant pas aisément. — Je vous demande pardon, mylady!

---

[1] Siphon.

[2] Le trou d'Eldon; gouffre que l'on suppose sans fond. C'est une des merveilles du Pic. (W. S.)

ce n'est pas le pauvre Dick Whitaker qui a contredit les ordres de Votre Honneur, mais seulement ce second coup d'ale double. Nous y avons toujours mis double dose de malt, comme Votre Seigneurie le sait bien, depuis la bienheureuse restauration. Pour sûr, je hais un fanatique autant que le pied fourchu de Satan ; mais Votre Honneur a droit d'inviter au château de Martindale Satan lui-même, son pied fourchu et tout le reste, et de m'envoyer à la porte de l'enfer avec un billet d'invitation. — Votre volonté sera exécutée.

En conséquence, les invitations circulaires furent expédiées en due forme ; et un des jeunes bœufs fut envoyé pour être rôti tout entier sur la place du marché d'un petit village appelé Martindale-Moultrassie, situé assez loin à l'est du château et du manoir dont il avait tiré son double nom, et à peu près à distance égale de tous les deux ; de sorte qu'en supposant qu'une ligne tirée d'une des habitations à l'autre fût prise pour base d'un triangle, le village en aurait occupé le sommet. Ce village, depuis qu'une partie des propriétés de Péveril avait changé de mains, appartenant à sir Geoffrey et à Bridgenorth presque par égales portions ; la dame ne crut pas devoir contester le droit que réclama le major, d'ajouter quelques barriques de bière au festin populaire.

Cependant, elle ne pouvait s'empêcher de soupçonner Bridgenorth d'être l'ami inconnu qui l'avait tirée de l'embarras où l'avait mise le manque de provisions ; et elle s'estima heureuse lorsqu'une visite qu'elle reçut de lui la veille du jour fixé pour la réunion vint, à ce qu'elle pensa, lui fournir l'occasion de lui exprimer sa gratitude.

CHAPITRE IV.

> Non, monsieur, — je ne porterai pas cette santé : — je suis de ceux qui pensent que le bon vin n'a besoin ni d'enseigne ni d'éloges pour être le bienvenu. Si vous ne m'en croyez pas, remplissez la plus large coupe, et regardez si je reculerai devant elle. *Ancienne Comédie.*

CE fut d'un ton grave et sérieux que le major Bridgenorth déclina les remercîments que lui adressait lady Péveril pour l'approvisionnement qui était si à propos arrivé au château. Il ne sembla pas d'abord comprendre ce qu'elle voulait dire ; et quand elle eut expliqué le fait, il protesta si sérieusement qu'il n'y avait aucune part, que lady Péveril fut obligée de le croire ; d'autant plus qu'étant un homme d'un caractère simple et droit, n'affectant pas une délicatesse raffinée de sentiment, et professant un respect pour la vérité presque digne d'un quaker, un tel désaveu eût été absolument opposé à son caractère, s'il n'avait pas été fondé en vérité.

— Ma visite actuelle, madame, ajouta-t-il, a cependant quelque rapport à la fête de demain.

Lady Péveril prêta l'oreille ; mais comme son visiteur semblait éprouver quelque embarras à s'exprimer, elle fut obligée de demander une explication.

— Madame, répondit le major, vous n'êtes peut-être pas tout à fait sans savoir que ceux d'entre nous dont la conscience est la plus facile à s'alarmer ont des scrupules sur certaines pratiques, si générales parmi vos gens dans les occasions de réunions et de plaisirs, qu'on peut dire que vous y tenez comme à des articles de foi, ou que du moins vous seriez grandement blessés de leur omission.

— J'espère, M. Bridgenorth, repartit lady Péveril, qui ne voyait pas bien où tendait ce discours, que nous saurons éviter avec soin, en notre qualité d'hôtes, toute allusion ou tout reproche fondés sur des mésintelligences passées.

— Nous n'attendions pas moins, madame, de votre franchise et de votre courtoisie ; mais je m'aperçois que vous ne me comprenez pas bien. Pour être clair, alors, je veux parler de la mode de porter des santés et de se proposer des toasts les uns aux autres, ce que beaucoup parmi nous regardent comme une inutile et coupable provocation à l'intempérance et à l'usage immodéré des liqueurs spiritueuses, et ce qu'en outre on peut justement dire tenir du paganisme et être lié au culte du démon, si, comme l'ont supposé de savants théologiens, cet usage dérive de la coutume des aveugles païens, qui, en buvant, faisaient des libations et invoquaient des idoles.

La dame avait déjà cherché à la hâte en elle-même quels sujets semblaient pouvoir introduire la discorde dans la fête proposée ; mais cette dissidence, fatale malgré son ridicule, entre les usages des deux partis dans les occasions de cette nature, lui avait entièrement échappé. Elle s'efforça d'adoucir le major, dont les sourcils rapprochés annonçaient un homme qui a une opinion arrêtée dont il est résolu à ne se pas départir.

— Je conviens, dit-elle, mon bon voisin, que cet usage est au moins inutile, et qu'il peut être nuisible s'il conduit, dans l'usage des liqueurs spiritueuses, à des excès qui ne sont déjà que trop ordinaires sans un tel excitant. Mais, il me semble que lorsqu'il n'a pas cette conséquence il devient une chose indifférente, et qu'il nous offre un moyen unanime d'exprimer nos vœux pour nos amis et notre loyal dévouement pour notre souverain ; et sans vouloir forcer l'inclination de ceux qui pensent autrement, je ne vois pas comment je pourrais interdire à mes hôtes le privilége de porter une santé au roi, ou à mon mari, à la vieille mo   anglaise.

— Si une mode se recommandait par sa date, mylady, le papisme est une des plus vieilles modes anglaises dont j'aie jamais entendu parler ; mais nous avons le bonheur de ne pas être plongés dans l'aveuglement comme nos pères, et en conséquence nous devons agir selon la lumière qui est en nous, et non d'après leurs ténèbres. J'avais l'honneur d'accompagner le lord-gardien Whitelocke quand, à la table du grand chambellan de Suède, il refusa positivement de porter la santé de la reine Christine, blessant vivement par là son hôte, et mettant en péril l'objet de sa mission ; ce qu'on ne peut croire avoir été fait par un homme aussi sage, s'il eût regardé une telle complaisance comme une chose simplement indifférente, et non pas comme un acte coupable et digne de l'enfer.

— Avec tout le respect que je dois à Whitelocke, je persiste dans mon opinion, quoique je ne sois, Dieu le sait, amie ni de la débauche ni de l'intempérance. Je voudrais de tout mon cœur pouvoir me plier à vos scrupules, et j'éloignerai tous les toasts, moins deux : car sûrement on peut tolérer ceux du roi et de Péveril du Pic ?

— Je n'oserais, mylady, déposer même la quatre-vingt-dix-neuvième partie d'un grain d'encens sur un autel érigé à Satan.

— Comment, monsieur ! mettez-vous Satan en comparaison avec notre maître le roi Charles et avec mon noble seigneur et époux ?

— Non, madame, je n'ai pas de telles pensées ; — et en vérité elles me conviendraient mal. Je fais des vœux sincères pour la santé du roi et de sir Geoffrey ; et je prierai pour tous les deux. Mais je ne vois pas quel bien cela ferait à leur santé, que je compromisse la mienne en acceptant des toasts d'un quart de pinte.

— Puisque nous ne pouvons nous accorder sur ce point, il nous faut trouver quelque moyen de ne blesser ni l'un ni l'autre des deux partis. Supposez que vous fermiez les yeux sur les santés que pourront porter nos amis, et que de notre côté nous n'ayons pas l'air de nous apercevoir que vous n'y prenez aucune part ?

Mais ce compromis ne pouvait non plus satisfaire Bridgenorth, qui pensait, pour employer ses expressions, que ce serait tenir une chandelle à Belzébuth. Et de fait, l'opiniâtreté naturelle de son caractère était en ce moment encore augmentée par une conférence qu'il avait eue auparavant avec son prédicateur, excellent homme au fond, mais d'une ténacité toute particulière et véritablement aveugle sur les futiles distinctions adoptées par sa secte, et qui, songeant avec grande appréhension au retour de pouvoir que probablement le papisme, la prélatie et Péveril du Pic allaient devoir à la nouvelle révolution, devint naturellement soucieux de mettre ses ouailles sur leurs gardes, et de les empêcher de tomber dans les piéges du loup. Il était fort mécontent de ce que le major Bridgenorth, incontestablement à la tête du parti presbytérien dans le pays, eût confié sa fille unique aux soins de ce qu'il nommait une Cananéenne; et il lui dit sans détour qu'il n'aimait pas à le voir aller ainsi s'asseoir, dans les hauts lieux, à la table des incirconcis de cœur, et qu'au total il regardait le festin qui devait avoir lieu comme une orgie dans la maison de Tirzâh.

En recevant cette mercuriale de son pasteur, Bridgenorth commença à soupçonner qu'il pourrait bien avoir eu quelque tort en acceptant si aisément, dans la première ardeur de sa gratitude, une invitation qui devait amener de plus intimes relations avec le château de Martindale : mais il était trop fier pour l'avouer au prédicateur, et ce ne fut pas sans un long débat qu'il fut enfin arrêté entre eux de subordonner leur présence au banquet, à la condition qu'aucune santé ou toast ne serait portée en leur présence.

Comme délégué et représentant de son parti, Bridgenorth fut donc contraint de rester inaccessible à toute sollicitation, et la dame se trouva fort embarrassée. Elle regretta alors sincèrement l'invitation qu'elle avait faite dans les meilleures intentions; car elle prévit que le refus des presbytériens réveillerait tous les anciens sujets de querelle, et serait peut-être l'occasion de nouvelles violences parmi des gens qu'avait divisés, il n'y avait pas encore bien des années, l'acharnement d'une guerre civile. Céder aux presbytériens le point contesté eût été faire une offense mortelle au parti des Cavaliers, et en particulier à sir Geoffrey; car ce n'était pas pour eux un moindre point d'honneur de porter des santés et de forcer les autres à y répondre, que pour les presbytériens un article sacré de religion de refuser l'un et l'autre. A la fin, la dame changea de discours, fit tomber la conversation sur la fille du major, l'envoya chercher et la lui mit dans les bras. Ce stratagème maternel réussit; car bien que le major *parlementaire* restât ferme, le père, comme dans le cas du gouverneur de Tilbury, se laissa attendrir, et il s'engagea à faire accéder ses amis à un moyen terme. C'était que le major lui-même, le révérend ministre, et ceux de leurs amis qui tenaient pour les dogmes purs du puritanisme, formeraient une société à part dans le grand salon, tandis que la salle ¹ serait occupée par les joyeux Cavaliers, et que chacun des deux partis règlerait ses libations sur sa conscience et à sa guise.

Le major Bridgenorth parut lui-même grandement soulagé quand cette importante affaire eut été réglée. Il avait regardé comme un point de conscience de maintenir inébranlablement son opinion; mais il fut charmé au fond du cœur quand il eut échappé à la nécessité en apparence inévitable d'offenser lady Péveril en refusant son invitation. Il resta plus longtemps que de coutume; il parla et sourit plus qu'il ne lui était habituel. Son premier soin à son retour fut de faire connaître au ministre et à sa congrégation le compromis qu'il avait fait; et il leur

---

¹ *Hall*; salle basse des anciens châteaux, destinée aux festins. (L. V.)

annonça cette transaction non comme une chose sur laquelle il y eût à délibérer, mais bien comme un point complétement arrêté. Telle était son autorité parmi eux, que bien que le prédicateur eût grande envie de prononcer la séparation des partis, et de s'écrier : *A vos tentes, ô Israël!* il prévit qu'il serait soutenu par un trop petit nombre pour se hasarder à troubler l'assentiment général qu'obtenait la proposition de leur délégué.

Néanmoins, chacun des deux partis ayant pris l'éveil par suite de l'ambassade du major Bridgenorth, tant de points de doutes, tant de discussions délicates surgirent successivement, que lady Péveril, la seule personne, peut-être, qui désirât les ramener à une réconciliation réelle, encourut, en récompense de ses intentions conciliatrices, la censure des deux factions, et eut tout lieu de se repentir de son bienveillant projet de réunir les Capulets et les Montaigus du Derbyshire dans une même occasion de réjouissance publique.

Comme il était maintenant arrêté que les convives formeraient deux partis distincts, la question de savoir lequel des deux entrerait le premier dans le château de Martindale devint non-seulement un sujet de dispute entre eux, mais une cause de sérieuses appréhensions pour lady Péveril et le major Bridgenorth, qui craignirent que s'ils arrivaient par la même avenue et se présentaient à la même entrée, il ne s'élevât entre eux des querelles qui pourraient être portées à l'extrémité, avant même qu'on ne fût arrivé à la double salle du banquet. La dame crut avoir trouvé un admirable expédient pour prévenir la chance d'un tel conflit, en déterminant que les Cavaliers seraient admis par l'entrée principale, et que les Têtes-Rondes entreraient au château par une large brèche qui avait été faite pendant le siége, et qui depuis lors servait de passage pour les bestiaux que l'on conduisait à la pâture dans le bois. Lady Péveril s'imaginait avoir tout à fait prévenu par là les diverses rixes qui pouvaient résulter de la rencontre de deux partis tels que ceux qui allaient se trouver en présence, et de leurs prétentions opposées à la préséance. Plusieurs autres points de moindre importance furent réglés en même temps, et, à ce qu'il parut, tellement à la satisfaction du pasteur presbytérien, que dans une longue conférence sur la Robe nuptiale, il s'efforça de faire comprendre à ses auditeurs que cette expression biblique ne s'appliquait pas seulement au vêtement extérieur, mais aussi à une disposition d'esprit convenable pour jouir d'un paisible festin ; et en conséquence il exhorta ses frères, quels que pussent être les erreurs et l'aveuglement des pauvres *malignants* avec lesquels ils allaient en quelque sorte se trouver le lendemain à boire et à manger, à ne manifester en cette occasion aucune disposition hostile à leur égard, de peur de devenir par là une cause de trouble pour la paix d'Israël.

L'honnête docteur Dummerar, le vicaire épiscopal évincé de Martindale-Moultrassie, prêcha devant les Cavaliers sur le même sujet. Il avait desservi la cure avant que la rébellion n'éclatât, et il était dès lors en haute faveur près de sir Geoffrey, non pas seulement à cause de sa saine orthodoxie et de son profond savoir, mais à cause aussi de sa force supérieure au jeu de boules et de sa conversation enjouée en fumant sa pipe à côté d'un tankard d'octobre. Ces derniers talents valurent au docteur l'honneur d'être enregistré par le vieux Century-White sur le rôle des prêtres dissolus, indignes et réprouvés de l'église d'Angleterre, qu'il dénonça à Dieu et aux hommes, à raison surtout de l'odieux péché, dont ils étaient atteints, de jouer aux jeux d'adresse et de hasard, et de se joindre parfois aux réunions de plaisir de leurs paroissiens. Quand le parti royal commença à perdre du terrain, le docteur Dummerar abandonna sa cure, et, se rendant au camp, il y remplit les fonctions de chapelain du régiment de sir Péveril, et montra en plusieurs occasions que sa vigoureuse enveloppe renfermait un cœur mâle et courageux. Lorsque tout fut perdu, et qu'ainsi que beaucoup d'autres ministres royalistes il eut été privé de son bénéfice, il fit flèche de tel bois qu'il put : tantôt se cachant dans les greniers de ses vieux amis de l'université, lesquels partageaient avec lui et avec ceux qui se trouvaient dans le même cas les faibles moyens d'existence que les mauvais temps leur avaient laissés ; tantôt trouvant un asile secret dans les maisons des petits gentilshommes opprimés et ruinés, qui respectaient également son caractère et ses souffrances. A la restauration, le docteur Dummerar sortit de quelqu'une de ses cachettes, et accourut à Martindale-Castle pour jouir du triomphe inséparable de cet heureux changement.

Son apparition au château en grand costume clérical, et la chaude réception que lui fit la noblesse du voisinage, n'ajoutèrent pas médiocrement à l'alarme qui se répandait graduellement dans le parti naguère dominant. Il est vrai que le docteur Dummerar n'avait pas conçu (l'honnête et digne homme) d'extravagantes idées d'élévation ou d'avancement ; mais la probabilité de sa réintégration au bénéfice d'où il avait été expulsé sous les prétextes les plus frivoles était un rude coup pour le ministre presbytérien, qui ne pouvait être considéré que comme un intrus. Les intérêts des deux prédicateurs, aussi bien que les sentiments de leurs ouailles, étaient donc en opposition directe ; et c'était encore un grave obstacle au plan de conciliation générale qu'avait conçu lady Péveril.

Néanmoins, comme nous l'avons déjà insinué, le docteur Dummerar ne se montra pas dans cette occasion moins conciliant que ne l'avait été le bénéficier presbytérien. Il est vrai que dans un sermon qu'il prêcha dans la grande salle du château, devant plusieurs des familles les plus distinguées du parti cavalier, outre la foule d'enfants accourus du village pour jouir du spectacle tout nouveau pour eux d'un ministre en soutane et en surplis, il s'étendit fort au long sur l'abomination des divers crimes commis par le parti rebelle durant les temps de calamité dont ils sortaient à peine, et exalta la disposition pacifique et miséricordieuse de l'honorable dame châtelaine, qui daignait accorder un regard de bonté, et ouvrir sa maison sur un pied d'hospitalité amicale, à des hommes professant les principes qui avaient conduit au meurtre du roi, — au massacre et à la spoliation de ses loyaux sujets, — au pillage et à l'invasion de l'Église du Seigneur. Mais il se hâta d'ajouter généreusement que, puisque c'était la volonté du gracieux souverain qui venait d'être rappelé à son trône, et le bon plaisir de la respectable lady Péveril, que cette race rebelle et obstinée fût temporairement tolérée par leurs fidèles sujets et vassaux, il était d'une haute convenance que ceux-ci évitassent tout sujet de dissension ou de querelle avec ces fils de Shiméi : leçon de patience qu'il appuya de la consolante assurance qu'ils ne pourraient pas s'abstenir longtemps de leurs habitudes de rébellion, auquel cas les royalistes demeureraient absous devant Dieu et devant les hommes de les extirper de la face de la terre.

Ceux qui ont observé de près les incidents remarquables des temps auxquels nous empruntons les événements de notre histoire nous apprennent dans leurs écrits que ces deux sermons, tout à l'opposé, sans doute, de l'intention des vertueux théologiens qui les prononcèrent, exaspérèrent bien plutôt qu'ils ne calmèrent l'animosité des deux factions. Ce fut sous ces sinistres auspices, et au milieu de non moins tristes pressentiments dont l'esprit de lady Péveril était agité, que le jour de la fête arriva enfin.

Par des routes différentes, et formant de part et d'autre une sorte de procession, comme si les adhérents des deux partis eussent voulu montrer leur nombre et leur force, chacune des deux factions se dirigea vers Martindale-Castle ; et les deux troupes différaient tellement entre elles par le costume, l'aspect et les manières, qu'on eût dit des joyeux convives d'une noce et des assistants à une solennité funéraire se portant sur le même point de deux directions différentes.

Le parti puritain était de beaucoup le plus faible en nombre, ce dont on pouvait donner deux excellentes raisons. En premier lieu, ils jouissaient du pouvoir depuis un certain nombre d'années, et, naturellement, ils étaient devenus impopulaires, le bas peuple étant porté en tout temps à se détacher de ceux qui, ayant la possession immédiate de l'autorité, sont souvent obligés d'en faire usage pour réprimer les écarts de la multitude. En outre, le peuple des campagnes d'Angleterre avait alors comme aujourd'hui un goût vivement prononcé pour les jeux champêtres, et une ardente jovialité de disposition, qui lui faisait supporter avec impatience la sévère discipline des prédicateurs fanatiques, en même temps qu'il n'était pas moins naturellement mécontent du despotisme militaire des généraux de Cromwell. Secondement, le peuple était inconstant comme toujours, et le retour du roi etait populaire par cela seul que c'était une nouveauté. Le côté des puritains fut d'ailleurs déserté à cette époque par une classe nombreuse de gens plus prévoyants et plus réfléchis, qui ne l'eussent jamais abandonné si la fortune lui fût demeurée fidèle. Ces prudents personnages étaient nommés à cette époque les Serviteurs de la Providence, et ils eussent regardé comme une offense grave envers le Ciel de prêter leur appui à une cause plus longtemps qu'elle n'était favorisée par la fortune.

Mais, quoique ainsi délaissés par les inconstants et les égoïstes, un enthousiasme solennel, un rigoureux et profond attachement à leurs principes, une confiance absolue dans la sincérité de leurs motifs, et ce mâle orgueil anglais qui les portait à s'attacher à leurs opinions, comme le voyageur de la fable à son manteau, avec d'autant plus de force que la tempête devenait plus violente, c'étaient là autant de motifs qui retenaient dans les rangs des puritains beaucoup d'hommes encore redoutables par le caractère, sinon par le nombre. Ils appartenaient principalement à la moyenne *gentry*, et à cette classe de gens que leur industrie ou d'heureuses spéculations dans le commerce ou les mines avaient portés à une situation éminente; — classe qui prend le plus d'ombrage de l'aristocratie, par laquelle elle se trouve éclipsée, et qui habituellement est la plus véhémente à défendre ce qu'elle regarde comme ses droits. Leurs vêtements ne se faisaient en général remarquer que par une affectation d'excessive simplicité et même de négligence. La couleur sombre de leurs manteaux, variant du noir aux teintes obscures; — leurs chapeaux à hautes formes et à larges bords; — leurs longs sabres, suspendus autour de leurs reins par une simple courroie, sans baudrier, sans nœud d'épée, sans plaques ni boucles, ni aucun des autres ornements dont les Cavaliers se plaisaient à accompagner leur fidèle rapière; — leurs cheveux rasés, qui faisaient paraître leurs oreilles d'une dimension tout à fait disproportionnée; — par-dessus tout, la sévère et sombre gravité de leurs regards, les annonçaient comme appartenant à cette classe d'enthousiastes intrépides et déterminés qui avait renversé l'ancien gouvernement, et qui maintenant regardait d'un œil plus qu'inquiet le nouvel ordre de choses qui venait si inopinément d'être rétabli. Leur physionomie respirait la tristesse, mais non celle du découragement, bien moins encore du désespoir. Ils ressemblaient à de vieux guerriers après une défaite, qui a bien pu interrompre leur carrière et blesser leur orgueil, mais qui n'a rien diminué de leur courage.

La mélancolie, devenue habituelle au visage du major Bridgenorth, le rendait tout à fait digne de marcher à la tête du groupe qui venait de sortir du village. Lorsqu'ils arrivèrent au point où leur chemin quittait la route pour pénétrer dans le bois qui entourait le château, ils éprouvèrent un sentiment passager d'humiliation, comme

s'ils eussent cédé le chemin d'honneur à leurs vieux ennemis les Cavaliers, si souvent vaincus. Ils commençaient à gravir le sentier sinueux, passage journalier du bétail, quand une échappée de vue à travers les arbres leur laissa apercevoir le fossé du château, en partie comblé par les décombres de la brèche, et la brèche elle-même, pratiquée à l'angle d'une grande tour carrée à demi démantelée, et dont les ruines, singulièrement dégradées et dans l'état le plus précaire, semblaient chanceler au-dessus de la large ouverture de la muraille. Cette vue rappela aux puritains leurs anciennes victoires, et un sourire silencieux et sombre fut échangé entre eux. Holdfast Clegg, un meunier de Derby, qui avait pris au siége une part active, dit à M. Solsgrace, avec une expression d'amertume et en lui désignant la brèche :
— Je ne pensais guère, quand de mes propres mains j'aidai à diriger le canon qu'Olivier[1] pointa contre cette tour, que nous serions obligés de grimper comme des renards sur ces murailles que nous avons conquises par notre arc et notre lance. Il me semblait que ces *malignants* en avaient alors assez de nous fermer leurs portes et de faire sonner haut leurs cors contre nous.

— Prends patience, mon frère, répondit Solsgrace ; prends patience et que ton âme ne soit pas inquiète. Nous n'entrons pas avec déshonneur dans ce haut lieu, puisque nous y montons par le chemin même que le Seigneur a ouvert aux saints.

Les paroles du pasteur furent comme l'étincelle sur une traînée de poudre. Les physionomies du lugubre cortége s'épanouirent tout à coup, et acceptant ce qu'avaient laissé tomber ses lèvres, comme un augure et une lumière du Ciel descendue vers eux pour les éclairer sur leur situation actuelle, ils entonnèrent d'un commun accord un des chants de triomphe dans lesquels les Israélites célébraient les victoires qui leur avaient été accordées sur les habitants païens de la Terre Promise.

« Que Dieu se lève, et alors ses ennemis seront mis en fuite ; la crainte leur donnera des ailes et les dispersera.

« Comme la cire se fond au feu, comme le vent chasse au loin la fumée, ainsi devant la face du Seigneur les méchants seront anéantis.

« Vingt mille anges brillants et forts composent l'armée du Seigneur ; et Dieu, sur le Sinaï, est présent au milieu d'eux.

« Tu montas sur les hauts lieux, ô Seigneur, et tu réduisis en captivité ceux qui autrefois avaient chargé les élus des liens de l'esclavage. »

Ces sons de triomphe religieux arrivèrent jusqu'à la bande joyeuse des Cavaliers. Ceux-ci, parés de tout ce que la pauvreté et leurs infor-

---

[1] Prénom de Cromwell. (L. V.)

tunes répétées leur avaient laissé de pompe, s'approchaient alors du même point, quoique par une route différente, et remplissaient de cris de joie et d'allégresse la principale avenue du château. Les deux partis formaient un contraste absolu; car, à cette époque de dissensions civiles, les habitudes des factions diverses les distinguaient aussi complétement que des uniformes eussent pu le faire. Si le costume du puritain était d'une simplicité affectée, si ses manières avaient une raideur ridicule, le Cavalier portait souvent son amour pour la parure jusqu'à l'exagération, et son mépris pour l'hypocrisie jusqu'à une licence dissolue. Jeunes ou vieux, mais tous élégants et gais, les Cavaliers s'avançaient en rangs serrés vers l'antique château, en s'abandonnant aux joyeuses démonstrations de cette humeur enjouée qui les avait soutenus durant les mauvais temps, ainsi qu'ils désignaient l'usurpation d'Olivier, et qui alors était portée au point de les faire presque sortir des bornes de la raison. Les panaches ondoyaient, les galons brillaient, les lances étincelaient, les coursiers caracolaient; et de temps à autre on entendait la décharge d'un pistolet de poche ou d'arçon, tiré par quelqu'un qui n'avait pas trouvé que ses talents naturels pour faire du bruit répondissent à la solennité de l'occasion. Les enfants — car, ainsi que nous l'avons dit, la populace, s'était, comme de coutume, jointe au parti le plus fort,—criaient et vociféraient : A bas le croupion !—à bas Olivier [1] ! Des instruments de musique, d'autant de sortes différentes qu'on en connaissait alors, jouaient tous à la fois, et sans le moindre égard à l'air que chacun des autres exécutait; et l'enthousiasme du moment, en même temps qu'il tempérait l'orgueil des nobles du parti jusqu'à les faire fraterniser avec la plèbe, empruntait un nouvel excitant à la pensée, qui pour eux doublait l'enivrement du triomphe, que leur exaltation était entendue de leurs voisins les Têtes-Rondes, alors réduits à porter la crête basse.

Quand les accents pleins et sonores du psaume, multipliés par tous les échos des rochers et des ruines, vinrent frapper leurs oreilles, comme pour leur dire combien peu ils devaient compter sur le découragement de leurs adversaires, il y fut d'abord répondu par un rire de mépris, aussi haut que purent le permettre les poumons des railleurs, afin de faire arriver jusqu'aux psalmodistes le dédain de leurs auditeurs ; mais ce rire fut un mouvement forcé de haine de parti. Les sentiments mélancoliques, dans une situation de doute et de souffrance, ont quelque chose de plus naturel que ceux de la gaîté, et quand ils se trouvent en présence, les premiers manquent rarement de dominer les autres. Qu'un cortége funéraire et une noce se rencontrent inopinément, on conviendra sans peine que la joie de l'une sera promptement étouffée par la morne tristesse de l'autre. Les Cavaliers éprouvaient en outre ici des

[1] Mort depuis dix-huit mois. (L. V.)

sensations d'une autre espèce. Le psaume dont les dernières modulations arrivaient en ce moment jusqu'à eux avait été entendu trop souvent, et en trop d'occasions avait précédé la défaite des *malignants*, pour que, même dans leur triomphe, ils le pussent entendre sans émotion. Il y eut parmi eux comme une pause, dont eux-mêmes semblaient honteux, jusqu'à ce que le silence fut rompu par un vieux et brave chevalier, sir Jasper Cranbourne, dont le courage était si universellement reconnu, qu'il pouvait avouer une émotion que des hommes d'un courage moins bien établi eussent cru plus prudent de dissimuler.

— Tudieu [1] ! dit le vieux chevalier, que je ne goûte jamais de clairet si ce n'est pas le même air avec lequel ces coquins à oreilles dressées [2] commencèrent leur attaque à Wiggan-Lane [3], où ils nous abattirent comme autant de quilles ! Ma foi, voisins, à vrai dire, je n'aime ces sons-là que tout juste ; au diable la honte !

— Si je pensais que ces impudents Têtes-Rondes le chantent par mépris pour nous, dit Dick Wildblood du Dale [4], voilà un bâton avec lequel je leur ferais sortir la psalmodie de leurs gosiers de rustres ! Cette motion, soutenue par la voix avinée du vieux Roger Raine [5], le cabaretier des *Armes de Péveril*, dans le village, aurait pu amener un engagement général, sans l'intervention de sir Jasper.

— Nous ne leur chercherons pas querelle, Dick, dit le vieux chevalier au jeune franklin [6] ; tudieu ! l'ami, nous ne leur chercherons pas querelle, et cela pour trois raisons : d'abord, parce que ce serait manquer à lady Péveril ; puis, parce que c'est contre la paix du roi ; et finalement, Dick, parce que si nous tombions sur ces drôles de chanteurs de psaumes, tu pourrais t'en mal trouver, mon enfant, comme cela t'est déjà arrivé.

— Qui, moi, sir Jasper ! s'écria Dick ; — je m'en trouverais mal ! — je veux être damné si c'est jamais arrivé, sauf dans cette lane [7] maudite, où nous n'avions pas plus de place à nous étendre en flanc, en front ou à l'arrière, que si nous avions été autant de harengs dans un baril.

— Ce fut cette raison, j'imagine, et sans doute en vue d'amender la chose, qui te fit sauter dans la haie, homme et cheval, et t'y blottir jusqu'à ce que je t'en fisse sortir en la battant avec mon bâton de commandement ; et alors, au lieu de charger en front, tu fis un demi-

---

[1] Nous sommes obligé de remplacer l'espèce de juron du vieux chevalier (*adad*) par quelque chose d'équivalent. (L. V.)

[2] *Prick-eared*. Ce sobriquet, ainsi que nombre d'autres, avait été appliqué aux puritains à cause de l'apparence étrange que leur donnait leur tête rasée. (L. V.)

[3] Défilé de Wiggan.

[4] Wildblood de la Vallée. *Wildblood* signifie Sang-Sauvage, Sang-Chaud. (L. V.)

[5] Roger l'Arroseur.

[6] Propriétaire faisant lui-même valoir ses terres. (L. V.)

[7] Défilé.

tour à droite et tu gagnas le large aussi vite que tes pieds purent te porter.

Cette réminiscence excita un rire général aux dépens de Dick, qui était connu, ou qui du moins passait pour avoir plus de langue que de cœur. Et en même temps que cette espèce de sarcasme fit heureusement diversion à la colère qui avait commencé à s'éveiller au sein de la cavalcade royaliste, toute cause d'irritation ultérieure s'éteignit par la cessation subite du chant qu'ils avaient été disposés à interpréter comme une insulte préméditée.

Ce silence était dû à l'arrivée des puritains au pied de la large brèche que leurs canons victorieux avaient faite autrefois dans la muraille du château. La vue de cette vaste ouverture, de ces monceaux de décombres et de ces bâtiments à demi renversés, entre lesquels gravissaient lentement les détours d'un étroit et rapide sentier, semblables à ceux que tracent au milieu des ruines les pas des rares visiteurs que la curiosité y amène, était bien propre, par le contraste que formaient ces débris avec les masses grisâtres et solides des tours et des courtines qui étaient restées intactes, à ranimer le souvenir de la victoire qu'ils avaient remportée sur la forteresse de leurs ennemis, et des liens de fer dont ils avaient chargé les nobles et les princes.

Mais des sentiments plus convenables au but de leur visite au château de Martindale furent éveillés même dans le cœur de ces farouches sectaires, quand la dame châtelaine, encore dans la fleur de la jeunesse et de la beauté, parut au sommet de la brèche, suivie de ses principales femmes, et s'avançant pour recevoir ses hôtes avec les égards et la courtoisie que commandait son invitation. Elle avait quitté les habits noirs qu'elle portait depuis plusieurs années, et était vêtue avec une splendeur convenable à son rang et à sa naissance. Elle ne portait pas de joyaux, à la vérité; mais ses longs cheveux bruns étaient surmontés d'une couronne de feuilles de chêne et de lis, les premières étant l'emblème de l'asile qu'avait trouvé le roi fugitif dans le Chêne Royal[1], et les seconds celui de son heureuse restauration. Ce qui augmenta encore l'impression que produisit sa vue, ce fut la présence de deux enfants qu'elle tenait par la main, et dont l'un, personne ne l'ignorait, était la fille de leur chef, le major Bridgenorth, que les soins presque maternels de lady Péveril avaient rendue à la vie et à la santé.

Si les individus d'un rang inférieur dans la troupe puritaine éprouvèrent la salutaire influence de la présence de lady Péveril ainsi accompagnée, le pauvre Bridgenorth eut peine à résister à l'émotion qu'elle lui causa. La rigidité de sa secte et de ses habitudes ne lui permit pas de tomber à genoux et de baiser la main qui tenait sa petite orpheline; mais son profond salut, — le tremblement de sa voix affaiblie, — la

---

[1] *Voyez* les notes de *Woodstock*. (L. V.)

vivacité de son regard, montrèrent une respectueuse gratitude pour la dame dont il s'approchait, — gratitude plus profonde et plus remplie de vénération que n'eussent pu l'exprimer même les démonstrations orientales. Quelques paroles obligeantes et polies, exprimant le plaisir qu'elle éprouvait à revoir enfin ses voisins comme amis ; — quelques questions affectueuses adressées aux principaux individus parmi ses hôtes, au sujet de leurs familles et de leurs affaires, achevèrent son triomphe sur les pensées de colère et de dangereux souvenirs, et disposèrent tous les assistants à s'associer de cœur au but de la réunion.

Solsgrace lui-même, quoique se croyant obligé par office et par devoir à surveiller et à déjouer les ruses de la « femme amalécite, » Solsgrace n'échappa point à la contagion sympathique ; et il fut tellement subjugué par les paroles de paix et de bienveillance de lady Péveril, qu'il entonna immédiatement le psaume :

« Oh ! qu'il est doux de voir des frères abjurer la haine, et se réunir dans un même sentiment d'unité et de concorde ! »

Acceptant cette salutation comme un retour de courtoisie, lady Péveril conduisit en personne cette partie de ses hôtes à l'appartement où un repas copieux leur avait été préparé ; et elle eut même la patience de demeurer avec eux tandis que M. Nehemiah Solsgrace prononçait une bénédiction d'une effrayante étendue, comme introduction au banquet. Sa présence imposa cependant une certaine contrainte au digne ministre, dont le prélude fut d'autant plus long et plus embarrassé, qu'il se sentait empêché dans sa péroraison, qu'il avait coutume de terminer par une prière pour que le pays fût délivré du papisme, de la prélatie et de Péveril du Pic, allitération qui lui était devenue si habituelle, qu'après avoir à diverses reprises essayé vainement de conclure par quelque autre allocution, il se vit enfin obligé d'en revenir à sa formule accoutumée, dont il prononça les premiers mots à haute voix, mais dont il marmotta les autres de manière à n'être pas intelligible même pour ceux qui se trouvaient le plus rapprochés de lui.

Le silence du ministre fut suivi des bruits divers qui annoncent l'attaque dirigée par une réunion affamée contre une table bien garnie ; la dame saisit cette opportunité de quitter l'appartement, pour aller veiller à la réception de l'autre compagnie. Elle sentait, au reste, qu'il était grandement temps de le faire, et que peut-être ses hôtes royalistes pourraient être disposés à mal interpréter, ou même à prendre en mauvaise part, la priorité d'attentions qu'elle avait cru prudent d'avoir pour les puritains.

Ces appréhensions n'étaient pas tout à fait mal fondées. Ce fut en vain que l'étendard royal, avec sa fière devise, *Tandem Triumphans*[1], avait été déployé par l'intendant sur une des deux grandes tours qui flanquaient l'entrée principale du château, tandis que sur l'autre flottait la bannière de Péveril du Pic, sous laquelle la plupart de ceux qui en approchaient en ce moment avaient combattu durant toutes les vicissitudes de la guerre civile ; ce fut en vain que Whitaker répéta de sa voix retentissante : — Soyez les bienvenus, nobles Cavaliers ! soyez les bienvenus, généreux seigneurs ! un léger murmure qui circula parmi eux semblait dire que ce salut de bienvenue aurait dû sortir de la bouche de l'épouse du colonel, — non de celle d'un homme à gages. Sir Jasper Cranbourne, qui avait autant de bon sens que d'ardeur et de bravoure, et qui connaissait les motifs de sa belle cousine, ayant été consulté par elle sur tous les arrangements qu'elle avait adoptés, vit que les choses étaient venues au point qu'il n'y avait pas de temps à perdre pour conduire les hôtes à la salle du banquet, où on pourrait trouver une heureuse diversion à tous ces germes de mécontentement, aux dépens de la bonne chère que les soins de la dame châtelaine avaient si libéralement rassemblée.

Le stratagème du vieux soldat réussit complétement. Il s'installa dans le grand fauteuil de chêne qu'occupait habituellement l'intendant quand il recevait ses comptes ; et le docteur Dummerar ayant prononcé en latin un court *benedicite* (qui n'en fut pas moins goûté des auditeurs que si un seul d'entre eux l'eût compris), sir Jasper exhorta la compagnie à se mettre en appétit pour le dîner par une santé à Sa Majesté, aussi copieuse que leurs gobelets le permettraient. En un moment on n'entendit plus que le bruit des gobelets et des bouteilles. Par un second mouvement, les convives furent debout comme autant de statues et silencieux comme elles, mais les yeux brillants du feu de l'attente, le bras étendu, et toutes les coupes portées en avant. La voix de sir Jasper, claire, sonore, accentuée, semblable au son de la trompette de guerre, annonça alors la santé du monarque restauré, santé que l'assemblée répéta à la hâte, impatiente de lui rendre l'hommage qu'elle appelait. Un autre court intervalle fut nécessité par le temps de vider les coupes ; puis toutes les voix se réunirent en une seule voix dans une acclamation si retentissante, que non-seulement l'écho en fit trembler les poutres de la vieille salle, mais que les guirlandes de rameaux de chêne et de fleurs dont elle était décorée s'agitèrent étrangement, et firent entendre un bruissement sourd comme si elles eussent été subitement frappées par un tourbillon de vent. Ce cérémonial accompli, la compagnie se mit en devoir d'assaillir les mets sous le poids desquels la table gémissait, doublement excités à l'attaque par la joie et la mélodie, car là se trouvaient tous les ménestrels du district, qui,

[1] Enfin Triomphant.

de même que le clergé épiscopal, avaient été réduits au silence durant le règne des soi-disant saints de la république. La joyeuse occupation de bien manger et de bien boire, l'échange de santés entre de vieux voisins, compagnons de résistance aux jours de combats, — compagnons de souffrances et d'abaissement aux jours de la défaite, — maintenant réunis dans une même pensée de félicitation, effacèrent bientôt de leur mémoire le léger sujet de plainte qui, dans l'esprit de quelques-uns d'entre eux, avait assombri un instant la fête de cette journée. Aussi, quand lady Péveril entra dans la salle, accompagnée, comme auparavant, des deux enfants et de ses femmes, elle fut saluée des acclamations dues à l'ordonnatrice du banquet, — à la maîtresse du château, — à la dame du noble chevalier qui avait conduit une partie d'entre eux aux combats avec un courage indomptable et persévérant digne d'un meilleur succès.

Le discours qu'elle leur adressa fut court et noble, mais empreint d'un ton de sensibilité qui trouva le chemin de tous les cœurs. Elle s'excusa de son retard à venir leur présenter sa bienvenue personnelle, en leur rappelant qu'il y avait ce jour-là au château de Martindale des hôtes, naguère leurs ennemis, et que d'heureux événements venaient de changer en amis, mais qui n'avaient que depuis si peu de temps revêtu ce dernier caractère, qu'elle n'avait osé négliger près d'eux aucun point du cérémonial. Mais ceux à qui elle s'adressait maintenant étaient les meilleurs, les plus chers, les plus fidèles amis de la maison de son époux; non-seulement c'était à eux et à leur valeur que sir Péveril avait dû ces succès qui avaient fait sa gloire et la leur durant les temps de malheur qu'ils venaient de traverser; mais c'était à leur courage qu'elle, en particulier, avait dû la conservation des jours de leur chef, même quand une défaite n'avait pu être évitée. Quelques mots de félicitation cordiale au sujet de l'heureuse restauration de la dynastie légitime et de l'autorité royale furent tout ce qu'elle osa ajouter ; et faisant à ceux qui l'entouraient un gracieux salut, elle porta un verre à ses lèvres en l'honneur de ses hôtes.

Il restait encore, surtout parmi les vieux Cavaliers de cette époque, quelque étincelle de cet esprit qui inspirait Froissard quand il déclarait qu'un chevalier a deux fois plus de courage et de force alors qu'il est animé par les regards et les paroles d'une femme belle et vertueuse. Ce fut seulement sous le règne qui commence au moment où nous sommes, que la licence effrénée du siècle, introduisant un ton général de débauche et de libertinage, ravala les femmes au rôle d'instruments de plaisir, et par là priva la société de ce noble sentiment de courtoisie pour le beau sexe, sentiment que l'on peut regarder comme un aiguillon qui excite et développe ce qu'il y a en nous de pur et d'élevé, et qui, sous ce rapport, est supérieur à toute autre impulsion, sauf celles de la religion et du patriotisme. Les solives de l'antique salle du château de Martindale retentirent au même instant d'acclamations plus fortes et plus bruyantes que celles qui tout à l'heure les avaient ébranlées, et les noms du chevalier du Pic et de sa dame furent proclamés au milieu de l'agitation des bonnets et des chapeaux, et des vœux universels pour leur santé et leur bonheur.

Sous ces auspices, lady Péveril se glissa hors de la salle, et laissa le champ libre aux plaisirs bachiques de la soirée.

Ceux des Cavaliers se peuvent aisément concevoir, car ils avaient pour accompagnements les chants, les plaisanteries, les toasts et la musique, qui dans presque tous les temps et chez tous les peuples ont été les compagnons ordinaires des fêtes et des festins. Les plaisirs des puritains étaient d'un caractère différent et moins bruyant. Ils ne chantaient ni ne plaisantaient, ils n'avaient ni musique ni toast; et cependant ils n'en paraissaient pas moins jouir, pour parler leur langage, des joies mondaines que la fragilité humaine rendait agréables à leur *homme extérieur*. Le vieux Whitaker protesta même que, quoiqu'ils fussent beaucoup moins nombreux, ils absorbèrent presque autant de canarie et de clairet que la troupe plus joyeuse réunie dans l'autre salle. Mais ceux qui connaissaient les préventions de l'intendant furent portés à croire qu'afin de produire un tel résultat il devait avoir ajouté ses libations particulières de la journée, — article important, — à la somme totale de la consommation puritaine.

Sans adopter un rapport si clairement empreint de médisance et de partialité, nous dirons seulement qu'en cette occasion comme en beaucoup d'autres, la rareté du plaisir en doubla le prix, et que ceux qui faisaient de l'abstinence, ou au moins de la modération, un point de religion, jouirent d'autant plus de leur réunion amicale que de telles opportunités étaient pour eux moins fréquentes. S'ils ne se portaient pas précisément de santés mutuelles, ils laissaient voir, du moins, par leurs regards et leurs signes de tête lorsqu'ils levaient leurs verres, qu'ils trouvaient tous le même plaisir dans cette agréable occupation, et que ce plaisir leur semblait d'autant plus doux qu'ils le voyaient partagé par leurs amis et leurs voisins. La religion, principal objet de leurs pensées, devint aussi le sujet principal de leur conversation; et comme ils se trouvaient placés à table en petits groupes séparés, ils se mirent à discuter des points métaphysiques de doctrine et de croyance, à balancer le mérite de divers prédicateurs, à comparer les doctrines des sectes opposées, et à fortifier par des citations de l'Écriture celles qu'ils favorisaient. Quelques altercations, qui s'élevèrent dans le cours de ces débats, auraient pu aller plus loin que ne le voulait la bienséance, sans la prudente intervention du major Bridgenorth. Il étouffa aussi en germe une dispute qui se préparait entre Gaffer Hodgeson de Charnelycot et le révérend M. Solsgrace, sur le sujet délicat du droit des laïques de prêcher ainsi que les ministres; et il ne crut pas non plus qu'il fût ni très-prudent ni très-convenable de céder au désir de quelques-uns des plus chauds enthousiastes du parti, qui se sentaient disposés à faire profiter la réunion du don qu'ils avaient reçu d'en haut pour les prières et les exhortations spontanées. Ces absurdités appartenaient à l'époque; et cependant le major eut assez de bon sens pour sentir que quelle qu'en fût la source, hypocrisie ou enthousiasme, elles ne convenaient ni au moment ni au lieu.

Ce fut encore le major qui détermina sa compagnie à se séparer de bonne heure, de sorte qu'ils quittèrent le château longtemps avant que leurs rivaux, les Cavaliers, eussent atteint l'apogée de leur gaîté; arrangement qui causa la plus vive satisfaction à lady Péveril, dans l'appréhension où elle était des circonstances qui auraient bien pu suivre la rencontre des deux partis, s'ils se fussent retirés en même temps et dans un même état de raison.

Il était près de minuit quand la plus grande partie des Cavaliers, c'est-à-dire ceux qui étaient en état d'effectuer leur retraite sans aide, reprirent le chemin du village de Martindale-Moultrassie, favorisés d'un beau clair de lune pour prévenir les chances d'accidents. Leurs acclamations, et le refrain de leur chorus étourdissant:

« Le roi reprendra sa couronne! »

furent entendus avec grand plaisir par lady Péveril, qui vit, avec une vive satisfaction, la fête du jour terminée sans aucun fâcheux accident. Les réjouissances n'étaient cependant pas entièrement à leur terme; car les Cavaliers, dont la tête était passablement échauffée, ayant trouvé quelques villageois encore sur pied autour d'un feu de joie allumé dans la rue, se mêlèrent gaîment à leurs sauts, — envoyèrent chercher chez Roger Raine, le *loyal* [1] aubergiste déjà mentionné, deux barriques de ce qu'on nommait le joyeux stingo [2], et prêtèrent leur puissante assistance à les vider à la santé du roi et du loyal général Monk. Leurs cris troublèrent longtemps, et même alarmèrent le petit village; mais il n'est pas d'enthousiasme qui puisse résister indéfiniment aux conséquences naturelles de libations d'un demi-gallon prolongées jusqu'à une heure avancée de la nuit. Le tumulte de l'enthousiasme royaliste fit enfin place au silence, et la lune fut laissée avec le hibou en possession paisible de la vieille tour de l'église du village, laquelle, projetant sa flèche blanche au-dessus d'un cercle de chênes pressés, était habitée par l'oiseau et argentée par les rayons de l'astre [3].

[1] Il ne faut pas oublier que *loyal* est ici un terme emprunté au vocabulaire politique de l'Angleterre, comme synonyme de royaliste. (L. V.)

[2] Sorte de bière. (L. V.)

[3] *Voyez* la note B, à la fin du volume.

CHAPITRE V.

> Ce fut lorsque bravant la sape et les assauts, et obéissant à l'appel que leur souveraine lige avait fait à leur courage, ils arborèrent ses bannières; et cette femme, merveille de son sexe, communiquait son ardeur au plus humble des vassaux qui garnissaient les remparts de son castel.
>
> WILLIAM S. ROSE.

Le matin du jour qui suivit la fête, lady Péveril, se ressentant encore de la fatigue et des appréhensions de la veille, garda son appartement deux ou trois heures plus tard que son activité accoutumée et les habitudes matinales du temps ne le rendaient ordinaire. Dans cet intervalle, mistress Ellesmere, femme en qui la famille mettait une grande confiance, et qui en l'absence de sa maîtresse aimait à faire montre de son autorité, donna ordre à Déborah, la gouvernante, de conduire immédiatement les enfants prendre l'air au parc, et de ne laisser entrer personne dans la chambre dorée, théâtre ordinaire de leurs jeux. Déborah, qui s'insurgeait souvent, et quelquefois avec succès, contre l'autorité déléguée de mistress Ellesmere, décida à part elle qu'il allait pleuvoir, et que la chambre dorée était un lieu plus convenable pour les exercices des enfants que l'herbe humide du parc par une matinée couverte.

Mais la tête d'une femme est parfois aussi changeante qu'une assemblée populaire; et immédiatement après avoir conclu que la matinée serait pluvieuse et que la chambre dorée était la place de jeu la plus convenable pour les enfants, mistress Déborah en vint à la résolution quelque peu contradictoire que le parc était le lieu qui convenait le mieux à sa promenade du matin. Il est certain que durant l'entraînement joyeux de la soirée précédente, elle avait dansé jusqu'à minuit avec Lance Outram, le garde du parc; mais jusqu'à quel point l'inconséquence des opinions de mistress Déborah au sujet du temps fut influencée par la vue de son cavalier de la nuit, qu'elle venait d'apercevoir sous la fenêtre, dans son attirail de forestier, une plume à son chapeau et une arbalète sous son bras, c'est ce que nous sommes loin de vouloir décider. Il nous suffit de savoir que dès que mistress Ellesmere eut le dos tourné, Déborah conduisit les enfants à la chambre dorée, non sans une stricte recommandation à M. Julien (nous lui devons cette justice) de prendre bien soin de sa petite femme, mistress Alice; puis, après une précaution aussi rassurante, elle se glissa dans le parc par la porte vitrée du salon de repos, qui faisait presque face à la grande brèche.

La chambre dorée où, par cet arrangement, les enfants étaient laissés à eux-mêmes, sans autre surveillance que celle qu'on pouvait attendre de la raison de Julien, était une grande pièce tapissée de cuir imprimé d'Espagne couvert de riches dorures, représentant, par une mode maintenant oubliée, mais qui était loin d'être sans agrément, une suite de joutes et de combats entre les Maures de Grenade et les Espagnols commandés par le roi Ferdinand et la reine Isabelle, durant ce siége mémorable qui se termina par la dispersion totale des derniers débris de l'empire arabe en Espagne.

Le petit Julien courait çà et là dans la chambre, pour amuser sa petite amie aussi bien que pour son propre plaisir, imitant avec une baguette les attitudes menaçantes des Abencerrages et des Zégris, livrés à l'exercice oriental du jet du *djérid* ou javeline, ou bien parfois s'asseyant à terre auprès d'elle et la caressant silencieusement et avec bonne humeur, quand la pétulante et timide enfant se fatiguait de rester spectatrice inactive des jeux impétueux de son compagnon. Tout à coup, Julien vit glisser et s'entr'ouvrir un des compartiments de la tapisserie en cuir, de manière à laisser apercevoir une belle main, dont les doigts, appuyés sur le bord du panneau à demi ouvert, semblaient chercher à le faire avancer davantage. Julien fut très-surpris à cette vue, et quelque peu effrayé, car les contes de sa nourrice avaient fortement frappé son esprit des terreurs du monde invisible. Cependant, naturellement hardi et courageux, le petit champion se plaça près de sa sœur sans défense, et continua de brandir son arme pour la protéger, aussi vaillamment que si lui-même eût été un des Abencerrages de Grenade.

Le panneau, sur lequel ses yeux étaient fixés, continuait de glisser, et laissait voir de plus en plus la personne à laquelle la main appartenait. Enfin, dans le sombre enfoncement qui se trouva à découvert, les enfants aperçurent la figure d'une dame vêtue d'habits de deuil; elle avait passé l'âge moyen de la vie, mais ses traits conservaient cependant les traces d'une grande beauté, quoique le caractère dominant de sa physionomie et de sa personne fût un air de dignité presque royale. Après s'être arrêtée un instant sur le seuil de l'ouverture qu'elle venait si inopinément de découvrir, en considérant avec quelque surprise les deux enfants que probablement elle n'avait pas aperçus tandis qu'elle était occupée à faire mouvoir le compartiment secret, l'étrangère s'avança dans la chambre, et le panneau, par l'effet d'un ressort qu'elle avait touché, se referma si soudainement derrière elle, que Julien douta presque qu'il eût jamais été ouvert, et commença à craindre que tout ce qu'il voyait ne fût qu'une illusion [1].

---

[1] *Voyez* la note C, à la fin du volume.

La dame à l'air majestueux s'approcha de lui, néanmoins, et lui dit : N'êtes-vous pas le petit Péveril ?

— Oui, répondit l'enfant en rougissant, et non sans éprouver dans son esprit enfantin quelque chose de cette règle de la chevalerie qui défend de désavouer son nom, n'importe quel danger pourrait en entraîner l'aveu.

— Alors, reprit l'imposante étrangère, allez dans la chambre de votre mère, et dites-lui de venir me parler sur-le-champ.

— Je n'irai pas, répliqua le petit Julien.

— Comment ! — si jeune et si désobéissant ? — mais vous ne faites que suivre la mode du temps. Pourquoi n'y voulez-vous pas aller, mon bel enfant, quand je vous le demande comme une faveur ?

— J'irais bien, madame, mais... Ici l'enfant s'arrêta court, se reculant toujours à mesure que la dame avançait vers lui, et continuant de tenir par la main Alice Bridgenorth. Celle-ci, trop jeune pour comprendre la nature du dialogue, se serrait en tremblant contre son compagnon.

L'étrangère vit son embarras ; elle sourit, et s'arrêtant à la place où elle était, elle demanda de nouveau à l'enfant : Que craignez-vous, mon brave petit ami ? — Pourquoi n'iriez-vous pas faire ma commission près de votre mère ?

— Parce que si j'y vais, répondit Julien avec fermeté, il faudra que la petite Alice reste seule avec vous.

— Vous êtes un brave, repartit la dame, et vous ne déshonorerez pas votre race, qui n'a jamais laissé le faible sans protection.

L'enfant ne la comprit pas, et continua de porter alternativement les yeux, d'un air inquiet et craintif, de celle qui lui parlait à sa petite compagne, dont les regards enfantins erraient aussi de la figure de la dame à celle de son compagnon et protecteur, et qui enfin, atteinte d'une part de la crainte que les efforts magnanimes de celui-ci ne parvenaient pas à dissimuler entièrement, se jeta entre les bras de Julien, et s'attachant à lui, augmenta tellement son alarme par les cris qu'elle poussa, qu'il lui devint fort difficile de surmonter la frayeur sympathique qui le portait à faire de même.

Il y avait dans l'air et l'attitude de cette survenante inattendue quelque chose qui pouvait justifier la crainte, sinon la frayeur, surtout après la manière singulière et mystérieuse dont elle avait fait son apparition. Son costume n'avait rien de remarquable, car c'était le chaperon et le vêtement d'amazone du temps, tel que le portaient pour monter à cheval les femmes appartenant à la noblesse de classe inférieure ; mais sa chevelure noire était très-longue, et plusieurs boucles échappées de son chaperon retombaient en désordre sur son cou et ses épaules. Ses yeux noirs étaient vifs et perçants, et il y avait dans l'ensemble de sa physionomie quelque chose d'étranger. Quand elle parlait, son langage avait de même un accent légèrement étranger, quoiqu'elle s'exprimât en pur anglais. Ses plus légères inflexions de voix, ses moindres gestes, révélaient une femme habituée à commander et à être obéie ; et ce fut probablement le souvenir de cette impression qui suggéra ensuite à Julien l'excuse qu'il donna de s'être laissé effrayer, en disant qu'il avait pris l'étrangère « pour une reine enchantée. »

Tandis que la dame inconnue et les enfants étaient dans cette attitude, deux personnes entrèrent presque au même instant, mais par deux portes différentes ; et leur précipitation montrait qu'elles avaient été effrayées par les cris d'Alice.

La première était le major Bridgenorth, dont l'oreille avait été frappée par les cris de sa fille au moment où il entrait dans la salle attenante à ce qu'on nommait la chambre dorée. Son intention avait été d'attendre dans cette pièce ouverte à tous que lady Péveril parût, pour l'assurer que la fête de la veille s'était à tous égards agréablement passée pour ses amis, et sans aucune de ces conséquences alarmantes qu'on aurait pu redouter d'une collision entre les deux partis. Mais si l'on songe à la vivacité des alarmes qu'il avait éprouvées pour la santé et la vie de son enfant, alarmes trop bien justifiées par le sort de ceux qu'il avait eus avant elle, il ne paraîtra pas surprenant que les cris enfantins d'Alice l'eussent porté à franchir les barrières du cérémonial, et à pénétrer plus avant dans l'intérieur de la maison que ne l'eût voulu le strict sentiment des convenances.

Il se précipita donc dans la chambre dorée par une porte de côté et un passage étroit conduisant de la salle à cette chambre, et, prenant vivement l'enfant dans ses bras, il s'efforça, par mille caresses, d'étouffer les cris de la petite fille, qui au contraire devinrent plus perçants, quand elle se vit ainsi dans les bras d'une personne dont une courte entrevue n'avait pu lui rendre familiers ni la voix ni les traits.

Ainsi les cris d'Alice redoublèrent, soutenus par ceux de Julien Péveril, lequel, à l'apparition de ce second intrus, vit qu'il fallait maintenant renoncer à défendre sa compagne autrement qu'en appelant à leur aide de toute la force de ses poumons.

Attirée par ce bruit, qui en un instant était devenu réellement alarmant, lady Péveril, dont l'appartement communiquait avec la chambre dorée par une porte secrète ouvrant sur son cabinet de toilette, parut à son tour sur la scène. Dès qu'elle l'aperçut, la petite Alice, se dégageant des mains de son père, courut vers sa protectrice ; et dès qu'elle eut saisi un pan de sa robe, non-seulement elle cessa ses cris, mais elle tourna vers la dame étrangère ses grands yeux bleus, dans lesquels brillaient encore des larmes, avec un air d'étonnement plutôt que de crainte. Julien brandit fièrement sa baguette, arme dont il ne s'était pas dessaisi durant l'alarme, et se tint prêt à venir au secours de sa mère s'il y avait quelque danger pour elle dans sa rencontre avec l'étrangère.

Dans le fait, une personne plus âgée eût pu éprouver quelque embarras à se rendre compte de l'air interdit avec lequel lady Péveril s'arrêta tout à coup pour examiner son hôtesse inattendue, comme incertaine si elle reconnaissait ou non, dans des traits beaux encore, quoique flétris déjà et amaigris, une physionomie qu'elle avait connue dans des circonstances bien différentes.

L'étrangère parut comprendre la cause de son hésitation, car elle lui dit, de cette voix pénétrante qui lui était propre : Le temps et le malheur m'ont bien changée, Marguerite. — C'est ce que me disent tous les miroirs. — Il me semble néanmoins que Marguerite Stanley aurait encore pu reconnaître Charlotte de la Trémouille.

Lady Péveril se laissait peu entraîner d'ordinaire aux émotions soudaines ; mais dans l'occasion actuelle elle se jeta à genoux, dominée par une exaltation mêlée de joie et de douleur, et embrassant à demi ceux de l'étrangère, elle s'écria d'une voix entrecoupée :

— Ma bonne, ma noble bienfaitrice ! — la noble comtesse de Derby, — la reine souveraine de Man ! — Ai-je pu méconnaître un seul instant votre voix et vos traits ! — Pardonnez-moi, pardonnez-moi !

La comtesse releva la parente de son époux avec toute la grâce d'une femme accoutumée dès l'enfance à recevoir hommage et à accorder protection. Elle baisa lady Péveril au front, et elle lui dit, en lui passant la main sur le visage d'un air caressant :

— Vous êtes changée aussi, ma belle cousine ; mais c'est un changement qui vous sied. C'est celui d'une timide et jolie fille en une femme remplie de grâce et de dignité. Mais ma propre mémoire, que j'ai crue bonne autrefois, me trompe étrangement si monsieur est sir Geoffrey Péveril.

— C'est seulement un bon et obligeant voisin, madame, dit lady Péveril ; sir Geoffrey est à la cour.

— C'est ce qu'on m'avait déjà appris à mon arrivée ici hier au soir.

— Quoi, madame ! — êtes-vous arrivée ainsi au château de Martindale, — dans la maison de Marguerite Stanley, où vous avez tant de droits pour commander, sans lui annoncer votre présence ?

— Oh! je sais, Marguerite, que vous êtes une sujette dévouée, répondit la comtesse, quoique ce soit aujourd'hui un caractère peu commun ; — mais c'était notre bon plaisir de voyager incognito, ajouta-t-elle en souriant ; — et vous trouvant engagée dans les soins d'une hospitalité générale, nous n'avons pas voulu vous troubler par notre royale présence.

— Mais comment et où avez-vous été logée, madame ? et pourquoi avez-vous tenu secrète une visite qui, si elle eût été connue ici hier, aurait décuplé le bonheur de tous les cœurs loyaux qui s'y trouvaient réunis ?

— Ellesmere a bien pourvu à mon logement, — votre Ellesmere aujourd'hui, comme autrefois elle fut la mienne : — elle a rempli jadis, vous le savez, les fonctions de quartier-maître, et sur une plus grande échelle ; il faut que vous l'excusiez. — Elle avait mon ordre positif de me loger dans la partie la plus secrète de votre château ; — (elle désigna du doigt le panneau de la retraite cachée) — elle m'a obéi en cela, et aussi, je suppose, en vous envoyant maintenant ici.

— Je ne l'ai pas encore vue, et par conséquent j'ignorais absolument une visite si surprenante et qui me rend si heureuse.

— Et moi, j'ai été également surprise de ne trouver personne que ces jolis enfants dans la chambre où j'avais cru vous entendre. Notre Ellesmere est devenue étourdie ; — votre indulgence l'a gâtée. — Elle a oublié la discipline qu'elle avait apprise avec moi.

— Je l'ai vue courir vers le bois, reprit lady Péveril après un instant de réflexion, sans doute pour y trouver la personne qui a la garde des enfants, et les lui faire emmener.

— Ces enfants sont les vôtres, sans doute ? Marguerite, la Providence vous a bénie.

— Celui-ci est mon fils, répondit lady Péveril en désignant Julien, qui prêtait à leurs discours une oreille avide ; la petite fille, — je puis l'appeler la mienne aussi.

Sur ces entrefaites, le major Bridgenorth avait repris sa fille dans ses bras et la caressait ; aux dernières paroles de la comtesse de Derby il la reposa à terre, soupira profondément, et se dirigea vers l'embrasure de la fenêtre. Il sentait bien que les règles ordinaires de la politesse auraient voulu qu'il se retirât entièrement, ou que du moins il offrît de se retirer ; mais ce n'était pas un homme de courtoisie raffinée, et le sujet vers lequel semblait tourner le discours de la comtesse était pour lui d'un intérêt si particulier, qu'il crut pouvoir se dispenser de cérémonie. Les dames, à la vérité, semblaient s'apercevoir à peine de sa présence. La comtesse avait pris une chaise, et avait fait signe à lady Péveril de se placer sur un tabouret près d'elle. — Ce sera encore une fois comme au vieux temps, dit-elle, quoiqu'il n'y ait plus ici le bruit des fusils rebelles pour vous pousser à chercher un refuge près de moi, et presque dans ma poche.

— J'ai un fusil, madame, dit le petit Julien, et l'année prochaine le garde du parc m'apprendra à en tirer.

— Alors, je vous enrôlerai comme un de mes soldats, repartit la comtesse.

— Les dames n'ont pas de soldats, répliqua l'enfant, en fixant sur elle un regard assuré.

— Je vois, reprit la comtesse, qu'il a bien le mépris de son sexe pour la faiblesse du nôtre ; ce mépris qui est né avec les insolents despotes de l'humanité, et qui se montre dès qu'ils ont quitté la jaquette. —

CHAPITRE V.

Ellesmere, continua-t-elle, ne vous a-t-elle jamais parlé de Latham-House et de Charlotte de Derby, mon petit maître?

— Mille et mille fois, répondit l'enfant, dont les joues se colorèrent; et aussi comment la reine de Man le défendit pendant six semaines contre trois mille Têtes-Rondes, sous Rogue Harrison le boucher.

— Ce fut votre mère, et non pas moi, qui défendit Latham-House, mon petit soldat. — Si tu y avais été, tu aurais été le meilleur capitaine des trois.

— Ne dites pas cela, madame, car maman ne toucherait pas un fusil pour tout l'univers.

— C'est vrai, Julien, dit sa mère; j'y étais, en effet, mais partie inutile de la garnison...

— Vous oubliez, interrompit la comtesse, que vous avez soigné nos malades et fait de la charpie pour les soldats blessés.

— Mais est-ce que papa ne vint pas à votre secours?

— Papa vint à la fin, dit la comtesse, et le prince Rupert aussi; — mais non, je crois, avant de s'être fait tous les deux vivement désirer. — Vous souvenez-vous, Marguerite, du matin où ces coquins de Têtes-Rondes, qui nous tenaient depuis si longtemps en cage, firent retraite sans tambours ni trompettes à la première vue des étendards du prince sur la hauteur? — et comment vous preniez chaque capitaine à haut cimier pour Péveril du Pic, qui avait été votre cavalier, trois mois auparavant, au bal masqué de la reine? Que cela ne vous fasse pas rougir; — c'était une honnête affection. — Et quoique ç'ait été la musique des trompettes qui vous a accompagnés à la vieille chapelle, que les boulets de l'ennemi avaient presque entièrement abattue; quoique le prince Rupert, quand il vous conduisit à l'autel, fût affublé de sa cotte de buffle et de sa bandoulière, avec des pistolets à sa ceinture; j'espère cependant que cet appareil de guerre n'a pas été un symbole de discordes futures?

— Le Ciel a été bon pour moi, dit lady Péveril, en m'accordant un époux affectionné.

— Et en vous le conservant, ajouta la comtesse avec un profond soupir; tandis que le mien, hélas! a scellé de son sang son dévouement à son roi[1]. — Oh! que n'a-t-il vécu pour voir ce jour!

— Hélas! hélas! répéta lady Péveril, que ne l'a-t-il permis! Combien ce brave et noble comte eût été heureux de la rédemption inespérée de votre captivité!

La comtesse jeta sur lady Péveril un regard de surprise.

— Tu n'as donc pas appris, cousine, dans quelle situation notre maison se trouve aujourd'hui? — Quel eût été, en effet, l'étonnement

---

[1] Le comte de Derby, roi de l'île de Man, fut décapité à Bolton-le-Moors, après avoir été fait prisonnier dans une escarmouche à Wiggane-Lane. (W. S.)

de mon noble seigneur, si on lui eût dit que ce même monarque pour lequel il a perdu la vie sur l'échafaud de Bolton-le-Moors, aurait, pour premier acte de sa monarchie restaurée, complété la ruine de notre fortune, déjà presque consumée pour la cause royale, et dirigé ses persécutions contre moi, sa veuve !

— Vous m'étonnez, madame ! il n'est pas possible que vous, — vous, l'épouse du fidèle et valeureux comte, mort assassiné, — vous, comtesse de Derby et reine de Man, — vous, qui même avez pris le rôle d'un soldat, et qui vous êtes montrée homme, lorsque tant d'hommes étaient devenus femmes, — que vous ayez, *vous*, à regretter un événement qui a rempli, — surpassé, — les espérances de chaque sujet fidèle. — Cela n'est pas possible !

— Je vois que tu as aussi peu que jamais la connaissance de ce monde, belle cousine. Cette restauration, qui a rendu la sécurité à d'autres, a été pour moi une cause de dangers ; — ce changement, qui a été une consolation pour d'autres royalistes, à qui je n'ai pas cédé en zèle, j'ose le croire, — ce changement a fait de moi une fugitive, obligée de venir en cachette, belle cousine, réclamer de vous asile et assistance.

— Vous avez droit de tout attendre de moi, madame ; — de moi, dont la jeunesse fut protégée par vous ; — de l'épouse de Péveril, le compagnon d'armes de votre vaillant époux. Mais, hélas ! se peut-il que vous ayez besoin de l'assistance que je vous puis offrir ! — Pardonnez-moi, madame, mais ceci me semble une pénible vision de la nuit. — J'écoute vos paroles comme si j'espérais être soulagée, par le réveil, de leur douloureuse impression.

— C'est en effet un songe, — une vision ; mais il n'est pas besoin d'être prophète pour en pénétrer le sens. — L'explication en a été donnée depuis longtemps : — N'ayez pas foi dans les princes. Je puis en peu de mots faire cesser votre surprise. — Monsieur, votre ami, est sans doute un *honnête homme ?*

Lady Péveril savait que les Cavaliers, de même que les autres partis, s'attribuaient exclusivement la dénomination d'*honnêtes gens*, et elle éprouvait quelque difficulté à expliquer que son visiteur n'était pas *honnête* dans ce sens.

— Ne ferions-nous pas mieux de nous retirer, madame ? dit-elle en se levant, comme pour se disposer à suivre la comtesse. Mais celle-ci ne quitta pas son siége.

— Ce n'était qu'une question d'habitude, dit-elle ; les principes de monsieur me sont indifférents, car ce que j'ai à vous dire est bien connu, et peu m'importe qui entende la part que j'y ai eue. Vous vous souvenez — vous devez avoir appris, car je pense que Marguerite Stanley n'a pu être indifférente à mon sort, — qu'après le meurtre de mon époux à Bolton, je relevai l'étendard qu'il n'avait jamais cessé de tenir jusqu'à sa mort, et que je le déployai de ma propre main dans notre domaine souverain de l'île de Man?

— Je l'ai appris, en effet, madame ; et j'ai su aussi que vous aviez porté un courageux défi au gouvernement rebelle, même après que le reste de la Bretagne s'était soumis à lui. Mon époux, sir Geoffrey, eut un moment intention d'aller à votre aide avec quelques vassaux ; mais nous apprîmes que l'île s'était rendue au parti du parlement, et que vous, madame, vous aviez été jetée en prison.

— Mais ce que vous n'avez pas su, c'est comment ce désastre arriva. — Marguerite, j'aurais tenu l'île contre les coquins aussi longtemps que la mer aurait continué d'en baigner les côtes. — Jusqu'à ce que les écueils qui l'entourent se fussent changés en bons ancrages, — jusqu'à ce que ses rochers se fussent fondus aux rayons du soleil, — jusqu'à ce que de toutes ses forteresses et de ses châteaux il ne fût pas resté pierre sur pierre, j'aurais défendu contre ces rebelles, contre ces scélérats hypocrites, les domaines de mon époux bien-aimé. Le petit royaume de Man ne se fût rendu que quand pas un bras n'y serait resté pour tenir une épée, pas un doigt pour presser la détente d'un mousquet pour sa défense. Mais la trahison fit ce que jamais la force n'eût pu faire. Après que nous eûmes repoussé diverses tentatives dirigées contre l'île à force ouverte, — la trahison accomplit ce que Black et Lawson, avec leurs forteresses flottantes, avaient trouvé une entreprise trop hasardeuse ; — un traître infâme, que nous avions nourri dans notre sein, nous livra à l'ennemi. Ce misérable portait le nom de Christian...

A ce nom, le major Bridgenorth tressaillit et se tourna vivement vers la comtesse ; mais il parut se remettre aussitôt, et se détourna de nouveau. La comtesse continua sans remarquer ce mouvement ; mais il n'échappa point à lady Péveril, qui en fut d'autant plus surprise qu'elle connaissait l'indifférence et l'apathie habituelles de son voisin, et qui, par conséquent, dut être étonnée de le voir manifester un intérêt si vif et si subit. Elle aurait voulu de nouveau déterminer la comtesse à se retirer dans un autre appartement ; mais lady Derby poursuivait son récit avec trop de véhémence pour qu'on pût l'interrompre.

— Ce Christian, continua-t-elle, avait mangé le pain de mylord, de son souverain, et il avait bu à sa coupe depuis sa première enfance ; — car ses ancêtres avaient été de fidèles serviteurs de la maison de Man et Derby. Lui-même avait combattu bravement aux côtés de mon époux, et il avait joui de toute sa confiance. Et quand le noble comte souffrit la mort d'un martyr de la main des rebelles, il me recommanda, parmi d'autres instructions comprises dans le dernier message que je reçus de lui, de continuer de me reposer sur la fidélité de Christian. J'obéis, quoique jamais je n'eusse aimé l'homme. Il était froid, phlegmatique, entièrement dépourvu de ce feu sacré qui est le mobile des nobles actions, et, de plus, soupçonné de pencher pour les froides subtilités de la doctrine calviniste. Mais il était brave, prudent, expérimenté, et, comme l'événement ne l'a que trop montré, il avait une grande influence sur les habitants de l'île. Quand ce peuple grossier se vit sans espoir de secours, et pressé par un blocus qui avait jeté dans l'île la disette et les maladies, il commença à dévier de la fidélité que jusque-là il avait montrée.

— Quoi! s'écria lady Péveril, ont-ils pu oublier ce qui était dû à la veuve de leur bienfaiteur, — à celle qui avait partagé avec le généreux Derby la tâche d'améliorer leur sort?

— Ne les blâmez pas, reprit la comtesse; le grossier troupeau n'a fait qu'obéir aux instincts de sa nature : — le mal présent leur fit oublier les bienfaits passés. Élevés dans leurs chaumières de terre, avec des sentiments conformes à leurs demeures, ils étaient incapables de comprendre la gloire qui s'attache à la constance dans les souffrances. Mais que ce Christian les ait dirigés dans leur révolte; — que lui, né gentilhomme, et élevé par les soins de mon malheureux époux dans des principes de noblesse et de chevalerie, — que *lui* ait oublié cent bienfaits... Mais pourquoi parler de bienfaits? — qu'il ait pu oublier ces relations amicales qui attachent l'homme à l'homme bien plus que la réciprocité d'obligations; — qu'il ait conduit les bandits qui se précipitèrent soudainement dans mon appartement; — qu'il m'ait fait renfermer avec mes enfants dans un de mes propres châteaux, qu'il ait usurpé l'autorité, qu'il se soit fait le tyran de l'île; — que tout cela ait été fait par William Christian, mon vassal, mon serviteur, mon ami, c'est un acte d'ingratitude et de trahison dont ce siècle de trahison offrirait lui-même à peine un second exemple!

— Ainsi vous fûtes retenue en prison dans votre propre souveraineté!

— Durant plus de sept ans j'ai enduré une captivité rigoureuse. Il est vrai que ma liberté me fut offerte, et même quelques moyens d'existence, si je voulais consentir à quitter l'île, et engager ma parole que je ne ferais aucune tentative pour remettre mon fils en possession des droits de son père. Mais ils connaissaient peu la noble maison dont je suis issue, et aussi peu la maison royale de Stanley à laquelle j'ai donné des héritiers, ceux qui espéraient faire descendre Charlotte de la Trémouille à des conditions si déshonorantes. Je serais morte de faim dans le plus sombre et le plus profond cachot du château de Rushin, avant de consentir à rien qui eût pu diminuer d'une épaisseur de cheveu le droit de mon fils sur la souveraineté de son père.

— Et votre fermeté dans une cause qui semblait sans espoir ne put les amener à se montrer généreux, et à vous mettre en liberté sans conditions?

CHAPITRE V.

— Ils me connaissaient mieux que vous ne me connaissez, ma fille ; une fois en liberté, je n'aurais pas tardé à trouver les moyens de les troubler dans leur usurpation, et Christian aurait aussi aisément consenti à ouvrir la cage d'une lionne pour la combattre, qu'à me donner le plus léger pouvoir de recommencer la lutte avec lui. Mais le temps tenait pour moi en réserve la liberté et la vengeance ; — j'avais toujours dans l'île des amis et des partisans, quoiqu'ils eussent été contraints de céder à l'orage. Même parmi les insulaires en général, un grand nombre avaient été déçus dans ce qu'ils avaient attendu d'un changement de domination. Ils étaient accablés d'exactions par leurs nouveaux maîtres, leurs priviléges étaient diminués et leurs immunités abolies, sous prétexte de les ramener à la condition commune des autres sujets de la prétendue république. Quand on reçut la nouvelle des changements qui s'opéraient en Angleterre, ces dispositions me furent communiquées en secret. Calcott et d'autres agirent avec autant de zèle que de fidélité ; et un soulèvement, aussi subit, aussi irrésistible que celui qui m'avait rendue captive, me remit en liberté et en possession de la souveraineté de Man, comme régente pour le jeune comte de Derby, mon fils. Pensez-vous que j'aie joui longtemps de cette liberté avant d'avoir fait justice de cet infâme Christian ?

— Comment, madame, dit lady Péveril, qui, bien qu'elle connût le caractère fier et ambitieux de la comtesse, imaginait à peine à quelles extrémités ce caractère pouvait la pousser ; — avez-vous fait emprisonner Christian ?

— Oui, ma fille, — dans cette prison sûre d'où un traître ne s'échappe jamais.

Bridgenorth, qui insensiblement s'était rapproché d'elles, et qui écoutait la comtesse avec un intérêt pénible dont il ne fut pas maître de contenir plus longtemps l'expression, l'interrompit par une brusque exclamation :

— Madame, j'espère que vous n'avez pas osé...

La comtesse l'interrompit à son tour.

— J'ignore qui vous êtes, vous qui me questionnez, — et vous ne savez pas non plus qui je suis, quand vous me parlez de ce que j'ose ou n'ose pas faire. Mais vous semblez vous intéresser au sort de ce Christian, et vous allez l'apprendre. — Je ne fus pas plutôt remise en possession de mon pouvoir légitime, que j'ordonnai au Dempster de l'île de traduire le traître devant une haute cour de justice, avec toutes les formalités usitées dans l'île telles qu'elles sont prescrites dans les anciens édits. La cour fut tenue en plein air, devant le Dempster et les *keys* de l'île rassemblés sous la voûte du ciel et assis sur le sommet de la colline de Zonwald, où les anciens druides et les Scaldes tenaient leurs assemblées judiciaires. Le coupable fut entendu tout au long dans sa défense, qui se bornait à peu près à ces allégations spécieuses de considérations d'intérêt public, dont la trahison se fait toujours un masque pour cacher son front hideux. Il fut pleinement convaincu de son crime, et condamné à la peine des traîtres.

— Mais la sentence, j'espère, n'est pas encore exécutée? dit lady Péveril, non sans un frisson involontaire.

— Vous êtes une folle, Marguerite, répliqua la comtesse avec quelque aigreur; croyez-vous que j'aurais retardé un tel acte de justice, jusqu'à ce que quelques misérables intrigues à la nouvelle cour d'Angleterre eussent eu le temps de venir se jeter à la traverse? Non, ma fille; — il passa du lieu du jugement à la place de l'exécution, sans autre délai que celui qui pouvait être nécessaire pour le salut de son âme. Il fut mis à mort par un peloton de fusiliers, au lieu ordinaire des exécutions, appelé Hango-Hill[1].

Bridgenorth joignit les mains par un mouvement convulsif, et fit entendre un profond gémissement.

— Puisque vous semblez vous intéresser à ce criminel, continua la comtesse en s'adressant au major, je ne ferai que lui rendre justice en vous apprenant qu'il mourut avec un mâle courage digne de sa vie, qui, à part cet acte infâme d'ingratitude et de trahison, avait été honorable et sans reproche. Mais qu'importe? L'hypocrite est un saint, le traître est homme d'honneur, jusqu'à ce que l'occasion, cette infaillible pierre de touche, montre la nature vile du métal dont ils sont formés.

— Cela est faux, femme, — cela est faux! s'écria Bridgenorth, s'abandonnant enfin à son indignation.

— Que signifie cette conduite, M. Bridgenorth? dit lady Péveril fort surprise. Que vous est ce Christian, que vous insultiez la comtesse de Derby sous mon toit?

— Ne me parlez pas de comtesse ni de vaines cérémonies, répliqua Bridgenorth; la douleur et la colère ne laissent pas le temps de s'astreindre à de puériles convenances, pour se plier à la vanité de grands enfants.
— O Christian! — toi si digne du nom que tu portais[2]! — Mon ami, — mon frère, — le frère de ma bienheureuse Alice, — le seul ami de mon foyer désolé! as-tu été cruellement assassiné par une furie, qui, sans toi, eût à juste titre payé de son sang le sang des saints de Dieu qu'elle et le tyran qui fut son époux ont versé comme de l'eau!

— Oui, cruelle meurtrière! continua-t-il en regardant la comtesse, celui que tu as égorgé dans ta vengeance insensée avait, pendant de longues années, sacrifié les inspirations de sa conscience aux intérêts de ta famille, et ne les abandonna que lorsque ton zèle fanatique pour la royauté eut presque consommé la ruine de la petite communauté au sein de laquelle il était né. Même en te tenant confinée, il n'a fait que

---

[1] *Voyez* la note D, à la fin du volume.
[2] Christian est la forme anglaise de notre mot chrétien. (L. V.)

ce que font les amis d'un fou, qui l'enchaînent pour le préserver de sa propre fureur. Je puis porter témoignage qu'il fut la seule barrière entre toi et les communes d'Angleterre ; et sans ses instantes remontrances, tu aurais subi la peine de ta malignité, comme la méchante femme d'Achab.

— M. Bridgenorth, reprit lady Péveril, je passerai quelque chose à votre douleur en apprenant ces tristes nouvelles ; mais il n'est ni utile ni convenable de continuer plus longtemps une semblable discussion. Si votre affliction vous fait oublier tout autre motif de retenue, je vous prie de vous souvenir que la comtesse est mon hôte et ma parente, et qu'elle a droit à toute la protection que je lui puis accorder. Je vous conjure, au nom de la simple courtoisie, de vous retirer ; c'est ce qu'il y a de mieux et de plus convenable pour vous dans ces circonstances pénibles.

— Non, qu'il reste, dit la comtesse en le regardant avec un calme où se mêlait un air de triomphe. Je ne voudrais pas qu'il en fût autrement ; je ne voudrais pas que ma vengeance fût bornée à la chétive satisfaction que m'a causée la mort de Christian. La douleur grossière et bruyante de cet homme prouve seulement que la rémunération que j'ai infligée n'a pas été seulement ressentie par le misérable qui l'a subie. Je voudrais apprendre qu'elle a seulement déchiré autant de cœurs rebelles qu'il y a eu de cœurs loyaux contristés par la mort de mon noble Derby !

— Si vous voulez bien, madame, reprit lady Péveril, puisque M. Bridgenorth ne daigne pas avoir égard à ma prière, nous allons le laisser ici et passer dans mon appartement. — Adieu, M. Bridgenorth ; nous nous reverrons plus tard dans de meilleures dispositions.

— Pardon, madame, répondit le major, qui, après avoir parcouru la chambre à grands pas, venait de s'arrêter devant elles, et qui se redressa en homme qui a pris une résolution ; — pour vous, je n'ai rien à dire que de respectueux, mais à cette femme je dois parler en magistrat. Elle a avoué un meurtre en ma présence, — le meurtre de mon beau-frère, qui plus est ; — comme homme, comme magistrat, je ne puis la laisser sortir d'ici que sous assez bonne garde pour prévenir son évasion. Elle a déjà confessé qu'elle était fugitive, et qu'elle cherchait un lieu où se cacher jusqu'à ce qu'elle pût passer à l'étranger. — Charlotte, comtesse de Derby, je t'arrête pour le crime dont tout à l'heure tu t'es vantée.

— Je n'obéirai pas à votre mandat, dit la comtesse avec calme ; je suis née pour donner de tels ordres, et non pour les recevoir. Qu'ont à voir vos lois anglaises dans mes actes de justice et de souveraineté, exercés dans les limites du royaume héréditaire de mon fils ? Ne suis-je pas reine de Man aussi bien que comtesse de Derby ? souveraine feudataire, à la vérité, mais cependant indépendante, tant que je rends foi et hommage. Quel droit pouvez-vous invoquer contre moi?

— Celui que donne le précepte de l'Écriture, répondit Bridgenorth :
— Celui qui verse le sang de l'homme, son sang sera versé par l'homme. Ne croyez pas que les barbares priviléges d'anciennes coutumes féodales vous mettent à l'abri du châtiment qu'entraîne le meurtre d'un Anglais, assassiné sous des prétextes auxquels l'acte d'amnistie ne laissait pas de fondement.

— M. Bridgenorth, dit lady Péveril, si vous ne renoncez pas de vous-même à votre dessein actuel, je vous dirai que je n'ose ni ne veux permettre aucun acte de violence contre cette honorable dame dans l'enceinte du château de mon époux.

— Vous ne pourrez m'empêcher d'exécuter mon devoir, madame, répondit Bridgenorth, dont l'opiniâtreté naturelle vint alors en aide à sa douleur et à son désir de vengeance. Je suis magistrat, et j'agis d'après l'autorité que ce titre me donne.

— Cette autorité, je ne la reconnais pas, répliqua lady Péveril. Vous *étiez* magistrat sous le gouvernement usurpateur, je ne l'ignore pas, M. Bridgenorth ; mais jusqu'à ce que je sache que vous avez une commission au nom du roi, je me refuserai maintenant à vous obéir comme tel.

— Je ne m'arrêterai pas à de frivoles discussions, madame. Ne serais-je pas magistrat, tout homme a le droit d'arrêter celle qui s'est rendue coupable de meurtre au mépris des stipulations d'amnistie contenues dans les proclamations du roi, et ce droit, je le maintiendrai.

— Quelles amnisties? quelles proclamations? s'écria la comtesse de Derby avec indignation. Charles Stuart peut, si bon lui semble (et il paraît que cela lui convient, en effet), s'entourer de ceux dont les mains ont été rougies du sang de son père et de ses loyaux sujets, et noircies par le pillage de nos biens. Il peut leur pardonner si telle est sa volonté, et les récompenser même de leurs faits. Qu'a de commun avec ceci le crime de Christian contre moi et les miens? Né dans l'île de Man, — nourri et élevé dans l'île, — il a violé les lois sous lesquelles il vivait, et pour cette violation il a été puni de mort, après le jugement qu'elles prescrivaient. — Il me semble, Marguerite, que nous avons assez de ce magistrat fâcheux et insensé. — Je vous suis dans votre appartement.

Le major Bridgenorth se plaça entre elles et la porte, de manière à montrer qu'il était résolu à leur intercepter le passage; en ce moment, lady Péveril, qui pensa qu'en tout ceci elle avait déjà fait preuve de plus de déférence envers lui que probablement son mari ne serait disposé à l'approuver, éleva la voix et appela son intendant, Whitaker. Cet alerte serviteur, qui avait entendu parler haut, et reconnu une voix de femme qui ne lui était pas étrangère, était depuis quelques minutes stationné dans l'antichambre, impatient de ne pouvoir satisfaire sa curiosité. Naturellement il entra sur-le-champ.

— Que trois hommes s'arment à l'instant, lui dit sa maîtresse ; conduisez-les dans l'antichambre, et attendez-y mes ordres.

CHAPITRE VI.

> Vous n'aurez d'autre prison que ma chambre, d'autre geôlier que moi-même. *Le Capitaine.*

L'ORDRE que lady Péveril venait de donner à ses gens de prendre les armes était si contraire à la douceur habituelle de son caractère, que le major Bridgenorth en fut fort étonné. — Quelle est votre intention, madame ? dit-il ; je me croyais sous un toit ami.

— Vous ne vous trompiez pas, M. Bridgenorth, répondit lady Péveril sans se départir du calme ordinaire de sa voix et de ses manières ; mais c'est un toit qui ne doit pas être violé par la violence d'un ami contre un autre.

— C'est bien, madame, repartit Bridgenorth en se dirigeant vers la porte d'entrée. Le digne M. Solsgrace a déjà prédit que le temps était revenu où les grands noms et les maisons situées sur les hauts lieux seraient encore une excuse pour les crimes de ceux qui habitent les unes et portent les autres. Je ne l'avais pas cru, mais maintenant je vois qu'il est plus sage que moi. Ne croyez pas cependant que je l'endurerai paisiblement. Le sang de mon frère, — de l'ami de mon cœur, ne criera pas longtemps de l'autel : « Que tu tardes, Seigneur ! que ta vengeance est lente ! » S'il reste encore une étincelle de justice dans cette malheureuse Angleterre, cette femme orgueilleuse et moi nous nous reverrons en un lieu où elle ne pourra avoir pour la protéger la partialité d'un ami.

En parlant ainsi, il se disposait à quitter l'appartement, quand lady Péveril lui dit : Vous ne quitterez pas ce lieu, M. Bridgenorth, à moins de m'engager votre parole de renoncer, quant à présent, à tout projet contre la liberté de la noble comtesse.

— Je souscrirais plutôt à mon propre déshonneur dans les termes les plus formels, madame, qu'à un pareil compromis. Si quelqu'un cherche à me retenir, que son sang retombe sur sa tête !

Le major Bridgenorth avait à peine prononcé ces mots, que Whitaker, ouvrant la porte, fit voir qu'avec la promptitude d'un vieux soldat, qui n'était nullement fâché de voir les choses se remettre sur le pied de guerre, il avait réuni et amené quatre vigoureux gaillards couverts de la livrée du chevalier du Pic, bien armés de sabres et de carabines, couverts de cottes de buffle et la ceinture garnie de pistolets.

— Je vais voir, dit le major, si quelqu'un de ces hommes sera assez audacieux pour m'intercepter le passage, à moi, citoyen anglais et magistrat, dans l'accomplissement de mon devoir.

En même temps il avança sur Whitaker et ses aides armés, la main posée sur la poignée de son sabre.

— Ne soyez pas imprudent à ce point, M. Bridgenorth, s'écria lady Péveril; puis aussitôt elle ajouta: Emparez-vous de lui et désarmez-le, Whitaker; mais ne lui faites pas de mal.

Ses ordres furent exécutés. Bridgenorth, moralement parlant, était un homme de résolution; mais il n'était pas de ceux qui, dans une lutte personnelle, ne tiennent aucun compte d'une telle inégalité de nombre. Il tira à demi son sabre du fourreau, et opposa le degré de résistance précisément nécessaire pour qu'on ne pût se rendre maître de lui que par la force ouverte; mais alors, abandonnant son arme, il déclara qu'il se soumettait à une force à laquelle un homme seul ne pouvait résister, mais en rendant ceux qui avaient donné l'ordre et ceux qui l'exécutaient responsables des conséquences d'un semblable attentat à sa liberté, sans warrant[1] légal.

— Ne vous inquiétez pas du warrant, M. Bridgenorh, dit le vieux Whitaker; pour sûr, vous en avez souvent eu de pires pour votre garantie. Un mot de mylady est un aussi bon warrant, à coup sûr, qu'une commission du vieux Noll[2], et vous n'en avez pas eu d'autre pendant longtemps, M. Bridgenorth; et de plus, vous m'avez fait mettre à l'ombre pour avoir bu à la santé du roi, M. Bridgenorth, et vous ne vous êtes jamais embarrassé des lois anglaises plus que d'un farthing[3].

— Retenez votre langue impertinente, Whitaker, dit lady Péveril; et vous, M. Bridgenorth, ne m'en voulez pas de ce que je vous aurai retenu prisonnier pour quelques heures, jusqu'à ce que la comtesse de Derby n'ait plus rien à craindre de votre poursuite. Je pourrais aisément lui donner une escorte qui défierait toutes les forces que vous pourriez rassembler; mais mon désir, Dieu le sait, est d'ensevelir à jamais le souvenir des anciennes dissensions civiles, et non de le réveiller. Encore une fois, voulez-vous revenir à de meilleurs sentiments?
— voulez-vous reprendre votre épée, et oublier ce que vous avez vu ce matin au château de Martindale?

— Jamais, interrompit Bridgenorth. Le crime de cette femme cruelle

---

[1] Mandat.

[2] Olivier; prénom de Cromwell. (L. V.)

[3] La plus petite monnaie de cuivre anglaise. (L. V.)

est la dernière des injures humaines que je puisse oublier. Ma dernière pensée terrestre sera le désir que justice soit faite sur elle.

— Si tels sont vos sentiments, M. Bridgenorth, quoiqu'ils tiennent plus de la vengeance que de la justice, je dois pourvoir à la sûreté de mon amie en m'assurant de votre personne. On vous fournira dans cette chambre tout ce qui vous sera nécessaire ou agréable, et un message tirera vos domestiques de l'inquiétude que ferait naître votre absence de Moultrassie. Dans quelques heures, peut-être, dans deux jours au plus, je viendrai moi-même vous délivrer de captivité, et vous demander pardon d'avoir agi comme votre obstination m'oblige à le faire.

Le major lui dit pour toute réponse qu'il était en son pouvoir et forcé de se soumettre à sa volonté; puis il se rapprocha brusquement de la fenêtre, comme pour leur indiquer qu'il désirait être délivré de leur présence.

La comtesse et lady Péveril quittèrent la chambre en se donnant le bras. La dernière donna ses instructions à Whitaker touchant la manière dont elle voulait que Bridgenorth fût gardé et traité durant son emprisonnement temporaire, et en même temps elle lui expliqua que la sûreté de la comtesse de Derby exigeait qu'on veillât de près sur lui.

Whitaker accéda avec joie à tout ce qui se rapportait à la stricte surveillance du prisonnier, tel que le relèvement des sentinelles, et autres mesures de précaution analogues; et il s'engagea, corps pour corps, à le garder pendant tout le temps nécessaire. Mais le vieil intendant ne fut pas à moitié si docile quand on en vint à régler ce qui avait rapport au coucher et à la table du captif, et il pensa que lady Péveril avait beaucoup trop égard aux aises du prisonnier. — Je vous garantis, dit-il, que le maraud de Tête-Ronde a mangé hier assez de notre bœuf gras pour lui suffire pendant un mois, et qu'un peu de jeûne ne peut que lui être bon. Tudieu, quant à la boisson, il aura abondance d'eau froide pour rafraîchir son foie échauffé, qui est encore, je gagerais, échauffé par les liqueurs fortes d'hier. Et pour ce qui est du coucher, il a le beau parquet bien sec; — c'est plus sain que la paille humide sur laquelle je m'étendais quand j'étais en prison, je crois.

— Whitaker, dit la dame d'un ton péremptoire, j'entends que vous pourvoyiez au coucher et à la nourriture de M. Bridgenorth de la manière que je vous ai déjà indiquée, et ayez soin de vous conduire envers lui avec la plus grande politesse.

— Sur mon âme, mylady, vos ordres seront ponctuellement suivis; mais, comme ancien serviteur, je n'ai pu m'empêcher de vous dire mon sentiment.

Après cette conférence tenue dans l'antichambre avec l'intendant, les dames se retirèrent, et furent bientôt établies dans un autre appartement particulièrement réservé à l'usage de la maîtresse de maison.

D'un côté il donnait accès à la chambre conjugale ; de l'autre, au salon de repos qui communiquait au jardin. Il s'y trouvait aussi une petite porte d'où, en montant quelques degrés, on arrivait à ce balcon déjà mentionné comme dominant la cuisine ; et le même passage, par une porte séparée, conduisait à la tribune principale de la chapelle. Les affaires spirituelles et temporelles du château étaient ainsi placées presque en même temps sous l'inspection de l'œil qui devait tout surveiller [1].

Lorsque la comtesse et lady Péveril furent assises dans la chambre tapissée à laquelle aboutissaient ces diverses communications, la première, prenant la main de sa cousine, lui dit en souriant : Deux choses sont arrivées aujourd'hui qui m'auraient pu surprendre, si quelque chose devait me surprendre en de tels temps ; — la première est que ce rustre de Tête-Ronde ait osé montrer tant d'insolence dans la maison de Péveril du Pic. Si votre époux est toujours l'honnête et véritable Cavalier que j'ai connu autrefois, et qu'il se fût trouvé chez lui, il aurait jeté le drôle par la fenêtre. Mais ce qui me surprend plus encore, Marguerite, c'est l'attitude de général que vous avez prise. Je vous aurais difficilement cru assez de courage et de décision pour en venir à de telles mesures, après vous avoir vue parlementer si longtemps avec cet homme. Quand il a parlé de juges et de warrants, vous avez paru si interdite, que je croyais déjà sentir sur mon épaule la griffe des bedeaux de la paroisse, me traînant en prison comme une vagabonde.

— Nous devons quelque déférence à M. Bridgenorth, ma chère dame, répondit lady Péveril ; il nous a été souvent utile et nous a montré beaucoup d'obligeance dans ces derniers temps. Mais ni lui ni personne autre n'insultera la comtesse de Derby dans la maison de Marguerite Stanley.

— Tu es devenue une parfaite héroïne, Marguerite.

— Deux siéges et des alarmes sans nombre peuvent m'avoir enseigné la présence d'esprit. Mon courage est, je crois, aussi mince que jamais.

— Présence d'esprit *est* courage. La véritable valeur ne consiste pas à être insensible au danger, mais à être prompt à l'affronter et à le surmonter ; — et nous pourrons avoir tout à l'heure besoin de recourir à toute celle que nous possédons, ajouta la comtesse avec une légère émotion, car j'entends un bruit de chevaux sur le pavé de la cour.

Presque au même instant le petit Julien, tout rayonnant et hors

---

[1] Cette disposition particulière des appartements se retrouve encore à Haddon-Hall, comté de Derby, une des anciennes résidences des Vernons. Là, dans le banc qu'occupait la dame du château dans la chapelle, on avait ménagé une espèce d'écoutillon ouvrant sur la cuisine, de sorte que la bonne dame pouvait de temps à autre, sans trop interrompre ses devoirs religieux, veiller à ce que le tourne-broche fît le sien, et à ce que le rôti ne brûlât pas. (W. S.)

d'haleine, vint en courant dans la chambre dire que papa était de retour, avec Lamington et Sam Brewer, et qu'on lui avait permis de monter sur Noir-Hastings pour le conduire à l'écurie. Aussitôt après, le bruit pesant des grosses bottes du digne chevalier se fit entendre dans l'escalier que, dans son empressement à revoir sa dame, il gravissait à doubles enjambées. Il se précipita dans la chambre, sa mâle physionomie et le désordre de ses habits attestant la rapidité avec laquelle il avait voyagé; et sans faire attention à personne autre, il serra sa dame dans ses bras et l'embrassa une douzaine de fois. — Lady Péveril se dégagea en rougissant, et non sans quelque peine, des étreintes de sir Geoffrey; et d'un ton de doux reproche empreint de modestie, elle lui dit : N'avez-vous pas honte de ne pas faire attention à qui est dans la chambre?

— C'est quelqu'un, dit la comtesse en avançant vers lui, qui est enchantée de voir que sir Geoffrey Péveril, quoique devenu courtisan et favori, n'en apprécie pas moins le trésor qu'elle a contribué à lui faire obtenir. Vous ne pouvez avoir oublié la levée du siège de Latham-House?

— La noble comtesse de Derby! s'écria sir Geoffrey en ôtant d'un air de profonde déférence son chapeau surmonté d'un panache, et en baisant avec non moins de respect la main qu'elle lui présentait; je suis aussi aise de voir Votre Seigneurie dans ma pauvre demeure, que je le serais d'apprendre qu'on a trouvé une veine de plomb dans le Brown-Tor[1]. Je suis venu à franc étrier, dans l'espoir de vous servir d'escorte pour traverser le pays. Je craignais que vous ne tombiez en mauvaises mains, ayant appris qu'un drôle avait été expédié avec un mandat du conseil.

— Quand et de qui avez-vous appris cela?

— J'ai su cela par Cholmondley de Val-Royal; il est parti pour aller assurer la sûreté de votre passage dans le comté de Chester, et je lui ai promis de vous conduire jusque-là saine et sauve. Le prince Rupert, Ormond et d'autres amis ne doutent pas que l'affaire ne se puisse terminer par une amende; mais on dit que le chancelier, ainsi qu'Harry Bennet et quelques autres conseillers d'outre-mer, sont furieux de ce qu'ils appellent une infraction à la proclamation du roi. Moi je dis qu'ils aillent à la potence ! — Ils nous ont laissé porter tous les coups; et maintenant ils se fâcheraient de ce que nous voudrions régler nos comptes avec ceux qui ont pesé sur nous comme des cauchemars !

— De quoi parle-t-on pour mon châtiment? demanda la comtesse.

— Je ne sais, répondit sir Geoffrey. Quelques amis, de notre bon pays de Chester, et d'autres encore, cherchent, comme je disais, à ré-

---

[1] Le Mont-Brun.

duire la chose à une amende; mais d'autres personnes ne parlent de rien moins que de la Tour et d'un long emprisonnement.

— J'ai assez longtemps souffert la prison pour le roi Charles; je ne me soucie pas de la recevoir de lui. D'ailleurs, si je suis éloignée de la surveillance personnelle des états de mon fils dans l'île de Man, qui sait quelle nouvelle usurpation peut y être tentée? Je vous aurai donc obligation, cousin, de tâcher de me faire arriver en sûreté à Val-Royal; de là, je sais que je n'aurai plus rien à craindre jusqu'à Liverpool.

— Vous pouvez compter sur moi, noble dame, pour vous servir de guide et d'escorte, seriez-vous venue ici à minuit, la tête du coquin dans votre tablier, comme Judith dans les saints Apocryphes, que je me réjouis d'entendre lire de nouveau dans les églises.

— La noblesse afflue-t-elle à la cour? continua la dame.

— Oui, madame; et, selon notre adage, quand les mineurs commencent à ouvrir une fosse dans nos cantons, *c'est pour l'amour de Dieu et de ce qu'ils y peuvent trouver.*

— Les vieux Cavaliers y sont-ils bien accueillis?

— Ma foi, madame, à vrai dire, le roi a des manières si gracieuses, qu'il fait fleurir les espérances de chacun; mais nous n'avons encore vu que bien peu de fleurs venir à fruit.

— Vous-même, cousin, n'avez pas eu à vous plaindre d'ingratitude, j'espère? Peu d'hommes ont moins lieu d'en attendre du roi.

Comme bien d'autres personnes prudentes, sir Geoffrey ne se souciait pas d'avouer des espérances qui se seraient trouvées déçues; mais il avait trop peu de détour dans le caractère pour pouvoir cacher tout à fait son désappointement. — Qui? moi, madame? dit-il; hélas! que pouvait attendre du roi un pauvre chevalier campagnard, si ce n'est le plaisir de le revoir à Whitehall replacé sur son trône? Sa Majesté a été très-gracieuse quand je lui ai été présenté; elle m'a parlé de Worcester, et de mon cheval, Noir-Hastings, — quoiqu'elle en eût oublié le nom, — ma foi, et le mien aussi, je crois, — si le prince Rupert ne les lui avait pas soufflés. Et puis j'ai revu quelques vieux amis, tels que Sa Grâce d'Ormond, sir Marmaduke Langdale, sir Philip Musgrave, et d'autres; et j'ai revu aussi une ou deux joyeuses bombances, à la mode du vieux temps.

— J'aurais pensé que tant de blessures reçues, — tant de dangers affrontés, — tant et de si grandes pertes, — méritaient quelque chose de plus que de belles paroles.

— Ma foi, mylady, d'autres de mes amis ont eu la même pensée. — Quelques-uns étaient d'opinion que la perte de tant de centaines d'acres de bonne terre valait bien au moins quelque récompense honorifique; et il y en a qui ont cru que ma descendance de Guillaume-le-Conquérant, — je demande pardon à Votre Seigneurie de parler ainsi de moi en sa présence, — ne messiérait pas à un rang ou à un titre plus élevé, plus que la généalogie de quelques-uns de ceux qui ont été promus. Mais savez-vous ce qu'a dit le bel-esprit de la cour, le duc de Buckingham (dont le grand-père était un chevalier du Lei'stershire, — un peu plus pauvre, et tout au plus aussi noble que moi)? — Hé bien, il a dit que si tous ceux de mon rang qui avaient bien mérité du roi dans les derniers temps devaient être faits pairs, il faudrait que la chambre des lords tînt ses séances dans la plaine de Salisbury!

— Et cette mauvaise plaisanterie a passé pour une bonne raison? dit la comtesse; — cela devait être, là où les bonnes raisons passent pour de mauvaises plaisanteries. — Mais voici venir quelqu'un avec qui il faut que je fasse connaissance.

C'était Julien qui rentrait dans la salle, conduisant par la main sa petite sœur, comme s'il l'eût amenée pour porter témoignage du haut fait qu'il venait raconter à son père, ayant, dit-il, monté comme un homme sur Noir-Hastings, et l'ayant conduit tout seul à la cour des écuries; Saunders, qui marchait à la tête du cheval, n'ayant pas une seule fois mis la main à la bride, et Brewer, qui était à côté de lui, l'ayant à peine tenu par le genou. Le père embrassa l'enfant de bon cœur; et la comtesse, l'appelant à elle dès que sir Geoffrey l'eut reposé à terre, le baisa aussi au front, et ensuite examina ses traits d'un œil attentif et pénétrant.

— C'est un vrai Péveril, dit-elle, mêlé, comme cela devait être, de quelque chose des Stanley. Cousin, il faudra que vous m'octroyiez une grâce; dans quelque temps d'ici, quand je serai établie en sûreté et que mon affaire actuelle sera réglée, il faudra que vous me confiiez votre petit Julien, pour être élevé dans ma maison comme mon page et le compagnon de jeux du petit Derby. Le Ciel fera, j'espère, qu'ils seront amis comme leurs pères l'ont été; et puisse Dieu leur envoyer des temps plus heureux[1]!

— Par Marie! je vous remercie de tout mon cœur de la proposition, madame. Tant de nobles maisons sont déchues, et dans tant d'autres les exercices et la discipline pour l'éducation des jeunes nobles sont tellement relâchés et négligés, que j'ai craint souvent d'être obligé de

---

[1] Même à une époque plus rapprochée que celle à laquelle se rapporte notre récit, les dames de distinction avaient pour pages de jeunes gentilshommes de rang distingué, dont l'éducation était faite dans la famille de leurs maîtresses. Anne, duchesse de Buccleugh et de Monmouth, et qui, à plusieurs égards, pouvait réclamer les honneurs dus au sang royal, a été, je crois, la dernière personne de haut rang qui ait suivi cet ancien usage. Un officier-général qui s'est fait honorablement remarquer dans la guerre d'Amérique avait été élevé chez elle en qualité de page. Aujourd'hui, les jeunes gens que nous voyons parfois remplir les fonctions de pages près de quelques grandes dames sont, je crois, de simples laquais. (W. S.)

garder Gil[1] ici ; et comme j'ai moi-même appris trop peu de choses pour lui en enseigner beaucoup, nous n'en aurions fait qu'un simple chevalier chasseur du Derbyshire. Mais dans la maison de Votre Seigneurie, et près du noble jeune comte, il recevra et au delà toute l'éducation que je lui pouvais désirer.

— Il n'y aura pas de distinction entre eux, cousin, reprit la comtesse ; le fils de Marguerite Stanley sera pour moi l'objet d'autant de soins que mon propre fils, puisque vous êtes si obligeamment disposé à me le confier. — Vous êtes pâle, Marguerite, continua-t-elle, et vos yeux se remplissent de larmes ? Ne soyez pas si faible, ma chère Marguerite ; — ce que je vous demande est ce que vous pouvez désirer de mieux pour votre enfant. La maison de mon père, le duc de La Trémouille, était l'école de chevalerie la plus renommée de France ; je n'ai pas dégénéré de lui, ni souffert aucun relâchement dans cette noble discipline qui accoutumait de jeunes gentilshommes à honorer leur race. Vous ne pouvez promettre de tels avantages à votre Julien, si vous faites de lui un simple jeune homme élevé dans la maison de son père.

— Je sens l'étendue de cette faveur, madame ; je dois acquiescer à la proposition dont Votre Seigneurie nous honore et que sir Geoffrey approuve. Mais Julien est un fils unique, et.....

— Un fils unique, interrompit la comtesse, mais non un unique enfant. Vous accordez une trop haute déférence à nos maîtres du sexe masculin, si vous laissez Julien s'emparer de toute votre affection, sans en réserver pour cette jolie petite fille.

En parlant ainsi elle posa Julien à terre, et, prenant Alice Bridgenorth sur ses genoux, elle se mit à la caresser. Nonobstant son caractère mâle, il y avait quelque chose de si doux dans le ton de sa voix et l'expression de sa physionomie, que l'enfant sourit immédiatement, et répondit à ses marques de tendresse. Cette méprise mit lady Péveril dans un embarras extrême. Connaissant l'aveugle impétuosité du caractère de son mari, son dévouement à la mémoire du défunt comte de Derby, et sa vénération non moins grande pour la comtesse, elle craignit ce qui pourrait arriver s'il apprenait ce que Bridgenorth avait fait le matin, et elle désirait vivement qu'il n'en fût instruit que par elle-même en particulier, et après l'y avoir convenablement préparé. Mais l'erreur de la comtesse précipita l'explication.

— Cette jolie petite fille n'est pas à nous, répondit sir Geoffrey ; — je voudrais qu'elle nous appartînt. C'est l'enfant d'un de nos proches voisins, — un brave homme, et, à vrai dire, un bon voisin ; — quoique dans ces derniers temps il ait été détourné de son allégeance par un damné drôle presbytérien qui prend le titre de ministre. Mais j'espère

---

[1] Abréviation familière de Julian ou Julien. (L. V.)

le renverser bientôt de son perchoir; et que le diable soit à ses trousses ! Il a été assez longtemps le coq du juchoir. Il y a des baguettes qui trempent dans le vinaigre pour en battre les manteaux de Genève, c'est ce que je puis promettre à ces coquins à face refrognée. Mais quant à cette enfant, c'est la fille de Bridgenorth, — du voisin Bridgenorth de Moultrassie-Hall.

— Bridgenorth? dit la comtesse; je croyais connaître tous les noms honorables du comté de Derby; — je n'ai nulle idée de celui de Bridgenorth. — Mais attendez donc. — N'y a-t-il pas eu un membre du comité des séquestres qui portait ce nom? A coup sûr, ce ne peut être le même.

Ce ne fut pas sans un certain embarras que Péveril répondit: C'est celui-là même que Votre Seigneurie désigne; et vous pouvez concevoir la répugnance avec laquelle je me suis soumis à recevoir de bons offices d'un homme de cette sorte. Mais si je ne l'avais pas fait, j'aurais su à peine où trouver un toit pour abriter la tête de dame Marguerite.

Tandis qu'il parlait, la comtesse avait soulevé doucement Alice de ses genoux, et l'avait posée sur le tapis, quoique la petite montrât à rester où elle était une disposition à laquelle la dame de Derby et de Man se serait certainement prêtée pour une enfant de sang patricien et d'origine royaliste.

— Je ne vous blâme pas, dit-elle; personne ne sait à quelle tentation il pourra céder. Cependant, *j'aurais* cru que Péveril du Pic se fût réfugié dans la caverne la plus profonde de son domaine avant de consentir à devenir l'obligé d'un régicide.

— Mon voisin est assez noir, madame, répliqua le chevalier, mais non aussi noir que vous voudriez le faire. C'est un presbytérien, — cela je dois le confesser, — mais ce n'est pas un indépendant[1].

— C'est une variété du même monstre, qui criait halloo ! tandis que les autres suivaient la chasse, et qui liait la victime que les indépendants égorgeaient. Entre deux pareilles sectes, je préfère les derniers. Ce sont du moins d'audacieux scélérats, qui marchent sans masque, s'ils sont impitoyables; ils tiennent plus du tigre et moins du crocodile. Je ne doute pas que cet honnête homme qui ce matin a pris sur lui...

La comtesse s'arrêta court, car elle fut frappée de l'air de contrariété et d'embarras de lady Péveril.

— Je suis, reprit-elle, la plus malheureuse des créatures. J'ai dit quelque chose, j'ignore quoi, qui vous fait de la peine, Marguerite. — Le mystère est une mauvaise chose, et entre nous il ne doit pas y en avoir.

— Il n'y en a pas, madame, dit lady Péveril avec quelque impatience.

---

[1] Les *indépendants*, dans la classification politique des partis de la révolution de 1648, formaient la partie *ultrà* des presbytériens. (L. V.)

Je n'attendais que l'opportunité de dire à mon mari ce qui est arrivé. — Sir Geoffrey, M. Bridgenorth était malheureusement ici quand lady Derby et moi nous nous sommes rencontrées ; et il a cru qu'il était de son devoir de parler de...

— De parler de quoi? dit vivement le chevalier en fronçant le sourcil. Vous avez toujours été plus disposée qu'il n'eût convenu, madame, à souffrir les empiétements des gens de cette sorte.

— Je voulais seulement dire, reprit lady Péveril, que comme la personne... celle à laquelle se rapporte l'histoire de lady Derby, — était frère de feu sa femme, il menaçait... Mais je ne puis croire que ce fût sérieusement.

— Il a menacé? menacé lady Derby dans ma maison! — la veuve de mon ami, — la noble Charlotte de Latham-House! Par le Ciel! le rustre à oreilles dressées m'en rendra raison. Comment se fait-il que mes valets ne l'aient pas jeté par les fenêtres?

— Hélas, sir Geoffrey! vous oubliez tout ce que nous lui devons.

— Ce que nous lui devons! reprit le chevalier avec une indignation croissante ; car tout entier à une seule appréhension, il croyait que sa femme voulait parler d'obligations pécuniaires. — Si je lui dois quelque argent, n'a-t-il pas ses sûretés? et cela, surtout, doit-il lui donner le droit de venir faire le maître et jouer le rôle de magistrat dans le château de Martindale? — Où est-il? — qu'avez-vous fait de lui? — Je veux — je dois lui parler.

— Prenez patience, sir Geoffrey, dit la comtesse, qui comprit alors la cause des appréhensions de sa parente, et soyez assuré que je n'ai pas besoin de votre intervention chevaleresque pour me défendre contre ce *faitour*[1] discourtois, comme il serait nommé dans *la Mort d'Arthur*. Je vous atteste que ma parente a pleinement redressé mon injure ; et je suis si charmée de ne devoir ma délivrance qu'à sa seule bravoure, que je vous enjoins et vous ordonne, comme à un vrai chevalier, de ne pas intervenir dans l'aventure d'un autre.

Lady Péveril, qui connaissait le caractère fougueux et irritable de son mari, et qui voyait que sa colère ne faisait que s'accroître, reprit alors le récit de l'événement et indiqua clairement et sans détour la cause de l'intervention de M. Bridgenorth.

— J'en suis fâché, dit alors le chevalier ; je lui croyais plus de bon sens, et je pensais que cet heureux changement aurait pu avoir sur lui une influence favorable. Mais vous auriez dû m'informer de cela tout d'abord ; — mon honneur ne me permet pas de le garder prisonnier dans cette maison, comme si je craignais rien de ce qu'il pourrait faire pour nuire à la noble comtesse tant qu'elle est sous mon toit ou dans un rayon de vingt milles de ce château.

---

[1] Félon, traître, homme bas et méprisable C'est un ancien mot. (L. V.)

CHAPITRE VI.

A ces mots, et après avoir salué la comtesse, il se dirigea vers la chambre dorée, laissant lady Péveril fort inquiète de l'issue d'une explication animée entre un homme aussi vif que son époux et un caractère aussi opiniâtre que Bridgenorth. Ses craintes étaient cependant sans fondement; car l'explication ne devait pas avoir lieu.

Quand sir Geoffrey Péveril, après avoir renvoyé Whitaker et ses sentinelles, entra dans la chambre dorée, où il s'attendait à trouver son captif, le prisonnier s'était évadé, et il était aisé de voir de quelle manière. Dans la précipitation du moment, le panneau mobile avait échappé à la mémoire de lady Péveril et de Whitaker, les seuls qui en connussent l'existence. Il est probable que n'ayant pas été refermé assez exactement, Bridgenorth l'avait découvert; et qu'après l'avoir écarté tout à fait, il avait gagné par là la chambre secrète avec laquelle il communiquait, et, de là, la poterne du château, par un autre passage secret ménagé dans l'épaisseur des murs, disposition assez commune dans les anciens manoirs; car les maîtres de ces habitations féodales étaient exposés à tant de vicissitudes de fortune, qu'ils avaient habituellement soin de s'assurer quelque cachette dans leurs forteresses, et quelque issue secrète pour en sortir. Que Bridgenorth eût découvert ce moyen de retraite caché, et qu'il en eût profité, c'est ce qui était évident, attendu que les portes secrètes communiquant d'une part à la poterne et de l'autre au panneau mobile de la chambre dorée, étaient l'une et l'autre restées ouvertes.

Sir Geoffrey revint vers les dames avec un air de perplexité. Tant qu'il avait jugé Bridgenorth à sa portée, il n'avait éprouvé aucune crainte de ce que celui-ci pouvait faire; car il se sentait supérieur au major par la force physique, et par cette sorte de courage qui pousse un homme à se précipiter sans hésitation à l'encontre d'un danger personnel. Mais, depuis tant d'années il s'était habitué à regarder le pouvoir et l'influence de Bridgenorth comme quelque chose de si formidable, et, nonobstant les derniers changements, ses idées se reportaient si naturellement sur son voisin comme sur un ami puissant ou un dangereux ennemi, que lorsqu'il le vit parti, il conçut au sujet de la comtesse plus d'appréhensions qu'il ne voulait se l'avouer à lui-même. Celle-ci remarqua l'air d'abattement et d'inquiétude répandu sur son front, et elle lui demanda si son séjour au château de Martindale était de nature à lui occasionner quelque embarras ou à lui faire courir quelque danger?

— L'embarras serait le bienvenu, répondit sir Geoffrey, et plus encore le danger qui viendrait d'une telle cause. Mon plan était que Votre Seigneurie honorât pendant quelques jours le château de Martindale de sa présence, qu'on aurait pu tenir secrète jusqu'à ce que les recherches dont vous êtes l'objet eussent cessé. Si j'avais vu ce Bridgenorth, je ne doute pas que je n'eusse pu le forcer à la discrétion;

mais maintenant le voilà libre, il va se tenir hors de mon atteinte, et, qui pis est, il a le secret de la chambre du prêtre.

Le chevalier se tut, et parut fort embarrassé.

— Ainsi, vous ne pouvez ni me cacher ni me protéger? dit la comtesse.

— Pardon, honorable dame, reprit le chevalier; mais permettez-moi d'achever. La vérité est que cet homme a ici beaucoup d'amis parmi les presbytériens, qui sont plus nombreux que je ne le voudrais; et s'il rencontre le drôle chargé du warrant du conseil privé, il est probable qu'il reviendra avec une force suffisante pour essayer de le mettre à exécution. Et dans ce cas, je ne sais si nous aurons le temps de réunir assez de nos propres amis pour nous mettre à même de tenir tête aux forces qu'ils peuvent rassembler.

— Je ne voudrais pas non plus que mes amis prissent les armes en mon nom contre un ordre du roi, sir Geoffrey.

— Oh! quant à cela, madame, si Sa Majesté délivre des ordres contre ses meilleurs amis, elle doit s'attendre à ce qu'ils y résisteront. Mais ce que je vois de mieux dans cette occurrence, — quoique la proposition soit quelque peu inhospitalière, — c'est que Votre Seigneurie monte à cheval à l'instant même, si votre fatigue le permet. J'y vais monter aussi, avec quelques vigoureux compagnons, et nous vous déposerons saine et sauve à Val-Royal, le sheriff nous barrerait-il le chemin avec tout un *posse comitatus*.

La comtesse de Derby acquiesça volontiers à cette proposition. Elle avait joui de toute une nuit de repos dans la chambre secrète, où Ellesmère l'avait conduite le soir précédent, et elle était prête à reprendre sa route, ou sa fuite; — car elle savait à peine, ajouta-t-elle, laquelle des deux expressions elle devait employer.

Lady Péveril pleura sur la nécessité qui semblait arracher de son toit sa meilleure amie, sa protectrice, dans un moment où les nuages de l'adversité se rassemblaient autour de la comtesse; mais elle ne voyait pas d'autre parti à prendre pour la sûreté de la fugitive. Et cependant, quelque sincère que fût son attachement pour lady Derby, elle ne put s'empêcher de voir avec une secrète satisfaction son prompt départ, lorsqu'elle réfléchit aux inconvénients, aux dangers même, que sa présence à Martindale en un tel moment et dans de telles circonstances entraînerait probablement pour un homme aussi intrépide et aussi bouillant que son époux, sir Geoffrey.

Tandis que lady Péveril faisait en conséquence tous les arrangements que le temps permettait et qu'exigeaient les circonstances pour la continuation du voyage de la comtesse, sir Geoffrey, dont l'ardeur s'accroissait toujours avec la perspective d'une action, donnait ordre à Whitaker de réunir quelques hommes déterminés, à qui l'on ferait revêtir la cuirasse et le morion d'acier. — Il y a les deux laquais, et puis Outram et Saunders, outre l'autre valet, et Roger Raine avec son fils;

mais recommande à Roger de ne pas arriver ivre. — Ensuite il y a toi-même, le jeune Dick de Dale et son domestique, et trois ou quatre tenanciers : — nous serons alors assez pour tenir tête aux forces qu'ils pourront rassembler. Tous ces gaillards-là taperont dur, et sans demander pourquoi ; — leurs mains sont toujours plutôt prêtes que leurs langues, et leurs bouches sont plus faites pour boire que pour parler.

Whitaker, informé de l'urgence du cas, demanda s'il n'avertirait pas sir Jasper Cranbourne ?

— Pas un mot à celui-là, sur ta vie, répondit le chevalier; ceci, autant que je sache, peut être un cas d'*outlawry*[1], comme ils disent; et en conséquence je ne veux pas exposer d'autres terres ni d'autres biens que les miens. Sir Jasper a été assez longtemps inquiété. Autant que cela dépendra de moi, il sera maintenant en repos pour le reste de ses jours.

CHAPITRE VII.

Fang. — Au secours! au secours!
Mistress Quickly. — Bonnes gens, venez à notre secours!
Henry IV, Ire Partie.

LES suivants de Péveril étaient tellement accoutumés au son du boute-selle, qu'en un instant ils furent à cheval et rangés en ordre; on se mit immédiatement en marche, après avoir arrêté toutes les dispositions convenables, et dans cette attitude grave que commande le danger, pour escorter la comtesse à travers cette partie montueuse et déserte du comté de Derby, limitrophe de celui de Chester. La cavalcade avançait avec une extrême précaution, à laquelle avait habitué la discipline des guerres civiles. Un cavalier attentif et bien monté précédait la troupe d'environ trois cents pas ; deux autres le suivaient à la moitié de cette distance, leurs carabines en avant, et prêts à faire feu à la moindre alerte. A cent cinquante pas derrière cette avant-garde venait le corps principal, où se trouvait la comtesse de Derby, montant un palefroi d'amble de lady Péveril (car le sien avait été épuisé par le trajet de Londres à Martindale), et accompagnée d'un domestique d'une fidélité éprouvée, et d'une femme de chambre ; le chevalier du Pic, et une demi-douzaine de cavaliers braves et expérimentés, lui servaient d'escorte

---

[1] Proscription, mise hors la loi. (L. V.)

immédiate et de gardes. A l'arrière, et pour couvrir la retraite, étaient placés Whitaker et Lance Outram, à qui ce poste avait été confié comme à des hommes de confiance intime. Ils chevauchaient, comme dit le proverbe espagnol, « la barbe sur l'épaule, » regardant autour d'eux de temps à autre, et prenant toutes les mesures nécessaires pour découvrir promptement toute poursuite dont ils pourraient être l'objet.

Mais s'ils étaient habiles en discipline, Péveril et ses suivants péchaient quelque peu par la politique. Le chevalier avait fait part à Whitaker, quoique sans aucune nécessité apparente, de la nature précise de leur expédition actuelle; et Whitaker ne fut pas moins communicatif avec son camarade Lance, le garde. — Ceci est assez étrange, M. Whitaker, dit le dernier quand il eut appris de quoi il s'agissait, et je voudrais que vous, qui êtes un habile homme, pussiez m'expliquer la chose; — comment il arrive, quand depuis vingt ans nous ne faisons autre chose que de souhaiter le retour du roi, — prier pour le roi, — nous battre pour le roi, — mourir pour le roi, — que la première chose que nous ayons à faire à son retour soit d'endosser le harnais pour résister à un ordre du roi?

— Bah! êtes-vous donc si simple, et est-ce là tout ce que vous savez du fond de notre querelle? Mais, camarade, nous n'avons fait depuis tout le commencement que nous battre pour la personne du roi contre son ordre; car je me souviens que les proclamations des coquins, et tout le reste, étaient toujours au nom du roi et du parlement.

— Oui-da! est-ce de cela qu'il retourne? Hé bien, en ce cas, s'ils recommencent déjà l'ancien jeu, et qu'ils envoient des warrants au nom du roi contre ses fidèles sujets, alors je dis : Vive notre vigoureux chevalier, qui est prêt à en faire des bourres de fusil! Et si Bridgenorth se met en chasse après nous, je ne serai pas fâché, pour mon compte, de lui repasser un bon horion.

— Pourtant, camarade, à l'exception que c'est une abominable Tête-Ronde et un puritain, ce n'est pas un mauvais voisin. Qu'est-ce qu'il t'a donc fait?

— Il a braconné sur mes terres, répondit le garde forestier.

— Du diable si c'est vrai! Tu veux rire, Lance. Bridgenorth n'est pas un chasseur; il n'a pas assez de sang honnête dans les veines pour cela.

— Non, mais il court un gibier que vous ne soupçonnez guère, avec sa face blême et morose, qui effraierait les petits enfants et ferait cailler le lait.

— Tu ne peux vouloir parler des filles? depuis la mort de sa femme, il est fou de tristesse et presque abêti. Tu sais que mylady a pris l'enfant de peur qu'il ne l'étranglât dans une de ses lubies, parce que sa vue lui aurait remis dans l'esprit le souvenir de la mère. Avec tout le respect que je dois à mylady, et soit dit entre amis, il y a assez d'en-

fants de pauvres Cavaliers dont elle aurait mieux fait de prendre soin.
— Tu disais donc?...

— Hé bien, voilà : je pense que vous pourrez avoir remarqué, M. Whitaker, qu'une certaine mistress Déborah a montré une certaine inclination pour certaine personne d'une certaine maison.

— C'est-à-dire pour toi? Lance Outram, tu es le fat le plus vain...

— Fat? Hé bien, pas plus tard qu'hier au soir, toute la maison l'a vue, comme on dit, se jeter à ma tête.

— En ce cas, je voudrais que c'eût été un morceau de brique, pour te la briser, en punition de ton impertinence et de ta présomption.

— Bon, bon ; mais écoutez-moi. Le lendemain matin, c'est-à-dire ce matin même, — j'avais pensé à aller abattre un daim dans le parc, jugeant qu'une pièce de venaison pourrait bien ne pas être de trop dans le garde-manger, après le gala d'hier ; et comme je passais sous la fenêtre de la chambre des enfants, j'avais levé les yeux, rien que pour voir ce que faisait madame la gouvernante : alors je l'ai vue, à travers les vitres, mettre son capuchon et sa mante aussitôt qu'elle m'a eu aperçu. Immédiatement après, j'ai vu s'ouvrir la porte du salon, et je me suis assuré qu'elle traversait le jardin, puis qu'elle passait la brèche pour descendre au parc. — Aha, mistress Deb, que je me suis dit, si c'est comme cela que vous êtes prête à danser au son de mon galoubet et de mon tambourin, je vais vous jouer une courante avant que vous ne me rejoigniez ! De façon que je suis descendu du côté d'Ivy-Tod Dingle [1], où le taillis est épais et le terrain marécageux, puis j'ai tourné Haxley-Bottom [2], en pensant que durant tout ce temps-là elle était à mes talons, et riant dans ma barbe du tour que je lui faisais faire.

— Vous méritiez pour cela un plongeon dans la mare, comme un barbet à tête éventée ; mais quel rapport toute cette histoire de Jacques-Lanterne a-t-elle avec Bridgenorth?

— Hé bien, c'est que c'était à cause de lui, je veux dire de Bridgenorth, qu'elle ne me suivait pas. — Mordieu ! je marchai d'abord plus doucement, puis je m'arrêtai, puis je tournai un peu la tête, et je commençai à me demander ce qu'elle était devenue, et à penser que dans cette affaire-là je m'étais à peu près conduit comme un âne.

— C'est ce que je nie ; jamais âne ne se serait si sottement conduit.
— Mais continue.

— Hé bien, tournant la face vers le château, j'en reprenais le chemin comme si j'avais saigné du nez, quand juste auprès de Copely-Thorn [3], qui est, vous savez bien, à une portée de fusil de la poterne, j'aperçus madame Deb en conférence particulière avec l'ennemi.

---

[1] Le Vallon du Buisson de Lierre.
[2] Le fond d'Haxley.
[3] L'Épine de Copely.

— Quel ennemi ?

— Quel ennemi ! Eh ! parbleu, qui serait-ce, sinon Bridgenorth ? Ils se tenaient hors de vue dans l'intérieur du taillis ; mais ce sera bien le diable, que je me dis, si je ne puis vous faire partir, moi qui ai fait partir tant de daims. Si je n'avais pas réussi, autant fallait donner mes flèches pour en faire des brochettes à poudding. Je fis donc le tour du fourré pour guetter leurs eaux, et que je ne tende jamais une arbalète, si je ne l'ai pas vu lui donner de l'or et lui serrer la main.

— Et c'est là tout ce que vous avez vu se passer entre eux ?

— C'était ma foi bien assez pour me démonter. Quoi ! quand je pensais que j'avais la plus jolie fille du château à danser à mon sifflet, trouver qu'elle me donnait le sac à garder, et qu'elle faisait la contrebande dans un coin avec un vieux puritain qui a des écus !

— Crois-moi, Lance, ce n'est pas ce que tu penses. Bridgenorth ne se soucie guère de ces babioles d'amourettes, et toi tu n'as pas autre chose en tête. Mais il convient que notre chevalier sache qu'il a vu Déborah en secret, et qu'il lui a donné de l'or ; car jamais puritain n'a donné d'or que ce ne fût comme arrhes de quelque œuvre du diable, faite ou à faire.

— Je ne voudrais pourtant pas être assez mauvais camarade pour aller la trahir près de notre maître. Elle a le droit de faire à sa fantaisie, comme disait la dame qui baisait sa vache ; — seulement je n'approuve pas son choix, voilà tout. Il ne s'en faut certainement pas de six ans qu'il ait la cinquantaine ; et une face de verjus sous l'auvent d'un chapeau à grands bords, avec un plein sac d'os maigres empaquetés dans un manteau noir, ce n'est pas une grande tentation, ce me semble.

— Je te dis encore une fois que tu te trompes, et qu'il n'y a ni ne peut y avoir entre eux aucune affaire d'amour sous jeu, mais seulement quelque intrigue, qui peut-être a rapport à cette noble comtesse de Derby. Je te dis qu'il convient que mon maître le sache, et je vais de ce pas lui tout dire.

A ces mots, et en dépit de toutes les remontrances que Lance continuait de lui faire en faveur de mistress Déborah, l'intendant piqua des deux vers le corps principal de leur petite caravane, et informa le chevalier et la comtesse de Derby de ce qu'il venait d'apprendre du garde-chasse, rapport auquel il ajouta ses propres soupçons, que M. Bridgenorth de Moultrassie-Hall voulait établir un système d'espionnage dans le château de Martindale, soit afin de s'assurer la vengeance dont il avait menacé la comtesse de Derby pour avoir fait mourir son beau-frère, ou dans quelque autre but ignoré, mais qui ne pouvait être que dangereux.

La communication de Whitaker excita un vif ressentiment dans l'âme du chevalier du Pic. D'après ses préventions, ceux qui appartenaient à la faction opposée étaient supposés recourir à la ruse et à l'intrigue pour réussir dans ce qu'ils ne pouvaient faire à force ouverte ; et sans plus de réflexion, il en conclut que son voisin, dont il respectait toujours, et dont parfois même il craignait la prudence, entretenait, dans des desseins cachés, une correspondance clandestine avec quelqu'un appartenant à sa maison. Si c'était dans un but perfide contre la noble fugitive qui avait cherché un abri sous son toit, il y avait là à la fois trahison et présomption ; ou, considérant le tout sous le même jour que Lance, une intrigue criminelle avec une femme attachée de si près à la personne de lady Péveril lui semblait un acte de souveraine inpertinence et un manque total de respect de la part d'un homme tel que Bridgenorth, contre lequel, en conséquence, la colère de sir Geoffrey s'enflamma au plus haut point.

Whitaker avait à peine regagné son poste à l'arrière, qu'il le quitta de nouveau et galopa une seconde fois vers le gros du parti avec plus de rapidité encore que la première, pour y porter la fâcheuse nouvelle qu'ils étaient poursuivis par une dizaine au moins de cavaliers.

— En avant vers Hartley-Nick [1], et au grand galop ! s'écria le chevalier ; là, Dieu aidant, nous ferons tête aux coquins. — Comtesse de Derby, — un seul mot : — Adieu ! — Il faut que vous preniez les devants avec Whitaker et un autre homme sûr, et que vous me laissiez seul pour veiller à ce que personne ne vous marche sur les talons.

— Je resterai avec vous à les attendre, dit la comtesse ; vous savez de vieille date que je ne crains pas d'être témoin d'un combat.

— Il *faut* que vous partiez en avant, madame, reprit le chevalier, pour l'amour du jeune comte et le repos de la famille de mon noble ami. Il n'y aura pas ici de combat digne de vos regards ; ce n'est qu'un jeu d'enfant que ces drôles amènent avec eux.

Elle consentit à contre-cœur à continuer sa fuite, et ils atteignirent le fond de Hartley-Nick, défilé rocailleux et très-rapide, où le chemin, ou plutôt le sentier, qui jusque-là avait traversé un pays plus découvert, devint étroit et resserré, bordé d'un côté par un bois, et de l'autre par la berge escarpée d'un ravin de montagnes.

La comtesse de Derby, après avoir fait à sir Geoffrey des adieux pleins d'affection, et lui avoir recommandé de la rappeler au souvenir de son petit page futur et de sa mère, gravit la passe au galop, et, avec ses deux suivants et son escorte, fut bientôt hors de vue. Elle venait à peine de disparaître, que les poursuivants arrivèrent à portée de sir Geoffrey Péveril, qui avait divisé et partagé sa troupe de manière à intercepter absolument la route sur trois points différents.

Le parti opposé était conduit, comme s'y attendait sir Geoffrey, par le major Bridgenorth. Près de lui était un personnage vêtu de noir, ayant sur le bras une plaque d'argent représentant un lévrier ; il était

[1] La Brèche de Hartley.

suivi d'une dizaine d'habitants du village de Martindale-Moultrassie. Deux ou trois d'entre eux étaient des officiers de paix; les autres étaient personnellement connus de sir Geoffrey pour des fauteurs du gouvernement renversé.

Comme cette troupe approchait au galop, sir Geoffrey lui cria de faire halte; et comme elle continuait d'avancer, il commanda à son monde de diriger sur elle leurs pistolets et leurs carabines. Quand ils eurent pris cette attitude menaçante, il répéta d'une voix tonnante : Halte, ou nous faisons feu!

L'autre parti s'arrêta immédiatement, et le major Bridgenorth avança seul, comme pour parlementer.

— Hé bien, qu'y a-t-il donc, voisin? dit sir Geoffrey, comme s'il venait seulement de le reconnaître; — qui vous fait courir si vite ce matin? Ne craignez-vous pas de faire mal à votre cheval, ou de gâter vos éperons?

— Sir Geoffrey, répondit le major, je n'ai pas le temps de plaisanter; — je suis ici pour les affaires du roi.

— Êtes-vous bien sûr que ce ne soit pas pour celles du vieux Noll, voisin? — Vous aviez coutume de regarder ses ordres comme les meilleurs. Et le chevalier accompagna ces mots d'un sourire ironique qui excita parmi ses gens un rire bruyant.

— Montrez-lui votre warrant, dit Bridgenorth à l'homme vêtu de noir que nous avons mentionné, et qui était un poursuivant. Alors, prenant le warrant des mains de l'officier, il le présenta à sir Geoffrey.
— Vous aurez du moins égard à ceci, dit-il.

— Le même égard que vous y auriez eu il y a un mois, repartit le chevalier en déchirant le mandat en mille pièces. — D'où vous vient cet air ébahi? Pensez-vous que vous ayez le monopole de la rébellion, et que nous n'ayons pas le droit, à notre tour, de nous passer une fantaisie de désobéissance?

— Faites place, sir Geoffrey Péveril, ou vous me forcerez de faire ce dont je pourrais être fâché. Je suis dans cette affaire le vengeur du sang de l'un des saints du Seigneur, et je poursuivrai la chasse tant que le Ciel me laissera un bras pour me frayer passage.

— Vous ne vous fraierez passage ici qu'à vos risques et périls; je suis là sur mon terrain. — J'ai été, depuis vingt ans, assez harassé par les saints, comme vous les appelez. Je vous dis, maître, que je ne souffrirai pas que vous violiez impunément la sécurité de ma maison, ni que vous poursuiviez mes amis sur mes terres, ni que vous suborniez mes domestiques, ainsi que vous l'avez fait. Je vous ai respecté à cause de certains bons offices que je ne veux ni nier, ni oublier, et vous auriez peine à me faire tirer l'épée ou diriger un pistolet contre vous; mais faites un seul mouvement hostile, osez avancer d'un seul pas, et je me rends maître de vous sur-le-champ. Quant à ces coquins qui sont venus ici poursuivre une noble dame dans mes limites, si vous ne les faites s'éloigner, j'en vais à l'instant même envoyer quelques-uns au diable avant leur temps.

— Faites place à vos propres périls, répliqua le major Bridgenorth ; et en même temps il porta la main droite à son pistolet d'arçon. Mais sir Geoffrey se précipita rapidement sur lui, le saisit au collet, et donna un coup d'éperon à Noir-Hastings en même temps qu'il lui serra la bride, de sorte que le cheval, faisant une courbette, pesa de tout le poids de son poitrail sur la monture de Bridgenorth. Dans la situation de ce dernier, une balle aurait débarrassé un soldat alerte de son adversaire ; mais quoique Bridgenorth eût servi pendant quelque temps dans l'armée du parlement, son courage était plutôt civil que militaire, et son antagoniste l'emportait sur lui, non-seulement par la force corporelle et l'habileté en équitation, mais aussi et surtout par ce caractère décidé d'aveugle résolution qui poussait sir Geoffrey à se jeter sans réfléchir dans une lutte personnelle. Lors donc qu'ils en furent venus à se colleter et à lutter ensemble d'une manière qui s'accordait assez peu avec leurs longues relations de proches voisins, il n'est pas étonnant que Bridgenorth ait été jeté très-violemment à bas de son cheval. Sir Geoffrey sauta aussitôt du sien, et en même temps le parti de Bridgenorth avança au secours de son chef, tandis que les gens du chevalier se mirent en position de recevoir les autres. Les épées furent dégaînées, et les pistolets présentés en avant ; mais sir Geoffrey, d'une voix de héraut, commanda aux deux partis de reculer et de ne commettre aucun acte hostile.

Le poursuivant saisit cette ouverture, et trouva aisément une raison de ne pas poursuivre une mission dangereuse. — Le warrant était détruit, dit-il. Ceux qui l'avaient anéanti auraient à en répondre au conseil ; quant à lui il ne pouvait faire un pas de plus sans sa commission.

— Bien parlé, et en homme pacifique ! dit sir Geoffrey. — Qu'on lui donne des rafraîchissements au château ; — son bidet est dans un piteux état. — Allons, voisin Bridgenorth, relevez-vous ; — j'espère que vous ne vous êtes pas blessé dans cette sotte affaire ? Je n'aurais pas porté la main sur vous, voisin, si vous n'aviez pas fait un mouvement pour tirer votre pistolet.

En parlant ainsi, il aidait le major à se relever. Sur ces entrefaites, le poursuivant s'était mis à l'écart, et avec lui le constable et l'officier de paix du village, qui n'étaient pas sans quelque soupçon tacite que, bien qu'en cette affaire Péveril s'opposât à l'action directe de la loi, il était néanmoins probable que sa faute serait appréciée par des juges favorables, et qu'en conséquence il pouvait être de leur intérêt et de leur sûreté de lui céder plutôt que de lui résister. Mais le surplus de la troupe, composé des amis de Bridgenorth et professant les mêmes principes, garda son terrain nonobstant cette défection ; et aux regards de ceux-là on pouvait juger qu'ils étaient fermement résolus à régler leur conduite sur celle de leur chef, quelle qu'elle pût être.

Mais il était évident que Bridgenorth n'avait nulle intention de renouveler la lutte. Il se débarrassa assez rudement des mains de sir Geoffrey ; mais ce ne fut pas pour tirer son épée. Au contraire, il remonta à cheval d'un air sombre et abattu ; et faisant signe de la main à ses compagnons, il reprit le chemin par lequel ils étaient venus. Sir Geoffrey le suivit des yeux pendant quelques minutes : — Voilà un homme, dit-il, qui aurait été un fort honnête garçon s'il n'avait pas été presbytérien. Mais il n'y a pas de cordialité chez eux ; — ils ne peuvent jamais oublier une chute sur le gazon, faite en tout honneur. — Ils vous gardent rancune, et c'est ce que je déteste autant qu'un manteau noir ou une calotte de Genève, avec une paire de longues oreilles se dressant de chaque côté comme deux cheminées aux deux bouts du toit d'une chaumière. Ils sont rusés en diable, pardessus le marché ; c'est pourquoi, Lance Outram, vous allez prendre deux hommes avec vous, et les suivre à la piste, de peur qu'ils ne nous tournent en flanc et ne se remettent sur les traces de la comtesse.

— J'aimerais autant qu'ils se missent en chasse de la biche blanche apprivoisée de mylady, répondit Lance en véritable garde forestier. Puis il se conforma aux ordres de son maître, en guettant à distance le major Bridgenorth, et en profitant, pour observer sa marche, de tous les accidents de terrain qui dominaient le pays. Mais il fut bientôt évident que les ennemis ne songeaient à aucune manœuvre, et que le major reprenait la route directe de Moultrassie. Dès que sir Geoffrey en fut informé, il congédia la plus grande partie de ses hommes ; et ne conservant avec lui que ses propres domestiques, il partit au galop pour rejoindre la comtesse de Derby.

Il vous suffira d'ajouter qu'il exécuta sans autre encombre son projet d'escorter la fugitive jusqu'à Val-Royal. Le seigneur du domaine se chargea avec empressement de conduire jusqu'à Liverpool la noble et fière comtesse, et de la faire embarquer saine et sauve pour les possessions héréditaires de son fils, où il n'était pas douteux qu'elle pût attendre, sans courir de risques personnels, que l'accusation soulevée contre elle pour avoir enfreint l'amnistie royale par l'exécution de Christian, pût être éteinte, au moyen de quelque arrangement.

Pendant longtemps ce ne fut pas chose aisée. Clarendon, alors à la tête de l'administration de Charles II, regardait cet acte de violence, quoique inspiré par des motifs qui peuvent, à quelques égards, trouver une certaine sympathie dans le cœur humain, comme de nature à compromettre la tranquillité à peine rétablie de l'Angleterre, en excitant les soupçons et les défiances de ceux qui avaient à craindre les conséquences de ce que de nos jours on nomme une *réaction*. D'un autre côté, les services éminents de cette famille distinguée, — ceux qu'avait rendus la comtesse elle-même, — la mémoire de son valeureux époux, — les circonstances toutes particulières de juridiction, qui plaçaient le cas hors de la règle commune, tout cela plaidait puissamment en sa faveur; et l'expiation de la mort de Christian fut enfin réduite à une forte amende, montant, à ce que nous croyons, à plusieurs milliers de livres sterling, somme qui fut levée, avec grande difficulté, sur les domaines ravagés du jeune comte de Derby.

CHAPITRE VIII.

>Ma terre natale, bonsoir!
>
>BYRON.

LADY Péveril fut en proie à une vive anxiété pendant plusieurs heures après que son époux et la comtesse eurent quitté le château de Martindale; surtout quand elle eut appris que le major Bridgenorth, dont elle avait fait secrètement épier les mouvements, était monté à cheval avec un parti de cavaliers, et était allé à l'ouest dans la même direction que sir Geoffrey.

Enfin son inquiétude au sujet de son époux et de la comtesse fut calmée par l'arrivée de Whitaker, qui exalta la conduite de sir Geoffrey, et raconta l'engagement qui avait eu lieu entre lui et le major Bridgenorth.

Lady Péveril n'apprit qu'en frissonnant combien près on avait été de voir se renouveler les scènes de guerres civiles; et tout en rendant grâces au Ciel de la conservation de son époux, sa querelle avec le major Bridgenorth, et les conséquences qu'elle pouvait avoir, lui inspiraient malgré elle autant de regret que de craintes. Ils avaient maintenant perdu un vieil ami, qui s'était montré tel dans des circonstances d'adversité où l'amitié est le mieux mise à l'épreuve; et elle ne se dissimulait pas que Bridgenorth, ainsi irrité, pouvait être un ennemi embarrassant, sinon dangereux. Il avait jusqu'alors usé avec modération de ses droits de créancier; mais s'il les faisait valoir rigoureusement, lady Péveril, à qui son attention à l'économie domestique avait fait connaître les affaires de son mari beaucoup mieux qu'il ne les connaissait lui-même, prévoyait que de graves inconvénients résulteraient des mesures que la loi mettait en son pouvoir. Elle cherchait cependant un motif d'encouragement dans la pensée que l'affection paternelle de Bridgenorth, et l'opinion qu'il avait toujours manifestée que la santé de sa fille était uniquement subordonnée à ses soins, lui donnaient encore sur lui un puissant moyen d'influence. Mais tout espoir de réconciliation que lady Péveril pensait pouvoir asseoir sur cette circonstance lui fut enlevé par un incident qui eut lieu dans le cours de la matinée du jour suivant.

La gouvernante, mistress Déborah, que nous avons déjà mentionnée, était, selon sa coutume, allée conduire les enfants à leur promenade du matin dans le parc, accompagnée de Rachel, jeune fille qui occasionnellement lui servait d'aide dans ses fonctions près d'eux. Mais elle ne revint pas comme de coutume. L'heure du déjeuner approchait, quand dame Ellesmere, la bouche plus pincée et les manières plus raides encore que d'habitude, vint informer sa dame que mistress Déborah n'avait pas encore jugé à propos de revenir du parc, quoique le moment du déjeuner fût proche.

— En ce cas elle ne va pas tarder, répondit lady Péveril avec indifférence.

Ellesmere fit entendre une petite toux sèche et équivoque, puis elle ajouta que Rachel était de retour avec le petit M. Julien, et qu'il avait plu à mistress Déborah de dire qu'elle continuerait sa promenade avec miss Bridgenorth jusqu'à Moultrassie-Holt [1], point qui, dans l'état actuel des choses, marquait la limite commune des propriétés du major et de celles de sir Geoffrey Péveril.

— Cette fille est-elle devenue folle, s'écria la dame avec quelque humeur, qu'elle ne peut obéir à mes ordres et revenir à des heures régulières?

— Elle peut devenir folle, comme elle peut devenir trop fine, répondit Ellesmere d'un air mystérieux; et je crois qu'il ne serait pas mal que mylady y prît garde.

— Prendre garde à quoi, Ellesmere? dit la dame avec impatience. Vous parlez ce matin d'un ton d'oracle étrange. Si vous savez quelque chose contre cette jeune fille, je vous prie de vous expliquer clairement.

— Moi parler contre elle! Il ne me siérait pas de parler, à la manière d'une servante rapporteuse, contre aucun homme, femme ou enfant; seulement je voudrais que mylady regardât autour d'elle et se servît de ses yeux, — voilà tout.

— Vous me recommandez de me servir de mes yeux, Ellesmere; mais je soupçonne qu'il vous conviendrait mieux que je me contentasse de voir à travers vos lunettes. Je vous ordonne, — et vous savez que je veux être obéie, — je vous ordonne de me dire ce que vous savez ou ce que vous soupçonnez au sujet de cette fille, de Deborah Debbitch.

---

[1] Le bois de Moultrassie (L V)

— Mes lunettes ! s'écria l'Abigaïl indignée ; j'en demande pardon à mylady, mais jamais je ne me sers de lunettes, sauf une paire qui a appartenu à ma pauvre mère, et que je mets quand mylady me donne à faire quelque ouvrage un peu fin dans ses coiffes. Jamais femme au-dessus de seize ans n'a cousu dans du blanc sans besicles. Et quant à soupçonner, je ne soupçonne rien ; car comme mylady a enlevé mistress Déborah Debbitch de dessous ma main, pour sûr ce n'est ni pain ni beurre à moi. Seulement, (ici elle commença à parler les lèvres serrées, de manière à permettre à peine à un son d'en sortir, et à hacher ses mots de façon à ce qu'on aurait dit qu'elle voulait en ravaler la moitié avant de les laisser échapper) — seulement, madame, si mistress Déborah va si souvent le matin à Moultrassie-Holt, ma foi, je ne serais pas étonnée qu'elle ne retrouve plus le chemin pour en revenir.

— Encore une fois, que voulez-vous dire, Ellesmere ? Vous aviez ordinairement quelque bon sens ; — dites-moi clairement de quoi il s'agit.

— Seulement, madame, que depuis que Bridgenorth est revenu de Chesterfield, et vous a vue au château, il a plu à mistress Déborah de conduire tous les matins les enfants à Moultrassie-Holt ; et le hasard a fait qu'elle y a souvent rencontré le major, comme on l'appelle, tandis qu'il s'y promenait, car à présent il peut se promener d'un côté et d'autre comme tout le monde : et je vous garantis qu'elle ne s'est pas trouvée plus mal de ces rencontres, — d'une manière, au moins ; car elle a acheté un capuchon neuf que vous-même pourriez mettre, madame. Mais a-t-elle eu en main quelque autre chose qu'une pièce d'argent, sans doute c'est ce dont mylady est le meilleur juge.

Lady Péveril, aisément disposée à adopter l'interprétation la plus favorable des motifs de la gouvernante, ne put s'empêcher de rire à l'idée qu'un homme de dehors aussi graves, de principes aussi sévères et d'habitudes aussi réservées que Bridgenorth, fût soupçonné d'une intrigue de galanterie ; et elle conclut naturellement que mistress Déborah avait trouvé son avantage à satisfaire la tendresse paternelle du major en lui procurant fréquemment la vue de sa fille, durant le peu de jours qui s'étaient écoulés depuis que pour la première fois il avait vu la petite Alice au château, jusqu'aux événements qui avaient suivi. Mais elle fut quelque peu étonnée quand, une heure après le moment habituel du déjeuner, ni l'enfant ni mistress Déborah n'ayant reparu, le seul domestique mâle du major Bridgenorth arriva au château, à cheval et en habit de voyage, et après avoir remis une lettre pour elle-même et une autre pour mistress Ellesmere, repartit sans attendre de réponse.

Il n'y eût eu en ceci rien de remarquable, s'il se fût agi de toute autre personne ; mais le major Bridgenorth était si calme et si réglé dans toutes ses habitudes, — il était si peu susceptible d'agir précipitamment et par impulsion, que la moindre apparence de hâte en ce qui le concernait excitait la surprise et la curiosité.

Lady Péveril se hâta de rompre le cachet, et lut les lignes suivantes :

A l'honorable et honorée lady Péveril.

« MADAME,

« Que Votre Seigneurie prenne ce qui suit en bonne part.

« J'écris plutôt pour m'excuser près de Votre Seigneurie, que pour accuser ni vous ni d'autres, attendu que je sens qu'il convient mieux à notre fragile nature de confesser nos propres imperfections que de nous plaindre de celles des autres. Je ne veux pas non plus parler du passé, particulièrement en considération de Votre honorable Seigneurie, sentant bien que si je vous ai servie à cette époque où notre Israël pouvait être appelée triomphante, vous vous êtes plus qu'acquittée envers moi en remettant entre mes bras une enfant rachetée, en quelque sorte, de la vallée des ombres de la mort. Et en conséquence, de même que je pardonne de bon cœur à Votre Seigneurie la mesure rigoureuse et violente que vous avez prise envers moi lors de notre dernière rencontre (attendu que la femme qui a occasionné l'altercation est regardée comme une de vos parentes), je vous conjure de me pardonner de même d'avoir détourné de votre service la jeune femme appelée Déborah Debbitch, dont les soins, formée comme elle l'a été sous la direction de Votre Seigneurie, sont peut-être indispensables à la santé d'une enfant qui m'est chère. Je me proposais, madame, avec votre gracieuse permission, de laisser Alice à vos bons soins au château de Martindale, jusqu'à ce qu'elle pût discerner entre le bien et le mal, époque ou c'eût été pour moi un point de conscience de lui enseigner la voie qu'elle devait suivre ; car il n'est pas ignoré de Votre Seigneurie, et je ne dis pas cela avec un sentiment de reproche, mais bien plutôt de douleur, qu'une personne douée comme vous l'êtes de qualités si éminentes, — j'entends de qualités naturelles, — n'a cependant pas reçu cette pure lumière qui est une lampe dans les sentiers de la vie, et se contente de broncher dans les ténèbres parmi les tombeaux des morts. Dans les veilles de la nuit, ma prière a été que Votre Seigneurie se séparât d'une doctrine qui cause son égarement ; mais je gémis de le dire : notre candelabre étant sur le point d'être déplacé, le pays va très-probablement être enveloppé de ténèbres plus profondes que jamais, et le retour du roi, dans lequel moi et beaucoup d'autres avions cru voir une manifestation de la faveur divine, semble ne devoir guère être autre chose qu'un triomphe accordé au Prince de l'Air, qui déjà se prépare à rendre à la Vanité son marché d'évêques, de doyens et autres, en expulsant les paisibles ministres de la parole, dont les labeurs n'ont jamais manqué à tant d'âmes affamées. Ainsi, ayant appris d'une voie sûre qu'une commission était délivrée pour rétablir ces chiens muets, adhérents de Laud et de Guillaume, qui avaient été écartés par le dernier parlement, et qu'il fallait s'attendre à un acte de Conformité, ou plutôt de difformité du culte, mon intention est de fuir la colère qui s'approche, et de chercher quelque coin de terre où je puisse demeurer en paix et jouir de la liberté de conscience. Car qui voudrait rester dans le Sanctuaire, quand les sculptures en ont été brisées, et qu'on en a fait un lieu de retraite pour les hiboux et pour les satyres du désert? — Et sur ce point je me blâme moi-même, madame, d'avoir, dans la simplicité de mon cœur, consenti trop aisément à assister à ce banquet dans la maison des fêtes, en quoi mon amour de la concorde et le désir que j'avais de montrer mon respect à Votre Seigneurie sont devenus un piége pour moi; mais j'espère que ce sera une expiation de m'éloigner des lieux où je suis né et de la maison de mes pères, ainsi que de la place qui garde la poussière de ces gages de mon affection. J'ai aussi à me souvenir que, dans ce pays, mon honneur (dans l'opinion du monde) a été terni, et mon utilité circonscrite par votre époux sir Geoffrey Péveril, et que, sans avoir aucune chance d'obtenir réparation de lui, je puis dire qu'ainsi la main d'un parent a été levée contre mon honneur et ma vie. Ces choses sont amères à la bouche du vieil Adam; c'est pourquoi, afin de prévenir de futures querelles, et peut-être l'effusion du sang, il est mieux que je quitte ce pays pour un temps. Quant aux affaires qui restent à régler entre sir Geoffrey et moi, je les remettrai entre les mains de l'intègre M. Joachim Win-the-fight[1], attorney[2] à Chester, qui les arrangera avec autant d'égards aux convenances de sir Geoffrey que le permettront la justice et la due action de la loi; car, de même que j'espère avoir la grâce de résister à la tentation de transformer les armes d'une guerre charnelle en instruments de vengeance, de même je ne voudrais pas l'obtenir au moyen de Mammon. Faisant des vœux, madame, pour que le Seigneur vous puisse accorder toutes les bénédictions, et en particulier celle qui surpasse toutes les autres, c'est-à-dire la vraie connaissance de ses voies,

« Je demeure

« Votre dévoué et obéissant serviteur,

« RALPH BRIDGENORTH. »

« Moultrassie-hall, ce dixième jour de juillet 1660. »

Dès que lady Péveril eut achevé la lecture de cette longue et sin-

---

[1] Gagne-le-Combat.
[2] Procureur.

gulière homélie, dans laquelle il lui parut que son voisin montrait plus d'esprit de fanatisme religieux qu'elle ne lui en avait supposé, elle leva les yeux sur Ellesmere, — d'un air où la mortification semblait aux prises avec une expression affectée de mépris; — et la femme de chambre, fatiguée de chercher à pénétrer l'expression de physionomie de sa maîtresse, prit le parti de chercher directement à éclaircir ses soupçons.

— Je suppose, madame, que le fou fanatique a intention d'épouser la fille? On dit qu'il va quitter le pays. Il en est temps, vraiment; car outre qu'il servirait de risée à tout le voisinage, je ne serais pas étonnée que Lance Outram, le garde du parc, lui donnât une tête de cerf à porter : ce serait tout à fait dans les habitudes de son métier.

— Votre dépit n'a pas maintenant grand fondement, Ellesmere, répondit sa maîtresse; ma lettre ne parle nullement de mariage. Seulement il paraîtrait que M. Bridgenorth, se disposant à quitter ce pays, a engagé Déborah pour avoir soin de sa fille; et j'en suis certainement charmée, à cause de l'enfant.

— Et moi, j'en suis charmée pour moi, et vraiment aussi pour toute la maison. — Ainsi mylady pense qu'il n'est pas probable qu'elle l'épouse? La vérité est que je ne pouvais m'expliquer comment il serait assez idiot pour cela; mais peut-être qu'elle est en train de devenir pis, car elle parle ici d'arriver à un haut emploi, et c'est ce qui ne s'obtient guère aujourd'hui par un honnête service. Et puis elle m'écrit de lui envoyer ses affaires, comme si j'étais maîtresse de la garde-robe de Sa Seigneurie! — oui, et elle recommande M. Julien aux soins de mon âge et de mon expérience, en vérité! comme si j'avais besoin de ses recommandations pour ce cher petit bijou; et puis, parler de mon âge!... Mais je vais faire un paquet de ses nippes, et je l'enverrai à Moultrassie-Hall avec un bon certificat!

— Faites-le avec civilité, et que Whitaker lui envoie les gages qui lui sont dus, et une gratification en sus; car quoiqu'elle eût la tête légère, elle a été bonne pour les enfants.

— Je sais bien qu'est-ce qui est bonne pour ses domestiques, madame, et qui pourtant gâterait la meilleure qui ait jamais attaché une robe.

— J'en ai gâté une bonne quand je t'ai gâtée, Ellesmere; mais dis à mistress Déborah d'embrasser la petite Alice pour moi, et d'offrir au major Bridgenorth les vœux que je fais pour son bonheur dans ce monde et dans l'autre.

Elle congédia sa suivante sans lui permettre ni observation ni réplique, et sans entrer dans de plus amples détails.

Quand Ellesmere se fut retirée, lady Péveril commença à réfléchir, avec un sentiment réel de compassion, à la lettre du major Bridgenorth, homme qui certainement était doué de beaucoup d'excellentes qualités, mais qu'une longue suite de malheurs domestiques, et l'accroissement d'une dévotion sincère, mais austère et sombre, rendaient misanthrope et malheureux ; et elle eut plus d'une pensée d'inquiétude pour le bonheur de la petite Alice, élevée, comme il était probable qu'elle allait l'être, sous la direction d'un tel père. Néanmoins, l'éloignement de Bridgenorth, tout bien considéré, était un événement désirable ; car tant qu'il resterait à Moultrassie, il n'était que trop probable que quelque collision accidentelle avec sir Geoffrey pourrait donner lieu entre eux à une rencontre plus fatale que ne l'avait été la dernière.

Cependant elle ne put s'empêcher d'exprimer au docteur Dummerar sa surprise et sa douleur, que tout ce qu'elle avait fait et tenté pour ramener la paix et l'union entre les factions opposées avait tourné, comme par un jeu cruel du sort, précisément à l'inverse du but qu'elle s'était proposé.

— Sans ma malheureuse invitation, dit-elle, Bridgenorth ne serait pas venu au château le lendemain de la fête ; il n'y aurait pas vu la comtesse, et n'aurait pas encouru le ressentiment et l'opposition de mon mari. Et sans le retour du roi, événement après lequel nous aspirions comme devant être le terme de toutes nos calamités, ni la noble comtesse ni nous-mêmes n'eussions été engagés dans cette nouvelle passe d'embarras et de dangers.

— Très-honorée dame, répondit le docteur Dummerar, si les affaires de ce monde devaient être implicitement dirigées par l'humaine sagesse, et si tout devait arriver uniformément selon les conjectures de la prévision humaine, les événements ne seraient plus sous l'empire du temps et du hasard auxquels sont soumis tous les hommes, puisque, dans un cas, nous réaliserions toujours nos projets par le seul concours de notre habileté, et que, dans l'autre, nous règlerions notre conduite d'après les indications d'une prescience infaillible. Mais tant que l'homme parcourt cette vallée de larmes, il ressemble, si je puis employer cette comparaison, à un joueur de boules inhabile, qui croit atteindre le but en lançant sa boule droit devant lui, ignorant qu'il y a dans le sphéroïde une déviation cachée qui, selon toute probabilité, l'entraînera de côté et lui fera manquer le but.

Après avoir débité cette période d'un ton sentencieux, le docteur prit son chapeau façonné en pelle, et se rendit à la pelouse du château pour y finir avec Whitaker une partie de boules, qui probablement lui avait suggéré cette remarquable explication de l'incertitude des événements humains.

Deux jours après, sir Geoffrey arriva. Il avait attendu à Val-Royal la nouvelle de l'heureux embarquement de la comtesse pour l'île de Man, puis il était revenu en toute hâte retrouver son château et dame Marguerite. Il apprit en route, de quelques-uns de ceux qui l'accompagnaient, la manière dont lady Péveril avait ordonné la fête que par son ordre elle avait donnée aux habitants du voisinage ; et malgré la grande déférence qu'il montrait habituellement en tout ce qui avait rapport à sa dame, il n'apprit pas sans une vive indignation les égards qu'elle avait eus pour le parti presbytérien.

— J'aurais pu recevoir Bridgenorth, dit-il, car il s'était toujours conduit en bon et obligeant voisin, jusqu'à cette dernière affaire ; — j'aurais pu l'endurer, s'il avait voulu boire en honnête homme à la santé du roi : — mais admettre ce bélître nasillard de Solsgrace, avec toute sa congrégation de mendiants à longues oreilles, à tenir un conventicule dans la maison de mon père ; — les laisser se conduire à leur guise ; — voilà ce que je ne leur aurais pas permis alors même qu'ils portaient la tête le plus haut ! Jamais, dans les plus mauvais temps, ils n'ont eu d'autre accès au château de Martindale que celui que leur avait fait le canon de Noll ; et qu'ils y soient venus débiter leur jargon, quand le bon roi Charles est replacé sur son trône !.. Sur ma tête, dame Marguerite en entendra parler !

Mais en dépit de ces résolutions inspirées par la colère, tout ressentiment s'éteignit dans le cœur du digne chevalier dès qu'il eut vu les beaux traits de sa dame épanouis par la joie et l'affection, à son heureux retour. Quand il la serra sur son cœur et l'embrassa, il lui avait déjà pardonné sa faute avant de lui en avoir parlé.

— Tu m'as attrapé, Meg[1], lui dit-il en secouant la tête et en souriant en même temps, et tu sais de quoi je veux parler ; mais je te crois dévouée aux vrais principes de l'Église, et je pense que tu n'as agi que d'après quelque folle imagination de femme, de se tenir en bons termes avec ces coquins de Têtes-Rondes. Qu'il n'en soit plus question. J'aimerais mieux voir le château de Martindale sillonné une seconde fois par leurs boulets, que de recevoir un seul de ces drôles sur le pied de l'amitié : — en exceptant toujours Ralph Bridgenorth de Moultrassie, s'il revenait dans son bon sens.

Lady Péveril se vit alors dans l'obligation de raconter ce qu'elle avait appris de M. Bridgenorth, — la disparition de la gouvernante avec sa fille, et elle lui remit la lettre du major. Sir Geoffrey secoua d'abord la tête, puis il rit de bon cœur à l'idée qu'il pouvait y avoir quelque intrigue d'amour sous jeu entre Bridgenorth et mistress Déborah.

— C'est une fin digne d'un non-conformiste, dit-il, d'épouser sa servante ou celle d'un autre. Déborah est une bonne fille fort avenante, et du bon côté de la trentaine, à ce que je crois.

— Allons, allons, vous êtes aussi peu charitable qu'Ellesmere. — Je crois qu'il n'a agi ainsi que par affection pour sa fille.

— Bah ! bah ! les femmes pensent éternellement aux enfants ; mais

---

[1] Abréviation familière de Margaret ou Marguerite. (L. V.)

parmi les hommes, Meg, plus d'un caresse l'enfant pour embrasser la bonne. Où est le mal, d'ailleurs, et qu'y a-t-il d'étonnant à ce que Bridgenorth épouse cette fille? Elle a pour père un fermier fort à son aise, dont la famille tient la même ferme depuis la journée de Bosworth : — c'est une aussi bonne généalogie que celle de l'arrière-petit-fils d'un brasseur de Chesterfield, j'imagine. Mais voyons ce qu'il dit ; — je saurai bien démêler dans la lettre s'il y a là quelque rouerie d'amour, et s'ils s'entendent, quoique cela ait pu échapper à votre candeur, dame Marguerite.

Le chevalier du Pic se mit en effet à lire la lettre ; mais le singulier langage dans lequel elle était conçue l'embarrassa fort. — Je ne puis deviner ce qu'il veut dire avec son déplacement de candelabres, et les sculptures brisées dans l'église ; à moins qu'il ne veuille parler de rapporter les grands candelabres d'argent que mon grand-père avait donnés à l'autel de Martindale-Moultrassie, et que ses amis à oreilles dressées, comme de sacriléges scélérats qu'ils sont, ont volés et fondus. Et je ne connais également de moulures brisées que le dégât qu'ils ont fait en enlevant la balustrade de la table de communion, (haut fait pour lequel il y en a plus d'un aujourd'hui à qui les doigts brûlent,) et en arrachant les ornements de cuivre des tombes des Péverils ; et cela par vengeance. Au reste, Meg, le résultat de tout ceci est que ce pauvre Bridgenorth se dispose à quitter le voisinage. J'en suis réellement fâché, quoique je ne l'aie jamais vu plus d'une fois par jour, et que je ne lui aie jamais dit plus de deux paroles à la fois. Mais je vois ce qui en est ; — il ne peut pas digérer que je l'aie un peu secoué par les épaules. Et pourtant, Meg, je n'ai fait que l'enlever de sa selle, aussi doucement que j'aurais pu te soulever pour t'y mettre, Marguerite ; — j'ai eu soin de ne lui pas faire de mal, et je ne le croyais pas assez délicat sur le point d'honneur pour me garder rancune d'une pareille chose. Je vois clairement où le bât le blesse ; et je vous garantis que j'arrangerai les choses de manière à ce qu'il ne quitte pas Moultrassie, et que vous conserviez la petite compagne de Julien. Ma foi, j'ai peine moi-même à me faire à l'idée de perdre la petite, et d'avoir, quand ce n'est pas le temps de la chasse, à chercher une autre promenade que mon tour du côté du manoir, avec un mot à la fenêtre.

— Je serais bien charmée, sir Geoffrey, que vous pussiez vous réconcilier avec ce digne homme, car je dois convenir que tel est M. Bridgenorth.

— Sauf ses principes, aussi bon voisin qu'il y en ait jamais eu, ajouta sir Geoffrey.

— Mais, continua la dame, je ne vois guère la possibilité d'arriver à une conclusion si désirable.

— Bah, Meg! tu ne te connais guère en affaires de cette espèce. Je sais de quel pied il boite, et tu le verras marcher aussi droit que jamais.

Une affection sincère et une parfaite rectitude de jugement donnaient à lady Péveril autant de droits à l'entière confiance de son époux qu'en pouvait avoir aucune femme du Derbyshire ; et s'il faut tout dire, elle avait, en cette occasion, plus d'impatience de connaître le projet du chevalier, que le sentiment dont elle était pénétrée de leurs devoirs mutuels et respectifs ne lui permettait en général d'en éprouver. Elle ne pouvait deviner quel était ce mode de réconciliation avec son voisin qu'avait imaginé sir Geoffrey (juge fort médiocre des hommes et de leurs singularités), et dont il ne pouvait lui faire part ; et elle n'était pas sans quelque secrète inquiétude que les moyens auxquels il aurait recours ne fussent assez mal choisis pour élargir la brèche qu'il voulait combler. Mais sir Geoffrey ne paraissait pas disposé à s'expliquer davantage. Il avait été assez longtemps colonel d'un régiment en campagne, pour apprécier le commandement absolu chez lui ; et à toutes les insinuations que l'esprit de sa dame pouvait imaginer et mettre en avant, il répondit seulement : Patience, dame Marguerite, patience. Ce n'est pas ici une affaire de ton ressort. Tu en sauras bientôt assez à ce sujet, Meg ; — va voir ce que fait Julien. Ne finira-t-il pas de pleurer parce qu'il n'a plus près de lui ce petit rejeton de Tête-Ronde ? Mais dans deux ou trois jours nous reverrons la petite Alice avec nous, et tout ira bien de nouveau.

Au moment où le bon chevalier prononçait ces mots, un courrier sonna du cor dans la cour, et remit un gros paquet adressé « A l'honorable sir Geoffrey Péveril, juge de paix, » etc., etc. ; car le chevalier avait été nommé à cette place dès que la restauration royale avait été établie sur des bases solides. Il ouvrit la dépêche, non sans un certain sentiment d'importance, et y trouva l'ordonnance qu'il avait sollicitée pour la réintégration du docteur Dummerar dans la paroisse, dont il avait été violemment évincé durant l'usurpation [1].

Peu d'événements auraient pu causer plus de plaisir à sir Geoffrey. Il pouvait pardonner à un sectaire ou non-conformiste brave et robuste, qui appuyait ses doctrines sur le champ de bataille par des coups bien assénés sur les casques et les cuirasses des Cavaliers, et même sur la sienne. Mais il se souvenait avec une fidélité vindicative de l'entrée triomphante de Hugh Peters par la brèche de son château ; et à cause de lui, sans faire une distinction bien nette entre les sectes et

---

[1] L'expulsion du clergé presbytérien eut lieu le jour de la Saint-Barthélemy, qui de là reçut le nom de Barthélemy-le-Noir (*Black Bartholomew*). Deux mille pasteurs presbytériens furent, ce jour-là, déplacés et réduits au silence, dans toute l'étendue de l'Angleterre. Il est vrai que les prédicateurs n'eurent que l'alternative de renoncer à leurs principes, et de souscrire certains articles de *conformité*. A leur grand honneur, Calamy, Baxter et Reynolds refusèrent des évêchés, et beaucoup d'autres ministres presbytériens déclinèrent également l'offre de bénéfices et d'autres avantages, aimant mieux se soumettre aux privations que d'agir contre leur conscience. (W. S.)

leurs instructeurs, il regardait tous ceux qui montaient en chaire sans un bref de l'Église anglicane, — (peut-être en secret aurait-il pu excepter de la proscription un bref de l'Église de Rome), — comme des perturbateurs de la tranquillité publique, — des hommes propres à détourner la congrégation de ses prédicateurs légitimes, — des instigateurs de la dernière guerre civile, — enfin comme des gens tout disposés à courir la chance d'une nouvelle conflagration.

Et puis, d'un autre côté, outre le plaisir de satisfaire son aversion pour Solsgrace, il se voyait avec une vive satisfaction chargé de la tâche de replacer dans ses droits légitimes et dans les aises et les douceurs de son presbytère, son vieil ami, son compagnon de jeux et de dangers, le digne docteur Dummerar. Il communiqua à sa dame, d'un air triomphant, le contenu de la dépêche, et lady Péveril comprit alors le sens de ce paragraphe mystérieux de la lettre du major Bridgenorth, au sujet du déplacement du candelabre et de l'extinction de la lumière et de la doctrine dans le pays. Elle fit part de cette explication à sir Geoffrey, et s'efforça de lui persuader qu'une porte était maintenant ouverte à la réconciliation avec son voisin, en exécutant avec douceur et modération la commission qu'il avait reçue, en accordant un délai convenable, et en ménageant, autant que les circonstances le permettraient, les sentiments de Solsgrace et de sa congrégation. Cette conduite, ajoutait la dame, ne ferait aucun tort au docteur Dummerar; — loin de là, ce pourrait être un moyen de lui concilier beaucoup de cœurs, qui peut-être s'éloigneraient à jamais de lui si leur prédicateur favori était précipitamment évincé.

Il y avait dans ce conseil autant de sagesse que de modération, et en tout autre moment sir Geoffrey aurait eu assez de bon sens pour l'adopter. Mais qui peut agir avec calme et prudence à l'heure du triomphe? L'expulsion de M. Solsgrace fut opérée assez à la hâte pour lui donner, jusqu'à un certain point, une apparence de persécution ; bien qu'à voir les choses d'un œil impartial, ce ne fût que la réintégration de son prédécesseur dans ses droits légitimes. Solsgrace lui-même sembla vouloir donner à cette persécution apparente toute la publicité possible. Il tint bon jusqu'à la fin ; et le dimanche qui suivit la notification qu'on lui avait faite de son évincement, il n'en voulut pas moins essayer de monter en chaire comme de coutume, soutenu par le procureur de M. Bridgenorth, Win-the-fight, et quelques zélés adhérents.

Précisément comme cette troupe entrait d'un côté dans le cimetière, le docteur Dummerar entrait de l'autre, revêtu de tous ses insignes sacerdotaux, et accompagné de Péveril du Pic, de sir Jasper Cranbourne et d'autres Cavaliers de distinction, qui lui formaient une sorte de cortége triomphal.

Afin de prévenir une lutte matérielle dans l'église, les officiers de la paroisse furent envoyés au-devant du ministre presbytérien, et chargés d'empêcher son approche. Cette mission fut effectuée sans autre dommage qu'une tête cassée, celle du procureur presbytérien de Chesterfield, exploit dont l'honneur revient à Roger Raine, l'aubergiste ivrogne des *Armes de Péveril*.

Vaincu mais non dompté, M. Solsgrace, contraint de battre en retraite devant une force supérieure, se retira dans le presbytère, où il essaya de se maintenir sous quelque prétexte légal qu'avait suggéré M. Win-the-fight (improprement nommé ce jour-là[1]). Il barricada les portes, — barra les fenêtres, — et, comme le bruit en courut (quoique faussement), prépara des armes à feu pour résister aux officiers. Une scène de clameurs et de scandale s'ensuivit. Sir Geoffrey, en ayant été informé, arriva en personne avec quelques-uns de ses gens armés, — força la porte d'entrée et les portes intérieures de la maison, et, allant droit au cabinet, y trouva pour toute garnison le ministre presbytérien et le procureur, lesquels cédèrent alors la possession des lieux, après avoir protesté contre la violence qui avait été employée.

Toute la canaille du village étant sur pied et en rumeur, sir Geoffrey, tant par mesure de prudence que par bonté naturelle, jugea qu'il était à propos d'escorter ses prisonniers, car on pouvait les nommer ainsi, pour leur faire traverser la foule sans accident; et en conséquence il les accompagna en personne, au milieu de clameurs assourdissantes, jusqu'à l'avenue de Moultrassie-Hall, cette résidence ayant été choisie par eux pour lieu de retraite.

Mais l'absence de sir Geoffrey ouvrit carrière à quelques désordres que, présent, il eût assurément empêchés. Plusieurs des livres du ministre furent déchirés et jetés par les fenêtres par les zélés officiers de la paroisse et leurs assistants, comme renfermant des principes de trahison et de sédition. Une quantité notable de son ale fut bue à la santé du roi et de Péveril du Pic. Et finalement, les enfants, qui n'avaient jamais été bien disposés pour l'ex-ministre, à cause de son intervention tyrannique dans leurs jeux de balle et autres, et qui, de plus, ne pouvaient oublier l'impitoyable longueur de ses sermons, revêtirent de la robe de Genève et du rabat de M. Solsgrace une effigie qu'ils coiffèrent de son chapeau à haute forme; et après l'avoir promenée par le village, ils la brûlèrent à la place même autrefois occupée par un majestueux mai, que jadis le révérend M. Solsgrace avait abattu de ses propres mains.

Sir Geoffrey fut contrarié de ces excès et envoya offrir à M. Solsgrace de le dédommager de ce qu'il avait perdu; mais le théologien calviniste répondit: — Depuis un bout de fil jusqu'à un cordon de

---

[1] Le lecteur a vu plus haut en note quelle est la signification de ce nom. (L. V.)

soulier, je ne prendrai rien qui vienne de toi. Que la honte de l'œuvre de tes mains demeure sur toi !

Il est vrai qu'une vive rumeur fut soulevée contre sir Geoffrey Péveril, comme ayant procédé en cette occasion avec une rigueur et une précipitation indécentes ; et le bruit public eut soin, comme de coutume, d'amplifier la réalité. On disait que le fougueux Cavalier Péveril du Pic était tombé, avec une troupe d'hommes armés, sur une congrégation presbytérienne paisiblement livrée à ses exercices religieux ; — qu'il en avait tué plusieurs, dangereusement blessé un plus grand nombre, et poursuivi le prédicateur jusqu'à son presbytère qu'il avait brûlé de fond en comble. Quelques gens ajoutaient que l'ecclésiastique avait péri dans les flammes ; les plus modérés se contentaient de raconter qu'il avait pu échapper, en disposant près d'une fenêtre sa robe, son bonnet et son rabat, de manière à faire croire qu'il était enveloppé par les flammes, tandis qu'il s'évadait par les derrières de la maison. Et quoique le plus grand nombre n'ajoutât pas foi dans toute leur étendue aux atrocités ainsi imputées à notre honnête Cavalier, assez de préventions s'attachèrent cependant à lui pour entraîner de très-sérieuses conséquences, ainsi que le lecteur l'apprendra plus tard dans le cours de notre histoire.

CHAPITRE IX.

> *Bessus.* — Est-ce un cartel, monsieur ?
> *Le gentleman.* — C'est une invitation à se rendre sur le terrain.
> *Le roi qui n'est pas roi.*

Pendant un jour ou deux après cette expulsion forcée du presbytère, M. Solsgrace résida à Moultrassie-Hall, où la tristesse que devait naturellement lui inspirer sa situation ajouta encore à la sombre disposition d'humeur du maître du manoir. Dans la matinée, le prédicateur évincé alla rendre visite à différentes familles du voisinage auxquelles son ministère avait été agréable dans les jours de sa prospérité ; et le souvenir reconnaissant qu'elles gardaient de cette époque fut alors pour lui une source de sympathie et de consolation. Il ne demandait pas à être plaint de ce qu'il était privé d'une position douce et convenable et se trouvait rejeté dans les conditions précaires de la vie commune, après avoir eu lieu de se croire désormais à l'abri de telles mutations de fortune. La piété de M. Solsgrace était sincère ; et s'il ne manquait pas de préventions peu charitables contre les autres sectes, préventions que les controverses polémiques avaient engendrées, et que la guerre civile avait rendues dominantes, il avait aussi ce sens profond du devoir, par lequel l'enthousiasme est si souvent ennobli ; il regardait sa vie comme peu de chose, s'il était appelé à en faire le sacrifice pour rendre témoignage aux doctrines qu'il professait. Mais il fallait se préparer à quitter bientôt le canton qu'il croyait lui avoir été assigné par le Ciel comme son coin de la vigne ; il fallait abandonner son troupeau au loup, — quitter ceux avec lesquels son âme avait contracté une douce communion, — laisser les récemment convertis retomber dans les fausses doctrines, et cesser de guider les incertains, que ses soins continus auraient pu diriger dans le droit chemin. C'étaient là des causes de douleur déjà assez poignantes, et sans doute elles étaient encore aggravées par ces sentiments naturels avec lesquels tous les hommes, ceux surtout que leurs devoirs ou leurs habitudes ont confinés dans un cercle peu étendu, envisagent l'instant où il leur faut se séparer des lieux auxquels ils sont accoutumés, et des théâtres habituels de leurs promenades solitaires ou de leurs relations amicales.

Il y avait, à la vérité, un projet de placer M. Solsgrace à la tête d'une congrégation non-conformiste dans la paroisse, et ses adhérents auraient volontiers consenti à doter leur ministre d'un revenu suffisant. Mais, quoique l'acte de *conformité* universelle ne fût pas encore rendu, une telle mesure était regardée comme imminente, et l'opinion générale des presbytériens était que personne ne se prêterait à la faire exécuter plus rigoureusement que Péveril du Pic. Solsgrace lui-même nonseulement se regardait comme devant alors courir de grands dangers ; — car, se supposant peut-être plus d'importance qu'on n'en attachait réellement à lui ou à ses productions, il se croyait, de la part de l'honnête chevalier, l'objet d'une haine mortelle et toute particulière ; — mais, en outre, il pensait pouvoir mieux servir la cause de son Église en s'éloignant du Derbyshire.

— A des pasteurs moins connus, disait-il, quoique peut-être plus dignes de ce nom, il pourra être permis de rassembler dans les cavernes ou dans les lieux sauvages et secrets les débris épars du troupeau ; et pour eux le grapillage des vignes d'Éphraïm vaudra peut-être mieux que la vendange d'Abiezer. Mais moi, qui si souvent ai arboré la bannière contre les puissants, — moi dont la langue a rendu témoignage, matin et soir, comme la sentinelle sur la tour, contre le papisme, la prélatie et le tyran du Pic, — je ne pourrais, en restant ici, qu'attirer sur vous le glaive de la vengeance sanguinaire qui frapperait le berger et disperserait les ouailles. Les verseurs de sang m'ont déjà assailli, même dans ce lieu qu'eux-mêmes appellent consacré ; et vous-mêmes avez vu le juste violemment frappé à la tête, tandis qu'il défendait ma cause. Je mettrai donc mes sandales, je ceindrai mes reins, et j'irai chercher un pays éloigné où je ferai ce que me prescrira mon devoir, qu'il m'ordonne d'agir ou de souffrir le martyre,— de porter témoignage sur le bûcher ou dans la chaire.

Tels étaient les sentiments que M. Solsgrace exprimait à ses amis découragés, et sur lesquels il s'étendait plus longuement avec le major Bridgenorth, ne manquant pas, avec le zèle de l'amitié, de s'élever contre la précipitation que ce dernier avait montrée à tendre à la femme amalécite la main de la confraternité. Il lui rappelait que par là il s'était rendu pour un temps l'esclave et le vassal de cette femme, comme Samson trahi par Dalilah, et qu'il aurait pu rester plus longtemps dans la maison de Dagon, si le Ciel ne lui eût montré un chemin pour sortir du piége. C'était en outre à cette condescendance du major à aller assister aux festins dans les hauts lieux de Baal, qu'il avait dû, lui le champion de la vérité, d'être renversé et humilié par l'ennemi, en présence même de l'armée.

Ces reproches paraissant blesser le major Bridgenorth, qui n'aimait pas plus qu'un autre à entendre parler de ses mésaventures ni à les voir imputées à ses propres fautes, le digne prédicateur s'accusa ensuite lui-même de complaisance coupable en cette affaire; car à la juste vengeance qu'appelait ce malheureux dîner au château de Martindale (ce qui, disait-il, était proclamer la paix quand la paix n'existait pas, et demeurer sous les tentes du péché), à cette juste vengeance, disons-nous, il attribuait son expulsion du presbytère, ainsi que la destruction de quelques-uns de ses livres de théologie les plus précieux et les plus estimés, la perte de son bonnet, de sa robe, de son rabat, et d'un double muid d'excellente ale de Derby.

L'esprit du major Bridgenorth était profondément pénétré d'un sentiment de dévotion, que ses derniers malheurs avaient rendu plus exclusif et plus austère; il n'est donc pas étonnant qu'entendant ces arguments incessamment répétés par un pasteur pour lequel il avait une telle vénération, et qui maintenant était martyr de leur foi commune, il reportât en arrière des regards de désapprobation sur sa propre conduite, et commençât à soupçonner qu'il s'était laissé entraîner, par sa gratitude envers lady Péveril, et par les arguments de cette dame en faveur d'une tolérance réciproque, à une action qui tendait à compromettre ses principes politiques et religieux.

Un matin, que le major Bridgenorth s'était fatigué de différents détails relatifs à l'arrangement de ses affaires, il se reposait dans le fauteuil de cuir placé près de la fenêtre, et, par une association d'idées naturelles, cette posture lui rappelait le temps passé, et la disposition d'esprit dans laquelle il avait coutume d'attendre ainsi la visite quotidienne de sir Geoffrey, qui lui apportait des nouvelles de la santé de sa fille. — Sûrement, dit-il, pensant en quelque sorte tout haut, il n'y avait pas de péché dans la disposition amicale que j'éprouvais alors pour cet homme.

Solsgrace, qui était dans l'appartement, et qui devina ce qui se passait dans l'esprit de son ami, instruit comme il l'était de toutes les particularités de sa vie antérieure, répliqua : Quand Dieu fit nourrir Élisée par des corbeaux, tandis que le prophète était caché près du torrent de Chérith, nous n'apprenons pas que celui-ci ait caressé les oiseaux impurs que, contrairement à leur nature dévorante, un miracle forçait de pourvoir à ses besoins.

— Cela peut être, repartit Bridgenorth, et cependant l'agitation de leurs ailes doit avoir été douce à l'oreille du prophète, comme à la mienne le bruit des pas de son cheval. Les corbeaux, sans doute, reprirent leur nature quand le temps fut passé, et ainsi en est-il arrivé de moi. — — Écoutez ! s'écria-t-il en tressaillant ; j'entends encore le trot de son cheval.

Il était rare que les échos silencieux de cette maison et de sa cour fussent éveillés par un trépignement de chevaux ; c'est pourtant ce qui arrivait en ce moment.

Surpris de ce bruit, Bridgenorth et Solsgrace étaient l'un et l'autre également disposés à prévoir quelque nouvelle persécution du gouvernement, quand le vieux domestique du major introduisit, avec fort peu de cérémonie (car ses manières étaient presque aussi simples que celles de son maître), un gentleman de haute stature, ayant dépassé l'âge moyen de la vie, et qu'à la forme de son pourpoint et de son manteau, à ses cheveux longs, à son chapeau à larges bords et à la plume inclinée qui le surmontait, il était aisé de reconnaître pour un Cavalier. Il salua avec une certaine raideur, mais poliment, Bridgenorth et le ministre, et s'annonça comme étant « sir Jasper Cranbourne, chargé d'un message spécial pour M. Ralph Bridgenorth de Moultrassie-Hall, par son honorable ami sir Geoffrey Péveril du Pic ; » et il s'enquit s'il plairait à M. Bridgenorth d'entendre, là ou ailleurs, la mission dont lui, sir Jasper, avait à s'acquitter près de lui.

— Quelque chose que sir Geoffrey Péveril puisse avoir à me dire, répondit le major Bridgenorth, je puis l'entendre sur-le-champ, et en présence de mon ami, pour lequel je n'ai pas de secrets.

— La présence de tout autre ami, loin de donner lieu à aucune objection, serait la chose du monde la plus désirable, reprit sir Jasper après un moment d'hésitation, et en portant les yeux sur M. Solsgrace ; mais monsieur paraît être une sorte d'ecclésiastique.

— Je ne pressens aucun secret, repartit Bridgenorth, non plus que je ne désire en avoir aucun, dont un ecclésiastique ne puisse être le confident.

— Comme il vous plaira, répliqua sir Jasper. Le confident, autant que je sache, peut d'ailleurs être assez bien choisi, car vos prédicateurs (toujours sans vouloir vous déplaire) ne se sont pas montrés ennemis des affaires du genre de celles dont j'ai à traiter avec vous.

CHAPITRE IX.

— Au fait, monsieur, dit gravement Bridgenorth; et veuillez vous asseoir, à moins que vous ne préfériez rester debout.

— Je dois d'abord m'acquitter de ma petite commission, répondit sir Jasper en se redressant; et d'après la manière dont vous accueillerez ce que j'ai à vous dire, je saurai si je puis ou non m'asseoir à Moultrassie-Hall. — Sir Geoffrey Péveril, M. Bridgenorth, a mûrement pesé en lui-même les malheureuses circonstances qui en ce moment vous divisent comme voisins. Et il se souvient de beaucoup d'exemples des anciens temps, — je répète ses propres paroles, — qui le portent à faire tout ce qui pourra se concilier avec son honneur, pour effacer toute inimitié entre vous; et dans ce but désirable, il est disposé à un degré de condescendance auquel vous n'auriez pu vous attendre, et qu'en conséquence vous apprendrez sans doute avec grand plaisir.

— Permettez-moi de vous dire, sir Jasper, que tout ceci est inutile. Je ne me suis pas plaint de sir Geoffrey, — je n'ai exigé de lui aucune soumission, — je suis sur le point de quitter ce pays; et quelques affaires que nous puissions avoir ensemble, elles peuvent être réglées par d'autres aussi bien que par nous-mêmes.

— En un mot, dit le ministre, le digne major Bridgenorth a eu assez commerce avec les impies, et il ne veut, pour aucune cause, avoir de plus longs rapports avec eux.

— Messieurs, reprit sir Jasper en s'inclinant, et avec une imperturbable politesse, vous vous méprenez grandement sur la teneur de ma commission, que vous ferez aussi bien d'entendre jusqu'au bout avant d'y répondre. — Je pense, M. Bridgenorth, que vous ne pouvez avoir oublié votre lettre à lady Péveril, lettre dont j'ai sur moi la copie, et dans laquelle vous vous plaignez du traitement que vous avez reçu de sir Geoffrey, notamment quand il vous a renversé de cheval à Hartley-Nick ou non loin de là. Or, sir Geoffrey pense assez bien de vous pour croire que sans l'immense distance que l'origine et le rang établissent entre vous, vous auriez cherché à amener cette affaire à une conclusion convenable entre gentlemen, comme l'unique moyen par lequel la tache que vous avez reçue puisse être honorablement effacée. C'est pourquoi, par ce petit écrit, il vous offre, dans sa générosité, ce que vous, dans votre modestie (car à nulle autre cause il n'impute votre silence), vous n'avez pas voulu réclamer de lui. Et en même temps, je vous apporte la mesure de son arme; et quand vous aurez accepté le cartel que je vous offre, je serai prêt à régler le temps, le lieu, et les autres circonstances de votre rencontre.

— Et moi, dit Solsgrace d'une voix solennelle, si l'Auteur du Mal induisait mon ami à accepter cette proposition sanguinaire, je serais le premier à prononcer contre lui la sentence d'excommunication majeure.

— Ce n'est pas à Votre Révérence que je m'adresse, monsieur, répliqua l'envoyé; votre intérêt peut vous déterminer, assez naturellement, à avoir plus de sollicitude pour la vie de votre patron que pour son honneur. Je dois savoir de lui-même auquel des deux il est disposé, *lui,* à donner la préférence.

A ces mots, et avec une gracieuse inclination de tête, il présenta de nouveau le cartel au major Bridgenorth. Il se livra, dans le cœur de celui-ci, une lutte évidente entre les suggestions de l'honneur humain et celles du principe religieux ; mais le dernier l'emporta. Il refusa, par un geste calme, de recevoir le papier que lui offrait sir Jasper, et prenant la parole, il lui dit : — Vous ne pouvez ignorer, sir Jasper, que depuis la diffusion générale de la lumière du christianisme sur ce royaume, beaucoup d'hommes graves ont été portés à mettre en doute que l'homme puisse être, en *aucun cas,* excusable de verser le sang d'un de ses semblables. Et quoique cette règle me paraisse difficilement applicable à notre situation sur ce théâtre d'épreuves, attendu qu'un tel refus de résistance, s'il était général, livrerait nos droits civils et religieux aux mains du premier tyran audacieux qui les voudrait usurper, cependant, maintenant comme toujours, je suis porté à limiter l'emploi des armes charnelles aux cas où il y a nécessité de défense légitime, soit pour notre protection personnelle, soit pour celle de notre pays contre l'invasion ; ou bien encore pour la défense de nos propriétés, et pour celle de nos lois et de notre liberté de conscience contre un pouvoir usurpateur. Et comme je ne me suis jamais montré lent à tirer l'épée pour aucune de ces dernières causes, vous m'excuserez si maintenant je la laisse dans le fourreau, lorsque, après avoir éprouvé une injure grave, je suis appelé au combat par celui-là même de qui je l'ai reçue, et cela par un vain point d'honneur, ou, ce qui est plus probable, par pure bravade.

— Je vous ai écouté avec patience, dit sir Jasper ; et maintenant, M. Bridgenorth, ne mésinterprétez pas mes intentions, si je vous conjure de réfléchir plus mûrement sur cette affaire. J'atteste le Ciel, monsieur, que Votre Honneur a reçu une sanglante blessure ; et qu'en consentant à vous accorder cette honorable rencontre, et en vous donnant par là quelque chance de cicatriser cette blessure saignante, sir Geoffrey a été mu par un sentiment délicat de votre situation, et un vif désir de vous mettre à même de rétablir votre réputation. Il ne s'agira que de croiser votre lame pendant quelques minutes avec l'honorable épée de votre adversaire, et alors vous vivrez ou mourrez en homme d'honneur ; sans compter que l'habileté supérieure de sir Geoffrey dans l'art de l'escrime lui permettra, comme sa bonté naturelle l'y dispose, à vous désarmer par quelque blessure dans les chairs, avec peu de dommage pour votre personne, et au grand avantage de votre réputation.

CHAPITRE IX.

— La tendre compassion du méchant est cruelle, dit emphatiquement M. Solsgrace, en guise de commentaire sur ce discours, que sir Jasper avait prononcé d'un ton très-pathétique.

— Je prie Votre Révérence de ne pas m'interrompre davantage, reprit sir Jasper, d'autant plus que je crois que cette affaire vous concerne fort peu; et je vous prie aussi de permettre que je m'acquitte régulièrement de la commission de mon digne ami.

A ces mots il tira sa rapière du fourreau, en passa la pointe sous le fil de soie qui entourait la lettre, et, par un mouvement gracieux, la présenta de nouveau, littéralement à la pointe de l'épée, au major Bridgenorth. Celui-ci, comme la première fois, fit un signe de main négatif, quoiqu'en même temps le rouge lui montât au visage, comme s'il se fût imposé une contrainte violente; — puis reculant de quelques pas, il fit à sir Jasper Cranbourne un profond salut.

— Puisqu'il en est ainsi, dit sir Jasper, je dois violer le sceau de la lettre de sir Geoffrey, et vous en donner lecture, afin de m'acquitter complétement de la mission qui m'est confiée, et de vous faire également connaître, M. Bridgenorth, les généreuses intentions de sir Geoffrey à votre égard.

— Si le contenu de la lettre, répondit le major, n'est à autre fin que celle que vous avez annoncée, il me semble qu'en cette occasion un plus long cérémonial n'est nullement nécessaire, puisque ma détermination est déjà prise.

— Il n'en convient pas moins, repartit sir Jasper en rompant le sceau de la lettre, que je vous donne lecture du message de mon respectable ami. — En conséquence, il lut ce qui suit :

« *Au digne Ralph Bridgenorth, esquire, de Moultrassie-Hall,*

« *Par l'honorable entremise du respectable sir Jasper Cranbourne, chevalier, de Long-Mallington.*

« Monsieur Bridgenorth,

« Nous avons appris par votre lettre à notre épouse bien-aimée, dame Marguerite Péveril, que vous interprétez défavorablement certains incidents qui ont eu lieu dernièrement entre vous et moi, comme si votre honneur avait été en quelque sorte atteint par ce qui s'est alors passé. Et bien que vous n'ayez pas jugé convenable de vous adresser directement à moi, pour requérir telle satisfaction qu'un homme de condition peut devoir à un autre, cependant je suis pleinement persuadé que cela vient uniquement de modestie, en considération de la différence de notre rang, et non d'un manque de ce courage dont vous avez ailleurs donné des preuves, je voudrais pouvoir dire dans la bonne cause. C'est pourquoi j'ai voulu vous assigner, par l'entremise de mon ami sir Jasper Cranbourne, une rencontre ayant pour objet de faire ce à quoi sans doute vous aspirez vivement. Sir Jasper vous remettra la longueur de mon arme, et conviendra des circonstances et de l'heure de notre rencontre; circonstances pour lesquelles je m'en réfère à vous-même, que ce soit de bonne heure ou tard, — à pied ou à cheval, — à la rapière ou à l'épée à deux mains; — vous laissant également les autres priviléges de la personne défiée, et désirant seulement, si vous refusez de vous régler sur mon arme, de m'envoyer incontinent la longueur et la largeur de la vôtre. Et ne doutant aucunement que l'issue de cette rencontre ne doive nécessairement mettre fin, d'une manière ou de l'autre, à toute inimitié entre deux proches voisins,

« Je demeure

« Votre humble et obéissant serviteur,

« GEOFFREY PÉVERIL DU PIC. »

« Écrit de ma pauvre maison de Martindale-Castle, ce .. 1660. »

— Reportez mes respects à sir Geoffrey Péveril, dit le major Bridgenorth. Selon ses lumières, ses intentions envers moi peuvent être bonnes. Mais dites-lui que notre querelle a pris naissance dans son agression volontaire contre moi; et que quel que soit mon désir de vivre en bons termes avec tous mes semblables, je ne suis cependant pas tellement entêté de son amitié, que pour la regagner je viole les lois de Dieu et m'expose à tuer ou à être tué. Et quant à vous, monsieur, il me semble que votre âge et vos malheurs passés auraient pu vous montrer la folie de vous charger de tels messages.

— Je ferai votre commission, M. Ralph Bridgenorth, répondit sir Jasper; puis je tâcherai d'oublier votre nom, comme un mot qu'un homme d'honneur ne peut plus prononcer, et dont il ne doit pas même se souvenir. En attendant, et en retour de votre avis incivil, veuillez en accepter un de moi : c'est que puisque votre religion vous empêche de donner satisfaction à un gentilhomme, elle doit vous rendre très-attentif à ne le pas provoquer.

A ces mots, et en laissant tomber un regard de souverain mépris d'abord sur le major, puis sur le ministre, l'envoyé de sir Geoffrey remit son chapeau sur sa tête, replaça sa rapière à son côté, et sortit de l'appartement. Au bout de quelques minutes, le bruit des pas de son cheval s'éteignit au loin.

Bridgenorth avait porté la main à son front et était resté dans cette attitude depuis le départ de sir Cranbourne; quand les pas du cheval cessèrent de se faire entendre, et qu'il releva la tête, une larme de colère et de honte roula sur sa joue. — Il porte cette réponse au château de Martindale, dit-il. Maintenant on ne pensera plus à moi que comme à un misérable frappé du fouet, battu, déshonoré, que chacun peut bafouer et insulter à son gré! Je fais bien de quitter la maison de mon père.

M. Solsgrace s'approcha de son ami d'un air de compassion sincère, et lui prit la main : — Noble frère, lui dit-il d'un ton affectueux peu habituel en lui, quoique je sois un homme de paix, je puis apprécier ce que ce sacrifice a coûté à ton mâle courage. Mais Dieu ne veut pas de nous une obéissance imparfaite. Nous ne devons pas, comme Ananias et Saphira, réserver en arrière quelque convoitise de prédilection, quelque péché favori, tandis que nous prétendrions faire le sacrifice de nos affections terrestres. A quoi nous servirait de dire que nous n'avons célé qu'une chose peu importante, si le moindre reste de la chose maudite demeure caché dans notre tente? Serait-ce une excuse, dans tes prières, de dire : Je n'ai pas tué cet homme pour l'amour du lucre, comme un voleur; — ni pour acquérir du pouvoir, comme un tyran; — ni pour satisfaire ma vengeance, comme un sauvage ignorant; mais parce que la voix impérieuse de l'honneur mondain me disait : Marche! — tue ou sois tué! — n'est-ce pas moi qui t'ai envoyé? Songe, mon digne ami, comment tu pourrais dans tes prières formuler une telle justification; et si tu es forcé de reculer devant le blasphème d'une semblable excuse, souviens-toi, dans tes prières, d'adresser au Ciel les remercîments qui lui sont dus, pour t'avoir donné la force de résister à la violence de la tentation.

— Mon révérend et cher ami, répondit Bridgenorth, je sens que vos paroles sont celles de la vérité. Il est plus amer, en effet, et plus difficile au vieil Adam d'obéir au texte qui lui ordonne de supporter la honte, qu'à celui qui lui prescrit de combattre courageusement pour la vérité. Mais je suis heureux que, dans la solitude de ce monde, mon chemin, pendant un certain espace du moins, soit contigu à celui d'un homme dont le zèle et l'amitié sont si actifs à me soutenir, dès que je suis prêt à faillir sur la route.

Tandis que les habitants de Moultrassie-Hall s'entretenaient ainsi au sujet de la visite de sir Jasper Cranbourne, ce digne chevalier excitait grandement la surprise de sir Geoffrey Péveril en lui rapportant la manière dont son message avait été reçu.

— Je le croyais un homme d'un autre métal, dit sir Geoffrey; — oui, et je l'aurais juré, si quelqu'un avait demandé mon témoignage. Mais on ne peut pas faire une bourse de soie d'une oreille de truie [1]. J'ai fait pour lui une folie que je ne ferai jamais pour un autre : c'est d'avoir cru qu'un presbytérien se battrait sans la permission de son prédicateur. Donnez-leur un sermon de deux heures, et laissez-les hurler un psaume, sur un air plus déchirant que les cris d'un chien

[1] Proverbe anglais. (L. V.)

qu'on fouette, et les vilains se démèneront comme des batteurs en grange ; mais pour un tour sur le pré, calme, froid, comme il convient à des gentilshommes, main à main, en bons voisins, ils n'ont pas assez d'honneur pour l'entreprendre. Mais c'est assez nous occuper d'un chien à oreilles tondues comme notre voisin. — Sir Jasper, vous resterez à dîner avec nous, et vous verrez comment la cuisine de dame Marguerite fume ; après dîner, je vous montrerai le vol d'un faucon à longues ailes. Il n'est pas à moi, mais à la comtesse, qui l'a apporté de Londres sur son poing pendant presque toute la route, malgré la hâte avec laquelle elle voyageait, et qui me l'a laissé pour le mettre au perchoir pendant une saison.

Cette partie fut bientôt arrangée ; et dame Marguerite entendit le bon chevalier exhaler son humeur avec ce sentiment que nous éprouvons aux derniers roulements d'un tonnerre d'orage, lorsque le sombre nuage, s'affaissant derrière la colline, nous assure à la fois qu'un danger nous menaçait et que le péril est passé. Il est vrai qu'en elle-même elle ne put s'empêcher de s'émerveiller de la singulière voie de réconciliation qu'avec tant de confiance et avec une bienveillance réelle pour Bridgenorth son époux avait tenté d'ouvrir ; et elle bénit intérieurement Dieu qui n'avait pas permis que cette ouverture conduisît à l'effusion du sang. Mais ces réflexions, elle les renferma soigneusement dans son sein, sachant bien qu'elles avaient rapport à des sujets sur lesquels le chevalier ne souffrirait pas que sa sagacité fût mise en question, ni sa volonté débattue.

Les progrès de notre histoire ont jusqu'ici été lents ; mais après cette époque, si peu de choses dignes de remarque se présentèrent au château de Martindale, qu'il nous va falloir passer rapidement sur les incidents de plusieurs années.

CHAPITRE X.

> *Cléopâtre.* — Donnez-moi à boire de la mandragore,
> afin que le sommeil me fasse oublier mon ennui.
>
> *Antoine et Cléopâtre.*

AINSI que nous l'avons donné à entendre à la fin du dernier chapitre, il se passa, depuis l'époque sur laquelle nous nous sommes si longtemps arrêtés, quatre ou cinq années dont les incidents méritent à peine d'occuper un pareil nombre de lignes, en ce qui touche à notre objet actuel. Le chevalier et sa dame continuèrent de résider à leur château, celle-ci, à force de bonne administration et de patience, tâchant de réparer les atteintes que leur fortune avait reçues des guerres civiles, et murmurant un peu quand ses plans d'économie étaient entravés par l'hospitalité libérale, principale dépense de son époux, et à laquelle il tenait non-seulement à cause de la cordialité tout anglaise de son caractère, mais aussi d'après l'idée qu'il maintenait par là la dignité de sa maison : — ses ancêtres ne s'étant pas fait moins remarquer, selon la tradition de l'office, de la cuisine et du cellier, par les bœufs gras qu'ils livraient à la broche et par l'excellente ale qu'ils faisaient brasser, que par l'étendue de leurs domaines et le nombre de leurs vassaux.

Au total, cependant, la vie s'écoulait douce et heureuse pour le digne couple. Il est vrai que la dette de sir Geoffrey envers son voisin Bridgenorth n'était pas encore remboursée; mais il était le seul créancier du domaine de Martindale, — tous les autres ayant été payés. Il eût été fort à désirer que cette dernière charge disparût aussi, et c'était le grand objet auquel tendaient les soins économiques de dame Marguerite ; car bien que les intérêts fussent régulièrement soldés à maître Win-the-fight, l'attorney de Chesterfield, cependant le remboursement du capital, qui était considérable, pouvait être réclamé dans un moment inopportun. Cet homme, en outre, était sombre, important, mystérieux, et il semblait qu'il pensât toujours au vigoureux horion que sa tête avait reçu dans le cimetière de Martindale-Moultrassie.

Dame Marguerite traitait quelquefois cette affaire avec lui en personne ; et lorsqu'en ces occasions il venait au château, elle croyait voir dans ses manières et sur sa physionomie une expression de malignité et de désobligeance. Cependant sa conduite n'était pas seulement juste, mais accommodante ; car des facilités étaient données, comme, par exemple, un délai pour le paiement, toutes les fois que les circonstances contraignaient le débiteur d'en faire la demande. Il semblait à lady Péveril que, dans ces cas, l'agent se dirigeait d'après les ordres précis de son patron absent, au sort duquel elle ne pouvait s'empêcher de prendre un certain intérêt.

Peu de temps après l'insuccès de la singulière négociation que Péveril avait tenté d'ouvrir avec Bridgenorth pour arriver à la paix par un combat, le major avait laissé sa résidence de Moultrassie-Hall aux soins de sa vieille femme de charge, et il était parti, personne ne savait pour quel point, en compagnie de sa fille Alice et de mistress Déborah Debbitch, alors formellement installée dans toutes les fonctions de gouvernante; le révérend M. Solsgrace s'était joint à eux. Pendant quelque temps la rumeur publique continua d'assurer que le major Bridgenorth s'était seulement retiré temporairement dans une partie éloignée du pays, afin d'effectuer son prétendu projet d'épouser mistress Déborah, et qu'il attendrait là que le premier effet fût amorti et les railleries du voisinage épuisées, avant de revenir l'installer comme maîtresse de Moultrassie-Hall. Cette rumeur s'éteignit peu à peu ; et alors on affirma qu'il était parti pour les pays étrangers afin d'assurer la continuation de la santé de la petite Alice, dont la constitution était si délicate. Mais quand on réfléchit à la crainte que le papisme inspirait au major, ainsi qu'aux antipathies plus profondes encore du digne M. Néhémiah Solsgrace, on décida d'une voix unanime que, pour que les deux rigides presbytériens se fussent aventurés dans les états catholiques, il ne leur aurait fallu rien moins que l'espoir de convertir le pape. L'opinion qui prévalut fut qu'ils étaient allés à la Nouvelle-Angleterre, à cette époque le refuge de beaucoup d'hommes qu'une part trop intime aux affaires des derniers temps, ou le désir de jouir d'une liberté de conscience absolue, avait déterminés à quitter l'Angleterre.

Lady Péveril ne pouvait se défendre de l'idée vague que Bridgenorth n'était pas si loin d'eux. L'ordre extrême dans lequel tout était tenu à Moultrassie-Hall semblait, — sans rien rabattre de l'honneur qui en devait revenir à dame Dickens, la femme de charge, et aux autres personnes employées, — indiquer que l'œil du maître n'était pas tellement éloigné qu'on ne pût craindre d'un moment à l'autre qu'il ne vînt passer son inspection. Il est vrai que ni les domestiques, ni l'attorney ne répondaient à aucune question relative à la résidence de M. Bridgenorth ; mais lorsqu'on les interrogeait, il y avait en eux un air de mystère qui semblait signifier plus qu'ils n'en disaient.

Il y avait environ cinq ans que M. Bridgenorth avait quitté le pays, lorsque arriva un singulier événement. Sir Geoffrey s'était rendu aux courses de Chesterfield, et lady Péveril, qui était dans l'habitude de parcourir tous les environs seule, ou seulement accompagnée d'Ellesmere ou du petit Julien, était descendue un soir, dans une intention charitable, vers une chaumière isolée, demeure d'une pauvre femme qui, en ce moment, était atteinte d'une fièvre qu'on supposait contagieuse. Lady Péveril ne souffrait pas que des appréhensions de cette sorte l'arrêtassent dans ses œuvres de charité ; mais elle ne se souciait pas d'exposer son fils ou sa suivante à un risque qu'elle-même n'hésitait pas à affronter, confiante qu'elle était dans certaines précautions par lesquelles elle se flattait de prévenir le danger.

Lady Péveril était partie assez tard dans l'après-midi, et le chemin s'était trouvé plus long qu'elle ne l'avait pensé ; — diverses circonstances avaient en outre concouru à la retenir à la chaumière de sa malade. Il faisait un beau clair de lune d'automne lorsqu'elle se disposa à revenir au château à travers les clairières accidentées et les élévations de terrain qui l'en séparaient. Cette circonstance lui paraissait fort indifférente dans un pays si tranquille et si retiré, où le chemin courait principalement sur ses propres domaines, d'autant plus qu'elle avait pour l'escorter sur la route le fils de sa malade, garçon d'une quinzaine d'années. La distance dépassait deux milles ; mais elle pouvait être considérablement abrégée en coupant par une avenue dépendante du domaine de Moultrassie-Hall. Elle ne l'avait pas prise en venant, non à cause des bruits ridicules qui couraient sur les esprits dont elle était hantée, mais parce que son époux se montrait fort mécontent quand les habitants du château ou ceux du manoir franchissaient leurs limites respectives. La bonne dame, peut-être en considération de la grande latitude qui lui était laissée dans les affaires plus importantes de la communauté, s'était fait une règle de ne jamais heurter ni les fantaisies ni les préventions de son mari ; et c'est un compromis que nous serions volontiers porté à recommander à toutes les maîtresses de maison de notre connaissance. Il est, en effet, surprenant combien de pouvoir réel sera de grand cœur abandonné au beau sexe, pourvu que l'on nous laisse monter en paix notre dada favori.

Dans l'occasion actuelle, cependant, quoique le Dobby-Walk[1] fût compris dans les domaines de Moultrassie, lady Péveril se détermina à en profiter pour abréger son chemin, et en conséquence elle porta ses pas de ce côté. Mais, dès que le petit paysan son compagnon, qui jusque-là l'avait suivie en sifflant gaîment, un bâton d'aubépine à la main et son chapeau sur l'oreille, la vit se diriger vers le poteau qui marquait l'entrée du Dobby-Walk, il montra des symptômes d'une grande frayeur, et enfin, s'approchant d'elle, il lui dit d'un ton suppliant et d'une voix entrecoupée : N'allez pas — n'allez pas par là, mylady ; — n'allez pas par là !

Lady Péveril, s'apercevant que les dents de son compagnon claquaient d'effroi, et que toute sa personne montrait des signes d'épouvante, se

[1] Avenue du Fantôme.

rappela la légende courant dans le pays, d'après laquelle le premier squire de Moultrassie, le brasseur de Chesterfield, qui avait acheté le domaine et était ensuite mort de consomption, par ennui de son désœuvrement (et non, disait-on, sans quelques soupçons de suicide), était supposé se promener dans cette avenue écartée, accompagné d'un grand dogue sans tête, qui, de son vivant, était le favori spécial de l'ex-brasseur. Attendre quelque protection de celui qui lui servait d'escorte, dans l'état où l'avaient mis ses craintes superstitieuses, c'eût réellement été un espoir bien mal fondé; et lady Péveril, qui n'appréhendait aucun danger, pensa que ce serait une vraie cruauté d'entraîner le petit poltron dans un endroit qui lui inspirait une si grande frayeur. Elle lui donna donc une pièce d'argent et lui permit de retourner sur ses pas. Des deux faveurs, la dernière lui parut la plus précieuse; car, avant que lady Péveril eût eu le temps de remettre sa bourse dans sa poche, le son affaibli des sabots de son courageux écuyer lui annonça qu'il était en pleine retraite par le chemin qu'ils venaient de suivre.

Souriant en elle-même d'une frayeur qui lui paraissait si plaisante, lady Péveril franchit la barrière et fut bientôt enfoncée dans l'ombre épaisse des ormes gigantesques, dont les nombreux rameaux, mêlés et entrelacés au-dessus de l'avenue, qu'ils recouvraient d'une sorte de voûte, interceptaient totalement les rayons de la lune. La scène était faite pour inspirer des pensées graves; et la faible clarté d'une lumière partant d'une des nombreuses fenêtres de la façade de Moultrassie-Hall, qui s'élevait à quelque distance, y ajoutait encore une teinte de tristesse. Elle songeait au destin de cette famille, — à la défunte mistress Bridgenorth, avec laquelle elle s'était souvent promenée dans cette même avenue, et qui, sans être une femme d'un haut esprit ni de talents distingués, avait toujours témoigné le plus profond respect et la gratitude la plus vive quand sa noble voisine lui avait montré de l'amitié et des égards. Elle pensait à ses espérances détruites, — à sa mort prématurée, — au désespoir de son mari et à l'exil volontaire qu'il s'était imposé ensuite; — enfin, au sort incertain de leur petite orpheline, pour laquelle elle éprouvait encore, même après tant d'années, quelque chose d'une affection maternelle.

Tels étaient les tristes sujets qui occupaient sa pensée, quand, juste au moment où elle atteignait le milieu de l'avenue, la clarté imparfaite et brisée qui se frayait passage à travers la voûte naturelle lui laissa apercevoir quelque chose qui avait l'apparence d'une forme humaine. Lady Péveril s'arrêta un instant, mais elle se remit aussitôt en marche; — son cœur, peut-être, battit d'un mouvement plus rapide, tribut payé aux croyances superstitieuses du temps : mais elle repoussa sur-le-champ l'idée d'une apparition surnaturelle. De toute autre elle n'avait rien à craindre. Un braconnier était probablement ce qu'elle pouvait rencontrer de pis; et il ne chercherait qu'à ne pas être vu d'elle. Elle avança donc d'un pas ferme ; et elle eut, en effet, la satisfaction de voir que la figure, ainsi qu'elle s'y était attendue, lui cédait la place, et se glissait parmi les arbres à gauche de l'avenue. Au moment où elle passa devant l'endroit où elle venait d'apercevoir cette forme, et comme elle se disait que ce coureur de nuit pouvait, devait même se trouver alors à quelques pas d'elle, toute sa résolution ne put l'empêcher de hâter le pas, et cela avec tant de précipitation, que, trébuchant contre un tronc d'arbre arraché par un récent ouragan, et qui était encore gisant en travers de l'avenue, elle tomba, et en tombant poussa un cri. Une main vigoureuse qui, un instant après, l'aidait à se relever, ajouta à sa frayeur, et une voix, aux sons de laquelle elle n'était point étrangère, quoique depuis longtemps elle ne les eût pas entendus, lui dit : — N'est-ce pas vous, lady Péveril?

— C'est moi, dit-elle en commandant à sa surprise et à sa crainte ; et si mon oreille ne me trompe pas, je parle à M. Bridgenorth.

— J'étais cet homme, tant que l'oppression m'a laissé un nom.

Il n'ajouta rien de plus ; mais il continua de marcher près d'elle en silence pendant une ou deux minutes. Elle sentit sa situation devenir embarrassante, et pour en sortir, aussi bien que par l'intérêt réel qu'elle apportait à cette question, elle lui demanda : — Comment se porte maintenant ma filleule Alice?

— D'une filleule [1], madame, je ne sais rien, répondit le major Bridgenorth, ce mot étant un de ceux qui ont été introduits à la corruption et pollution des lois de Dieu. L'enfant qui a dû à Votre Seigneurie (tel étant votre titre mondain) d'échapper à la maladie et à la mort, est maintenant une jeune fille bien portante et qui grandit rapidement, à ce que m'apprennent ceux aux soins de qui elle est confiée, car je ne l'ai pas vue de quelque temps. Et c'est même le souvenir de ce que vous avez fait pour elle qui m'a en quelque sorte poussé, outre l'alarme de votre chute, à me montrer ainsi à vous, et dans un tel moment, ce qu'à d'autres égards le soin de ma sûreté aurait dû m'interdire.

— Votre sûreté, M. Bridgenorth? Assurément je n'aurais jamais pensé qu'elle fût en danger !

— En ce cas, madame, vous avez encore quelques nouvelles à apprendre ; mais demain vous saurez pour quelles raisons je n'ose me montrer ouvertement dans le voisinage de ma propre demeure, et c'est pourquoi il y a eu peu de prudence à moi à révéler ma présence ici à un habitant du château de Martindale.

— M. Bridgenorth, vous étiez autrefois prudent et circonspect ; —

---

[1] Littéralement « d'une fille en Dieu »; car tel est le sens du mot anglais *goddaughter*. (L. V.)

j'espère que vous ne vous êtes laissé entraîner à aucune démarche imprudente, — à aucun projet téméraire ; — j'espère...

— Pardonnez-moi de vous interrompre, madame. Je ne suis plus le même, en effet ; — oui, mon cœur même a été changé en moi. Dans les temps auxquels Votre Seigneurie (pour employer votre titre mondain) croit devoir faire allusion, j'étais un homme de ce monde, — accordant au monde toutes mes pensées, — toutes mes actions, sauf quelques observances extérieures ; — imparfaitement pénétré de ce qui devait être le devoir d'un chrétien, et sachant peu jusqu'où devait être poussée son abnégation : — jusqu'à tout donner comme s'il ne donnait rien. Alors je ne pensais guère qu'aux choses charnelles, — à ajouter champ à champ, à entasser richesses sur richesses, — à entretenir la balance entre les partis, — à m'assurer un ami ici sans en perdre un autre là. Mais le Ciel m'a frappé pour mon apostasie, d'autant plus justement que j'abusais du nom de la religion dans un esprit d'égoïsme, et comme un adorateur aveugle et charnel de la volonté humaine. — Je rends grâces à CELUI qui m'a enfin tiré de la terre d'Égypte.

De nos jours, — quoique nous ayons parmi nous de nombreux exemples d'enthousiasme, — nous pourrions suspecter d'hypocrisie ou de démence quiconque avouerait de tels sentiments d'une manière si franche et si subite ; mais dans les mœurs du temps, des opinions telles que celles que venait d'exprimer le major Bridgenorth étaient ouvertement professées comme règles de la conduite des hommes. Le judicieux Vane, — le brave et habile Harrison, — étaient des hommes qui hautement se présentaient comme agissant sous de semblables inspirations. Lady Péveril fut donc plus affligée que surprise du langage du major Bridgenorth, et elle en conclut avec raison que la société et les circonstances au milieu desquelles il avait pu depuis cinq ans se trouver engagé, avaient changé en flamme l'étincelle de singularité que son cœur avait toujours recélée. Ceci était d'autant plus probable, — eu égard à la disposition mélancolique qu'il tenait de son père, — qu'il avait éprouvé de nombreux malheurs, et que nulle passion ne se développe plus aisément quand on s'y abandonne, que cette sorte d'enthousiasme dont il montrait alors des symptômes. Elle lui répondit donc avec calme qu'elle espérait que l'expression de ses sentiments n'avait attiré sur lui ni soupçons ni dangers.

— Des soupçons, mylady ? — car je ne puis m'empêcher de vous donner, tant est grande la force de l'habitude, un de ces vains titres par lesquels nous autres pauvres fragments d'argile avons l'habitude, dans notre orgueil, de nous dominer les uns les autres ; — je marche non-seulement entouré de soupçons, mais de dangers tels que si votre époux me rencontrait en cet instant, — moi, Anglais, et foulant mes propres terres, je ne doute pas qu'il ne fît tout ce qui serait en lui pour m'offrir en sacrifice au Moloch de la superstitition romaine, qui maintenant pousse au dehors des cris de rage pour obtenir des victimes choisies au sein du peuple de Dieu.

— Votre langage me surprend, major Bridgenorth, dit lady Péveril, qui maintenant se sentait impatiente d'être soulagée de sa compagnie, et qui à cet effet avait doublé le pas. Mais il hâta le sien, et continua de se tenir à ses côtés.

— Ne savez-vous pas, continua-t-il, que Satan est venu ici-bas plein d'une grande colère, parce que son temps est court? L'héritier présomptif de la couronne est un papiste avoué; et qui oserait affirmer, sauf les sycophantes et les complaisants du temps, que celui qui la porte aujourd'hui ne serait pas également prêt à se courber devant Rome, s'il n'était tenu en respect par quelques nobles esprits de la chambre des communes? Vous n'y croyez pas; — et cependant, dans mes promenades nocturnes et solitaires, quand je venais à penser à votre bonté pour ceux qui sont morts et pour ceux qui vivent, je demandais dans mes prières que les moyens de vous avertir me fussent accordés : — et voyez! le Ciel m'a entendu.

— Major Bridgenorth, reprit lady Péveril, vous aviez coutume d'être modéré dans des sentiments de cette nature, — beaucoup plus modéré que vous ne vous montrez en ce moment, au moins, — et d'aimer votre religion sans haïr celle des autres.

— Il est inutile de rappeler ce que je fus, alors que j'étais plongé dans le fiel de l'amertume et chargé des liens de l'iniquité. Je ressemblais alors au Gallio[1], qui n'avait souci de nulle de ces choses. J'étais passionné pour les biens de la créature, — je m'attachais à l'honneur mondain et à la réputation terrestre. — Mes pensées étaient toutes de ce monde ; — ou si quelques-unes s'élevaient vers le Ciel, c'étaient de froides méditations pharisaïques, tout extérieures : — je n'apportais à l'autel que de la paille et du chaume. Le Ciel a vu la nécessité de me châtier dans son amour. — J'ai été dépouillé de tout ce qui m'avait attaché sur la terre ; — mon honneur terrestre m'a été arraché ; — je me suis éloigné en exilé de la maison de mes pères, privé de tout et livré au désespoir, — bafoué, battu, déshonoré. Mais qui découvrira les voies de la Providence? C'est par de tels moyens que je suis devenu un des champions de la vérité, — comptant ma vie pour rien, si le sacrifice de ma vie pouvait avancer son règne. Mais ce n'était pas là ce que je désirais vous dire. Vous avez sauvé la vie terrestre de mon enfant ; — laissez-moi sauver votre vie éternelle.

Lady Péveril garda le silence. Ils approchaient en ce moment du point où l'avenue se terminait et rejoignait un chemin public, ou plutôt un sentier tracé à travers un champ communal : c'était ce sentier qu'elle allait avoir à suivre pendant un court espace, et qui devait la conduire

---

[1] Païen. (L. V.)

à l'entrée du parc de Martindale. Elle éprouvait alors une impatience réelle de se retrouver à la clarté de la lune, et elle évita de répondre à Bridgenorth pour arriver plus tôt. Mais lorsqu'ils atteignirent la jonction de l'avenue et du chemin, il lui prit le bras et lui ordonna de s'arrêter, plutôt qu'il ne l'en pria. Elle obéit. Il lui désigna du doigt un vieux chêne de dimensions gigantesques, qui couronnait le sommet d'une éminence dans le terrain découvert auquel aboutissait l'avenue, et qui était exactement placé de manière à clore la perspective. La lune, en dehors de l'avenue, brillait d'un tel éclat, qu'aux flots de lumière qu'elle versait sur le vénérable chêne, on pouvait aisément voir, par les mutilations que ses rameaux avaient éprouvées d'un côté, que la foudre l'avait ravagé. — Vous souvenez-vous, lui dit-il, de la dernière fois que nos regards s'arrêtèrent ensemble sur cet arbre ? j'arrivais de Londres, apportant avec moi un ordre de protection du comité pour votre époux ; et quand je passai devant cette place, vous étiez ici avec mon Alice, — ici, au lieu même où nous sommes arrêtés en ce moment ; — mes deux enfants, — les deux derniers de mes enfants bien-aimés, jouaient devant vous. Je sautai de mon cheval. — Pour elle, j'étais un époux ; — pour eux, un père ; — pour vous, un protecteur bienvenu et révéré : — que suis-je maintenant pour personne au monde ? Il pressa sa main sur son front, et laissa échapper un profond gémissement.

Il n'était pas dans la nature de lady Péveril d'entendre l'expression de la douleur sans chercher à y porter consolation. — M. Bridgenorth, dit-elle, je ne blâme la croyance de personne, tout en conservant et en suivant la mienne, et je me réjouis que vous ayez cherché dans la vôtre une consolation à des afflictions temporelles. Mais toute croyance chrétienne ne nous enseigne-t-elle pas également que l'affliction devrait nous adoucir le cœur ?

— Oui, femme, répondit Bridgenorth d'un ton de sombre préoccupation ; oui, comme la foudre qui a mutilé ce chêne en a adouci le tronc. Le bois que le feu a durci est le plus propre à être mis en œuvre par l'ouvrier ; — un cœur endurci et desséché est celui qui portera le mieux la tâche imposée par ces temps désastreux. Ni Dieu ni les hommes n'endureront plus longtemps la corruption effrénée des débauchés, la raillerie des profanes, leur mépris des lois divines, — l'infraction des droits de l'humanité. Le temps actuel réclame des justes et des vengeurs, et ils ne lui feront pas faute.

— Je ne nie pas que beaucoup de mal n'existe, dit lady Péveril en faisant effort pour répondre, en même temps qu'elle se remettait en route ; et par ouï-dire, quoique, grâces au Ciel, je n'en aie pas été témoin, je suis convaincue de l'extrême corruption du siècle. Mais laissez-nous espérer qu'il pourra y être porté remède sans recourir aux moyens violents que vous semblez indiquer. Assurément, les désastres d'une seconde guerre civile — bien que j'espère que vos pensées ne vont pas jusqu'à cette extrémité terrible — seraient une alternative pour le moins désespérée.

— Violente, mais sûre. Le sang de l'agneau pascal chassa l'ange exterminateur ; — les sacrifices offerts sur l'aire de la grange d'Araunâh furent une barrière pour la peste. Le feu et l'épée sont des remèdes rigoureux, mais ils assainissent et purifient.

— Hélas, major Bridgenorth ! vous dont la jeunesse fut sage et modérée, avez-vous pu adopter dans votre âge mûr les pensées et le langage de ceux que vous avez vus entraîner la nation et eux-mêmes au bord de leur ruine ?

— Je ne sais ce que j'étais alors, — et vous ignorez ce que maintenant je suis, répliqua le major. Puis il s'arrêta subitement, car en ce moment ils arrivaient à la pleine clarté de la lune, et on eût dit que se voyant alors sous les yeux de la dame, il était disposé à adoucir son ton et son langage.

Dès qu'elle put apercevoir distinctement l'ensemble de sa personne, elle reconnut qu'il était armé d'une épée courte et d'un poignard, et que des pistolets étaient passés à sa ceinture ; — précautions tout à fait inhabituelles chez un homme qui jadis portait rarement, et seulement les jours d'apparat, une simple rapière, bien que ce fût la coutume et la pratique constante des personnes de son rang. Il semblait aussi y avoir dans son air quelque chose d'une détermination plus farouche que d'habitude, quoiqu'à la vérité sa physionomie eût toujours été plutôt sombre qu'affable ; et avant d'avoir pu maîtriser son premier mouvement, lady Péveril ne put s'empêcher de dire : Monsieur Bridgenorth, vous êtes en effet bien changé !

— Vous ne voyez que l'homme extérieur, répondit-il ; au dedans le changement est encore plus complet. — Mais ce n'était pas de moi que je voulais vous parler ; — comme je vous l'ai dit, de même que vous avez sauvé mon enfant des ténèbres du tombeau, je serais heureux de sauver le vôtre de ces ténèbres plus épaisses qui, je le crains, ont enveloppé la route et les pas de son père.

— Je ne dois pas entendre parler ainsi de sir Geoffrey, M. Bridgenorth. Quant à présent, il faut que je vous dise adieu ; et quand nous nous rencontrerons de nouveau, dans un moment plus convenable, j'écouterai du moins vos avis au sujet de Julien, si je ne les suis pas.

— Ce moment plus convenable pourrait ne jamais venir. Le temps s'écoule, l'éternité approche. Écoutez ! On dit que votre intention est d'envoyer le jeune Julien dans cette île sanguinaire, pour y être élevé sous la direction de votre parente, cette cruelle meurtrière qui a fait périr un homme plus digne de vivre qu'aucun des ancêtres dont elle est si orgueilleuse. Voilà ce que dit le bruit public ; cette nouvelle est-elle vraie ?

— Je ne vous blâme pas, M. Bridgenorth, de juger sévèrement ma cousine de Derby, non plus que je ne justifie tout à fait l'acte téméraire dont elle s'est rendue coupable. Néanmoins mon époux pense, et telle est aussi mon opinion, que Julien pourra être formé chez elle aux études et aux talents qui conviennent à sa naissance, en compagnie du jeune comte de Derby.

— Sous la malédiction de Dieu et la bénédiction du pape de Rome ! Vous, mylady, si clairvoyante en matière de prudence mondaine, êtes-vous aveugle aux pas gigantesques que fait Rome pour le rétablissement de son empire sur ce pays, autrefois le plus riche joyau de sa tiare usurpée ? Les vieillards sont séduits par l'or, — les jeunes gens par le plaisir ; — les faibles sont entraînés par la flatterie, — les lâches par la crainte, — les courageux par l'ambition. Mille appâts sont offerts à chaque goût, et chaque appât recèle le même hameçon mortel.

— Je n'ignore pas, M. Bridgenorth, que ma parente est catholique [1] ; mais son fils est élevé dans les principes de l'Église anglicane, conformément aux ordres de son défunt époux.

— Est-il probable que celle qui n'a pas craint de verser le sang des justes, soit sur le champ de bataille, soit sur l'échafaud, respectera une promesse que sa religion lui ordonnera d'enfreindre ? Et lors même qu'elle la respecterait, qu'y gagnera votre fils, s'il reste dans le bourbier de son père ? Que sont vos dogmes épiscopaux, autre chose que du simple papisme, sauf que pour votre pape vous avez choisi un tyran temporel, et substitué une messe tronquée en anglais à celle que vos prédécesseurs prononçaient en latin ? Mais pourquoi parlerais-je de ces choses à une femme qui, à la vérité, a des yeux et des oreilles, mais qui, cependant, ne peut ni voir, ni entendre, ni comprendre ce qui seul est digne d'être entendu, d'être vu et d'être connu ? Quel dommage que ce qui a été fait si beau, si parfait de formes et de cœur, n'en soit pas moins aveugle, sourd et ignorant, comme tout ce qui est périssable !

— Nous ne nous entendrons pas sur ces sujets, M. Bridgenorth, répliqua lady Péveril anxieuse d'échapper à cette étrange conférence, quoiqu'elle eût eu peine à définir ses craintes ; encore une fois, je dois vous dire adieu.

— Arrêtez encore un instant, dit-il en posant de nouveau la main sur son bras ; je vous retiendrais si je vous voyais courir vers un précipice : — laissez-moi vous prémunir contre un péril encore plus grand. Comment ferai-je impression sur votre esprit qui se refuse à croire ? Vous dirai-je que la dette du sang versé n'a pas encore été payée par

---

[1] J'ai déjà dit que cette circonstance est une déviation de la vérité ; — Charlotte, comtesse de Derby, était protestante. (W. S.)

la sanguinaire maison de Derby? Veux-tu envoyer ton fils parmi ceux de qui le paiement sera exigé?

— Vous voulez en vain m'alarmer, M. Bridgenorth ; l'expiation qui pouvait être exigée de la comtesse pour une action que j'ai déjà qualifiée de téméraire, elle l'a été depuis longtemps.

— Vous vous abusez vous-même, répondit-il d'un ton dur. Pensez-vous qu'une misérable somme d'argent, donnée pour fournir aux débauches de Charles, puisse expier la mort d'un homme tel que Christian, — d'un homme également précieux au Ciel et à la terre? Ce n'est pas à de telles conditions que peut être versé le sang du juste ! Chaque heure de délai est comptée comme un intérêt ajouté à une lourde dette, qui un jour sera exigée de cette femme sanguinaire.

En ce moment, le bruit éloigné de pas de chevaux se fit entendre sur la route où avait lieu ce singulier entretien. Bridgenorth, après avoir prêté l'oreille un instant, lui dit : — Oubliez que vous m'avez vu ; — ne dites pas mon nom à ce que vous avez de plus proche et de plus cher. — Renfermez mon conseil dans votre sein ; — profitez-en, et vous vous en trouverez bien.

A ces mots, il retourna sur ses pas, et, s'enfonçant dans une ouverture de la haie, il regagna l'abri de son propre bois, que le chemin côtoyait encore.

Le bruit des chevaux arrivant au grand trot se rapprochait rapidement ; et lady Péveril ne tarda pas à discerner derrière elle plusieurs cavaliers, dont les formes se dessinaient indistinctement au sommet d'un monticule. Ceux-ci l'aperçurent à leur tour ; et un ou deux des plus avancés, se détachant au galop pour venir à elle, lui crièrent en approchant : — Arrêtez ! Qui va là? Mais celui qui le premier arriva près de lady Péveril s'écria : — Merci de ma vie, c'est mylady ! et celle-ci, au même instant, reconnut un de ses propres domestiques. Son mari arriva immédiatement après, et s'écria à son tour : — Hé quoi, dame Marguerite ! que faites-vous dehors si loin du château, et à une pareille heure?

Lady Péveril mentionna sa visite à la chaumière, mais elle ne crut pas nécessaire de parler de la rencontre qu'elle avait faite du major Bridgenorth, dans la crainte, peut-être, que cet incident ne déplût à son époux.

— La charité est une belle et bonne chose, reprit sir Geoffrey ; mais je dois vous dire, Marguerite, que vous avez tort de courir ainsi le pays comme une marchande d'orviétan, à l'appel de chaque vieille femme qui a un accès de colique : — surtout à cette heure de la nuit, et lorsqu'en outre le pays est si peu sûr.

— Je suis fâchée d'apprendre qu'il en soit ainsi ; — je ne savais encore rien de telles nouvelles.

— Des nouvelles ! oui, il y en a. Il y a un nouveau complot machiné par les Têtes-Rondes, pire que celui de Venner [1]; et qui y serait enfoncé aussi avant que notre ancien voisin Bridgenorth? On est partout à sa recherche; et je vous promets que si on le trouve, il est probable qu'on lui fera régler les vieux comptes.

— Alors, assurément, j'espère qu'on ne le trouvera pas.

— Vous espérez cela? Hé bien! moi, pour ma part, j'espère qu'on le trouvera; et si on ne le trouve pas, ce ne sera pas de ma faute. C'est pour cela que je me rends de ce pas à Moultrassie, pour y faire une stricte recherche, comme c'est mon devoir : je ne souffrirai pas que ni traître ni rebelle fasse son terrier si près de Martindale-Castle, c'est ce dont je puis les assurer. Et vous, mylady, vous voudrez bien, pour une fois, vous passer de selle de femme, et monter en croupe, comme vous l'avez déjà fait, derrière Saunders, qui vous reconduira en sûreté au château.

La dame obéit en silence; il est vrai qu'elle n'osa pas se hasarder à répondre, tant elle était étourdie de ce qu'elle venait d'apprendre.

Elle se rendit au château en croupe derrière le domestique, et elle attendit avec une vive anxiété le retour de son mari. Il revint enfin; et, au grand soulagement de lady Péveril, sans ramener de prisonnier. Il lui expliqua alors, plus au long que sa précipitation ne le lui avait permis auparavant, qu'un exprès était arrivé de la cour à Chesterfield, porteur de la nouvelle que les anciens hommes de la république, ceux surtout qui avaient servi dans l'armée, avaient comploté une insurrection, et que Bridgenorth, qu'on disait caché dans le Derbyshire, était un des principaux conspirateurs.

Au bout de quelque temps, ce bruit de conspiration sembla s'éteindre, ainsi qu'il en fut de beaucoup d'autres à cette époque. Les mandats furent révoqués, mais on n'entendit plus parler du major Bridgenorth : quoique probablement il eût pu, sans grand danger, se remontrer aussi ouvertement que nombre d'autres qui avaient été atteints des mêmes soupçons [2].

Vers le même temps aussi, lady Péveril se sépara temporairement, non sans verser bien des larmes, de son fils Julien, qui fut envoyé, conformément au projet arrêté depuis longtemps, près du jeune comte de Derby pour partager son éducation. Quoique le pronostic de Bridgenorth se représentât parfois à l'esprit de lady Péveril, elle ne souffrit pas que cet augure sinistre balançât à ses yeux les avantages assurés à son fils par le patronage de la comtesse de Derby.

Le plan parut réussir à tous égards; et chaque fois que Julien venait visiter la maison de son père, lady Péveril avait la satisfaction de voir

---

[1] La fameuse insurrection des anabaptistes et des hommes de la cinquième monarchie, qui éclata à Londres en 1661. (W. S.)

[2] *Voyez* la note E, à la fin du volume.

qu'il gagnait de plus en plus dans ses manières et sa personne, et qu'il montrait une ardeur toujours croissante pour acquérir des talents plus solides. Avec le temps, il devint un jeune homme accompli, et il fit, en compagnie du jeune comte, un voyage sur le continent. Ce voyage était d'autant plus nécessaire pour perfectionner leur connaissance du monde, que la comtesse n'avait reparu ni à Londres, ni à la cour du roi Charles, depuis sa fuite à l'île de Man en 1660, et qu'éloignée du monde, elle avait constamment résidé dans son petit état aristocratique, alternativement sur ses domaines d'Angleterre et sur ceux de l'île.

Cet isolement avait donné à l'éducation des deux jeunes gens, d'ailleurs aussi parfaite qu'on pouvait l'attendre des meilleurs maîtres, quelque chose d'étroit et de rétréci. Mais quoique le caractère du jeune comte fût plus léger et plus frivole que celui de Julien, l'un et l'autre avaient fort bien profité des leçons qu'ils avaient reçues. Lady Derby avait strictement enjoint à son fils, dont le tour sur le continent était alors à son terme, de ne se pas montrer à la cour de Charles; mais majeur depuis quelque temps, il ne crut pas absolument nécessaire de lui obéir en ce point, et il passa quelques semaines à Londres, y partageant les plaisirs d'une cour dissipée, avec toute l'ardeur d'un jeune homme élevé comparativement dans la retraite.

Afin de faire oublier à la comtesse cette transgression de son autorité (car il avait toujours pour elle le profond respect auquel son éducation l'avait habitué), lord Derby consentit à faire un long séjour avec sa mère dans son île favorite, dont il lui abandonna presque entièrement l'administration.

Julien Péveril avait passé au château de Martindale une bonne partie du temps que son ami avait donné aux plaisirs de Londres; et à l'époque où notre histoire, franchissant plusieurs années, est arrivée, en quelque sorte *per saltum*, ils habitaient tous deux, près de la comtesse, le château de Rushin, dans le vénérable royaume de Man.

CHAPITRE XI.

> Mona, — longtemps cachée à ceux qui parcourent la mer.
> COLLINS.

L'ÎLE de Man[1], au milieu du dix-septième siècle, était fort différente, comme lieu de résidence, de ce qu'elle est aujourd'hui. On n'avait pas encore découvert son mérite comme lieu de refuge occasionnel contre les orages de la vie, et la société qu'on y pouvait alors rencontrer était d'une nature très-uniforme. On n'y voyait ni élégants jeunes gens que la fortune a précipités du haut de leurs tilburys; — ni pigeons plumés, ni fripons remplumés, — ni spéculateurs désappointés, — ni actionnaires de mines ruinés : — en un mot, personne digne qu'on en parlât. La société de l'île était limitée aux insulaires eux-mêmes, et à un petit nombre de marchands occupés de contrebande. Les amusements étaient rares et monotones, et l'esprit léger du jeune comte fut bientôt profondément ennuyé de ses domaines. Les insulaires, devenus trop graves pour le bonheur, avaient en outre perdu leur ancien goût pour les jeux innocents et quelque peu puérils qui avaient fait les délices de leurs ancêtres plus simples. Mai n'était plus comme autrefois annoncé par la lutte feinte entre la reine de l'hiver écoulé et celle du printemps naissant; l'intérêt n'était plus éveillé ni par la musique animée des sectateurs de l'une, ni par les sons discordants par lesquels l'autre cherchait à se créer un titre plus bruyant à l'attention. Noël aussi se passait, et les clochers ne remplissaient plus l'air de leurs volées dissonantes. Le roitelet, dont la recherche était un divertissement consacré par l'usage au temps de la marée sainte[2], avait cessé d'être poursuivi et immolé. L'esprit de parti avait pénétré parmi ces gens simples, et leur avait enlevé leur gaîté sans diminuer leur ignorance. Les courses de chevaux elles-mêmes, ce jeu qui généralement intéresse toutes les classes, étaient tombées en oubli, parce qu'elles n'offraient plus d'attrait. Les habitants notables de l'île étaient divisés par des dissensions jusqu'alors

---

[1] L'île de Man, où va se trouver transportée la scène de notre histoire, est située au milieu de la mer d'Irlande, entre l'île de ce nom et la côte occidentale d'Angleterre, à environ quatre-vingts milles anglais, ou vingt-huit de nos lieues communes, dans le N.-O. du port de Liverpool. Man a vingt-huit milles de long sur une dizaine de milles de large. (L. V.)

[2] *Holytide*, la nuit de Noël. (L. V.)

inconnues, et il semblait que chaque parti affectât de dédaigner des plaisirs que partagerait la faction opposée. Chacun repoussait dans son cœur le souvenir des anciens temps, alors que parmi eux tout était calme et paisible, que le comte de Derby, mort si cruellement, avait coutume de décerner le prix, et que Christian, tombé depuis sous la vengeance de la comtesse, lançait les chevaux pour ajouter à l'amusement[1].

Julien était assis dans un enfoncement formant l'embrasure d'une fenêtre du vieux château ; les bras croisés, et paraissant plongé dans une profonde contemplation, il promenait ses regards sur la longue perspective de l'Océan, qui roulait ses vagues successives jusqu'au pied du rocher sur lequel s'élève l'antique bâtiment. Le comte était en proie au tourment pesant de l'ennui : — tantôt jetant les yeux sur un volume d'Homère, — tantôt sifflant, — tantôt se balançant sur sa chaise, — tantôt se promenant dans la chambre, jusqu'à ce qu'enfin son attention se porta sur son compagnon, dont il admira le calme.

— Roi des hommes ! dit-il, répétant l'épithète par laquelle Homère aime à désigner Agamemnon. — J'espère, par l'intérêt que je porte à l'ancien prince grec, que son poste était plus gai que celui du roi de Man. — Hé bien, grand philosophe Julien, rien ne te réveillera-t-il ? — pas même une mauvaise pointe sur ma dignité royale[2] ?

— Je voudrais que vous fussiez un peu plus roi dans cette île de Man, dit Julien, que l'interpellation de son ami avait arraché à sa rêverie ; vous trouveriez alors plus d'amusement dans vos états.

— Quoi ! détrôner ma mère, cette royale Sémiramis, qui a autant de plaisir à jouer la reine que si elle était réellement souveraine ? — Je m'étonne que vous me puissiez donner un tel conseil.

— Votre mère, vous le savez bien, mon cher Derby, serait heureuse de vous voir prendre quelque intérêt aux affaires de l'île.

— Oui, vraiment, elle me permettrait d'être roi ; mais elle voudrait rester vice-roi et régner sur moi. Ainsi, elle aurait seulement gagné un sujet de plus, en me faisant consacrer aux soins de la royauté le loisir auquel j'attache tant de prix. Non, non, Julien, elle regarde comme marque de pouvoir de diriger toutes les affaires de ces pauvres Mankois, et par cela seul qu'elle y voit le pouvoir, elle y trouve le plaisir. Je n'y veux intervenir en rien, à moins qu'elle ne tienne de nouveau une haute cour de justice. Je n'ai pas le moyen de payer une autre amende à mon frère le roi Charles. Mais j'oubliais ; — ce souvenir vous est pénible.

[1] *Voyez* la note F, à la fin du volume.
[2] Le jeu de mots auquel le jeune comte fait allusion, et qui n'était pas traduisible en français, roule sur l'homonymie de *king of* MEN, roi des hommes ; et *king of* MAN roi de Man. (L. V.)

— Il l'est du moins à la comtesse, et je m'étonne que vous le rappeliez.

— Que voulez-vous? je n'ai pas plus de rancune que vous contre la mémoire du pauvre homme, quoique je n'aie pas les mêmes raisons pour l'avoir en vénération. Et pourtant j'ai aussi quelque respect pour elle. Je me souviens du jour où on le mena à la mort ; — ce fut le premier jour de congé que j'avais eu de ma vie, et je voudrais de tout mon cœur que c'eût été pour quelque autre motif.

— J'aimerais autant vous entendre parler de toute autre chose, mylord.

— Ah, nous y voilà ! Chaque fois que je parle de quelque chose qui vous excite la bile et vous échauffe le sang, que vous avez aussi froid que celui d'un triton [1], — pour employer une comparaison de cette île bienheureuse, — preste ! vous me pressez de changer de sujet. Hé bien ! de quoi parlerons-nous? — O Julien, si vous n'aviez pas été vous enterrer au milieu des châteaux et des cavernes du Derbyshire, nous n'aurions pas manqué de délicieux sujets. — Les spectacles, Julien, — et puis le palais du roi et celui du duc : — la cour de Louis [2] n'est rien auprès de cela. — Et le Cercle [3], dans le parc, qui éclipse le *Corso* de Naples ! — et les beautés de Londres, qui éclipsent celles du monde entier !

— Je serai enchanté de vous entendre sur ce sujet, mylord ; moins j'ai vu par moi-même du monde de Londres, plus il est probable que le récit m'en plaira.

— Oui, mon ami ; — mais par où commencer ? — Est-ce par l'esprit de Buckingham, de Sedley et d'Etherege ? — ou par la grâce de Harry Jermin? ou par la courtoisie du duc de Monmouth ? — ou par l'amabilité de la belle Hamilton, — ou celle de la duchesse de Richemont, — ou de lady ***, la Roxelane de la cour? — ou par l'humeur enjouée de mistress Nelly[4] ? — ou...

— Ou plutôt que dites-vous des charmes enchanteurs de lady Cynthia?

— Ma foi, j'aurais gardé ceux-là pour moi, afin de suivre votre exemple prudent. Mais puisque vous le demandez, j'avouerai franchement que je ne sais qu'en dire, si ce n'est que j'y pense vingt fois plus souvent qu'à toutes les beautés que je vous ai nommées. Et cependant elle est vingt fois moins belle que la moins remarquable de ces beautés de la cour. Elle a moins d'esprit que la moins spirituelle ; elle est moins à la mode, — ceci est le grand point, — que la plus obscure. Je ne

---

[2] *Merman*, homme de mer, de même que *mermaid*, fille de mer, est une sirène. (L. V.)

Il est à peine nécessaire de faire remarquer au lecteur qu'il s'agit ici du Grand Roi, de Louis XIV. (L. V.)

[3] *Ring.* Il est question du parc Saint-James. (L. V.)

[4] Il est sans doute peu de lecteurs français qui n'aient déjà fait connaissance avec les personnages de la cour si élégante et si frivole de Charles II, dans les amusants et inimitables *Mémoires de Grammont*. (L. V.)

puis dire ce qui me fait raffoler d'elle, si ce n'est qu'elle est aussi capricieuse à elle seule que tout son sexe ensemble.

— J'aurais regardé cela comme une mince recommandation.

— Mince, dites-vous? et vous vous prétendez un confrère de l'hameçon! Dites-moi, qu'aimeriez-vous le mieux, ou de tirer un lourd filet pour du misérable goujon que vous amènerez sur le rivage en y employant toutes vos forces, comme nos pêcheurs ici engravent leurs bateaux, — ou de pêcher un saumon frétillant qui fait craquer le bois de votre ligne et en fait siffler la corde, — qui vous joue mille tours malins, — qui vous agite le cœur de craintes et d'espérances, — et qui ne tombe palpitant sur la grève qu'après vous avoir déployé une adresse, une patience, une ruse inimitables? — Mais je vois que vous vous disposez à aller pêcher à votre mode. A bas l'habit galonné, et endossez la casaque brune; — les couleurs vives effarouchent le poisson, dans les eaux tranquilles de l'île de Man. — A Londres, vous n'en auriez, ma foi, guère pris, à moins que l'appât n'eût un peu brillé. Ainsi, vous partez? — Hé bien, bonne chance. Moi, je vais prendre la barge. — La mer et le vent sont moins variables que le flot sur lequel vous vous êtes embarqué.

— C'est à Londres que vous avez appris à dire toutes ces jolies choses, mylord; mais nous vous en verrons faire pénitence, si lady Cynthia est de mon avis. Adieu, et bien du plaisir jusqu'au revoir.

Les jeunes gens se séparèrent; et tandis que le comte partait pour son excursion d'agrément, Julien, ainsi que l'avait prédit son ami, prenait les habits de quelqu'un qui veut s'amuser à la pêche. Le chapeau à plume fut remplacé par un bonnet de drap gris; le manteau et le pourpoint à larges galons, par une simple jaquette de même couleur et des hauts-de-chausses pareils; et finalement, la ligne à la main, le panier en sautoir sur l'épaule, et monté sur un beau poney de l'île de Man, le jeune Péveril franchit d'un pas rapide l'espace qui le séparait d'une de ces jolies rivières qui descendent des hauteurs de Kirk-Merlagh pour venir se jeter à la mer.

Ayant atteint l'endroit où il se proposait de commencer son amusement de la journée, Julien mit en liberté son petit coursier; celui-ci, habitué à la situation, le suivait comme un chien, et de temps à autre, quand il était fatigué de brouter l'herbe de la vallée à travers laquelle serpentait la rivière, accourait près de son maître, et semblait examiner avec le plaisir d'un curieux amateur de pêche les truites encore vivantes que Julien amenait sur la rive. Mais le maître de Fairy ne montra, ce jour-là, que bien peu de la patience d'un véritable pêcheur, et ne se guida pas sur la recommandation que fait le vieux Isaac Walton, de pêcher dans une rivière pouce par pouce. Il est vrai qu'avec l'œil d'un pêcheur exercé, il savait choisir les places qui promettaient le plus, celles où le cours de l'eau se brisait en bouillonnant sur une pierre qui offre à la truite sa retraite habituelle; ou bien encore les endroits où le courant, s'échappant d'une passe agitée pour aller former un tranquille remous, coulait à l'abri d'une rive avancée, ou franchissait le bassin de quelque cascade peu élevée. Par ce choix judicieux des places où il devait tendre ses pièges, le panier de notre pêcheur fut bientôt assez pesant pour montrer que son occupation n'était pas un simple prétexte; et dès qu'il se vit arrivé à ce point, il remonta la vallée d'un bon pas, s'arrêtant seulement pour jeter sa ligne de temps à autre, dans le cas où il serait observé de quelqu'une des hauteurs environnantes.

La petite vallée verdoyante et rocheuse à travers laquelle s'égarait le ruisseau était très-isolée, quoiqu'un sentier imparfaitement tracé montrât qu'on y passait quelquefois et qu'elle n'était pas tout à fait sans habitants. A mesure que Péveril avançait, la vallée s'élargissait sur la droite, et offrait à l'œil une prairie, dont la partie inférieure, adjacente au ruisseau, était entièrement couverte d'un riche pâturage, dû peut-être à des débordements accidentels. La partie la plus élevée du terrain uni présentait un emplacement pour une maison ancienne d'une singulière structure, avec un jardin en terrasse, et, auprès, une ou deux pièces de terre cultivées. Dans les anciens temps, il avait existé en cet endroit une forteresse danoise ou norvégienne appelée le Fort Noir[1], d'après la teinte d'une colline élevée et couverte de bruyères, laquelle, s'élevant en arrière du bâtiment, semblait former l'enceinte de la vallée et renfermer la source de la petite rivière. Mais l'édifice originel, qui, probablement, n'avait consisté qu'en pierres sans ciment, était depuis longtemps démoli, et les matériaux en avaient été employés à la construction de la maison actuelle : — ouvrage de quelque ecclésiastique du seizième siècle, ce qu'indiquait évidemment l'épaisse structure de ses fenêtres en pierre, à travers lesquelles le jour ne pénétrait qu'à peine, aussi bien que deux ou trois lourds arcs-boutants qui se projetaient au front du bâtiment, et dans l'épaisseur desquels on avait ménagé de petites niches pour des statues. Celles-ci avaient été soigneusement détruites, et, à leur place, des pots de fleurs étaient disposés dans les niches, outre les plantes grimpantes de diverses sortes qui entouraient les arcs-boutants de leurs capricieux enlacements. Le jardin était aussi en bon ordre; et quoique le lieu fût très-isolé, on y remarquait un air de bien-être, de recherche, et même d'élégance, qui à cette époque était loin de caractériser la généralité des habitations de l'île.

Avec beaucoup de circonspection, Julien s'approcha du petit porche gothique qui défendait l'entrée de la maison contre les ouragans auxquels sa situation l'exposait, et qui était, de même que les arcs-boutants,

---

[1] *Black Fort.*

garni de lierre et d'autres plantes grimpantes. Un anneau de fer était disposé de façon à remplir l'office de marteau, quand on le faisait mouvoir le long de la barre de fer entaillée à laquelle il était suspendu ; Julien y eut recours, quoique avec la plus grande précaution.

Pendant quelque temps il ne reçut pas de réponse, et il semblait en effet que la maison fût totalement inhabitée ; son impatience prenant enfin le dessus, il essaya d'ouvrir la porte ; et comme elle n'était fermée qu'au loquet, il y réussit aisément. Il traversa une petite salle basse voûtée, à l'extrémité supérieure de laquelle se trouvait un escalier, et tournant à gauche, il ouvrit la porte d'un salon d'été, lambrissé en chêne noir, et très-simplement meublé de chaises et de tables de même bois, les premières garnies de cuir. La pièce était sombre, — une de ces fenêtres à pilastres de pierre que nous avons mentionnées n'y laissant pénétrer qu'une clarté douteuse à travers ses vitres à étroits compartiments et les épaisses guirlandes de verdure qui l'encadraient.

Au-dessus du manteau de la cheminée (lequel était formé d'une boiserie massive, semblable au lambrissage des murs), était le seul ornement de la chambre : un portrait représentant un officier, dans l'uniforme du temps des guerres civiles. Ce costume se composait d'une jaquette verte, alors le vêtement national et distinctif des Mankois ; le collet court qui retombait sur la cuirasse, — l'écharpe de couleur orange, — et, par-dessus tout, les cheveux coupés ras, montraient clairement auxquels des grands partis de cette époque celui que représentait ce portrait avait appartenu. Sa main droite reposait sur la garde de son sabre ; de la gauche il tenait une petite Bible, portant pour inscription *in hoc signo* [1]. Le teint était clair et délicat, les yeux d'un bleu tendre et d'une expression presque efféminée, le visage de forme ovale, — une de ces physionomies auxquelles, sans les trouver désagréables, nous attachons naturellement l'idée de la tristesse et du malheur [2]. Sans doute elle était bien connue de Julien Péveril ; car après y avoir longtemps attaché ses regards, il ne put s'empêcher de dire à haute voix : Que ne donnerais-je pas pour que cet homme ne fût jamais né, ou qu'il vécût encore !

— Comment ! — que veut dire ceci ? dit une femme qui entra dans la chambre au moment où il laissait échapper cette réflexion. *Vous* ici, M. Péveril, en dépit de tous les avertissements que vous avez reçus !

---

[1] A cet étendard.

[2] Je suis informé qu'un portrait de l'infortuné William Christian est encore conservé dans la famille de Waterson de Balnahow de Kirk Church à Rushin. William Dhône est vêtu d'un justaucorps vert sans *cape* ou collet, à la mode de cette époque puritaine, et la tête couverte d'une perruque à cheveux courts, semblable à celle d'un évêque de nos jours. La physionomie est jeune et agréable, et n'a rien qui porte une empreinte de tristesse. J'ai profité de ces remarques critiques pour rectifier, dans l'édition actuelle, quant à l'extérieur du moins, mon portrait idéal de William Dhône ou aux Blonds Cheveux. (W S.)

Vous ici, en possession de la maison des gens quand ils sont dehors, et vous parlant à vous-même, comme je le garantirais!

— Oui, mistress Déborah, répondit Péveril, je suis encore ici, comme vous voyez, malgré toutes les défenses et au mépris de tout danger. Où est Alice?

— Où vous ne la verrez jamais, M. Julien, — vous pouvez en être sûr, repartit mistress Déborah, car c'était cette respectable gouvernante. Et se laissant en même temps tomber sur une des larges chaises garnies de cuir, elle se mit à s'éventer avec son mouchoir, et à se plaindre de la chaleur tout à fait à la manière d'une *dame*.

Dans le fait, mistress Déborah, bien que son extérieur annonçât une amélioration notable de condition, et que sa physionomie montrât les traces moins favorables de vingt années de plus passées sur sa tête, était encore à peu de chose près, par le caractère et les manières, ce qu'elle avait été alors qu'elle se gendarmait contre les volontés de dame Ellesmere, au château de Martindale. Elle était, en un mot, aussi volontaire, aussi opiniâtre, aussi coquette que jamais, et au demeurant, assez bonne personne. Son extérieur actuel était celui d'une femme de meilleure classe. D'après la simplicité de coupe de ses vêtements, et l'uniformité de leur couleur, il était évident qu'elle appartenait à quelque secte qui condamnait toute recherche de parure; mais, en ceci, il n'est pas de règles, pas même celles d'un cloître ou d'une communauté de quakers, qui puissent prévenir une petite coquetterie, quand une femme veut passer pour conserver encore quelques droits personnels à l'attention. Tout l'habillement de mistress Déborah était disposé de façon à faire le mieux ressortir les avantages d'une femme de bonne mine, en qui tout indiquait le bien-être et le contentement; — d'une femme qui se donnait trente-cinq ans, et qui aurait eu le droit, si elle l'eût voulu, de s'en donner douze ou quinze de plus.

Il fallut que Julien endurât l'ennui de tous ses grands airs, et attendît patiemment qu'elle se fût ajustée et épinglée, — qu'elle eût rejeté en arrière et ramené en avant son capuchon, — qu'elle eût respiré un petit flacon d'essence, fermé les yeux comme une poule mourante et tourné la prunelle comme un canard par un tonnerre d'orage; — jusqu'à ce qu'enfin, ayant parcouru son cercle de minauderies, elle daigna ouvrir la conversation.

— Ces promenades seront ma mort, dit-elle, et tout cela à cause de vous, M. Julien Péveril; car si dame Christian apprenait que vous faites vos visites à sa nièce, je vous promets que mistress Alice serait bientôt obligée de trouver d'autres quartiers, et moi aussi.

— Allons, mistress Déborah, de la bonne humeur; toute cette intimité entre Alice et moi n'est-elle pas votre ouvrage? N'est-ce pas vous qui vous êtes fait connaître à moi la première fois que je vins pêcher dans cette vallée, et qui me dîtes que vous aviez été ma première gouvernante, et qu'Alice avait été ma petite compagne de jeux? Et que pouvait-il y avoir de plus naturel que de revenir voir deux aussi aimables personnes, aussi souvent que je le pourrais?

— Oui ; mais je ne vous ai pas dit de tomber amoureux de nous, pourtant, ni de proposer une chose telle que d'épouser Alice ou moi.

— Pour vous rendre justice, j'en dois convenir ; mais qu'est-ce que cela fait? Ces sortes de choses arrivent avant qu'on n'y pense. Je suis bien sûr que vous avez reçu cinquante propositions de cette espèce quand vous vous y attendiez le moins.

— Fi, monsieur Julien! je voudrais que vous sachiez bien que je me suis toujours tenue de façon à ce que le premier du pays y aurait pensé à deux fois, et aurait fait bien attention à ce qu'il allait dire et comment il allait le dire, avant de me faire de telles propositions.

— C'est vrai, c'est vrai, mistress Déborah ; mais tout le monde n'a pas votre retenue. Et puis Alice Bridgenorth est une enfant, — une vraie enfant ; et on demande toujours à une enfant d'être la petite femme de quelqu'un, vous savez. Allons, je sais que vous me pardonnerez. Vous avez toujours été la femme du monde la meilleure et la plus obligeante ; et vous savez que vous nous avez dit vingt fois que nous étions faits l'un pour l'autre.

— Oh non, monsieur Julien Péveril ; non, non! Je puis bien vous avoir dit que vos domaines étaient faits pour être réunis ; et assurément il est bien naturel que moi, qui sors d'une ancienne souche d'honnêtes vassaux des Péverils du Pic, j'aie souhaité revoir le domaine compris tout entier sous le même enclos, ce qui pourrait bien être, sans doute, si vous épousiez Alice Bridgenorth. Mais aussi il y a le chevalier votre père, et madame votre mère ; et puis il y a le père d'Alice, que la religion a rendu à moitié fou, et sa tante, qui porte l'éternel gourgouran noir, pour ce malheureux colonel Christian ; et il y a aussi la comtesse de Derby, qui nous mettrait tous à la même sauce si nous nous avisions de faire quelque chose qui lui déplût. Et avec tout cela, vous avez manqué à la parole que vous aviez donnée à mistress Alice, de sorte que tout est fini entre vous ; et mon avis est qu'il eût été tout à fait bien que ce fût plus tôt. Et il se pourrait bien, M. Julien, que j'y eusse pensé il y a déjà longtemps, avant qu'une enfant comme Alice m'en eût avertie ; mais je suis si bonne!

Il n'est pas de flatteur comme un amant qui désire arriver à son but.

— Vous êtes la meilleure, la plus obligeante créature du monde, Déborah. — Mais vous n'avez pas encore vu la bague que je vous ai rapportée de Paris. Non, je veux la mettre moi-même à votre doigt. Quoi! ne suis-je pas votre nourrisson, que vous aimiez tant et dont vous preniez tant de soin?

Il réussit aisément à glisser au doigt épais de mistress Déborah Debbitch un joli anneau d'or, avec une affectation de galanterie enjouée.

Déborah était une de ces personnes que l'on rencontre souvent dans le vulgaire des hautes et des basses classes, et qui, sans être précisément accessibles à la corruption vénale, sont néanmoins fort attachées aux revenants-bons de la position qu'elles occupent, et qui se laisseront considérablement dévier de la ligne de leur devoir, quoique insensiblement, peut-être, par amour pour les petits égards, pour les petits présents et pour les flatteries communes. Mistress Debbitch tourna et retourna l'anneau à son doigt, et elle dit enfin à demi-voix : Hé bien, M. Julien Péveril, ça ne sert à rien de cacher quelque chose à un jeune homme comme vous, car les jeunes gens sont toujours si obstinés! Je puis donc tout aussi bien vous dire que mistress Alice est revenue de Kirk-Truagh avec moi tout à l'heure, et qu'elle est rentrée dans la maison en même temps que moi.

— Que ne me le disiez-vous plus tôt? s'écria Julien en se levant vivement. Où... où est-elle?

— Vous feriez mieux de me demander pourquoi je vous le dis *maintenant*, M. Julien; car c'est, je vous assure, contre ses ordres exprès, et je ne vous l'aurais pas dit, si vous ne m'aviez pas paru si désolé. — Mais, quant à vous voir, c'est ce qu'elle ne fera pas; — et elle est dans sa chambre à coucher, avec une bonne porte de chêne fermée et verrouillée sur elle; — c'est une garantie. — Ainsi donc, un manque de foi de ma part, — et je vous promets que la petite effrontée n'appelle pas cela d'un autre nom, — est tout à fait impossible.

— Ne dites pas cela, Déborah. — Allez seulement... essayez... dites-lui de m'entendre. — Dites-lui que j'ai cent excuses à lui faire pour avoir désobéi à ses ordres; — dites-lui que je ne doute pas que je ne puisse lever tous les obstacles au château de Martindale.

— Non, je vous dis que tout cela est inutile. Quand j'ai vu votre bonnet et votre ligne dans la salle, je n'ai fait que dire : Le voilà encore! et elle a monté les escaliers comme une jeune biche; et je l'ai entendue donner un tour de clef et fermer les verrous, avant d'avoir pu dire un mot pour la retenir. — Je m'étonne que vous ne l'ayez pas entendue.

— C'est parce que je suis, comme je l'ai toujours été, un oison, — un fou rêveur, qui laisse perdre ces occasions précieuses que ma malheureuse vie m'offre si rarement. — Hé bien... dites-lui que je pars, — que je pars pour jamais; — que je vais dans des lieux où elle n'entendra plus parler de moi, — d'où jamais personne n'en entendra plus parler!

— O bonté divine! l'entendez-vous? Et que deviendra sir Geoffrey, et votre mère, et moi, et la comtesse, si vous vous en allez aussi loin que vous le dites? Et que deviendrait la pauvre Alice, aussi? Car je jurerais qu'elle vous aime plus qu'elle ne le dit, et je sais bien qu'elle avait l'habitude de s'asseoir pour regarder le chemin que vous suiviez ordinairement en remontant la rivière, et par-ci par-là de me demander si la matinée était bonne pour la pêche. Et tout le temps que vous avez été sur le continent, comme on dit, elle a à peine souri une fois, si ce n'est quand elle a reçu deux belles longues lettres de l'étranger.

— De l'amitié, dame Déborah, rien que de l'amitié; — un souvenir froid et calme de quelqu'un qui, par votre obligeante permission, est venu de temps à autre interrompre votre solitude, et vous apporter des nouvelles du monde vivant. — Une fois, à la vérité, j'ai cru... Mais tout est fini. — Adieu!

A ces mots, il se couvrit le visage d'une main, et tendit l'autre en signe d'adieu à dame Debbitch, dont le bon cœur ne put supporter la vue d'une telle affliction.

— Allons, ne vous pressez pas tant, dit-elle; je vais remonter chez miss Alice lui dire ce qui en est à votre sujet, et je la ramènerai avec moi, s'il est au pouvoir d'une femme de le faire.

En même temps elle quitta la chambre, et gravit précipitamment les escaliers.

Julien Péveril, sur ces entrefaites, parcourait le salon d'un pas agité, en attendant l'issue de l'intercession de Déborah. Celle-ci resta assez longtemps absente pour nous donner le temps de reporter quelques instants nos regards en arrière, et d'exposer succinctement les circonstances qui l'avaient placé dans sa situation actuelle.

CHAPITRE XII.

> Moi! D'après tout ce que j'ai lu, d'après tout ce que j'ai jamais entendu de contes ou d'histoires, le cours de l'amour véritable n'est jamais paisible.
>
> *Le songe d'une nuit d'été.*

LE passage fameux que nous avons mis en tête de ce chapitre, est, comme beaucoup de remarques du même auteur[1], fondé sur une expérience réelle. L'époque à laquelle l'amour est ressenti pour la première fois et avec le plus de force est rarement celle où se montre la chance la plus favorable de l'amener à une heureuse issue. L'état d'une société artificielle oppose des obstacles aussi nombreux que compliqués aux mariages précoces; et il est le plus souvent fort à craindre que ces obstacles ne se trouvent insurmontables. Il est, enfin, peu d'hommes qui n'aient pas à reporter leurs souvenirs en arrière sur quelque période de leurs jeunes

---

[1] Shakspeare. (L. V.)

années, où une première et sincère affection fut repoussée ou trahie, ou échoua par des circonstances contraires. Ces courts passages de notre histoire secrète laissent dans le cœur de tous les hommes une teinte de romanesque qui nous permet difficilement, même à l'époque de notre vie la plus sérieusement remplie ou la plus avancée, d'entendre avec une indifférence absolue une histoire d'amour véritable.

Julien Péveril avait placé ses affections de manière à s'assurer la plus large part de cette opposition que les attachements précoces ne sont que trop sujets à rencontrer. Rien de plus naturel, cependant, que sa conduite. Dans les premières années de l'arrivée de Julien à l'île de Man, dame Debbitch avait par hasard rencontré le fils de sa première maîtresse, qui lui-même avait été son premier élève, pêchant dans la petite rivière dont il a été question, et qui arrosait la vallée où elle résidait avec Alice Bridgenorth. La curiosité de la dame avait aisément découvert qui il était; et outre l'intérêt que les personnes de sa condition prennent d'habitude à ceux dont elles ont soigné l'enfance, elle était enchantée d'avoir une opportunité de parler de l'ancien temps, — du château de Martindale et des amis qu'elle y avait eus, — de sir Geoffrey et de sa bonne dame, — et par-ci par-là de Lance Outram le garde du parc.

Le seul plaisir de répondre aux questions de mistress Déborah eût difficilement eu assez de pouvoir pour déterminer Julien à répéter ses visites au vallon solitaire; mais Déborah avait une compagne, — une charmante petite fille, — élevée dans l'isolement et dans les goûts simples et sans prétentions que l'isolement développe; — spirituelle et questionneuse, néanmoins, et écoutant, le sourire sur les lèvres et le regard avide, chaque récit que le jeune pêcheur apportait de la ville et du château.

Les visites de Julien au Fort Noir furent purement accidentelles; — dame Déborah avait montré en ceci un bon sens, qui peut-être était inspiré par la crainte de perdre sa place si quelque chose était découvert. Elle avait une grande confiance, à la vérité, dans la croyance fortement enracinée que conservait le major Bridgenorth, — croyance qui allait presque jusqu'à la superstition, — que la continuation de la santé de sa fille dépendait uniquement de la continuation des soins d'une femme qui avait acquis l'habileté supposée de lady Péveril à régler le régime de ceux qui portaient en eux le germe d'affections semblables. Cette opinion, dame Déborah avait employé tout ce que la nature lui avait départi de finesse à l'entretenir : — parlant toujours d'un ton d'oracle de tout ce qui se rapportait à la santé de sa pupille, et laissant entrevoir qu'il était certaines règles mystérieuses dont l'observance était nécessaire pour la conserver dans son état actuel. C'était par cet artifice qu'elle s'était procuré, pour elle et pour Alice, un établissement séparé au Fort Noir; car la première intention du major

CHAPITRE XII.

Bridgenorth avait été que sa fille demeurât avec sa gouvernante sous le même toit que la belle-sœur de sa femme défunte, la veuve de l'infortuné colonel Christian. Mais cette dame était courbée sous une vieillesse prématurée, résultat du chagrin ; et lors d'une courte visite que le major fit à l'île, il ne fut pas difficile de lui persuader que la résidence de Kirk-Truagh serait pour sa fille un fort triste séjour. Dame Déborah, qui aspirait à l'indépendance intérieure, eut soin de fortifier cette impression en excitant les craintes de son patron au sujet de la santé d'Alice. La maison de Kirk-Truagh était, lui dit-elle, très-exposée aux vents d'Écosse, qui ne pouvaient être que froids, puisqu'ils venaient d'un pays où, lui avait-on assuré, il y avait de la glace et de la neige en plein cœur d'été. Bref, elle l'emporta, et fut mise en possession absolue du Fort Noir, maison qui, de même que Kirk-Truagh, avait appartenu à Christian, et était maintenant la propriété de sa veuve.

Il était néanmoins enjoint à la gouvernante et à sa pupille de visiter de temps à autre Kirk-Truagh, et de se regarder comme placées sous l'autorité et la surveillance de mistress Christian ; — état de sujétion dont Déborah tâchait d'adoucir le sentiment, en s'arrogeant dans sa conduite autant de liberté qu'elle pouvait et osait le faire, et cela, sans doute, sous l'inspiration de ces mêmes pensées d'indépendance qui l'avaient conduite, au château de Martindale, à se soulever contre l'autorité de mistress Ellesmere.

Ce fut cette généreuse disposition à braver tout contrôle qui la porta à procurer secrètement à Alice quelques moyens d'éducation qu'eût proscrits le génie austère du puritanisme. Elle s'aventura à lui faire apprendre la musique, — et, qui plus est, la danse ; et le portrait du rigide colonel Christian tremblait contre la boiserie à laquelle il était suspendu, tandis que les formes aériennes d'Alice et l'épaisse personne de dame Déborah exécutaient des chassés et des bourrées français, au son d'un petit *kit* qui criaillait sous l'archet de M. Pigal, moitié contrebandier, moitié maître de danse. Cette abomination parvint aux oreilles de la veuve du colonel, et par elle à celles de Bridgenorth, dont la soudaine apparition dans l'île montra l'importance qu'il attachait à cet avis. Que mistress Déborah eût manqué de foi dans sa propre cause, et c'en était fait de son administration ; mais elle se retrancha dans sa forteresse.

— La danse, dit-elle, était un exercice réglé et mesuré par la musique ; et la raison indiquait que de tous les exercices ce devait être le meilleur pour une personne délicate, à raison surtout de ce qu'il pouvait être pris à la maison, et quel que fût le temps.

Bridgenorth l'écoutait, le front soucieux et couvert d'un nuage, lorsqu'à l'appui de sa doctrine mistress Déborah, qui jouait de la viole assez passablement, se mit à exécuter la ronde de Sellenger, et dit à

Alice de danser un vieux pas anglais sur cet air. Tandis que, partagée entre la timidité et le plaisir, la jeune fille, — qui alors comptait environ quatorze ans, — s'abandonnait avec grâce au mouvement de la musique, les yeux de son père ne pouvaient s'empêcher de suivre les ondulations légères de ses pas, et ils remarquaient avec joie la nuance rosée qui venait colorer ses joues. Quand elle eut terminé sa danse, il la serra dans ses bras, écarta, de la main affectueuse d'un père, les cheveux un peu en désordre qui retombaient sur son front, y déposa un baiser en souriant, et repartit sans un seul mot de plus pour interdire l'exercice de la danse. Il ne communiqua pas lui-même à mistress Christian le résultat de sa visite au Fort Noir; mais l'air triomphant de dame Déborah, lors de la première visite que celle-ci fit à Kirk-Truagh, le lui eut bientôt appris.

— C'est bien, dit l'austère vieille dame; mon frère Bridgenorth vous a permis de faire d'Alice une Hérodiade, et de lui enseigner la danse. Vous n'avez plus maintenant qu'à lui trouver un partner pour la vie; — je ne me mêlerai plus en rien de leurs affaires.

Dans le fait, le triomphe de dame Déborah en cette occasion, ou plutôt le triomphe de Dame Nature, eut de plus importants effets que la première n'avait osé le prévoir; car mistress Christian, quoiqu'elle reçût avec une politesse cérémonieuse les visites non moins cérémonieuses de la gouvernante et de sa pupille; sembla, à partir de ce moment, si vivement blessée de l'issue de ses remontrances au sujet de l'énormité que commettait sa nièce en dansant aux sons d'un petit violon, qu'elle parut renoncer à toute intervention dans ce qui la regardait, et laissa dame Debbitch et Alice conduire à peu près à leur guise celle-ci son éducation, celle-là les affaires du ménage, — dont elle s'était jusque-là beaucoup occupée.

C'était dans cet état d'indépendance qu'elles vivaient, lorsque Julien fit sa première visite à leur habitation, et il y fut d'autant plus encouragé par dame Déborah, qu'elle le croyait une des dernières personnes au monde avec laquelle mistress Christian eût désiré que sa nièce eût des relations de connaissance, — l'heureux esprit de contradiction l'emportant chez dame Déborah, en cette occasion comme en beaucoup d'autres, sur toute considération de convenance. Elle ne laissa pas, cependant, de prendre quelques précautions. Elle savait qu'elle avait à se garder non-seulement contre tout retour d'intérêt ou de curiosité de la part de mistress Christian, mais aussi contre l'arrivée soudaine du major Bridgenorth, qui ne manquait jamais chaque année de faire une apparition au Fort Noir, au moment où il y était le moins attendu, et d'y passer quelques jours. Dame Debbitch, en conséquence, exigea de Julien que ses visites fussent peu nombreuses et séparées par de longs intervalles; qu'il consentît à passer pour un de ses parents, aux yeux de deux jeunes Mankoises ignorantes et d'un jeune garçon qui formaient tout son do-

CHAPITRE XII.

mestique; enfin qu'il se montrât toujours dans ses habits de pêcheur, faits de simple *loughtan*, ou laine brune de l'île, qui n'a pas besoin d'être teinte. Au moyen de ces attentions, elle pensa que les visites du jeune homme au Fort Noir passeraient tout à fait inaperçues, ou seraient regardées comme sans importance, tandis que son élève et elle-même y trouveraient une grande distraction.

C'est ce qui arriva en effet dans les premiers temps de leurs relations, alors que Julien n'était qu'un jeune garçon, et Alice une petite fille de deux ou trois années plus jeune. Mais comme le jeune garçon devenait un jeune homme et la petite fille une grande et belle personne, le jugement même de dame Déborah Debbitch vit du danger dans la continuation de leur intimité. Elle saisit une occasion d'apprendre à Julien ce qu'était réellement miss Bridgenorth, et les circonstances particulières qui avaient amené la discorde entre leurs pères. Il entendit l'histoire de leurs divisions avec autant d'intérêt que de surprise; car il n'avait fait que de courtes résidences au château de Martindale, et la querelle de Bridgenorth avec son père n'avait jamais été mentionnée en sa présence. Son imagination prit feu aux étincelles produites par cette histoire singulière; et loin de céder aux prudentes remontrances de dame Déborah, et de s'éloigner graduellement du Fort Noir et de sa belle habitante, il déclara hautement qu'il regardait sa liaison avec miss Alice, amenée comme elle l'avait été par le hasard, comme révélant la volonté du Ciel qu'Alice et lui fussent l'un à l'autre, en dépit de tous les obstacles que les passions ou les préjugés pourraient susciter entre eux. Ils avaient été compagnons d'enfance; et il ne lui fallut qu'un léger effort de mémoire pour lui rappeler sa douleur enfantine à la disparution subite et imprévue de sa petite compagne, qu'il lui était réservé de revoir dans la première fleur de sa beauté naissante, au milieu d'un pays qui leur était également étranger.

Dame Déborah fut confondue des conséquences de sa communication, qui n'avait fait ainsi que rendre plus ardente une passion qu'elle avait cru par là pouvoir prévenir ou éteindre. Elle n'avait pas cette fermeté qui résiste aux énergiques et mâles remontrances d'un attachement exalté, qu'elles lui fussent adressées pour son propre compte ou pour celui d'une autre. Elle se lamenta et s'étonna, et sa faible opposition se termina par des larmes et par des marques de compassion, et par son consentement à la continuation des visites de Julien, pourvu qu'il ne parlât à Alice que comme ami; pour le monde entier elle n'aurait consenti à rien de plus. Elle n'était cependant pas si simple qu'elle n'eût aussi ses prévisions des desseins de la Providence sur ce jeune couple; car certainement ils n'étaient pas moins faits pour être unis, que les beaux domaines de Martindale et Moultrassie.

Puis vint une longue série de réflexions. Le château de Martindale n'avait besoin que de quelques réparations pour être presque l'égal de

Chatsworth. On pourrait laisser tomber en ruines le manoir de Moultrassie ; ou, ce qui vaudrait mieux, quand le temps de sir Geoffrey serait venu (car le bon chevalier avait vu du service, et devait maintenant commencer à se casser), Moultrassie serait une bonne maison douairière où milady pourrait se retirer avec Ellesmere, tandis qu'impératrice du salon de repos et reine de l'office, mistress Déborah Debbitch règnerait au château comme femme de charge, et partagerait peut-être la couronne matrimoniale avec Lance Outram, pourvu qu'il ne fût devenu ni trop vieux, ni trop gras, ni trop ami de l'ale.

Telles étaient les visions flatteuses sous l'influence desquelles la dame se prêta à un attachement qui berçait les deux jeunes gens de songes non moins agréables, quoique d'un caractère bien différent.

Les visites du jeune pêcheur devinrent de plus en plus fréquentes ; et l'embarrassée Déborah, quoique prévoyant tous les dangers d'une découverte, outre le risque d'une explication entre Alice et Julien, explication qui nécessairement devrait rendre leur situation relative d'autant plus délicate, se sentit complétement subjuguée par l'enthousiasme du jeune amant, et fut forcée de laisser aux choses leur cours naturel.

Le départ de Julien pour le continent interrompit ses visites au Fort Noir ; et s'il soulagea la plus âgée des deux habitantes de bien des appréhensions intérieures, il répandit sur la physionomie de la plus jeune un air de langueur et d'abattement qui, lors de la première visite de Bridgenorth à l'île de Man, renouvela toutes ses terreurs au sujet de la maladie héréditaire de sa fille.

Déborah promit avec confiance qu'elle aurait meilleure mine le matin suivant, et elle tint parole. Elle avait, depuis quelque temps, gardé entre les mains une lettre que Julien, profitant d'une occasion particulière, avait écrite à miss Alice sous le couvert de sa fidèle amie. Déborah avait craint les conséquences de cette lettre remise comme billet doux ; mais de même que dans le cas de la danse, elle pensa qu'il ne pouvait y avoir d'inconvénient à l'administrer comme remède.

Elle eut un effet complet ; et, le lendemain, les joues de la jeune fille avaient une teinte de rose qui ravit tellement son père, que celui-ci, en remontant à cheval, jeta sa bourse à Déborah, en lui recommandant de ne rien épargner de ce qui pouvait contribuer à son bonheur et à celui de sa fille, et en l'assurant qu'il se reposait entièrement sur elle.

Cette marque de libéralité et de confiance de la part d'un homme aussi prudent et aussi réservé que le major Bridgenorth, donna de nouvelles ailes aux espérances de mistress Déborah, et l'enhardit non-seulement à remettre à sa jeune maîtresse une autre lettre de Julien, mais encore à favoriser plus librement et avec plus d'assurance qu'auparavant les relations des deux amants, lorsque Péveril revint de l'étranger.

Mais en dépit de toutes les précautions de Julien, les parties de pêche si fréquentes et si mystérieuses inspirèrent enfin des soupçons au jeune comte; et Julien lui-même, maintenant moins étranger au monde, sentit que ses visites répétées et ses promenades solitaires avec une personne jeune et belle comme l'était Alice, outre qu'elles pourraient trahir prématurément le secret de son attachement pour elle, pouvaient aussi porter une atteinte grave à la réputation de celle qui en était l'objet.

Sous l'influence de cette conviction, il s'abstint pendant un temps beaucoup plus long que d'habitude de faire sa visite au Fort Noir. Mais, la première fois qu'ensuite il crut pouvoir aller passer une heure aux lieux qu'il eût été heureux de ne quitter jamais, les manières altérées d'Alice, — le ton dont elle sembla lui reprocher sa négligence, — le pénétrèrent jusqu'au fond du cœur, et le privèrent de cet empire sur lui-même que jusque-là il avait conservé dans leurs entrevues. Quelques paroles énergiques suffirent pour expliquer à Alice les sentiments de celui qu'elle accusait, et pour lui faire comprendre en même temps la nature véritable de ceux qu'elle-même éprouvait. Elle versa des larmes abondantes; mais toutes n'étaient pas amères. Elle écouta, calme et immobile, le récit que lui fit Julien, avec mainte interjection, des circonstances qui avaient introduit la discorde entre leurs familles; car, jusque-là, tout ce qu'elle avait su était que M. Péveril, appartenant à la maison de la grande comtesse ou dame de Man, devait prendre quelques précautions pour visiter une parente du malheureux colonel Christian. Mais quand Julien vint à terminer son récit par les plus ardentes protestations d'un amour éternel, elle s'écria, au milieu de ses sanglots : Mon pauvre père! était-ce à cela que devaient aboutir toutes tes précautions? — Faut-il que ce soit le fils de celui qui t'a déshonoré et banni qui tienne à ta fille un pareil langage!

— Vous vous trompez, Alice, vous vous trompez, s'écria Julien avec feu. Si je tiens ce langage, — si le fils de Péveril s'adresse ainsi à la fille de votre père, — s'il se met ainsi à vos genoux pour obtenir le pardon d'injures qui ont eu lieu lorsque nous étions tous deux enfants, c'est que le Ciel a voulu que les discordes de nos parents s'éteignissent dans notre affection. Quelle autre cause eût pu conduire ceux qui se séparèrent enfants dans les montagnes du pays de Derby à se retrouver ainsi dans les vallées de l'île de Man?

Quelque nouvelle qu'une telle scène, quelques nouvelles surtout que ses propres émotions pussent être pour Alice, elle était douée à un haut degré de cette exquise délicatesse imprimée dans le cœur des femmes, et qui les avertit du plus léger soupçon d'inconvenance dans une situation pareille à la sienne.

— Levez-vous, M. Péveril, levez-vous, lui dit-elle ; ne faites cette injure ni à vous ni à moi. — Nous avons fait mal tous les deux, — très-mal ; mais ma faute a été le résultat de l'ignorance. O mon Dieu ! mon pauvre père, qui a tant besoin de consolations ! — est-ce à moi d'ajouter à ses peines ? — Levez-vous ! reprit-elle d'un ton plus ferme ; si vous conservez plus longtemps cette attitude peu convenable, je vais quitter cette chambre, et vous ne me reverrez plus.

Le ton d'autorité d'Alice dompta l'impétuosité de son amant ; il fut s'asseoir en silence à quelques pas d'elle, et se disposait à parler de nouveau. Mais elle le prévint. — Julien, dit-elle d'un ton adouci, vous en avez assez dit, vous n'en avez dit que trop. Que ne m'avez-vous laissée dans le rêve agréable au sein duquel j'aurais pu vous écouter toujours ! Mais l'heure du réveil est arrivée.

Péveril attendit la suite de son discours comme un criminel attend sa sentence ; car il sentit qu'une réponse faite avec fermeté et résolution, quoique non sans émotion, assurément, ne devait pas être interrompue.

— Nous avons mal fait, répéta-t-elle, très-mal fait ; et si maintenant nous nous séparons pour jamais, la peine que nous en pourrons ressentir ne sera que la juste punition de notre faute. Nous n'aurions jamais dû nous rencontrer. Puisqu'il en a été ainsi, nous devons nous séparer aussitôt que possible. De plus longues relations ne pourraient que doubler la douleur de la séparation. Adieu, Julien ; oubliez que nous nous soyons jamais vus !

— L'oublier ! s'écria Julien ; jamais, — jamais ! Pour *vous*, il est facile de prononcer un tel mot, de concevoir une telle pensée ; pour *moi*, essayer l'un ou l'autre serait ma mort. Pourquoi douteriez-vous que les querelles de nos pères, comme tant d'autres dont nous avons entendu parler, puissent être apaisées par notre amitié ? Vous êtes ma seule amie. Je suis le seul ami que le Ciel vous ait envoyé. Pourquoi nous séparerions-nous pour des fautes que d'autres ont commises quand nous n'étions qu'enfants ?

— Vous parlez en vain, Julien. Je vous plains, — peut-être je me plains moi-même ; — et peut-être en effet serait-ce moi que je devrais plaindre le plus entre nous deux. Car vous allez retrouver de nouvelles scènes et de nouveaux visages, et vous m'oublierez bientôt ; mais *moi*, restant dans cette solitude, comment pourrai-je oublier... Mais ce n'est pas ce dont il s'agit maintenant. — Je puis supporter mon sort, et il nous ordonne de nous séparer.

— Écoutez-moi encore un moment ; ce mal n'est pas, ne peut pas être sans remède. Je vais aller trouver mon père ; — j'aurai recours à l'intercession de ma mère, à qui il ne peut rien refuser. — J'obtiendrai leur consentement. — Ils n'ont pas d'autre enfant ; — il faudra qu'ils

CHAPITRE XII.

consentent ou qu'ils le perdent pour jamais. Dites, Alice, si je reviens à vous avec le consentement de mes parents, me répéterez-vous, de ce ton si touchant et si triste, et pourtant plein d'une si incroyable résolution : Julien, il faut nous séparer? — Alice resta silencieuse. — Fille cruelle, reprit son amant, ne daignerez-vous pas même me répondre.

— Nous ne répondons pas à ceux qui parlent dans leurs rêves, dit Alice. Vous me demandez ce que je ferais si des choses impossibles arrivaient? Qui vous autorise à vous livrer à de telles suppositions, et à me faire une telle question?

— L'espérance, Alice, l'espérance, le dernier soutien du malheureux, et dont vous-même ne seriez sûrement pas assez cruelle pour vouloir me priver. Au milieu de toutes les difficultés, de tous les doutes, de tous les dangers, l'espérance luttera, alors même qu'elle ne pourra vaincre. Dites-moi encore, Alice, si je venais à vous au nom de mon père, — au nom de cette mère à qui vous devez en partie la vie, que me répondriez-vous?

— Je vous renverrais à mon père, dit Alice en rougissant et en baissant les yeux; mais, les relevant aussitôt, elle répéta d'une voix plus ferme et plus triste : Oui, Julien, je vous renverrais à mon père; et vous verriez que votre pilote, l'espérance, vous aurait trompé, et qu'il ne vous aurait tiré des bancs de sable que pour vous jeter sur les rochers.

— J'en voudrais pouvoir faire l'épreuve! Il me semble que je pourrais persuader à votre père qu'aux yeux du monde notre alliance n'est pas à dédaigner. Ma famille a la fortune, le rang, l'ancienneté d'origine, — tout ce que recherchent les pères quand ils accordent la main d'une fille.

— Tout cela vous serait inutile. L'esprit de mon père est dirigé vers les choses d'un autre monde; et s'il vous écoutait jusqu'au bout, ce serait seulement pour vous dire qu'il repousse vos offres.

— Vous n'en savez rien, Alice, — vous n'en savez rien. Le feu peut amollir le fer; — le cœur de votre père ne peut être si dur, ni ses préjugés si forts, que je ne trouve quelque moyen de l'attendrir. Ne me défendez pas — oh! ne me défendez pas d'en faire au moins l'expérience!

— Je ne puis que vous conseiller, je ne puis rien vous défendre; car défendre suppose le pouvoir de commander l'obéissance; mais si vous voulez être prudent et m'écouter, — ici, à cette place même, nous nous séparerons pour jamais.

— Non, par le Ciel! s'écria Julien, dont le caractère impétueux et entreprenant ne pouvait voir de difficulté insurmontable à atteindre un but auquel il aspirait. Nous allons nous séparer maintenant, en effet, mais c'est pour que je puisse revenir armé du consentement de mes parents. Ils désirent que je me marie ;—dans leurs dernières lettres, ils me pressent plus ouvertement d'y songer : — ils seront satisfaits ; et une épouse telle que celle que je leur présenterai n'a pas honoré leur maison depuis que le Conquérant lui a donné naissance. Adieu, Alice ! adieu, et à bientôt.

— Adieu, Julien ! répondit-elle ; adieu pour toujours !

Huit jours après cette entrevue, Julien était au château de Martindale, dans le dessein de communiquer ses intentions. Mais la tâche qui, de loin, paraît aisée, se trouve aussi difficile, en l'abordant de près, que le passage d'une rivière qu'à distance on avait prise pour un ruisseau. Il ne manqua pas d'occasions d'aborder le sujet; car, dans la première promenade à cheval qu'il fit avec son père, celui-ci revint sur le mariage de son fils, et lui laissa généreusement toute liberté dans le choix d'une épouse, mais sous la stricte réserve qu'elle serait d'une famille *loyale* et honorable. — Si elle a de la fortune, ce sera bon et bien, ou plutôt ce n'en sera que mieux ; mais si elle est pauvre, hé bien ! il y a encore quelque chose à ronger dans les os du vieux domaine, et dame Marguerite et moi nous contenterons de moins que ce que nous vous pourrons donner à vous autres jeunes gens. Je suis déjà devenu économe, Julien. Vous voyez sur quel pauvre bidet de Galloway je suis monté ; — c'est une bête bien différente, je vous assure, de mon vieux Noir-Hastings, qui n'avait qu'un défaut : c'est qu'il voulait toujours tourner du côté de l'avenue de Moultrassie.

— Était-ce là un si grand défaut ? dit Julien avec une indifférence affectée, tandis qu'il lui semblait que son cœur battait de manière à le suffoquer.

— Cela me rappelait ce vil presbytérien, ce Bridgenorth dont on ne peut prononcer le nom sans rougir ; et j'aurais autant aimé penser à un crapaud. — On dit qu'il s'est fait *indépendant*, pour parcourir tous les degrés de la vilenie. — Je puis vous dire, Gill, que j'ai renvoyé le vacher parce qu'il avait ramassé des noix dans ses bois ; — je pendrais un chien qui y tuerait seulement un lièvre. — Mais qu'avez-vous ? vous semblez pâle.

Julien fit une réponse insignifiante ; mais il comprit trop bien, au ton du chevalier et à son langage, que ses préventions contre le père d'Alice étaient aussi profondes qu'envenimées, ainsi qu'elles le deviennent souvent chez les gentilshommes campagnards, qui, n'ayant que peu de chose à faire ou à penser, ne sont que trop disposés à passer leur temps à nourrir et à entretenir de petits sujets d'animosité contre leurs proches voisins.

Dans le cours de la même journée, il mentionna, comme par hasard, les Bridgenorths devant sa mère. Mais lady Péveril le conjura instamment de ne jamais prononcer leur nom, surtout en présence de son père.

CHAPITRE XII.

— Ce major Bridgenorth, que j'ai entendu nommer, était-il donc un si mauvais voisin? dit Julien.

— Je ne dis pas cela, répondit lady Péveril; il y a plus, nous avons été plus d'une fois ses obligés, dans les malheureux temps d'autrefois. Mais votre père et lui eurent ensemble, par la suite, de si vifs dissentiments, que la moindre allusion au major Bridgenorth trouble la tranquillité d'humeur de sir Geoffrey d'une manière peu ordinaire, et quelquefois alarmante pour moi, maintenant que sa santé est quelque peu altérée. Ainsi donc, pour l'amour du Ciel, mon cher Julien, évitez en toute occasion la plus légère allusion à Moultrassie-Hall ou à aucun de ses habitants.

Cet avertissement fut donné d'un ton si sérieux, que Julien vit bien que s'ouvrir sur son dessein secret serait le moyen le plus sûr de le faire avorter; il revint donc dans l'île, l'âme navrée de désespoir.

Péveril eut néanmoins la hardiesse de tirer de ce qui s'était passé le meilleur parti possible, en demandant une entrevue à Alice, pour lui faire savoir ce qui avait eu lieu à son sujet entre ses parents et lui. Ce fut avec une grande difficulté que cette faveur fut accordée; et Alice Bridgenorth ne montra pas peu de déplaisir, lorsqu'elle découvrit, au milieu des circonlocutions de Julien et de ses efforts pour donner un air d'importance à sa communication, qu'elle se bornait à ceci, que lady Péveril conservait une opinion favorable du major Bridgenorth, opinion que le jeune homme aurait bien voulu faire envisager comme un heureux présage de leur entière réconciliation future.

— Je n'aurais pas cru que vous auriez voulu m'abuser ainsi, M. Péveril, dit Alice en prenant un air de dignité; mais j'aurai soin d'éviter à l'avenir une semblable indiscrétion. — Je vous prie de ne pas faire d'autre visite au Fort Noir; et vous, ma bonne mistress Debbitch, je vous conjure de ne pas encourager ni permettre plus longtemps les assiduités de monsieur, attendu que le résultat d'une persécution de cette nature serait de me forcer à réclamer de ma tante et de mon père un autre lieu de résidence, et peut-être aussi une autre compagne plus prudente.

Cette dernière insinuation frappa mistress Déborah d'une si grande terreur, qu'elle se joignit à son élève pour prier Julien, pour lui ordonner même de s'éloigner à l'instant, et il fut obligé de céder à leur demande. Mais le courage d'un jeune amant n'est pas aisément poussé à bout; et Julien, après avoir parcouru le cercle ordinaire de dépit et de rechute, avoir essayé d'oublier son ingrate maîtresse, puis senti renaître sa passion avec plus de violence que jamais, finit par la visite au Fort Noir dont nous avons commencé le récit dans le chapitre précédent.

Nous l'avons laissé alors attendant avec anxiété et redoutant presque cette entrevue qu'il avait obtenu de Déborah de solliciter pour lui auprès d'Alice ; et tel était le trouble de son esprit, que tandis qu'il parcourait le salon, il lui semblait que le regard sombre et mélancolique du malheureux Christian suivait tous ses mouvements, et que ce regard fixe, sinistre et glacial du portrait d'un homme assassiné, annonçait malheur à l'ennemi de sa race.

La porte de l'appartement s'ouvrit enfin, et ces visions se dissipèrent.

CHAPITRE XIII.

> Les pères ont des cœurs de marbre ; les pleurs ne peuvent les émouvoir.
> OTWAY.

LORSQUE enfin Alice Bridgenorth entra dans le salon où son amant agité l'attendait depuis si longtemps, ce fut d'un pas lent et avec des manières composées. Ses vêtements étaient arrangés avec un soin minutieux qui en faisait ressortir la simplicité puritaine, et qui en même temps frappa Julien comme d'un mauvais augure ; car si le temps consacré à la toilette peut, en beaucoup de cas, indiquer le désir de paraître avec avantage à une telle entrevue, cependant une parure par trop recherchée est alliée de près à la cérémonie, et annonce la détermination prise d'avance de traiter un amant avec une froide politesse.

La robe de couleur sombre, — le bonnet serré et plissé, qui emprisonnait avec soin une profusion de longs cheveux bruns, — la petite collerette et les manches longues, tout cela aurait paru disgracieux sur des formes moins suaves que celles d'Alice Bridgenorth ; mais un corsage de proportions exquises, quoique cependant les contours n'en fussent pas encore aussi complétement arrondis que l'exige la perfection d'une beauté de femme, pouvait supporter le désavantage de ce costume, et même lui prêter un certain charme. Sa physionomie blanche et délicate, ses yeux bruns et son front d'albâtre, étaient, toutefois, d'une beauté moins régulière que ses formes, et auraient pu donner prise à une juste critique. Mais il y avait une vivacité spirituelle dans sa gaîté, et dans sa gravité une sensibilité profonde, qui donnaient à Alice, quand elle conversait avec le petit nombre de personnes dont elle était connue, une telle puissance de fascination par ses manières, et par l'expression de sa voix et de son regard ; — qui en outre la rendaient si touchante par la simplicité et la pureté de ses pensées, que près d'elle des beautés plus éclatantes eussent pu être éclipsées. Il n'était donc pas surprenant qu'un esprit ardent tel que celui de Julien, sous l'influence de ces charmes ainsi que du mystère qui accompagnait ses rapports secrets avec Alice, eût préféré la recluse du Fort Noir à toutes les femmes qu'il avait rencontrées dans la société.

Son cœur battit avec force lorsqu'elle entra dans l'appartement; il la salua profondément, mais il put à peine prononcer un mot.

— Ceci est une dérision, M. Péveril, dit Alice en faisant pour parler avec fermeté un effort que déconcertait le léger tremblement de sa voix; — ceci est une dérision, une dérision cruelle. Vous venez dans ce lieu isolé, habité seulement par deux femmes, trop simples pour vous commander d'en sortir, — trop faibles pour vous y forcer; — vous y venez au mépris de mon instante prière, — au détriment de votre propre temps, — au préjudice, je puis le craindre, de ma réputation; — vous abusez de la faiblesse de celle à qui je suis confiée et de votre influence sur elle : vous faites tout cela, et vous croyez que tout est effacé par de profonds saluts et une politesse contrainte! Cette conduite est-elle honorable? est-elle juste? — Est-ce celle... (elle hésita un instant) est-ce celle d'un ami?

Le tremblement de sa voix devint surtout sensible lorsqu'elle articula les derniers mots, et ils furent prononcés d'un ton de doux reproche qui fut au cœur de Julien.

— S'il était un moyen, dit-il, par lequel, au péril de ma vie, Alice, je pusse vous prouver mon estime, — mon respect, — ma tendresse dévouée, — le danger me serait alors plus cher que ne me l'a jamais été le plaisir.

— Vous m'avez dit souvent de telles choses, et elles sont telles que je ne dois, que je ne désire pas les entendre. Je n'ai nulle tâche à vous imposer; — je n'ai pas d'ennemis à détruire; — je n'ai pas besoin de protection et n'en désire aucune. — Je ne veux, le Ciel le sait, vous exposer à aucun danger. — Du danger, il n'y en a que dans vos visites ici. Que vous maîtrisiez votre caractère opiniâtre, — que vous tourniez ailleurs vos pensées et vos soins, et je ne puis avoir rien à demander, — rien à désirer de plus. Usez de votre raison; — songez au tort que vous vous faites à vous-même, — à l'injustice dont vous vous rendez coupable envers nous, — et encore une fois laissez-moi vous conjurer amicalement de vous éloigner de ces lieux, jusqu'à ce que... jusqu'à ce que...

Elle hésitait; Julien l'interrompit vivement. — Jusqu'à quand, Alice? — jusqu'à quand? — Imposez-moi une absence aussi longue que votre sévérité pourra me l'infliger, pourvu que ce ne soit point une séparation éternelle; — dites-moi : Pars pour des années, mais reviens quand ces années seront écoulées; et quelque lent, quelque pénible que l'intervalle me puisse paraître, la pensée qu'il devra avoir un terme me donnera la force de vivre pour l'atteindre. Laisse-moi donc te conjurer,

Alice, de désigner une date, — de fixer un terme, — de dire jusqu'à quand?

— Jusqu'à ce que vous soyez en état de ne penser à moi que comme à une amie, à une sœur.

— C'est une sentence d'exil éternel! C'est paraître fixer un terme à mon bannissement, sans doute, mais en y attachant une condition impossible.

— Et pourquoi impossible, Julien? dit Alice d'un ton de persuasion; n'étions-nous pas plus heureux avant que vous ayez jeté le masque qui vous couvrait, et arraché le voile de mes yeux abusés? Ne nous rencontrions-nous pas avec joie, ne passions-nous pas le temps avec bonheur, ne nous séparions-nous pas gaîment, parce que nous ne manquions à aucun devoir, que nous ne nous exposions pas à nos propres reproches? Faites revenir ce temps d'heureuse ignorance, et vous n'aurez plus lieu de m'accuser de dureté. Mais quand vous formez des plans que je sais être chimériques, quand vous me parlez un langage plein de violence et de passion, vous m'excuserez si maintenant, et une fois pour toutes, je vous déclare que puisque Déborah se montre indigne de la confiance qu'on a mise en elle, et qu'elle m'expose à des persécutions de cette nature, j'écrirai à mon père pour lui demander qu'il me désigne un autre lieu de résidence, et en attendant j'irai chercher un abri chez ma tante, à Kirk-Truagh.

— Écoutez-moi, fille impitoyable, reprit Péveril; écoutez-moi, et vous verrez combien je suis dévoué à l'obéissance, en tout ce que je puis faire pour vous obliger! Vous étiez heureuse, dites-vous, quand nous ne parlions pas de tels sujets : — hé bien, — quoi qu'il m'en puisse coûter pour maîtriser mes sentiments, cette heureuse époque reviendra. Je vous rencontrerai, — je me promènerai avec vous, — je lirai près de vous, — mais seulement comme un frère le ferait avec sa sœur, ou un ami avec son amie. Les pensées que je pourrai nourrir, que ce soient des pensées d'espérance ou de désespoir, ma langue ne leur servira jamais d'interprète, et ainsi elles ne pourront vous offenser. Déborah sera toujours à nos côtés, et sa présence préviendra jusqu'à une simple allusion à ce qui pourrait vous déplaire; — seulement, ne me faites pas un crime de ces pensées, qui sont la plus chère partie de mon existence; car, croyez-moi, il vaudrait mieux, il serait plus humain de me priver de l'existence elle-même.

— Ceci, Julien, n'est que l'égarement de la passion; ce qui nous déplaît, notre volonté égoïste et obstinée nous le représente comme impossible. Je n'ai pas confiance dans le plan que vous proposez; — je n'ai pas plus confiance dans votre résolution, et moins encore dans la protection de Déborah. Jusqu'à ce que vous puissiez renoncer, franchement et sans arrière-pensée, aux vœux que vous m'avez naguère exprimés, nous devons être étrangers l'un à l'autre; — puissiez-vous y renoncer en ce moment même, le mieux serait encore de nous séparer pour longtemps. Au nom du Ciel, que ce soit le plus tôt possible! — peut-être même est-il maintenant trop tard pour prévenir quelque fâcheux accident. — J'ai cru entendre du bruit.

— C'était Déborah. Ne craignez rien, Alice; nous sommes prémunis contre toute surprise.

— J'ignore ce que vous voulez dire par là ; — je n'ai rien à cacher. Je n'ai pas cherché cette entrevue ; je l'ai détournée, au contraire, aussi longtemps que je l'ai pu, — et ce que je désire le plus maintenant, c'est de la voir se terminer.

— Et pourquoi cela, Alice, puisque vous avez dit que ce doit être la dernière? Pourquoi agiter le sable qui s'écoule si vite? l'exécuteur lui-même ne presse pas, sur l'échafaud, les prières du patient. — Et ne voyez-vous pas — je raisonne aussi froidement que vous le pouvez désirer — ne voyez-vous pas que vous manquez vous-même à votre parole, et que vous détruisez l'espoir que vous-même m'avez présenté?

— Quel espoir vous ai-je suggéré, Julien? quelle parole vous ai-je donnée? C'est vous-même qui bâtissez en l'air des espérances insensées, et qui m'accusez de détruire ce qui n'a jamais eu de fondement réel. Épargnez-vous vous-même, Julien, — épargnez-moi, — et, par pitié pour nous deux, partez, et ne revenez pas avant que vous puissiez être plus raisonnable!

— Raisonnable? C'est vous, Alice, qui me ferez tout à fait perdre la raison. Ne dites-vous pas que si nos parents pouvaient être amenés à consentir à notre union, vous cesseriez de repousser ma recherche?

— Non, — non, répondit vivement Alice en rougissant; — je ne dis pas cela, Julien. — C'est votre imagination exaltée qui a interprété mon silence et ma confusion.

— Ainsi, vous ne le dites *pas*, Alice? et si tous les autres obstacles étaient surmontés, j'en trouverais encore un dans le cœur glacé, dans le cœur de marbre de celle qui paie l'affection la plus sincère et la plus dévouée par le mépris et l'aversion? — Est-ce là ce qu'Alice Bridgenorth dit à Julien Péveril?

— En vérité...., en vérité, Julien, répondit la jeune fille presque en pleurant, je ne dis pas cela ; — je ne dis rien, je ne dois rien dire touchant ce que je pourrais faire dans un état de choses qui ne peut jamais avoir lieu. En vérité, Julien, vous ne devriez pas me presser ainsi. Sans protection comme je le suis, — vous voulant du bien, — beaucoup de bien, — pourquoi me pousseriez-vous à dire ou à faire ce qui me dégraderait à mes propres yeux? à avouer de l'affection pour quelqu'un dont le sort m'a séparée pour jamais? Cela n'est pas généreux, — cela est cruel; — c'est chercher une satisfaction égoïste et passagère, aux dépens de tous les sentiments que je dois respecter en moi.

— Vous en avez dit assez, Alice, s'écria Julien, les yeux étincelants; vous en avez dit assez en repoussant mes instances, et je ne vous presserai pas davantage. Mais vous vous exagérez les obstacles qui s'élèvent entre nous; — ils doivent et peuvent s'aplanir.

— C'est ce que vous m'avez déjà dit, et votre propre récit peut montrer avec quelle probabilité. Vous n'avez pas osé vous ouvrir sur ce sujet à votre père; — comment vous aventureriez-vous à en parler au mien?

— C'est ce dont je vous mettrai bientôt à même de juger. Le major Bridgenorth, d'après ce que m'a dit ma mère, est un estimable et digne homme. Je lui rappellerai que c'est aux soins de ma mère qu'il doit le plus cher trésor et la consolation de sa vie; et je lui demanderai si c'est une juste rétribution de priver cette mère de son propre enfant. Dites-moi seulement où je puis le trouver, Alice, et vous apprendrez bientôt si j'ai osé plaider ma cause devant lui.

— Hélas! vous savez bien que j'ignore moi-même le lieu de la résidence de mon père. Que de fois ne l'ai-je pas conjuré instamment de me laisser partager ou sa retraite solitaire ou ses courses obscures! Mais les courtes et rares visites qu'il fait dans cette maison sont tout ce qu'il m'accorde de sa société. Sûrement j'aurais pu faire quelque chose, quelque peu que c'eût été, pour alléger la mélancolie dont il est oppressé.

— Nous aurions pu y travailler ensemble. Avec quelle joie je vous aurais aidée dans une tâche si douce! Tous les anciens chagrins seraient oubliés, — toutes les vieilles amitiés renaîtraient. Les préjugés de mon père sont ceux d'un Anglais : — violents, à la vérité, mais susceptibles de céder à la raison. Dites-moi donc où est le major Bridgenorth, et reposez-vous sur moi du reste; ou indiquez-moi seulement par quelle voie vos lettres lui parviennent, et j'essaierai à l'instant même de découvrir le lieu de sa demeure.

— Je vous défends de le tenter. Il n'a déjà que trop de chagrins; que penserait-il si j'étais capable d'encourager une recherche si propre à y ajouter? Le voudrais-je, d'ailleurs, je ne pourrais vous dire où on le trouverait en ce moment. Les lettres que je lui écris de temps en temps lui parviennent par l'intermédiaire de ma tante Christian; mais j'ignore entièrement son adresse.

— Alors, par le Ciel! j'épierai son arrivée dans cette île et dans cette maison; et avant qu'il ne vous ait pressée dans ses bras, il m'aura répondu sur l'objet de ma demande.

— Demandez donc cette réponse maintenant, dit une voix partant de la pièce voisine, en même temps que la porte s'ouvrait lentement; — demandez cette réponse maintenant, car voici Ralph Bridgenorth.

A ces mots Bridgenorth entra dans le salon, du pas lent et calme qui lui était habituel. — Il ôta le chapeau à haute forme pointue et à bords rabattus qui lui couvrait le front, et, debout au milieu de la chambre, il porta successivement sur sa fille et sur Julien Péveril un regard fixe et pénétrant.

— Mon père ! exclama Alice, troublée par la surprise, et effrayée, en outre, de son apparition subite en un tel moment ; — mon père, je ne suis point blâmable !

— C'est ce dont nous parlerons tout à l'heure, Alice ; en attendant, retirez-vous dans votre chambre. — J'ai à dire à ce jeune homme des choses qui ne souffriraient point votre présence.

— En vérité — en vérité, mon père, reprit Alice, alarmée du sens qu'elle attribuait à ces mots, Julien est aussi peu à blâmer que moi ! C'est le hasard, c'est la fortune, qui ont amené notre rencontre. Puis tout à coup se précipitant vers son père, elle l'entoura de ses bras en ajoutant : Oh ! ne lui faites aucune injure, — il ne me voulait pas de mal ! Mon père, vous avez toujours été un homme de raison, de religion et de paix.

— Et pourquoi ne le serais-je pas maintenant, Alice ? dit Bridgenorth en faisant un mouvement pour relever sa fille, qui s'était presque agenouillée dans l'ardeur de sa supplication. — Sais-tu quelque chose, jeune fille, qui doive exciter en moi contre ce jeune homme une colère que la raison ou la religion ne pourraient réprimer ? Va — rentre dans ta chambre. Dompte tes propres passions, — apprends à les régler, — et laisse-moi parler à ce jeune obstiné.

Alice se releva, et les yeux fixés sur la terre elle sortit lentement du salon. Les regards de Julien suivirent ses pas tant qu'un pli de sa robe put être aperçu et jusqu'à ce que la porte se fût refermée sur elle ; il les reporta alors sur M. Bridgenorth, puis il les baissa vers la terre. Le major continuait de le regarder dans un profond silence. Son air était mélancolique, et même austère ; mais rien n'y révélait ni l'agitation ni un vif ressentiment. Il fit enfin signe à Julien de prendre un siége, et en prit un lui-même. Alors il ouvrit la conversation de la manière suivante :

— Tout à l'heure, jeune homme, vous paraissiez impatient d'apprendre où l'on pourrait me trouver. C'est du moins ce que j'ai conjecturé, d'après le peu de mots que j'ai pu entendre ; car j'ai pris la liberté, quoique ce puisse être contraire au code de la politesse moderne, d'écouter pendant quelques instants, afin d'apprendre ce qu'un homme aussi jeune que vous pouvait avoir à dire à une jeune personne de l'âge d'Alice, dans une entrevue particulière.

— Je me flatte, monsieur, dit Julien, rassemblant son courage pour ce qu'il sentait être un cas extrême, que vous n'avez rien entendu de ma part qui ait pu offenser un homme que j'ai tant de motifs de respecter, quoiqu'il me soit inconnu.

— Au contraire, répliqua Bridgenorth avec la même gravité cérémonieuse, je suis charmé de voir que votre affaire est ou paraît être de mon ressort plutôt que de celui de ma fille. Je pense seulement que vous auriez mieux fait de me la confier en premier lieu, puisqu'elle ne concerne que moi.

Toute l'attention que Julien prêtait aux paroles de Bridgenorth ne put lui faire découvrir si celui-ci parlait sérieusement ou avec une intention ironique. Toutefois, la pénétration avait devancé chez lui l'expérience du monde, et il résolut intérieurement de tâcher de découvrir quelque chose du caractère et de la disposition d'esprit de celui auquel il s'adressait. Dans ce but, réglant sa réponse sur le ton que Bridgenorth avait donné à son observation, il lui dit que n'ayant pas l'avantage de connaître le lieu de sa résidence, il était venu s'en informer près de sa fille.

— Que vous ne connaissez que d'aujourd'hui seulement? Est-ce ainsi que je dois vous comprendre?

— Nullement, répondit Julien en baissant les yeux. Je suis connu de votre fille depuis bien des années, et ce que je désirais dire se rapporte à son bonheur et au mien.

— Je dois vous entendre comme les hommes charnels s'entendent entre eux sur les choses de ce monde. Vous êtes attaché à ma fille par les liens de l'amour; depuis longtemps je le savais.

— Vous, M. Bridgenorth, s'écria Péveril, — depuis longtemps *vous* le saviez?

— Oui, jeune homme. Pensez-vous que moi, père d'une unique enfant, j'eusse laissé Alice Bridgenorth, — le seul gage vivant de celle qui maintenant est un ange au Ciel, — seule dans cet isolement, sans avoir les moyens de connaître exactement toutes ses actions matérielles? Personnellement, j'en ai vu plus d'elle et de vous que vous ne pouviez le supposer; et quand j'étais absent de corps, j'avais d'autres moyens de continuer la même surveillance. Jeune homme, on dit qu'un amour tel que celui que vous ressentez pour ma fille enseigne bien de la subtilité; mais ne pensez pas qu'il puisse tromper l'affection qu'un père privé d'épouse porte à son unique enfant.

Le cœur de Julien battait de joie. — Si depuis si longtemps, dit-il, vous connaissez nos relations, ne puis-je espérer qu'elles n'ont pas eu votre désapprobation?

Le major parut réfléchir un instant, puis il répondit : — A quelques égards, non certainement. Si je les avais désapprouvées, — si j'avais cru y voir quelque chose, soit de votre côté, soit de celui de ma fille, qui eût rendu vos visites ici dangereuses pour elle ou désagréables pour moi, elle n'eût pas habité longtemps cette solitude, ni même cette île. Mais ne vous hâtez pas de croire que tout ce que vous pouvez désirer à ce sujet puisse s'accomplir promptement et sans difficulté.

— Je prévois des difficultés, en effet, mais telles qu'avec votre bienveillante adhésion j'ai la confiance que je pourrai les vaincre. Mon père est généreux, — ma mère est franche et exempte de préjugés. Ils vous ont aimé autrefois; j'espère qu'ils vous aimeront encore. Je serai médiateur entre vous; la paix et la bonne harmonie habiteront de nouveau notre voisinage, et...

Bridgenorth l'interrompit avec un sombre sourire; car le sourire même prenait ce caractère chagrin, quand il se dessinait sur ces traits marqués au sceau de la mélancolie. — Ma fille disait bien, il n'y a pas longtemps, que vous étiez un rêveur, — un homme se livrant à des plans et à des espérances aussi fantastiques que les visions de la nuit. C'est une grande chose que vous me demandez; — la main de ma fille, — la somme de tous mes biens terrestres, quoique ces biens ne soient qu'un grain de poussière en comparaison. Vous me demandez la clef de la seule fontaine à laquelle je puisse encore espérer de puiser un breuvage agréable; vous demandez à être le seul gardien, le gardien absolu de mon bonheur en ce monde; — et qu'avez-vous offert ou qu'avez-vous à offrir en retour de l'abandon que vous réclamez de moi?

— Je ne sens que trop combien ce doit être difficile, dit Péveril, honteux de s'être abandonné à un espoir prématuré.

— Hé bien, reprit Bridgenorth, ne m'interrompez pas, jusqu'à ce que je vous aie montré la valeur de ce que vous m'offrez en échange d'un don qui est l'objet de vos désirs les plus ardents, quel qu'en puisse être le prix réel, et qui comprend tout ce que j'ai de plus précieux à donner sur la terre. — Vous pouvez avoir appris que j'ai été autrefois l'antagoniste des principes de votre père et de sa faction profane, mais non l'ennemi de sa personne.

— J'ai toujours entendu dire le contraire, répondit Julien; et il n'y a qu'un instant, je vous rappelais que vous avez été son ami.

— Oui. Quand il fut dans l'affliction, et moi dans la prospérité, je ne manquai ni de la volonté, ni même tout à fait du pouvoir de me montrer tel. Hé bien! le tableau est retourné, — les temps ont changé. Un homme paisible et inoffensif, marchant dans les voies de la loi, aurait dû attendre d'un voisin, maintenant puissant à son tour, la protection que tous les sujets d'un même état ont droit de réclamer même de ceux qui leur sont complétement étrangers. Qu'arrive-t-il? Armé du warrant du roi et de la loi, je poursuis une meurtrière dont les mains sont encore teintes du sang de mon proche parent, et en un tel cas j'avais droit d'appeler tout sujet fidèle à mon aide pour donner force à la loi. Mon voisin, celui qui tout à l'heure était mon ami, tenu, comme homme et comme magistrat, de prêter assistance à une action légale, — tenu, comme ami obligé et reconnaissant, de respecter mes droits et ma personne, — mon voisin se jette entre moi — moi, le vengeur du sang, — et ma captive légitime; il me renverse à terre, mettant ma vie en danger, et en même temps, aux yeux des hommes, entachant mon honneur ; et sous sa protection la Madianite atteint, comme l'aigle de mer, le nid qu'elle s'est fait au milieu des rochers que la mer entoure. Là elle attend que l'or, dûment répandu à la cour, ait effacé tout souvenir de son crime, et trompé la vengeance qu'appelait la mémoire du meilleur et du plus brave des hommes. — Mais, ajouta Bridgenorth en apostrophant le portrait de Christian, tu n'es pas encore oublié, mon William aux blonds cheveux. La vengeance qui épie tes meurtriers est lente, — mais elle est sûre !

Il y eut ici une pause de quelques moments, que Julien Péveril, désirant savoir à quelle conclusion voulait arriver le major Bridgenorth, se garda bien d'interrompre. Après quelques minutes, ce dernier reprit : — Ces choses, je ne les rappelle pas avec amertume, en tant qu'elles me sont personnelles ; — je ne les rappelle point avec un cœur irrité, quoiqu'elles aient été la cause qui m'a banni de ma demeure, de la maison de mes pères, du lieu où sont enterrées mes consolations terrestres. Mais la cause publique amena d'autres luttes entre votre père et moi. Qui montra autant d'activité que lui à exécuter le fatal édit du jour néfaste de la Saint-Barthélemy, où des milliers de prédicateurs de l'Évangile furent chassés de la maison et de la famille, — du foyer et de l'autel, — de l'église et de la paroisse, pour faire place à des voleurs qui ont leur ventre pour Dieu ? Quand un petit nombre de dévoués du Seigneur s'unirent pour relever l'étendard abattu, et faire encore triompher la bonne cause, qui fut le premier à traverser leurs projets ? — à les chercher, à les poursuivre, à les arrêter ? Quel est celui dont je sentis l'haleine sur mon cou, — celui dont l'épée nue brilla à un pied de mon corps, tandis que j'étais caché au sein de l'obscurité, comme un voleur fuyant tous les yeux, dans la maison de mes pères ? C'est Geoffrey Péveril, — c'est votre père ! — Que pouvez-vous répondre à toutes ces choses, et comment les pouvez-vous accorder avec vos vœux actuels ?

Julien, en réponse, put seulement faire observer que ces injures étaient anciennes, — qu'elles avaient été le résultat de l'exaltation des temps et de celle des esprits ; et que M. Bridgenorth, en bienveillance chrétienne, ne devait pas en conserver un vif ressentiment, alors qu'une porte était ouverte à la réconciliation.

— Paix ! jeune homme, reprit Bridgenorth, tu parles de ce que tu ne connais point. Pardonner les injures humaines est une chose louable et conforme à l'esprit chrétien ; mais nous n'avons pas mission de pardonner celles qui ont été faites à la cause de la religion et de la liberté ; nous n'avons pas le droit d'absoudre ceux qui ont versé le sang de nos frères, ni de leur serrer la main. Après avoir ainsi parlé, il leva les yeux sur le portrait de Christian ; puis, ayant gardé le silence pendant quelques minutes, comme s'il eût craint de s'abandonner trop violem-

CHAPITRE XIII.

ment à son impétuosité, il reprit son discours d'un ton plus calme :

— Je vous indique ces choses, Julien, pour vous montrer combien serait impossible, même aux yeux du monde, l'union que vous désirez. Mais le Ciel a parfois ouvert une porte là où l'homme ne voyait nul moyen d'issue. Julien, votre mère, pour une femme à qui la vérité est inconnue, et d'après la manière de juger du monde, est une des femmes les meilleures et les plus sages; et la Providence, qui lui a donné une enveloppe si belle, et placé sous cette enveloppe une âme aussi pure que le permet la fragilité originelle de notre vile nature, ne voudra pas, je l'espère, qu'elle continue jusqu'à la fin d'être un vase de colère et de perdition. Je ne dis rien de votre père : — il est ce que l'ont fait les temps et l'exemple des autres, et les conseils de ses prêtres orgueilleux; encore une fois, je ne dis rien de lui, si ce n'est que j'ai sur lui un pouvoir dont il aurait pu déjà ressentir les effets, si son toit n'abritait pas une autre personne qui aurait pu souffrir de ses souffrances. Je ne désire pas non plus extirper votre ancienne famille. Si je n'attache pas de prix à vos vanités d'honneurs de famille et de généalogie, je ne me prêterais cependant pas volontiers à les détruire; non plus que je n'abattrais une tour couverte de mousse, ou renverserais sur le sol un chêne antique, à moins que ce ne fût pour redresser la voie commune et pour le bien public. Je n'ai donc pas de ressentiment contre la maison humiliée de Péveril ; — j'ai même du respect pour elle dans son abaissement.

Il fit ici une seconde pause, comme s'il eût attendu que Julien prît la parole. Mais nonobstant l'ardeur que le jeune homme avait mise dans ses sollicitations, il était trop pénétré de l'importance de sa famille, et il avait trop contracté l'habitude plus louable du respect filial, pour avoir entendu sans déplaisir la fin du discours de Bridgenorth.

— La maison de Péveril, répliqua-t-il, ne fut jamais humiliée.

— Si vous aviez dit que les fils de cette maison ne furent jamais *humbles,* vous auriez été plus près de la vérité. Vous n'êtes *pas* humiliés? N'êtes-vous pas ici le laquais d'une femme altière, le compagnon de jeux d'un jeune homme à cervelle creuse? Quittez cette île et allez à la cour d'Angleterre ; vous verrez quels égards on y aura pour l'antique généalogie qui vous fait descendre de rois et de conquérants. Une bouffonnerie ou une plaisanterie obscène, un air impudent, un habit brodé, des poignées d'or et la promptitude à les hasarder sur une carte ou sur un dé, vous avanceront plus sûrement à la cour de Charles que l'ancien nom de votre père, et son dévouement de sang et de fortune à la cause du *sien.*

— Ceci n'est que trop probable, en effet; mais la cour ne sera pas mon élément. Je vivrai comme mes pères, au milieu de mes vassaux, veillant à leur bien-être, jugeant leurs différends...

— Élevant des arbres de mai et dansant autour, ajouta Bridgenorth en l'interrompant, avec un de ces sourires sinistres qui passaient sur ses traits comme la sombre clarté d'une torche funéraire sur les vitraux d'une église. — Non, Julien, dans les temps où nous vivons, ce n'est pas dans le rôle obscur d'un magistrat provincial, ni par les soins mesquins d'un propriétaire de campagne, qu'un homme peut servir son malheureux pays. De grands desseins sont formés, et chacun est appelé à faire son choix entre Dieu et Baal. L'ancienne superstition, — l'abomination de nos pères, — relève la tête et répand au loin ses pièges, sous la protection des princes de la terre. Mais elle ne relève pas la tête sans être observée et surveillée ; il y a des milliers de vrais cœurs anglais qui n'attendent qu'un signal pour se lever comme un seul homme, et prouver aux rois de la terre que leurs machinations ont été vaines. Nous rejetterons leurs liens loin de nous ; — nous ne goûterons pas à la coupe de leurs abominations.

— Vous parlez obscurément, major Bridgenorth. Sachant de moi tant de choses, vous pouvez peut-être savoir aussi que moi, du moins, j'ai vu de trop près les superstitions de la cour de Rome pour désirer qu'elles se propagent dans mon pays.

— Autrement, t'aurais-je parlé en ami et si librement ? Ne sais-je pas avec quelle présence d'esprit précoce tu as déjoué les tentatives astucieuses du prêtre de la femme pour te faire dévier de la foi protestante ? Ne sais-je pas combien tu as été assiégé à l'étranger, et comment tu as conservé ta foi, et raffermi la croyance chancelante de ton ami ? N'ai-je pas dit qu'une telle conduite était digne du fils de Marguerite Péveril ? N'ai-je pas dit : — Et cependant il ne connaît encore que la lettre morte ; — mais ce qui est semé germera un jour et aura vie ? — Mais c'est assez sur ce point. Pour aujourd'hui cette habitation est la tienne. Je ne verrai en toi ni le serviteur de cette fille d'Elshbaal, ni le fils de celui qui a mis ma vie en danger et terni mon honneur ; tu ne seras pour moi, aujourd'hui, que l'enfant de celle sans laquelle ma race eût été éteinte.

A ces mots il tendit à Julien sa main sèche et osseuse, et serra celle du jeune homme ; mais il y avait dans cet acte de cordialité tant de gravité lugubre, que, quelque plaisir que se promît le jeune amant d'un temps si long passé près d'Alice Bridgenorth, dans sa société, peut-être, et quoiqu'il sentît combien la prudence lui commandait de se concilier la bienveillance de son père, il lui semblait malgré lui que son cœur était comme glacé dans la compagnie du major.

CHAPITRE XIV.

> Cette journée, du moins, appartient à l'amitié; à demain la guerre.
> OTWAY.

DEBORAH Debbitch, appelée par son maître, parut alors, tenant un mouchoir à ses yeux, et avec toutes les apparences d'un grand trouble d'esprit. — Ce n'a pas été ma faute, major Bridgenorth, dit-elle ; comment aurais-je pu l'empêcher ? Qui se ressemble s'assemble ; — l'enfant voulait venir, — la petite fille voulait le voir.

— Paix, femme insensée! repartit Bridgenorth, et écoutez ce que j'ai à dire.

— Je sais assez ce que Votre Honneur a à dire. Je vois bien que le service n'est pas un héritage, aujourd'hui. — Il y a des gens plus sages que d'autres. — Si je n'avais pas été détournée de Martindale, je pourrais avoir une maison à moi, à l'heure qu'il est.

— Paix, idiote! répéta Bridgenorth.

Mais telle était l'ardeur de justification de Déborah, qu'il ne put que placer cette interjection, comme une sorte de parenthèse, entre les exclamations qu'elle proférait avec la volubilité ordinaire à ceux qui s'efforcent de détourner une réprimande méritée, en se disculpant bruyamment avant qu'on ne les accuse.

— Il n'est pas étonnant, continua-t-elle, qu'on m'ait fait perdre mes intérêts de vue, quand il s'agissait de veiller sur la gentille miss Alice. Tout l'or de Votre Honneur ne m'aurait jamais tentée, si je n'avais pas su que c'était une créature perdue, pauvre innocente, séparée de mylady et de moi. — Et voilà ce qui en arrive ! — Levée de bonne heure et couchée tard, — et voilà tous mes remercîments! Mais Votre Honneur ferait bien de prendre garde à ce que vous allez faire. — Elle a encore de temps en temps la toux sèche ; — et il faudrait qu'elle prît médecine au printemps et à la chute des feuilles.

— Paix donc, sotte bavarde! fit son maître dès que le besoin de reprendre haleine la forçant de s'interrompre, il put placer une parole. Penses-tu que j'ignorasse les visites de ce jeune homme au Fort Noir, et que, si elles m'eussent déplu, je n'aurais pas su comment les faire cesser ?

— Ne savais-je pas bien que Votre Honneur connaissait ses visites? s'écria Déborah d'un ton de triomphe; — car, de même que la plupart des femmes de sa classe, elle ne cherchait jamais pour sa défense plus loin qu'un mensonge, quelque inconséquent, quelque improbable qu'il pût être. — Ne savais-je pas que Votre Honneur les connaissait? Eh! aurais-je permis ses visites, sans cela? Je ne sais pas pour qui Votre Honneur me prend! Si je n'avais pas été sûre que c'était la chose du monde que Votre Honneur désirait le plus, est-ce que je me serais permis d'y prêter la main? J'espère connaître mieux mon devoir. Demandez si j'ai jamais reçu un autre jeune homme dans la maison; — car je savais que Votre Honneur était un homme sage, et que les querelles ne peuvent pas toujours durer, et que l'amour commence où la haine finit; et, pour sûr, ils ont l'air d'être nés l'un pour l'autre. — Et puis, les domaines de Moultrassie et de Martindale vont ensemble comme le fourreau et le sabre.

— Perroquet femelle, retenez votre langue! s'écria Bridgenorth, dont la patience était presque entièrement à bout; ou s'il faut que vous babilliez, que ce soit à la cuisine, avec vos camarades. Dites qu'on serve sur-le-champ quelque chose pour dîner, car M. Péveril est loin de chez lui.

— J'y vais, et de tout mon cœur, repartit Déborah; et s'il y a dans toute l'île une couple de volailles plus grasses que celles qui vont tout à l'heure étendre leurs ailes sur la table, Votre Honneur pourra m'appeler oie aussi bien que perroquet. Et en même temps elle quitta l'appartement.

— C'est à une pareille femme, dit Bridgenorth en regardant après elle d'un air expressif, que vous supposiez que j'avais abandonné le soin de mon unique enfant! Mais assez sur ce point; — nous allons faire un tour dehors, si vous le voulez bien, tandis qu'elle est occupée dans un département plus convenable à son intelligence.

A ces mots, il sortit de la maison, accompagné de Julien Péveril, et bientôt après ils se promenaient côte à côte, comme d'anciennes connaissances.

Il peut être arrivé à beaucoup de nos lecteurs, comme il nous est arrivé à nous-même, d'être jeté par accident en compagnie de quelque individu dont les prétentions à ce qu'on nomme un caractère *sérieux* sont beaucoup plus élevées que les nôtres, et avec lequel, en conséquence, nous avions pensé devoir passer notre temps d'une manière gênée et contrainte, tandis, d'une autre part, que notre futur compagnon redoutait peut-être d'avoir à endurer la légèreté supposée et l'insouciante gaîté d'un caractère si différent du sien. Or, il est arrivé souvent aussi que lorsque, avec cette urbanité et cette bonne humeur qui nous caractérisent, nous nous sommes pliés à la tournure d'esprit de notre compagnon, en mettant autant de gravité dans notre conversation que le comportaient nos habitudes, lui, de son côté, ému de notre généreux exemple, dépouillait ses manières d'une partie de leur austérité; et qu'en conséquence nos entretiens étaient de cette texture agréable qui ressemble le mieux au « tissu enchanteur de la nuit et du jour, » usuellement nommé, en simple prose, le crépuscule. Il est probable qu'en de telles occasions chacune des deux parties a eu à gagner à cette rencontre, alors même qu'elle se serait bornée à établir une communauté temporaire de sentiments entre des hommes séparés par leur caractère plus peut-être que par leurs principes, et qui ne sont que trop enclins à s'accuser mutuellement, l'un de frivolité profane, l'autre de fanatisme.

Ce fut ce qui arriva dans la promenade de Péveril avec Bridgenorth, et dans la conversation qu'ils eurent ensemble.

Évitant soigneusement de revenir sur le sujet qu'ils avaient déjà traité, le major Bridgenorth fit rouler principalement l'entretien sur les voyages à l'étranger, et sur les merveilles que lui-même avait vues dans des contrées lointaines, et qu'il paraissait avoir étudiées d'un œil curieux et observateur. Ces discours firent passer le temps avec rapidité ; car, bien que les anecdotes que racontait le major, et les observations dont il les accompagnait, fussent toutes empreintes de la tournure d'esprit sérieuse et presque sombre du narrateur, elles renfermaient néanmoins de ces traits propres à intéresser et à émouvoir, qui captivent le plus sûrement l'oreille de la jeunesse, et Julien surtout y trouvait un charme puissant, lui dont le caractère avait quelque chose de romanesque et d'aventureux.

Bridgenorth paraissait connaître le midi de la France, et il pouvait raconter nombre d'histoires des huguenots français, qui déjà commençaient à se voir exposés à ces persécutions couronnées quelques années plus tard par la révocation de l'édit de Nantes. Il avait même été en Hongrie ; car il parlait, comme les ayant personnellement connus, de plusieurs des chefs de la grande insurrection protestante qui, à la même époque, avait eu lieu sous le célèbre Tékéli, et il déduisait de solides raisons pour démontrer qu'ils avaient droit de faire cause commune avec le Grand Turk, plutôt que de se soumettre au pape de Rome. Il parla aussi de la Savoie, où les membres de l'Église réformée souffraient encore une persécution cruelle ; et il mentionna avec exaltation la protection qu'Olivier avait apportée aux membres opprimés des communions protestantes. — Par là, ajouta-t-il, il s'est montré plus digne du pouvoir suprême que ceux qui, le réclamant par droit de naissance, n'en usent que pour la vaine satisfaction de leurs goûts de volupté.

— Je ne me serais pas attendu, dit modestement Péveril, à entendre le panégyrique d'Olivier dans la bouche de M. Bridgenorth.

— Je ne fais point son panégyrique, repartit Bridgenorth. Je ne dis que la vérité sur cet homme extraordinaire ; et je puis le faire maintenant qu'il n'est plus, moi qui, de son vivant, n'ai pas craint de lui résister en face. C'est la faute de notre malheureux roi actuel, si nous sommes obligés de reporter nos regards en arrière vers le temps où la nation était respectée au dehors, et où la dévotion et la sobriété étaient pratiquées au dedans. — Mais mon intention n'est pas de soulever ici une controverse irritante. Vous avez vécu parmi ceux qui trouvent plus aisé et plus agréable d'être les pensionnaires de la France que ses réformateurs ; — de dépenser l'argent qu'elle leur prodigue, que d'opposer une digue à la tyrannie qu'elle fait peser sur nos pauvres frères en religion. Quand le voile épais qui couvre tes yeux sera tombé, tu verras tout cela ; et ce que tu verras alors, tu apprendras à le détester et à le mépriser.

Sur ces entrefaites, ils avaient terminé leur promenade, et ils étaient revenus au Fort Noir par un sentier différent de celui qu'ils avaient suivi en remontant la vallée. L'exercice et le ton général de la conversation avaient dissipé, jusqu'à un certain point, la froideur et l'embarras que Péveril avait d'abord éprouvés en présence de Bridgenorth, et que ses premières remarques avaient été de nature à accroître plutôt qu'à diminuer. Le banquet promis par Déborah fut bientôt sur table, et par la simplicité, aussi bien que par la propreté et le bon ordre, il répondit à ce qu'elle en avait annoncé. Sous un seul rapport, il semblait y avoir une certaine incohérence, peut-être même un peu d'affectation. La plupart des assiettes étaient d'argent, et les plats étaient du même métal, au lieu des tranchoirs[1] et de la vaisselle d'étain qu'en de semblables occasions Péveril avait ordinairement vus en usage au Fort Noir.

Bientôt après, avec les sensations d'un homme qui fait un rêve agréable auquel il craint d'être arraché par le réveil, et dont le plaisir est mêlé d'étonnement et de doute, Julien Péveril se trouva assis entre Alice Bridgenorth et son père, — entre l'être qu'il aimait le plus sur terre, et celui qu'il avait toujours regardé comme le grand obstacle à leur union ! La confusion de son esprit était telle, qu'il était à peine en état de répondre aux civilités importunes de dame Déborah, laquelle, assise avec eux à table en sa qualité de gouvernante, faisait alors la dispensation de la bonne chère qui avait été apprêtée sous ses yeux.

Quant à Alice, elle semblait avoir pris la résolution de jouer le rôle d'un personnage muet, car elle ne répondait que par de rares monosyllabes aux questions de dame Debbitch ; et même quand son père, ce qui arriva une ou deux fois, tenta de lui faire prendre part à la conversation, elle ne répondit rien au delà de ce qu'exigeait strictement son respect pour lui.

Ce fut donc sur Bridgenorth lui-même que retomba la tâche de dis-

---

[1] Plats de bois. (L. V.)

raire les convives ; et, contrairement à ses habitudes ordinaires, il ne sembla pas reculer devant elle. Ses discours n'étaient pas seulement remplis d'aisance, ils étaient presque enjoués, quoique çà et là quelques expressions vinssent rappeler la disposition naturelle et accoutumée de son esprit à la mélancolie, ou prophétiser pour l'avenir les malheurs et des désastres. Des éclairs d'enthousiasme sillonnaient aussi sa conversation, pareils à ces feux dont l'horizon s'éclaire dans une soirée d'automne, répandant une lueur vive, quoique rapide, au milieu du paisible crépuscule et sur tous les objets environnants, qui en reçoivent un caractère plus remarquable et plus frappant. En général, cependant, les observations de Bridgenorth étaient simples et sensées ; et comme il ne visait pas aux grâces du langage, tout l'ornement qu'elles recevaient provenait de l'intérêt qu'y attachaient ses auditeurs. Par exemple, quand Déborah, dans l'orgueil vulgaire de son cœur, appela l'attention de Julien sur la vaisselle plate dont ils s'étaient servis, Bridgenorth parut croire qu'une apologie était nécessaire pour une dépense superflue de cette nature.

— C'était, dit-il, un symptôme de danger imminent, que des hommes qui d'habitude ne se laissent pas influencer par les vanités de la vie consacrassent beaucoup d'argent à des ornements formés de métaux précieux. C'était un indice que le marchand ne pouvait tirer un profit assuré du capital qu'en vue de sécurité il transformait ainsi en masses inertes. C'était une preuve que les seigneurs et les gentlemen craignaient la rapacité du pouvoir, quand ils donnaient à leurs richesses les formes les plus aisément transportables et les plus faciles à cacher ; et cela révélait l'incertitude du crédit, quand un homme d'un jugement sain préférait la possession effective d'une masse d'argent aux facilités que lui présentait la reconnaissance d'un orfèvre ou d'un banquier. — Tant que subsistait une ombre de liberté, ajouta-t-il, les droits domestiques étaient les derniers atteints ; et conséquemment on chargeait les buffets et les tables de richesses qu'on supposait devoir être là plus longtemps qu'ailleurs à l'abri de la prise d'un gouvernement tyrannique, quoique peut-être elles ne dussent pas, même sous cette forme, être toujours sacrées pour lui. Mais qu'un commerce profitable appelle les capitaux, et aussitôt la masse, livrée à la fournaise, cesse d'être un vain et lourd ornement des banquets, et devient un agent puissant et actif d'accroissement de prospérité nationale.

— En temps de guerre aussi, dit Péveril, la vaisselle d'argent a été parfois une prompte ressource.

— Que trop souvent. Dans ces derniers temps, la vaisselle des nobles et de la *gentry*, jointe à celle des colléges et à la vente des joyaux de la couronne, a mis le roi à même de maintenir cette malheureuse résistance qui a empêché les choses de revenir à un état de paix et de bon ordre, jusqu'à ce que l'épée ait atteint une supériorité illégale sur le roi et le parlement.

En prononçant ces mots, il regardait Julien, à peu près comme celui qui, pour éprouver un cheval, lui présente tout à coup quelque objet devant les yeux, puis observe s'il tressaille ou recule. Mais les pensées de Julien étaient trop fortement absorbées par d'autres sujets pour manifester aucune alarme. Sa réponse se rapporta à une partie antérieure du discours de Bridgenorth, et il ne la fit qu'après une courte pause. — La guerre, dit-il alors, la guerre, ce grand agent de ruine, crée aussi la richesse qu'elle dilapide et qu'elle dévore.

— Oui, répliqua Bridgenorth, de même que l'écluse met en mouvement les eaux immobiles du lac, qui finit par être desséché. La nécessité invente les arts et découvre les ressources ; et quelle nécessité est plus impérieuse que celle d'une guerre civile? La guerre en elle-même n'est donc pas un mal sans mélange, puisqu'elle est la créatrice d'impulsions et de forces productrices qui, sans elle, n'auraient pas existé dans la société.

— Il faudrait donc qu'on allât à la guerre, pour envoyer la vaisselle plate au creuset, et qu'on mangeât dans des assiettes d'étain et avec des plats de bois?

— Ce n'est pas cela, mon fils, répliqua Bridgenorth. Mais remarquant le vif incarnat qui vint colorer les joues et le front de Julien, il se reprit, et ajouta : Je vous demande pardon d'une telle familiarité; mais je n'entendais pas limiter à des conséquences si frivoles ce que je disais tout à l'heure, quoique cela puisse être parfois salutaire pour arracher les hommes à leurs pompes et à leur luxure, et apprendre à ceux-là, qui autrement n'eussent été que des Sybarites, à devenir des Romains. Mais je voulais dire que les temps de dangers publics, de même qu'ils appellent dans la circulation le trésor de l'avare et l'or que l'homme orgueilleux a transformé en objets de luxe, et ajoutent ainsi à la richesse générale, mettent aussi en action maint esprit noble et brave, qui autrement fût resté dans la torpeur, au lieu de donner l'exemple aux races contemporaines et de léguer un nom glorieux aux siècles futurs. La société ne connaît point et ne peut connaître les trésors intellectuels qui dorment en elle, tant que la nécessité et l'occasion n'ont pas appelé l'homme d'état et le soldat à sortir de l'obscurité de la vie commune pour remplir les rôles que la Providence leur assigne, et se produire dans les postes que la nature les avait rendus aptes à occuper. Ainsi s'est élevé Olivier, — ainsi s'est élevé Milton, — ainsi se sont élevés tant d'autres noms qu'on ne peut plus oublier, de même que pendant la tourmente le pilote produit et déploie son adresse.

— Vous parlez, dit Péveril, comme si une grande calamité nationale pouvait en quelque sorte être un bien.

— S'il n'en était pas ainsi en effet, répliqua Bridgenorth, la même chose n'aurait pas existé dans cette vie d'épreuves, où tout mal temporel est allégé par quelque bien dans son cours ou dans ses résultats, et où tout ce qui est bien est accouplé avec ce qui est mal.

— Ce doit être un noble spectacle de voir s'éveiller les forces endormies d'un esprit puissant, et de lui voir prendre l'autorité qui lui est due sur les caractères moins énergiques !

— J'ai une fois été témoin de quelque chose de ce genre ; et comme le récit n'est pas long, je vais vous le faire, si vous voulez.

« Dans mes courses vagabondes, je n'ai pas oublié nos établissements transatlantiques, et notamment la Nouvelle-Angleterre[1], où notre terre natale, semblable à l'ivrogne qui lance au loin ses objets de prix, a rejeté de son giron tant d'hommes précieux aux yeux de Dieu et de ses enfants. Là, des milliers de nos concitoyens, les meilleurs et les plus pieux, — de ces justes qui pourraient s'interposer entre le Tout-Puissant et sa colère, et prévenir la ruine des cités, — ont mieux aimé devenir habitants du désert et lutter contre de grossiers sauvages, que de consentir à éteindre, sous l'oppression pratiquée en Bretagne, la lumière qui éclaire leurs âmes. J'y résidai quelque temps, à l'époque de la guerre que les colons soutenaient contre Philippe, un grand chef ou *sachem* indien, comme on les nomme, qui semblait un messager envoyé par Satan pour les flageller. Sa cruauté était grande, sa dissimulation profonde ; l'habileté et l'activité qu'il déployait dans une guerre d'escarmouches destructives frappaient l'établissement d'une foule de calamités désastreuses. Le hasard m'avait conduit dans un petit village situé au milieu des bois à trente milles de Boston, dans une situation complètement isolée, et entouré de fourrés épais. Cependant on croyait n'y avoir alors rien à craindre des Indiens, confiant que l'on était dans la protection d'un corps de troupes considérable qui s'était mis en campagne pour protéger les frontières, et qui était campé, ou du moins était supposé l'être, entre le village et le pays ennemi. Mais ils avaient affaire à un adversaire à qui le démon lui-même avait soufflé sa ruse et sa cruauté.

« C'était un dimanche matin, et nous étions réunis pour prier ensemble dans la maison du Seigneur. Notre temple n'était construit que de troncs d'arbres ; mais quand la voix des chantres salariés, ou les sons des tubes d'étain ou de cuivre placés dans les ailes d'une cathédrale, s'élèveront-ils vers le Ciel avec autant de douceur que les psaumes dans lesquels s'unissaient à la fois et nos voix et nos âmes ! Un vertueux ministre, qui maintenant est endormi dans le Seigneur, Nehemiah Solsgrace, longtemps le compagnon de mon pèlerinage, venait de commencer à lutter dans la prière, lorsqu'une femme, les cheveux en désordre et l'air égaré, entra dans notre chapelle, hors d'elle-même, et

---

[1] Aujourd'hui les États du Nord de l'Union américaine. (L. V.)

en répétant à grands cris : Les Indiens ! les Indiens ! — Dans ce pays, personne n'ose se séparer de ses moyens de défense ; dans la cité ou dans la campagne, dans la terre labourée ou dans la forêt, chacun garde près de soi ses armes, comme les Juifs pendant la réédification du Temple. Ainsi nous sortîmes armés de nos fusils et de nos piques, et nous entendîmes les hurlements de ces démons incarnés qui déjà étaient en possession d'une partie du village, et qui exerçaient leur cruauté sur le petit nombre de ceux que des causes graves ou la maladie avaient empêchés d'assister au service public ; et on regarda comme un jugement que, dans ce sanglant jour du sabbat, un Hollandais nommé Adrien Hanson, homme assez bien disposé pour l'homme, mais dont l'esprit était entièrement adonné au gain terrestre, fut tué et scalpé tandis qu'il supputait dans sa boutique ses gains de la semaine. Finalement, il y eut bien du mal de fait ; et quoique notre arrivée et l'attaque que nous dirigeâmes sur les Indiens les eussent en quelque sorte fait reculer, cependant, étant encore dans la première confusion de la surprise, et n'ayant pas désigné de chef pour nous conduire, notre infernal ennemi dirigeait contre nous un feu meurtrier, et conservait quelque avantage. C'était pitié d'entendre les cris des femmes et des enfants au milieu des coups de fusil et du sifflement des balles, mêlés aux hurlements féroces que ces sauvages appellent leur cri de guerre. Plusieurs maisons du haut du village furent bientôt en feu, et le rugissement des flammes, joint au craquement des poutres embrasées, ajoutèrent à l'horreur de cet instant de confusion, en même temps que la fumée, que le vent poussait contre nous, donnait un nouvel avantage à l'ennemi, qui combattait en quelque sorte invisible et à couvert, tandis que nos rangs s'éclaircissaient rapidement sous son feu dirigé avec certitude.

« Dans cet état de confusion, et au moment où nous étions sur le point d'adopter le projet désespéré d'évacuer le village, de placer au centre les femmes et les enfants, et d'essayer une retraite sur le plus proche établissement, il plut au Ciel de nous envoyer un secours inespéré. Un homme de stature élevée et d'apparence vénérable, qu'aucun de nous ne connaissait, s'offrit subitement au milieu de nous, tandis que nous agitions à la hâte le projet de notre retraite. Ses vêtements étaient de peau d'élan ; il portait une épée et un fusil. Je n'ai jamais rien vu de plus auguste que ses traits ombragés par une chevelure blanche qui se mêlait à une longue barbe de même couleur.

« — Hommes et frères, dit-il de cette voix qui arrête la fuite, pourquoi laisser abattre vos cœurs ? pourquoi ce trouble ? Craignez-vous que le Dieu que vous servez ne vous livre à ces chiens infidèles ? Suivez-moi, et vous verrez aujourd'hui qu'il est un capitaine dans Israël ! Il donna quelques ordres brefs, mais précis, du ton d'un homme habitué à commander ; et telle fut l'influence de son apparition, de son aspect, de son langage et de sa présence d'esprit, qu'il fut ponctuellement obéi par des hommes qui ne l'avaient jamais vu jusqu'à ce moment. Par ses ordres, nous fûmes hâtivement partagés en deux corps, dont l'un continua de défendre le village avec plus de courage que jamais, convaincu que l'Inconnu était envoyé de Dieu à notre secours. Ce premier corps prit, d'après ses directions, les positions les meilleures et les plus abritées pour rendre aux Indiens leur feu meurtrier ; tandis qu'à la faveur de la fumée, l'étranger sortait du village à la tête de l'autre division des hommes de la Nouvelle-Angleterre, et, faisant un circuit, allait attaquer les Guerriers Rouges sur leurs derrières.

« La surprise, comme il est ordinaire chez les sauvages, réussit complétement ; car ils ne doutèrent pas qu'ils ne fussent assaillis à leur tour et placés entre deux partis ennemis par le retour d'un détachement de l'armée provinciale. Les païens prirent la fuite en désordre, abandonnant le village à demi gagné, et laissant derrière eux un tel nombre de leurs guerriers, que la tribu ne s'est jamais relevée de sa perte. Jamais je n'oublierai la figure de notre chef vénérable, quand nos hommes, et non-seulement les hommes, mais les femmes et les enfants du village, délivrés du tomahawk et du couteau à scalper, se pressèrent autour de lui, quoique osant à peine approcher de sa personne, et plus disposés, peut-être, à l'adorer comme un ange descendu du Ciel qu'à le remercier comme un de leurs semblables.

« — Ce n'est pas à moi qu'en appartient la gloire, leur dit-il ; je ne suis qu'un instrument, fragile comme vous-mêmes, dans la main de CELUI qui est fort pour délivrer. Apportez-moi un verre d'eau, que je puisse rafraîchir ma gorge desséchée, avant d'entreprendre la tâche d'offrir les remerciments à qui ils sont dus.

« Je me trouvais le plus rapproché de lui tandis qu'il parlait, et je lui donnai l'eau qu'il avait demandée. En ce moment nos regards se rencontrèrent, et il me sembla reconnaître un noble ami que depuis longtemps je croyais au sein de la gloire ; mais il ne me donna pas le temps de parler, si parler eût été prudent. Tombant à genoux, et nous faisant signe de lui obéir, il adressa au Ciel d'énergiques actions de grâces pour le succès inespéré du combat ; et cette prière, prononcée d'une voix forte et retentissante comme une trompette de guerre, vibra jusque dans la moelle des os de ses auditeurs. J'ai entendu dans ma vie bien des actes de dévotion, et plût au Ciel que j'eusse reçu la grâce d'en profiter ! mais une prière telle que celle-là, prononcée au milieu des morts et des mourants, avec l'accent animé du triomphe et de l'adoration, les surpassait tous : — c'était comme le chant de la prophétesse inspirée qui demeurait sous le palmier entre Ramah et Béthel. Il se tut ; et pendant quelques instants encore, nous restâmes le visage incliné vers la terre, — personne n'osant relever la tête.

Enfin nous regardâmes autour de nous, mais notre libérateur n'y était plus, et jamais il n'a été revu dans le pays qu'il avait sauvé. »

Bridgenorth avait raconté cette histoire singulière avec une éloquence et une vivacité de détails qui contrastaient complétement avec la sécheresse habituelle de sa conversation ; il se tut un instant, puis il reprit : — Tu vois, jeune homme, que les hommes de valeur et de prudence sont appelés au commandement dans les circonstances où il s'agit du salut de tous, alors même que leur existence est inconnue dans le pays qu'ils sont prédestinés à sauver.

— Mais que pensa le peuple du mystérieux étranger? demanda Julien qui avait écouté avec avidité, car l'histoire était de celles qui commandent l'intérêt d'un homme jeune et brave.

— Bien des choses, répondit Bridgenorth, et, selon l'usage, peu de fondées. L'opinion dominante, quoique lui-même l'eût repoussée, voulait que l'étranger fût réellement un être surnaturel ; d'autres le croyaient un champion inspiré, transporté en corps de quelque climat éloigné, pour nous montrer le chemin du salut; d'autres, enfin, concluaient que c'était un solitaire qui, par des motifs de piété ou par d'autres raisons puissantes, était devenu un habitant du désert, et fuyait la face de l'homme.

— Et oserai-je vous demander à laquelle de ces opinions vous étiez disposé à adhérer?

— La dernière s'accordait le mieux avec le rapide coup d'œil que j'avais jeté sur les traits de l'étranger; car, bien que je ne conteste pas que dans de grandes occasions le Ciel puisse susciter, même du sein de la tombe, un défenseur de la patrie, néanmoins je ne doutais pas alors, non plus que je n'en doute maintenant, que j'avais vu la forme vivante d'un homme qui avait en effet de puissantes raisons de se cacher dans le creux des rochers.

— Ces raisons sont-elles un secret?

— Non pas précisément un secret, car je ne crains pas que tu trahisses ce que je te pourrais dire dans un entretien privé; et d'ailleurs, serais-tu capable d'une action si basse, la proie est trop éloignée pour aucun des chasseurs à qui tu pourrais en signaler la piste. Mais le nom de cet homme vertueux sera rude à ton oreille, à cause d'une action de sa vie, — de son accession à une grande mesure qui a fait trembler les îles les plus éloignées de la terre. N'avez-vous jamais entendu parler de Richard Whalley?

— Le régicide? s'écria Péveril en tressaillant.

— Donne à cet acte quel nom tu voudras; il n'en a pas moins été le sauveur de ce village voué à une destruction certaine, parce que, avec d'autres esprits éminents du siècle, il siégea sur le banc des juges quand Charles Stuart fut traduit à la barre, et souscrivit à la sentence qui fut portée contre lui.

CHAPITRE XIV.

— J'avais toujours entendu dire, reprit Julien d'une voix altérée, et le visage couvert d'une vive rougeur, que vous, M. Bridgenorth, ainsi que les autres presbytériens, étiez complétement opposés à ce détestable crime, et que vous aviez été prêts à faire cause commune avec les Cavaliers pour prévenir un si horrible parricide.

— S'il en a été ainsi, nous en avons été richement récompensés par son successeur !

— Récompensés ! La distinction du bien et du mal, et l'obligation où nous sommes de faire l'un et d'éviter l'autre, dépendent-elles de la récompense qui peut être attachée à nos actions ?

— A Dieu ne plaise ! Cependant ceux qui voient le mal que cette maison des Stuarts a fait à l'Église et à l'État, — la tyrannie qu'elle exerce sur les personnes et les consciences, — peuvent bien douter s'il n'est pas légitime d'employer les armes pour se défendre. Néanmoins vous ne m'entendez ni approuver ni même justifier la mort du roi, bien qu'il l'ait méritée en ceci qu'il manqua à son serment comme prince et comme magistrat. Je vous dis seulement ce que vous désiriez savoir, que Richard Whalley, un des juges du dernier roi, était celui dont je parlais tout à l'heure. Je reconnus son front élevé, quoique le temps l'eût rendu plus chauve et plus haut ; ses yeux gris conservaient tout leur éclat ; et quoique sa barbe blanchie couvrît la partie inférieure de son visage, elle ne m'empêcha pas de le reconnaître. Les limiers altérés de son sang étaient lancés après lui ; mais avec l'assistance des amis que le Ciel avait suscités pour sa conservation, il fut caché avec soin, et ne sortit de sa retraite que pour obéir à la volonté de la Providence le jour de ce combat. Peut-être sa voix se ferait-elle encore entendre sur le champ de bataille, si l'Angleterre avait besoin d'un de ses plus nobles cœurs[1].

— A Dieu ne plaise ! dirai-je à mon tour.

— *Amen !* Puisse Dieu détourner la guerre civile, et pardonner à ceux dont la folie voudrait la ramener sur nous !

Il se fit une longue pause, pendant laquelle Julien, qui avait à peine levé les yeux vers Alice, jeta de son côté un regard rapide, et fut frappé de la teinte de tristesse qui s'était répandue sur des traits dont l'expression naturelle était l'enjouement, sinon la gaîté. Dès qu'elle eut rencontré son regard, elle indiqua, et, à ce qu'il parut à Julien, d'un air significatif, que les ombres s'étendaient et que le soir approchait.

Il la comprit ; mais quoique convaincu qu'elle lui rappelait l'heure du départ, il ne put, au premier instant, trouver en lui assez de résolution pour rompre le charme qui le retenait. Le langage de Bridgenorth n'était pas seulement nouveau et alarmant, mais tellement con-

---

[1] *Voyez* la note G, à la fin du volume.

traire aux principes dans lesquels il avait été élevé, qu'en tout autre cas il se serait cru obligé, comme fils de sir Geoffrey Péveril du Pic, d'en repousser les conclusions, même à la pointe de l'épée. Mais les opinions de Bridgenorth étaient énoncées avec tant de calme, — elles semblaient tellement le résultat de la conviction, qu'elles excitèrent en Julien plutôt un sentiment d'étonnement qu'un esprit de controverse hostile. Dans tout ce que disait le major il y avait un caractère de résolution froide et de tranquille mélancolie qui aurait rendu difficile à Julien d'y trouver le motif d'une offense personnelle, alors même qu'il n'aurait pas vu en lui le père d'Alice; et peut-être ne se rendait-il pas bien compte du degré d'influence que cette circonstance exerçait sur lui. Le langage et les sentiments de Bridgenorth portaient ce cachet de calme et de décision sur lequel il est difficile d'asseoir une controverse ou une querelle, bien qu'il soit impossible d'acquiescer aux conclusions qui en découlent.

Tandis que Julien restait sur sa chaise où semblait l'enchaîner un charme, et non moins surpris des opinions qu'il venait d'entendre que de la compagnie dans laquelle il se trouvait, une autre circonstance lui vint rappeler que le temps qu'il pouvait convenablement passer au Fort Noir était écoulé. La petite Fairy, le poney de Man, bien accoutumée au voisinage du Fort Noir, et qui avait l'habitude de paître aux alentours de la maison tandis que son maître y était en visite, commença à trouver que sa station actuelle se prolongeait un peu trop. Fairy était un présent que la comtesse avait fait autrefois à Julien; elle était issue d'une race des montagnes, pleine de feu, robuste, et aussi remarquable par sa longévité que par une sagacité approchante de celle du chien. Fairy montra cette dernière qualité par la manière dont elle imagina d'exprimer son impatience d'être ramenée au château. Telle du moins semblait être l'intention du hennissement aigu dont le bruit fit tressaillir la partie féminine de la compagnie réunie au salon; mais un moment après, Alice et Déborah ne purent s'empêcher de sourire en voyant le naseau du poney s'avancer à la fenêtre ouverte.

— Fairy vient me rappeler que le temps de ma visite ici est écoulé, dit Julien en se levant et en regardant Alice.

— Encore quelques mots, dit Bridgenorth en l'entraînant dans un enfoncement gothique de l'antique appartement, et en parlant d'un ton si bas qu'il ne pouvait être entendu ni d'Alice ni de sa gouvernante, occupées, pendant ce temps, à caresser l'indiscrète Fairy, et à lui présenter de petits morceaux de pain. — Vous ne m'avez pas dit après tout, le motif de votre venue ici, continua Bridgenorth. Il s'arrêta comme pour jouir de l'embarras du jeune homme, puis il reprit Mais réellement c'était presque inutile. Je n'ai pas si complétement oublié les jours de ma jeunesse, non plus que ces liens d'affection qui n'enchaînent que trop étroitement la pauvre fragile humanité aux choses de ce monde. Ne trouverez-vous pas de paroles pour me demander le don précieux auquel vous aspirez, et que peut-être vous n'eussiez pas hésité à vous approprier à mon insu et sans mon consentement? — Ne cherche pas à te justifier, et écoute-moi. Le patriarche acheta sa bien-aimée à son père Laban au prix de quatorze années d'un service pénible, et ces quatorze années ne lui parurent que quelques jours. Celui qui veut épouser ma fille doit servir un bien petit nombre de jours en comparaison, mais dans des affaires d'une si haute importance, que ces quelques jours lui sembleront plusieurs années. — Ne me répondez pas maintenant; partez, et que la paix soit avec vous.

Il se retira si précipitamment, après avoir ainsi parlé, que Péveril n'eut littéralement pas un instant pour répondre. Il jeta les yeux autour de lui dans le salon : Déborah et son élève avaient aussi disparu. Son regard s'arrêta un moment sur le portrait de Christian, et son imagination lui fit croire que les traits sombres du presbytérien s'épanouissaient dans un sourire de triomphe altier. Il tressaillit et regarda plus attentivement : — ce n'était que l'effet d'un rayon du soleil couchant, qui en cet instant était tombé sur le tableau. Cet effet était déjà évanoui, et il ne restait que les traits fixes, graves et inflexibles du soldat républicain.

Julien quitta l'appartement comme un homme qui marche au milieu d'un rêve; il monta sur Fairy, et, agité de cent pensées contraires qu'il lui était impossible de coordonner entre elles, il reprit le chemin du château de Rushin, où il arriva avant la chute du jour.

Il y trouva tout en mouvement. D'après quelques nouvelles reçues pendant son absence, ou par suite d'une résolution antérieure, la comtesse et son fils étaient partis, accompagnés de la plupart des gens de leur maison, pour le château de Holm-Peel, plus fort que celui de Rushin, dont il était éloigné d'environ huit milles, de l'autre côté de l'île. Comme lieu de résidence, Holm-Peel avait été tellement négligé que, sous ce rapport, il le cédait beaucoup à celui de Castletown; mais comme place forte, ce dernier était loin de valoir Holm-Peel. A moins d'un siége en règle, celui-ci était à peu près imprenable, et il était toujours occupé par une garnison des troupes des seigneurs de Man. Péveril y arriva à la nuit tombante. On lui dit dans le village de pêcheurs adjacent que la cloche de nuit du château avait sonné plus tôt que de coutume, et que la garde y était faite avec un soin et des précautions tout à fait inaccoutumés.

Ne voulant donc pas troubler la garnison en rentrant à cette heure avancée, il obtint pour la nuit un logement passable dans le village, et résolut d'entrer au château le lendemain de bonne heure. Il ne fut pas fâché de gagner ainsi quelques heures de solitude, pour penser à son aise aux événements si pleins d'émotions de la journée qui venait de finir.

CHAPITRE XV.

> Ce qui semblait sa tête était surmonté de l'apparence
> d'une couronne royale. *Le Paradis perdu.*

SODOR ou Holm-Peel[1], tels sont les noms du château vers lequel Julien dirigea ses pas le lendemain matin à la pointe du jour, est un de ces remarquables monuments d'antiquité dont abonde cette île si singulière et si intéressante. Il occupe la surface entière d'un rocher élevé formant une péninsule, ou plutôt une île; car à la marée haute il est entouré par la mer, et l'accès en est difficile même dans les basses eaux, quoiqu'une chaussée de pierre, d'une grande solidité, construite expressément dans ce dessein, rattache l'île à la terre ferme. Tout cet espace est ceint d'une double muraille très-forte et très-épaisse; et à l'époque dont il s'agit, on n'arrivait à l'intérieur que par deux escaliers raides et étroits séparés l'un de l'autre par une forte tour sous laquelle est une porte cintrée, et par un corps de garde. Le terrain compris dans l'enceinte des murailles est d'une étendue de deux acres, et offre beaucoup de choses dignes de la curiosité d'un antiquaire. On y voyait alors, outre le château même, deux églises dont la plus ancienne était dédiée à Saint-Patrick, et la plus moderne à Saint-Germain, indépendamment de deux chapelles de moindres dimensions; et dès cette époque le tout était déjà plus ou moins en ruine. Leurs murs délabrés, offrant la rude et massive architecture des temps les plus reculés, étaient construits d'une pierre grise et fruste qui formait un singulier contraste avec la pierre de taille rougeâtre et polie dont étaient composés les encadrements des fenêtres, les encoignures, les arcades, et les autres parties saillantes de l'édifice.

Outre ces quatre églises en ruine, l'espace de terrain enclos par les lourdes murailles extérieures de Holm-Peel offrait beaucoup d'autres vestiges des anciens temps. On y voyait une élévation artificielle de terre, de forme carrée, et dont les faces regardaient les points cardinaux; un de ces *motes*[2], comme on les nommait, sur lesquels, dans les anciens temps, les tribus du Nord procédaient à l'élection ou à la reconnaissance de leurs chefs, et tenaient leurs *comices* solennels ou assemblées populaires. On y voyait aussi une de ces tours singulières si communes en Irlande, qu'elles y sont devenues le thème favori de

---

[1] *Voyez* la note II, à la fin du volume.
[2] *Mote*, dans l'anglais moderne, est encore synonyme de *meeting* ou assemblée. (L. V.)

ses antiquaires, mais dont l'emploi réel et la destination n'en semblent pas moins perdus dans la nuit des siècles. Celle de Holm-Peel avait été convertie en tour de garde. Il y avait là, en outre, des monuments runiques aux inscriptions indéchiffrables, et d'autres inscriptions moins anciennes à la mémoire de champions dont les noms seuls avaient été sauvés de l'oubli. Mais la tradition et l'antiquité superstitieuse, toujours actives quand l'histoire réelle se tait, avaient rempli la longue lacune d'informations positives, de récits de Rois de la Mer et de pirates, de chefs des Hébrides et d'audacieux Norvégiens, qui autrefois avaient attaqué ce château fameux ou guerroyé pour sa défense. La superstition aussi avait ses récits de fantômes, d'esprits et de spectres, ses légendes de saints et de démons, de fées et de lutins familiers, récits qui, dans aucun coin de la Grande-Bretagne, ne sont faits et écoutés avec une crédulité plus absolue que dans l'île de Man.

Au milieu de toutes ces ruines d'une antiquité reculée s'élevait le château lui-même, — maintenant en ruine, — mais, à l'époque du règne de Charles II, occupé par une forte garnison, et, sous le point de vue militaire, tenu en très-bon ordre. C'était un vénérable et très-ancien édifice, contenant plusieurs appartements assez vastes et assez élevés pour être qualifiés de majestueux. Mais lors de la reddition de l'île par Christian, l'ameublement en avait été en grande partie pillé et détruit par les soldats républicains; de sorte, ainsi que nous l'avons déjà dit, que son état actuel le rendait peu propre à servir de résidence au noble propriétaire. Il avait cependant été souvent la demeure non-seulement des souverains de Man, mais de ces prisonniers d'état que les rois d'Angleterre remettaient quelquefois à leur garde.

Ce fut dans ce château de Holm-Peel que Richard, comte de Warwick, le grand faiseur de rois, fut confiné durant une certaine période de sa vie orageuse, pour y méditer à loisir sur ses plans ultérieurs d'ambition. Là aussi, Éléonore, l'épouse altière du bon duc de Gloucester, passa dans une triste reclusion les derniers temps de son exil. Les sentinelles prétendaient que son esprit irrité s'y montrait souvent pendant la nuit, parcourant les créneaux des murs extérieurs, ou se plaçant immobile près d'une certaine tourelle solitaire de l'une des tours de garde dont les remparts étaient flanqués, mais s'évanouissant dans l'air au premier chant du coq, ou quand la cloche tintait dans la dernière tour encore debout de l'église de Saint-Germain.

Tel fut Holm-Peel, comme les documents historiques nous l'apprennent, jusque vers la fin du dix-septième siècle.

Ce fut dans un des appartements élevés, mais presque dégarnis de meubles, de cet ancien château, que Julien Péveril trouva son ami le comte de Derby, assis en ce moment devant un déjeuner composé de diverses sortes de poissons.—Soyez le bienvenu, très-noble Julien, dit-il; soyez le bienvenu dans notre forteresse royale, où il ne paraît pas que nous devions mourir de faim, quoique nous y soyons presque morts de froid.

Julien ne répondit qu'en s'enquérant du motif de ce déplacement subit.

— Sur ma parole, répliqua le comte, vous en savez presque autant que moi. Ma mère ne m'a rien dit à cet égard, supposant, j'imagine, que je serai à la fin tenté de m'en informer ; mais elle se trompe fort. J'aime mieux croire de confiance à la sagesse de toutes ses mesures, que de lui donner l'embarras d'en rendre raison, quoique pas une femme ne soit plus en état de le faire.

— Allons, allons, ceci est de l'affectation, mon cher ami ; vous devriez montrer un peu plus de curiosité sur ce qui se passe

— A quoi bon? pour entendre de vieilles histoires sur les lois de Tynwald, sur les droits opposés des seigneurs et du clergé, et sur tous les vestiges de cette barbarie celtique, qui, comme la doctrine parfaite de Burgesse, entre par une oreille et sort par l'autre?

— Allons, mylord, vous n'êtes pas si indifférent que vous voulez le paraître. — Vous mourez de curiosité de savoir à propos de quoi ce remue-ménage ; seulement vous pensez qu'il est du bon ton de cour de vous montrer insouciant de vos propres affaires.

— Eh parbleu ! à propos de quoi serait-ce, sinon au sujet de quelque dispute factieuse entre le ministre de Notre Majesté, le gouverneur Nowel, et nos vassaux? ou peut-être de quelque altercation entre Notre Majesté et les juridictions ecclésiastiques? toutes choses dont Notre Majesté se soucie aussi peu que de quoi que ce soit dans la chrétienté.

— Je supposerais plutôt qu'on a reçu quelque avis d'Angleterre. J'ai entendu dire hier au soir à Peeltown que Greenhalgh est arrivé avec des nouvelles désagréables.

— Je sais bien qu'il ne m'a rien apporté d'agréable, en effet. J'attendais quelque chose de Saint-Évremont ou d'Hamilton, quelques nouvelles pièces de Dryden ou de Lee ; quelque bonne plaisanterie, quelque satire du Café Rose [1] ; et le drôle ne m'a rien apporté qu'un paquet de traités sur les protestants et les papistes, et un recueil de comédies in-folio, une des *conceptions,* comme elle les appelle, de cette vieille folle de duchesse de Newcastle [2].

— Paix, mylord, au nom du Ciel ! Voici venir la comtesse, et vous savez qu'elle prend feu au moindre brocard sur son ancienne amie.

— Qu'elle lise donc elle-même les œuvres de son ancienne amie, et qu'elle la juge aussi sage que bon lui semblera ; mais je ne donnerais pas une des chansons de Waller, ou une des satires de Denham, pour toute une pleine charrette des fariboles de Sa Grâce. — Mais notre mère approche, le front chargé de soucis.

---

[1] Café où se réunissaient à Londres les beaux-esprits de l'époque. (L. V.)

[2] Marguerite de Newcastle, une des dames d'honneur de la reine, à la cour de Charles Ier, composa dix-neuf pièces de théâtre, outre plusieurs volumes in-fol. de poésies. (L. V.)

La comtesse de Derby entra en effet dans l'appartement, tenant à la main plusieurs papiers. Elle était vêtue d'habits de deuil ; la longue queue de sa robe de velours noir était portée par une petite suivante favorite, jeune fille sourde et muette qu'en compassion de son infortune la comtesse avait attachée à sa personne depuis quelques années. Avec la teinte de romanesque qui caractérisait la plupart de ses actions, lady Derby avait donné à cette malheureuse créature le nom de Fenella, emprunté à quelqu'une des anciennes princesses de l'île. La comtesse elle-même était peu changée depuis la dernière fois que nous l'avons présentée à nos lecteurs. L'âge avait rendu sa démarche plus lente, mais non moins majestueuse ; et s'il avait imprimé quelques rides sur son front, il n'avait pu éteindre le feu calme de ses yeux noirs. Les jeunes gens se levèrent pour la recevoir, avec le respect cérémonieux qu'ils savaient qu'elle aimait ; et ils furent salués par elle avec une égale bonté.

— Cousin Péveril, dit-elle (car c'était toujours ainsi qu'elle nommait Julien, en raison de la parenté de lady Péveril avec le feu comte de Derby, son époux), vous avez mal fait de ne pas être au château la nuit dernière ; nous aurions eu grand besoin de vos avis.

Julien répondit en rougissant, ce dont il ne put s'empêcher, que la pêche l'avait entraîné trop loin dans les montagnes, qu'il était revenu tard, — et que trouvant Sa Seigneurie partie de Castletown, il s'était rendu sur-le-champ à Holm-Peel ; mais que comme la cloche de nuit était sonnée et les gardes posées, il avait cru plus respectueux de passer la nuit dans le village.

— C'est bien, repartit la comtesse ; et pour vous rendre justice, Julien, je dois dire que vous négligez rarement les heures de vos devoirs, quoique, comme tous les jeunes gens de ce siècle, vous laissiez quelquefois consumer dans vos divertissements un temps qui devrait être autrement employé. Mais quant à votre ami Philippe, c'est un contempteur avoué du bon ordre, et il semble prendre plaisir à perdre le temps, même quand il n'en jouit pas.

— Maintenant, du moins, je viens de jouir de mon temps, dit le comte en se levant de table, et en se servant de son cure-dent d'un air d'insouciance. Ces mulets frais sont délicieux, ainsi que le lacryma-christi. Mettez-vous à table, Julien, et prenez votre part des bonnes choses dont ma prévoyance royale a pourvu ce château. Jamais roi de Man n'a été plus près d'être laissé à la merci de l'exécrable eau-de-vie de ses domaines. Le vieux Griffiths n'aurait jamais eu, au milieu de notre retraite précipitée d'hier au soir, assez de bon sens pour se munir de quelques flacons, si je ne lui avais rappelé cet important objet. Mais la présence d'esprit au milieu du danger et du tumulte est un joyau que j'ai toujours possédé.

— En ce cas, Philippe, je souhaiterais que vous en fissiez un meilleur emploi, repartit lady Derby à demi souriant, à demi mécontente ;

car elle chérissait son fils avec toute la tendresse d'une mère, même quand elle était le plus fâchée contre lui pour l'absence de cette disposition d'esprit chevaleresque qui avait distingué le père du jeune comte, et qui s'accordait si bien avec la tournure d'esprit romanesque de la fière comtesse. — Prêtez-moi votre sceau, ajouta-t-elle en soupirant; car je vous demanderais vainement, je le crains, de lire ces dépêches d'Angleterre, et de faire exécuter les warrants que j'ai cru nécessaire de préparer en conséquence.

— Mon sceau est à vos ordres, madame, de tout mon cœur; mais épargnez-moi la révision de ce que vous êtes beaucoup plus que moi capable de décider. Je suis, vous le savez, un *roi fainéant* des plus complets, et je n'ai jamais entravé une seule fois mon *maire du palais*[1] dans ses mesures.

La comtesse fit quelques signes à sa petite porte-queue, qui sortit immédiatement et revint presque aussitôt avec de la cire et une lumière.

Dans l'intervalle, la comtesse continua, en s'adressant à Péveril : — Philippe est plus qu'injuste envers lui-même. Pendant votre absence, Julien (car si vous aviez été ici, je vous aurais attribué l'honneur d'avoir conseillé votre ami), il a eu une vive discussion avec l'évêque, qui voulait appuyer ses censures spirituelles contre une pauvre misérable, en la faisant enfermer dans le caveau sous la chapelle[2].

— Ne pensez pas de moi mieux que je ne le mérite, dit le comte à Péveril; ma mère a omis de vous dire que la coupable était la gentille Peggy de Ramsay, et que son crime est ce que, dans les cours d'amour, on eût qualifié de peccadille.

— Ne vous faites pas pire que vous n'êtes, répliqua Péveril qui vit le rouge monter aux joues de la comtesse; — vous savez bien que vous en auriez fait tout autant pour la plus vieille et la plus pauvre impotente de l'île. Le cachot est sous les caveaux mortuaires de la chapelle, et, autant que je sache, sous l'Océan lui-même, tant les vagues y font un épouvantable bruit. Je ne crois pas qu'on y pût demeurer longtemps sans perdre la raison.

— C'est un trou infernal, repartit le comte, et quelque jour je le ferai combler, — cela est bien certain. — Mais un instant, — un instant;

---

[1] Les expressions imprimées en italique sont en français dans l'original.

[2] Au-dessous de la seule des quatre églises du château de Rushin qui soit ou qui fût tenue un peu en état, est'une prison ou cachot destiné à ceux qui offensaient le clergé. « Ce cachot, dit Waldron, est certainement un des lieux les plus effroyables que l'imagination puisse concevoir; la mer s'insinue au-dessous dans les cavités du rocher, avec un rugissement tellement continu, que vous croiriez à chaque instant qu'elle va faire irruption sur vous; et au-dessus sont les caveaux pour enterrer les morts. Les degrés par lesquels on descend dans ce lieu de terreur n'excèdent pas le nombre de trente; mais ils sont si escarpés et si étroits que la descente en est fort difficile. Un enfant de huit ou neuf ans ne peut y passer qu'en se tournant de côté. » (Waldron, *Description of the isle of Man*, dans le recueil de ses œuvres, in-fol., pag. 105.) (W. S.)

— au nom du Ciel, madame, qu'allez-vous faire? Regardez le sceau avant de l'apposer sur le warrant; — vous verrez que c'est un rare camée antique, un Cupidon à cheval sur un poisson volant. — Je l'ai payé vingt sequins au seigneur Furabosco à Rome. — C'est un objet très-curieux pour un antiquaire, mais qui donnera peu d'autorité à un warrant du souverain de Man.

— Comment pouvez-vous plaisanter ainsi, enfant étourdi? dit la comtesse, dont l'air et l'accent indiquaient la contrariété. Donnez-moi votre sceau, ou plutôt prenez ces warrants et apposez-l'y vous-même.

— Mon sceau... mon sceau... ha! vous voulez dire cette chose à trois jambes monstrueuses, que je suppose avoir été imaginée comme ce qu'on pouvait trouver de plus ridicule pour représenter Notre très-absurde Majesté de Man. — Le sceau? — Je ne l'ai pas vu depuis que je l'ai donné à mon singe Gibbon pour jouer avec : — il avait l'air de me le demander du ton le plus piteux. — J'espère qu'il n'aura pas orné le sein du vert Océan de mon symbole de souveraineté.

— Par le Ciel! s'écria la comtesse d'une voix tremblante et en rougissant de colère, le sceau de votre père! le dernier gage qu'il m'envoya avec ses dernières paroles de tendresse pour moi, et sa bénédiction pour toi, la veille du jour où ils l'assassinèrent à Bolton.

— Ma mère, ma chère mère, dit le comte sortant de son apathie, et lui prenant la main qu'il baisa tendrement, je ne faisais que plaisanter; — le sceau est en sûreté; — Péveril le sait. — Va le chercher, Julien, pour l'amour du Ciel! — voici mes clefs; — il est dans le tiroir de gauche de mon nécessaire de voyage. — Ma mère, pardonnez-moi! — Ce n'était qu'une mauvaise plaisanterie[1]; une plaisanterie mal imaginée, fâcheuse et de mauvais goût, j'en conviens; — mais ce n'était qu'une des folies de Philippe. Regardez-moi, ma bonne mère, et pardonnez-moi.

La comtesse tourna vers lui ses yeux d'où s'échappaient de grosses larmes.

— Philippe, dit-elle, vous m'éprouvez trop durement et trop cruellement. Si les temps sont changés, comme je vous l'ai entendu dire, — si la dignité du rang et les sentiments élevés d'honneur et de devoir sont maintenant un objet de plaisanteries inconsidérées et de jeux puérils, souffrez du moins que *moi*, qui vis séparée du monde, je meure sans apercevoir le changement qui a eu lieu, et surtout sans l'apercevoir dans mon propre fils. Que je n'apprenne point par vous le débordement général de cette légèreté qui ne trouve que matière à rire dans les sentiments de devoir et de dignité; — ne me donnez pas lieu de penser qu'après ma mort...

---

[1] Ces deux mots sont en français dans le texte.

— Ne me parlez pas de cela, ma mère, interrompit le comte d'un ton affectueux. Je ne puis, il est vrai, vous promettre d'être tout ce que fut mon père, tout ce que furent ses ancêtres; car nous portons des habits de soie au lieu de leurs cottes d'acier, et des chapeaux à plumes au lieu de leurs heaumes à cimier. Mais croyez-moi; quoiqu'il ne soit pas dans ma nature d'être un parfait Palmerin d'Angleterre, jamais fils n'aima plus tendrement une mère, et n'eût plus fait pour l'obliger. Et pour que vous en puissiez juger, je vais non-seulement sceller à l'instant même les warrants, au grand risque de mes précieux doigts, mais encore je vais les lire d'un bout à l'autre, ainsi que les dépêches qui s'y rapportent.

Une mère s'apaise aisément, même quand elle est le plus offensée; le cœur de la comtesse se dilata lorsqu'elle vit les beaux traits de son fils prendre, pendant qu'il lisait ces papiers, une expression sérieuse qu'ils revêtaient rarement. Il lui semblait que sa ressemblance avec son brave et malheureux père devenait plus frappante, à mesure qu'une même gravité rapprochait l'expression de leurs physionomies. Le comte eut à peine achevé la lecture des dépêches, ce qu'il avait fait avec une grande attention, qu'il se leva en disant : Julien, suivez-moi.

La comtesse parut surprise. — Mon fils, dit-elle, j'avais coutume d'assister aux conseils de votre père, mais ne pensez pas que je veuille malgré vous prendre part aux vôtres. Je suis trop satisfaite de vous voir enfin prendre le pouvoir en main et commencer à remplir le devoir de penser par vous-même, ce dont je vous pressais depuis si longtemps. Néanmoins je crois que l'expérience que m'a donnée une si longue administration de votre autorité dans l'île, pourrait ne pas être superflue dans l'affaire dont il s'agit.

— Veuillez m'excuser, ma mère, dit gravement le comte. Ce n'est pas moi qui ai cherché à y intervenir. Si vous aviez agi sans me consulter, c'eût été bien ; mais puisque j'ai pris connaissance de l'affaire, — et elle paraît assez importante, — il faut que je la termine moi-même du mieux qu'il me sera possible.

— Allez donc, mon fils, et puisse le Ciel vous éclairer de ses conseils, puisque vous refusez les miens. — J'espère, M. Péveril, que vous le ferez souvenir de ce qui convient à son honneur, et que vous lui rappellerez qu'il n'y a qu'un lâche qui abandonne ses droits, et un fou qui se fie à ses ennemis.

Le comte ne répondit pas ; mais prenant le bras de Péveril, il le conduisit, par un escalier tournant, à son appartement, et de là à une tourelle en saillie, où, au milieu du mugissement des vagues et des cris des mouettes, il eut avec lui la conversation suivante.

— Péveril, j'ai bien fait de jeter les yeux sur ces warrants. Ma mère joue la reine de manière à ce qu'il m'en pourrait coûter non-seulement ma couronne, dont je me soucie peu, mais peut-être ma tête ; et quelque mince opinion que les autres en aient, je trouverais quelque inconvénient à en être privé.

— De quoi s'agit-il donc ? demanda Péveril avec une vive anxiété.

— Il semble, répondit le comte de Derby, que la Vieille Angleterre, à qui tous les deux ou trois ans il prend un accès de fièvre chaude, au plus grand profit de ses docteurs et pour la purification de cette torpeur léthargique produite par la paix et la prospérité, soit en ce moment sur le point de devenir folle à propos d'un complot papiste, réel ou supposé. J'ai eu sous les yeux un programme à ce sujet, par un certain Oates, et je le regardais comme la plus absurde sottise que j'eusse jamais lue. Mais ce rusé Shaftesbury et quelques autres grands personnages s'en sont emparés, et font courir le char de manière à rompre les harnais et à crever les chevaux. Le roi, qui a juré de ne jamais baiser l'oreiller sur lequel son père s'est endormi, temporise et laisse aller le courant ; le duc d'York[1], suspect et haï à cause de sa religion, va peut-être être chassé sur le continent ; plusieurs des principaux nobles catholiques sont déjà à la Tour ; et la nation, comme un taureau aux courses de Tutbury, est poursuivie de tant de rumeurs incendiaires, de tant de pamphlets pestilentiels, qu'elle a retroussé la queue, levé les talons, pris le mors aux dents, et qu'elle est devenue aussi furieuse, aussi ingouvernable qu'en 1642.

— Vous deviez déjà savoir tout cela ; je m'étonne que vous ne m'ayez rien dit de nouvelles si importantes.

— Cela eût été long à dire ; de plus, je désirais vous voir seul ; troisièmement, j'allais vous en parler quand ma mère est entrée ; et finalement, l'affaire ne me concernait point. Mais ces dépêches du correspondant privé de ma politique mère placent toute l'affaire sous une nouvelle face ; car il semble que quelques délateurs, métier que font beaucoup de gens depuis qu'il est devenu profitable, ont osé représenter la comtesse elle-même comme un agent de ce complot ; — oui, et que de plus ils ont trouvé des gens assez disposés à les croire.

— Sur mon honneur, vous prenez la chose l'un et l'autre avec un grand sang-froid ! Je crois même que la comtesse est encore plus calme que vous ; car, sauf son départ subit pour ce château, elle n'a manifesté aucune alarme, et elle ne semblait nullement plus empressée de communiquer cette nouvelle à Votre Seigneurie que les convenances ne le rendaient nécessaire.

— Ma bonne mère aime le pouvoir, quoiqu'il lui ait coûté cher. Je voudrais pouvoir dire avec vérité que ma négligence des affaires a uniquement pour but de le laisser dans ses mains ; mais cette raison plus justifiable se combine avec mon indolence naturelle. Elle semble,

---

[1] Depuis Jacques II, le dernier roi Stuart d'Angleterre. (L. V.)

au reste, avoir craint qu'en cette occurrence je ne pensasse pas précisément comme elle, et elle a eu raison de le supposer.

— Que pensez-vous donc du cas, et sous quelle forme le danger s'offre-t-il?

— Par Marie, voici ce qui en est. Je n'ai pas besoin de vous rappeler l'affaire du colonel Christian. Cet homme, outre sa veuve, qui possède des propriétés considérables, — dame Christian de Kirk-Truagh, dont vous avez souvent entendu parler, et que vous avez peut-être vue, — a laissé un frère nommé Edward Christian, que vous n'avez jamais vu. Or, ce frère.... Mais je suis sûr que vous savez tout ce qui en est?

— Non, sur mon honneur; vous savez que la comtesse ne fait jamais ou que bien rarement allusion à ce sujet.

— Ma foi, je crois qu'au fond du cœur elle est quelque peu honteuse de ce bel acte de souveraineté et de juridiction suprême, dont les conséquences ont si cruellement écorné mon domaine. — Hé bien donc, cousin, cet Edward Christian était à cette époque un des *dempsters* de l'île, et naturellement assez peu disposé à concourir à la sentence qui condamnait son aîné à être fusillé comme un chien. Ma mère, qui était alors dans toute la plénitude de son pouvoir, et qui ne souffrait pas aisément la contradiction, aurait volontiers mis le dempster à la même sauce que son frère; mais il fut assez sage pour quitter l'île en toute hâte. Depuis lors, la chose est restée assoupie; et quoique nous sussions que Christian le dempster faisait de temps à autre de secrètes visites à ses amis de l'île, en compagnie de deux ou trois autres puritains du même calibre, et notamment d'un coquin à oreilles dressées nommé Bridgenorth, beau-frère du défunt, ma mère, grâces au Ciel, a pourtant eu jusqu'ici le bon sens de fermer les yeux sur eux, bien que pour un motif que j'ignore elle voie ce Bridgenorth particulièrement de mauvais œil.

— Et pourquoi, dit Péveril, faisant effort pour parler, afin de cacher la désagréable surprise qu'il éprouvait, pourquoi la comtesse se départ-elle aujourd'hui d'une ligne de conduite si prudente?

— Il faut que vous sachiez que maintenant le cas n'est plus le même. Les coquins ne sont pas satisfaits d'être tolérés, — ils voudraient avoir la suprématie. Dans l'effervescence actuelle des esprits, ils ont trouvé des amis parmi le peuple. On a fait entrer le nom de ma mère, et surtout celui de son confesseur, le jésuite Aldrick, dans ce bel échafaudage de complot, auquel, s'il est vrai que quelque chose de tel existe, elle est aussi étrangère que vous et moi. Mais elle est catholique, et c'en est assez; et je ne doute pas que si les drôles pouvaient s'emparer de notre rogaton de royaume et nous couper le cou à tous, ils ne reçussent les remercîments de la chambre des communes actuelle, tout comme le vieux Christian eut ceux du *Croupion* pour un service semblable.

— D'où tenez-vous tous ces détails? demanda encore Péveril, avec un effort semblable à celui que fait un homme qui parle en dormant.

— Aldrick a vu le duc d'York en secret. Son Altesse Royale, qui pleurait en avouant son impuissance à protéger ses amis, — et ce n'est pas une bagatelle qui lui arrachera des larmes, — l'a chargé de nous donner avis de veiller à notre sûreté, attendu que ce Christian le dempster était dans l'île avec Bridgenorth, chargés l'un et l'autre d'ordres secrets et rigoureux; qu'ils s'y étaient formé un parti considérable, et que probablement ils seraient avoués et appuyés en tout ce qu'ils pourraient entreprendre contre nous. Malheureusement les habitants de Ramsay et ceux de Castletown sont mécontents à cause de je ne sais quelle nouvelle assiette d'impôt; et à vous dire la vérité, quoique j'aie regardé d'abord notre départ subit, hier, comme une fantaisie de ma mère, je suis maintenant à peu près convaincu qu'ils nous auraient bloqués dans le château de Rushin, où nous n'aurions pu tenir, faute de provisions. Ici nous sommes mieux avitaillés, et comme nous sommes sur nos gardes, il est présumable que le soulèvement projeté n'aura pas lieu.

— Et que faire dans ces circonstances?

— C'est précisément là la question, mon gentil cousin. Ma mère ne voit qu'une manière de procéder, c'est par autorité royale. Voici les warrants qu'elle avait préparés pour chercher, saisir et appréhender au corps Edward Christian et Robert... non, Ralph Bridgenorth, et les traduire en jugement sans délai. Sans doute elle les aurait bientôt eu amenés dans la cour du château, avec une douzaine de vieilles arquebuses pointées contre eux ; — c'est sa manière de résoudre toute difficulté soudaine.

— Mais c'est une manière que, je l'espère, vous n'adopterez pas, mylord, reprit Péveril, dont les pensées se reportèrent sur-le-champ à Alice, si l'on peut dire qu'elles la quittassent jamais.

— Vraiment je ne l'adopte en aucune façon. La mort de William Christian me coûte une belle moitié de mon héritage ; je n'ai nulle envie d'encourir le déplaisir de mon royal frère le roi Charles, pour une nouvelle escapade du même genre. Mais comment apaiser ma mère, je l'ignore. Je voudrais que l'insurrection eût lieu, parce qu'alors, étant mieux pourvus que les coquins ne peuvent l'être, nous pourrions leur casser la tête, et que dans ce cas, comme ce serait eux qui auraient commencé la querelle, nous aurions la loi de notre côté.

— Ne vaudrait-il pas mieux, s'il en était quelque moyen, déterminer ces hommes à quitter l'île?

— Assurément ; mais ce ne sera pas chose aisée. — Ils sont entêtés de leurs principes, et de simples menaces ne les intimideront pas. Cet ouragan de Londres est un vent dans leurs voiles, et ils vogueront en avant, vous pouvez y compter. J'ai néanmoins expédié des ordres pour que l'on s'assure de ceux des Mankois sur l'assistance desquels ils comptaient ; et si je puis mettre la main sur les deux chefs eux-mêmes, il ne manque pas de sloops dans le havre : — je prendrai la liberté de leur faire faire au loin un joli voyage, et j'espère que les choses seront réglées avant qu'ils soient de retour pour en rendre compte.

En ce moment un soldat appartenant à la garnison s'approcha des deux jeunes gens, avec force saluts et démonstrations respectueuses.

— Qu'y a-t-il, mon ami ? lui dit le comte. Laisse là tes politesses, et dis-nous ton affaire.

L'homme, qui était un natif de l'île, répondit en idiome mankois qu'il avait une lettre pour Son Honneur M. Julien Péveril. Julien lui prit vivement le billet des mains, et lui demanda de quelle part il venait.

— Il lui avait été remis par une jeune femme, répondit le soldat, qui lui avait donné une pièce d'argent pour l'apporter en main propre à M. Péveril.

— Tu es un heureux drôle, Julien, dit le comte. Avec cet air grave et la réputation de sagesse et de raison précoce, tu rends les jeunes filles amoureuses, et tu en reçois des avances ; au lieu que moi, leur souffre-douleur et leur vassal, je perds à la fois mon temps et mes paroles, sans obtenir un mot ni un regard de bonté, bien moins encore un billet doux.

Le jeune comte disait ceci d'un ton avantageux ; et en effet, il n'avait pas une mince opinion du crédit qu'il se supposait près du beau sexe.

Cependant, la lettre inspira à Péveril des pensées bien différentes de ce que soupçonnait son compagnon. Elle était de la main d'Alice, et contenait ces mots :

« Je crains que ce que je vais faire ne soit mal ; mais il faut que je
« vous voie. Venez me trouver à midi à la pierre de Goddard-Crovan [1],
« aussi secrètement que vous pourrez. »

La lettre n'était signée que des initiales A. B. ; mais Julien n'eut pas de peine à reconnaître l'écriture, qu'il avait vue souvent et qui était remarquablement belle. Il resta en suspens, car il sentit combien il était difficile et peu convenable de s'éloigner de la comtesse et de son ami, en ce moment d'imminent danger ; et cependant, négliger cette invitation, il n'y avait pas à y songer. Il demeura immobile et silencieux, en proie à la dernière perplexité.

— Devinerai-je votre énigme ? dit le comte. Allez où l'amour vous appelle ; — je vous trouverai une excuse près de ma mère. — Seulement, très-grave anachorète, soyez à l'avenir plus indulgent aux faiblesses des autres que vous ne l'avez été jusqu'ici, et ne blasphémez pas le pouvoir du petit dieu.

Goddard Crovan's Stone.

CHAPITRE XV.

— Mais, cependant, cousin Derby... et Péveril s'arrêta court, car réellement il ne savait que dire. Garanti par un amour vertueux contre la contagieuse influence du temps, il avait vu avec regret son noble cousin se livrer à plus d'écarts qu'il n'avait pu l'approuver, et plus d'une fois il avait pris le rôle de mentor. Les circonstances semblaient, en ce moment, donner au comte un droit de représailles. Il tenait les yeux fixés sur son ami, comme pour attendre que celui-ci terminât sa phrase; et voyant que Julien se taisait, il s'écria enfin : Quoi! cousin, tout à fait blessé à mort? O très-judicieux Julien! ô très-rigide Péveril! avez-vous dépensé tant de sagesse avec moi que vous n'en ayez pas gardé pour vous? Allons, soyez franc. — Dites-moi le nom et le lieu ; — dites-moi seulement la couleur des yeux de votre belle incomparable ; — ou que seulement j'aie le plaisir de vous entendre dire : J'aime! — Avouez une atteinte de fragilité humaine ; — conjuguez le verbe *amo*, et je serai un pédagogue indulgent; et vous aurez, comme avait coutume de dire le père Richard, quand nous étions sous sa férule, *licentia exeundi* [1].

— Égayez-vous à mes dépens, mylord ; je conviendrai franchement que j'aurais le plus grand désir, si cela peut s'accorder avec mon honneur et votre sûreté, d'avoir deux heures à ma disposition : d'autant plus que la manière dont je les emploierai pourra n'être nullement étrangère à la sûreté de l'île.

— J'ose dire que cela est très-probable, répondit le comte en riant toujours. Vous êtes sans doute appelé par quelque lady Politique Wouldbe [2] de l'île, pour vous entretenir sur un sujet bien grave ; mais ne vous inquiétez pas. — Allez, et allez promptement, afin de pouvoir revenir aussi vite que possible. Je ne m'attends pas à l'explosion immédiate de cette grande conspiration. Quand les coquins nous verront sur nos gardes, ils y regarderont à deux fois avant d'éclater. Seulement, encore une fois, faites diligence.

Péveril pensa que ce dernier avis n'était pas à négliger; et charmé d'échapper aux railleries de son cousin, il descendit vers la porte du château, dans l'intention de se rendre au village, et là de monter sur un cheval des écuries du comte pour gagner le lieu du rendez-vous.

[1] La permission de sortir.
[2] Littéralement *lady Voudrait* (*lady Would be*); mot passé dans la langue usuelle de l'Angleterre, pour indiquer une personne à prétentions. (L. V.)

CHAPITRE XVI.

> ACASTO
> Ne peut-elle parler ?
> OSWALD.
> Si parler ne consiste qu'en sons accentués, articulés par la langue et les lèvres, la jeune fille est muette; mais si l'expression des moindres intentions par un air de vivacité intelligente, par un geste, un signe, un regard, et cela aussi clairement que lorsque la pensée est revêtue de la parole; si une telle expression peut être appelée parler, cette faculté merveilleuse, elle la possède. Ses yeux, comme les astres qui brillent au ciel, ont un langage qui s'adresse à l'intelligence, quoique dépourvu de sons.
> *Ancienne Comédie.*

Sur le premier palier de l'escalier qui conduisait à l'entrée difficile et bien défendue du château de Holm-Peel, Péveril fut accosté et arrêté par la porte-queue de la comtesse. Cette petite créature, — car par sa taille et ses proportions c'était la plus petite des femmes, — offrait dans tous ses membres un ensemble de proportions exquises que son costume habituel (une tunique de soie verte d'une forme particulière) faisait encore ressortir avec avantage. La teinte de son visage était plus brune qu'il n'est ordinaire chez les Européens, et la profusion de ses longs cheveux soyeux qui atteignaient presque à ses chevilles quand elle déroulait les tresses qu'elle aimait à en former, semblait aussi l'indice d'une origine étrangère. Sa physionomie ressemblait à la plus jolie miniature, et il y avait dans l'air de Fenella, et surtout dans ses yeux, une vivacité, une résolution, un feu qu'augmentait probablement encore l'imperfection de ses autres organes, celui de la vue étant le seul par lequel elle pût savoir ce qui se passait autour d'elle.

La jolie muette possédait une foule de petits talents que la comtesse lui avait fait enseigner en compassion de sa triste situation, et pour lesquels elle avait montré la plus étonnante aptitude. Ainsi, par exemple, elle excellait dans les travaux d'aiguille, et elle dessinait avec tant de facilité et d'adresse, qu'à l'exemple des anciens Mexicains elle faisait parfois de son crayon un moyen de communiquer ses idées par une représentation directe ou emblématique. Dans l'art de l'écriture ornée, si fort en vogue à cette époque, Fenella avait surtout fait de tels progrès, qu'elle aurait pu rivaliser avec les célèbres Snow, Shelley, et autres *maîtres de la plume*, dont les manuscrits, conservés dans les bibliothèques des curieux, montrent encore au frontispice l'artiste souriant, dans tous les honneurs de la robe flottante et de la perruque à trois marteaux, à la gloire éternelle de la calligraphie.

La jeune fille avait, outre ces talents, une grande vivacité d'esprit et une rare intelligence. C'était la favorite de lady Derby et des deux jeunes gens, et elle conversait très-aisément avec ses amis, au moyen d'un système de signes qui s'était graduellement établi entre eux, et qui suffisait à tous les objets ordinaires de leurs rapports.

Mais quoique favorisée quant à l'indulgence et à l'amitié de sa maîtresse, dont, à la vérité, elle était rarement séparée, Fenella n'était nullement aimée du reste de la maison. Dans le fait, il semblait que son caractère, aigri peut-être par le sentiment de son malheur, ne répondait en aucune façon à ses talents acquis. Elle était très-hautaine dans ses manières, même envers les premiers officiers de la maison, qui, chez la comtesse de Derby, étaient, par le rang et par la naissance, fort au-dessus de la généralité de ceux des familles nobles. Ils se plaignaient souvent, non-seulement de sa fierté et de sa réserve, mais de son esprit altier et irascible, et de ses dispositions vindicatives. Il est vrai que les jeunes gens avaient trouvé un malin plaisir à encourager son humeur colérique, le comte surtout, qui se plaisait quelquefois à la tourmenter, uniquement pour s'amuser des gestes singulièrement variés et des murmures inarticulés par lesquels elle exprimait son ressentiment. A son égard, elle se bornait simplement à ces démonstrations pétulantes et bizarres d'une colère impatiente ; mais lorsqu'elle s'emportait contre d'autres de condition inférieure, — devant lesquels elle n'avait pas à se contraindre, — l'expression de sa fureur, ne pouvant se faire jour par des paroles, avait quelque chose d'effrayant, tant étaient extraordinaires les inflexions, les contorsions et les gestes auxquels elle avait recours. Les domestiques de la dernière classe, envers lesquels elle se montrait libérale presque au delà de ses moyens apparents, lui témoignaient beaucoup de déférence et de respect, mais plus par crainte que par attachement réel ; car les caprices de son humeur se montraient jusque dans ses dons, et ceux qui avaient le plus fréquemment part à ses bontés ne semblaient nullement assurés de la bienveillance des motifs qui lui inspiraient sa générosité.

Toutes ces particularités conduisirent à une conclusion conforme aux superstitions de l'île. Aveuglément imbus de toutes les croyances aux légendes féeriques si chères aux tribus celtes, les habitants de Man tenaient pour certain que les *elves*[1] étaient dans l'habitude d'enlever les enfants des hommes avant le baptême, et de laisser dans le berceau du nouveau-né un enfant de leur race, auquel il manquait presque toujours quelqu'un des organes propres à l'humanité. A leurs yeux,

---

[1] Pluriel du mot *elf*, lutin. (L. V.)

Fenella était un de ces êtres; et la petitesse de sa taille, son teint foncé, sa longue chevelure soyeuse, la singularité de ses manières et des sons qu'elle faisait entendre, aussi bien que les caprices de son caractère, étaient, dans leur opinion, autant d'attributs de la race irritable, inconstante et dangereuse dont ils la supposaient issue. Et quoique nulle plaisanterie ne parût l'irriter davantage que lorsque lord Derby lui donnait en badinant le titre de *reine des lutins*, ou qu'il faisait quelque autre allusion à sa parenté prétendue avec la « race des Pygmées, » il semblait que son affectation à ne s'habiller que de vert, couleur favorite des fées, ainsi que d'autres particularités, fussent volontairement calculées par elle pour entretenir ces idées superstitieuses, peut-être parce qu'elles lui donnaient plus d'autorité parmi les classes inférieures.

Bien des contes circulaient au sujet de l'*elf* de la comtesse, ainsi que Fenella était habituellement désignée dans l'île; et les mécontents de la secte la plus rigide étaient convaincus qu'une papiste et une *malignante* seule pouvait garder près de sa personne une créature d'origine si équivoque. Ils croyaient que Fenella n'était sourde et muette que pour les habitants de ce monde, et qu'on l'avait entendue parler, chanter et rire en vrai lutin avec les êtres invisibles de sa propre race. Ils assuraient en outre que Fenella avait un *double*, une sorte d'apparition à sa ressemblance, qui dormait dans l'antichambre de la comtesse, ou portait sa queue, ou travaillait dans son cabinet, tandis que la véritable Fenella allait par les clairs de lune se joindre aux chants des *mermaids*[1] sur les sables du rivage, ou à la danse des fées dans la vallée hantée de Glenmoy, ou sur les hauteurs de Snawfell et de Barool. Les sentinelles, aussi, auraient attesté par serment qu'ils avaient vu la petite Fenella passer en glissant devant eux pendant leurs factions solitaires de la nuit, sans qu'il fût en leur pouvoir de l'interpeller, plus que s'ils eussent été aussi muets qu'elle. Les gens éclairés n'accordaient pas plus d'attention à cette foule d'absurdités qu'aux exagérations ordinaires d'un vulgaire crédule, qui confond si souvent l'extraordinaire avec le surnaturel[2].

Tel était, quant à l'extérieur et aux habitudes, le petit être femelle qui, tenant à la main une courte verge d'ébène de forme antique, qu'on eût pu prendre pour une baguette divinatoire, se présenta devant Julien au haut de l'escalier conduisant de la cour du château au pied du rocher. Nous aurions dû faire observer que les manières de Julien envers la malheureuse fille avaient toujours été pleines de douceur et exemptes de ces plaisanteries par lesquelles son ami plus gai se plaisait à la tourmenter, sans égard pour la situation et l'irritabilité de cette infortunée; et que Fenella, de son côté, lui témoignait habituellement

---

[1] Filles de la Mer, ou Sirènes. (L. V.)

[2] *Voyez* la note I, à la fin du volume.

une beaucoup plus grande déférence qu'à personne autre dans la maison, sa maîtresse, lady Derby, toujours exceptée.

En cette occasion, se plaçant au milieu même de l'étroite descente, de manière à ce qu'il fût impossible à Péveril de passer près d'elle, elle se mit à le questionner, par une suite de gestes dont nous allons tâcher de donner une idée. Elle commença par étendre légèrement la main, en accompagnant ce mouvement du regard expressif et pénétrant qui lui servait comme de signe interrogateur. C'était lui demander s'il allait loin. Julien répondit en étendant le bras plus d'à demi, pour indiquer que la distance était assez grande. Fenella prit un air grave, secoua la tête, et montra du doigt la fenêtre de la comtesse, qu'on pouvait apercevoir de la place où ils se trouvaient. Péveril sourit et fit un signe de tête, pour indiquer qu'il n'y avait pas de danger à ce qu'il quittât sa maîtresse pendant un court espace de temps. La jeune fille porta alors la main à une plume d'aigle placée dans ses cheveux, signe qu'elle employait habituellement pour désigner le comte; puis elle regarda de nouveau Julien d'un air interrogateur comme pour dire : Va-t-il avec vous? Péveril secoua la tête; et commençant à se fatiguer de cet interrogatoire, il fit, en souriant, un effort pour passer outre. Fenella fronça le sourcil, frappa perpendiculairement le palier du bout de sa baguette d'ébène, et secoua encore une fois la tête, comme pour s'opposer à son départ. Mais voyant que Julien persévérait dans son dessein, elle prit tout à coup un ton plus doux, le saisit d'une main par le pan de son manteau et leva l'autre dans une attitude suppliante, en même temps que tous les traits de sa physionomie animée avaient pris une expression de prière, et que le feu de ses grands yeux noirs, habituellement si vifs et si perçants qu'ils semblaient presque doués de trop de vie pour la petite sphère à laquelle ils appartenaient, paraissait éteint, en ce moment, dans les grosses larmes suspendues à ses longues paupières.

Julien Péveril était loin d'être dénué de sympathie pour la pauvre fille, qui semblait n'avoir d'autre motif, en s'opposant à son départ, que ses appréhensions affectueuses pour la sûreté de sa maîtresse. Il s'efforça de la rassurer par ses sourires, et en même temps par tous les signes qu'il put imaginer pour lui faire comprendre qu'il n'y avait aucun danger, et qu'il allait bientôt revenir; et ayant réussi à dégager son manteau de sa prise et à passer entre elle et le mur à l'escalier, il se mit à descendre les degrés de toute sa vitesse, afin d'échapper à de nouvelles importunités.

Mais déployant une activité qui surpassait de beaucoup celle du fugitif, la jeune muette se hâta de l'arrêter de nouveau, et elle y réussit en se jetant une seconde fois, au risque de ses membres ou de sa vie, dans le passage par lequel il descendait, de manière à le lui intercepter. Pour y parvenir, il lui fallut franchir une hauteur considérable, en sautant du mur d'une petite batterie où étaient placés deux pierriers destinés à nettoyer la passe dans le cas où l'ennemi fût parvenu jusque-là. Julien avait à peine eu le temps de frémir en la voyant se disposer à s'élancer du parapet, que, légère comme le duvet des plantes, elle était déjà, debout et sans s'être fait le moindre mal, sur la plate-forme que le rocher formait au-dessous. Il tâcha, par la gravité de son air et de ses gestes, de lui faire comprendre combien il blâmait sa témérité ; mais le reproche, quoique évidemment elle le dût comprendre, fut tout à fait perdu. Par un mouvement de main rapide, elle exprima combien peu elle faisait cas du danger et de la remontrance ; et en même temps elle recommença avec plus de vivacité encore qu'auparavant les instances muettes, mais énergiques, par lesquelles elle s'efforçait de le retenir dans la forteresse.

Julien se sentit ébranlé par cette persistance. — Serait-il possible, pensa-t-il, que la comtesse fût menacée de quelque danger dont cette pauvre fille, par son extrême subtilité d'observation, aurait découvert des indices que d'autres n'eussent pas aperçus ?

Il fit signe à Fenella de lui donner promptement les tablettes et le crayon qu'elle portait habituellement sur elle, et il y écrivit : « Votre maîtresse est-elle menacée de quelque danger, pour que vous me reteniez ainsi ? »

« La comtesse est entourée de dangers, écrivit-elle aussitôt en réponse ; mais il y en a beaucoup plus dans votre projet. »

— Comment ! Quoi ? — que savez-vous de mon projet ? dit vivement Julien, oubliant, dans sa surprise, que celle à qui il s'adressait n'avait ni oreilles pour entendre, ni voix pour exprimer un langage articulé. Fenella avait repris ses tablettes, et d'un crayon rapide elle y esquissa sur un des feuillets une scène qu'elle montra à Julien. À sa grande surprise il reconnut la Pierre de Goddard-Crovan, monument remarquable dont elle avait tracé les contours avec assez d'exactitude ; et tout auprès étaient deux figures, un homme et une femme, dans lesquelles, bien qu'elles fussent seulement indiquées par quelques légers coups de crayon, il crut voir une certaine ressemblance avec Alice Bridgenorth et avec lui-même.

Quand pendant un instant il eut examiné la scène avec surprise, Fenella lui prit le calepin des mains, mit un doigt sur l'esquisse et secoua lentement la tête d'un air sévère, avec un froncement de sourcils qui semblait défendre la rencontre qui y était représentée. Julien, quoique déconcerté, n'était cependant nullement disposé à se soumettre à l'autorité de son moniteur. Par quelque moyen qu'elle eût été instruite, elle qui si rarement quittait l'appartement de la comtesse, d'un secret dont il s'était cru seul dépositaire, il crut qu'il n'en était que plus nécessaire de se rendre au rendez-vous désigné, afin d'apprendre d'Alice, s'il était possible, comment ce secret avait transpiré. Il avait en outre formé le projet de chercher à voir Bridgenorth, pé-

CHAPITRE XVI.

nétré de l'idée qu'un homme qui dans leur conférence de la veille s'était montré si raisonnable et si calme, se laisserait persuader, quand il saurait que ses intrigues étaient connues de la comtesse, de faire cesser, en s'éloignant de l'île, les dangers qu'il lui faisait courir et ceux auxquels il s'exposait lui-même. Et s'il réussissait en ceci, il rendrait à la fois, pensait-il, un service signalé au père de sa bien-aimée Alice, — tirerait le comte de son état d'anxiété, — sauverait la comtesse du risque de mettre une seconde fois sa juridiction féodale en opposition avec celle de la couronne d'Angleterre, — et lui assurerait, à elle et à sa famille, la tranquille possession de l'île.

L'esprit tout occupé de ce plan de médiation, Péveril résolut de se dérober à l'opposition que Fenella mettait à son départ, avec moins de cérémonie qu'il ne l'avait fait jusque-là ; et soulevant tout à coup la jeune fille dans ses bras, avant qu'elle eût pu deviner son intention, il fit un demi-tour, la posa sur les marches au-dessus de lui, et descendit l'escalier aussi rapidement qu'il lui fut possible. Ce fut alors que la muette donna libre cours à la véhémence de son caractère. Elle frappa des mains à plusieurs reprises, et dans sa fureur elle proféra un son, ou plutôt un cri si horriblement discordant, qu'il ressemblait au rugissement d'une créature sauvage plutôt qu'à une articulation produite par les organes d'une femme. Péveril fut si épouvanté de ce cri, que répéta l'écho des rochers, qu'il ne put s'empêcher de s'arrêter pour jeter en arrière un regard inquiet, et s'assurer qu'elle ne s'était pas blessée. Il la vit néanmoins parfaitement sauve, quoique son visage fût enflammé et ses traits contorsionnés par la colère. Elle frappa violemment du pied en le regardant, agita sa main fermée ; et lui tournant le dos sans autre adieu, elle se mit à monter en courant les marches escarpées avec autant de légèreté qu'en eût pu mettre un chevreau à gravir cette rude montée, et s'arrêta un instant sur le premier palier.

Julien ne put ressentir que de l'étonnement et de la compassion pour l'impuissante colère d'un être si malheureusement partagé, séparé, en quelque sorte, du reste de l'humanité, et qui n'avait pu recevoir dans son enfance cette instruction morale par laquelle nous apprenons à maîtriser nos passions désordonnées avant qu'elles aient atteint l'apogée de leur force et de leur violence. Il agita la main vers elle en signe d'adieu amical ; mais elle ne répondit qu'en le menaçant une seconde fois de son petit poing fermé ; puis montant les degrés taillés dans le roc, avec une vélocité presque surnaturelle, elle disparut bientôt à sa vue.

Julien, de son côté, sans s'arrêter à réfléchir plus longtemps à la conduite de Fenella ou à ses motifs, se rendit en toute hâte au village situé de l'autre côté de la chaussée, et où se trouvaient les écuries du château. Il monta son palefroi, et fut bientôt en chemin vers le lieu du rendez-vous, cherchant vainement à s'expliquer, tout en avançant d'un pas beaucoup plus rapide que ne l'eût annoncé la petite taille de sa monture, ce qui avait pu produire dans la conduite d'Alice envers lui un si grand changement, qu'au lieu de lui enjoindre, comme d'habitude, de s'éloigner d'elle et de quitter l'île, ce fût elle maintenant qui lui assignât d'elle-même une rencontre. Sous l'impression des conjectures diverses qui se succédaient dans son imagination, il pressait parfois de ses jambes les flancs de Fairy, ou bien il appuyait légèrement sur son cou sa badine de houx, ou bien enfin il l'excitait de la voix ; car le rapide animal n'avait besoin de sentir ni le fouet ni l'éperon, et il parcourut à raison de douze milles à l'heure la distance qui séparait le château de Holm-Peel de la pierre de Goddard-Crovan.

La pierre monumentale, destinée à perpétuer le souvenir de quelque haut fait d'un ancien roi de Man oublié depuis longtemps, s'élevait au-dessus d'un étroit vallon isolé, ou plutôt d'un *glen*[1], caché aux yeux par l'escarpement de ses côtés, sur la saillie de l'un desquels se dressait solitairement le rocher informe et gigantesque, dont le front sourcilleux dominait, semblable à un géant en embuscade, le petit ruisseau dont les eaux murmurantes arrosaient le fond du ravin.

CHAPITRE XVII.

> Ceci un rendez-vous d'amour ? Voyez ! la jeune fille est en pleurs, et l'amant attristé tient ses regards baissés vers la terre. Il y a eu entre eux plus que les doux chagrins d'amour.
> *Ancienne Comédie.*

En approchant du monument de Goddard-Crovan, Julien y porta plus d'un regard inquiet, pour voir si quelque objet visible près de l'énorme pierre grisâtre lui apprendrait qu'il eût été prévenu, au lieu du rendez-vous désigné, par celle qui l'avait choisi. Il ne s'écoula pas longtemps avant que l'agitation d'une mante légèrement soulevée par la brise, et le mouvement que fit celle qui la portait pour la replacer sur ses épaules, lui fissent connaître qu'Alice était déjà arrivée au lieu de leur entrevue. Un instant suffit pour mettre le poney, les sangles desserrées et la bride sur le cou, en liberté de courir à volonté dans la vallée ; un instant aussi court plaça Julien Péveril aux côtés d'Alice Bridgenorth.

Qu'Alice tendît la main à son amant, au moment où avec l'ardeur d'un jeune lévrier celui-ci venait de franchir les difficultés du sentier

---

[1] Vallée profonde et escarpée. (L. V.)

CHAPITRE XVII.

raboteux, c'était là un mouvement aussi naturel que celui par lequel, s'emparant de la main qui lui était si affectueusement présentée, Julien la dévora de baisers, sans que pendant quelques instants on fît aucun mouvement pour la retirer, et pendant que la jeune fille, dont l'autre main aurait dû aider à dégager la première, ne songeait qu'à cacher la rougeur de ses joues. Mais Alice, malgré sa jeunesse, et attachée comme elle l'était à Julien par une si longue habitude de douce intimité, savait néanmoins résister à l'entraînement dangereux de ses propres sentiments.

— Cela n'est pas bien, dit-elle enfin en dégageant sa main des mains de son amant; cela n'est pas bien, Julien. Si j'ai été imprudente en permettant une entrevue comme celle-ci, ce n'est pas vous qui devriez me faire sentir ma folie.

L'âme de Julien Péveril avait été de bonne heure éclairée de ce feu romanesque qui enlève à l'amour toute empreinte d'égoïsme, et lui donne le caractère pur et élevé d'un dévouement généreux et plein d'abnégation. Il abandonna la main d'Alice avec autant de respect qu'il eût pu le faire de celle d'une princesse; et lorsqu'elle se fut assise sur un fragment de rocher que la nature avait recouvert d'un coussin de mousse et de lichens mêlés de fleurs sauvages, et adossé à un épais buisson, il se plaça près d'elle, à la vérité, mais à une distance suffisante pour indiquer le respect d'un serviteur dévoué, qui était là seulement pour entendre et obéir. Alice Bridgenorth se sentit plus rassurée en voyant quel pouvoir elle exerçait sur son amant; l'empire que Péveril montrait sur lui-même, et que d'autres demoiselles, dans sa situation, eussent pu regarder comme peu compatible avec l'ardeur de la passion, était plus justement apprécié par elle comme une preuve de sa sincérité respectueuse et désintéressée. Elle reprit, en lui parlant, le ton de confiance qui appartenait aux scènes des premiers temps de leur connaissance, plutôt qu'à celles qui s'étaient passées entre eux depuis que Péveril avait dévoilé son amour, et avait par là jeté de la contrainte dans leurs relations.

— Julien, dit-elle, votre visite d'hier, — votre visite si intempestive, — m'a beaucoup tourmentée. Elle a égaré mon père, — elle vous a mis en danger. A tout risque, j'ai résolu de vous le faire savoir; et ne me blâmez pas si j'ai fait une démarche hardie et imprudente en vous demandant cette entrevue solitaire, car vous savez combien peu il y a à se reposer sur la pauvre Déborah.

— Pouvez-vous craindre que j'interprète mal aucune de vos démarches, Alice? répliqua Péveril avec chaleur; moi qui vous ai l'obligation d'une faveur si précieuse!

— Cessez vos protestations, Julien; elles ne me font que plus sentir la témérité de ce que j'ai fait. Mais j'ai agi pour le mieux. — Je ne pouvais vous voir, vous que je connais depuis si longtemps, — vous qui dites éprouver de l'amitié pour moi...

13

— Qui *dis* éprouver de l'amitié pour vous ! interrompit Péveril à son tour. Ah ! Alice, quelle phrase froide et équivoque vous employez pour exprimer l'affection la plus sincère et la plus dévouée !

— Hé bien donc, reprit tristement Alice, nous ne nous querellerons pas sur les mots ; mais ne m'interrompez plus. — Je ne pouvais vous voir, dis-je, vous qui, je le crois, avez pour moi un attachement sincère, quoique vain et infructueux, vous précipiter en aveugle dans un piége, séduit et abusé par vos sentiments pour moi.

— Je ne vous comprends pas, Alice, non plus que je ne puis voir à quel danger je serais maintenant exposé. Les sentiments que m'a montrés votre père sont d'une nature incompatible avec des projets hostiles. S'il n'est pas offensé des vœux hardis que je puis avoir formés, et toute sa conduite prouve le contraire, je ne connais personne au monde dont j'aie moins lieu de craindre aucun danger ni aucune mauvaise intention.

— Mon père veut le bien de son pays et le vôtre, Julien ; je crains cependant parfois qu'il ne nuise à la bonne cause au lieu de la servir, et je redoute encore plus qu'en essayant de vous engager comme auxiliaire, il n'oublie ces liens qui vous doivent attacher, et qui, j'en suis sûre, vous attacheront à une ligne de conduite différente de la sienne.

— Vous me conduisez au milieu de ténèbres de plus en plus épaisses, Alice. Je sais que la ligne politique de votre père est fort éloignée de la mienne ; mais combien d'exemples n'a-t-on pas vus, même au milieu des scènes ensanglantées de la guerre civile, d'hommes honnêtes et intègres qui mettaient de côté les préjugés de l'esprit de parti, et se vouaient un respect réciproque, et même une amitié sincère, sans que ni les uns ni les autres fussent infidèles à leurs principes !

— Cela peut être ; mais telle n'est pas l'alliance que mon père désire contracter avec vous, et à laquelle il espère que votre partialité mal placée pour sa fille pourra vous conduire.

— Et que pourrais-je refuser, avec une telle perspective devant moi ?

— La trahison et le déshonneur ! tout ce qui pourrait, en un mot, vous rendre indigne de l'humble don auquel vous aspirez, — oui, aurait-il encore un moindre prix que je ne m'en reconnais.

— Votre père voudrait-il, s'écria Péveril recevant malgré lui l'impression qu'Alice voulait produire, — votre père, dont les idées de devoir sont si strictes et si rigoureuses, — pourrait-il vouloir m'engager dans quelque chose que ce fût, à laquelle de telles épithètes, trahison et déshonneur, pourraient être appliquées avec la plus légère ombre de vérité ?

— Ne vous méprenez pas sur mes paroles, Julien. Mon père est incapable de vous rien demander qui ne soit à ses yeux juste et honorable ; il y a plus, il croit seulement réclamer de vous ce que, comme créature, vous devez à votre créateur, ce que, comme homme, vous devez à vos semblables.

— Ainsi prémunis, où peut être le danger de nos rapports? S'il est résolu à ne rien demander, et moi décidé à n'accorder rien qui ne découle de notre conviction, qu'ai-je à craindre, Alice? et en quoi mes relations avec votre père sont-elles dangereuses? Ne le croyez pas; ses discours ont déjà fait impression sur moi à quelques égards, et il a écouté avec sincérité et patience le peu d'objections que je lui ai faites. Vous êtes plus qu'injuste envers M. Bridgenorth en le confondant avec ces bigots en politique et en religion, inaccessibles au raisonnement, et incapables d'écouter un argument opposé à leurs préventions.

— Julien, reprit Alice, c'est vous qui vous méprenez sur les sentiments de mon père et ses projets à votre égard, et qui vous exagérez votre pouvoir de résistance. Je ne suis qu'une fille; mais les circonstances m'ont appris à penser par moi-même, et à juger du caractère de ceux qui m'entourent. Les principes de mon père, en religion et en politique, lui sont aussi chers que l'existence, à laquelle il ne tient que pour la consacrer à leur triomphe. Ils ont été, avec peu de modifications, les compagnons de sa vie entière. Il fut une époque où ils le conduisirent à la prospérité, et quand ils n'ont plus convenu aux temps, il a souffert pour les conserver. Ils sont non-seulement devenus une partie, mais la plus chère partie de lui-même. S'il ne vous les montre pas tout d'abord dans l'inflexible force qu'ils ont acquise sur son esprit, ne croyez pas que pour cela ils se soient affaiblis. Celui qui veut gagner des prosélytes doit procéder par degrés. Mais qu'il sacrifiât à un jeune homme sans expérience, dont il qualifierait le motif déterminant de passion puérile, la moindre portion de ces principes auxquels il a donné son cœur pour sanctuaire, et qu'il a conservés à travers la bonne et la mauvaise fortune, — oh! ne rêvez pas une telle impossibilité. Si vous vous retrouvez en contact, vous devez être la cire, lui le sceau; — vous devez recevoir, — il doit vous donner une empreinte absolue.

— Ce serait déraisonnable, répliqua Péveril. Je vous avouerai franchement, Alice, que je ne suis pas aveuglément enchaîné aux opinions professées par mon père, quel que soit mon respect pour sa personne. Je voudrais que nos Cavaliers, ou quel que soit le nom qu'il leur plaise de se donner, eussent un peu plus de charité envers ceux qui ont d'autres idées sur l'Église ou sur l'État. Mais espérer que je déserterais les principes dans lesquels j'ai été élevé, ce serait me supposer capable d'abandonner ma bienfaitrice et de briser le cœur de mes parents.

— C'est ainsi que j'avais jugé de vous, Julien; et c'est pourquoi j'ai demandé cette entrevue pour vous conjurer de rompre tout rapport avec notre famille, — de retourner chez vos parents, — ou, ce qui serait beaucoup plus sûr, de visiter une seconde fois le continent, et d'y demeurer jusqu'à ce que Dieu envoie de meilleurs temps à l'Angleterre, car ceux qui s'approchent sont chargés d'orages.

— Pouvez-vous m'ordonner de partir, Alice, dit le jeune homme en prenant une main qu'on lui abandonna sans résistance, pouvez-vous m'ordonner de partir, et avouer encore quelque intérêt à mon sort ? — Pouvez-vous m'ordonner d'abandonner lâchement mes parents, mes amis, mon pays, par crainte de dangers que comme homme, comme gentilhomme, comme gentilhomme *loyal*, je suis tenu d'affronter ? — de souffrir l'existence de maux que je pourrais aider à prévenir, et de renoncer à faire le peu de bien qui pourrait être en mon pouvoir ? — de descendre d'une position active et honorable à la condition d'un fugitif et d'un serviteur des temps ? — Pouvez-vous m'ordonner de faire tout cela, Alice ? Pouvez-vous m'ordonner de faire tout cela, et en même temps de dire adieu pour jamais à vous et au bonheur ? — C'est impossible ; — je ne puis renoncer à la fois à mon amour et à mon honneur.

— Il n'y a pas de remède, reprit Alice, qui en même temps ne put retenir un soupir ; — il n'y a pas de remède, — il n'y en a aucun. Ce que nous aurions pu être l'un à l'autre, placés dans des circonstances plus favorables, il ne nous sert à rien d'y penser ; dans celles où nous nous trouvons, avec une guerre ouverte sur le point d'éclater entre nos parents et nos amis, nous ne pouvons que faire des vœux l'un pour l'autre, — nous ne devons plus penser l'un à l'autre que froidement et de loin. Nous devons nous séparer ici, à cette heure, pour ne nous revoir jamais.

— Non, par le Ciel ! s'écria Péveril, animé à la fois par ses propres sentiments et par la vue des émotions que sa compagne cherchait en vain à réprimer ; — non, par le Ciel, nous ne nous séparerons pas ! — Alice, nous ne nous séparerons pas. Si je dois quitter ma terre natale, vous serez la compagne de mon exil. Qu'avez-vous à perdre ? — qu'avez-vous à abandonner ? — Votre père ? — La bonne vieille cause, comme on l'appelle, lui est plus chère que mille filles ; et lui excepté, quel lien existe entre vous et cette île stérile ? — entre mon Alice et aucun lieu des états britanniques où son Julien ne serait pas près d'elle ?

— Oh ! Julien, pourquoi me rendre mon devoir plus pénible par des projets irréalisables, que vous ne devriez pas me faire entendre, ni moi écouter ? — Vos parents, — mon père... Cela ne peut être !

— Ne craignez rien de mes parents, Alice, répliqua Julien ; et se rapprochant de sa compagne, il se hasarda à passer son bras autour d'elle. Ils m'aiment, et ils apprendront bientôt à aimer, dans Alice, le seul être au monde qui pouvait rendre leur fils heureux. Et quant à votre père, lorsque les intrigues de politique et d'église lui permettront de vous accorder une pensée, ne jugera-t-il pas que votre bonheur et votre sécurité sont mieux assurés, vous étant ma femme, que si vous aviez continué d'être sous la garde mercenaire de cette folle ?

Quelle situation plus belle son orgueil pourrait-il désirer pour vous, que celle qui doit un jour être la mienne ? Venez donc, Alice ; et puisque vous me condamnez à l'exil ; — puisque vous me déniez une part dans ces mouvements qui sont sur le point d'agiter l'Angleterre, — venez ! C'est à vous, car vous seule le pouvez, c'est à vous de me réconcilier avec l'exil et l'inaction, et de donner le bonheur à celui qui par amour pour vous consent à renoncer à l'honneur.

— Cela ne peut... cela ne peut être, dit Alice d'une voix tremblante. Et cependant, ajouta-t-elle, combien à ma place, — laissées seules et sans protection, comme je le suis... Mais je ne le dois pas, — je ne le dois pas. — Pour vous même, Julien, je ne le dois pas !

— Ne dites pas que pour moi vous ne le devez pas, Alice, dit Péveril avec feu ; c'est ajouter l'insulte à la barbarie. Si vous voulez faire quelque chose pour moi, vous direz *oui ;* ou vous laisserez tomber cette tête chérie sur mon épaule : — le plus léger signe, le moindre coup d'œil, m'indiquera que vous consentez. Tout sera prêt dans une heure ; dans deux le prêtre nous unira ; dans trois, nous laisserons l'île derrière nous, et nous irons chercher sur le continent une meilleure fortune.

Mais tandis qu'il parlait, plein du joyeux espoir d'arracher le consentement qu'il implorait, Alice réussit à rassembler toute sa résolution, un instant ébranlée par la véhémence de son amant, par l'impulsion de son propre cœur, par la singularité de sa position, — semblant, à son égard, justifier ce qu'il y aurait eu de plus blâmable en tout autre cas, — et qui l'avait plus d'à moitié abandonnée.

Le résultat de ce court instant de délibération fut fatal aux projets de Julien. Elle se dégagea du bras dont il l'avait enlacée, — elle se leva, et repoussant les tentatives qu'il fit pour l'approcher ou la retenir, elle lui dit, avec une simplicité qui n'était pas sans dignité : Julien, je savais que je risquais beaucoup en vous invitant à cette entrevue ; mais je n'avais pas songé que je pourrais être assez cruelle envers vous et envers moi, pour vous laisser voir ce qu'aujourd'hui vous n'avez vu que trop clairement, — que je vous aime plus que vous ne m'aimez. Mais puisque vous le savez, je vous montrerai que l'amour d'Alice est désintéressé. — Elle n'introduira pas un nom inconnu dans votre antique maison. Si par la suite, parmi vos descendants, il s'en trouve un qui regarde les prétentions de la hiérarchie comme exorbitantes, le pouvoir de la couronne comme trop étendu, on ne dira pas que ces idées dérivent d'Alice Bridgenorth, sa grand'mère whig.

— Pouvez-vous parler ainsi, Alice ? Pouvez-vous employer de telles expressions ? et ne sentez-vous pas qu'elles font clairement voir que c'est votre propre fierté, et non vos sentiments pour moi, qui vous fait repousser notre bonheur commun ?

— Oh non, Julien, non, repartit Alice les larmes aux yeux ; c'est le devoir qui nous l'ordonne à vous et à moi ; — le devoir, que nous ne pouvons méconnaître sans risquer notre bonheur en ce monde et dans l'autre. Songez à ce que j'éprouverais, moi, la cause de tout, quand je verrais votre père vous repousser, votre mère en larmes, vos nobles amis s'éloigner de vous, et vous, oui, vous-même, faire la pénible découverte que vous avez encouru le mépris et le ressentiment de tous pour satisfaire une passion puérile, et que la faible beauté qui aurait suffi pour vous égarer s'effacerait peu à peu sous l'influence des chagrins et des humiliations! Je n'affronterai pas de tels risques. Je vois clairement que le mieux que nous puissions faire est de rompre ici et de nous séparer; et je remercie Dieu, qui m'a assez éclairée pour que je puisse apercevoir votre folie et la mienne, et qui m'a donné la force d'y résister. Adieu donc, Julien; mais d'abord recevez l'avis solennel que mon but en vous appelant ici était de vous donner : Évitez mon père; — vous ne pouvez marcher dans ses voies et rester fidèle à la reconnaissance et à l'honneur. Ce qu'il fait par des motifs purs et honorables; vous ne pourriez y prêter la main que sous l'inspiration d'une passion égoïste et insensée, au mépris de tous les engagements que votre naissance vous impose.

— Encore une fois, Alice, je ne vous comprends pas. Si une ligne de conduite est bonne, il n'est pas besoin de la justifier par les motifs de celui qui la suit; — si elle est mauvaise, ces motifs ne la justifieront pas.

— Vous ne pouvez m'aveugler par vos sophismes, Julien, non plus que vous ne pouvez me subjuguer par votre passion. Si le patriarche avait voué son fils à la mort par un motif moins saint qu'une humble obéissance à un commandement divin, il aurait médité un meurtre, et non un sacrifice. Dans nos dernières guerres, si sanglantes et si déplorables, combien n'en est-il pas dans les deux partis qui ont tiré l'épée par les motifs les plus purs et les plus honorables! combien d'autres par les suggestions coupables de l'ambition, de l'intérêt personnel, de l'amour du pillage! Et cependant, quoiqu'ils aient marché dans les mêmes rangs, qu'ils aient pressé leurs chevaux au son de la même trompette, la mémoire des premiers nous est chère comme patriotes ou loyalistes : — la mémoire de ceux qui ont agi sous des inspirations basses et indignes est vouée à l'exécration ou tombée dans l'oubli. Encore une fois, je vous en avertis, évitez mon père; — quittez cette île, qui sera bientôt agitée par d'étranges événements. — Tant que vous y demeurerez, soyez sur vos gardes; — méfiez-vous de tout et de tous, — oui, de tous, même de ceux à qui il semblerait impossible que l'ombre du soupçon pût s'attacher. — Ne vous fiez pas même aux pierres des appartements les plus cachés d'Holm-Peel, car ce qui a des ailes portera au loin vos secrets.

Ici Alice s'interrompit tout à coup en poussant un faible cri; car, sortant de derrière le buisson qui l'avait caché, son père se trouva inopinément devant eux.

CHAPITRE XVII.

Le lecteur ne peut avoir oublié que c'était la seconde fois que les entrevues dérobées des deux amants étaient interrompues par l'apparition inattendue du major Bridgenorth. En cette seconde occasion, sa physionomie avait une expression à la fois courroucée et solennelle : tel pourrait être un esprit venant reprocher à un *voyant* de n'avoir pas rempli une condition imposée dans leur première rencontre. Sa colère même, cependant, ne se manifestait par aucune émotion violente, et ne produisait en lui qu'une froide sévérité de manières et de langage. — Je vous remercie, Alice, dit-il à sa fille, des peines que vous avez prises pour traverser mes projets sur ce jeune homme et sur vous-même ; je vous remercie des avis que vous lui avez donnés avant mon apparition, dont la soudaineté vous a seule empêchée de pousser vos confidences à un point qui eût mis ma vie et celle des autres à la discrétion d'un enfant, qui, alors que la cause de Dieu et de son pays est exposée devant lui, n'a pas le loisir d'y donner une pensée, tant il est occupé de la figure d'une jeune fille !

Alice, pâle comme la mort, restait sans mouvement et les yeux fixés sur la terre, sans même essayer de répondre aux reproches ironiques de son père.

— Et vous, continua le major en se tournant vers Julien, — vous, monsieur, vous m'avez bien récompensé de la confiance généreuse que j'avais mise en vous avec si peu de réserve. J'ai à vous remercier aussi de quelques leçons qui me pourront apprendre à rester satisfait du sang roturier que la nature a mis dans mes veines, et du peu de raffinement de l'éducation que m'a fait donner mon père.

— Je ne vous comprends pas, monsieur, dit Julien Péveril, qui, sentant la nécessité de dire quelque chose, ne pouvait, en ce moment, trouver rien de plus convenable à dire.

— Oui, monsieur, reprit le major du même ton de sarcasme, je vous remercie de m'avoir montré que l'abus de l'hospitalité, l'infraction à la bonne foi, et autres bagatelles semblables, ne sont pas absolument étrangers à l'esprit et à la conduite de l'héritier d'une noble maison qui compte vingt générations. C'est une grande leçon pour moi, monsieur ; car jusqu'à présent j'avais pensé, avec le vulgaire, que la noblesse des manières accompagnait la noblesse du sang. Mais peut-être la courtoisie est-elle une qualité trop chevaleresque pour être prodiguée dans des rapports avec une Tête-Ronde fanatique comme moi.

— Major Bridgenorth, répliqua Julien, quelque chose qui ait pu vous déplaire dans cette entrevue, tout y a été le résultat de sentiments soudainement et fortement excités par la crise du moment ; — rien n'était prémédité.

— Pas même l'entrevue, sans doute ? dit Bridgenorth du même ton froid. Vous, monsieur, vous êtes venu de Holm-Peel ici en vous promenant ; — le même hasard, en conduisant ma fille du Fort-Noir dans la même direction, vous a sûrement ménagé une rencontre près de la pierre de Goddard-Crovan? — Jeune homme, ne vous déshonorez pas par d'autres excuses; — elles sont plus qu'inutiles. — Et vous, ma demoiselle, que la crainte de perdre votre amant aurait pu conduire à révéler ce qui peut-être aurait coûté la vie à un père, — retournez chez vous. Je causerai avec vous plus à loisir, et vous enseignerai pratiquement ces devoirs que vous semblez avoir oubliés.

— Sur mon honneur, monsieur, votre fille est innocente de tout ce qui a pu vous offenser; elle a résisté à toutes les offres que l'irrésistible violence de ma passion m'a poussé à lui faire.

— En un mot, monsieur, je ne dois pas croire que vous vous êtes rencontrés dans ce lieu de rendez-vous écarté, sur l'indication spéciale d'Alice?

Péveril ne savait que répondre; Bridgenorth fit encore signe de la main à sa fille de se retirer.

— Je vous obéis, mon père, lui dit Alice, qui peu à peu s'était remise de son premier mouvement de surprise, — je vous obéis; mais le Ciel m'est témoin que vous êtes plus qu'injuste envers moi en me soupçonnant capable de trahir vos secrets, cela même eût-il été nécessaire pour sauver ma vie ou celle de Julien. Que vous soyez engagé dans une route dangereuse, je ne l'ignore pas; mais vous y marchez les yeux ouverts, et vous êtes dirigé par des motifs dont vous pouvez estimer le mérite et la valeur. Mon seul désir était que ce jeune homme ne se jetât pas en aveugle dans les mêmes périls; et j'avais le droit de l'avertir, puisque les sentiments qui lui couvrent les yeux d'un bandeau se rapportent directement à moi.

— C'est bien, mignonne; vous avez dit tout ce que vous aviez à dire. Retirez-vous, et laissez-moi achever la conférence que vous avez si prudemment entamée.

— Je pars, monsieur. — Julien, mes dernières paroles sont pour vous, et je les prononcerais avec mon dernier souffle: — Adieu, et de la prudence!

Elle s'éloigna d'eux, disparut au milieu des broussailles, et ne reparut plus.

— Véritable échantillon de la race féminine, dit son père en la suivant des yeux, qui abandonnerait la cause des nations plutôt que de mettre en danger un cheveu de la tête d'un amant. — Et vous, M. Péveril, vous êtes sans doute de son avis, que le meilleur amour est l'amour sans dangers?

— Si je n'avais que des dangers sur mon chemin, répondit Péveril, fort surpris du ton radouci dont Bridgenorth avait fait cette observation, il est peu de choses que je ne voulusse affronter pour... pour... mériter votre bonne opinion.

— Ou plutôt pour obtenir la main de ma fille. Hé bien, jeune homme, une chose m'a plu dans votre conduite, quoique j'y aie trouvé bien des motifs de plainte, — une chose m'y *a plu*. Vous avez surmonté ce rempart d'orgueil aristocratique dans lequel votre père et, je le suppose, ses ancêtres, sont demeurés emprisonnés, comme dans l'enceinte d'une forteresse féodale ; — vous avez franchi cette barrière, et n'avez pas montré de répugnance à vous allier à une famille que votre père a méprisée comme basse et ignoble.

Quelque favorables que parussent ces paroles au succès des vues de Julien, elles en faisaient si évidemment ressortir les conséquences, en ce qui touchait ses parents, qu'il éprouva la plus grande difficulté à trouver une réponse. Mais s'apercevant que le major Bridgenorth semblait décidé à attendre patiemment qu'il répondît, il rassembla son courage et lui dit : — M. Bridgenorth, les sentiments que j'ai conçus pour votre fille sont de nature à faire passer sur bien des considérations auxquelles, en tout autre cas, j'aurais regardé comme de mon devoir de donner la plus respectueuse attention. Je ne vous cacherai pas que les préventions de mon père contre un tel mariage seraient très-fortes ; mais je crois au fond de l'âme qu'elles disparaîtraient, quand il viendrait à connaître le mérite d'Alice Bridgenorth, et qu'il sentirait qu'elle seule pouvait rendre son fils heureux.

— En attendant, vous voulez contracter l'union que vous vous proposez, à l'insu de vos parents, et courir la chance qu'ils l'approuveront ensuite? C'est ce que je comprends d'après la proposition que vous faisiez à ma fille il n'y a qu'un instant.

Il y a dans les retours de la nature humaine et des passions du cœur humain tant d'irrégularité et d'incertitude, que bien que Julien, quelques minutes auparavant, eût pressé Alice de consentir à un mariage secret et à leur départ pour le continent, comme à des mesures auxquelles était attaché le bonheur de toute sa vie, la proposition ne lui parut plus la moitié aussi attrayante, énoncée par le major d'un ton froid, calme et dictatorial. Elle ne sonna plus à son oreille comme l'impulsion d'une passion impétueuse, écartant toute autre considération, mais comme la résignation directe de la dignité de sa maison à un homme qui semblait voir dans leur situation respective le triomphe des Bridgenorths sur les Péverils. Il resta muet un moment, essayant en vain de formuler sa réponse de manière à exprimer son acquiescement à ce qu'avait dit le major, en même temps qu'il protesterait de son respect pour ses parents et pour l'honneur de sa maison.

Ce délai donna l'éveil au soupçon ; l'œil de Bridgenorth étincela, et ses lèvres tremblèrent quand il s'écria : Écoutez, jeune homme! — agissez ici franchement avec moi, si vous ne voulez que je voie en vous un exécrable scélérat qui voulait séduire une malheureuse fille à l'abri de promesses qu'il n'avait pas dessein de tenir. Que je le soupçonne seulement, et vous verrez, ici même, si votre orgueil et votre généalogie vous garantiront de la juste vengeance d'un père.

— Vous me faites injure, major Bridgenorth, — vous me faites la plus grande injure. Je suis incapable d'une telle infamie. La proposition que j'ai faite à votre fille était aussi sincère que jamais femme ait pu en recevoir d'un homme. J'hésitais uniquement à cause de la nature précise de l'interrogatoire que vous croyez devoir me faire subir, et parce que vous voulez connaître tous mes desseins et tous mes sentiments dans leur plus grande extension, sans vous expliquer avec moi sur les vôtres.

— Votre proposition se réduit donc à ceci : Vous voulez exiler mon unique enfant de son pays natal, pour lui donner un droit à la tendresse et à la protection de votre famille, qui la dédaignera, vous le savez ; et cela à condition que je consente à vous accorder sa main, avec une fortune suffisante pour aller de pair avec celle que possédaient vos ancêtres quand ils avaient le plus de raison de s'enorgueillir de leurs richesses. Ceci, jeune homme, ne semble pas un marché égal. — Et cependant, continua-t-il après un moment de pause, tel est le peu de cas que je fais des biens de ce monde, que peut-être il n'est pas tout à fait hors de votre pouvoir de m'amener à l'union que vous m'avez proposée, quelque inégale qu'elle puisse paraître.

— Montrez-moi seulement par quels moyens je puis m'assurer votre faveur, major Bridgenorth, car je ne veux pas douter qu'ils ne s'accordent avec mon honneur et mon devoir, — et vous verrez bientôt avec quel empressement j'obéirai à vos ordres ou me soumettrai à vos conditions.

— Ces moyens se résument en peu de mots : Soyez honnête homme et ami de votre pays.

— Personne n'a jamais douté que je sois l'un et l'autre.

— Pardonnez-moi ; personne encore ne vous a vu vous montrer l'un ou l'autre. Ne m'interrompez pas ; — je ne mets pas en doute votre volonté d'être honnête homme et bon citoyen ; mais jusqu'ici vous n'avez eu ni les lumières ni les occasions nécessaires pour faire preuve de vos principes ou servir votre pays. Vous avez vécu dans un temps où l'apathie d'esprit, succédant aux agitations de la guerre civile, avait rendu chacun indifférent aux affaires publiques, et plus disposé à s'occuper de son propre bien-être que de monter sur la brèche quand le Seigneur appelait Israël. Mais nous sommes Anglais, et chez nous une léthargie si peu naturelle ne peut être de longue durée. Déjà beaucoup de ceux qui ont le plus désiré le retour de Charles Stuart le regardent comme un roi que le Ciel, las de nos supplications, nous a donné dans sa colère. Ses débordements effrénés, — exemple si aisément suivi par les jeunes gens et les débauchés qui l'entourent, — ont excité le dégoût de tous les hommes sages et réfléchis. Je ne me serais pas expliqué avec vous en ce moment d'une manière si intime, si je ne savais, M. Julien, que vous n'avez pas été atteint par cette corruption du temps. Le Ciel, qui a rendu fécond le cours des débauches du roi, a refusé la fécondité à sa couche nuptiale ; et dans le caractère sombre et austère de son bigot successeur, nous pouvons déjà voir quelle sorte de monarque doit succéder à la couronne d'Angleterre. C'est un moment de crise, où il est nécessairement du devoir de tous de se mettre en avant, chacun dans sa sphère, et d'aider à la délivrance du pays qui nous a donné naissance.

Péveril se souvint de l'avis qu'il avait reçu d'Alice, et, sans répondre, il tint ses yeux baissés vers la terre.

— Qu'est ceci, jeune homme, reprit Bridgenorth après une pause ; — jeune comme vous l'êtes, et sans qu'aucun lien de dissolution vous rattache aux ennemis de votre pays, se pourrait-il que vous fussiez déjà insensible à son appel dans cet instant de crise ?

— Il serait aisé de vous répondre en termes généraux, major Bridgenorth ; — il serait aisé de vous dire que mon pays ne peut me faire entendre un appel, que je ne sois prêt à y répondre aussitôt au risque de mes biens et de ma vie. Mais en nous tenant dans de telles généralités, nous ne ferions que nous abuser l'un l'autre. De quelle nature est cet appel ? Par qui doit-il être fait ? Quels en doivent être les résultats ? — car je crois que vous avez déjà vu assez des maux qu'entraîne la guerre civile, pour être circonspect quand il s'agit d'en réveiller les terreurs au sein d'un pays paisible et heureux.

— Ceux qui se sont abreuvés de poisons narcotiques doivent être réveillés par leurs médecins, serait-ce au son de la trompette. Mieux vaut mourir courageusement, les armes à la main, en Anglais libres, que de descendre paisiblement dans la tombe exempte de sang, mais déshonorée, que l'esclavage creuse à ses vassaux. — Au reste, ce n'est pas de la guerre que je voulais vous parler, continua-t-il en prenant un ton plus doux. Les maux dont l'Angleterre se plaint maintenant sont tels qu'on y peut porter remède par la salutaire administration de ses propres lois, même dans l'état où on en souffre encore le maintien. Ces lois n'ont-elles pas droit à l'appui de tout individu qui vit sous leur empire ? N'ont-elles pas droit au vôtre ?

Comme il semblait attendre une réponse, Péveril répliqua : J'ai encore à apprendre, major Bridgenorth, comment les lois d'Angleterre se sont affaiblies au point de réclamer un support tel que le mien. Quand ce point me sera clairement démontré, personne ne s'acquittera plus volontiers du devoir d'un fidèle sujet de la loi aussi bien que du roi. Mais les lois d'Angleterre sont sous la garde de juges intègres et éclairés, et d'un gracieux monarque.

— Et d'une chambre des Communes, ajouta Bridgenorth en l'interrompant, qui a cessé d'être passionnée pour la monarchie restaurée, et qui s'est réveillée, comme au bruit de la foudre, sur les dangers que courent notre religion et notre liberté. J'en appelle à votre conscience, Julien Péveril : ce réveil n'a-t-il pas eu lieu à temps? car vous savez mieux que personne quels progrès secrets, mais rapides, Rome a faits dans l'établissement de son Dagon d'idolâtrie sur notre terre protestante.

Ici Julien, devinant ou croyant deviner l'objet des soupçons de Bridgenorth, se hâta de se disculper de la pensée qu'il pût être favorable à la religion catholique romaine. — Il est vrai, dit-il, que j'ai été élevé dans une famille où cette foi est professée par une personne que j'honore, et que depuis j'ai voyagé dans des pays catholiques; mais ces raisons-là même m'ont fait voir le papisme de trop près pour que je sois ami de ses dogmes. La bigoterie des laïques, — l'astuce persévérante du clergé, — ses intrigues incessantes pour l'extension des formes en dehors de l'esprit de la religion, — l'empiétement de cette église sur la conscience des hommes, — ses prétentions impies à l'infaillibilité, tout cela ne me paraît pas moins qu'à vous contraire au sens commun, à la libre raison, à la liberté de conscience et à la pure religion.

— C'est parler en digne fils de votre excellente mère! dit Bridgenorth en lui prenant la main; de votre mère, à cause de qui j'ai tant enduré de votre maison sans vouloir me venger, même quand les moyens de vengeance étaient dans mes mains.

— Il est vrai que c'est aux instructions de ma bonne mère que j'ai dû de pouvoir, dans ma première enfance, résister aux attaques insidieuses dirigées contre ma foi religieuse par le prêtre catholique en compagnie de qui je fus nécessairement jeté. Comme elle, j'espère vivre et mourir dans la foi de l'Église réformée d'Angleterre.

— L'Église d'Angleterre! répéta Bridgenorth en laissant échapper la main de son jeune ami; mais la reprenant aussitôt : — Hélas! ajouta-t-il, cette Église, telle qu'elle est maintenant constituée, n'empiète guère moins que Rome elle-même sur les consciences et les libertés; et cependant, de la faiblesse de cette Église à demi réformée, Dieu peut faire sortir, à sa propre louange, la délivrance de l'Angleterre. Je ne dois pas oublier qu'un homme qui a rendu à la cause des services incalculables porte les insignes d'un prêtre anglican, et a reçu l'ordination épiscopale. Ce n'est pas à nous de récuser l'instrument, pourvu que nous soyons délivrés des rets de l'oiseleur. Il me suffit de te trouver non pas éclairé encore de la plus pure doctrine, mais préparé à la recevoir quand l'étincelle en arrivera jusqu'à toi. Il me suffit surtout de te trouver prêt à porter témoignage et à élever la voix contre les erreurs et les artifices de la cour de Rome. Mais souviens-toi que ce que tu viens de dire, tu seras appelé bientôt à le justifier de la manière la plus solennelle, — la plus terrible.

— Ce que j'ai dit n'étant que l'expression des vrais sentiments de mon cœur, je ne faillirai pas, l'occasion l'exigeant, à le professer ouvertement ; et il me semble étrange que vous doutiez de moi à ce point.

— Je ne doute pas de toi, mon jeune ami, et j'espère voir ton nom placé haut entre les noms de ceux par qui la proie sera arrachée aux puissants. A présent, les préjugés occupent ton esprit, comme le fort gardien de la maison mentionné dans l'Écriture. Mais viendra un plus fort que lui qui forcera l'entrée, en déployant sur les remparts ce signe de la foi en qui seul on trouve le salut. — Veille, espère et prie, pour que l'heure puisse venir !

Il s'ensuivit un silence que Péveril rompit le premier. — Vous m'avez parlé en énigmes, major Bridgenorth, dit-il, et je ne vous ai pas demandé d'explication. Écoutez un avis de moi dicté par l'intérêt le plus sincère. Recevez-le et ajoutez-y foi, quoique obscurément exprimé. Vous êtes ici, — du moins on le croit, — pour une mission qui menace le souverain de l'île. Ce danger retombera sur vous, si vous ne quittez pas Man au plus tôt. Tenez-vous pour averti, et partez à temps.

— Et laissez votre fille à la garde de Julien Péveril? n'est-ce pas là ce que vous me conseillez, jeune homme? — Reposez-vous sur ma prudence du soin de ma sûreté. J'ai été accoutumé à me diriger au milieu de dangers plus grands que ceux qui maintenant m'environnent. Je vous remercie néanmoins de votre avis, que je veux croire désintéressé, du moins en partie.

— Nous ne nous quittons donc pas ennemis? dit Péveril.

— Non pas ennemis, mon fils, répondit Bridgenorth, mais en amis, en hommes liés par une sincère affection. Quant à ma fille, il faut renoncer à toute pensée de la voir autrement que de mon aveu. Je n'accepte ni ne rejette ta recherche ; seulement, je te rappelle que celui qui voudra être mon fils devra d'abord se montrer l'enfant sincère et dévoué de son pays trompé et opprimé. Adieu ! Ne me réponds pas maintenant ; tu es encore dans le fiel de l'amertume, et il se pourrait, ce que je ne désire pas, qu'un différend s'élevât entre nous. Tu entendras parler de moi plus tôt que tu ne penses.

Il secoua cordialement la main de Péveril, et lui répétant son adieu, il le laissa sous l'impression confuse d'un plaisir mêlé de doutes et d'étonnement. Grandement surpris de se voir tellement avancé dans les bonnes grâces du père d'Alice, que sa recherche en fût encouragée par une sorte d'approbation tacite, il ne put s'empêcher de soupçonner, d'après le langage de la fille aussi bien que d'après celui du père, que Bridgenorth désirait lui voir adopter, en retour de son consentement, quelque ligne de conduite opposée aux principes dans lesquels il avait été élevé.

— Ne crains rien, Alice, se dit-il dans son cœur : je n'achèterais ta main elle-même par rien qui ressemblât à une indigne et lâche adhésion à des principes que mon cœur désavoue ; et serais-je assez vil pour le faire, je sais que l'autorité même de ton père ne pourrait te forcer à ratifier une si honteuse transaction. Mais espérons mieux. Bridgenorth, quoique doué d'une haute sagacité, est poursuivi par le fantôme du papisme, épouvantail de sa secte. Ma résidence dans la famille de la comtesse de Derby est plus que suffisante pour lui inspirer sur ma foi des soupçons dont, grâces au Ciel, je puis me justifier avec la sincérité d'une bonne conscience.

Tout en faisant ces réflexions, il rajustait les sangles de son palefroi, et replaçait le mors qu'il lui avait ôté de la bouche pour qu'il pût paître en liberté ; puis, remontant à cheval, il reprit le chemin du château de Holm-Peel, où il ne pouvait s'empêcher de craindre que quelque chose d'extraordinaire ne fût arrivé en son absence.

Mais le vieil édifice se dressa bientôt devant lui, calme, paisible et sombre, du sein de l'Océan endormi. La bannière indiquant que le maître de l'île résidait dans son enceinte délabrée pendait sans mouvement le long de la pique qui la portait. Les sentinelles se promenaient de long en large à leurs postes, en fredonnant ou en sifflant leurs airs mankois. Laissant de nouveau son fidèle compagnon, Fairy, dans le village, Julien rentra au château, et y trouva tout dans l'état de tranquillité et d'ordre que les apparences extérieures lui avaient annoncé.

CHAPITRE XVIII.

> Conseillez-moi, conseillez-moi, mon frère ; dans toute la joyeuse Angleterre, où trouverai-je un messager pour communiquer entre nous ?
>
> *Ballade du roi Etsmere.*

La première personne que Julien rencontra en entrant dans le château fut le jeune lord, qui le reçut avec sa bonté ordinaire et sa légèreté d'humeur accoutumée.

— Soyez trois fois le bienvenu, sire chevalier des Dames, dit le comte, vous qui rôdez galamment et à votre gré à travers nos domaines, vous rendant à des rendez-vous et mettant à fin des aventures amoureuses, tandis que nous sommes condamné à rester renfermé dans nos appartements royaux, aussi lourd et aussi immobile que si Notre Majesté était sculptée à la poupe de quelque dogre contrebandier de notre île de Man, et baptisé *le roi Arthur de Ramsay.*

— Mais en ce cas vous prendriez la mer, et vous ne manqueriez ni de courses ni d'aventures.

— Oh ! supposez-moi en calme plat, ou bloqué dans le port par une pinque de la douane, ou, si vous voulez, à sec sur le sable et le nez en l'air. Imaginez l'image royale dans la plus ennuyeuse de toutes les positions, et vous n'aurez pas encore une idée complète de la mienne.

— Je suis du moins heureux d'apprendre que vous n'avez pas eu d'occupations désagréables. L'alarme de ce matin s'est dissipée, je suppose?

— Oui, sur ma foi, Julien; et nos informations minutieuses ne nous fournissent aucun indice de l'insurrection présumée. Que Bridgenorth soit dans l'île, c'est ce qui paraît certain; mais on allègue comme cause de sa visite des affaires particulières importantes, et je ne me soucie pas de le faire arrêter sans être à même de prouver que lui et ses compagnons se livraient à des menées criminelles. Le fait est qu'il paraîtrait que nous avons trop tôt pris l'alarme. Ma mère parle de vous consulter à ce sujet, Julien, et je n'anticiperai pas sur sa communication solennelle. Elle sera en partie apologétique, je suppose; car nous commençons à croire que notre retraite a été assez peu royale, et que, comme le méchant, nous avons fui sans être poursuivis. Cette idée afflige ma mère, qui serait extrêmement mortifiée, comme reine douairière, comme régente, comme héroïne et comme femme, de penser que sa retraite précipitée ici l'aurait exposée aux railleries des insulaires. Aussi est-elle déconcertée et de méchante humeur. Pendant tout ce temps, mon seul amusement a été de voir les grimaces et les gestes fantastiques de ce singe de Fenella, qui est plus en colère, et plus comique, par conséquent, que vous ne l'avez jamais vue. Morris dit que c'est parce que vous lui avez fait descendre les escaliers un peu trop vite, Julien; — est-ce vrai?

— Le rapport de Morris est tout à fait inexact, car je n'ai fait que les lui faire remonter malgré elle, pour me débarrasser de son importunité; attendu qu'elle s'était mis en tête de m'empêcher, à sa manière, de sortir du château, et cela avec tant d'obstination que je n'ai pas eu d'autre moyen de me débarrasser d'elle.

— Il faut qu'elle ait supposé que votre départ, dans un moment si critique, était dangereux pour notre garnison; cela montre à la fois quel prix elle attache à la sûreté de ma mère et combien elle fait cas de votre prouesse. Mais, grâces au Ciel, j'entends la cloche du dîner. Je voudrais que les philosophes, qui regardent la bonne chère comme une cause de péché et de perte de temps, nous pussent trouver un passe-temps à moitié aussi agréable.

Le repas après lequel le jeune comte aspirait ainsi, comme après un moyen de consumer une portion du temps qui lui pesait si lourdement, fut bientôt terminé, aussitôt, du moins, que le permit l'étiquette habituelle et rigoureuse de la maison de la comtesse. Lady Derby se retira, accompagnée de ses femmes d'honneur et de ses suivantes, dès que les tables furent desservies; et les deux jeunes gens furent laissés à leur propre compagnie. Le vin, en ce moment, n'avait de charmes ni pour l'un ni pour l'autre ; car le comte était de mauvaise humeur par suite de l'ennui et de l'impatience que lui faisait éprouver son genre de vie monotone et solitaire, et les incidents du jour avaient trop donné à Péveril matière à réflexion pour lui permettre de chercher des sujets de conversation amusants ou intéressants. Après s'être une ou deux fois passé silencieusement le flacon, chacun d'eux se retira dans une embrasure séparée des fenêtres de la salle, et ces embrasures étaient assez profondes, tant les murs étaient épais, pour offrir un enfoncement solitaire où l'on eût pu se croire isolé de la chambre elle-même. Dans l'une était assis le comte de Derby, occupé à feuilleter quelqu'une des nouvelles publications qu'on lui avait apportées de Londres, et de temps à autre montrant combien peu d'intérêt elles avaient pour lui, par de terribles bâillements et en promenant nonchalamment les yeux sur l'étendue déserte de l'Océan, où il ne trouvait d'autre aliment à son attention que le vol d'une troupe de mouettes ou celui d'un cormoran solitaire.

Péveril, de son côté, tenait aussi une brochure à la main, mais sans y donner la moindre attention, sans même affecter d'y jeter occasionnellement les yeux. Son esprit tout entier était occupé de l'entrevue qu'il avait eue le matin avec Alice Bridgenorth et avec son père, et il cherchait vainement à former une hypothèse qui lui pût expliquer pourquoi la fille, à laquelle il n'avait pas lieu de se croire indifférent, avait ainsi montré soudainement le désir de leur séparation éternelle, tandis que son père, dont il avait tant redouté l'opposition, semblait pour le moins tolérer sa recherche. La seule explication qu'il pût supposer fut que le major Bridgenorth avait en vue quelque plan qu'il était en son pouvoir, à lui Julien, d'aider ou d'entraver ; et en même temps les manières et même les paroles d'Alice ne lui donnaient que trop lieu de craindre qu'il ne pût se concilier la faveur du major que par quelque chose qui ressemblerait à une renonciation de principes. Mais nulle conjecture ne put lui donner la moindre idée touchant la nature du service que Bridgenorth semblait attendre de lui. Il ne pouvait imaginer, quoique Alice eût parlé de trahison, que son père osât lui proposer d'accéder à aucun projet dans lequel la sûreté de la comtesse ou la sécurité de son petit royaume de Man seraient mises en danger. Une telle adhésion l'eût marqué au front d'une infamie si indélébile, qu'il ne pouvait croire que qui que ce fût se hasardât à la lui proposer sans être préparé à lui rendre sur-le-champ raison, l'épée à la main, de cette insulte flagrante faite à son honneur. Une telle démarche était absolument incompatible avec la conduite du major Bridgenorth à tout autre égard, outre qu'il avait trop de calme et de sang-froid pour se permettre de faire un mortel affront au fils de son ancien voisin, à celui dont, de son propre aveu la mère avait droit de sa part à tant de gratitude.

CHAPITRE XVIII.

Tandis que Péveril s'efforçait en vain de trouver une explication tant soit peu plausible des insinuations échappées au père et à la fille, — non sans chercher en même temps, en véritable amant, à mettre sa passion d'accord avec son humeur et sa conscience, — il sentit qu'on le tirait doucement par son manteau. Il décroisa les bras, que, dans sa méditation, il avait serrés sur sa poitrine, et détournant les yeux de la perspective monotone de la mer et du rivage sur laquelle ils étaient machinalement fixés, il vit à ses pieds la petite muette, le lutin Fenella, assise sur un tabouret bas qu'elle avait apporté tout près de Péveril. Elle y était déjà depuis quelques instants, attendant sans doute qu'il tournât les yeux de son côté; mais lasse de demeurer inaperçue, elle avait enfin sollicité son attention de la manière que nous avons dite. Arraché tout à coup à sa rêverie par cette indication de sa présence, il porta ses regards sur elle, et ne put voir sans intérêt cette créature si singulière et si infortunée.

Ses cheveux étaient détachés et flottaient sur ses épaules, si longs et si épais, qu'ils allaient couvrir la terre, après avoir enveloppé comme d'un voile sombre non-seulement son visage, mais ses formes minces et sveltes. A travers la profusion de ses tresses, on apercevait ses traits mignons, bruns, mais bien formés, et ses yeux noirs, grands et pleins de feu. Dans toute sa contenance, on lisait l'air suppliant d'une personne qui ne sait quel accueil elle va recevoir d'un ami de prédilection à qui elle va confesser une faute, offrir une excuse ou demander une réconciliation. En un mot, son visage tout entier était animé d'une telle expression, que Julien, quoique sa vue lui fût bien familière, eut peine à se persuader qu'il n'avait pas sous les yeux une physionomie toute nouvelle. La mobilité fantastique de ses traits, presque surnaturelle dans sa bizarrerie, semblait avoir totalement disparu, et avait fait place à une expression touchante de douleur et de tendresse, à laquelle se joignait celle de ses grands yeux noirs, qui, en se levant vers Julien, étaient encore humides de larmes.

S'imaginant que cet air extraordinaire provenait du souvenir de ce qui s'était passé entre eux le matin, Péveril s'efforça de rendre la jeune fille à sa gaieté habituelle en lui faisant comprendre que son esprit ne conservait aucune impression défavorable de leur querelle. Il lui sourit avec bonté, et lui prit la main dans une des siennes; tandis qu'avec la familiarité de quelqu'un qui la connaissait depuis son enfance, il caressait de son autre main les longues tresses de sa noire chevelure. Elle baissa la tête, comme si ces caresses lui eussent fait éprouver de la honte en même temps que du plaisir; — et il se vit ainsi comme excité à les continuer, jusqu'à ce que, sous le voile épais de ses beaux cheveux, il sentit tout à coup son autre main, qu'elle tenait serrée dans les siennes, légèrement effleurée par les lèvres de Fenella, et en même temps mouillée d'une larme.

Sur-le-champ, et pour la première fois de sa vie, le danger que sa familiarité avec une jeune fille à laquelle les moyens ordinaires d'explication étaient étrangers ne fût mal interprétée, se présenta à l'esprit de Julien ; retirant vivement sa main et changeant d'attitude, il lui demanda, par un signe que l'habitude leur avait rendu familier, si elle lui apportait quelque message de la part de la comtesse. Les manières de Fenella changèrent aussi rapidement. Elle se redressa et s'arrangea sur son tabouret avec la rapidité de l'éclair, en même temps que d'un tour de main elle réunit ses longues tresses, et, les relevant sur sa tête, s'en forma une parure naturelle des plus gracieuses. Il est vrai que, lorsqu'elle leva les yeux, son teint foncé était encore animé par la rougeur ; mais l'expression de langueur mélancolique répandue sur ses traits avait fait place à l'extrême mobilité qui leur était le plus habituelle. Ses yeux brillaient de plus de feu encore que de coutume, et rarement ses regards avaient eu cette vivacité étrange et pénétrante. Elle répondit à la question de Julien en posant la main sur son cœur, — geste par lequel elle indiquait toujours la comtesse, — et, se levant, elle prit la direction de son appartement, en faisant signe à Julien de la suivre.

La distance n'était pas grande entre la salle que quittait Péveril et l'appartement où le conduisait son guide muet ; néanmoins il eut encore le temps, en la parcourant, de souffrir cruellement de la crainte qui s'était tout à coup offerte à lui, que cette malheureuse fille n'eût mal interprété la bonté avec laquelle il l'avait toujours traitée, et n'eût été amenée par là à concevoir pour lui un sentiment plus tendre que celui de l'amitié. Les peines qu'une telle passion devait occasionner à une créature dont la situation était déjà si triste, et que dominait une sensibilité si exaltée, étaient assez grandes pour que Julien cherchât à repousser le soupçon qui venait l'assiéger ; tandis qu'en même temps il prenait la résolution intérieure de se conduire vis-à-vis de Fenella de manière à réprimer des sentiments si déplacés, si le malheur voulait qu'en effet elle les eût conçus pour lui.

Quand ils arrivèrent à l'appartement de la comtesse, celle-ci avait devant elle tout ce qu'il fallait pour écrire, et plusieurs lettres cachetées. Elle reçut Julien avec son affectuosité ordinaire ; et lui ayant dit de s'asseoir, elle fit signe à la muette de reprendre son aiguille. Fenella se plaça à l'instant devant un métier à broder, où, sans le mouvement rapide de ses doigts, on l'eût pu prendre pour une statue, tant sa tête restait invariablement baissée et ses yeux fixés sur son ouvrage. Son infirmité faisant que sa présence ne pouvait gêner la conversation la plus confidentielle, la comtesse s'adressa à Péveril comme s'ils eussent été absolument seuls.

— Julien, lui dit-elle, je ne veux pas me plaindre à vous des sentiments et de la conduite de Derby. Il est votre ami, — il est mon fils. Son cœur est bon ; il a des talents ; et cependant.....

CHAPITRE XVIII.

— Madame, interrompit Péveril, pourquoi vous affliger vous-même en arrêtant vos regards sur des défauts qui tiennent plutôt au changement des temps et des manières qu'à aucune dégénération de mon noble ami ? Laissez-le une fois s'occuper sérieusement de ses devoirs, soit en paix, soit en guerre, et je me soumets à telle peine que l'on voudra s'il ne se conduit pas comme il convient à sa haute position.

— Oui; mais quand l'appel du devoir se fera-t-il entendre à lui plus haut que celui de l'amusement le plus frivole, le plus trivial, qui puisse servir à consumer des heures de nonchalance? Son père était d'une autre trempe; et que de fois n'ai-je pas eu à le conjurer de se ménager au moins, dans l'accomplissement rigide de ces devoirs que sa haute position lui imposait, le repos absolument nécessaire pour recouvrer ses forces et ne pas détruire sa santé!

— Toujours devez-vous convenir, madame, que les devoirs auxquels les temps appelaient votre noble époux étaient d'une nature plus pressante et plus impérieuse que ceux qui attendent votre fils.

— Je ne sais. La roue paraît tourner de nouveau, et il n'est pas hors de vraisemblance que l'époque actuelle puisse ramener des scènes pareilles à celles dont ma jeunesse a été témoin. — Hé bien, soit; elles ne trouveront pas le courage de Charlotte de la Trémouille affaibli, si son corps est chargé d'années. C'était même sur ce sujet que je voulais vous parler, mon jeune ami. Depuis notre première connaissance, — lorsque je vis votre valeureuse attitude, au moment où sortant de ma cachette, dans le château de votre père, je me montrai à vos yeux enfantins comme une apparition, — je me suis plu à vous regarder comme un digne descendant des Stanley et des Péveril. J'aime à croire que la manière dont vous avez été élevé dans ma famille a toujours répondu au cas que je faisais de vous. — Pas de remercîments. J'ai à requérir de vous, en retour, un service qui peut-être ne sera pas entièrement sans danger pour vous, mais que personne, dans les circonstances actuelles, n'est aussi à même que vous de rendre à ma maison.

— Vous avez toujours été ma bonne et noble dame, répondit Péveril; vous avez été pour moi une protectrice affectueuse, je puis dire maternelle. Vous avez droit de disposer du sang des Stanley, n'importe dans quelles veines il coule; — vous avez mille fois le droit de disposer de celui qui coule dans les miennes [1].

— Les avis que je reçois d'Angleterre, reprit la comtesse, ressemblent plus aux rêves d'un malade qu'aux informations régulières que je devais attendre de correspondants tels que les miens; — leurs expressions sont semblables à celles d'hommes qui marchent en dormant, et qui parlent sans suite et sans liaison de ce qui se passe dans leurs songes.

---

[1] Le lecteur ne peut avoir oublié que le comte de Derby était chef de la grande maison de Stanley. (W. S.)

On dit qu'un complot, réel ou supposé, a été découvert parmi les catholiques, et que ce complot a répandu une terreur plus grande que celui du 5 novembre. Le plan en semble tout à fait incroyable, et n'est appuyé que du témoignage de misérables, les plus vils et les plus indignes des hommes; et cependant ce qu'on en dit est accueilli par la crédulité du peuple anglais avec la foi la plus robuste.

— Il est singulier qu'une telle imposture puisse acquérir quelque consistance sans avoir un fondement réel.

— Quoique catholique, cousin, je ne suis point bigote. J'ai craint longtemps que le zèle bien intentionné de nos prêtres pour augmenter le nombre des prosélytes n'attirât sur eux les soupçons de la nation anglaise. Ces efforts se sont renouvelés avec une double énergie depuis que le duc d'York a embrassé la foi catholique, et le même événement a redoublé aussi la haine et la jalousie des protestants. Ce que je crains qu'on puisse soupçonner avec raison, c'est que le duc soit meilleur catholique que bon Anglais, et que la bigoterie ne l'ait entraîné, comme l'avidité nécessiteuse du prodigue y a entraîné son frère, dans des relations avec la France dont l'Angleterre n'aurait que trop sujet de se plaindre. Mais les épaisses et grossières inventions, les suppositions palpables d'une conspiration qui procéderait par le meurtre, le sang et le feu;— les armées imaginaires,— les massacres projetés,— tout cela compose un ensemble de faussetés qu'on n'aurait pas cru pouvoir être digéré même par l'appétit grossier du vulgaire pour le merveilleux et l'horrible, et qui néanmoins est reçu comme vrai par les deux chambres du parlement, et que n'ose mettre en question quiconque veut échapper à l'odieuse qualification d'ami des papistes sanguinaires et de fauteur de leurs plans de cruautés infernales.

— Mais que disent ceux qui doivent être le plus affectés de ces bruits étranges? — que disent les catholiques anglais? — Ils forment un corps riche et nombreux, qui renferme bien des nobles noms.

— Le courage est mort en eux. Ils sont comme les moutons enfermés dans les abattoirs, pour que le boucher puisse faire son choix parmi eux. Dans les renseignements brefs et obscurs qu'une main sûre m'a transmis, ils sont représentés comme ne faisant que hâter leur ruine absolue et la nôtre: — tant le découragement est général, tant le désespoir est universel.

— Mais le roi, — le roi et les protestants royalistes, — que disent-ils de cette tempête grossissante?

— Avec la prudence égoïste qui lui est ordinaire, Charles cède à l'orage; et il laissera la corde et la hache décimer les hommes les plus innocents de ses états, plutôt que de perdre une heure de plaisir en tentant de venir à leur secours. Et quant aux royalistes, ou ils partagent le délire général qui s'est emparé du plus grand nombre des protestants, ou ils se tiennent à l'écart et restent neutres, n'osant montrer aucun

CHAPITRE XVIII.

intérêt aux malheureux catholiques, de peur qu'on ne les mette aussi sur la même ligne, et qu'on ne les accuse d'appuyer la terrible conspiration dont sont chargés les catholiques. Dans le fait, je ne puis les blâmer. On ne peut guère s'attendre à ce que la simple compassion pour une secte persécutée, — ou, ce qui est encore plus rare, un amour abstrait de la justice, — soient assez puissants pour déterminer les hommes à s'exposer à la fureur soulevée de tout un peuple; car dans l'état actuel d'agitation générale, quiconque refuse créance au moindre mot des énormes invraisemblances accumulées par ces misérables délateurs, est à l'instant même dénoncé comme voulant étouffer la découverte du complot. C'est véritablement une terrible tempête, et quelque éloignés que nous soyons de sa sphère, il faut nous attendre à en sentir bientôt les effets.

— Lord Derby m'en a déjà dit quelque chose; il m'a dit aussi qu'il y avait dans cette île des agents dont l'objet était d'exciter une insurrection.

— Oui, repartit la comtesse, dont les yeux flamboyaient; et si mon avis eût été écouté, ils eussent été pris sur le fait, et traités de façon à ce qu'ils eussent servi d'avertissement à tous ceux qui auraient pu être tentés de se charger d'une semblable mission dans cette principauté indépendante. Mais mon fils, qui s'abandonne d'habitude à une si regrettable négligence de ses propres affaires, s'est avisé d'en prendre la conduite pendant cette crise.

— J'ai été heureux d'apprendre, madame, que les mesures de précaution adoptées par mon parent ont eu pour effet de déjouer complétement la conspiration.

— Pour le moment, Julien; mais elles auraient dû être de nature à faire trembler le plus hardi, à l'idée seule de porter par la suite une semblable atteinte à nos droits. Le plan actuel de Derby est plein des plus grands dangers, et cependant il a en lui quelque chose de noble auquel je ne puis refuser ma sympathie.

— Quel est ce plan, madame? demanda Julien avec anxiété. En quoi puis-je le seconder, ou en détourner les dangers?

— Il se propose de partir à l'instant même pour Londres. Il est, dit-il, non pas seulement le chef féodal d'une petite île, mais un des nobles pairs d'Angleterre, et comme tel ne devant pas rester à l'abri d'un château obscur et lointain, quand son nom et le nom de sa mère sont calomniés devant son prince et ses concitoyens. Il veut, dit-il, aller prendre place dans la chambre des lords, et demander hautement justice de l'insulte jetée sur sa maison par des dénonciateurs parjures et corrompus.

— C'est une généreuse résolution, et digne de mon ami. Je l'accompagnerai et partagerai son sort, quel qu'il puisse être.

— Hélas, fol enfant! autant vaudrait attendre de la pitié d'un lion affamé, que de la justice d'un peuple furieux et prévenu. Ils ressemblent au maniaque, assassinant sans remords, dans un accès de frénésie, son ami le meilleur et le plus cher, et ne déplorant sa cruauté qu'après être revenu de son délire.

— Pardon, mylady, cela ne peut être. Le noble, le généreux peuple anglais ne peut être ainsi étrangement égaré. Quelques préventions qui puissent avoir cours parmi le vulgaire, les chambres législatives n'en peuvent être profondément infectées : elles se souviendront de leur dignité.

— Hélas, cousin! les Anglais, même du plus haut rang, se sont-ils jamais souvenus de quelque chose, quand ils ont été emportés par la violence de l'esprit de parti? Ceux-là même qui ont trop de bon sens pour ajouter foi aux incroyables fictions dont on leurre la multitude, auront garde de se mettre en avant, si le parti politique auquel ils appartiennent peut gagner un avantage temporaire à ce que ces fictions s'accréditent. Et c'est parmi ces derniers que votre parent est allé chercher des amis et des compagnons! Négligeant les vieux amis de sa maison, comme trop graves et trop sérieux pour l'esprit du temps, il n'a eu de relations qu'avec des hommes tels que le versatile Shaftesbury, — le frivole Buckingham, — tous hommes qui n'hésiteraient pas à sacrifier au Moloch populaire du jour qui ou quoi que ce soit, — pourvu que le sacrifice leur rendît la divinité favorable. — Pardonnez aux larmes d'une mère, Julien; mais je vois l'échafaud de Bolton dressé de nouveau. Si Derby va à Londres tandis que ces limiers altérés de sang sont lancés sur leur proie, suspect comme il l'est et comme l'ont rendu ma croyance religieuse et ma conduite dans cette île, il meurt de la mort de son père. Et cependant à quel autre parti s'arrêter!...

— Permettez-moi de me rendre à Londres, madame, dit Péveril profondément ému des angoisses de sa protectrice; Votre Seigneurie a toujours fait quelque fond sur mon jugement. J'agirai pour le mieux; — je me mettrai en communication avec ceux que vous m'indiquerez, et avec ceux-là seuls, et j'ai la confiance que bientôt je pourrai vous informer que ces préventions erronées, quelque fortes qu'elles soient en ce moment, seront sur le point de se dissiper. Au pis aller, je pourrai vous avertir du danger qui vous menacerait, vous ou le comte, et peut-être serai-je en outre à même de vous indiquer les moyens de le détourner.

La comtesse l'écoutait avec une physionomie où les inquiétudes de l'amour maternel, qui la poussaient à embrasser la généreuse proposition de Péveril, étaient aux prises avec le désintéressement naturel et la noblesse de son caractère. — Songez à ce que vous me demandez, Julien, répondit-elle avec un soupir. Voudriez-vous que j'exposasse la vie du fils de mon ami dans ces périls auxquels je refuserais de livrer mon propre fils? — Non, jamais!

— Mais, madame, je ne cours pas les mêmes risques. — Ma personne n'est pas connue à Londres; — mon rang, quoiqu'il ne soit pas obscur dans mon pays, est trop peu éminent pour être remarqué dans cette vaste réunion de tout ce qui est noble et riche. Nulle insinuation, même indirecte, n'a, je présume, rattaché mon nom à la prétendue conspiration. Par-dessus tout, je suis protestant, et nulle relation, directe ou indirecte, ne peut m'être imputée avec l'Eglise de Rome. Ceux avec lesquels j'ai des liaisons, s'ils ne veulent ou ne peuvent me servir, ne peuvent du moins être dangereux pour moi. En un mot, je ne cours aucun danger, là où le comte pourrait être exposé à un grand péril.

— Hélas, tous ces généreux raisonnements peuvent être vrais; mais une mère privée de l'appui d'un époux peut seule y prêter l'oreille. Dans mon égoïsme, je ne puis que me dire qu'à tout évènement il reste à ma parente un époux affectionné : — tel est le raisonnement intéressé devant lequel nous ne rougissons pas de faire fléchir nos meilleurs sentiments.

— Ne lui donnez pas ce nom, madame; ne me regardez que comme le jeune frère de mon parent. Vous avez toujours eu pour moi les soins d'une mère, et vous avez droit d'attendre de moi un dévouement filial, s'agirait-il d'un danger dix fois plus grand qu'un voyage à Londres, dans le but de m'enquérir de la disposition des esprits. Je vais de ce pas annoncer mon départ au comte.

— Un moment, Julien; si vous devez faire ce voyage pour nous servir, — et je n'ai pas, hélas! assez de générosité pour refuser votre noble proposition, il faut que vous partiez seul et sans en prévenir Derby. Je le connais; sa légèreté d'esprit est pure d'un bas égoïsme, et pour le monde entier il ne souffrirait pas que vous quittassiez Man sans lui. S'il part avec vous, votre noble et généreux dévouement devient inutile : — vous ne pourriez plus que partager sa ruine, comme le nageur qui tente de sauver un homme qui se noie périt avec lui, s'il se laisse saisir par le mourant.

— Je ferai ce qu'il vous plaira, madame; je serai prêt à partir une demi-heure après avoir été averti.

— Hé bien donc, dit la comtesse après un instant de réflexion, je disposerai tout cette nuit pour mettre aussi secrètement que possible votre généreux projet à exécution; car je ne voudrais pas faire naître contre vous la prévention qui s'élèverait sur-le-champ, si l'on savait que vous avez si tardivement quitté cette île et sa souveraine catholique. Peut-être ferez-vous bien de prendre à Londres un nom supposé.

— Pardon, madame. Je ne ferai rien qui puisse attirer sur moi une attention inutile, et je vivrai aussi retiré que possible; mais prendre un nom supposé, ou recourir à un déguisement, serait, je pense, un parti aussi peu prudent que peu digne, et dont il me serait difficile, si j'étais découvert, de donner une raison compatible avec une parfaite pureté d'intentions.

— Je crois que vous avez raison, repartit la comtesse après y avoir songé un instant; puis elle ajouta : — Vous vous proposez sans doute de passer par le comté de Derby et de faire une visite au château de Martindale?

— Ce serait certainement mon désir, madame, si le temps le permettait et que les circonstances le rendissent convenable.

— C'est ce dont vous jugerez vous-même. La célérité est sans doute désirable ; d'un autre côté, arrivant de la demeure de votre famille, vous serez moins exposé à la méfiance et au soupçon que si vous veniez directement d'ici en toute hâte, sans même avoir pris le temps de visiter vos parents. En ceci — comme en tout — vous devrez vous laisser guider par votre prudence. Allez, mon cher fils, — car vous me devez être aussi cher qu'un fils, — allez tout disposer pour votre voyage. Je vais préparer quelques dépêches, et je vous remettrai l'argent nécessaire ; — allons, pas d'objection. Ne suis-je pas votre mère, et ne remplissez-vous pas le devoir d'un fils? ne me contestez pas le droit de défrayer vos dépenses. Et ce n'est pas tout ; car, comme je dois me reposer sur votre zèle et votre prudence du soin d'agir pour nous quand l'occasion le demandera, je vous fournirai des lettres de recommandation pressantes pour nos amis et nos alliés, pour les conjurer et leur enjoindre de vous aider en tout ce que vous réclamerez d'eux, soit pour votre sûreté, soit pour l'accomplissement de ce que vous vous proposez de faire en notre faveur.

Péveril ne s'opposa pas plus longtemps à un arrangement que réellement l'état modique de ses finances rendait presque indispensable, à moins d'avoir recours à l'assistance de son père ; et la comtesse lui remit des lettres de change pour une valeur de deux cents livres sterling, sur un marchand de la Cité. Elle congédia alors Julien pour une heure, en le prévenant qu'après cet intervalle elle aurait encore besoin de le voir.

Les préparatifs de son voyage n'étaient pas de nature à éloigner les pensées qui ne tardèrent pas à l'assaillir. Il vit qu'un entretien d'une demi-heure avait encore une fois changé complétement ses projets immédiats et ses plans d'avenir. Il avait offert à la comtesse de Derby ce que lui commandait la bonté qu'elle avait toujours eue pour lui; mais par là il se voyait sur le point de se séparer d'Alice Bridgenorth, dans un moment où elle lui était devenue plus chère que jamais, par l'aveu d'un amour partagé. Son image s'éleva devant lui, telle que le matin il l'avait pressée sur son cœur ; — sa voix vibrait à son oreille, et semblait lui demander s'il se pouvait qu'il l'abandonnât dans la crise que tout paraissait annoncer comme imminente. Mais Julien Péveril, eu égard à sa jeunesse, apprécia strictement son devoir, et résolut de l'exécuter dans toute son étendue. Il ne laissa pas son imagination s'abandonner plus longtemps à la vision qui se présentait à elle ; mais saisissant résolument la plume, il écrivit à Alice la lettre suivante, pour lui expliquer la situation où il se trouvait, autant qu'il le pouvait sans nuire à la comtesse :

« Je vous quitte, ma chère Alice, je vous quitte; et quoique je ne
« fasse en cela qu'obéir aux ordres que vous m'avez donnés, je n'ai
« cependant guère le droit de me faire un mérite de mon obéissance,
« car si d'autres raisons de la nature la plus impérieuse n'étaient ve-
« nues en aide à vos ordres, je doute fort que j'eusse été en état de
« m'y soumettre. Mais d'importantes affaires de famille me forcent de
« m'absenter de cette île, et pour plus d'une semaine, je le crains.
« Mes pensées, mes espérances, mes vœux, s'attacheront au moment
« qui me rendra au Fort Noir et à sa jolie vallée. Permettez-moi d'es-
« pérer que les vôtres se reporteront quelquefois vers le pauvre exilé,
« que rien, sauf la voix de l'honneur et du devoir, n'aurait pu rendre
« tel. Ne craignez pas que je cherche à vous engager dans une corres-
« pondance secrète, et ne le laissez pas craindre à votre père. Je ne
« pourrais vous aimer autant, sans la franchise et la candeur de votre
« nature; et je ne voudrais pas que vous fissiez mystère au major
« Bridgenorth d'une syllabe de l'aveu que je vous fais maintenant. Sur
« d'autres points, il ne peut désirer plus vivement que moi le bien
« de notre commune patrie. Des différences peuvent se présenter quant
« aux moyens d'arriver à ce résultat; mais, sur les principes, je suis
« convaincu qu'il ne peut y avoir entre nous qu'un même sentiment,
« et je ne puis non plus refuser d'écouter son expérience et sa sagesse,
« alors même qu'en définitive elles ne pourraient me convaincre. Adieu,
« Alice, — adieu ! Je pourrais ajouter bien des choses à ce triste mot,
« mais rien qui pût exprimer l'amertume que je sens à l'écrire. Et
« pourtant je pourrais le répéter encore bien des fois, pour prolonger
« la dernière communication que je pourrai avoir avec vous d'ici à
« quelque temps. Ma seule consolation est que mon absence ne sera
« pas assez longue pour vous permettre d'oublier celui qui ne vous ou-
« bliera jamais. »

Il tint la lettre à sa main pendant une minute après l'avoir pliée, mais avant de la cacheter, tout en pesant à la hâte dans son esprit si les termes de conciliation dont il s'était servi à l'égard du major Bridgenorth n'étaient pas de nature à faire naître chez celui-ci des espérances de prosélytisme que sa conscience lui disait qu'il ne pourrait réaliser honorablement. Néanmoins, d'un autre côté, il n'était pas en droit de conclure, de ce que lui avait dit le major Bridgenorth, que leurs principes fussent diamétralement inconciliables ; car, bien que fils d'un Cavalier zélé, et quoique élevé dans la famille de la comtesse de Derby il était par principes ennemi des priviléges arbitraires et ami de la liberté du peuple. Ce fut par de telles considérations qu'il imposa silence aux objections soulevées en lui par le point d'honneur; car sa conscience lui disait tout bas que ces expressions conciliatrices envers le père étaient principalement dictées par la crainte que, durant son absence, le major Bridgenorth ne voulût changer la résidence de sa fille, et peut-être mettre Alice tout à fait hors de son atteinte.

Ayant cacheté sa lettre, Julien appela son domestique et lui donna ordre de la porter, sous le couvert de mistress Debbitch, à une maison de la ville de Rushin où étaient ordinairement déposés les paquets et les messages destinés aux habitants du Fort Noir, et à cet effet de monter immédiatement à cheval. Il se débarrassa ainsi d'un suivant qui aurait pu jusqu'à un certain point épier ses mouvements. Il changea ensuite ses vêtements ordinaires pour d'autres plus convenables en voyage ; et ayant mis quelque linge de rechange dans une petite valise, il choisit pour armes une forte épée à double tranchant, avec une excellente paire de pistolets qu'il eut soin de charger de deux balles chacun. Ainsi disposé, vingt pièces d'or dans sa bourse et les billets mentionnés déposés dans un petit portefeuille, il se tint prêt à partir aussitôt que la comtesse lui aurait transmis ses ordres.

La mobile ardeur de la jeunesse, et l'espérance un moment glacée par les circonstances pénibles et inquiétantes dans lesquelles il se trouvait, aussi bien que par la privation qu'elles lui imposaient, reprirent alors pleinement le dessus. L'imagination, se détournant de prévisions plus sombres, lui dit qu'il allait bientôt entrer dans la vie, à l'instant d'une crise où la résolution et les talents seraient, pour ceux qui en étaient doués, des moyens de fortune presque certains. Quelle plus honorable entrée aurait-il pu faire sur la scène tumultueuse du monde, qu'envoyé par une des plus nobles maisons d'Angleterre et chargé d'agir pour elle ? et s'il parvenait à s'acquitter de sa mission avec la résolution et la prudence nécessaires pour en assurer le succès, combien d'occasions ne pourraient-elles pas s'offrir qui rendraient sa médiation nécessaire à Bridgenorth, et lui donneraient ainsi, à des termes plus égaux et plus honorables, des droits à sa gratitude et à la main de sa fille ?

Tandis que son esprit s'arrêtait sur ces riantes idées d'avenir que lui créait son imagination, il ne put s'empêcher de s'écrier tout haut : Oui, Alice, je te mériterai noblement ! Les paroles s'étaient à peine échappées de ses lèvres, qu'il entendit à la porte de sa chambre, laissée entr'ouverte par le domestique, un son semblable à un profond soupir, et qui fut au même instant suivi d'un léger coup à la porte. — Entrez ! dit Julien, quelque peu honteux de son exclamation, et craignant qu'elle n'eût été entendue de quelque oreille indiscrète. — Entrez ! répéta-t-il ; mais personne ne se montra, et le coup fut répété un peu plus fort. Il ouvrit lui-même, et Fenella parut devant lui.

Les yeux de la petite muette étaient rouges de larmes qui semblaient récentes, et le plus profond abattement se peignait dans son regard. Portant la main à son cœur, puis lui faisant signe du doigt, elle lui annonça ainsi à sa manière accoutumée que la comtesse désirait le voir; — puis elle retourna sur ses pas, comme pour le conduire à l'appartement de sa maîtresse. Tandis qu'il la suivait par les longs et sombres passages voûtés qui établissaient une communication entre les diverses parties du château, il ne put s'empêcher de remarquer que la légèreté habituelle de son pas avait fait place à une démarche lente et mélancolique; qu'en marchant elle proférait comme des gémissements sourds et inarticulés (que sans doute elle pouvait d'autant moins réprimer, qu'il ne lui était pas possible de juger jusqu'à quel point ils étaient entendus), et qu'en même temps elle se tordait les mains et laissait voir d'autres indices d'une extrême affliction.

En ce moment une idée traversa l'esprit de Péveril, et en dépit de toute sa raison elle le fit involontairement frissonner. Né dans le château du Pic et habitant depuis longtemps l'île de Man, il avait été bercé d'un grand nombre de légendes superstitieuses, et notamment d'une croyance qui donnait pour esprit familier à la puissante famille des Stanleys un démon femelle ou *Banshie*, qui avait coutume d'annoncer par ses cris les calamités prochaines, et que généralement on voyait pleurer et se lamenter avant la mort des personnages de distinction appartenant à cette famille. Un instant Julien eut peine à repousser la pensée que l'être qui, une lampe à la main, se glissait devant lui en gémissant et en proférant des exclamations inarticulées, était le génie de la race de sa mère, venu pour lui annoncer le sort qui lui était réservé. Une réflexion analogue se présenta en même temps à lui : il se dit que si le soupçon qu'il venait de concevoir sur Fenella était juste, son malheureux attachement pour lui, comme celui de l'esprit prophétique pour sa famille, ne pouvait annoncer que désastres, lamentations et malheurs.

CHAPITRE XIX.

> Maintenant, levez l'ancre, amis; — que les voiles présentent leur large sein aux vents caressants, comme la jeune fille qui s'abandonne aux caresses d'un amant.
>
> *Anonyme.*

La presence de la comtesse dissipa les idées superstitieuses qui s'étaient un instant emparées de l'imagination de Julien, et l'obligea de donner attention aux choses de la vie commune.

— Voici vos lettres de crédit, dit-elle en lui remettant un petit paquet soigneusement recouvert d'une enveloppe de peau de veau marin; vous ferez bien de ne les pas ouvrir avant votre arrivée à Londres. Vous ne devrez pas être surpris d'en trouver une ou deux adressées à des hommes de ma communion religieuse : celles-là, notre intérêt commun vous prescrira de ne les remettre qu'avec précaution.

— Je pars comme votre messager, madame, répondit Péveril; quels que soient les ordres dont vous me chargiez, je m'en acquitterai. Néanmoins, permettez-moi de mettre en doute que des relations avec des catholiques puissent en ce moment être utiles au but de ma mission.

— Vous partagez déjà les préventions générales qu'inspire cette secte réprouvée, repartit la comtesse en souriant, et vous n'en convenez que mieux pour aller parmi les Anglais dans leur humeur actuelle. Mais, mon très-prudent ami, l'adresse de ces lettres est tellement conçue, et les personnes à qui elles sont adressées si bien déguisées, que vous n'avez aucun risque à courir dans vos rapports avec elles. Sans leur aide, d'ailleurs, vous ne pourriez obtenir les informations exactes que vous allez chercher. Personne ne peut si bien dire d'où vient le vent, que le pilote dont le vaisseau est exposé à la tempête. En outre, quoique vous autres protestants refusiez à nos prêtres l'innocence de la colombe, vous êtes assez disposés à leur attribuer une ample part de la prudence du serpent; — pour parler sans figure, leurs moyens d'information sont étendus, et ils ne manquent pas de les mettre en usage. Je désire donc que, s'il est possible, vous profitiez de leurs intelligences et de leurs avis.

— Quels que soient vos ordres, madame, comptez qu'ils seront ponctuellement exécutés. Et maintenant, comme il est inutile de différer l'exécution d'un projet une fois arrêté, Votre Seigneurie veut-elle me faire connaître ses intentions quant à mon départ?

— Il doit être prompt et secret ; l'île est remplie d'espions, et je ne voudrais pas qu'aucun d'eux vînt à savoir qu'un envoyé est prêt à partir de Man pour Londres en mon nom. Pouvez-vous être prêt à vous embarquer demain ?

— Cette nuit, — à l'instant même si vous voulez. — Mes petits préparatifs sont terminés.

— Soyez donc prêt dans votre chambre à deux heures après minuit. J'enverrai quelqu'un vous avertir, car notre secret doit avoir, quant à présent, aussi peu de confidents que possible. Un sloop étranger est retenu pour vous transporter en Angleterre ; vous vous rendrez ensuite à Londres, par le château de Martindale ou autrement, selon que vous le jugerez le plus convenable. Quand il sera nécessaire d'annoncer votre absence, je dirai que vous êtes allé voir vos parents. Mais un moment : — depuis Whitehaven, vous voyagerez à cheval, naturellement. Vous avez des lettres de change, il est vrai ; mais avez-vous sur vous assez d'argent comptant pour vous procurer un bon cheval ?

— Je suis suffisamment riche, madame ; et il ne manque pas de bons chevaux dans le Cumberland. Il y a là des gens qui savent comment les avoir bons et à bon marché.

— Ne vous y fiez pas. Voilà qui vous procurera le meilleur cheval des borders[1]. — Pouvez-vous être assez simple pour refuser ? ajouta la comtesse, en insistant pour lui faire prendre une bourse bien garnie, qu'il se vit contraint d'accepter. — Un bon cheval et une bonne épée, Julien, sont, après un cœur ferme et une bonne tête, ce qui constitue le parfait cavalier.

— Je vous baise donc les mains, madame, et je vous supplie humblement de croire que, quoi qu'il arrive de mon entreprise actuelle, mon zèle à vous servir, vous ma noble parente et ma bienfaitrice, ne sera du moins jamais en défaut.

— Je le sais, mon fils, je le sais ; et que Dieu me pardonne de vous avoir exposé, dans mon inquiétude pour votre ami, à des dangers qui eussent dû être les siens ! Allez, — allez ; — que les saints et les anges vous bénissent ! Fenella l'informera que vous souperez dans votre appartement. Je resterai aussi dans le mien, car je serais ce soir hors d'état de soutenir les regards de mon fils. Il me remerciera peu de vous avoir chargé de cette mission, et bien des gens se demanderont s'il convenait à la dame de Latham de livrer le fils de son ami au danger qui aurait dû être affronté par le sien. Mais, ô Julien ! je suis maintenant veuve et isolée, et le chagrin m'a rendue égoïste !

— Ne parlez pas ainsi, madame ; ce qui convient moins à la dame de Latham, c'est de se préoccuper de dangers qui ne peuvent pas exister, et auxquels, s'ils se présentaient en effet, je serais moins exposé que ne

[1] Frontières anglo-écossaises. (L. V.)

l'eût été mon noble parent. Adieu! Que toutes les bénédictions vous accompagnent, madame. Présentez mes compliments à Derby, et faites-lui mes excuses. J'attendrai que vous me fassiez appeler, à deux heures après minuit.

Ils prirent affectueusement congé l'un de l'autre, d'autant plus affectueusement, à la vérité, de la part de la comtesse, qu'elle ne pouvait entièrement réconcilier son esprit généreux avec la pensée d'exposer Péveril à cause de son fils. Julien se retira à son appartement solitaire.

Bientôt après, son domestique lui apporta du vin et des rafraîchissements; et nonobstant les divers sujets de réflexion dont son esprit avait à se préoccuper, il y fit raisonnablement honneur. Mais, après cette indispensable occupation, ses pensées commencèrent à affluer de nouveau, comme un flot agité, — se reportant à la fois sur le passé et vers l'avenir. Ce fut en vain que, s'enveloppant de son manteau de voyage et se jetant sur son lit, il s'efforça de se livrer au sommeil. La perspective incertaine qui s'ouvrait devant lui, — ses doutes sur la manière dont Bridgenorth pourrait disposer de sa fille durant son absence, — la crainte que le major lui-même ne tombât entre les mains de la vindicative comtesse, tout contribuait à lui agiter le sang et à lui rendre le sommeil impossible. Alternativement s'étendre dans le vieux fauteuil en chêne, et prêter l'oreille au clapotement des vagues dont le bruit se mêlait, sous ses fenêtres, au cri des oiseaux de mer; parcourir la chambre, tantôt à grands pas, tantôt à pas lents, en s'arrêtant de temps à autre pour contempler la mer, sommeillant sous l'influence de la pleine lune, dont les rayons argentaient chaque vague: — tels furent les seuls passe-temps qu'il put imaginer jusqu'à une heure après minuit. L'heure suivante fut consumée dans une attente inquiète de l'appel du départ.

Il arriva enfin. — Un petit coup à sa porte fut suivi d'un sourd murmure qui lui fit soupçonner que la comtesse avait encore employé sa muette suivante comme le ministre le plus sûr de sa volonté en cette occasion. Il crut voir quelque chose de peu convenable dans ce choix; et ce fut avec un sentiment d'impatience étranger à la générosité naturelle de son caractère, qu'en ouvrant la porte il arrêta son regard sur la jeune muette debout devant lui. La lampe qu'il tenait à la main éclairait distinctement ses traits, et fit probablement voir à Fenella l'expression qui les animait. Elle baissa tristement vers la terre ses grands yeux noirs, et, sans le regarder de nouveau, elle lui fit signe de la suivre. Il ne s'arrêta que le temps nécessaire pour assurer ses pistolets dans sa ceinture, s'envelopper complétement de son manteau, et prendre sous son bras sa légère valise. Ainsi équipé, il la suivit hors du donjon[1] ou partie habitée du château, par une succession de passages obscurs

---

[1] *Keep.*

conduisant à une poterne qu'elle ouvrit au moyen d'une clef choisie dans un trousseau suspendu à sa ceinture.

Ils se trouvèrent alors dans la cour extérieure du château, exposés aux rayons de la lune qui éclairait d'une lueur blanchâtre et blafarde l'étrange variété de ruines que nous avons précédemment mentionnées, et qui donnait à la scène l'apparence d'un ancien cimetière plutôt que celle de l'intérieur d'une place fortifiée. La tour ronde et élevée, — l'ancien monticule quadrangulaire faisant face aux constructions en ruine décorées autrefois du titre de cathédrale, — semblaient offrir une apparence encore plus antique et plus irrégulière, vus à la pâle clarté qui les éclairait en ce moment. Fenella se dirigea vers une des chapelles, toujours suivie de Julien; celui-ci devina le chemin qu'elle allait prendre, et il était assez accessible aux idées superstitieuses pour n'y entrer qu'avec répugnance. C'était par un passage secret traversant cette chapelle que le corps de garde de la garnison, situé dans la partie basse des défenses extérieures, communiquait avec le donjon du château, et que chaque soir les clefs en étaient apportées au gouverneur après la fermeture des portes, et dès que les sentinelles étaient posées. Cette coutume fut abandonnée du temps de Jacques Ier, et le passage cessa d'être fréquenté, à cause de la légende bien connue du *chien Mauthe*, — mauvais esprit ou démon qui, disait-on, hantait la chapelle sous la forme d'un grand dogue noir aux poils hérissés. C'était une croyance accréditée que, dans les anciens temps, ce chien était devenu assez familier avec les hommes pour se montrer presque toutes les nuits dans le corps de garde, sortant chaque soir du passage en question, et y rentrant à l'aube du jour. Les soldats s'étaient presque habitués à sa présence, mais pas assez pour se permettre aucune licence de langage tant que l'apparition était visible; jusqu'à ce que l'un d'eux, enhardi par l'ivresse, jura qu'il voulait savoir si c'était un chien ou un diable, et, son épée nue à la main, suivit le spectre quand il se retira par son passage ordinaire. L'homme revint au bout de quelque temps, dégrisé par la terreur, la bouche ouverte, les cheveux hérissés, et pénétré d'une telle frayeur qu'il en mourut, sans avoir pu, malheureusement pour les amateurs du merveilleux, dévoiler les horreurs qu'il avait vues. La mauvaise réputation que le lieu reçut de cette histoire prodigieuse fit abandonner le corps de garde, et on en construisit un autre. A partir de cette époque, les gardes communiquèrent ainsi avec le sénéchal ou gouverneur du château par une autre route moins directe, et celle qui traversait les ruines de la chapelle fut entièrement abandonnée[1].

En dépit des terreurs superstitieuses que la tradition avait attachées

---

[1] Cette curieuse légende (et l'île de Man est peut-être encore plus riche en ce genre que l'Irlande, le pays de Galles et les Highlands d'Écosse) est rapportée avec beaucoup d'autres dans une des notes (H; *voyez* aussi la note I) placées à la fin du volume. (W. S.)

à cette communication originelle, Fenella, suivie de Péveril, s'avançait hardiment sous les voûtes délabrées où s'enfonçait l'ancien passage, — quelquefois guidés seulement au milieu des monceaux de décombres par la lueur douteuse de la lampe que portait la jeune muette, — quelquefois recevant la clarté d'un rayon de la lune plongeant dans ces horribles profondeurs, soit à travers les fenêtres à pilastres gothiques, soit par les brèches que le temps avait faites aux murailles. Comme le chemin était loin d'être direct, Péveril ne put s'empêcher de voir avec étonnement la connaissance intime que son singulier guide paraissait avoir de ce labyrinthe, aussi bien que la hardiesse avec laquelle elle en parcourait les détours. Il n'était pas tellement exempt des préjugés du temps, qu'il n'envisageât avec quelque appréhension la possibilité qu'ils pénétrassent dans ce réduit du chien-fantôme dont on lui avait si souvent raconté la légende; et à chaque sifflement du vent parmi les ruines, il croyait l'entendre aboyer aux pas humains qui troublaient son ténébreux royaume. Ces terreurs, cependant, n'arrêtèrent point leur marche, et au bout de quelques minutes, ils atteignirent les ruines du corps de garde abandonné. Les murs à moitié démolis du petit bâtiment les dérobèrent à la vue des deux sentinelles, dont l'une faisait une garde inattentive à la porte inférieure du château, tandis que l'autre, assise sur un des degrés de pierre qui établissaient une communication avec le mur d'enceinte extérieur, dormait en pleine sécurité, son mousquet paisiblement étendu près d'elle. Fenella fit signe à Péveril d'avancer en silence et avec précaution. C'était l'heure de la marée haute, et, à sa grande surprise, elle lui montra, de la fenêtre du corps de garde abandonné, un bateau à quatre rameurs caché à l'abri du rocher sur lequel s'élevait le château; puis elle lui fit comprendre qu'il fallait qu'il y arrivât au moyen d'une très-longue échelle placée à la fenêtre des ruines.

Julien fut mécontent et alarmé de l'insouciante sécurité des sentinelles, qui avaient laissé faire de tels préparatifs sans s'en apercevoir et sans donner l'alarme, et il hésita s'il n'appellerait pas l'officier de garde pour lui reprocher sa négligence et lui faire voir combien il serait aisé à un petit nombre d'hommes résolus de surprendre Holm-Peel, en dépit de sa force naturelle et de sa réputation d'imprenable. Avec cette pénétration qu'elle devait à l'imperfection de ses autres organes, Fenella sembla deviner ses pensées. Elle lui posa une main sur le bras, et s'appuya un doigt sur les lèvres, comme pour lui enjoindre la prudence; et Julien, sachant qu'elle agissait d'après les instructions de la comtesse, lui obéit, mais en se promettant intérieurement de prévenir au plus tôt le comte du danger auquel le château était exposé sur ce point.

Cependant, il descendit l'échelle avec précaution, car les degrés en étaient inégaux, en partie rompus, et glissants d'humidité; puis ayant pris place à l'arrière du bateau, il fit signe aux hommes de pousser au large et se retourna pour faire un signe d'adieu à son guide. A son extrême étonnement, Fenella se laissait glisser le long de la périlleuse échelle, plutôt qu'elle n'en descendait les échelons ; et le bateau étant déjà démarré, elle s'élança avec une incroyable agilité et s'assit à côté de Péveril avant qu'il eût pu manifester sa surprise ni faire une remontrance. Il ordonna aux bateliers de se rapprocher de l'étroit débarcadère ; et montrant sur sa physionomie une partie du déplaisir qu'il éprouvait réellement, il s'efforça de lui faire sentir la nécessité de retourner vers sa maîtresse. Fenella croisa les bras et le regarda avec un sourire hautain, où se peignait une détermination bien arrêtée. Péveril fut fort embarrassé ; il craignit de déplaire à la comtesse et de déranger ses plans en donnant l'alarme, ce qu'autrement il eût essayé de faire. Quant à Fenella, il était évident qu'aucun des arguments qu'il pourrait employer ne ferait impression sur elle ; et il ne restait plus qu'à savoir comment, la muette s'éloignant avec lui, il pourrait se délivrer de cette embarrassante et singulière compagne, sans la laisser pourtant exposée à des dangers ou à des inconvénients personnels.

Les bateliers tranchèrent la difficulté ; car après avoir quitté leurs rames pendant une minute, et s'être parlé à demi-voix en hollandais ou en allemand, ils se mirent à ramer vigoureusement, et bientôt le château fut assez loin d'eux. La possibilité que les sentinelles leur envoyassent une balle, ou même un boulet, donna pendant quelques instants une certaine inquiétude à Péveril ; mais ils laissèrent la forteresse comme ils s'en étaient approchés, sans être aperçus, ou du moins sans être hélés, — insouciance qui dans l'opinion de Péveril, bien que les rames fussent enveloppées de linges et que les hommes parlassent peu et à voix basse, montrait une grande négligence de la part des sentinelles. Quand ils furent à une certaine distance du château, les rameurs dirigèrent le bateau, en redoublant de vitesse, vers un petit bâtiment en panne à quelque distance. Péveril eut, sur ces entrefaites, le temps de remarquer que les bateliers se parlaient entre eux d'un air de doute et en jetant sur Fenella des regards inquiets, comme s'ils eussent été incertains d'avoir bien fait de l'amener avec eux.

Après avoir ainsi ramé pendant un quart d'heure environ, ils atteignirent le petit sloop, où Péveril fut reçu sur le gaillard d'arrière par le patron ou capitaine, qui lui offrit aussitôt des spiritueux ou des rafraîchissements. Quelques mots échangés entre les matelots arrachèrent le capitaine à ses soins hospitaliers, et il courut au bord du bâtiment, dans l'intention apparente d'empêcher Fenella d'y monter. Lui et ses hommes parlèrent vivement en hollandais, tout en regardant Fenella d'un air d'inquiétude ; et Péveril espéra que le résultat serait de reconduire à terre la pauvre jeune fille. Mais elle déjoua tous les obstacles qu'on lui opposa ; et quand on eut retiré l'échelle qu'on avait jetée à Julien, elle saisit le bout d'une corde et grimpa sur le pont avec l'agilité d'un marin, ne laissant à l'équipage d'autre moyen de s'opposer à son entrée que la violence directe, à laquelle apparemment on ne voulut pas avoir recours. Une fois sur le pont, elle prit le patron par la manche et le conduisit à la tête du vaisseau, où ils semblèrent s'entretenir d'une manière intelligible à tous les deux.

Péveril oublia bientôt la présence de la muette, en se laissant aller aux méditations que lui suscitait sa propre situation, et la probabilité qu'il allait être séparé pendant un assez long intervalle de l'objet de ses affections. — De la constance! se répéta-t-il à lui-même; — de la constance! et comme s'il y eût trouvé quelque rapport avec l'objet de ses réflexions, il fixa ses regards sur l'étoile polaire, qui cette nuit-là brillait d'un éclat plus qu'ordinaire. Les pensées qui s'élevèrent dans son âme en contemplant cette lumière invariable et pure, — emblème d'un pur amour et d'une résolution ferme, — étaient nobles et désintéressées. Chercher le bien de son pays, et lui assurer les bienfaits de la paix domestique; — s'acquitter d'une mission hardie et périlleuse pour son ami, pour sa protectrice; — regarder sa passion pour Alice Bridgenorth comme l'astre qui devait le diriger vers d'honorables actions : — telles étaient les résolutions qui se pressaient dans son esprit, et qui élevaient son âme à cet état de mélancolie romanesque qui peut-être donne de plus douces sensations que le ravissement même de la joie.

Il fut rappelé de ses contemplations par le mouvement de quelqu'un qui venait doucement se placer à son côté; — un soupir féminin se fit alors entendre si près de lui, que sa rêverie en fut troublée. Il tourna la tête et vit Fenella assise, les yeux fixés sur la même étoile qui venait d'arrêter ses propres regards. Sa première sensation fut celle du déplaisir; mais il était impossible d'y persévérer envers un être à la fois si malheureux et si intéressant, dont les grands yeux noirs étaient pleins de larmes qu'on voyait briller à la clarté de la lune, et dont les émotions semblaient prendre leur source dans un attachement qui avait droit au moins à son indulgence, à lui qui en était l'objet. Néanmoins Julien résolut de saisir cette occasion d'adresser à Fenella, sur la singularité de sa conduite, les remontrances qu'elle pouvait comprendre. Il prit sa main avec bonté, mais en même temps d'un air très-grave; il lui montra du doigt le bateau, puis le château, dont les tours et les remparts étendus étaient encore indistinctement visibles; et il lui intima ainsi la nécessité où elle était de retourner à Holm-Peel. Elle baissa et secoua la tête, comme pour indiquer à son tour qu'elle était invariablement décidée à n'y pas retourner. Julien renouvela ses remontrances, du regard et du geste; — il posa la main sur son cœur, pour désigner la comtesse; puis il fronça le sourcil, pour indiquer le mécontentement qu'elle devait ressentir : — à tout cela, la muette ne répondait que par ses larmes.

Enfin, comme si ces remontrances prolongées l'eussent poussée à s'expliquer, elle lui prit tout à coup le bras, pour commander son attention; — jeta autour d'eux un regard rapide, comme pour s'assurer que personne ne l'observait; — puis porta obliquement le travers de sa main sur son cou délicat, — montra le bateau, puis le château, puis agita verticalement la tête.

Tout ce que Péveril put comprendre à cette série de signes, c'est qu'il était menacé de quelque danger personnel, contre lequel Fenella semblait croire que sa présence serait une protection. Quelle que fût sa pensée, sa résolution paraissait invariablement arrêtée; du moins il était clair qu'il ne dépendait pas de lui de l'en faire changer. Il vit donc qu'il fallait attendre la fin de leur courte traversée pour se débarrasser de sa compagne; et en attendant, partant de l'idée qu'elle avait conçu pour lui un attachement mal placé, il pensa que le mieux qu'il pût faire pour elle et pour lui était de se tenir aussi éloigné d'elle que les circonstances le comporteraient. Dans cette vue, il lui fit le signe par lequel elle désignait l'action d'aller se coucher, en appuyant sa tête sur sa main ouverte; et lui ayant ainsi fait comprendre qu'elle devait aller prendre du repos, il demanda à être lui-même conduit à son lit.

Le capitaine lui montra un hamac dans une petite cabine; il s'y étendit, pour y chercher un repos dont l'exercice et l'agitation du jour précédent, aussi bien que l'heure avancée de la nuit, lui faisaient alors sentir le besoin. Un sommeil lourd et profond descendit sur ses paupières au bout de quelques minutes; mais ce sommeil ne fut pas long. Des cris de femme l'en arrachèrent; et enfin il crut distinctement reconnaître la voix d'Alice Bridgenorth qui l'appelait par son nom.

Il s'éveilla, et se soulevant vivement pour quitter sa couche, il sentit, au mouvement du vaisseau et au balancement du hamac, qu'un songe l'avait abusé. Cependant il ne pouvait s'arracher à la vive impression de ce rêve. Il lui semblait entendre encore retentir à ses oreilles ces cris: Julien Péveril, au secours! Julien Péveril! — Les accents étaient ceux d'Alice; — et il avait peine à se persuader que son imagination l'eût trompé. Se pouvait-il qu'elle se trouvât sur le même vaisseau! Cette pensée n'était pas absolument incompatible avec le caractère de son père, non plus qu'avec les intrigues dans lesquelles il était engagé; mais alors, s'il en était ainsi, à quel péril était-elle exposée, pour invoquer son nom avec tant de force?

Résolu à éclaircir sur-le-champ ses doutes, il sauta à bas de son hamac, demi-vêtu comme il était, et marchant à tâtons à travers la petite cabine, où il faisait aussi noir que dans un four, enfin, et non sans peine, il trouva la porte. Mais il lui fut impossible de l'ouvrir, et il se vit obligé d'appeler à haute voix le marin de quart sur le pont. Le patron, le seul homme à bord qui parlât anglais, répondit à l'appel de Péveril; et sur la demande de celui-ci : Quel est ce bruit? — C'est un jaloupe, dit-il, qui emmène la cheune fille; — elle a un peu grié en quittant le pâtiment, — et foilà tout.

Cette explication satisfit Julien, qui pensa que peut-être il avait absolument fallu employer quelque violence pour éloigner Fenella; et quoiqu'il fût bien aise de n'en avoir pas été témoin, il ne fut pas fâché qu'on y eût eu recours. Son désir obstiné de rester à bord, et la difficulté de s'affranchir, quand il serait à terre, d'une si singulière compagne, n'avaient pas laissé de lui causer beaucoup d'inquiétude, dont il se vit alors délivré par ce hardi coup de main du capitaine.

Son rêve lui fut ainsi pleinement expliqué. L'imagination s'était emparée des cris violents et inarticulés par lesquels Fenella avait coutume d'exprimer la résistance ou la colère; — elle les avait transformés en langage, et leur avait prêté les accents d'Alice Bridgenorth. Il est peu de nuits où notre imagination ne nous joue des tours plus étranges.

Le capitaine ouvrit alors la porte et parut avec une lanterne, sans l'aide de laquelle Péveril aurait difficilement regagné sa couche. Il s'y étendit de nouveau, et dormit paisiblement jusqu'à ce que le capitaine, assez tard dans la matinée, vint l'appeler pour le déjeuner.

CHAPITRE XX.

> Quelle est donc cette apparition qui s'attache à moi comme mon ombre, apparition étrange et légère comme un lutin au clair de la lune ?
> BEN JONSON.

PEVERIL trouva le patron du bâtiment un peu moins grossier que ne le sont habituellement ses pareils, et il reçut de lui tous les détails qu'il pouvait désirer sur le départ de Fenella, au nom de laquelle le capitaine accoupla une malédiction énergique, pour l'avoir obligé de mettre en panne jusqu'au retour de la chaloupe qui l'avait reconduite à terre.

— J'espère, dit Péveril, qu'aucune violence n'a été nécessaire pour la déterminer à partir ? Elle n'aura sans doute pas fait de folle résistance ?

— Résister ! Mein Gott ! elle a résisté comme un escadron ; — elle a crié que fous auriez pu l'entendre de Whitehaven ; — elle a crimpé tans les agrès comme un chat tans une cheminée : mais c'était un tour te son ancien métier.

— De quel métier voulez-vous parler ?

— Oh ! ch'en zais blus long sur elle que fous, meinherr. Che l'ai connue que c'était un petite, tout petite fille, et qu'elle était l'apprentie d'un seiltanzer, quand mylady là-bas eut la ponne chance te l'acheter.

— Un seiltanzer! qu'entendez-vous par là?

— Ch'entends un tanseur de corde, un charlatan, un faiseur de tours. Ch'ai pien connu Adrien Brackel; — il vendait tes poudres qui vidaient l'estomac des chens, et qui remplissaient sa pourse. N'afoir pas connu Adrien Brackel, Mein Gott! ch'ai fumé pien tes livres te tabac afec lui.

Péveril se souvint alors que Fenella avait été introduite dans la famille tandis que lui et le jeune comte étaient en Angleterre, et lors d'un voyage de la comtesse sur le continent. La comtesse n'avait jamais dit aux jeunes gens où elle l'avait trouvée; elle leur avait seulement donné à entendre qu'elle l'avait recueillie par compassion, et pour la tirer d'une extrême détresse.

Il dit ce qu'il savait à cet égard à l'obligeant patron. Celui-ci répondit « qu'il ne safait pas si elle était tans la tétresse; que seulement Adrien Brackel la battait quand elle ne foulait pas tanser sur la corde, et qu'il ne lui tonnait pas grand'chose à mancher quand elle tansait, pour l'empêcher te grandir. » C'était lui, ajouta-t-il, qui avait conclu le marché entre le saltimbanque et la comtesse; celle-ci avait loué son brick pour son voyage au continent. Personne qu'eux ne savait d'où elle venait. La comtesse l'avait vue sur un théâtre public à Ostende; — elle avait été touchée de sa malheureuse situation et des traitements qu'on lui faisait subir, — et elle avait employé son intermédiaire pour acheter la pauvre créature à son maître, en lui recommandant de garder le silence sur tout cela avec les gens de sa suite[1].

— Aussi che me tais, poursuivit le fidèle confident, quand che suis tans les ports de Man; mais quand che suis en pleine mer, alors ma langue est à moi, fous safez. Ces sottes chens te l'île, ils tisent que c'est ein wechsel-balg, — ce que fous autres fous appelez ein fée, un lutin qui change te forme à folonté. Ma foi, c'est qu'ils n'ont chamais vu ein wechsel-balg; car ch'en ai vu ein, moi, à Cologne, et c'était teux fois aussi gros que cette petite fille, et ça ruinait les pauvres chens en leur téforant tout, comme le grand coucou tans le nid du moineau. Mais cette Venella ne manche pas plus que t'autres filles; — ça n'est pas tu tout ein wechsel-balg.

Par une suite de raisonnements différents, Julien était arrivé à la même conclusion; il acquiesça donc aisément à celle du capitaine. Pendant le récit du marin, il songeait en lui-même combien la discipline et les instructions d'Adrien Brackel avaient dû contribuer à développer chez la malheureuse fille la singulière flexibilité de ses membres et de ses mouvements; et aussi combien les germes de ses passions volon-

---

[1] *Voyez* la note J, à la fin du volume.

taires et capricieuses avaient été aisément jetés en elle durant son enfance aventureuse et vagabonde. Sous l'influence des idées aristocratiques que lui avait inspirées son éducation, Julien trouva, dans ces anecdotes touchant la première situation de Fenella et son ancien genre de vie, un motif de plus de se féliciter d'avoir été débarrassé de sa compagnie; et cependant il n'en éprouvait pas moins le désir de connaître toutes les autres particularités que le marin pouvait lui apprendre sur elle. Mais celui-ci avait dit à cet égard tout ce qu'il connaissait. De ses parents il ne savait rien, sauf « qu'il fallait que son père fût un tamné gueux et un schelm[1], pour afoir fendu sa propre chair et son sang à Adrien Brackel; » car c'était par un marché de cette espèce que le banquiste était entré en possession de son élève.

Cette conversation tendit à éloigner tous les doutes qui avaient pu se glisser dans l'esprit de Péveril touchant la fidélité du patron, lequel paraissait par là être connu depuis longtemps de la comtesse, et avoir eu quelque part à sa confiance. Le geste menaçant de Fenella ne lui parut plus mériter aucune attention, si ce n'est comme une nouvelle marque de l'irritabilité de son caractère.

Il s'amusait à se promener sur le pont, en réfléchissant aux événements de sa vie passée et à ses projets d'avenir, quand son attention fut forcément détournée par les bouffées de vent du nord-ouest qui commençaient à s'élever, et qui contrariaient tellement leur marche, que le patron, après beaucoup d'efforts pour lutter contre elles, déclara que son bâtiment, qui n'était nullement un excellent marcheur, était hors d'état de tenir sa route sur Whitehaven, et qu'il était forcé de prendre le vent et de courir sur Liverpool. Péveril ne fit pas d'objection à ce changement de route. Son chemin par terre en serait abrégé, dans le cas où il visiterait le château de son père; et la mission de la comtesse serait exécutée aussi complétement d'une manière que de l'autre.

Le vaisseau fut donc mis sous le vent, et sa marche fut alors aussi ferme que rapide. Néanmoins le capitaine, alléguant certains dangers de passe, voulut s'arrêter à l'embouchure de la Mersey, où il n'entra qu'avec le jour; et Péveril eut enfin la satisfaction de prendre terre sur le quai de Liverpool, ville qui déjà montrait les premiers symptômes de la prospérité commerciale qui depuis lors a atteint un si haut point.

Le patron, qui connaissait bien la place, indiqua à Julien une assez bonne auberge principalement fréquentée par les marins; car bien que Péveril fût déjà venu à Liverpool, il ne jugea pas à propos d'aller cette fois dans aucun des lieux où sans nécessité il aurait pu être reconnu. Il prit alors congé du marin, après lui avoir fait accepter, non sans peine, un petit présent pour son équipage. Quant au passage même, le capi-

---

[1] Un misérable, un coquin. (L. V.)

taine refusa absolument toute récompense ; et ils se séparèrent dans les meilleurs termes.

L'auberge à laquelle il était adressé était remplie d'étrangers, gens de mer ou marchands, tous occupés de leurs propres affaires, et s'en entretenant avec cette vivacité bruyante qui caractérise un port florissant. Mais quoique la plupart des entretiens de la salle publique, où les hôtes étaient confondus, se rapportassent à leurs spéculations commerciales, il s'y mêlait pourtant un thème général auquel tous paraissaient prendre un égal intérêt ; de sorte qu'au milieu des discussions de fret, de tonnage, de sursis, et autres semblables, on entendait s'élever les exclamations passionnées de « Damné complot ! Maudit complot ! — Abominables papistes ! — Le roi est en danger ! — La potence est trop douce pour eux ! » et ainsi de suite.

Il était clair que la fermentation excitée à Londres s'était étendue jusqu'à ce port éloigné, et qu'elle s'y produisait avec cette énergie orageuse qui donne aux habitants des côtes maritimes quelque chose du caractère des vents et des vagues avec lesquels ils sont presque toujours en lutte. Il est vrai que les intérêts commerciaux et nautiques de l'Angleterre étaient particulièrement anticatholiques ; bien qu'il soit peut-être difficile d'en rendre raison, car on ne voit guère quel rapport ont avec ces intérêts la généralité des disputes théologiques. Mais le zèle, du moins chez les classes inférieures, est souvent en raison inverse des lumières ; et les marins n'en étaient probablement pas moins de bons et chauds protestants parce qu'ils ne comprenaient rien à la controverse entre les Églises. Quant aux marchands, ils nourrissaient presque nécessairement des sentiments d'inimitié contre la *gentry* des comtés de Lancastre et de Chester ; car la plupart des nobles de ces deux provinces professaient encore la religion romaine, laquelle était devenue dix fois plus odieuse aux classes commerçantes, comme marque distinctive de leurs voisins, dont ils détestaient la morgue aristocratique.

D'après le peu que Péveril entendit des sentiments du peuple de Liverpool, il pensa qu'il agirait prudemment en quittant la place le plus tôt possible, avant qu'on ne pût le soupçonner d'avoir aucune liaison avec un parti qui paraissait être devenu si odieux.

Mais pour continuer son voyage, il était d'abord nécessaire de faire acquisition d'un cheval ; et à cet effet, il résolut d'avoir recours aux écuries d'un marchand bien connu alors, et qui demeurait dans les faubourgs de la ville. S'étant procuré des informations précises sur sa demeure, il s'y rendit pour faire son choix.

Les écuries de Joe Bridlesley renfermaient un grand nombre de bons chevaux, car ce commerce était autrefois plus actif que de nos jours. C'était une chose fort ordinaire qu'un étranger achetât un cheval pour un simple voyage, et qu'arrivé à sa destination il le revendît au meilleur prix possible. Il résultait de là une continuité incessante de demandes et d'offres, deux cas dans lesquels Bridlesley et ses confrères trouvaient sans doute moyen de réaliser de beaux profits

Julien, assez bon connaisseur, choisit pour son usage un cheval vigoureux et bien taillé, d'environ seize palmes de hauteur, et le fit conduire dans la cour, pour voir si son allure répondait à son extérieur. Comme l'épreuve fut complétement satisfaisante, il ne restait plus qu'à convenir de prix avec Bridlesley ; et naturellement celui-ci jura que sa pratique avait choisi le meilleur cheval qui eût jamais passé le seuil de son écurie depuis qu'il en faisait le commerce ; que des chevaux de l'espèce de celui-là ne se trouveraient plus, attendu que les juments qui les avaient mis bas étaient mortes ; puis en ayant demandé un prix proportionné à l'éloge, le débat ordinaire s'établit entre le vendeur et l'acheteur, pour arriver à ce que les marchands français appellent le *juste prix*.

Le lecteur, s'il n'est pas étranger à ce genre de marchés, sait qu'habituellement ils donnent lieu à des discussions animées, et qu'ils attirent un cercle d'oisifs toujours prêts à donner leur avis ou leur témoignage. Parmi ceux que cette occasion avait rassemblés, se trouvait un homme sec, d'une taille au-dessous de la moyenne, et très-modestement vêtu, mais dont les observations, faites d'un ton de grande confiance en soi-même, montraient qu'il connaissait parfaitement ce dont il parlait. Le prix du cheval ayant été réglé à quinze livres sterling, taux fort élevé pour l'époque, celui de la bride et de la selle fut alors débattu, et l'homme sec et de mince apparence trouva presque autant à dire sur ce sujet que sur l'autre. Comme ses remarques étaient généralement obligeantes et favorables à l'étranger, Péveril en conclut que c'était un de ces oisifs qui, ne pouvant ou ne voulant pas satisfaire leurs goûts à leurs propres frais, ne se font pas scrupule de s'y livrer officieusement au compte des autres ; et pensant qu'il pourrait tirer d'une telle personne d'utiles renseignements, il se disposait à lui offrir la politesse d'un coup du matin, quand il s'aperçut qu'il avait subitement quitté la cour. Il avait à peine remarqué cette circonstance, que plusieurs nouveaux chalands arrivèrent de compagnie ; et le ton d'importance avec lequel ils se présentèrent attira sur-le-champ l'attention de Bridlesley et de toute sa milice de jockeys et de garçons d'écurie.

— Trois bons chevaux, dit le plus apparent du parti, homme de grande taille, à l'abdomen développé, et dont la voix pleine et retentissante annonçait à la fois l'importance et l'embonpoint ; — trois bons et vigoureux chevaux, pour le service des Communes d'Angleterre.

Bridlesley répondit qu'il avait quelques chevaux qui seraient dignes de servir au besoin au président lui-même ; mais que, pour dire la vérité en chrétien, il venait de vendre le meilleur de son écurie à ce gentleman qui était là présent, et qui sans doute céderait son marché si le cheval était nécessaire pour le service de l'État.

— C'est bien parlé, l'ami, reprit l'important personnage ; et s'avançant vers Julien, il lui demanda d'un ton très-hautain de lui céder l'achat qu'il venait de faire.

Péveril eut quelque peine à réprimer le violent désir qu'il éprouvait de répondre par un refus positif à une demande si déraisonnable ; mais heureusement, se souvenant que la situation dans laquelle il se trouvait en ce moment exigeait de sa part la plus grande circonspection, il répliqua simplement que s'ils lui montraient un mandat qui les autorisât à mettre les chevaux en réquisition pour le service public, il devrait naturellement se résoudre à résilier son marché.

L'homme, d'un air de très-grande dignité, tira de sa poche et mit entre les mains de Péveril un warrant signé du président de la chambre des Communes, autorisant Charles Topham, son officier de la Verge-Noire, à poursuivre et appréhender au corps certains individus désignés au warrant, ainsi que toute autre personne qui était ou pourrait être accusée, par des témoignages compétents, d'avoir été fauteur ou complice de l'infernal et abominable complot papiste, ourdi au sein même du royaume ; et ordonnant à tout sujet fidèle et loyal de prêter audit Charles Topham aide et assistance à sa première réquisition, pour l'exécution de la mission confiée à ses soins.

A la vue d'un pareil document, Julien n'hésita pas à céder son cheval au formidable fonctionnaire, qu'on a comparé à un lion, que la chambre des Communes, puisqu'il lui plaisait d'entretenir un semblable animal, était dans la nécessité d'assouvir par de fréquents mandats d'arrêts ; au point que l'expression : *sus, Topham!* devint dans la bouche du peuple un proverbe redoutable.

Grâce à sa prompte condescendance, Péveril fut vu d'un assez bon œil par l'émissaire, qui permit à l'étranger, avant de choisir deux chevaux pour ses suivants, de faire marché pour un cheval gris, à la vérité fort inférieur à celui qu'il avait résigné, tant pour les formes que pour la vigueur, mais qui n'en fut pas moins d'un prix fort peu au-dessous du premier, attendu que M. Bridlesley, en apprenant que des chevaux étaient demandés pour le service des Communes d'Angleterre, avait sur-le-champ décidé en lui-même que le prix de tout son haras serait augmenté d'une imposition d'au moins vingt pour cent, *ad valorem*[1].

Cette fois, Péveril convint du prix et l'acquitta avec beaucoup moins de paroles que dans le premier marché ; car, pour l'instruction du lecteur, nous devons dire que dans le warrant de M. Topham il avait vu le nom de son père, sir Geoffrey Péveril de Martindale-Castle, écrit en toutes lettres parmi ceux des individus dont cet officier devait s'assurer.

Instruit de ce fait, Julien ne songea plus qu'à quitter Liverpool en

---

[1] Proportionnellement à la valeur ; expression empruntée à la langue des tarifs. (L. V.)

toute hâte pour aller porter l'alarme dans le Derbyshire, si toutefois M. Topham n'y avait pas déjà exécuté son mandat, ce qu'il ne crut pas probable, attendu que vraisemblablement il aurait voulu s'assurer d'abord de ceux qui demeuraient le plus à proximité des ports de mer. Quelques mots qui parvinrent jusqu'à lui fortifièrent cette présomption.

— Vous m'entendez, l'ami, disait M. Topham; vous aurez soin que dans deux heures les chevaux soient à la porte de M. Shortell [1] le mercier, attendu que nous nous y arrêterons pour vider un tankard [2], et pour nous informer des habitants de ce pays-ci avec lesquels je puis avoir quelque chose à démêler. Vous voudrez bien faire rembourrer cette selle, car on dit que les chemins du Derbyshire sont rudes. — Et vous, capitaine Dangerfield, ainsi que vous, M. Everett, songez à mettre vos lunettes protestantes et à m'indiquer où se trouve l'ombre d'un prêtre ou d'un fauteur de prêtres; car je suis venu avec un balai dans mon bonnet pour nettoyer ce pays du nord de tout ce bétail-là.

Un de ceux à qui il s'adressait, et qu'à son habit on pouvait prendre pour un bourgeois ruiné, répondit seulement : Oui vraiment, M. Topham, il est temps de nettoyer le grenier.

L'autre, qui avait une paire de moustaches formidable, le nez rouge, un habit galonné montrant la corde, et dont le chef était surmonté d'un chapeau de la dimension de celui de Pistol, fut moins laconique :

— Je veux être damné, s'écria ce zélé témoin protestant, si je ne reconnais pas les marques de la bête sur eux tous, depuis seize ans jusqu'à soixante-dix, aussi clairement que s'ils s'étaient signés avec de l'encre au lieu d'eau bénite. Puisque nous avons un roi qui veut la justice, et une chambre des Communes qui encourage les poursuites, hé bien, le diable m'emporte, la cause ne doit pas pâtir faute de témoignages.

— Gardez vos bonnes dispositions, noble capitaine, répondit l'officier public; mais, de grâce, réservez vos serments pour la cour de justice. C'est pure prodigalité que de les mêler, comme vous faites, à tout ce que vous dites.

— Ne vous inquiétez pas, M. Topham, repartit Dangerfield; il ne faut pas laisser rouiller ses talents faute d'usage. Si je renonçais tout à fait aux serments dans ma conversation privée, comment saurais-je en faire un au moment du besoin? Mais vous ne m'entendez jamais employer vos serments papistes. Je ne jure ni par la messe, ni par saint Georges, ni par rien qui sente l'idolâtrie; je n'emploie que les serments dont peut légitimement se servir un pauvre gentleman protestant, qui ne désire rien tant que de servir le Ciel et le roi.

[1] Courte-Aune.
[2] Pot d'étain. (L. V.)

— Bravement parlé, très-noble Festus, dit son camarade. Mais ne croyez pas, parce que je ne suis pas dans l'habitude de larder mes paroles de serments hors de saison, que je serai en peine, quand j'y serai appelé, de déclarer la hauteur et la profondeur, la largeur et la longueur de cet infernal complot contre le roi et la foi protestante.

Fatigué d'entendre de tels discours, et sentant presque son cœur se soulever à la brutalité non déguisée de ces hommes, Péveril pressa Bridlesley de régler son marché, et se disposa enfin à s'éloigner avec son cheval gris; mais il était à peine à la porte de la cour, qu'il entendit avec quelque alarme la conversation suivante, dont il semblait être l'objet.

— Quel est ce jeune homme? dit la voix mielleuse et posée du plus concis des deux témoins. Il me semble que je l'ai déjà vu quelque part. Est-il de ces quartiers?

— Non que je sache, dit Bridlesley, lequel, de même que tout autre Anglais de cette époque, répondait aux questions de ces sortes de gens avec la déférence qu'on montre en Espagne pour celles d'un inquisiteur. Il est étranger, — tout à fait étranger; — je ne l'avais jamais vu.

— C'est un jeune poulain sauvage, je le garantis; et il connaît la bouche d'un cheval aussi bien que moi.

— Je commence à me souvenir que j'ai vu un visage qui ressemblait au sien à l'assemblée des jésuites, à la taverne du *Cheval Blanc*, reprit Everett.

— Et moi, dit le capitaine Dangerfield, je crois me rappeler....

— C'est bon, c'est bon, messieurs, interrompit la voix impérative de Topham, gardez vos souvenirs, quant à présent. Nous savons tous à quoi il est probable qu'ils aboutiront. Il est bon que vous sachiez que vous ne devez pas courir avant qu'on vous ait lâché la laisse. Le jeune homme est un garçon de bonne mine, et il n'a pas hésité à céder son cheval pour le service de la chambre des Communes. Il sait comment on se conduit vis-à-vis de ses supérieurs, je vous le garantis; et je doute fort qu'il eût dans sa bourse de quoi payer les honoraires [1].

Cette allocution termina le dialogue, que Péveril, qui sentit combien l'issue l'en intéressait, avait cru devoir écouter jusqu'à la fin. Maintenant qu'il avait tout entendu, sortir de la ville sans se faire remarquer, et prendre le plus court chemin pour arriver au château de son père, paraissait être le parti le plus sage qu'il eût à suivre. Il avait payé son écot à l'auberge, et apporté avec lui chez Bridlesley la petite valise qui contenait le peu d'objets dont il se fût chargé, de sorte qu'il n'avait nul besoin d'y retourner. Il résolut donc de courir quelques milles avant de s'arrêter, même pour faire rafraîchir son cheval; et comme il connaissait assez bien le pays, il espérait pouvoir devancer

[1] Voyez la note K, à la fin du volume.

au château de Martindale le digne M. Topham, dont il fallait d'abord rembourrer la selle, et qui, une fois à cheval, marcherait sûrement avec la précaution d'un homme qui a cru devoir prendre ainsi ses sûretés contre les effets d'un trot un peu dur.

Dans cette disposition, Julien se dirigea sur Warrington [1], endroit qui lui était bien connu; et sans s'arrêter dans la ville, il traversa la Mersey sur le pont construit par un des ancêtres de son ami le comte de Derby, et continua sa route vers Dishley, aux confins du Derbyshire. Il eût pu sans peine atteindre ce dernier village, si son cheval eût été capable d'une marche forcée; mais dans le cours du voyage, et tout en se dirigeant de son mieux à travers un pays dont il n'avait qu'une connaissance très-générale, il eut plus d'une occasion de maudire la dignité officielle de l'homme qui était venu lui enlever une meilleure monture.

Arrivé près d'Altringham, une halte devint inévitable; et Péveril ne songea plus alors qu'à trouver quelque lieu de rafraîchissement tranquille et à l'écart. Ce lieu s'offrit de lui-même, sous les dehors d'une petite réunion de chaumières, dont la plus apparente cumulait le double caractère de moulin et de cabaret. Au-dessus de la porte, l'enseigne du Chat (fidèle allié du propriétaire pour la garde de ses sacs de farine), botté aussi haut que le Grimalkin [2] du conte de fées, et jouant du violon pour ajouter à ses grâces, annonçait que John Whitecraft [3] unissait les deux honnêtes industries d'hôtelier et de meunier; et sans doute qu'à ce double titre il levait impôt sur le public.

Un tel lieu promettait à un voyageur qui voulait garder l'incognito un logement sinon plus commode, du moins plus sûr qu'il n'en aurait probablement trouvé dans une auberge plus fréquentée; en conséquence, Julien mit pied à terre à la porte du *Chat au Violon*.

---

[1] Petite ville du comté de Lancastre, aux confins de celui de Chester. Warrington est sur la Mersey, à dix-sept milles environ de Liverpool. (L. V.)

[2] Nom générique d'un vieux chat. (L. V.)

[3] Jean du Blanc-Métier.

CHAPITRE XXI.

> Dans ces temps de troubles, alors que chacun craint les stratagèmes sanguinaires des esprits inventifs. OTWAY.

A la porte du *Chat au Violon*, Julien trouva les soins que reçoivent d'ordinaire les chalands d'une maison publique d'ordre inférieur. Son cheval fut conduit, par un jeune garçon en guenilles qui remplissait les fonctions de palefrenier, dans une assez pauvre écurie, où néanmoins la bête fut passablement pourvue de provende et de litière.

Après s'être assuré que rien ne manquait à l'animal sur lequel reposait l'espoir de son voyage, et peut-être sa propre sûreté, Péveril entra dans la cuisine de la petite hôtellerie, qui, au reste, en était aussi le salon et la salle commune, pour voir ce qu'il pourrait obtenir pour lui-même. A sa grande satisfaction, il se trouva qu'il n'y avait dans la maison qu'un seul étranger; mais il fut moins charmé d'apprendre qu'il fallait ou se passer de dîner ou partager avec ce convive unique les seules provisions qui se trouvassent dans la maison, c'est-à-dire un plat de truites et d'anguilles que leur hôte le meunier avait été pêcher dans le courant d'eau qui faisait marcher son moulin.

A la requête particulière de Julien, l'hôtesse se chargea d'y ajouter un plat substantiel d'œufs aux lards, ce que peut-être elle n'eût pas fait volontiers si l'œil perçant de Péveril n'avait pas découvert la tranche de lard suspendue dans sa retraite fumeuse; la présence n'en pouvant ainsi être niée, l'hôtesse se vit forcée de la produire comme renfort du plat d'anguilles.

C'était une femme de bonne mine, approchant de la trentaine, et dont l'air avenant et enjoué faisait honneur au choix du joyeux meunier son tendre époux. Elle était en ce moment stationnée sous le large manteau d'une vaste cheminée à l'antique, où elle avait pour département de « soigner la besogne du feu, » et de préparer pour le voyageur fatigué les bonnes choses qui le disposent à reprendre joyeusement sa course. Au premier abord, la digne femme n'avait paru guère disposée à se donner beaucoup de peine pour Julien; mais l'air engageant, la belle figure et la civilité pleine d'aisance de son nouvel hôte attirèrent bientôt la plus grande part de son attention, et tout en s'occupant de son service elle lui jetait de temps à autre un regard de complaisance, où semblait se mêler une sorte de pitié. La fumée savoureuse du lard étendu dans la poêle et des œufs dont il était flanqué, commençait à se répandre dans la salle; et le frémissement de la friture faisait chorus au bouillonnement de la casserole dans laquelle le poisson était soumis à une cuisson plus lente. La table fut couverte d'une nappe blanche de toile ouvrée, et tout s'apprêtait pour le dîner, que Julien commençait à attendre avec impatience, quand le voyageur qui devait le partager avec lui entra dans la chambre.

Au premier coup d'œil Julien reconnut, à sa grande surprise, l'homme d'apparence mesquine et assez mal vêtu qui, durant le premier marché qu'il avait débattu avec Bridlesley, avait officieusement fait intervenir ses avis et son opinion. Déjà mécontent d'avoir malgré lui la compagnie d'un étranger, Péveril le fut encore bien plus de trouver là un homme qui pouvait réclamer près de lui un droit de connaissance, quelque léger qu'il fût, dans un moment où les circonstances l'obligeaient de se tenir aussi réservé que possible. Il tourna donc le dos à son futur commensal, et eut l'air de s'amuser à regarder à la fenêtre, décidé à éviter toute espèce de conversation jusqu'à ce qu'il y fût inévitablement forcé.

Cependant l'étranger alla droit à l'hôtesse, qui s'occupait activement des apprêts du repas, et lui demanda ce que cela signifiait qu'elle fît cuire des œufs, quand il lui avait positivement recommandé de ne rien préparer que le poisson?

La bonne femme, non moins pénétrée de son importance que tout cuisinier dans l'exercice de ses fonctions, ne daigna pas d'abord avoir seulement l'air d'entendre le reproche de son hôte; et quand enfin elle y répondit, ce fut pour le repousser d'un ton d'autorité magistrale. — S'il n'aimait pas le lard, — (du lard de leur propre cochon, bien nourri de pois et de son), — et s'il n'aimait pas les œufs, — (des œufs tout frais pondus, qu'elle avait été elle-même chercher au poulailler), — hé bien, — c'était tant pis pour Son Honneur, et tant mieux pour ceux qui les aimaient.

— Tant mieux pour ceux qui les aiment? C'est-à-dire que je vais avoir un compagnon, bonne femme?

— Ne m'appelez pas bonne femme, monsieur, jusqu'à ce que je vous appelle bonhomme; et je vous promets qu'il y a bien des gens qui y regarderaient à deux fois avant de donner le nom de bonhomme à quelqu'un qui n'aime pas les œufs au lard un vendredi.

— Mais, ma bonne dame, n'interprétez pas mal ce que je vous dis.
— Je suis persuadé que les œufs au lard sont excellents; seulement, c'est un plat un peu lourd pour mon estomac.

— Oui, ou peut-être pour votre conscience, monsieur. Et à présent, j'y pense, il va sûrement falloir arranger votre poisson à l'huile, au lieu de la bonne graisse que j'allais y mettre. Je voudrais pouvoir dire ce que tout cela signifie; mais je garantis que John Bigstaff le constable pourrait en tirer quelque chose.

Il y eut un moment de silence ; mais Julien, quelque peu alarmé de la tournure que prenait la conversation, s'appliqua à observer le jeu muet qui succéda. En tournant un peu la tête à gauche, quoique sans changer d'attitude et sans quitter la fenêtre en saillie où il s'était posté, il remarqua que l'étranger, ne pensant pas qu'on pût le voir, s'était tout à fait approché de l'hôtesse, et, à ce qu'il lui sembla, lui avait mis une pièce de monnaie dans la main. Le changement de ton de la femme du meunier sembla confirmer pleinement cette supposition.

— Au surplus, dit-elle, sa maison était bien celle de la liberté, comme devrait l'être tout lieu public. Que lui importait ce que les gens mangeaient ou buvaient, pourvu qu'elle en fût honnêtement payée ? Il y avait nombre d'honnêtes gens dont l'estomac ne pouvait supporter ni lard, ni graisse, ni jus, surtout un vendredi ; qu'est-ce que ça lui faisait à elle, ou à tout autre aubergiste, si les gens payaient raisonnablement pour l'embarras ? Seulement elle dirait que de chez elle à Liverpool on ne trouverait pas de meilleur lard ni de meilleurs œufs que les siens ; et elle le soutiendrait à la vie et à la mort.

— Je ne contesterai pas cela, repartit l'étranger ; et se tournant vers Julien, il ajouta : Je désire que monsieur, que je suppose être mon compagnon de table, trouve à son goût les bonnes choses que je ne puis l'aider à consommer.

— Je vous assure, monsieur, répliqua Péveril, qui sentit alors qu'il ne pouvait se dispenser de se retourner et de répondre avec civilité, que ce n'a pas été sans peine que j'ai obtenu de l'hôtesse qu'elle ajoutât mon couvert au vôtre, malgré l'ardeur qu'elle montre maintenant pour la consommation de ses œufs et de son lard.

— Je n'ai d'ardeur pour rien, repartit la dame, que pour voir chacun manger sa portion et payer son écot ; et s'il y a assez d'un plat pour deux voyageurs, je ne vois pas pourquoi on leur en préparerait deux. Au surplus, les voilà prêts, et ils sont appétissants. — Alice ! Alice !

Ce nom bien connu fit tressaillir Julien ; mais l'Alice qui répondit à cet appel ne ressemblait guère à la vision que les accents avaient évoquée dans l'imagination de notre jeune amant. C'était une grosse malitorne en savates, le souffre-douleur de la pauvre auberge qui lui prêtait son abri. Elle aida sa maîtresse à mettre sur la table les plats que la dernière avait préparés, et une cruche d'ale mousseuse de ménage posée entre eux, fut vantée par dame Whitecraft comme de qualité excellente. — Nous savons par expérience, dit-elle, que trop d'eau noie le meunier, et nous la ménageons dans notre malt, comme nous la ménagerions à notre écluse.

— J'en bois un verre à votre santé, dit le plus âgé des deux convives en s'adressant à la dame ; un coup de remercîment pour ces excellents poissons, et pour noyer toute rancune entre nous !

— Merci, monsieur, répondit-elle ; je vous souhaite la pareille. Mais je n'ose vous faire raison, parce que notre homme dit que l'ale est trop forte pour les femmes; de façon que je bois seulement par-ci par-là un verre de canarie avec une voisine, ou avec quelque voyageur à qui l'envie en prend.

— Vous en boirez donc un avec moi, dit Péveril, si vous voulez m'en apporter un flacon.

— A votre volonté, monsieur, et d'aussi bon qu'on en ait jamais mis en perce; mais il faut que j'aille au moulin demander la clef au bonhomme.

A ces mots, relevant les côtés de sa robe bien propre, et les faisant passer par les ouvertures des poches, pour être plus alerte et ne pas ramasser la poussière, elle courut au moulin, qui n'était qu'à deux pas.

« — Dame gentille et dangereuse
Est la femme du meunier[1]; »

n'est-ce pas la phrase du vieux Chaucer? dit l'étranger en regardant Péveril.

— Je... je crois que oui, répondit celui-ci, fort peu versé dans la lecture de Chaucer, qui, à cette époque, était encore plus négligé que de nos jours, et très-surpris d'entendre une citation littéraire sortir de la bouche d'un homme d'aussi chétive apparence que celui en face duquel il se trouvait.

— Oui, reprit l'étranger, je vois que, comme les autres jeunes gens du siècle, vous êtes plus familier avec Cowley et Waller qu'avec « la source du pur anglais. » Je ne puis m'empêcher de penser différemment. Il y a chez le vieux barde de Woodstock des traits de naturel qui valent, à mon avis, tous les tours de phrase péniblement travaillés de Cowley, et toute la simplicité ambitieuse et artificielle du poëte de cour, son compétiteur. Ainsi la peinture de sa coquette de village :

« Se regimbant comme un poulain folâtre, douce comme une fleur, raide comme une javeline[2].

Et puis, pour le pathétique, que trouverez-vous à dire à la scène d'Arcite mourante?

« Hélas, reine de mon cœur! hélas, femme chérie! toi qui me donnais et qui m'ôtes la vie! Qu'est-ce donc que ce monde? — et qu'y demandent les hommes? — Maintenant rempli de son amour; — bientôt dans sa froide tombe, seul et privé de tout ce qu'il aimait[3]. »

---

[1] « A dainty dame, and dangerous,
Is the miller's wife. »

[2] « Wincing she was, as is a wanton colt,
Sweet as a flower, and upright as a bolt. »

[3] « Alas, my heartis queen! alas, my wife!
Giver at once, and ender of my life.

CHAPITRE XXI.

Mais je vous fatigue, monsieur, et je fais tort au poëte que je ne cite que par lambeaux.

— Au contraire, monsieur, répondit Péveril; vous me le rendez plus intelligible dans vos citations que je ne l'ai trouvé quand j'ai essayé de le lire moi-même.

— Vous étiez seulement effrayé de l'antique orthographe et des lettres gothiques. C'est le cas de bien des gens de lettres, qui prennent une noisette qu'ils pourraient casser sans beaucoup d'efforts, pour un noyau sur lequel ils craignent de se briser les dents. Mais je vois que les vôtres sont mieux employées. — Vous offrirai-je un peu de ce poisson?

— Je vous remercie, monsieur, répondit Julien; et voulant montrer à son tour qu'il n'était pas sans lecture : Je pense comme le vieux Caïus [1], dit-il, qu'il faut craindre un jugement, se battre quand on ne peut faire autrement, et ne pas manger de poisson.

A cette saillie, l'étranger jeta autour de lui un regard effrayé; Julien ne l'avait pourtant hasardée que pour découvrir, s'il était possible, ce qu'était son compagnon, dont le langage actuel était si différent du caractère qu'il avait pris dans la cour de Bridlesley. Sa physionomie, au reste, quoique les traits en fussent fort ordinaires, pour ne pas dire communs, avait cette expression d'intelligence que l'éducation donne au visage le plus laid; et il y avait dans ses manières une aisance et un naturel qui révélaient clairement un grand usage du monde, et l'habitude d'en fréquenter les classes les plus élevées. L'alarme qu'il avait manifestée à la repartie de Péveril ne fut que passagère, et il répliqua presque aussitôt, en souriant : — Je vous assure, monsieur, que vous n'êtes pas en dangereuse compagnie; car, nonobstant mon dîner maigre, je suis tout disposé à goûter de votre savoureuse omelette, si vous voulez bien m'en servir.

Péveril garnit en effet le tranchoir de l'étranger de ce qui restait des œufs au lard, et le vit en avaler une ou deux bouchées avec un plaisir apparent. Mais un instant après il se mit à jouer avec son couteau et sa fourchette, comme quelqu'un dont l'appétit est satisfait; puis après avoir bu un grand verre d'ale, il tendit son assiette à un énorme mâtin, qui, attiré par le fumet du dîner, s'était placé depuis quelque temps devant lui, se léchant le museau et suivant des yeux chaque morceau que l'étranger portait à sa bouche.

> What is this world? — what axen men to have?
> Now with his love, — now in his cold grave
> Alone, withouten other company. »

On comprend aisément que ces discussions sur les vieux poëtes anglais, et ces extraits de leurs ouvrages, ont pour les nationaux un charme qu'ils ne sauraient conserver pour nous, et dont des citations de Marot ou de Ronsard, habilement encadrées dans une composition moderne, nous pourraient seules donner une idée. (L. V.)

[1] Un des personnages de la création de Shakspeare. (L V.)

— Approche, mon pauvre garçon, dit-il, tu n'as pas eu de poisson, et tu as plus besoin que moi de ce qui reste sur cette assiette. Je ne puis me refuser plus longtemps à tes supplications muettes.

Le chien répondit à ces avances par un civil branlement de queue, tout en avalant ce que lui accordait la bienveillance de l'étranger, avec d'autant plus de hâte qu'il entendait à la porte la voix de sa maîtresse.

— Voici le canarie, messieurs, dit l'hôtesse ; et le bonhomme a laissé le moulin pour venir vous servir lui-même, ce qu'il fait toujours quand la compagnie boit du vin.

— Afin d'y avoir la part de l'hôte, c'est-à-dire la part du lion, dit l'étranger en regardant Péveril.

— Ceci est à mon compte, répliqua celui-ci ; et si l'hôte veut partager notre bouteille, j'en ferai volontiers venir une seconde pour lui et pour vous, monsieur. Je ne vais jamais contre les anciennes coutumes.

Ces paroles arrivèrent à l'oreille de maître Whitecraft, qui venait d'entrer dans la salle : un vigoureux échantillon de son robuste métier, également prêt à se montrer hôte civil ou bourru, selon que ses chalands lui seraient ou non agréables. A l'invitation de Julien, il ôta son bonnet poudreux, — secoua ses manches pour en faire tomber les particules de farine qui s'y étaient attachées, — et s'asseyant au bout d'un banc, à deux pas de la table, il remplit un verre de son vin de Canarie et le vida à la santé de ses hôtes, « surtout à celle de ce noble gentleman, » désignant Péveril qui avait commandé la liqueur.

Julien rendit la politesse en buvant de même à sa santé, et en lui demandant quelles nouvelles il y avait dans le pays?

— Aucune, monsieur ; je n'entends parler de rien, excepté de ce Complot, comme on l'appelle, pour lequel on poursuit les papistes. Mais cela amène l'eau au moulin, comme on dit. Avec les exprès qui courent de côté et d'autre, les gardes et les prisonniers qui passent et repassent, et la pratique des voisins, qui viennent causer le soir des nouvelles, je puis dire tous les jours au lieu d'une fois par semaine, hé bien, le robinet marche, messieurs, et votre hôte en profite ; et puis, remplissant les fonctions de constable, et étant un protestant bien connu, j'ai bien mis en perce, je puis dire, dix barriques d'ale d'extrà, sans compter un débit de vin raisonnable, pour un pays perdu. Dieu nous rende reconnaissants, et garde tous les bons protestants du complot et du papisme !

— Je conçois aisément, mon ami, reprit Julien, que la curiosité soit une passion qui conduise naturellement au cabaret, et que la colère, le soupçon et la peur soient autant d'émotions altérantes, et de grandes consommatrices d'ale de ménage. Mais je suis entièrement étranger à ce pays, et je serais enchanté d'apprendre, d'un homme de sens tel que vous, quelque chose de ce complot dont on parle tant et qu'on paraît si peu connaître.

— En apprendre quelque chose? — hé bien, c'est le Complot le plus horrible, — le plus infernal, le plus sanguinaire. — Mais un moment, mon cher monsieur, un moment; j'espère, en premier lieu, que vous croyez à un Complot; car autrement le juge aurait deux mots à vous dire, aussi vrai que mon nom est John Whitecraft.

— Cela ne sera pas nécessaire, dit Péveril; car je vous assure, mon cher hôte, que je crois au Complot autant et aussi fermement qu'un homme peut croire à quelque chose qu'il ne comprend pas.

— Dieu nous préserve que quelqu'un prétende le comprendre! repartit le digne constable; car Sa Révérence le juge de paix dit qu'il est à un mille au-dessus de lui, et c'est un homme aussi profond que bien d'autres. Mais on peut croire sans comprendre, c'est ce que les catholiques romains eux-mêmes disent. Ce dont je suis bien sûr, c'est que ça cause un fier remue-ménage parmi les juges, les témoins et les constables. — Ainsi donc, un second verre de cet excellent vin de Canarie à votre santé, messieurs.

— Allons, allons, John Whitecraft, lui dit sa femme, ne vous rabaissez pas vous-même en nommant les témoins avec les juges et les constables. Tout le monde sait comment ils gagnent leur argent.

— Oui, mais tout le monde sait qu'ils *le* gagnent, femme, et c'est un grand point. Qu'est-ce qui porte la soie épiscopale, qu'est-ce qui se carre dans le buffle et l'écarlate, si ce n'est eux? — Oui, oui, le maudit renard fait ses coups; — et pas si maudit, après tout. N'y a-t-il pas le docteur Titus Oates, le sauveur de la nation? — ne demeure-t-il pas à White-Hall[1], ne mange-t-il pas dans de la vaisselle plate, et n'a-t-il pas, autant que je sache, une pension de mille livres[2] par an? Et ne doit-il pas être évêque de Litchfield, dès que le docteur Doddrum sera mort?

— En ce cas, reprit l'hôtesse, j'espère que Sa Révérence le docteur Doddrum ne mourra pas de vingt ans; et j'ose dire que je suis la première qui ait jamais fait un tel souhait. Je ne comprends rien à tout cela, non, je n'y comprends rien; et si une centaine de jésuites venaient tenir une consultation dans ma maison, comme ils l'ont fait à la taverne du *Cheval Blanc*, je regarderais comme tout à fait hors de mes attributions de porter témoignage contre eux, pourvu qu'ils eussent bien bu et bien payé leur écot.

— Voilà qui est bien pensé, dit le plus âgé des deux voyageurs; c'est ce que j'appelle avoir une conscience de bon aubergiste. Aussi je vais payer mon écot et continuer mon chemin.

Péveril, de son côté, demanda aussi son compte; et il se montra si

---

[1] Ancien palais des rois d'Angleterre à Londres, presque entièrement brûlé en 1698, vingt ans après l'époque du mémorable Complot papiste. (L. V.)

[2] Vingt-cinq mille francs de l'époque. (L. V.)

libéral, que le meunier agita son bonnet en l'air et que l'hôtesse lui fit une révérence jusqu'à terre.

Les chevaux des deux commensaux furent amenés, et tous deux se remirent en selle pour partir de compagnie. L'hôte et l'hôtesse se tenaient sur le seuil pour voir leur départ. L'hôte offrit le coup de l'étrier à l'étranger, tandis que l'hôtesse présentait à Péveril un verre de sa bouteille de réserve. A cet effet elle était montée sur le banc de pierre, le flacon d'une main et le verre de l'autre; de sorte qu'il fut aisé au jeune voyageur de rendre, quoique à cheval, la politesse de la manière la plus démonstrative, c'est-à-dire en passant un bras autour du cou de l'hôtesse, et en lui donnant le baiser de départ.

Dame Whitecraft ne pouvait échapper à cette familiarité; car un banc de pierre [1] est étroit, et ses mains, qu'elle aurait pu employer à se défendre, étaient occupées par le verre et la bouteille, — objets trop précieux pour les compromettre dans une telle lutte. Il paraît, au reste, qu'elle avait autre chose en tête; car au moment où, après un court semblant de résistance, elle permit au visage de Julien d'approcher du sien, elle lui dit à l'oreille : — Prenez garde aux embûches! — avis effrayant, qui, dans ces jours de méfiance, de soupçons et de trahison, était aussi efficace pour empêcher un épanchement libre et familier, que l'avertissement de « piéges à hommes et fusils à ressort » pour protéger un verger. Il lui pressa la main, comme pour lui dire qu'il comprenait son avis; et en retour elle secoua amicalement celle de notre jeune voyageur en lui souhaitant la garde de Dieu. Un nuage s'était répandu sur le front de John Whitecraft, et son adieu final n'eut pas à moitié près la même cordialité que celui qu'il lui avait fait dans la salle. Mais Péveril pensa que le même convive n'est pas toujours également agréable à l'hôte et à l'hôtesse; et ne sachant avoir rien fait qui pût exciter le déplaisir du meunier, il se mit en route sans y penser davantage.

Julien fut quelque peu surpris, et non très-satisfait, quand il vit que sa nouvelle connaissance suivait le même chemin que lui. Il avait plus d'une raison pour désirer voyager seul; et la recommandation de l'hôtesse résonnait encore à ses oreilles. Si cet homme, que sa physionomie et sa conversation montraient doué de tant d'astuce, qui pouvait prendre plus d'un masque, comme il avait eu occasion de le remarquer, et qui cachait sous des habits plus que modestes une condition supérieure; si cet homme se trouvait être, ainsi qu'on pouvait le croire, un jésuite déguisé ou un prêtre-séminariste, voyageant pour la grande tâche de la conversion de l'Angleterre et de l'extirpation de l'hérésie du Nord, — on pouvait difficilement imaginer une plus dan-

---

[1] *Horse-block*, dé de pierre habituellement placé à la porte des auberges, pour aider les cavaliers à monter à cheval. (L. V.)

CHAPITRE XXI.

gereuse compagnie, dans les circonstances où se trouvait Julien ; car ce serait en quelque sorte autoriser les bruits, quels qu'ils fussent, qu'on avait répandus touchant l'attachement de sa famille à la cause catholique. D'un autre côté, il lui était fort difficile de se séparer poliment de la société d'un homme qui semblait déterminé, qu'on lui parlât ou non, à se tenir près de lui.

Péveril essaya d'abord de mettre son cheval au petit pas ; mais son compagnon, décidé à ne le pas quitter, ralentit l'allure du sien, de manière à se tenir toujours à son côté. Julien lança alors son cheval au grand trot, et il ne tarda pas à voir que l'étranger, malgré sa mesquine apparence, était beaucoup mieux monté que lui, et qu'il ne fallait pas penser à le gagner de vitesse. Il remit donc son cheval à un pas plus modéré, comme en désespoir de cause. En ce moment, son compagnon, qui jusque-là était resté silencieux, fit observer à Péveril qu'il n'était pas autant en état de faire grande diligence en route qu'il l'eût été si le matin il s'en fût tenu à son premier marché.

Péveril en convint d'un ton sec, et il ajouta que l'animal suffirait à son dessein actuel, mais qu'il craignait qu'il ne fît de lui une compagnie peu agréable pour une personne mieux montée.

— Nullement, repartit son civil compagnon ; je suis un de ces hommes qui ont tant voyagé, qu'ils ont contracté l'habitude de prendre l'allure la plus agréable à ceux avec qui ils se trouvent.

Péveril ne répliqua pas à cette déclaration polie ; car il était trop sincère pour y répondre par les remercîments qu'eût exigé la courtoisie.
— Une seconde pause s'ensuivit, et ce fut Julien qui la rompit en demandant à l'étranger s'il pensait que leurs routes dussent longtemps suivre la même direction.

— C'est ce que je ne puis dire, répondit celui-ci en souriant, à moins que je ne sache quel chemin vous vous proposez de suivre.

— Je suis incertain où je m'arrêterai ce soir, reprit Julien, feignant de se méprendre sur le sens de la réplique.

— Et moi de même, repartit l'étranger ; car bien que mon cheval soit meilleur que le vôtre, je pense qu'il sera prudent de le ménager, et dans le cas où nous continuerions de suivre la même route, il est probable que nous souperons comme nous avons dîné, ensemble.

Julien ne répliqua rien à cette information catégorique ; mais tout en continuant d'avancer, il examinait en lui-même si le mieux ne serait pas d'en venir à une explication précise avec son opiniâtre compagnon, et de lui annoncer nettement que son bon plaisir était de voyager seul. Mais outre que l'espèce de connaissance qu'ils avaient faite durant le dîner le fît répugner à une impolitesse directe envers une personne dont les manières annonçaient la distinction, il eut en outre à considérer qu'il était très-possible qu'il se fût mépris sur le caractère de cet homme et sur ses intentions ; et que, dans ce cas, refuser grossièrement la société d'un bon protestant serait tout autant matière à soupçon que de voyager en compagnie d'un jésuite déguisé[1].

Après un court moment de réflexion, il résolut donc de supporter le désagrément de la société de l'étranger jusqu'à ce qu'il se présentât une occasion favorable de s'en affranchir, et, en attendant, de s'observer autant qu'il lui serait possible dans tous les rapports qu'il pourrait avoir avec lui. L'avertissement que dame Whitecraft lui avait donné en le quittant retentissait toujours à son oreille ; car les conséquences de son arrestation, s'il venait à éveiller le soupçon, seraient de lui enlever toute possibilité de servir son père, la comtesse et le major Bridgenorth, sur les intérêts duquel il s'était aussi promis d'avoir l'œil ouvert.

Tandis qu'il roulait ces pensées dans son esprit, ils avaient fait plusieurs milles sans ouvrir la bouche, et ils arrivaient alors à un pays plus misérable et à de plus mauvais chemins que ceux qu'ils avaient eus jusque-là à parcourir. Ils approchaient en effet de la partie la plus montueuse du Derbyshire. En traversant un sentier très-rocailleux et fort inégal, le cheval de Julien trébucha à plusieurs reprises ; et s'il n'eût été retenu par un usage judicieux de la bride, il eût certainement fini par s'abattre sous son cavalier.

— Les temps où nous vivons exigent que l'on soit habile cavalier, dit son compagnon ; et à la manière dont vous vous tenez en selle, aussi bien qu'à la façon dont vous gouvernez la bride, il semble que vous ne l'ayez pas ignoré.

— J'ai longtemps monté à cheval, monsieur, répliqua Péveril.

— Et je croirais aussi que vous avez longtemps voyagé, monsieur ; car, à l'extrême circonspection que vous observez, on croirait qu'à votre avis la bouche de l'homme a besoin d'un frein aussi bien que celle du cheval.

— Des hommes plus sages que moi ont pensé qu'il était prudent de se taire quand on n'avait rien à dire, ou peu de chose.

— Je ne puis être de leur avis. Toute connaissance est le fruit de nos rapports, soit avec les morts, par le moyen des livres, soit avec les vivants, par le secours plus agréable de la conversation. Les *sourds et muets* sont seuls exclus du progrès ; et sûrement leur situation n'est pas si digne d'envie que nous devions les imiter.

A cette comparaison, qui éveilla un écho soudain dans le cœur de Péveril, le jeune homme fixa sur son compagnon un regard interrogateur ; mais ni dans sa physionomie calme, ni dans la placidité de ses yeux bleus, il ne vit rien qui dût lui faire penser que dans l'intention de l'étranger ses paroles eussent un sens plus étendu que leur signification immédiate et directe. Il se tut un instant, puis il répliqua : — Vous

---

[1] *Voyez* la note L, à la fin du volume.

semblez être, monsieur, un homme doué de pénétration ; et j'aurais cru que la pensée eût pu vous venir, que dans ces temps de défiance on peut, sans qu'on en doive être blâmé, éviter des rapports avec des étrangers. Vous ne me connaissez pas, et vous m'êtes totalement inconnu. Il n'y a pas entre nous de grands sujets d'entretien, à moins d'aborder les affaires du jour ; et c'est là un sujet qui répand des semences de querelle entre amis, et bien plus encore entre étrangers. En tout autre temps, la société d'une personne dont l'esprit est cultivé m'eût été fort agréable dans mon voyage solitaire ; mais en ce moment...

— En ce moment ! Vous ressemblez aux anciens Romains, pour lesquels le mot *hostis* signifiait à la fois étranger et ennemi. Pour étranger, je ne vous le serai pas plus longtemps. Mon nom est Ganlesse ; — ma profession, prêtre catholique-romain. — Je voyage craignant pour ma vie, — et je suis très-charmé de vous avoir pour compagnon.

— Je vous remercie de tout mon cœur de l'information, monsieur ; et pour en profiter autant que possible, je dois vous prier de gagner les devants, ou de rester en arrière, ou de prendre un chemin de côté, à votre choix ; car comme je ne suis pas catholique, et que je voyage pour affaires de grande importance, je suis exposé à la fois à des risques et à des retards, et même à des dangers, en restant en compagnie si suspecte. Ainsi, M. Ganlesse, faites votre choix, et le mien sera l'opposé ; car je vous demande la permission de vous quitter.

En parlant ainsi, Péveril serra la bride et arrêta son cheval.

L'étranger partit d'un éclat de rire. — Quoi ! dit-il, me quitter pour une ombre de danger ? Par saint Antoine ! combien le sang bouillant des Cavaliers est refroidi chez les jeunes gens du temps actuel ! Voici pourtant un jeune galant dont le père, je le garantis, a eu autant d'aventures pour des prêtres persécutés, qu'un chevalier errant pour des damoiselles en détresse.

— Cette plaisanterie vous sera inutile, monsieur, reprit Péveril. Je dois vous prier de vouloir bien suivre votre chemin.

— Mon chemin est le vôtre, repartit l'opiniâtre Ganlesse, et nous voyagerons d'autant plus en sûreté que nous marcherons de compagnie. J'ai la recette de la graine de fougère, ami, et je puis me rendre invisible. D'ailleurs, vous ne pourriez vouloir que je vous quitte dans ce chemin creux, où il n'y a d'issue ni à droite ni à gauche ?

Péveril se remit en marche, désireux d'éviter une rupture ouverte, à laquelle le ton d'indifférence du voyageur ne laissait pas, à la vérité, de prétexte plausible, mais vivement contrarié de sa compagnie, et déterminé à saisir la première occasion de s'en délivrer.

L'étranger régla le pas de son cheval sur le pas de celui de Julien, ayant soin de rester du côté dont il tenait la bride, comme pour se ménager cet avantage en cas de querelle. Mais son langage ne trahissait nulle appréhension. — Vous me faites injure, dit-il à Péveril, et vous vous faites injure à vous-même. Vous ne savez où coucher cette nuit? — laissez-vous guider par moi. Il y a, à quatre milles d'ici, un ancien château qui a pour maître un vieux chevalier Pantalon ; — pour châtelaine pimpante, une dame Barbara tout empesée ; — pour dire les grâces, un jésuite en habit de sommelier ; — une vieille histoire des batailles d'Edgehill et de Worcester pour assaisonner un pâté froid de venaison et un flacon de clairet couvert de toiles d'araignée ; — enfin un lit pour vous dans la *cachette du prêtre*, — et peut-être pour le faire quelque jolie mistress Betty, la fille de laiterie.

— Tout ceci n'a aucun charme pour moi, monsieur, dit Péveril ; et cependant, en dépit de lui-même, il ne pouvait s'empêcher de sourire à l'esquisse improvisée que l'étranger venait de tracer de nombre de vieux manoirs des comtés de Chester et de Derby, dont les propriétaires avaient conservé l'ancienne foi romaine.

— Allons, je vois que je ne puis vous plaire sur ce ton ; il faut toucher une autre corde. Je ne suis plus Ganlesse, le prêtre-séminariste ; mais (changeant de voix et prenant un accent nasillard) Simon Canter[1], humble prédicateur de la parole, qui voyage ainsi pour appeler les pécheurs au repentir, et pour fortifier, édifier et faire fructifier les débris dispersés des sectateurs de la vraie foi. — Que dites-vous de ceci, monsieur?

— J'admire la facilité avec laquelle vous vous transformez, monsieur, et en tout autre moment je pourrais m'en amuser. En cet instant la franchise me semble préférable.

— La franchise ! — un sifflet d'enfant, qui n'a que deux notes : — oui, oui, et non, non. Hé mais, mon cher monsieur, les quakers eux-mêmes l'ont abjurée, et ont adopté en place un complaisant assesseur nommé Hypocrisie, qui extérieurement a quelque chose de la Sincérité, mais qui a bien plus de portée et qui embrasse toute la gamme. Allons, soyez docile ; — soyez pour ce soir un disciple de Simon Canter, et nous laisserons sur notre gauche le vieux château délabré du chevalier susdit, pour une maison neuve bâtie en briques par un éminent raffineur de sel de Namptwich, qui attend ledit Simon pour préparer une forte saumure spirituelle propre à conserver une âme tant soit peu corrompue par le dangereux contact d'un monde pervers. Qu'en dites-vous? Il a deux filles : — jamais yeux plus brillants n'ont rayonné sous un capuchon plissé ; et pour mon compte, je crois qu'il y a plus de feu dans celles-là qui vivent seulement pour l'amour et la dévotion, que dans vos beautés de cour, dont les cœurs se répandent outre cela sur vingt folies à la fois. Vous ne savez pas quel plaisir c'est d'avoir à diriger la conscience d'une jolie *précisienne*, qui d'une haleine confesse ses faiblesses et aussitôt après avoue sa passion. Peut-

---

[1] Simon Jargonneur.

être, cependant, avez-vous, dans votre temps, connu quelque chose comme cela? Allons, monsieur, le jour se fait trop sombre pour que je puisse voir votre rougeur; mais je suis sûr que vos joues sont ardentes.

— Vous prenez une grande liberté, monsieur, dit Péveril au moment où ils allaient sortir du chemin creux qui débouchait sur un vaste commun, et vous semblez compter sur ma patience un peu plus que vous n'avez lieu de le faire avec sécurité. Voici que nous allons sortir de la passe qui nous a contraints de marcher de compagnie depuis une demi-heure. Pour éviter d'être plus longtemps avec vous, je vais prendre à gauche sur ce commun; et si vous me suivez, ce sera à vos risques et périls. Voyez, je suis bien armé; le combat serait inégal.

— Pas si inégal, répliqua l'opiniâtre étranger, tant que je monte mon genet brun avec lequel je puis tourner à volonté autour de vous; et voici un texte d'une palme de longueur (montrant un pistolet qu'il tira de son sein), qui décharge une doctrine des plus convaincantes rien qu'à la pression de l'index, et qui suffit pour égaliser tout ce que vous regardez comme des inégalités de jeunesse et de force. Pas de querelle entre nous, pourtant. — La lande s'étend devant nous; — choisissez-y votre chemin : — je prends l'autre.

— Je vous souhaite le bonsoir, monsieur. Je vous demande pardon si je vous ai mésinterprété en quelque chose; mais les temps sont périlleux, et la vie d'un homme peut dépendre de la société dans laquelle il voyage.

— C'est vrai; mais en ce qui vous concerne, le danger est déjà venu, et vous devriez chercher à le détourner. Vous avez voyagé assez longtemps en compagnie avec moi, pour fournir le texte d'un beau chapitre du Complot papiste. Quel air aurez-vous quand vous verrez paraître, en beau format in-folio, la Narration de Simon Canter, autrement nommé Richard Ganlesse, au sujet de l'horrible Conspiration papiste pour le meurtre du roi et le massacre de tous les protestants, attestée par serment devant l'honorable chambre des Communes; révélant comment Julien Péveril, fils de Geoffrey Péveril de Martindale-Castle, a pris part à ladite Conspiration [1]...

— Comment, monsieur? que voulez-vous dire? s'écria Péveril fort effrayé.

— N'interrompez donc pas le titre de ma déposition, monsieur. Maintenant que Oates et Bedlow ont tiré à eux les grands prix, les dénonciateurs subalternes n'ont plus guère d'autres profits que la vente de leurs *Narrations;* et tous leurs libraires, Janeway, Newman, Simmons et les autres, vous diront que le titre est la moitié de la Narration. Le mien exhibera donc les différents plans dont vous m'avez fait part, de débarquer sur la côte du Lancastre dix mille soldats tirés de l'île de

[1] Voyez la note M, à la fin du volume.

Man ; de marcher sur le pays de Galles pour y joindre les dix mille pèlerins d'Espagne dont l'arrivée est attendue, et de consommer par là la ruine de la religion protestante et celle de la fidèle cité de Londres. En vérité, je crois qu'une telle Narration, dûment assaisonnée d'un certain nombre d'horreurs et publiée *cum privilegio Parliamenti*, pourrait bien encore, quoique le marché soit quelque peu encombré, rapporter vingt ou trente guinées.

— Vous semblez me connaître, monsieur ; s'il en est ainsi, je crois pouvoir vous demander sans détour quel est votre dessein en me tenant compagnie, et ce que signifie toute cette rapsodie. Si c'est une simple plaisanterie, je puis l'endurer dans des limites convenables, quoique de la part d'un étranger elle soit peu civile. Si vous avez d'autres intentions, parlez ; je ne suis pas un homme dont on puisse se jouer.

— Fort bien, maintenant, reprit l'étranger en riant ; comme vous vous échauffez sans raison ! Un *fuoruscito* italien, quand il désire parlementer avec vous, vous couche en joue derrière un mur avec son long fusil, et commence sa conférence par un *posso tirare*. Ainsi fait votre vaisseau de guerre, en lâchant une bordée dans l'avant d'un bâtiment boucanier, seulement pour l'avertir d'amener ; ainsi ai-je fait moi-même, pour montrer à M. Julien Péveril que si j'appartenais à l'honorable compagnie de témoins et de délateurs avec lesquels son imagination me met de pair depuis deux heures, il serait maintenant tout autant à ma disposition que probablement il y pourrait jamais être. Puis quittant tout à coup le ton d'ironie qu'il avait presque constamment affecté, et prenant un air sérieux, il ajouta : Jeune homme, quand la peste est répandue dans l'air d'une cité, c'est vainement qu'on voudrait se soustraire au mal en cherchant la solitude et en fuyant la société de ses compagnons de souffrance.

— En quoi donc consiste alors la sûreté ? dit Péveril, voulant voir, s'il était possible, où voulait en venir son compagnon.

— Dans les conseils des sages médecins.

— Et comme tel, vous m'offrez vos avis ?

— Pardonnez-moi, jeune homme, repartit l'étranger avec hauteur ; je ne vois pas de raison de le faire. — Je ne suis pas votre médecin gagé, ajouta-t-il en reprenant son premier ton. — Je n'offre point d'avis ; — je dis seulement qu'il serait sage à vous d'en demander.

— Où puis-je en obtenir, et de qui ? J'erre dans ce pays comme un homme qui fait un rêve, tant quelques mois y ont opéré de changements. Des hommes qui autrefois s'occupaient de leurs propres affaires sont maintenant absorbés par les affaires d'État ; et j'en vois trembler sous l'appréhension de quelque étrange et soudain bouleversement politique, qui naguère n'avaient d'autre crainte que celle d'aller se coucher sans souper. Et pour couronner le tout, je fais la rencontre d'un étranger, paraissant être bien au fait de mon nom et de mes affaires, qui d'abord s'attache à moi, que je le veuille ou non, et qui ensuite me refuse de s'expliquer, en même temps qu'il me menace des plus étranges accusations.

— Si j'avais médité une telle infamie, croyez que je ne vous aurais pas donné le fil de mon intrigue. Mais soyez prudent, et accompagnez-moi. Il y a tout près d'ici une petite auberge, où, si vous voulez vous en rapporter à l'assurance d'un étranger, vous passerez la nuit en parfaite sécurité.

— Mais vous-même, il n'y a qu'un moment, paraissiez craindre d'être remarqué ; comment, dans ce cas, pouvez-vous me protéger ?

— Bah ! je n'ai fait qu'imposer silence à cette hôtesse bavarde, de la manière qui réussit toujours le mieux avec ces sortes de gens ; et quant à Topham et à son couple de hiboux, il faut qu'ils aillent en quête d'un autre gibier, de moins noble espèce que je ne me trouverais être.

Péveril ne put s'empêcher d'admirer l'air d'aisance et de confiance indifférente avec lequel l'étranger semblait se mettre au-dessus de tous les dangers qui pouvaient l'entourer ; et après avoir à la hâte examiné la chose en lui-même, il se décida à ne le pas quitter, de cette nuit, du moins, et à tâcher d'apprendre qui il était réellement, et à quel parti politique il était attaché. La hardiesse et la liberté de ses discours semblaient presque incompatibles avec le métier périlleux, mais lucratif alors, de délateur. Sans doute de tels êtres savaient revêtir toutes les formes propres à les faire pénétrer dans la confiance de leurs futures victimes ; mais Julien crut voir dans les manières de cet homme une franchise brusque et insouciante que, dans le cas présent, il ne put s'empêcher d'allier à une idée de sincérité. Il répondit donc, après un court instant de réflexion : — J'accepte votre proposition, monsieur ; quoique par là je montre une confiance bien prompte et peut-être imprudente.

— Et que fais-je donc avec vous ? dit l'étranger. Notre confiance n'est-elle pas mutuelle ?

— Non ; loin de là. Je ne connais absolument rien de vous. — Vous, vous m'avez nommé ; et sachant que je suis Julien Péveril, vous savez que vous pouvez voyager avec moi en parfaite sécurité.

— Du diable s'il en est rien ! Je voyage avec la même sécurité qu'avec un pétard allumé, dont je puis attendre l'explosion d'un instant à l'autre. N'êtes-vous pas le fils de Péveril du Pic, au nom duquel la Prélatie et le Papisme sont si étroitement alliés, qu'il n'est pas dans le comté de Derby un vieillard ou une vieille femme qui ne finisse sa prière en demandant au Ciel d'être délivré de tous les trois ? et ne venez-vous pas de chez la comtesse papiste de Derby, apportant dans votre poche, autant que je sache, toute une armée de Mankois, avec l'équipement complet en armes, munitions, bagages et train d'artillerie ?

— Il n'est pas très-vraisemblable que je fusse si pauvrement monté, dit Julien en riant, si j'avais à porter un tel poids. Mais conduisez-moi, monsieur. Je vois qu'il me faut attendre votre confiance jusqu'à ce que vous jugiez convenable de me l'accorder; car vous êtes déjà si bien au fait de mes affaires, que je n'ai rien à vous offrir en retour.

— Avançons donc. Donnez de l'éperon à votre cheval, et tenez-lui la bride serrée, de peur qu'il ne mesure la terre avec ses naseaux au lieu de ses pieds. Nous ne sommes plus qu'à moins d'un demi-mille de notre gîte.

Ils pressèrent le pas de leurs montures, et arrivèrent bientôt à la petite auberge isolée que le voyageur avait mentionnée. Quand ils commencèrent à en voir briller les lumières, l'étranger s'adressant à Julien, comme s'il lui fût revenu à l'esprit quelque chose qu'il avait oublié, lui dit : — A propos, il vous faut un nom pour arriver là; car il pourrait ne pas être sûr de voyager sous le vôtre, attendu que l'homme qui tient cette maison est un ancien partisan de Cromwell. Comment voulez-vous être appelé? — Mon nom à moi — quant à présent — est Ganlesse.

— Il n'y a pas nécessité à ce que je change le mien. Je ne suis pas disposé à en prendre un d'emprunt, surtout pouvant rencontrer quelqu'un qui me connaisse.

— Je vous appellerai donc Julien; car le nom de Péveril sentirait, aux narines de notre hôte, idolâtrie, conspiration, fagots de Smithfield, poisson le vendredi, meurtre de sir Edmonsbury Godfrey[1] et feu du purgatoire.

Comme il parlait ainsi, ils mirent pied à terre sous le vieux chêne dont les vastes rameaux servaient de dais au banc de bois qui, à une heure moins avancée, avait gémi sous le poids d'un nombreux conclave politique de village. Ganlesse, en descendant de cheval, fit entendre un sifflement aigu tout particulier, auquel on répondit de l'intérieur de la maison[2].

---

[1] Il sera question du fait auquel il est fait allusion ici, dans une des notes du chapitre suivant. (L. V.)

[2] *Voyez* la note N, à la fin du volume.

CHAPITRE XXII.

> C'était un homme vêtu en paysan ; et cependant on n'aurait pu rien trouver à redire à la manière dont il vous découpait une bécasse, avec la dextérité d'un courtisan à l'*Ordinaire*.
>
> L'*Ordinaire*.

La personne qui parut à la porte de la petite auberge pour recevoir Ganlesse, comme nous l'avons dit dans notre dernier chapitre, chantait en s'avançant ce fragment d'une vieille ballade :

> « Hé ! bonsoir, l'ami Diccon ;
> Hé bien, le voyage ?
> Amenez-vous le tendron,
> Pour le mariage ? »

A quoi Ganlesse répondit, du même ton et sur le même air :

> « Sois tranquille, ami Robin ;
> On n'est guère en peine
> Quand on apporte un beau daim
> En place d'un lièvre. »

— Vous avez donc manqué votre coup? dit l'autre en réponse.

— Hé non, repartit Ganlesse ; mais vous ne pensez à rien autre chose qu'aux profits de votre métier. — Puisse la peste qui lui appartient s'y attacher ! quoiqu'il t'ait fait ce que tu es.

— Il faut bien qu'on vive, Diccon Ganlesse.

— C'est bon, c'est bon ; souhaite la bienvenue à mon ami, à cause de moi. As-tu quelque chose pour souper?

— Fumant comme un sacrifice. — Chaubert a fait de son mieux. Ce drôle est un trésor ! donnez-lui une chandelle d'un farthing[1], il vous en tirera un bon souper. — Entrez, monsieur. L'ami de mon ami est le bienvenu, comme nous disons dans notre pays.

— Il faut d'abord songer à nos chevaux, dit Péveril, qui commençait à ne savoir que penser du caractère de ses compagnons ; — cela fait, je suis à vous.

Ganlesse siffla une seconde fois ; un valet vint prendre les deux chevaux, et eux-mêmes entrèrent dans l'auberge.

[1] La plus petite monnaie de cuivre d'Angleterre. (L. V.)

Il semblait qu'on eût fait à la salle commune d'une pauvre auberge quelques changements qui avaient eu pour but de la mieux approprier à une société d'un genre plus élevé. Il s'y trouvait un buffet, un canapé, et quelques autres pièces d'ameublement fort supérieures à ce qu'annonçait l'apparence du lieu. La nappe, qui était mise, était du plus beau damas; et les cuillères, fourchettes, etc., étaient d'argent. Péveril examinait cet apparat avec quelque surprise; et reportant encore une fois ses regards avec attention sur son compagnon de route Ganlesse, il ne put s'empêcher de remarquer (l'imagination aidant peut-être) que, bien que l'ensemble de sa personne fût insignifiant, que ses traits fussent ordinaires et que ses vêtements fussent ceux de l'indigence, son air et ses moindres gestes trahissaient cependant cet indéfinissable aisance de manières qui n'appartient qu'aux hommes de naissance et de qualité, et à ceux qui sont dans l'habitude constante de fréquenter la meilleure société. Son compagnon, qu'il nommait Will[1] Smith, quoique grand et de bonne mine, outre qu'il était beaucoup mieux vêtu, n'avait cependant pas dans ses manières le même cachet de distinction, et était obligé de suppléer à ce qui lui manquait de ce côté, par une dose proportionnelle d'assurance. Que pouvaient être ces deux hommes? c'est ce qu'il était impossible à Péveril même de conjecturer. Rien ne pouvait servir de base à ses suppositions; il ne lui restait qu'à donner toute son attention à leur manière d'agir et à leurs discours.

Après quelques paroles échangées à voix basse, Smith dit à son compagnon : — Il faut aller donner un coup d'œil à nos chevaux pendant dix minutes, et laisser Chaubert faire son office.

— Ne paraîtra-t-il pas? repartit Ganlesse, ne servira-t-il pas à table?

— Quoi! lui? — enlever une assiette et présenter un verre? — Non, non! Vous oubliez de qui vous parlez. Un tel ordre serait assez pour qu'il se jetât sur la pointe de son épée. — Il est déjà presque au désespoir, parce qu'on n'a pu se procurer d'écrevisses.

— En vérité! Le Ciel me garde d'ajouter à une semblable calamité! A l'écurie, donc, et allons voir comment nos coursiers mangent leur provende, pendant que la nôtre se prépare.

Ils se rendirent en effet à l'écurie; quoique ce fût un pauvre gîte, elle avait été pourvue à la hâte de tout ce qui était nécessaire à l'accommodement de quatre excellents chevaux, dont l'un, celui qui venait de servir à Ganlesse, était en ce moment étrillé et bouchonné par le valet que nous avons mentionné, à la clarté d'un gros cierge.

— Je suis encore catholique à ce point, dit Ganlesse en riant, quand il vit que Péveril remarquait cette extravagance. Mon cheval est mon saint, et je lui brûle un cierge.

— Sans demander une si grande faveur pour le mien, que je vois en

---

[1] Abréviation de William ou Guillaume. (L. V.)

CHAPITRE XXII.

attente derrière cette vieille cage à poules, repartit Péveril, je vais du moins le débarrasser de sa selle et de sa bride.

— Laissez-le aux soins du garçon d'auberge, dit Smith ; il ne vaut pas qu'un autre y touche. Je garantis que si vous lui défaites seulement une boucle, vous garderez tellement l'odeur de cette fonction d'écurie, que vous pourrez tout aussi bien manger du rosbif que des ragoûts, pour la saveur que vous leur trouverez.

— J'ai toujours aimé le rosbif autant que les ragoûts, répliqua Péveril en s'occupant d'une tâche que tout jeune homme devrait savoir remplir au besoin ; et mon cheval, quoique ce ne soit qu'une méchante rosse, aimera mieux avoir sous la dent du foin et de l'avoine que le fer de son mors.

Tandis qu'il dessellait son cheval, et qu'il mettait un peu de litière devant le pauvre animal, il entendit Smith dire à Ganlesse : — Sur ma foi, Dick[1], tu es tombé dans la bévue du pauvre Slender : tu as manqué Anne Page, et tu nous a amené un grand ustuberlu de garçon palefrenier.

— Paix ! fit Ganlesse ; il va t'entendre. Il y a des raisons pour toutes choses ; — celle-là est bien comme elle est. Mais, je t'en prie, dis à ton garçon de l'aider.

— Quoi ! me croyez-vous fou ? — Demander à Tom Beacon, — Tom de Newmarket, — Tom aux dix mille titres, de toucher à une pareille brute à quatre pattes ? — à coup sûr il me planterait là sur la place ; — il me congédierait, sur ma foi. C'est tout ce qu'il a voulu faire que de se charger du vôtre, mon bon ami ; et si vous n'avez pas plus d'égards pour lui, il est probable que demain vous serez votre propre groom.

— Hé bien, Will, je te dirai que tu as autour de toi une collection de la plus inutile, de la plus impudente, de la plus insolente vermine qui ait jamais mangé les revenus d'un pauvre gentilhomme.

— Inutile ? C'est ce que je nie. Chacun de mes drôles excelle tellement dans ce qu'il fait, que ce serait péché de lui faire faire autre chose ; — ce sont vos Jacques à-tout-faire qui n'excellent en rien. — Mais voici le signal de Chaubert ! le faquin nous le donne avec son luth, sur l'air *éveillez-vous, belle endormie*[2]. — Allons, monsieur... Comment vous nommez-vous ? (s'adressant à Péveril) — prenez un peu d'eau, et effacez de vos mains les traces de votre sale besogne, comme dit Betterton dans la comédie ; car la cuisine de Chaubert est comme la tête de frère Bacon : — Le temps est, — le temps fut, — le temps ne sera bientôt plus.

A ces mots, et laissant à peine à Julien le temps de plonger ses mains

---

[1] Abréviation familière de Richard. (L. V.)

[2] Ces premiers mots d'une chanson populaire chez nous sont en français dans l'original. (L. V.)

dans un seau d'eau, et de les essuyer à une housse de cheval, il l'entraîna de l'écurie à la salle à manger.

Tout y était préparé pour leur souper, avec une recherche épicurienne qui appartenait plutôt au salon d'un palais qu'à la misérable demeure où ce luxe était déployé. Quatre plats d'argent, recouverts de cloches du même métal, fumaient sur la table ; et trois siéges étaient disposés pour les convives. Au bas bout était placée une petite table destinée au même usage de ce qu'aujourd'hui on nomme une *servante* [1] ; sur cette seconde table plusieurs flacons élevaient majestueusement leurs longs cous de cygnes, au-dessus des verres et des gobelets. Des couverts propres étaient en outre placés à portée de la main ; et une petite cassette de voyage recouverte en maroquin et cerclée en argent, était garnie de nombre de flacons remplis des sauces les plus exquises que l'art culinaire eût inventées.

Smith, qui occupait le siége inférieur et semblait agir comme président du festin, fit signe aux deux voyageurs de prendre place et de commencer. — Je ne retarderais pas du temps d'un *benedicite*, dit-il, pour sauver toute une nation de sa ruine. Nous pouvons nous passer de réchauds sans inconvénient, et Chaubert lui-même n'est rien, si ses plats ne sont attaqués à l'instant même où ils paraissent. Allons, découvrons, et voyons ce qu'il nous a préparé. — Hum ! — Ha ! — oui, — des pigeons farcis, — des bécasses, — des poulets, — des côtelettes de venaison, — et un espace au centre, encore humide, hélas ! d'une larme échappée aux yeux de Chaubert, à la place qu'aurait dû occuper la soupe aux écrevisses. Le zèle de ce pauvre garçon est mal payé par les méchants dix louis qu'il reçoit chaque mois.

— C'est une bagatelle, dit Ganlesse ; mais ainsi que vous, Will, il sert un maître généreux.

Le repas commença ; et quoique Julien eût vu son ami le comte de Derby, ainsi que d'autres jeunes seigneurs, affecter un haut degré de connaissances et d'habileté dans l'art de la cuisine, et que lui-même ne fût ni étranger ni insensible aux plaisirs d'une bonne table, il s'aperçut en cette occasion qu'il n'y était encore qu'un simple novice. Ses deux compagnons, et Smith en particulier, semblaient considérer leur occupation actuelle comme la véritable affaire, l'affaire réelle de la vie, et tous deux y apportaient une attention proportionnée à ce sentiment d'importance. Découper les pièces de la manière la plus délicate, — combiner les assaisonnements avec la ponctualité d'un chimiste, — observer exactement l'ordre dans lequel un mets devait succéder à l'autre, et faire pleinement honneur à tous : — c'était une science de détails à laquelle Julien était jusque-là demeuré étranger. Aussi Smith le traita-t-il comme un novice en épicurisme, l'avertissant

---

[1] En anglais *dumb-waiter*, domestique muet. (L. V.)

CHAPITRE XXII.

de manger sa soupe avant le bouilli, et d'oublier la coutume mankoise d'avaler le bouilli avant le bouillon, comme si Cutlar Mac Culloch et tous ses whingers [1] étaient à la porte [2]. Péveril prit l'avis en bonne part, et le festin s'anima de plus en plus.

Enfin Ganlesse fit une pause, et proclama le souper exquis. — Mais, ami Smith, ajouta-t-il, vos vins sont-ils recherchés? En apportant tout ce rebus de vaisselle et toute cette friperie dans le Derbyshire, j'espère que vous ne nous aurez pas laissés à la merci de l'ale forte du comté, qui est aussi épaisse et aussi trouble que la cervelle des squires qui la boivent?

— Ne savais-je pas que je *vous* verrais, Dick Ganlesse? répondit leur hôte, et pouvez-vous me soupçonner coupable d'une telle omission? Il est vrai qu'il faudra vous contenter de champagne et de clairet [3], car mon bourgogne ne supporterait pas le transport. Mais si vous avez une fantaisie pour le sherry [4] ou le vin de Cahors, j'ai idée que Chaubert et Tom Beacon en ont apporté quelques flacons pour leur usage.

— Ces messieurs ne se soucieront peut-être pas de nous en faire part, dit Ganlesse.

— Fi donc! — On obtient tout en s'y prenant civilement. Ce sont en vérité les meilleurs garçons du monde, quand on les traite avec égards; de sorte que si vous préfériez...

— Nullement, interrompit Ganlesse; — un verre de champagne nous suffira à défaut de mieux.

— Hé bien, reprit Smith,

Sous mon doigt qui le presse,
Le liége obéissant va partir avec bruit;

et déroulant en même temps le fil d'archal, le bouchon fut frapper le plafond. Chacun des convives prit un large gobelet de la boisson pétillante, que Péveril eut assez de jugement et d'expérience pour déclarer exquise.

— Donnez-moi la main, monsieur, dit Smith; c'est le premier mot de bon sens que vous ayez dit ce soir.

— La sagesse, monsieur, répliqua Péveril, est comme la marchandise de choix de la balle d'un colporteur, qu'il ne produit jamais avant de connaître sa pratique.

— Piquant comme moutarde, riposta le bon vivant [5]; mais faites preuve de sagesse, très-noble colporteur, et acceptez un autre verre de ce

---

[1] Espèce de coutelas usité dans le Nord. (L. V.)
[2] *Voyez* la note O, à la fin du volume.
[3] *Claret*; c'est le nom que le vin de Bordeaux reçoit en Angleterre. (L. V.)
[4] Xérès. (L. V.)
[5] Cette épithète est en français dans le texte.

même flacon, que j'ai gardé pour vous, dans une position oblique, comme vous voyez, — ne le laissant pas revenir à la perpendiculaire. Oui, et videz-le avant que la mousse ne s'échappe par-dessus le bord, sans quoi le bouquet s'évapore.

— Vous me faites honneur, monsieur, répondit Péveril en prenant le second verre. Je vous souhaite un meilleur office que celui d'être mon échanson.

— Vous n'en pouvez souhaiter à Will Smith aucun qui convienne mieux à sa nature, dit Ganlesse. D'autres trouvent le plaisir dans la jouissance égoïste des choses de sensualité; Will trouve à la fois profit et bonheur à les procurer à ses amis.

— Mieux vaut aider au plaisir des hommes qu'à leurs peines, M. Ganlesse, répliqua Smith avec quelque aigreur.

— Allons, ne t'échauffe pas, Will, et ne parle pas à la hâte, de peur d'avoir à t'en repentir à loisir. Est-ce que je blâme l'obligeant intérêt que tu prends aux plaisirs des autres? Hé mais, l'ami, tu ne fais par là que multiplier très-philosophiquement les tiens. Un homme n'a qu'un gosier, et avec tous ses efforts il ne peut faire plus de cinq ou six repas par jour; au lieu que toi, tu dînes avec chaque ami qui découpe un chapon, tu bois par le gosier des autres du matin au soir, — *et sic de cœteris*[1].

— Ami Ganlesse, prends-y garde, je te prie. — Tu sais que je puis couper les gorges aussi bien que les chatouiller.

— Oui, Will, répliqua Ganlesse d'un air insouciant; je crois t'avoir vu menacer de ton coutelas la gorge d'un *Hogan-mogan*, — un gosier néerlandais qui ne s'ouvrait qu'aux objets de ta mortelle aversion, — au fromage de Hollande, au pain de seigle, au hareng salé, aux oignons et au genièvre.

— Par pitié, fais-nous grâce de l'énumération! Tes paroles neutralisent les parfums, et infectent la chambre comme un plat de salmigondis.

— Mais pour une épiglotte comme la mienne, continua Ganlesse, où les morceaux les plus délicats sont arrosés d'un clairet pareil à celui que tu nous verses, tu ne pourrais, dans ta plus méchante humeur, souhaiter un pire destin que d'être enlacé quelque peu serré par deux bras bien blancs.

— Par une corde d'un shilling, s'écria Smith; mais non jusqu'à ce que mort s'ensuivît, afin que vous fussiez ensuite éventré tout vivant, que votre tête fût alors séparée du tronc, et votre corps partagé en quartiers, pour que Sa Majesté en dispose à son bon plaisir[2]. — Aimeriez-vous cela, M. Richard Ganlesse?

[1] Et ainsi du reste.
[2] Tel était le supplice dont furent punis quelques-uns de ceux qui furent jugés avoir pris part au fameux Complot papiste. (L. V.)

CHAPITRE XXII.

— Tout autant que vous aimeriez la perspective de dîner avec du pain de son et du porridge au lait, — extrémité à laquelle vous comptez bien n'être jamais réduit. Mais tout cela ne m'empêchera pas de boire à votre santé un coup de pur clairet.

A mesure que le clairet circulait, la gaîté des convives s'accroissait. Smith, plaçant les plats vides sur la petite table, frappa le plancher du pied; et la table, descendant par une trappe, remonta bientôt chargée d'olives, de tranches de langue de bœuf, de caviars, et d'autres excitants propres à activer la circulation de la bouteille.

— Ma foi, Will, dit Ganlesse, tu es meilleur mécanicien que je ne le soupçonnais; tu as transplanté tes inventions de changements à vue dans le Derbyshire, en un temps merveilleusement court.

— Une corde et des poulies se transportent aisément, répliqua Will; et à l'aide d'une scie et d'un rabot, ceci est l'affaire d'une demi-journée. J'aime ce moyen de service propre et discret; — tu sais que ce fut le fondement de ma fortune.

— Ce peut en être aussi la ruine, Will.

— C'est vrai, Diccon; mais *dum vivimus, vivamus*[1]; — c'est ma devise. Et sur ce, je vous propose une rasade à la santé de la belle dame que vous savez.

— Soit, Will, répondit Ganlesse; et le flacon circula rapidement de main en main.

Julien crut devoir ne pas montrer moins d'entraînement que ses deux compagnons, dans l'espoir qu'à la faveur de la gaîté de la table, quelques paroles leur pourraient échapper, qui le mettraient à même de juger de leur caractère et de leurs intentions. Mais il les observa en vain. Leur conversation était vive, animée, et avait souvent rapport à la littérature du temps, dans laquelle le plus âgé des deux semblait être particulièrement versé. Ils parlaient aussi fort librement de la cour et de cette classe nombreuse de gens qu'on appelait alors « les hommes d'esprit et de plaisir de la ville, » classe à laquelle il paraissait probable qu'eux-mêmes appartenaient.

Enfin surgit le texte universel du Complot papiste, à l'égard duquel Ganlesse et Smith semblaient avoir une opinion diamétralement opposée. Ganlesse, s'il ne soutenait pas l'autorité de Oates sans restriction, prétendait du moins qu'elle était fortement confirmée par le meurtre de sir Edmondsbury Godfrey, et par les lettres que Coleman avait écrites au confesseur du roi de France[2].

Avec beaucoup plus de bruit et moins de logique, Will Smith n'hésitait pas à nier l'existence même du Complot, et à tourner en ridicule toute la découverte, comme une des alarmes les plus étranges et les

---

[1] Tandis que nous vivons, vivons.

[2] *Voyez* la note P, à la fin du volume.

moins fondées qu'on eût jamais fait résonner aux oreilles d'un public crédule. — Jamais, dit-il, je n'oublierai les funérailles si originales de sir Godfrey. Deux ministres fanfarons, bien armés d'épées et de pistolets, étaient montés en chaire, pour empêcher que le troisième camarade qui prêchait ne fût massacré à la barbe de la congrégation. Trois ministres dans une chaire, — trois soleils dans un hémisphère : — il ne faut pas s'étonner qu'on s'effraie d'un tel prodige [1].

— Quoi donc, Will! Seriez-vous un de ceux qui croient que le bon chevalier s'est tué lui-même, afin de donner crédit au Complot?

— Non, ma foi; mais quelque bon protestant a pu se charger de l'affaire, pour donner à la chose une meilleure couleur [2]. — Je rends juge notre silencieux ami, si ce n'est pas là la solution la plus plausible de toute l'affaire.

— Je vous prie de m'excuser, messieurs, répondit Julien; je ne fais que de débarquer en Angleterre, et suis étranger aux circonstances particulières qui ont jeté une telle fermentation dans les esprits. Ce serait de ma part le dernier degré de présomption, d'interposer mon opinion dans un débat où chacun de vous soutient si habilement la sienne; et puis, à dire vrai, j'avoue que je me sens fatigué. — Votre vin a plus de force que je ne m'y serais attendu, ou j'en ai bu plus que ce n'était mon intention.

— Oh! si une heure de sommeil peut vous rafraîchir, dit le plus âgé des deux étrangers, ne faites pas de cérémonies avec nous. Votre lit — tout ce que nous vous pouvons offrir comme tel — est ce vieux sofa à la hollandaise, comme l'appelle la dernière mode. Demain matin nous serons sur pied de bonne heure.

— Et pour cela, dit Smith, je propose que nous restions levés toute la nuit. — Je ne puis supporter d'être mal couché, et je déteste un lit volant. Attaquons donc un autre flacon, et la chanson la plus nouvelle pour aider à le vider :

« Au diable le parlement,
Et tout leur Complot papiste,
Et le damné docteur Oates.
Tra deri dera. »

— Eh! notre convive puritain? dit Ganlesse.

— Je l'ai dans ma poche, camarade, répondit son joyeux compagnon; — ses yeux, ses oreilles, son nez et sa langue, tout est en ma possession.

— En ce cas, quand vous lui rendrez ses yeux et son nez, je vous prie de garder ses oreilles et sa langue. La vue et l'odorat sont bien suf-

---

[1] *Voyez* la note Q, à la fin du volume.
[2] *Voyez* la note R, à la fin du volume.

fisants pour un tel drôle ; — entendre et parler sont choses auxquelles il ne devrait pas avoir la moindre prétention.

— Je vous accorde que ce serait bien fait, Dick ; mais ce serait voler le bourreau et le pilori, et je suis un honnête garçon qui ne voudrait priver ni Dun[1] ni le diable de ce qui leur revient. Ainsi,

> « Joie à notre grand César,
> Longue vie, amour, plaisir ;
> Que le roi vive à jamais !
> Et nous, enfants, buvons frais. »

Pendant cette scène digne des Bacchanales, Julien, après s'être complétement entouré de son manteau, s'était étendu sur le sofa qu'on lui avait désigné. Ses yeux étaient dirigés vers la table qu'il venait de quitter : — peu à peu la clarté des flambeaux lui parut pâlir et se couvrir d'un brouillard. — Il entendait encore un bruit de voix ; mais ce bruit avait cessé d'apporter à son esprit une impression distincte, et au bout de quelques minutes il dormait plus profondément qu'il ne l'avait jamais fait de sa vie.

CHAPITRE XXIII.

> Gordon alors sonna du cor,
> Et dit : Partez ! partez !
> La maison de Rhode est en feu ;
> Il est temps de partir.
>
> *Ancienne Ballade.*

QUAND Julien s'éveilla le lendemain, tout était calme et vide dans l'appartement. Le soleil levant, dont un rayon pénétrait à travers les volets à demi clos, éclairait quelques débris du banquet de la nuit dernière, que ses idées lourdes et confuses l'assuraient avoir dégénéré en débauche.

Sans être précisément un bon vivant, Julien, comme les autres jeunes gens du temps, n'était pas dans l'habitude de reculer devant un flacon, car on buvait alors de grandes quantités de vin ; et il ne

---

[1] Dun était à cette époque le bourreau de Tyburn. Il avait succédé à Gregory Brunden, que beaucoup de gens croyaient être celui qui avait laissé tomber la hache sur Charles Ier, quoique d'autres que lui fussent soupçonnés d'avoir accompli l'acte régicide. (W. S.)

M. de Châteaubriand, qui, dans ses *Quatre Stuarts*, a tracé un tableau saisissant des derniers instants de Charles Ier, semble regarder comme avéré que le coup fatal fut porté par un capitaine au régiment de cavalerie du colonel Hewson, nommé Hulot. (L. V.)

put s'empêcher d'être étonné que le petit nombre de verres qu'il en avait bus le soir précédent eût produit sur lui le même effet que s'il s'était laissé aller à un excès. Il se leva, rajusta ses vêtements et chercha dans la chambre de l'eau pour ses ablutions du matin, mais sans en trouver. Il y avait du vin sur la table ; et près de celle-ci un tabouret était debout et un autre couché à terre, comme s'il eût été renversé dans la chaleur de l'orgie nocturne. — Assurément, pensa-t-il, il faut que le vin ait été bien fort pour ne m'avoir pas permis d'entendre le bruit que mes compagnons ont dû faire avant de terminer leur débauche.

Un soupçon lui traversa l'esprit ; il examina ses armes, ainsi que le paquet qu'il avait reçu de la comtesse et qu'il tenait sur lui dans une poche secrète de son justaucorps. Tout était en règle ; et ce soin même lui remit en souvenir les devoirs qui l'attendaient. Il quitta la chambre où ils avaient soupé et passa dans une autre pièce, assez misérablement garnie, où, sur un lit à roulettes, étaient étendus deux corps humains sous une grossière couverture de laine, et dont les deux têtes reposaient amicalement sur la même botte de foin. L'une était la tête noire et repoussante du valet d'écurie ; l'autre, parée d'un long bonnet de grosse laine, montrait un chef grisonnant et une face de caricature, que sa gravité comique, son nez de faucon et ses joues creuses annonçaient appartenir au ministre français de la bonne chère, dont le soir précédent il avait entendu chanter les louanges. Ces dignes acolytes paraissaient avoir reposé dans les bras de Bacchus, aussi bien que dans ceux de Morphée, car le plancher était semé de débris de bouteilles, et leurs ronflements sonores attestaient seuls qu'ils étaient en vie.

Impatient de reprendre son voyage, comme le lui prescrivaient le devoir et la nécessité, Julien descendit un petit escalier, et essaya d'ouvrir une porte au bas des degrés. Elle était fermée en dedans. Il appela : — personne ne répondit. Ce devait être, pensa-t-il, la chambre de ses deux convives de la veille, alors probablement aussi profondément endormis que leurs gens l'étaient encore, et qu'il l'était lui-même quelques minutes auparavant. Les éveillerait-il ? — A quoi bon ? C'étaient des hommes dont le hasard l'avait rapproché contre sa volonté ; et dans les circonstances où il se trouvait, il crut prudent de profiter de la première occasion qui s'offrait de se séparer d'une compagnie qui lui était suspecte et pouvait être dangereuse. Tout en réfléchissant ainsi, il tenta d'ouvrir une seconde porte : celle-ci l'introduisit dans une chambre à coucher, où reposait un autre harmonieux dormeur. Les ustensiles de cabaret dont la pièce était encombrée, mesures d'étain, brocs vides et barils, indiquaient que c'était la chambre de l'hôte, lequel dormait au milieu des attributs de sa profession hospitalière, et des assortiments de son commerce.

Cette découverte tira Péveril d'un certain embarras de délicatesse auquel il avait déjà songé. Il mit sur la table une pièce d'argent, suf-

CHAPITRE XXIII.

fisante, à ce qu'il pensa, pour payer sa part de l'écot de la veille; ne se souciant pas d'être redevable de son souper à des étrangers qu'il allait quitter sans même leur dire adieu.

Sa conscience débarrassée de ce scrupule de fierté, Péveril, la tête un peu lourde, mais le cœur léger, se dirigea vers l'écurie, qu'il reconnut aisément parmi les autres chétifs bâtiments dont la cour était entourée. Son cheval, rafraîchi par le repos, et se souvenant peut-être des bons offices de son maître le soir précédent, le salua d'un hennissement en le voyant entrer dans l'écurie; et Péveril accepta cet accueil comme le présage d'un heureux voyage. Il récompensa l'augure d'un picotin d'avoine; et tandis que son palefroi y faisait honneur, il se promena au grand air pour se rafraîchir le sang, et réfléchir au chemin qu'il devait prendre pour atteindre le château de Martindale avant le coucher du soleil. La connaissance générale qu'il avait du pays lui donnait la confiance qu'il ne s'était pas notablement écarté de la route directe; et son cheval étant bien refait, il pensait pouvoir aisément arriver à Martindale avant la chute du jour.

Ayant arrêté en lui-même son itinéraire, il rentra dans l'écurie afin de préparer son coursier pour le voyage, et bientôt après il l'amena dans la cour délabrée de l'auberge, bridé, sellé, et prêt à être monté. Mais au moment où la main de Péveril était déjà posée sur la crinière, et son pied gauche dans l'étrier, il se sentit arrêté par son manteau, et la voix de Ganlesse lui dit : — Quoi! M. Péveril, est-ce là votre éducation étrangère? Avez-vous appris en France à prendre congé à la française[1] de vos amis?

Julien tressaillit comme un coupable; mais un instant de réflexion l'assura qu'il n'y avait là ni torts ni danger. — Je n'ai pas voulu vous déranger, dit-il, quoique j'aie été jusqu'à la porte de votre chambre. J'ai supposé que vous et votre ami, après notre orgie de la nuit dernière, pourriez avoir plus besoin de repos que de cérémonie. Moi-même j'ai quitté mon lit, quoique la couche ne fût pas tendre, moins aisément que d'habitude; et comme mes affaires m'obligeaient de me mettre en route de bonne heure, j'ai pensé que le mieux était de partir sans prendre congé. J'ai laissé un souvenir pour l'hôte sur la table de sa chambre.

— Cela n'était pas nécessaire, dit Ganlesse; le drôle est déjà plus que payé. — Mais vos intentions de départ ne sont-elles pas un peu prématurées? Quelque chose me dit que M. Julien Péveril ferait mieux de venir avec moi à Londres, que de se détourner pour quelque motif que ce soit. Vous pouvez déjà voir que je ne suis pas une personne ordinaire, mais que je sais dominer les circonstances. Quant au fou avec

---

[1] *Prendre congé à la française*, est une phrase anglaise qui signifie s'esquiver sans rien dire. (L. V.)

qui je voyage, et dont je tolère les sottes prodigalités, il a aussi son utilité. Mais vous êtes d'une trempe différente; et non-seulement je voudrais vous servir, mais je souhaiterais même vous attacher à moi.

Julien regardait ce singulier personnage tandis qu'il lui parlait ainsi. Nous avons déjà dit que sa personne était chétive et peu apparente, et que ses traits n'avaient non plus rien de saillant ni de remarquable, sauf le feu d'un œil gris vif et perçant, dont le regard fier et insouciant répondait bien à la supériorité hautaine que s'arrogeait l'étranger dans sa conversation. Ce ne fut qu'après un moment de silence que Julien répondit : — Pouvez-vous être étonné, monsieur, que dans les circonstances où je me trouve, — si elles vous sont en effet aussi bien connues qu'il le semble, — je me refuse à une inutile confidence des affaires importantes qui m'ont appelé ici, et que je ne croie pas devoir accepter la compagnie d'un étranger qui ne daigne pas me dire pourquoi il désire la mienne?

— Faites ce qui vous conviendra, jeune homme, répondit Ganlesse; seulement, souvenez-vous, plus tard, que je vous ai fait une belle offre : — ce n'est pas à tout le monde que je l'aurais faite. Si par la suite nous nous rencontrons dans des circonstances différentes et moins agréables, imputez-le à vous-même, et non à moi.

— Je ne comprends pas votre menace, monsieur, si c'est une menace que vous voulez me faire. Je n'ai fait aucun mal, — je n'éprouve aucune crainte, — et ma raison se refuse à concevoir en quoi j'aurais à me repentir d'avoir refusé ma confiance à un étranger, qui semble exiger que je me soumette aveuglément à sa direction.

— Adieu donc, sir Julien du Pic; — cela peut être bientôt, dit l'étranger en retirant sa main, que jusque-là il avait tenue nonchalamment sur la bride du cheval.

— Que voulez-vous dire? Pourquoi me donner ce titre?

L'étranger sourit, et répondit seulement : — Notre conférence se termine ici. La route est devant vous. Vous la trouverez plus longue et plus rude que celle par laquelle je vous aurais conduit.

A ces mots, Ganlesse lui tourna le dos et se dirigea vers la maison. Arrivé au seuil, il se retourna; et voyant que Péveril n'avait pas encore bougé de place, il lui sourit de nouveau et lui fit un signe de tête. Mais Julien, rappelé à lui par ce signe, donna de l'éperon à son cheval et partit rapidement.

Il ne marcha pas longtemps avant que la connaissance qu'il avait du pays l'eût mis à même de regagner le chemin de Martindale, dont il s'était écarté, le soir précédent, d'environ deux milles. Mais les routes, ou plutôt les sentiers de ce pays sauvage, chanté par la muse satirique du poëte Cotton, qu'il a vu naître, étaient parfois si mauvais, d'autres fois si indistinctement tracés, et presque partout tellement contraires à une marche rapide, qu'en dépit de tous les efforts de Julien, et quoiqu'il ne se fût arrêté de toute la journée qu'un seul instant, à midi, pour reposer son cheval dans un petit hameau qu'ils avaient traversé, il était nuit close avant qu'il eût pu atteindre une éminence d'où, une heure plutôt, les murs du château de Martindale eussent été visibles. Mais quand la vue en était dérobée par l'obscurité, leur situation était indiquée en cet endroit par une lumière constamment entretenue sur une tour élevée appelée la Tour du Garde; et dans tout le voisinage ce phare domestique était connu sous le nom de l'Étoile polaire de Péveril.

Il était régulièrement allumé à l'heure du couvre-feu, et alimenté d'autant de bois et de charbon qu'il en fallait pour entretenir la lumière jusqu'au lever du soleil; en aucun temps ce cérémonial n'était omis, si ce n'est dans l'intervalle de la mort du seigneur du château à son enterrement. Dès que ce dernier devoir était rempli, le phare nocturne était rallumé avec un certain apparat, et continuait de l'être jusqu'à ce que le destin appelât le successeur à aller rejoindre ses pères dans le sommeil du tombeau. On ignore quelle circonstance originelle avait donné naissance à cette pratique de maintenir un fanal allumé. La tradition en parlait d'une manière douteuse. Quelques-uns pensaient que c'était un signe d'hospitalité générale, qui, dans les anciens temps, guidait le chevalier errant, ou le pèlerin fatigué, vers un lieu de repos et de rafraîchissement. D'autres en parlaient comme d'un « feu allumé par l'amour, » que la prévoyante sollicitude d'une ancienne dame de Martindale avait placé là pour diriger son époux vers le château au milieu des horreurs d'un orage nocturne. L'interprétation moins favorable des voisins que leurs principes politiques ou religieux avaient rendus hostiles à la famille du Pic, attribuait l'origine et la continuation de cet usage à l'orgueil présomptueux des Péverils, qui voulaient par là constater leur ancienne suzeraineté sur tout le pays, à la manière d'un amiral, qui porte le fanal en poupe pour guider la flotte. Et dans les jours passés, notre ancien ami M. Solsgrace avait lancé du haut de la chaire plus d'un trait acéré contre sir Geoffrey, comme, par exemple, d'avoir élevé son cor et placé son candélabre sur les hauts lieux. Il est certain que tous les Péverils, de père en fils, avaient apporté une attention toute spéciale au maintien de cette coutume, comme à une chose liée d'une manière intime à la dignité de leur famille; et il n'était pas à croire que ce fût de sir Geoffrey que pût venir aucune négligence à cet égard.

L'Étoile polaire de Péveril avait donc continué de jeter un éclat plus ou moins brillant durant toutes les vicissitudes de la guerre civile : elle avait lui encore, quoique faiblement, pendant la période subséquente de l'abaissement de sir Geoffrey. Mais on l'avait souvent entendu dire, et quelquefois jurer, que tant qu'il resterait sur le domaine une acre de bois, la vieille grille du fanal serait toujours garnie. Son fils

Julien n'ignorait rien de tout cela ; et, en conséquence, ce fut avec un sentiment peu ordinaire de surprise et d'anxiété que, portant ses regards dans la direction du château, il n'aperçut pas la lumière du phare. Il s'arrêta, — se frotta les yeux, — changea de position, — et s'efforça vainement de se persuader à lui-même ou qu'il s'était trompé sur le point d'où l'Étoile polaire de sa maison était visible, ou que l'interposition de quelque nouvel objet, la croissance d'une plantation, peut-être, ou la construction de quelque bâtiment, interceptait la clarté du fanal. Mais un instant de réflexion le convainquit qu'eu égard à la station haute et isolée qu'occupait le château de Martindale par rapport au pays environnant, un tel obstacle n'était pas possible ; et son esprit en vint à la conséquence forcée que sir Geoffrey son père avait cessé de vivre, ou qu'il fallait que la famille eût éprouvé quelque étrange calamité, sous le coup de laquelle l'usage antique et solennel avait été négligé.

En proie à une appréhension indéfinissable, le jeune Péveril enfonça ses éperons dans les flancs de son cheval harassé ; et le forçant de descendre un sentier inégal et rapide d'un pas qui l'exposait à se faire rompre le cou, il arriva au village de Martindale-Moultrassie, impatient d'apprendre la cause de cette éclipse sinistre. La rue, que son cheval épuisé parcourut alors d'un pas lent et contraint, était absolument déserte ; à peine même voyait-on briller çà et là une lumière aux fenêtres, sauf à celles de la petite auberge appelée *les Armes de Péveril*, d'où s'échappait une vive clarté, en même temps que les éclats de voix qui partaient de la maison annonçaient la joie grossière d'une orgie.

Guidé par l'instinct ou par l'expérience qui fait si bien reconnaître à un cheval les dehors d'une maison publique, le palefroi harassé fit une pause si soudaine et si obstinée devant la porte de cette auberge, que malgré son impatience le cavalier pensa que ce qu'il avait de mieux à faire était de mettre pied à terre, comptant que Roger Raine l'aubergiste, ancien tenancier de sa famille, lui fournirait aisément un cheval frais. Il désirait aussi soulager son inquiétude en s'informant de l'état des choses au château, quand à sa grande surprise il entendit sortir de la salle publique de l'ancienne hôtellerie loyale une chanson bien connue du temps de la république, composée par quelque bel esprit puritain contre les Cavaliers et leur conduite dissolue, et dans laquelle le fouet du satirique n'avait pas épargné sir Péveril :

« Vous pensiez qu'il n'était pas de pouvoir au monde qui pût vous humilier ; ainsi vous avez bu et fait bombance, jusqu'à ce que les Saints aient eu le dessus. *En vérité*, et *Ne bougez pas*, monsieur, ou vaincu *Dieu me damne* ; — c'est ce que personne ne peut nier.

« Il y avait l'arrogant vieux sir Geoffrey, qui avait tant de goût pour l'eau-

CHAPITRE XXIII.

de-vie et pour l'ale, et qui aimait tant à tenir en main un large verre à bière, mais il a fui comme le vent devant Fairfax et Cromwell, — c'est ce que personne ne peut nier. »

Julien comprit qu'il fallait que quelque étrange révolution eût eu lieu au village et au château, pour que ces insultes grossières pussent être proférées dans l'auberge même que décoraient les armoiries de sa famille ; et ne sachant jusqu'à quel point il serait prudent de s'introduire au milieu de ces buveurs hostiles, sans avoir les moyens de réprimer ou de châtier leur insolence, il conduisit son cheval à une porte de derrière qu'il savait communiquer avec l'appartement de l'hôte, dans l'intention de s'enquérir près de lui en particulier de la situation des affaires au château. Il frappa à plusieurs reprises, en appelant Roger Raine d'une voix impatiente, quoique comprimée. Enfin un organe féminin répondit par la question habituelle : — Qui est là?

— C'est moi, dame Raine ; — moi, Julien Péveril. — Dites à votre mari de venir me trouver sur-le-champ.

— Ah mon Dieu, mon Dieu, M. Julien ! — si c'est réellement vous, il faut que vous sachiez que mon pauvre bonhomme est allé là d'où il ne peut revenir pour personne ; mais sûrement nous irons tous le retrouver, comme dit Mathieu Chamberlain....

— Il est mort, donc ? Je suis bien affligé....

— Mort depuis six mois et plus, M. Julien ; et permettez-moi de vous dire que c'est un temps bien long pour une pauvre veuve, comme dit Matt Chamberlain.

— Hé bien, ouvrez-moi la porte, vous ou votre Chamberlain. J'ai besoin d'un cheval frais, et je voudrais aussi savoir comment vont les choses au château.

— Le château? — hélas! — Chamberlain! — Mathieu Chamberlain! — Matt!

Matt Chamberlain n'était sûrement pas bien loin, car il répondit sur-le-champ; et Péveril, qui se tenait tout contre la porte, put les entendre parler à demi-voix, et même en grande partie distinguer ce qu'ils disaient. Et il peut être bon de faire remarquer ici que dame Raine, accoutumée à plier sous l'autorité du vieux Roger, non moins jaloux de maintenir les prérogatives domestiques d'un mari qu'un roi celles de la couronne, s'était trouvée, quand elle était restée veuve et encore dispose, tellement en peine d'exercer sa nouvelle indépendance, qu'en toute occasion elle avait recours aux avis de Matt Chamberlain. Et comme Matt commençait à ne plus aller en vieilles savates et en bonnet de laine rouge, mais qu'il portait (du moins le dimanche) des souliers de cuir d'Espagne et un chapeau à haute forme ; et comme en outre il était maintenant appelé M. Mathieu par ses compagnons de service, les voisins dans le village prédisaient qu'avant peu on verrait un changement de nom sur l'enseigne, et peut-être une enseigne nouvelle, car Mathieu était tant soit peu puritain, et nullement ami de Péveril du Pic.

— Maintenant, conseillez-moi, si vous êtes un homme, dit la veuve Raine; car que je ne bouge jamais de place, si M. Julien lui-même n'est pas là, qui demande un cheval et je ne sais quoi encore, et tout cela comme si les choses étaient ce qu'elles avaient coutume d'être.

— Hé bien, dame, si vous voulez marcher par mon conseil, répondit le chamberlain [1], renvoyez-le; — laissez-le trotter, tandis que ses bottes sont fraîches. Dans ce monde, il ne faut pas que les gens se brûlent les doigts dans le bouillon des autres.

— Et c'est bien parler, vraiment; mais voyez-vous, Matt, nous avons mangé leur pain, et comme mon pauvre homme avait coutume de dire...

— Bon, bon, dame Raine; ceux qui marchent par le conseil des morts n'auront pas ceux des vivants. Ainsi donc vous pouvez faire comme vous voudrez; mais si vous voulez marcher par le mien, laissez tomber le loquet, tirez le verrou, et dites-lui d'aller chercher un gîte plus loin. — Voilà mon avis.

— Je ne vous demande rien, drôle, cria Péveril, que de me dire comment vont sir Geoffrey et sa dame.

Un double hélas! proféré par l'hôtesse d'un ton de sympathie, fut la seule réponse qu'il obtint; puis la conversation fut reprise entre elle et son chamberlain, mais d'un ton trop bas pour que Julien pût en rien saisir.

A la fin, Matt Chamberlain parla haut et d'un ton d'autorité. — Nous n'ouvrons pas les portes à cette heure de la nuit, dit-il, parce que c'est contraire aux ordres de la justice, et qu'il pourrait nous en coûter notre licence; et quant au château, le chemin est devant vous, et je pense que vous le connaissez tout aussi bien que nous.

— Et vous, dit Péveril en remontant sur son cheval fatigué, je vous connais pour un ingrat rustre, qu'à la première occasion je rosserai d'importance.

Mathieu ne répondit rien à cette menace, et Péveril l'entendit quitter aussitôt la chambre, après quelques paroles échangées d'un ton animé entre lui et sa maîtresse.

Impatient de ce retard, et plus inquiet que jamais du mauvais augure que l'on pouvait tirer des paroles de ces gens et de leur conduite, Péveril, après quelques efforts inutiles pour faire avancer son cheval qui refusait obstinément de faire un pas de plus, mit de nouveau pied à terre, et se disposait à continuer sa route à pied, malgré la gêne extrême que les

---

[1] *Chamberlain*, littéralement chambellan, est à la fois ici un nom propre et une désignation des fonctions d'un garçon d'auberge. (L. V.)

CHAPITRE XXIII.

grandes bottes de cavalier, alors en usage, donnaient à ceux qui voulaient marcher avec de telles entraves, quand il s'entendit appeler doucement d'une fenêtre.

Le conseiller n'avait pas été plutôt parti, que le bon naturel et l'habitude de vénération de la dame pour la famille des Péverils, aussi bien peut-être qu'une certaine appréhension pour les épaules de son Chamberlain, l'avaient portée à ouvrir la fenêtre et à crier, mais à voix basse et d'un ton étouffé : — Hist! hist! M. Julien! — êtes-vous parti?

— Pas encore, dame Raine, répondit Péveril, quoiqu'il paraisse que ma présence ici est mal venue.

— Hé! mon bon jeune monsieur, c'est que les hommes conseillent si différemment! Car voilà mon pauvre vieux Roger Raine qui aurait regardé le coin de la cheminée comme trop froid pour vous; et voici Matt Chamberlain qui pense que la cour froide est assez chaude.

— Ne vous tourmentez pas de cela, dame Raine; dites-moi seulement ce qui est arrivé au château de Martindale. Je vois le fanal éteint.

— Est-il vrai? — oui, c'est assez probable. — Alors le bon sir Geoffrey est allé au ciel avec mon vieux Roger Raine!

— Juste ciel! depuis quand mon père était-il malade?

— Il ne l'a jamais été, que je sache; mais il y a environ trois heures, il est arrivé au château une troupe d'hommes en cottes de buffle et en bandoulières, avec un des gens du parlement, comme du temps d'Olivier. Mon vieux Roger Raine leur aurait fermé les portes de l'auberge au nez; mais il est en terre, et Matt dit que c'est contre la loi. De façon qu'ils sont entrés ici et qu'ils s'y sont rafraîchis, hommes et chevaux; et ils ont envoyé chercher M. Bridgenorth, qui est maintenant à Moultrassie-Hall; puis ils sont montés au château, et c'est bien probable qu'il y aura eu une affaire, car le vieux chevalier n'était pas homme à se laisser prendre endormi, comme avait coutume de dire le pauvre Roger Raine. Les officiers y ont toujours le dessus, et ça doit être, puisqu'ils ont la loi de leur côté, comme dit Mathieu. Mais puisque l'Étoile polaire est éteinte au château, à ce que dit Votre Honneur, hé bien, c'est sûrement que le vieux gentilhomme est mort.

— Grand Dieu! — Ma chère dame, pour or ou par pitié, procurez-moi un cheval, que je coure au château!

— Le château? Les Têtes-Rondes, comme mon vieux Roger les appelait, vous tueront comme ils ont tué votre père! Il vaut mieux vous glisser dans le bûcher, et je vous enverrai Bett avec une couverture et quelque chose pour souper. — Ou plutôt, attendez; — mon vieux Dobbin est dans la petite écurie à côté de la cage à poule : — prenez-le, et dépêchez-vous de sortir du pays, car il n'y a pas sûreté ici pour vous. Écoutez ce que quelques-uns d'eux chantent dans la salle! — ainsi, prenez Dobbin, et n'oubliez pas de laisser votre cheval en place.

Péveril n'en écouta pas davantage; seulement, comme il se détournait pour gagner l'écurie, il entendit la bonne femme s'écrier : — Mon Dieu ! qu'est-ce que Mathieu Chamberlain dira ? mais elle ajouta aussitôt : Qu'il dise ce qu'il voudra ; je puis disposer de ce qui est à moi.

Avec la hâte d'un valet d'écurie qui a reçu double gratification, Julien transporta le harnachement de sa monture épuisée sur le dos du pauvre Dobbin, qui tiraillait tranquillement le foin de son râtelier, sans songer à la besogne que cette nuit lui préparait. Malgré l'obscurité du lieu, Julien parvint avec une merveilleuse promptitude à tout disposer pour son voyage ; et laissant à l'instinct de son propre cheval le soin de trouver le râtelier de Dobbin, il s'élança sur sa nouvelle acquisition et le poussa vivement vers le château, auquel conduit depuis le village une montée rapide. Peu accoutumé à une telle diligence, Dobbin reniflait, haletait et trottait aussi vite qu'il pouvait ; enfin il amena son cavalier devant la grande entrée de l'antique résidence de son père.

La lune était déjà levée sur l'horizon, mais ses rayons n'éclairaient pas le portail, enfoncé, comme nous l'avons dit ailleurs, entre les deux grosses tours dont il était flanqué. Péveril mit pied à terre, abandonna son cheval, et s'avança vers la porte, que contre son attente il trouva ouverte. Il entra dans la grande cour, et put voir alors que des lumières brillaient encore dans la partie inférieure du château, ce dont la hauteur des murs d'enceinte l'avait empêché de s'apercevoir plus tôt. L'entrée principale des bâtiments[1] s'ouvrait rarement, depuis la décadence de la famille, sauf dans les occasions d'un apparat tout particulier. Une porte de moindres dimensions, ou poterne, servait à l'usage ordinaire, et Julien s'y dirigea. Elle était aussi ouverte, — circonstance qui eût suffi pour l'alarmer, s'il n'eût eu déjà tant de causes d'appréhension. Son cœur battait avec violence tandis qu'il tournait à gauche, à travers une petite salle servant de vestibule, vers le grand parloir où la famille se réunissait habituellement, et ses inquiétudes s'accrurent de plus en plus lorsqu'en s'en approchant il y distingua le son confus de plusieurs voix. Il ouvrit brusquement la porte de la chambre ; et le spectacle qui s'offrit alors à sa vue confirma tout ce qu'il avait conçu de pressentiments sinistres.

En face de lui et debout était le vieux chevalier, les bras fortement assujettis au-dessus des coudes par un ceinturon de cuir, qui les entourait, et qui était bouclé par derrière ; deux hommes de mauvaise mine paraissaient veiller sur lui, et le tenaient de chaque côté par son pourpoint. L'épée nue qui gisait sur le plancher, et le fourreau vide suspendu au côté de sir Geoffrey, montraient que le vieux et robuste Cavalier n'avait pas été réduit à cet état de captivité sans une tentative de résistance. Deux ou trois personnes, le dos tourné du côté de Julien, étaient assises à une table, et paraissaient occupées à écrire ; — les voix

[1] *Great Hall-gate*

qu'il avait entendues étaient les leurs, car elles conversaient entre elles. Lady Péveril, — emblème de la mort, tant ses traits étaient pâles, — se tenait à quatre ou cinq pas de son époux, les yeux fixement arrêtés sur lui, comme une femme qui jette son dernier regard sur l'être qu'elle chérit le plus. Elle fut la première qui aperçut Julien, et à sa vue elle s'écria : Ciel miséricordieux ! — mon fils ! — La misère de notre maison est complète.

— Mon fils! répéta sir Geoffrey sortant de son état de sombre abattement ; puis il ajouta avec un juron énergique : — Tu es arrivé à temps, Julien. Frappe-moi un bon coup ; — fends-moi cet infâme brigand depuis le crâne jusqu'à la poitrine, et après cela, arrive que pourra.

La situation dans laquelle il voyait son père fit oublier au fils l'inégalité de la lutte qu'il allait provoquer.

— Scélérats ! cria-t-il ; lâchez-le ! Et s'élançant l'épée à la main sur les deux gardes de son père, il les força de lâcher sir Geoffrey pour se mettre en défense.

Le vieux chevalier, en partie délivré, cria à sa femme : Défais le ceinturon, Marguerite, et nous aurons encore trois bons coups à donner ! — Il faudra qu'ils se battent bien, ceux qui viendront à bout du père et du fils!

Mais un des hommes qui, au premier bruit, s'étaient levés de la table où ils écrivaient, empêcha lady Péveril de rendre ce service à son époux ; tandis qu'un autre se rendit aisément maître du chevalier garrotté, non pourtant sans recevoir plusieurs coups bien appliqués de ses lourdes bottes, — sa situation ne lui permettant pas d'autre moyen de défense. Un troisième, qui vit que Julien, jeune, alerte et animé de la furie d'un fils combattant pour son père, forçait les deux gardes à lâcher pied, le prit au collet et tenta de s'emparer de son épée. Lâchant tout à coup cette arme, et saisissant un de ses pistolets, Julien fit feu sur celui qui venait de l'assaillir ainsi. L'homme ne tomba pas ; mais reculant comme s'il eût reçu un choc violent, il montra à Péveril, en se laissant aller sur une chaise, les traits du vieux Bridgenorth noircis par l'explosion qui même avait brûlé une partie de ses cheveux gris. Un cri de surprise échappa à Julien ; et dans cet instant d'alarme et d'horreur, il fut aisément saisi et désarmé par ceux avec lesquels il avait été d'abord engagé.

— Ne t'inquiète pas, Julien, dit sir Geoffrey ; ne t'inquiète pas, mon brave enfant ; — ce coup-là a balancé tous les comptes ! — Mais comment ! — que diable, — il vit encore ! — Votre pistolet était-il chargé avec de la paille, ou le diable lui a-t-il donné un charme à l'épreuve du plomb ?

Sir Geoffrey avait quelque raison de s'étonner ; car, tandis qu'il parlait, le major Bridgenorth, revenu à lui, s'était redressé sur la chaise comme un homme qui se remet d'un coup étourdissant ; — puis il se leva, et essuyant avec son mouchoir les marques que l'explosion avait laissées sur son visage, il s'approcha de Julien et lui dit, du ton froid et impassible qui lui était habituel : Jeune homme, vous avez à remercier Dieu, qui vous a aujourd'hui épargné un grand crime.

— Remercie le diable, coquin d'oreilles tondues ! exclama sir Geoffrey ; car rien moins que le père de tous les fanatiques n'a pu sauver ta cervelle de voler par le plancher, comme les rinçures du pot à porridge de Belzebuth !

— Sir Geoffrey, repartit le major Bridgenorth, je vous ai déjà dit qu'avec vous je n'établirai aucune discussion ; car je ne vous dois compte d'aucune de mes actions.

— M. Bridgenorth, dit la dame, faisant un violent effort pour parler, et pour parler avec calme, quelque vengeance que votre conscience comme chrétien vous puisse permettre d'exercer sur mon mari, — moi, — moi qui ai quelque droit à votre compassion, car j'en ai éprouvé pour vous une sincère quand la main du Ciel s'était appesantie sur vous, — je vous conjure de ne pas envelopper mon fils dans notre ruine commune ! Que la destruction du père et de la mère, et la ruine de notre antique maison, suffisent au ressentiment qu'ont pu vous inspirer les injures que vous ayez jamais reçues de mon époux !

— Silence, femme ! s'écria le chevalier ; vous parlez comme une folle, et vous vous mêlez de ce qui ne vous regarde pas. — Des injures de *moi* ? le lâche coquin n'en a toujours été que trop bien traité. Si j'avais vigoureusement bâtonné le chien, la première fois qu'il aboya après moi, le lâche bâtard ramperait maintenant à mes pieds, au lieu de me sauter à la gorge. Mais si je me retire de cette affaire, comme je me suis tiré de plus mauvais temps, je solderai les vieux comptes autant que me le permettront un bon gourdin et la lame de mon épée.

— Sir Geoffrey, répliqua Bridgenorth, si la naissance dont vous vous vantez vous a aveuglé sur de meilleurs principes, elle pourrait du moins vous avoir appris la civilité. De quoi vous plaignez-vous ? Je suis magistrat, et j'exécute un warrant qui m'est adressé par le premier pouvoir de l'État. Je suis d'ailleurs votre créancier, et la loi m'arme du pouvoir de recouvrer ma propriété des mains d'un imprévoyant débiteur.

— Vous un magistrat ! s'écria de nouveau le chevalier ; tout autant magistrat que Noll était roi. Vous êtes tout fier, je le garantis, parce que vous avez le pardon du roi ; et vous êtes replacé sur la liste des juges de paix pour persécuter le pauvre papiste. Il n'y a jamais eu de trouble dans l'État sans que les coquins y trouvent leur avantage ; — — jamais le pot ne bout que l'écume ne surnage.

— Pour l'amour de Dieu, mon cher époux, cessez de parler ainsi ! Cela ne peut qu'irriter M. Bridgenorth, qui autrement pourrait réfléchir que la simple charité...

— L'irriter! interrompit brusquement sir Geoffrey. Par la mort-Dieu, madame, vous me ferez devenir fou! Avez-vous si longtemps vécu dans ce monde, pour attendre des égards et de la charité d'un vieux loup affamé comme celui-là? Et s'il en avait, pensez-vous que moi, ou vous, madame, comme mon épouse, soyons des sujets pour sa charité? — Julien, mon pauvre garçon, je suis fâché que tu sois arrivé dans un si malheureux moment, puisque ton pistolet n'était pas mieux chargé; — mais ton honneur comme tireur est à jamais perdu.

Ce colloque plein d'irritation eut lieu si rapidement de part et d'autre, que Julien, à peine remis de l'étonnement extrême qu'il avait éprouvé en se voyant plongé tout à coup dans une situation si désespérée, n'eut pas le temps de réfléchir au moyen le plus convenable qu'il pourrait employer pour secourir ses parents. Parler doucement à Bridgenorth semblait le parti le plus prudent; cependant il eut besoin d'un grand effort pour lui dire, avec tout le calme dont il fut capable: Monsieur Bridgenorth, puisque vous agissez comme magistrat, je demande à être traité selon les lois d'Angleterre, et je désire savoir de quoi nous sommes accusés, et de quelle autorité on nous arrête?

— Autre sottise! s'écria l'impétueux chevalier. Sa mère parle charité à un puritain; et lui, il faut qu'il parle loi à un Tête-Ronde rebelle, poussé par la vengeance! Quel warrant pensez-vous qu'il ait, autre que celui du Parlement ou du diable?

— Qui parle du Parlement? dit un personnage qui entrait en ce moment avec l'air d'importance d'une autorité souveraine, et que Péveril reconnut pour l'officier public qu'il avait rencontré chez le marchand de chevaux; — qui parle du Parlement? Je vous garantis qu'on a trouvé dans cette maison de quoi convaincre vingt conspirateurs. — Il y avait ici bonne provision d'armes; apportez-nous-les, capitaine.

— Ce sont les mêmes, précisément, dit le capitaine en s'approchant, que j'ai mentionnées dans mon Exposé d'information développé devant l'honorable chambre des Communes; elles ont été achetées du vieux Vander Huys de Rotterdam, par ordre de Don Juan d'Autriche, pour le service des jésuites.

— Par cette lumière, s'écria sir Geoffrey, ce sont les piques, mousquets et pistolets qui sont toujours restés cachés au grenier depuis la bataille de Naseby!

— Et voici, dit Everett, le comparse du capitaine, voici des accoutrements convenables à des prêtres, — des chasubles, des missels, des chapes, je vous le garantis; — oui, et avec cela des images devant lesquelles les papistes marmottent et font des génuflexions.

— La peste soit du nasillard, avec son ton dolent! reprit sir Geoffrey. Voici un drôle qui jurera que le vieux vertugadin de ma grand'mère est un habit de prêtre, et le livre d'histoire d'Owlenspiegel un missel papiste!

18

— Mais qu'est ceci, M. Bridgenorth? dit Topham en s'adressant au magistrat: Votre Honneur a été aussi occupé que nous, et vous avez pris un autre coquin pendant que nous déterrions ces instruments.

— Je crois, monsieur, dit Julien, que si vous jetez les yeux sur votre warrant, qui, si je ne me trompe, désigne nominativement les personnes que vous êtes chargé d'arrêter, vous verrez que vous n'avez aucun titre à vous emparer de ma personne.

— Monsieur, répliqua l'officier tout bouffi d'importance, j'ignore qui vous êtes; mais je voudrais que vous fussiez le premier seigneur d'Angleterre, afin que je vous puisse enseigner le respect dû au warrant de la Chambre. Monsieur, il n'y a pas un homme dans les limites de l'Angleterre que je ne puisse arrêter par l'autorité de ce morceau de parchemin; et en conséquence, je vous arrête. — De quoi l'accusez-vous, messieurs?

Dangerfield s'avança d'un air rodomont, et regardant Julien sous le nez : — Que je perde le souffle vital, s'écria-t-il, si je ne vous ai pas déjà vu, mon ami, je ne pourrais dire où; ma mémoire ne vaut plus une fève, depuis que j'ai été obligé de m'en tant servir dans ces derniers temps, en faveur du pauvre État. Mais je connais le compagnon, et je l'ai vu parmi les papistes : — je veux être damné si je ne l'y ai pas vu.

— Hé mais, capitaine Dangerfield, reprit son associé plus doucereux, mais encore plus dangereux que lui, — en vérité, c'est ce même jeune homme que nous avons vu hier chez le marchand de chevaux. Nous avions alors matière contre lui; mais M. Topham n'a pas voulu nous entendre.

— Vous pouvez dire maintenant ce que vous voudrez contre lui, car il a blasphémé le warrant de la Chambre. Vous disiez, je crois, que vous l'aviez vu ailleurs?

— Oui, vraiment, répondit Everett; je l'ai vu parmi les séminaristes de Saint-Omer[1]. — On n'y voyait que lui avec les régents.

— Rappelez bien vos souvenirs, M. Everett, dit Topham; il me semble que vous disiez l'avoir vu dans une assemblée de jésuites à Londres.

— C'est moi qui ai dit cela, M. Topham, reprit l'imperturbable Dangerfield; je l'ai dit, et ma langue en fera serment.

— Mon bon M. Topham, dit Bridgenorth, vous pouvez suspendre l'enquête quant à présent, car elle ne fait que fatiguer et embarrasser la mémoire des témoins du roi.

— Vous avez tort, M. Bridgenorth, — évidemment tort. Cela ne

---

[1] Célèbre collège de jésuites, qui joua un grand rôle dans la mystérieuse conspiration papiste. (L. V.)

fait que les tenir en haleine ; — cela les met en souffle, comme des lévriers avant une course.

— Soit ! repartit Bridgenorth avec son ton d'indifférence habituel ; mais à présent ce jeune homme doit être mis en état d'arrestation, sur un warrant que je vais signer à l'instant même, pour m'avoir attaqué dans l'exercice de mes fonctions de magistrat, et avoir voulu délivrer une personne légalement arrêtée. — N'avez-vous pas entendu le bruit d'un pistolet ?

— J'en ferai le serment, dit Everett.

— Et moi de même, ajouta Dangerfield. Tandis que nous étions à faire une perquisition dans la cave, j'ai entendu quelque chose tout à fait semblable à un coup de pistolet ; mais j'avais cru que c'était le bruit d'une bouteille de canarie dont je venais de faire sauter le long bouchon, pour voir si l'intérieur ne recélait pas quelques reliques papistes.

— Un coup de pistolet ! s'écria Topham ; il aurait pu y avoir là un second tome de l'affaire sir Edmondsbury Godfrey. — O véritable semence du vieux dragon rouge ! car lui aussi aurait résisté au warrant de la Chambre, si nous ne l'avions pris quelque peu à l'improviste. — M. Bridgenorth, vous êtes un judicieux magistrat, et un digne serviteur de l'État ; — je voudrais que nous eussions beaucoup de pareils juges de paix protestants. — Emmènerai-je ce jeune drôle avec ses parents ? — qu'en pensez-vous ? — Ou bien le garderez-vous pour un second interrogatoire ?

— M. Bridgenorth, dit lady Péveril, en dépit des efforts de son mari pour l'interrompre, au nom du Ciel, si jamais vous avez su ce que c'était que d'aimer un des nombreux enfants que vous avez perdus, ou celui qui maintenant vous reste, n'étendez pas votre vengeance jusqu'au sang de mon pauvre enfant ! Je vous pardonnerai tout le reste, — tout le mal que vous nous avez fait, — tous les maux encore plus grands dont vous nous menacez : mais ne soyez pas impitoyable pour celui qui n'a jamais pu vous offenser ! Croyez-moi : si votre oreille se ferme maintenant au cri d'une mère au désespoir, celle qui s'ouvre aux plaintes de tout ce qui souffre entendra ma prière et votre réponse !

L'expression de profonde agonie avec laquelle lady Péveril prononça ces paroles parut émouvoir tous les assistants, quoique la plupart ne fussent que trop endurcis à de telles scènes. Tous restèrent silencieux, quand, cessant de parler, elle fixa sur Bridgenorth ses yeux pleins de larmes, avec la vive anxiété d'une femme dont la vie ou la mort sont attachées à la réponse qu'elle va recevoir. L'inflexibilité même de Bridgenorth parut ébranlée ; et sa voix tremblait en répondant : Plût à Dieu, madame, qu'il dépendît de moi maintenant de soulager votre vive affliction, autrement qu'en vous recommandant de vous confier en la Providence, et de prendre garde de laisser aller votre esprit à des murmures contre cette épreuve qu'elle vous envoie. Quant à moi, je ne suis qu'une verge dans la main de l'homme fort, une verge qui ne frappe point d'elle-même, mais parce qu'elle obéit au bras de Celui qui la tient.

— Tout comme moi et ma verge noire nous sommes dirigés par les Communes d'Angleterre, dit M. Topham, qui semblait merveilleusement satisfait de la comparaison.

Julien crut alors qu'il était temps de dire lui-même quelque chose pour lui; et il s'efforça d'y mettre tout le calme qu'il lui fut possible de recueillir. — M. Bridgenorth, dit-il, je ne conteste ni votre autorité ni le warrant de monsieur...

— En vérité? interrompit Topham; ho, ho, monsieur le jeune homme, je pensais bien que nous ne tarderions pas à vous ramener à la raison!

— Hé bien donc, reprit Bridgenorth, si vous le voulez bien, M. Topham, les choses seront réglées ainsi: vous partirez avec le jour, emmenant avec vous pour Londres les personnes de sir Geoffrey et de lady Péveril; et afin qu'ils fassent la route conformément à leur qualité, vous leur permettrez d'employer leur carrosse, suffisamment escorté.

— J'y monterai moi-même avec eux, dit Topham; car ces terribles chemins du Derbyshire ne sont pas commodes pour voyager à cheval, et j'ai les yeux fatigués de toujours voir ces collines nues. Dans le carrosse, je pourrai dormir aussi commodément que si j'étais à la Chambre, ou M. Bodderbrains sur ses jambes.

— Vous ferez bien de prendre vos aises, M. Topham, repartit Bridgenorth. Quant à ce jeune homme, je le prends sous ma garde, et je l'emmènerai moi-même.

— Je ne sais trop si je puis adhérer à cela, mon digne M. Bridgenorth, puisqu'il tombe sous le warrant de la Chambre.

— Mais il n'est arrêté que pour m'avoir attaqué dans le but de délivrer un prisonnier; et je vous conseille de ne pas vous charger de lui, à moins d'avoir une plus forte garde. Sir Geoffrey est maintenant vieux et cassé; mais ce jeune homme est dans la fleur de l'âge, et ameuterait d'un signe tous les jeunes Cavaliers débauchés du voisinage. — Vous ne traverserez guère le pays sans un enlèvement.

Topham jeta sur Julien un coup d'œil scrutateur, comme on peut supposer qu'une araignée examine la guêpe égarée qui s'est laissé prendre dans sa toile, et qu'il lui tarde de saisir, quoiqu'elle craigne d'en approcher.

Julien reprit la parole : — Je ne sais, dit-il, M. Bridgenorth, si cette séparation est de votre part à bonne ou à mauvaise intention; mais quant à moi, je ne désire que partager le sort de mes parents, et en conséquence je vous donnerai ma parole d'honneur de ne tenter ni évasion ni délivrance, à condition que vous ne me séparerez pas d'eux.

CHAPITRE XXIII.

— Ne parlez pas ainsi, Julien, lui dit sa mère ; restez avec M. Bridgenorth. — Mon cœur me dit qu'il ne peut être aussi malintentionné pour nous que nous pourrions l'inférer maintenant de sa conduite rigoureuse.

— Et moi, dit sir Geoffrey, je sais qu'entre les portes de la maison de mes pères et les portes de l'enfer, il n'existe pas sur terre un pareil scélérat ! Et si je désire que mes mains redeviennent jamais libres, c'est parce que j'espère asséner un coup bien mérité sur une tête grise qui a tramé plus de trahisons que tout le Long-Parlement.

— Prends garde ! s'écria le zélé officier ; le mot parlement est-il fait pour une bouche impure comme la tienne ? — Messieurs, ajouta-t-il en se tournant vers Everett et Dangerfield, vous porterez témoignage de ceci.

— D'avoir injurié la Chambre des Communes ! — oui, par Dieu ! répondit Dangerfield ; je veux être damné si je ne le fais pas.

— Et véritablement, ajouta Everett, comme il a parlé du Parlement en général, il a même aussi outragé la Chambre des Lords[1].

— Pauvres misérables insignifiants, reprit sir Geoffrey, vous dont toute la vie n'est qu'un mensonge, — vous qui ne vivez que de parjure, — voudriez-vous pervertir l'innocence de mes paroles à peine sorties de mes lèvres ! Je vous dis que le pays est bien las de vous ; et si les Anglais recouvraient leur bon sens, la prison, le pilori, le carcan et le gibet seraient de trop bons lots pour d'aussi viles sangsues. — Et maintenant, M. Bridgenorth, vous et eux pouvez faire de votre pis, car je n'ouvrirai plus la bouche pour prononcer un seul mot, tant que je serai en compagnie de tels misérables.

— Peut-être, repartit Bridgenorth, auriez-vous mieux fait pour votre sûreté de prendre cette résolution un peu plus tôt, sir Geoffrey ; — la langue est une bien petite partie de nous-mêmes, mais qui cause bien des différends. — Vous, M. Julien, vous voudrez bien me suivre, et cela sans observations ni résistance ; car vous devez comprendre que j'ai les moyens de vous y forcer.

Julien ne sentait que trop, en effet, qu'il n'avait d'autre parti à prendre que celui de la soumission à une force supérieure ; mais avant de quitter la salle, il mit un genou en terre devant son père pour recevoir sa bénédiction, que le vieillard lui donna les larmes aux yeux, en prononçant avec emphase ces mots : Dieu te bénisse, mon enfant ! et qu'il te conserve sincèrement dévoué à l'Église et au roi, quel que soit le vent qui nous souffle la tempête !

Sa mère ne put que lui poser la main sur la tête, et le conjurer à demi-voix de se garder de toute violence téméraire pour essayer de leur

---

[1] En Angleterre, le mot Parlement désigne collectivement la Chambre des Communes et celle des Pairs. (L. V.)

porter assistance. — Nous sommes innocents, mon fils, lui dit-elle, — nous sommes innocents, — et nous sommes entre les mains de Dieu. Que cette pensée soit notre consolation et notre meilleure protection.

Bridgenorth fit alors signe à Julien de le suivre, ce qu'il fit, accompagné ou plutôt conduit par les deux gardes, qui au préalable l'avaient désarmé. Quand ils furent sortis de la salle et arrivés à la porte du vestibule, Bridgenorth lui demanda s'il voulait se considérer comme prisonnier sur parole; auquel cas, ajouta-t-il, il se dispenserait de toute autre sûreté que de son propre engagement.

Péveril ne put s'empêcher de concevoir quelque espérance, d'après la manière favorable et tout à fait exempte de ressentiment dont il se voyait traité par un homme à la vie duquel il avait si récemment attenté. Il répondit sans hésiter qu'il donnerait sa parole pour vingt-quatre heures de ne tenter d'échapper ni par la force ni par la fuite.

— C'est sagement parlé, répliqua Bridgenorth; car quoique vous puissiez occasionner une effusion de sang, soyez bien assuré que tous vos efforts ne pourraient servir en rien vos parents. — Holà! des chevaux; — des chevaux dans la cour!

Le bruit des pas de chevaux se fit bientôt entendre; et pour obéir au signe de Bridgenorth, ainsi que pour se conformer à son propre engagement, Julien monta celui qu'on lui présenta, et se disposa à quitter la maison de ses pères, où ses parents étaient en ce moment prisonniers, pour aller, il ignorait où, sous la garde d'un homme connu pour être l'ancien ennemi de sa famille. Ce fut avec quelque surprise qu'il remarqua que Bridgenorth et lui allaient faire route sans aucune suite.

Quand ils furent à cheval, et comme ils se dirigeaient à petits pas vers la porte d'entrée de la cour extérieure, Bridgenorth lui dit : Bien des gens ne voudraient pas se commettre ainsi sans réserve, en voyageant de nuit, et sans escorte, avec un jeune cerveau brûlé qui aurait si récemment attenté à leur vie.

— M. Bridgenorth, répondit Julien je pourrais vous dire, et ce serait la vérité, que je ne vous avais pas reconnu quand j'ai dirigé mon arme contre vous; mais je dois ajouter aussi que la cause qui me l'avait mise à la main aurait pu, vous eussé-je connu, ne pas me permettre de respecter votre personne. Maintenant, je vous connais; je n'ai pas d'animosité contre vous, et je n'ai pas non plus à combattre pour la liberté d'un père. D'ailleurs, vous avez ma parole; et quand a-t-on vu un Péveril y manquer?

— Oui, répliqua son compagnon, un Péveril, — un Péveril du Pic! — un nom qui a longtemps résonné dans le pays comme une trompette de guerre, mais qui peut-être vient de faire entendre son dernier son. Regardez en arrière, jeune homme; voyez les sombres tourelles de la maison de votre père, qui s'élèvent aussi orgueilleusement au front de la colline que leurs propriétaires s'élevaient eux-mêmes au-dessus des enfants du peuple. Songez à votre père captif, — à vous-même, qui êtes en quelque sorte fugitif ; — songez à votre lumière éteinte, — à votre gloire humiliée, — à vos domaines dévastés et appauvris. Songez que la Providence a soumis les destinées de la race des Péverils à un homme que, dans leur orgueil aristocratique, ils regardaient comme un plébéien parvenu. Songez à tout cela ; et quand vous serez encore tenté de vous enorgueillir de vos ancêtres, souvenez-vous que Celui par qui l'humble est élevé peut aussi humilier le cœur présomptueux.

Julien, le cœur navré, contempla un instant les tourelles indistinctement visibles du manoir paternel, sur lesquelles la lune versait une lumière qu'interrompaient les ombres prolongées des tours et des arbres. Mais tout en reconnaissant tristement la vérité de l'observation de Bridgenorth, il se sentit indigné du ton de triomphe intempestif qu'il avait pris. — Si la fortune avait suivi le côté le plus digne, dit-il, le château de Martindale et le nom des Péverils n'auraient pas servi de texte aux vaines glorioles de leur ennemi. Mais ceux qui ont été élevés sur la roue de la fortune doivent subir la conséquence de ses révolutions. Tout ce que je puis dire pour la maison de mon père, c'est qu'elle ne s'est pas élevée sans honneur, et qu'elle ne tombera pas — si elle doit tomber — sans regrets. Gardez-vous donc, si vous êtes en effet aussi chrétien que vous le dites, gardez-vous de vous réjouir du malheur des autres, et de vous fier à votre prospérité. Si la lumière de notre maison est maintenant éteinte, Dieu peut la rallumer quand il le voudra.

Péveril s'arrêta dans une extrême surprise ; car pendant qu'il prononçait les derniers mots, la vive clarté du phare de la famille commença à rayonner de nouveau au haut de sa tour accoutumée, coupant de sa lueur rougeâtre la lumière pâle de la lune. Bridgenorth contempla aussi avec surprise cette illumination inattendue, et laissa même percer quelque trouble. — Jeune homme, reprit-il, on ne peut guère douter que le Ciel ne veuille se servir de vous pour accomplir de grandes choses, tant cet augure a remarquablement suivi vos paroles.

A ces mots, il remit son cheval en marche ; et tout en se retournant de temps à autre, comme pour s'assurer que le phare du château était véritablement rallumé, il prit par des allées et des sentiers bien connus le chemin de sa propre maison de Moultrassie. Péveril le suivait ; et quoiqu'il comprît que la lumière avait pu être tout à fait accidentelle, il ne pouvait se défendre de recevoir comme un bon présage un incident si intimement lié aux traditions et aux usages de sa famille.

Ils mirent pied à terre à la porte de Moultrassie-Hall, qu'une femme s'empressa d'ouvrir ; et tandis que la voix sonore de Bridgenorth commandait au domestique de venir prendre leurs chevaux, la voix bien connue de sa fille Alice se fit entendre, rendant grâces à Dieu qui lui ramenait son père sain et sauf.

CHAPITRE XXIV.

> Nous nous rencontrâmes, comme on voit dans un songe des fantômes glisser devant soi, soupirer, faire des signes et remuer les lèvres, mais sans produire aucun son ; ou s'ils profèrent des sons articulés, ce n'est qu'un gémissement bas et indistinct, qui ne forme ni paroles ni sens.
>
> *Le Chieftain.*

Nous avons dit, à la fin du dernier chapitre, qu'une forme féminine parut à la porte de Moultrassie-Hall, et que les accents bien connus d'Alice Bridgenorth saluèrent le retour de son père, de ce que naturellement elle avait redouté comme une visite périlleuse au château de Martindale.

Julien, qui, le cœur agité, suivit son conducteur dans la salle éclairée, était donc préparé à voir celle qu'il aimait le plus au monde venir se jeter au cou de son père. A peine avait-elle reçu les embrassements paternels, qu'elle reconnut l'hôte inattendu arrivé avec le major. Une vive rougeur, rapidement remplacée par une pâleur mortelle, et de nouveau par un incarnat plus doux, fit clairement voir à son amant que sa soudaine apparition ne lui était rien moins qu'indifférente. Il salua profondément, — politesse qu'elle rendit avec la même formalité cérémonieuse ; mais il ne se hasarda pas à approcher davantage, sentant à la fois la délicatesse de sa propre situation et de celle d'Alice.

Le major Bridgenorth porta de l'un à l'autre le regard froid, fixe et mélancolique de son œil gris. — Quelques-uns à ma place, dit-il d'un ton grave, auraient évité cette rencontre ; mais j'ai confiance dans l'un et dans l'autre, quoique vous soyez jeunes et entourés des piéges auxquels votre âge est livré. Il est ici des personnes qui doivent ignorer que vous vous connaissez déjà. Soyez donc prudents, et agissez l'un envers l'autre comme des étrangers.

Julien et Alice échangèrent un regard tandis que le major se détournait d'eux, et que, prenant une lampe posée dans le vestibule, il les précédait vers l'appartement intérieur. Il y avait peu de consolation dans cet échange de regards : la tristesse du coup d'œil d'Alice était mêlée de crainte, et une expression de doute et d'inquiétude obscurcissait celui de Julien. Il fut d'ailleurs bien rapide ; car Alice, courant à son père, prit la lampe qu'il tenait à la main, et, marchant devant lui, leur servit d'introducteur dans le grand salon boisé en chêne qui a déjà été mentionné comme la pièce où le major Bridgenorth avait passé les heures d'abattement qui suivirent la mort de sa compagne et de ses enfants. Ce salon était en ce moment éclairé comme pour la réception d'une société ; et cinq ou six personnes y étaient assises, dans le costume noir, simple et sévère, qu'affectaient les stricts puritains du temps, en témoignage de leur mépris pour les manières de la cour dissipée de Charles II, où l'excès d'extravagance dans la parure, de même que tous les autres genres d'excès, était éminemment à la mode.

Julien ne jeta d'abord qu'un coup d'œil rapide sur le cercle de figures graves et sévères qui composaient cette réunion : — hommes peut-être sincères dans leurs prétentions à une pureté supérieure de conduite et de principes, mais chez lesquels cette supériorité était quelque peu rabaissée par une affectation d'austérité dans leurs habits et dans leurs manières alliée de trop près à celle de ces anciens Pharisiens, qui ne portaient que de larges phylactères¹ et voulaient qu'on les vît jeûner et accomplir avec une ponctualité rigoureuse les observances de la loi. Leur costume se composait presque uniformément d'un pourpoint et d'un manteau noirs, coupés droit, sans ampleur, sans galons ni broderies d'aucune sorte ; d'une culotte ou haut-de-chausses de drap noir de Flandre ; de souliers à forme carrée, avec de larges rosettes de ruban de serge. Deux ou trois avaient des bottes larges de peau de veau, et presque tous portaient une longue rapière suspendue a un ceinturon tout uni, de buffle ou de cuir noir. Un ou deux des plus âgés, dont le temps avait éclairci la chevelure, avaient la tête couverte d'une calotte de soie noire ou de velours, abaissée jusqu'à la naissance des oreilles, et d'où pas un seul cheveu ne s'échappait, faisant ainsi ressortir les oreilles de cette façon disgracieuse qu'on peut remarquer sur de vieux portraits, et qui valut aux puritains l'épithète de *Têtes-Rondes à oreilles dressées*, que leurs contemporains leur appliquaient avec si peu de cérémonie.

Ces dignes personnages étaient rangés contre le mur, chacun d'eux dans un ancien fauteuil à dos élevé et à longues jambes ; ne paraissant ni se regarder ni échanger une seule parole, mais enfoncés dans leurs méditations, et, comme une assemblée de quakers, attendant la puissance vivifiante de l'inspiration divine.

Le major Bridgenorth parcourut le front de cette grave assemblée, sans bruit et avec un maintien non moins composé, non moins sévère que le leur. Il s'arrêta successivement devant chacun, et parut les in-

---

¹ Chez les Juifs, le *phylactère* était un petit carré de peau ou de parchemin sur lequel était écrit quelque passage de la Bible, et qu'on portait au bras ou au front. C'est une variété de la nombreuse famille des *talismans* et des *amulettes*, si répandue sous toutes les formes chez les peuples de tous les temps et de tous les climats. (L. V.)

former des affaires de la soirée et des circonstances dans lesquelles l'héritier de Martindale-Castle se trouvait en ce moment à Moultrassie-Hall. Chacun de ses hôtes sembla s'animer à ce détail succinct, comme une ligne de statues dans un château enchanté, tressaillant et paraissant venir à la vie sous le contact d'un talisman. La plupart d'entre eux, à mesure qu'ils entendaient le récit du major, jetaient sur Julien un regard de curiosité, où se mêlait un air de mépris hautain inspiré par l'intime sentiment de leur supériorité spirituelle; bien que pourtant, chez un petit nombre, l'influence plus douce de la compassion fût assez visible. — Péveril eût supporté plus impatiemment cette espèce de défi qui se peignait dans presque tous les regards, si les siens n'eussent été pendant tout le temps occupés à suivre les mouvements d'Alice, qui semblait glisser plutôt que marcher dans l'appartement. Après avoir dit quelques mots à voix basse à une ou deux des personnes présentes qui lui avaient adressé la parole, elle fut se placer près d'une dame âgée portant une coiffe à triple rang, la seule autre femme qui se trouvât dans la réunion; et elle s'engagea avec elle dans une conversation assez animée pour qu'elle pût se dispenser de lever la tête ou de porter les yeux vers personne autre de la compagnie.

Son père fit une question à laquelle elle fut obligée de répondre : — Où était mistress Debbitch?

— Elle était sortie, répondit Alice, peu de temps après le coucher du soleil, pour visiter quelques anciennes connaissances dans le voisinage, et elle n'était pas encore de retour.

Le major Bridgenorth fit un geste indiquant le mécontentement; et il exprima de plus sa résolution bien arrêtée que dame Déborah ne fît pas plus longtemps partie de sa famille. — Je ne veux auprès de moi, dit-il sans s'inquiéter de la présence de ses hôtes, que ceux qui savent se tenir dans les bornes honnêtes et décentes d'une famille chrétienne. Ceux qui prétendent à plus de liberté doivent s'éloigner de nous, comme n'étant pas des nôtres.

Une sorte de murmure emphatique, qui était alors la manière dont les puritains exprimaient leur approbation aussi bien aux doctrines débitées en chaire par un prédicateur aimé, qu'à celles qui étaient produites dans la société privée, constata l'adhésion des assistants, et parut assurer le renvoi de l'infortunée gouvernante, qui demeura ainsi atteinte et convaincue d'être sortie des bornes de son devoir. Péveril lui-même, quoiqu'il eût tiré grand avantage, dans les premiers temps de sa connaissance avec Alice, de l'esprit mercenaire de la gouvernante et de sa propension au commérage, ne put entendre parler de son congé sans un mouvement de satisfaction intérieure, tant il était désireux que, dans les temps difficiles qui pouvaient se présenter bientôt, Alice eût l'appui et les avis d'une personne de son sexe de meilleures manières que mistress Debbitch, et d'une probité moins suspecte.

Cette communication venait à peine d'avoir lieu, qu'un domestique en deuil avança dans le salon sa face sèche, pincée et ridée, en annonçant, d'une voix qui ressemblait plutôt au son d'une cloche funéraire qu'à l'accent du héraut d'un banquet, que des rafraîchissements étaient servis dans la pièce voisine. Ouvrant gravement le chemin, sa fille d'un côté, et, de l'autre, la dame puritaine que nous avons mentionnée, Bridgenorth servit lui-même d'introducteur à sa compagnie ; celle-ci, sans grande attention à l'ordre ni aux cérémonies, le suivit dans la salle à manger, où un souper substantiel était disposé.

De cette manière, Péveril fut laissé au nombre des derniers qui quittèrent le salon, bien qu'il eût eu droit, d'après les règles ordinaires du cérémonial, à un certain degré de préséance, — chose regardée alors comme de grande importance, quoique maintenant on y en attache peu ; — et il eût pu même se trouver le dernier de tous, si une des personnes de la compagnie, qui elle-même était à l'arrière-garde, n'eût cédé à Julien, en le saluant, le pas qu'avaient usurpé les autres.

Cet acte de politesse conduisit naturellement Julien à examiner les traits de celui de qui il le recevait ; et il tressaillit en reconnaissant, sous la calotte de velours serrée et au-dessus de la fraise étroite, la physionomie de celui qui s'était donné le nom de Ganlesse, de son compagnon du soir précédent. Il le regarda à plusieurs reprises, surtout lorsque tout le monde fut placé à table, et qu'en conséquence il eut de fréquentes occasions d'observer cet homme attentivement, sans paraître incivil. D'abord il flotta dans le doute, et fut fortement disposé à douter de la réalité de son souvenir, car la différence de costume suffisait pour produire un changement considérable dans l'extérieur ; et la physionomie elle-même, loin d'offrir aucun trait frappant, était un de ces visages ordinaires que nous voyons sans les remarquer, et qui nous sortent de la mémoire dès que nous ne les avons plus sous les yeux. Mais la première impression revint avec plus de force, et le détermina à observer avec un soin particulier les manières de celui qui avait ainsi excité son attention.

Pendant toute la durée d'un très-long *benedicite* que prononça un des membres de la société, — qu'à son rabat de Genève et à son pourpoint de serge Julien crut reconnaître pour le chef de quelque congrégation non-conformiste [1], — il remarqua dans cet homme la même expression de physionomie grave et sévère qu'affectaient habituellement les puri-

---

[1] On désignait par l'expression générale de *non-conformistes* les diverses communions qui s'étaient séparées de l'église anglicane, et que l'on rapportait à quatre sectes principales, les presbytériens, les indépendants, les anabaptistes et les quakers. Les deux premières, communément réunies sous la commune appellation de *puritains*, composaient la grande masse des non-conformistes. Les indépendants avaient porté jusqu'à leurs dernières limites les idées républicaines et démocratiques des presbytériens, soit dans le gouvernement civil, soit dans celui de l'Église. (L. V.)

tains, et qui semblait une exagération du recueillement qu'on doit incontestablement apporter à un tel acte. Ses yeux étaient levés vers le ciel, et son large chapeau à haute forme et à grands bords, qu'il tenait devant lui des deux mains, s'élevait et s'abaissait en cadence à la voix de celui qui prononçait la prière, dont il semblait en quelque sorte marquer les périodes. Néanmoins, au moment où eut lieu ce léger tumulte qui accompagne le placement des chaises et les autres mouvements de gens qui se mettent à table, le regard de Julien rencontra les yeux de l'étranger; et en cet instant ils brillaient d'une expression de sarcasme et de dédain qui semblait accuser un ridicule jeté intérieurement par lui-même sur la gravité de ses manières actuelles.

Julien chercha à rencontrer de nouveau son regard, afin de s'assurer qu'il ne s'était pas mépris sur le caractère de cette expression passagère; mais l'étranger ne lui en fournit pas une autre occasion. Il eût pu le reconnaître au son de sa voix; mais cet homme parla peu, et jamais haut, ce qui, à la vérité, était commun à la compagnie entière, dont les manières à table semblaient celles de convives d'un repas de funérailles.

Le festin lui-même était plus que simple, quoique abondant; et dans l'opinion de Julien, il devait répugner à un homme si excellent connaisseur en bonne chère, et aussi en état que Ganlesse s'était montré la veille de jouir, en critique et en homme de l'art, des mets exquis préparés par son compagnon Smith. Aussi, en l'observant de près, remarqua-t-il que les viandes qu'il prenait sur son assiette y restaient intactes, et que tout son souper consista uniquement en une croûte de pain et un verre de vin.

Le repas fut expédié avec toute la hâte que peuvent y mettre des gens qui regardent comme une honte, sinon comme un péché, de faire d'une jouissance purement animale un passe-temps ou un moyen de plaisir; et quand chacun s'essuya la bouche et les moustaches, Julien remarqua que l'objet de sa curiosité se servait d'un mouchoir de la plus fine batiste, — objet assez peu d'accord avec la simplicité apparente, pour ne pas dire la grossièreté de son extérieur. Il usa aussi de plusieurs raffinements minutieux, qui alors n'étaient connus qu'aux tables des plus hautes classes; et Julien croyait pouvoir reconnaître, dans chacune de ses actions, les manières et les gestes d'un homme de la cour, sous la raide et rustique simplicité du caractère dont il s'était couvert [1].

Mais si c'était en effet ce Ganlesse avec lequel Julien s'était trouvé le soir précédent, et qui s'était vanté de la facilité avec laquelle il pouvait prendre tous les masques dont il lui plaisait de se couvrir temporairement, quel pouvait être le but de son déguisement actuel? Celui qui

---

[1] Un gentilhomme écossais, obligé de se cacher pour quelque part qu'il avait prise à une insurrection ou à un complot jacobite, fut reconnu au milieu de beaucoup de personnes du commun, parce qu'il s'était servi d'un cure-dent. (W. S.)

osait braver le danger de ces fonctionnaires et de ces délateurs devant lesquels toutes les classes tremblaient alors était, si on pouvait ajouter foi à ses paroles, un personnage de quelque importance ; et probablement ce n'était pas non plus sans quelque raison puissante qu'il s'assujettissait à une telle mascarade, qui ne pouvait être que très-pénible pour un homme dont les discours annonçaient autant de légèreté dans la vie que de liberté dans les opinions. Son apparition ici avait-elle un bon ou un mauvais motif? Se rapportait-elle à la maison de son père sir Péveril, ou à sa propre personne, à lui Julien, ou bien à la famille de Bridgenorth? Le véritable caractère de Ganlesse était-il connu du maître de la maison, inflexible comme était celui-ci sur tout ce qui se rapportait à la morale ainsi qu'à la religion? S'il en était autrement, les machinations d'un cerveau si rempli d'astuce ne pourraient-elles pas affecter la paix d'Alice Bridgenorth et son bonheur?

C'étaient là des problèmes auxquels toutes les réflexions de Péveril ne pouvaient lui faire trouver une solution. Ses yeux se portaient d'Alice à l'étranger ; et de nouvelles craintes ainsi que de vagues soupçons, relatifs à la sûreté de cette jeune fille si aimable et tant aimée, venaient se mêler à la profonde anxiété qui déjà remplissait son esprit au sujet de son père et de sa maison.

Il était plongé dans ce trouble d'esprit, lorsque, après des grâces non moins prolixes que le *benedicite,* la compagnie se leva de table et fut au même instant appelée aux prières du soir. Plusieurs domestiques, aussi graves, aussi sombres, aussi mélancoliques que leurs maîtres, entrèrent sans bruit pour assister à cet acte de dévotion, et furent se ranger à l'extrémité inférieure de la salle. La plupart de ces hommes étaient armés de la longue *tuck,* comme on appelait l'épée droite et courte fort en usage parmi les soldats de Cromwell [1]. Plusieurs avaient en outre de grands pistolets ; et on entendit résonner le corselet ou cuirasse de quelques-uns, quand ils s'assirent pour prendre part à la prière. On n'eut pas recours, en cette occasion, au ministère de celui que Julien avait pris pour un prédicateur. Le major Bridgenorth lui-même lut et commenta un chapitre de l'Écriture, avec une grande vigueur d'expression, qui, toutefois, aurait pu être atteinte du reproche de fanatisme. Il avait choisi pour texte le dix-neuvième chapitre de Jérémie, dans lequel, sous l'allégorie d'un vase de terre brisé, le prophète présage les malheurs des Juifs. Le commentateur n'était pas naturellement éloquent ; mais une conviction forte, profonde et sincère de la vérité de ce qu'il disait, lui fournit un langage plein de feu et d'énergie, lorsqu'il établit un parallèle entre les abominations du culte de Baal et les corruptions de l'Église de Rome, — sujet auquel se complaisaient tant les puritains de cette époque, — et rapporta aux catholiques et à

---

[1] C'était une sorte de dague. (L. V.)

leurs fauteurs ces sifflements et cette désolation que le prophète annonce à la cité de Jérusalem [1]. Ses auditeurs firent une application plus immédiate que ne le suggérait le commentateur lui-même; et plus d'un regard de sombre orgueil sembla dire, en se dirigeant vers Julien, que ces terribles malédictions étaient déjà en partie réalisées sur la maison de son père.

La lecture terminée, Bridgenorth les convia à s'unir à lui dans la prière; et un léger mouvement qui eut lieu parmi les assistants, quand ils se disposèrent à se mettre à genoux, plaça Julien à côté du pur et ravissant objet de son affection, au moment où elle s'agenouillait pour élever vers Dieu son âme aimante. Un court intervalle fut laissé aux dévotions mentales, durant lequel Péveril put entendre la prière à demi articulée qu'elle adressait au Ciel pour implorer de lui les bienfaits annoncés de la paix sur la terre, et sa bienveillance envers les enfants des hommes.

La prière qui suivit fut d'un style différent. Elle fut prononcée par le même individu qui à table avait officié comme chapelain, et ce fut d'un ton de Boanergès, ou de Fils du Tonnerre, — de dénonciateur de crimes, — d'évocateur de vengeances, — presque de prophète de maux et de désolations. Il n'oublia pas les témoignages et les péchés du jour; — il insista sur le meurtre mystérieux de sir Edmondsbury Godfrey; — et il offrit au Ciel un tribut de louanges et d'actions de grâces, de ce que la nuit même qui les voyait rassemblés n'avait pas été témoin de l'assassinat d'un autre magistrat protestant, sacrifié par la vengeance sanguinaire des catholiques.

Jamais Julien n'avait trouvé plus difficile de maintenir son esprit, durant un acte de dévotion, dans une disposition convenable à l'attitude et à l'occasion; et quand il entendit le prédicateur rendre grâces à Dieu de la chute et de la ruine de sa famille, il éprouva une violente tentation de se lever et de l'accuser d'offrir au trône de la Vérité même un tribut souillé par le mensonge et la calomnie. Il réprima pourtant une impulsion à laquelle c'eût été folie de s'abandonner, et sa modération ne fut pas sans récompense; car lorsque sa belle voisine se releva, la longue prière étant enfin terminée, il vit des larmes couler de ses yeux, et un regard qu'elle jeta sur lui en ce moment révélait plus d'affectueux intérêt pour lui dans sa mauvaise fortune et sa situation précaire, qu'il n'en avait jamais obtenu d'elle quand sa position dans le monde semblait si fort au-dessus de celle de la fille de Bridgenorth.

Ranimé et fortifié par la conviction qu'un cœur au moins dans la compagnie, celui-là dont l'intérêt lui était le plus précieux, sympathisait avec sa détresse, il se sentit la force de tout endurer, et de ne pas

---

[1] « Et j'établirai cette ville en effroi et en opprobre; tous ceux qui passeront au milieu d'elle seront stupéfaits, et siffleront à la vue de son immense plaie. » (L. V.)

CHAPITRE XXIV.

reculer devant le sourire de froid dédain avec lequel chacun des membres de la réunion le regarda, lorsque, se rendant aux chambres qui leur étaient destinées, ils lancèrent en partant un regard de triomphe sur celui qu'ils considéraient comme leur ennemi captif.

Alice aussi passa près de son amant, les yeux fixés à terre; et elle répondit sans les lever à son salut profond. Tout le monde alors avait quitté la salle, sauf Bridgenorth et son hôte, ou son prisonnier; car il est difficile de dire à quel titre Péveril se devait considérer chez le major. Celui-ci prit sur la table une vieille lampe de bronze; et passant devant Julien, il lui dit : — Il faut que je sois votre chambellan, chambellan peu courtois et qui va vous conduire à un lieu de repos moins recherché, peut-être, que ceux auxquels vous avez été accoutumé.

Julien le suivit en silence au haut d'un escalier à l'antique, tournant dans l'intérieur d'une tourelle. Sur le palier le plus élevé était une petite chambre, dont un lit de repos ordinaire, deux chaises, et une petite table en pierre, formaient tout l'ameublement. — Votre lit n'est pas des plus doux, continua Bridgenorth, comme s'il eût voulu prolonger l'entrevue; mais l'innocence dort aussi bien sur la paille que sur le duvet.

— La douleur, major Bridgenorth, ne trouve guère de repos ni sur l'un ni sur l'autre. Dites-moi, car vous semblez attendre de moi quelque question, quel doit être le sort de mes parents, et pourquoi vous m'avez séparé d'eux.

Bridgenorth, pour toute réponse, indiqua du doigt la marque que son visage portait encore de l'explosion du pistolet de Julien.

— Ce n'est pas là, répliqua Julien, la cause réelle de votre conduite envers moi. Il est impossible que vous, qui avez été soldat et qui êtes homme, vous soyez surpris ou fâché de mon intervention pour la défense de mon père. Par-dessus tout, vous ne pouvez croire, et, je dois le dire, vous ne croyez pas que j'eusse levé la main contre vous personnellement, si j'avais eu un seul moment pour vous reconnaître.

— Je puis vous accorder tout ceci; mais en quoi vous profiteront ma bonne opinion et la facilité avec laquelle je vous puis pardonner l'attentat dont vous m'avez presque rendu victime? Je suis chargé de votre garde comme magistrat, et vous êtes accusé d'avoir appuyé le Complot infâme, impie et sanguinaire, tramé pour l'établissement du papisme, le meurtre du roi et le massacre général de tous les vrais protestants.

— Et sur quel fondement de fait ou de soupçon ose-t-on m'accuser d'un tel crime? A peine ai-je entendu parler du Complot, si ce n'est par la voix publique, qui elle-même, tout en ne s'entretenant pas d'autre chose, a soin de ne rien dire sur ce sujet que de vague et d'incertain.

— Il peut me suffire de vous dire, et peut-être est-ce déjà vous en dire trop, — que vous êtes signalé comme un agent d'intrigues, — que vous êtes un espion épié, — porteur de signes de reconnaissance et de messages entre la comtesse papiste de Derby et le parti catholique à Londres. Vous n'avez pas conduit vos affaires avec une telle discrétion que tout ceci ne soit bien connu et ne puisse être suffisamment prouvé. A cette accusation que vous savez bien ne pouvoir nier, ces deux hommes, Everett et Dangerfield, sont assez disposés à ajouter, d'après le souvenir qu'ils ont de vos traits, d'autres circonstances qui certainement vous coûteront la vie quand vous comparaîtrez devant un jury protestant.

— Ils mentent comme des scélérats, s'écria Péveril, ceux qui m'accusent d'avoir pris part à aucun complot contre le roi, la nation ou l'état de la religion; et quant à la comtesse, elle a depuis longtemps donné trop de preuves d'un ardent loyalisme, pour qu'il soit permis de l'impliquer dans d'aussi injurieux soupçons.

— Ce qu'elle a déjà fait contre les fidèles champions de la pure religion, reprit Bridgenorth dont le front s'assombrissait, a suffisamment montré ce dont elle est capable. Elle s'est réfugiée sur son rocher, et elle s'y croit aussi en sûreté que l'aigle se reposant après son sanglant banquet; mais la flèche de l'oiseleur peut encore l'atteindre; — le trait est prêt, — l'arc est bandé, — et on verra bientôt lequel l'emportera d'Amalek ou d'Israël. Mais quant à toi, Julien Péveril, — pourquoi te le cacherais-je? — mon cœur s'émeut pour toi comme celui d'une femme pour son premier-né. Aux dépens de ma propre réputation, — peut-être au risque de soupçons personnels, — car, dans ces jours de troubles, qui sera à l'abri du soupçon? — je te donnerai des moyens d'évasion qu'il te serait impossible de trouver autrement. L'escalier de cette tourelle conduit aux jardins: — la poterne n'en est pas fermée à clef; — à main droite, sous les écuries, où vous trouverez votre cheval, prenez-le, et rendez-vous à Liverpool. — Je vous donnerai une lettre pour un ami à qui je vous recommanderai sous le nom de Simon Simonson, et à qui je vous donnerai comme fuyant la persécution des prélats; et il facilitera votre sortie du royaume.

— Major Bridgenorth, dit Julien, je ne veux pas vous tromper; si j'acceptais la liberté que vous m'offrez, ce serait pour obéir à un appel plus puissant que celui de ma propre conservation. Mon père est en danger, — ma mère est dans la douleur; — la voix de la religion et celle de la nature m'appellent à leurs côtés. Je suis leur unique enfant, — leur unique espérance; — je les secourrai ou périrai avec eux.

— Tu es fou. — Les aider, tu ne le peux; — périr avec eux, tu le pourrais en effet, et tu pourrais même accélérer leur ruine; car ce ne serait pas une légère aggravation des charges qui pèsent sur ton malheureux père, que tandis qu'il méditait d'appeler aux armes et de rassembler les catholiques et les épiscopaux des comtés de Chester et de

CHAPITRE XXIV.

Derby, son fils se trouvait être l'agent confidentiel de la comtesse de Derby, l'aidant à se maintenir dans sa forteresse contre les commissaires protestants, et envoyé par elle pour ouvrir une communication secrète avec le parti papiste à Londres.

— Voilà deux fois que vous me représentez comme agent de la comtesse, reprit Péveril, qui ne voulait pas, par son silence, paraître admettre l'accusation, bien qu'il sentît que jusqu'à un certain point elle était fondée; — sur quoi appuyez-vous une telle imputation?

— Sera-ce une preuve suffisante de la connaissance intime que j'ai de votre mystère, de vous répéter les derniers mots que la comtesse vous adressa quand vous quittâtes le château de cette Amalécite? Voilà ce qu'elle vous dit : Je suis maintenant veuve et isolée, et le chagrin m'a rendue égoïste.

Péveril tressaillit; car c'étaient bien en effet les propres paroles de la comtesse. Mais il se remit sur-le-champ, et répliqua : De quelque nature que soit votre information, je la nie et la défie en tant qu'elle me chargerait de quelque chose qui ressemblerait à un crime. Il n'existe pas d'homme plus pur de toute pensée déloyale, de tout projet de trahison; et ce que je dis pour moi, je le dirai et le maintiendrai, en tant que je le puis savoir, de la noble comtesse à qui je dois mon éducation.

— Péris donc dans ton obstination! s'écria Bridgenorth. Puis se détournant de lui précipitamment, il quitta la chambre, et Julien l'entendit descendre rapidement l'étroit escalier, comme s'il se fût défié de sa propre résolution.

Le cœur oppressé, mais avec cette confiance dans la Providence que conserve toujours un homme innocent et brave, Péveril se jeta alors sur son humble couche.

CHAPITRE XXV.

> Le cours de la vie humaine est toujours changeant comme les vents inconstants et le ruisseau vagabond, ou comme la danse légère que la brise soulève parmi les monceaux flétris des feuilles qui jonchent le sol. Tantôt son souffle les pousse en bas devant lui, tantôt il les agite dans les airs ; tantôt il leur fait battre la terre, tantôt il les transporte au milieu des nues. Ainsi, le sort se joue capricieusement de l'homme, fragile tenancier d'un jour. *Anonyme.*

Tandis qu'épuisé de fatigue et miné d'inquiétudes, Julien Péveril dormait prisonnier dans la maison de son ennemi héréditaire, la Fortune préparait sa liberté, par un de ces caprices soudains par lesquels elle aime à confondre les calculs et les prévisions de l'humanité ; et comme pour de tels desseins elle choisit d'étranges agents, celui qu'elle voulut bien employer dans l'occasion actuelle ne fut rien moins que mistress Déborah Debbitch.

Excitée sans doute par les anciens souvenirs du temps passé, la très-prudente et très-réfléchie Déborah ne s'était pas plutôt retrouvée dans le voisinage des lieux où s'étaient écoulées ses premières années, qu'elle s'avisa d'une visite à l'ancienne femme de charge du château de Martindale, dame Ellesmere, qui, depuis longtemps retirée du service actif, demeurait à la loge du garde, dans le petit bois de l'ouest, avec son neveu Lance Outram, vivant des économies de sa jeunesse et d'une petite pension accordée par sir Geoffrey à son âge et à ses fidèles services.

Cependant, dame Ellesmere et mistress Déborah n'avaient nullement été autrefois sur le pied d'amitié qu'aurait pu faire supposer cette visite empressée. Mais les années avaient appris à Déborah à oublier et à pardonner ; et peut-être n'était-elle pas fâchée, sous l'abri d'une visite à dame Ellesmere, d'avoir la chance de voir quels changements le temps avait opérés sur son ancien admirateur le garde forestier. La tante et le neveu étaient l'un et l'autre au cottage, quand mistress Debbitch, après avoir vu son maître partir pour son expédition au château, et parée de sa plus belle robe, s'y rendit à pied à travers champs, et, après avoir frappé à la porte, souleva le loquet, à l'invitation hospitalière qui lui fut faite d'entrer.

Les yeux de dame Ellesmere étaient si affaiblis, que même avec le secours de ses lunettes elle ne reconnut pas, dans la personne d'un âge mûr et d'un riche embonpoint qui passait le seuil de son cottage, la fille pimpante et bien faite qui, comptant sur sa bonne mine et sur une langue bien pendue, l'avait si souvent poussée à bout par son insubordination ; non plus que l'ancien amant de la demoiselle, le redoutable Lance, qui ne pensait pas que l'ale avait donné de la rotondité à sa propre taille, jadis si mince et si souple, et que l'eau-de-vie avait transporté à son nez les couleurs qui autrefois siégeaient sur ses joues, ne put deviner que le bonnet français orné de point de Bruxelles que portait Déborah, ombrageait les traits qui lui avaient jadis valu tant de réprimandes du docteur Dummerar, quand il permettait à ses yeux d'errer, pendant les prières, vers le banc des servantes.

Bref, la visiteuse se vit en rougissant obligée de se faire elle-même connaître ; mais une fois reconnue, elle fut reçue par la tante et le neveu avec la plus sincère cordialité.

L'ale domestique fut mise sur table ; et au lieu d'un régal plus vulgaire, quelques tranches de venaison frémirent bientôt dans la poêle à frire, donnant ainsi grandement lieu d'inférer que Lance Outram, en sa qualité de garde-chasse, n'oubliait pas son propre cottage quand il approvisionnait le garde-manger du château. Un modeste verre de l'excellente ale du Derbyshire et un morceau de venaison bien relevé d'assaisonnement ne tardèrent pas à mettre Déborah tout à fait à l'aise avec ses anciennes connaissances.

Après qu'elle eut fait toutes les questions nécessaires et reçu les réponses convenables sur l'état du voisinage, et sur celui de ses anciens amis qui y résidaient encore, la conversation commençait quelque peu à languir, lorsque Déborah eut l'art d'en raviver l'intérêt, en communiquant à ses hôtes l'effrayant avis qu'ils devaient s'attendre à apprendre, sous peu, de terribles nouvelles du château ; attendu que son maître actuel, le major Bridgenorth, avait été appelé par plusieurs grands personnages de Londres à prendre part à l'arrestation de son ancien maître sir Geoffrey, et que tous les domestiques de M. Bridgenorth, ainsi que plusieurs autres personnes qu'elle nomma, amis et adhérents du même parti, s'étaient réunis en force pour surprendre le château ; et que, comme sir Geoffrey était maintenant bien vieux et bien goutteux, on ne pouvait s'attendre à ce qu'il s'y défendît comme d'habitude ; et que pourtant il était connu pour être si courageux, qu'on ne pouvait penser qu'il se rendrait sans qu'il y eût eu quelques coups d'épée de donnés ; et qu'alors s'il était tué, ainsi que la chose était probable, entouré comme il le serait de gens qui n'avaient jamais aimé un os de son corps, et qui maintenant le tenaient à leur merci, hé bien, dans ce cas, elle, dame Déborah, regardait lady Péveril comme une femme morte ; et qu'il y aurait sûrement un deuil général dans tout le pays, où ils avaient une si grande parenté ; et que sans doute cela ferait hausser les soieries, ce dont s'apercevrait probablement la bourse de M. Lutestring, le mercier de Chesterfield. Mais quant à elle, que les choses tournassent comme elles voudraient, si M. Julien Péveril devenait maître du bien de son père, elle pouvait dire aussi bien que qui que ce fût qui serait probablement dame de Martindale.

Le texte de ce discours, ou, en d'autres termes, le fait que Bridgenorth était allé avec une troupe d'hommes attaquer sir Geoffrey Péveril dans son propre château de Martindale, ce fait parut si prodigieusement étrange à ces anciens serviteurs de la famille du vieux chevalier, qu'ils ne furent en état ni de suivre les déductions de mistress Déborah, ni d'interrompre la vélocité avec laquelle elle les débitait. Et lorsque enfin celle-ci fit une pause pour reprendre haleine, la pauvre dame Ellesmere ne put que s'écrier d'un ton d'emphase : — Bridgenorth braver Péveril du Pic ! — la femme est-elle folle ?

— Allons, allons, dame Ellesmere, dit Déborah, ne m'appelez pas *femme* plus que je ne vous appelle femme moi-même. Je n'ai pas été appelée mistress au haut bout de la table durant tant d'années pour que vous veniez m'appeler femme. Et quant à la nouvelle, elle est aussi vraie qu'il est vrai que vous portez là une coiffe blanche, que vous changerez pour une noire avant qu'il soit longtemps.

— Lance Outram, reprit la vieille, sors, si tu es un homme, et va voir si quelque chose remue au château.

— Si cela était, répondit Outram, je serais resté trop longtemps ici. Et prenant à la hâte son arbalète et quelques flèches, il s'élança hors du cottage.

— Eh, bon Dieu ! s'écria mistress Déborah, voyez si Lance Outram n'est pas aussi tout effrayé de mes nouvelles, lui à qui rien ne pouvait faire peur, à ce qu'on disait toujours. Mais ne le prenez pas ainsi, dame Ellesmere ; car j'ose dire que si le château et les terres passent à mon nouveau maître, le major Bridgenorth, comme c'est probable, — car j'ai entendu dire qu'il a des droits sur le domaine pour une grosse somme, — je lui parlerai de vous, et je vous promets que ce n'est pas un méchant homme ; quelque peu rigide, seulement, au sujet du prêche et des prières, et au sujet des habits qu'on doit porter, ce qui, je dois l'avouer, ne convient pas à un homme comme il faut, attendu qu'à coup sûr chaque femme sait le mieux ce qui lui sied. Mais quant à vous, dame Ellesmere, qui portez un livre de prières à votre ceinture avec votre étui de ménagère, et qui ne changez jamais la façon de votre coiffe blanche, j'ose dire qu'il ne vous reprochera pas le peu dont vous avez besoin, et que vous n'êtes pas en état de gagner.

— Sors d'ici, vile coquine ! s'écria dame Ellesmere, dont les membres tremblaient d'appréhension et de colère ; sors d'ici sur-le-champ et retiens ta langue, ou je vais trouver des gens qui t'enlèveront la peau du corps à coups de fouet à chiens ! As-tu mangé le pain de ton noble maître, non-seulement pour tromper sa confiance et déserter son ser-

CHAPITRE XXV.

vice, mais pour venir ici, comme un oiseau de mauvais augure que tu es, triompher de sa chute?

— Mais, dame Ellesmere, repartit Déborah, quelque peu intimidée par la violence de la vieille femme, ce n'est pas moi qui dis cela : — c'est seulement le warrant des gens du Parlement.

— Je croyais que nous en avions fini avec leurs mandats depuis le bienheureux vingt-neuf mai[1], répliqua l'ancienne femme de charge du château de Martindale; mais je te dis ceci, mon doux cœur : c'est que j'ai vu de pareils warrants renfoncés, à la pointe de l'épée, dans la gorge de ceux qui les avaient apportés; et c'est ce qui arrivera de celui-ci, s'il reste un seul homme qui en mérite le nom à boire l'ale du château.

Comme elle finissait de parler, Lance Outram rentra au cottage. — Tante, dit-il d'un air effaré, je crains que ça ne soit vrai, ce qu'elle a dit. La tour du phare est aussi noire que mon ceinturon. Il n'y a plus d'Étoile polaire de Péveril. Qu'est-ce que cela présage?

— Mort, ruine et captivité! s'écria la vieille Ellesmere. Cours au château, grand lâche! bats-toi pour la famille qui t'a élevé et nourri, et si ton grand corps reste enterré sous les ruines, tu seras du moins mort de la mort d'un homme.

— Oui, tante, et je n'irai pas de main morte; mais voici venir des gens qui nous en diront davantage, je le garantis.

Une couple de servantes qui s'étaient enfuies du château durant l'alarme arrivaient en ce moment, tout courant, avec diverses versions de l'événement; mais toutes s'accordant en ceci, qu'un corps d'hommes armés était en possession du château, et que le major Bridgenorth avait fait le jeune M. Julien prisonnier, et l'avait emmené à Moultrassie-Hall, les pieds liés sous le ventre d'un cheval, — que c'était une chose honteuse à voir, — lui si bien né et si beau garçon.

Lance se gratta l'oreille; et quoique sentant bien quel devoir lui était imposé comme fidèle serviteur, devoir que les cris et les apostrophes de sa tante lui auraient d'ailleurs difficilement permis d'oublier, il ne semblait pas peu embarrassé de ce qu'il devait faire. — Plût à Dieu, tante, dit-il enfin, que le vieux Whitaker fût encore en vie, avec ses longues histoires de Marston-Moor et d'Edge-Hill, qui nous faisaient tous bâiller à nous décrocher les mâchoires, en dépit de ses grillades et de sa double bière! C'est quand un homme est parti qu'on le regrette, comme on dit; et je voudrais pour une pièce d'or qu'il fût ici pour arranger cette affaire-là; car c'est tout à fait hors de mes attributions, à moi qui ne suis que forestier, et qui n'entends rien à la guerre. Mais, du diable si le vieux sir Geoffrey passe les murailles sans qu'il y ait un coup de donné! — Écoutez, Nell — (s'adressant

---

[1] Jour de l'entrée de Charles II à Londres. (L. V.)

à une des fugitives du château); mais non, — vous n'avez pas le cœur d'un chat, et vous êtes effrayée de votre ombre au clair de la lune. — Mais toi, Cis[1], tu es une fille résolue, et tu sais distinguer un daim d'un bouvreuil. Écoute donc, Cis ; pour le mari que tu voudrais avoir, remonte au château et entres-y ; — tu sais bien par où, — car, à ma connaissance, tu en es souvent sortie par la poterne pour aller à la danse ou pour une partie de bouche. — Ainsi retourne au château aussi promptement que tu voudrais être mariée. — Va trouver mylady ; — ils ne peuvent t'en empêcher. — Mylady a une tête qui en vaut vingt des nôtres. — Si je dois réunir des forces, allume le fanal pour signal, et n'y épargne pas le bois goudronné. Tu pourras faire cela sans beaucoup de danger ; je te garantis que les Têtes-Rondes sont occupés à boire et à piller. — Écoute encore ; dis à mylady que je suis descendu jusqu'aux maisons des mineurs, à Bonadventure. Les coquins étaient encore mutinés hier pour leurs salaires ; ils seront tout disposés pour le bien ou le mal. Qu'elle m'envoie ses ordres ; ou plutôt apporte-les-moi toi-même. Tes jambes sont assez longues.

— Qu'elles soient longues ou non, M. Lance (et c'est ce que vous ne savez pas), elles feront ce soir votre commission, pour l'amour du vieux chevalier et de mylady.

Sur ce, Cisly Sellok, espèce de Camille du comté de Derby, qui avait gagné la chemise offerte en prix aux courses à pied d'Ashbourne, se mit à courir vers le château avec une rapidité que peu de gens eussent égalée.

— Voilà une brave fille, dit Lance ; et maintenant, tante, donnez-moi le vieux sabre — il est sur le ciel du lit — et mon couteau de chasse. Avec cela, je serai assez bien équipé.

— Et qu'est-ce que je vais devenir? meugla l'infortunée mistress Déborah Debbitch.

— Il faut que vous restiez ici avec ma tante, mistress Deb : et pour l'amour de notre ancienne connaissance, elle aura soin qu'il ne vous arrive pas de mal. Mais prenez garde d'essayer de vous échapper.

A ces mots, et pesant dans son esprit la tâche qu'il avait entreprise, le belliqueux forestier descendit à grands pas la clairière qu'éclairait la lune, entendant à peine les bénédictions et les recommandations de prudence que dame Ellesmere faisait pleuvoir sur lui. Ses pensées n'étaient pourtant pas exclusivement martiales. — Quels fins bas de jambes a la coquine ! elle vous les fait trimer comme celles d'une biche sur une rosée d'été. Hé mais, me voici aux huttes ; — songeons à notre besogne.

— Êtes-vous tous endormis, maudits mineurs que vous êtes? — Allons donc, fouilleurs, pêcheurs de charbon ! — délogez de vos terriers à blaireaux ! Voilà votre maître sir Geoffrey qui est mort, pour peu que

---

[1] Abréviation familière de Cicely ou Cécile. (L. V.)

vous vous en souciiez. Ne voyez-vous pas que le fanal n'est pas allumé, que vous restez là sans bouger comme autant d'ânes?

— Hé mais, dit un des mineurs qui commençaient à sortir de leurs huttes,

> S'il est mort, pour certain,
> Il ne mangera plus de pain.

— Et vous pourrez bien n'en plus manger non plus, reprit Lance; car les travaux seront arrêtés sur-le-champ, et vous serez tous renvoyés.

— Hé bien, qu'en arrivera-t-il, M. Lance? Autant vaut s'amuser pour rien que travailler pour rien. Voilà quatre semaines que nous avons à peine vu la couleur de l'argent de sir Geoffrey; et vous voulez que nous nous mettions en peine s'il est mort ou en vie! Ça peut être bon pour vous, qui allez et venez, trottant sur votre cheval, et faisant par tâche ce que tout le monde fait par plaisir; mais c'est une autre affaire de laisser la lumière du bon Dieu, et de s'enterrer jour et nuit dans les ténèbres, comme une taupe dans un trou : on ne peut pas faire ça pour rien, j'imagine. Si sir Geoffrey est mort, son âme sera en peine à cause de ça; s'il est en vie, nous le citerons à la cour de Barmoot.

— Écoutez, compère, reprit Lance, et faites tous bien attention à ce que je vais vous dire, camarades — (car un nombre considérable de ces hommes grossiers dont la demeure est sous terre s'était alors réuni autour d'eux pour entendre la discussion); — croyez-vous que sir Geoffrey ait jamais mis un penny dans sa poche du produit de cette mine de Bonadventure?

— Je ne puis dire que je le pense, répondit le vieux Ditchley, celui qui jusqu'alors avait porté la parole.

— Répondez sur votre conscience, malgré qu'elle soit plombée. Ne savez-vous pas qu'il y a perdu bien de l'argent?

— Ma foi, je crois bien que ça se peut. — Mais que s'ensuit-il? — perdre aujourd'hui, gagner demain; — il faut que le mineur mange, en attendant.

— C'est vrai; mais que mangerez-vous quand M. Bridgenorth aura le domaine, lui qui ne veut pas entendre parler de fouiller une mine sur son propre terrain? Croyez-vous qu'il fasse travailler à perte?

— Bridgenorth? — celui-là de Moultrassie-Hall, qui a arrêté le grand *Felicity Work*[1], où son père avait dépensé, à ce qu'on dit, dix mille livres[2] sans en avoir jamais retiré un penny? Hé bien, qu'a-t-il à voir ici dans la propriété de sir Geoffrey à Bonadventure? Elle n'a jamais été à lui, j'imagine.

— Eh! qu'en sais-je? repartit Lance, voyant l'impression qu'il avait

---

[1] Littéralement Ouvrage-Félicité. Il s'agit d'une mine de ce dernier nom. (L. V.)
[2] Environ 250,000 fr. (L. V.)

faite. La loi et ses créances lui donneront, je crois, la moitié du Derbyshire, à moins que vous ne souteniez le vieux sir Geoffrey.

— Mais si sir Geoffrey est mort, répliqua prudemment Ditchley, quel bien ça lui fera-t-il que nous le soutenions?

— Je n'ai pas dit qu'il fût mort, mais seulement qu'il n'en valait guère mieux; il est là-haut entre les mains des Têtes-Rondes, — prisonnier dans son propre château. Voulez-vous qu'on lui coupe la tête, comme à ce bon comte de Derby, à Bolton-le-Moors?

— Hé bien donc, camarades, reprit Ditchley, si c'est comme M. Lance le dit, je pense que nous devons donner un coup de main au vieux brave sir Geoffrey, contre un rustre avaricieux comme Bridgenorth, qui a fermé une fosse qui avait coûté des milliers, sans en avoir retiré un penny de profit. Ainsi donc, hourra pour sir Geoffrey, et à bas le croupion! Mais attendez un peu, — attendez! (et d'un geste de main il arrêta les acclamations qui commençaient à s'élever). — Écoutez, M. Lance: tout doit être fini, car le phare est noir comme nuit; et vous savez vous-même que ça marque la mort du seigneur.

— Il va être rallumé dans un instant, dit Lance; et il ajoutait intérieurement: Dieu veuille que cela soit! — Il va être rallumé dans un instant, continua-t-il; — c'est le manque de charbon, et la confusion de la famille.

— Oui, cela se peut, répondit Ditchley; cela se peut. Mais je ne bougerai pas avant de le voir rallumé.

— Hé bien donc, regarde! s'écria Lance. — Merci, Cis, — merci, ma bonne fille. — Croyez-en vos yeux, mes enfants, si vous ne voulez pas m'en croire; et maintenant, hourra pour Péveril du Pic, — pour le roi et ses amis, — et à bas les Croupions et les Têtes-Rondes!

La réapparition subite de la clarté du phare eut tout l'effet qu'avait pu désirer Lance sur l'esprit grossier de ses ignorants auditeurs, qui, dans leurs idées superstitieuses, avaient étroitement associé l'Étoile polaire de Péveril au sort de la famille. Une fois mise en mouvement, leur ardeur devint bientôt de l'enthousiasme, ce qui est un trait caractéristique de leurs compatriotes, et Lance se trouva à la tête de plus de trente vigoureux gaillards armés de leurs pics et prêts à faire tout ce qu'il leur voudrait ordonner.

Comptant pouvoir pénétrer dans le château par la poterne, qui lui avait servi, ainsi qu'aux autres domestiques, en plus d'une occasion, sa seule inquiétude était de ne pas marcher assez secrètement; il recommanda instamment à sa troupe de réserver ses acclamations pour le moment de l'attaque. Ils n'avaient pas encore été bien loin dans leur marche vers le château, que Cisly Sellok accourut à leur rencontre, tellement hors d'haleine, tant elle avait couru, que la pauvre fille fut obligée de se laisser tomber dans les bras de Lance Outram.

— Remets-toi, ma courageuse fille, dit-il en même temps qu'il lui prenait un baiser, et apprends-nous ce qui se passe là-haut au château.

— Mylady vous recommande, pour l'amour de Dieu et de votre maître, de ne pas monter au château, ce qui ne pourrait que faire répandre du sang; car elle dit que sir Geoffrey est légalement arrêté, et qu'il faut qu'il attende l'issue; qu'il est innocent de ce dont on l'accuse, et qu'il va aller s'expliquer lui-même devant le roi et le conseil où elle ira avec lui. Et puis, ils ont découvert la poterne, les coquins de Têtes-Rondes; car deux d'entre eux m'ont vue comme j'en sortais, et m'ont donné la chasse; mais je leur ai montré une belle paire de talons.

— Aussi belle qu'on en ait jamais vu abattre la rosée des primevères[1], repartit Lance. Mais que diable allons-nous faire? car s'ils se sont assurés de la poterne, je ne sais ma foi pas comment nous pourrons entrer.

— Tout est barré et verrouillé au château; tout y est gardé avec des fusils et des pistolets; et ils veillent de si près, qu'il ne s'en est guère fallu que je ne sois prise pendant que je venais vous apporter le message de mylady, comme je vous le disais. Mais mylady a ajouté que si vous pouviez délivrer son fils, M. Julien, des mains de Bridgenorth, elle regarderait cela comme un grand service.

— Quoi! s'écria Lance, le jeune monsieur est-il au château? C'est moi qui lui ai appris à tirer sa première flèche. Mais comment entrer?

— Il était au château pendant la bagarre, mais le vieux Bridgenorth l'a emmené prisonnier à Moultrassie-Hall. Il n'y a jamais eu ni foi ni courtoisie dans un vieux puritain, qui n'a pas fait entrer une seule fois une cornemuse ou un tambourin dans sa maison, depuis qu'elle est bâtie.

— Et qui a arrêté les travaux d'une mine qui promettait tant, pour épargner quelques milliers de livres, ajouta Ditchley, quand il aurait pu s'enrichir autant que lord Chatsworth, et en même temps faire vivre une centaine de bons compagnons.

— Hé bien donc, reprit Lance, puisque vous êtes tous du même avis, nous irons relancer le vieux blaireau dans son terrier; et je vous promets que le manoir ne ressemble pas à une de vos véritables maisons de qualité, où les murailles sont aussi épaisses que des digues: c'est du mauvais ouvrage en brique, où vos pics entreront aussi aisément que dans du fromage. Encore une fois, hourra pour Péveril du Pic! à bas Bridgenorth, et tous ces vieux coucous parvenus de Têtes-Rondes!

Ayant laissé exhaler au gosier de ses hommes un bruyant hourra, Lance leur commanda de cesser leurs clameurs, et se mit en devoir de les conduire, par les sentiers qui paraissaient devoir être le moins surveillés, jusqu'à la cour de Moultrassie-Hall. Ils furent joints en route

---

[1] *Cowslip*, tige à vache.

par plusieurs robustes fermiers, tenanciers de la famille de Péveril ou partisans de l'Église épiscopale et du parti des Cavaliers, et dont plusieurs, alarmés par les bruits qui commençaient à se répandre rapidement dans le pays, s'étaient armés de sabres et de pistolets.

Lance Outram fit arrêter sa troupe à une portée de flèche de la maison, selon sa manière de s'exprimer, et il s'avança seul et à petit bruit pour reconnaître la place, après avoir recommandé à Ditchley et à ses autres alliés souterrains de venir à son aide dès qu'il sifflerait ; mais il s'aperçut bientôt que ceux qu'il venait surprendre, fidèles à la discipline qui avait valu à leur parti une supériorité si décidée durant les guerres civiles, avaient posé une sentinelle, laquelle se promenait dans la cour extérieure en chantant pieusement un psaume, tandis que ses bras, croisés sur sa poitrine, y soutenaient un fusil d'une longueur formidable.

— Un vrai soldat, se dit Lance Outram à lui-même, mettrait fin à ta chanson nasillarde en te plantant une longue flèche dans le cœur, et ça ne donnerait pas grande alarme. Mais, au diable ! je n'ai pas en moi ce qu'il faut pour être soldat ; — je ne saurais me battre de sang-froid contre un homme. Et quant à tirer sur lui de derrière une muraille, ça serait le traiter comme un daim. Je vais l'aborder à découvert, et voir ce qu'il y a à faire de lui.

Dans cette courageuse résolution, et ne cherchant plus à se cacher, il entra hardiment dans la cour et s'avança vers la porte de la maison, comme si c'eût été une chose toute naturelle. Mais le vieux soldat de Cromwell, qui était sur ses gardes, comprenait autrement son devoir.
— Qui va là? — Halte-là, l'ami! — halte-là! ou en vérité je t'abats d'un coup de feu. Telles furent les apostrophes qui se suivirent de près, et il eut soin d'appuyer la dernière en mettant l'intrus en joue, et en lui présentant le bout du long fusil dont il était armé.

— Peste ! exclama Lance ; est-ce votre habitude d'aller à la chasse à cette heure de la nuit ? Hé mais, c'est un temps qui n'est bon que pour la fouée[1].

— Écoute, ami, répliqua l'expérimentée sentinelle, je ne suis pas de ceux qui sont négligents à cette besogne. Tu ne pourras m'enjôler avec tes belles paroles, malgré l'air de simplicité que tu voudrais te donner. En vérité, je fais feu, si tu ne me dis pas ton nom et ce qui t'amène.

— Mon nom ! eh ! que diantre serait-il, sinon Robin Round, — l'honnête Robin de Redham ? et quant à ce qui m'amène, s'il faut absolument que vous le sachiez, je viens pour un message d'un des gens du Parlement qui sont là-haut au château, et j'ai des lettres pour le respectable M. Bridgenorth de Moultrassie-Hall. C'est bien ici, je pense ;

---

[1] *Bat-fowling*, chasse aux petits oiseaux pendant la nuit. (L. V.)

quoique je ne devine pas aussi bien pourquoi vous êtes là à sa porte à vous promener de long en large, comme sur l'enseigne de *l'Homme Rouge*, avec votre vieux mousquet.

— Donne-moi les lettres, mon ami, dit la sentinelle, à qui l'explication parut très-naturelle et très-plausible ; je les ferai remettre sur-le-champ en main propre à Son Honneur.

Fouillant à sa poche, comme pour en tirer des lettres qui n'avaient jamais existé, M. Lance s'approcha à portée de fusil de la sentinelle ; puis avant que celle-ci eût conçu le moindre soupçon, il la saisit au collet, en même temps qu'il proféra un sifflement aigu et prolongé. Déployant alors comme lutteur une adresse pour laquelle il avait été remarqué dans sa jeunesse, il étendit son antagoniste sur le dos ; et le mousquet, objet de la lutte, partit dans la chute.

Au signal de Lance, les mineurs se précipitèrent dans la cour ; l'adroit forestier, n'espérant plus poursuivre son projet en silence, ordonna à deux d'entre eux de s'assurer du prisonnier, et aux autres d'attaquer la porte de la maison en poussant de bruyantes acclamations. La cour du manoir retentit aussitôt des cris de Vive Péveril du Pic ! entremêlés de toutes les épithètes injurieuses dont les Cavaliers avaient gratifié les Têtes-Rondes dans le cours de tant d'années de dissensions ; et en même temps, tandis que quelques-uns assaillaient la porte avec leurs outils de mineurs, d'autres dirigeaient leur attaque sur l'angle du bâtiment, où une sorte de porche venait se réunir à la façade. Là, en partie protégés par la saillie du mur et par un balcon qui surmontait le porche, ils opéraient avec plus de sécurité et aussi avec plus d'efficacité que les autres ; car des portes de chêne garnies de rangs serrés de larges têtes de clous offraient aux efforts des assaillants plus de résistance qu'un ouvrage en briques.

Un pareil vacarme à l'extérieur de la maison ne tarda pas à jeter l'alarme et la confusion dans l'intérieur. Des lumières passaient rapidement de fenêtre en fenêtre, et on entendait des voix qui s'enquéraient du motif de l'attaque : demande à laquelle les cris significatifs dont retentissait la cour étaient une réponse suffisante, ou du moins la seule réponse qui fût faite. Enfin la fenêtre d'un escalier en saillie s'ouvrit, et la voix de Bridgenorth lui-même se fit entendre, s'informant d'un ton d'autorité de ce que signifiait le tumulte, et ordonnant aux tapageurs de se retirer à l'instant, s'ils ne voulaient s'exposer au péril qui suivrait immédiatement leur refus.

— Nous voulons notre jeune maître, vieux voleur hypocrite, — telle fut la réponse, — et si nous ne l'avons pas à l'instant, nous allons renverser ta maison de fond en comble !

— C'est ce que nous allons voir tout à l'heure, répliqua Bridgenorth ; car si un coup de plus est frappé contre les murailles de ma paisible maison, je fais feu sur vous de ma carabine, et que votre sang retombe sur vos têtes! J'ai ici pour me défendre une vingtaine d'amis, bien armés de mousquets et de pistolets; nous avons les moyens et le courage, avec l'aide du Ciel, de vous punir de tout acte de violence auquel vous pourrez vous porter.

— Monsieur Bridgenorth, reprit Lance, qui, sans être soldat, était assez accoutumé aux ruses de la chasse pour comprendre quel avantage devaient nécessairement avoir sur sa troupe, en grande partie exposée au feu des assiégés sans pouvoir y répondre, ceux qui se battaient à couvert et employaient des armes de guerre; — M. Bridgenorth, permettez-nous de vous demander un pourparler et des conditions raisonnables. Nous ne voulons pas vous faire de mal, mais nous voulons ravoir notre jeune maître; c'est bien assez que vous ayez pris notre vieux maître et mylady. C'est une mauvaise chasse, de tuer le cerf, la biche et le faon; et nous vous donnerons dans un instant quelque lumière sur ce sujet.

Ce discours fut suivi d'un grand craquement dans les fenêtres inférieures de la maison, résultat d'un nouveau mode d'attaque suggéré par quelques-uns des assaillants.

— J'accepterais les conditions de cet honnête garçon et je laisserais aller le jeune Péveril, dit un des membres de la garnison, qui s'était approché, en bâillant d'un air d'insouciance, du poste intérieur où s'était placé Bridgenorth.

— Êtes-vous fou? répliqua celui-ci; ou me croyez-vous assez dépourvu de caractère pour renoncer aux avantages que j'ai maintenant sur les Péverils, par crainte d'une poignée de rustres, que la première décharge va disperser comme la paille devant un tourbillon?

— Sans doute, reprit l'autre (c'était le même individu dont la ressemblance avec l'homme qui s'était donné le nom de Ganlesse avait frappé Julien), j'aime une bonne vengeance; mais nous l'achèterons un peu trop cher, si ces coquins mettent le feu à la maison, comme il y a apparence qu'ils vont le faire pendant que vous parlementez à la fenêtre. Ils ont jeté dans la salle d'en bas des torches et des tisons enflammés, et c'est tout ce que nos amis peuvent faire que d'empêcher le feu de gagner les vieilles boiseries.

— Que le Ciel te juge pour ta légèreté d'esprit! repartit Bridgenorth; on croirait que le mal est si fort ton élément, qu'il t'importe peu que ce soit un ami ou un ennemi qui en souffre.

A ces mots, il descendit précipitamment l'escalier, et courut vers la salle, dans laquelle, à travers les fenêtres brisées et entre les barreaux de fer qui empêchaient qu'un homme y pût pénétrer, les assiégeants avaient introduit de la paille enflammée en assez grande quantité pour produire un peu de feu et beaucoup de fumée, et pour jeter une grande confusion parmi les défenseurs de la maison; de sorte que plusieurs coups de mousquet tirés à la hâte des fenêtres ne firent à peu près aucun mal aux assiégeants. Ceux-ci, échauffés par l'attaque, répondirent à ces décharges par le cri de Vive Péveril! et déjà ils avaient fait une brèche praticable dans le mur de briques du ténement, par laquelle Lance, Ditchley et quelques autres de leurs compagnons les plus hardis s'étaient frayé un chemin jusqu'à la salle.

Ils étaient néanmoins aussi loin que jamais d'être complétement maîtres de la maison. Les assiégés unissaient à beaucoup de sang-froid et d'expérience militaire cet enthousiasme ardent et profond qui compte la vie pour moins que rien, en comparaison d'un devoir réel ou supposé. A travers les portes entr'ouvertes qui donnaient accès à la salle, ils faisaient un feu continuel qui commençait à devenir fatal. Un mineur fut tué, trois ou quatre furent blessés, et Lance était indécis s'il ferait retirer ses forces de la maison, en l'abandonnant aux flammes, ou s'il essaierait, par une attaque désespérée sur les portes occupées par les défenseurs, de se rendre tout à fait maître de la place. En ce moment, sa conduite fut déterminée par un incident imprévu dont il est nécessaire d'exposer la cause.

Julien Péveril, comme tous ceux qui, dans cette nuit mémorable, se trouvaient à Moultrassie-Hall, avait été éveillé par le bruit du mousquet de la sentinelle, auquel avaient succédé les cris des vassaux et des adhérents de son père. Il en avait assez entendu pour comprendre qu'on attaquait la maison de Bridgenorth pour le délivrer. Fort incertain de l'issue d'une telle tentative, les idées encore à demi troublées par le sommeil auquel il venait d'être si soudainement arraché, et comme étourdi de la rapide succession d'événements dont il avait été témoin depuis peu, il se couvrit à la hâte d'une partie de ses vêtements, et courut à la fenêtre de sa chambre. Mais, de là, il ne put rien voir qui le tirât de son anxiété; car elle ne donnait pas du côté où avait lieu l'attaque. Il essaya d'ouvrir sa porte : elle était fermée à l'extérieur. Son inquiétude et sa perplexité devenaient extrêmes, quand tout à coup la porte s'ouvrit, et dans un déshabillé mis à la hâte au moment de l'alarme, les cheveux flottants sur ses épaules, le regard animé à la fois par la crainte et la résolution, Alice Bridgenorth se précipita dans la chambre, et lui saisit la main en s'écriant d'un air égaré : Julien, sauvez mon père!.

La lumière qu'elle tenait à la main éclairait des traits que personne n'eût pu voir sans émotion, mais dont l'expression était irrésistible pour un amant.

— Alice, lui dit-il, que signifie ceci? Quel est le danger? Où est votre père?

— Ne vous arrêtez pas à me questionner; si vous voulez le sauver, suivez-moi!

En même temps, marchant devant lui d'un pas rapide, elle descendit la moitié de l'escalier tournant qui conduisait à la chambre de

Julien, et de là, passant par une porte de côté qui donnait accès à une longue galerie, elle gagna un second escalier plus grand et plus large au bas duquel était son père, entouré de quatre ou cinq de ses amis, et qu'on pouvait à peine apercevoir à travers la fumée produite par le feu qui s'étendait dans la salle, aussi bien que par les décharges continuelles de leurs mousquets.

Julien vit qu'il n'y avait pas un moment à perdre pour que sa médiation fût encore utile. Il traversa rapidement la petite troupe de Bridgenorth avant qu'elle se fût aperçue de son approche; et se jetant au milieu des nombreux assaillants qui occupaient la salle, il les assura que sa personne était en sûreté, et les conjura de se retirer.

— Non pas sans avoir eu quelques tranches du Croupion, M. Julien, répondit Lance. Je suis bien content de vous voir sain et sauf; mais voici Joe Rinegap tué comme un daim, et plusieurs de nous sont blessés; nous en aurons vengeance, et nous rôtirons les puritains comme des pommes pour le lambswool[1]!

— En ce cas, vous me rôtirez avec eux, dit Julien; car je jure Dieu que je ne sortirai pas d'ici, étant lié par ma parole d'honneur à rester près du major Bridgenorth jusqu'à ce que je sois légalement remis en liberté.

— Hé bien, allez au diable, quand vous seriez dix fois un Péveril! s'écria Ditchley. Donner tant de peine et causer tant de pertes à d'honnêtes gens, et ne pas mieux les soutenir! — Camarades, attisons le feu, et grillons-les tous ensemble!

— Allons, allons, la paix, mes maîtres, et écoutez la raison, reprit Julien; nous sommes tous ici dans une mauvaise situation, et vous ne ferez que l'empirer par la violence. Aidez à éteindre ce feu, qui autrement nous coûtera cher à tous. Restez sous les armes. Laissez M. Bridgenorth et moi régler quelques bases d'accommodement, et j'espère que tout s'arrangera favorablement des deux côtés. Sinon, vous aurez mon consentement et mon appui pour reprendre le combat; et quoi qu'il arrive, je n'oublierai jamais ce que vous faites pour moi cette nuit.

Il prit alors à part Ditchley et Lance Outram, tandis que son apparition et ses paroles tenaient en suspens le reste de la troupe; et tout en leur exprimant ses remercîments sincères et sa vive reconnaissance pour ce qu'ils avaient déjà fait, il leur demanda, comme la plus grande preuve d'amitié qu'ils lui pussent donner ainsi qu'à la maison de son père, qu'ils lui permissent de négocier les conditions de sa délivrance. En même temps il glissa cinq ou six pièces d'or dans la main de Ditchley, afin que les braves compagnons de Bonadventure pussent boire à sa santé; tandis qu'à Lance il témoignait combien il était pé-

---

[1] Sorte de boisson où il entre des pommes cuites. (L. V.)

nétré de son zèle et de son dévouement, mais en lui protestant que la seule chose qu'il pût maintenant regarder comme un bon service pour sa maison était de le laisser arranger l'affaire comme il l'entendrait.

— Ma foi, M. Julien, répondit Lance, comme il vous plaira ; car c'est une chose qui est au-dessus de mes connaissances. Tout ce que je veux, c'est de vous voir en sûreté hors de Moultrassie-Hall ; car autrement notre vieille tante Ellesmere me recevrait mal quand je rentrerais au cottage. La vérité est que j'ai commencé malgré moi ; mais quand j'ai vu ce pauvre Joe tué à côté de moi, ma foi, j'ai cru que nous devions en tirer quelque vengeance. Mais je remets tout dans les mains de Votre Honneur.

Durant ce colloque, les deux partis avaient concouru d'un commun accord à éteindre le feu, qui autrement aurait pu leur devenir fatal à tous. Il fallut un effort général pour prendre le dessus ; et les deux troupes ennemies se livrèrent ensemble au travail nécessaire, avec autant d'unanimité que si l'eau qu'ils tiraient du puits dans des seaux de cuir pour jeter sur le feu, avait dû en même temps éteindre leur hostilité mutuelle.

CHAPITRE XXVI.

> Nécessité, — toi le meilleur des pacificateurs, et la plus sûre inspiratrice de l'invention, — viens à notre aide!
> *Anonyme.*

TANT que dura l'incendie, les deux partis travaillèrent de parfait accord et avec une égale activité, comme les factions opposées des Juifs pendant le siège de Jérusalem, alors qu'elles étaient contraintes de se réunir pour repousser un assaut des assiégeants. Mais quand le dernier seau d'eau fut tombé avec un léger sifflement sur les derniers vestiges de l'incendie, — quand le sentiment d'hostilité mutuelle, un instant suspendu par celui du danger commun, se fut ranimé à son tour, — les assaillants et les assiégés, jusque-là réunis dans une communauté d'efforts, se séparèrent les uns des autres et se rangèrent des deux côtés de la salle, en portant la main à leurs armes comme prêts à renouveler le combat.

Bridgenorth arrêta le progrès de cette recrudescence de dispositions hostiles. — Julien Péveril, dit-il, vous êtes libre de suivre votre propre chemin, puisque vous ne voulez pas marcher avec moi dans la route la plus sûre aussi bien que la plus honorable. Mais si vous voulez m'en croire, vous traverserez au plus tôt les mers de la Grande-Bretagne.

— Ralph Bridgenorth, dit un de ses amis, ceci n'est de ta part qu'une conduite faible et condamnable. Veux-tu retirer ton bras de la bataille sans défendre contre ces fils de Bélial le captif de ton arc et de ta lance? Assurément nous sommes assez pour leur faire tête dans la sécurité de notre bonne vieille cause; et nous ne devons pas relâcher cette semence du vieux serpent, avant d'avoir essayé si le Seigneur nous donnera la victoire.

Un murmure de farouche assentiment suivit cette allocution; et si Ganlesse ne fût pas alors intervenu, le combat se serait probablement renouvelé. Il prit à part dans une des embrasures l'avocat de la guerre, et, selon toute apparence, satisfit à ses objections; car revenant vers ses compagnons, celui-ci leur dit : — Notre ami a si bien discuté cette affaire, qu'en vérité, puisqu'il est du même avis que le major Bridgenorth, je pense que le jeune homme peut être mis en liberté.

Personne n'élevant d'opposition, il ne restait plus à Julien qu'à remercier et récompenser ceux qui avaient agi pour lui. Leur ayant d'abord obtenu de Bridgenorth une promesse d'amnistie pour leur rassemblement illégal, il leur témoigna ensuite par quelques paroles affectueuses combien il était pénétré du service qu'ils lui avaient rendu; et quelques pièces d'or glissées dans la main de Lance Outram fournirent à celui-ci les moyens de leur procurer un jour de fête. Ils auraient voulu rester pour le protéger; mais craignant de nouveaux désordres, et se reposant entièrement sur la bonne foi du major Bridgenorth, il les congédia tous à l'exception de Lance, qu'il retint près de lui pour quelques minutes, jusqu'à ce qu'il quittât Moultrassie-Hall. Mais avant de s'éloigner, il ne put réprimer son désir de parler en secret à Bridgenorth, et s'avançant vers lui, il lui en fit la demande.

Accordant tacitement ce qu'on lui demandait, Bridgenorth le précéda dans un petit salon d'été attenant à la grande salle; et là, avec sa gravité accoutumée et le calme habituel de ses manières, il parut attendre en silence la communication que Péveril avait à lui faire.

Julien trouva difficile, quand si peu d'ouvertures lui étaient faites, de prendre, pour aborder les sujets qu'il avait à cœur, un ton qui fût à la fois digne et conciliant. — Major Bridgenorth, dit-il enfin, vous avez été fils, et fils affectionné; — vous pouvez concevoir mes inquiétudes présentes. — Mon père! — que lui est-il réservé?

— Ce que voudra la loi, répondit Bridgenorth. S'il avait suivi les avis que je lui ai fait donner, il aurait pu demeurer en pleine sécurité dans la maison de ses ancêtres. Son sort ne dépend plus maintenant de moi, — bien moins encore de vous. Il faudra qu'il en soit de lui ce que son pays en décidera.

— Et ma mère?

— Elle consultera son devoir, comme elle l'a toujours fait ; et en agissant ainsi elle assurera son bonheur. Croyez-moi, mes intentions à l'égard de votre famille sont meilleures qu'elles ne le peuvent paraître à travers le brouillard dont l'adversité a enveloppé votre maison. Je puis triompher comme homme ; mais comme homme je dois aussi me souvenir, à mon heure, que mes ennemis ont eu la leur. — Avez-vous quelque autre chose à me dire ? ajouta-t-il après un moment de silence. Vous avez précédemment repoussé à diverses reprises la main que je vous tendais ; je ne vois pas maintenant ce qui reste de commun entre nous.

Ces mots, qui semblaient couper court à toute discussion, furent prononcés d'un ton calme ; de sorte que bien qu'ils parussent peu propres à encourager Julien à de nouvelles questions, ils ne purent arrêter la parole qui était suspendue sur ses lèvres. Il fit un ou deux pas vers la porte ; puis il se retourna brusquement. — Votre fille ? dit-il. — Major Bridgenorth, — je voudrais vous demander... Je vous demande pardon de mentionner son nom ; mais ne puis-je m'informer d'elle ? — ne puis-je vous exprimer mes vœux pour son bonheur futur ?

— L'intérêt que vous lui portez n'est que trop flatteur, répondit Bridgenorth ; mais vous avez déjà pris votre parti, et vous devez être à l'avenir étrangers l'un à l'autre. Je puis avoir souhaité qu'il en fût autrement ; mais l'heure de grâce est passée, durant laquelle votre soumission à mes avis aurait pu... je parlerai sans détour — aurait conduit à votre union. Quant à son bonheur, — si un tel mot appartient à un pèlerinage mortel, — j'y veillerai suffisamment. Elle quitte aujourd'hui Moultrassie, sous la garde d'un ami sûr.

— Non pas de...? Mais Péveril, qui n'avait pu retenir cette exclamation, s'arrêta court ; car il sentit qu'il n'avait pas le droit de prononcer le nom qui lui venait aux lèvres.

— Pourquoi n'achevez-vous pas ? dit Bridgenorth ; une pensée soudaine est souvent sage, et presque toujours honnête. A qui supposez-vous que j'aie l'intention de confier mon enfant, pour que cette idée ait appelé sur vos traits une telle expression d'inquiétude ?

— J'ai encore à vous demander pardon, monsieur Bridgenorth, de me mêler d'une affaire où je n'ai guère le droit d'intervenir. Mais j'ai vu ici un visage qui m'est connu : — je veux parler de la personne qui se donne le nom de Ganlesse ; — est-ce à ce Ganlesse que vous avez dessein de confier votre fille ?

— A la personne même qui se donne le nom de Ganlesse, répondit Bridgenorth sans exprimer ni mécontentement ni surprise.

— Et savez-vous à qui vous remettez un dépôt si précieux pour tous ceux qui la connaissent, et qui vous est si cher à vous-même ?

— Le connaissez-vous, *vous* qui m'adressez cette question ?

— Je conviens que non ; mais je l'ai vu sous des dehors si différents de ceux qu'il montre maintenant, que je regarde comme un devoir de vous avertir de ne pas confier légèrement la charge de votre enfant à un homme qui peut jouer alternativement le débauché ou l'hypocrite, selon qu'il convient à son intérêt ou à son humeur.

Bridgenorth sourit dédaigneusement. — Je pourrais m'offenser, dit-il, du zèle officieux qui suppose que ses idées de jeune homme peuvent instruire mes cheveux gris ; mais, mon bon Julien, je vous demande seulement d'être assez généreux pour vouloir bien croire que moi qui ai tant vu les hommes, je sais à qui je confie ce que j'ai de plus cher. Celui de qui vous parlez a un visage connu de ses amis, quoiqu'il puisse en avoir d'autres pour le monde, vivant comme il le fait au milieu de gens devant lesquels des traits honnêtes doivent se cacher sous un masque grotesque ; de même que dans les divertissements de ce temps de péché appelés déguisements et mascarades, le sage, s'il s'y montre, doit se résoudre à jouer le rôle fantastique et ridicule d'un fou.

— Je voudrais seulement prier votre sagesse de se méfier d'un homme qui, de même qu'il a un masque pour les autres, peut aussi en avoir un pour vous qui déguise ses traits véritables.

— C'est porter la sollicitude à l'extrême, jeune homme, répliqua Bridgenorth d'un ton plus bref que celui qu'il avait eu jusque-là. Si vous voulez suivre mon conseil, vous vous occuperez de vos propres affaires, qui, croyez-moi, méritent toute votre attention, et vous laisserez aux autres le soin des leurs.

Ceci était trop clair pour ne pas être compris. Péveril fut obligé de prendre congé de Bridgenorth et de Moultrassie-Hall sans autre pourparler ni explication. Le lecteur peut se figurer combien de fois il retourna la tête, et chercha à deviner, parmi les lumières qui continuaient de briller dans différentes parties du bâtiment, laquelle partait de la chambre d'Alice. Quand le chemin changea de direction, Julien tomba dans une profonde rêverie, dont il fut enfin tiré par la voix de Lance, qui lui demandait où il avait intention de passer la nuit. Il n'était pas préparé à répondre à cette question ; mais l'honnête garde-chasse lui fournit lui-même une solution du problème, en le priant de vouloir bien occuper un lit de réserve qu'il avait à la Loge, proposition à laquelle le jeune homme agréa volontiers. Le reste des habitants était allé se livrer au repos quand ils arrivèrent ; mais dame Ellesmere, prévenue par un messager des intentions hospitalières de son neveu, avait tout préparé, du mieux qu'il lui avait été possible, pour le fils de son ancien maître. Péveril se mit au lit ; et malgré tant de causes d'inquiétude, il dormit d'un sommeil paisible jusques assez avant dans la matinée.

Son sommeil fut interrompu par Lance Outram, qui était sur pied depuis longtemps et activement occupé des devoirs de son service. Il l'informa que son cheval, ses armes et un petit porte-manteau avaient été envoyés du château par un des domestiques du major Bridgenorth, qui en même temps avait apporté une lettre par laquelle l'infortunée Déborah Debbitch était renvoyée du service du major, avec défense de reparaître à Moultrassie-Hall. L'officier de la Chambre des Communes, escorté par une forte garde, avait quitté de bonne heure le château de Martindale, ayant pris place dans le carrosse de sir Geoffrey; — lady Péveril avait eu en outre la permission de l'accompagner. A ceci, il avait encore à ajouter que M. Win-the-Fight, l'attorney de Chesterfield, assisté d'autres hommes de loi, avait pris possession du château au nom du major Bridgenorth, créancier du malheureux chevalier pour une somme considérable.

Lorsqu'il eut débité ces nouvelles de Job, Lance se tut; puis après un instant d'hésitation, il déclara qu'il était résolu à quitter le pays et à aller à Londres avec son jeune maître. Julien lui adressa des représentations, et lui fit observer qu'il ferait mieux de rester à veiller sur sa tante, dans le cas où elle serait inquiétée par des étrangers. Lance répondit qu'elle aurait quelque chose avec elle qui la protégerait, car elle avait de quoi acheter leur protection; mais quant à lui, qu'il était décidé à ne quitter M. Julien qu'à la mort.

Julien le remercia avec effusion de cette marque d'attachement.

— Ce n'est pas non plus tout à fait par raison d'attachement, dit Lance, quoique je m'attache aussi bien qu'un autre; mais c'est en quelque sorte en partie par crainte, de peur d'être mis sur les charbons pour l'affaire de cette nuit. Quant à ce qui est des mineurs, on ne les inquiètera jamais, vu que les pauvres diables n'ont agi que d'après leur nature.

— Si vous avez cette crainte, j'écrirai pour vous au major Bridgenorth, qui s'est engagé à vous donner protection.

— Oh! mais, quant à ça, ce n'est pas tout à fait par crainte, plus que ce n'est tout à fait par attachement, repartit l'énigmatique garde-chasse, quoique ça tienne un peu des deux; et pour dire la simple vérité, voilà ce que c'est : — dame Debbitch et tante Ellesmere ont résolu d'attacher leurs chevaux ensemble, et d'oublier leurs anciennes querelles; et de tous les revenants du monde, le pis est quand une ancienne maîtresse revient hanter un pauvre diable comme moi. Mistress Déborah, quoique assez chagrine de la perte de sa place, a déjà parlé d'une pièce de six pence [1] rompue, ou de je ne sais quoi de pareil, comme si un homme pouvait se souvenir de choses semblables après tant d'années, quand même pendant tout ce temps-là elle n'aurait pas passé les mers comme une bécasse.

Julien eut peine à s'empêcher de rire. — Je vous croyais trop du

---

[1] Pièce d'un demi-shilling. La coutume à laquelle Lance fait allusion ici équivaut à une promesse de mariage. (L. V.)

caractère d'un homme, Lance, pour craindre qu'une femme vous épouse bon gré mal gré.

— C'est pourtant ce qui est arrivé à plus d'un honnête homme ; et quand une femme est dans la même maison que vous, le diable lui fournit bien des occasions. Et puis, elles seraient deux contre un ; car tante Ellesmere, quoique assez fière quand il s'agit de quelqu'un des vôtres, a quelque penchant pour l'essentiel ; et il paraît que mistress Deb est riche comme un juif.

— Et vous, Lance, vous n'avez pas idée de vous marier pour le cake[1] et le poudding ?

— Non, en vérité, monsieur, à moins que je ne sache de quelle pâte ils sont faits. Comment diable saurais-je comment la coquine en a tant gagné ? Et puis, si elle parle de gages d'amour et d'aventures amoureuses, elle n'a qu'à être la même fille alerte et pimpante avec qui j'ai rompu la pièce de six pence, et je serai le même amoureux pour elle. Mais je n'ai jamais entendu parler d'amour qui ait duré dix ans ; et le sien, s'il dure toujours, doit en avoir bien près de vingt.

— Hé bien donc, Lance, puisque vous y êtes décidé, nous irons ensemble à Londres ; et là, si je ne puis vous garder à mon service, et que mon père ne voie pas la fin de ses malheurs, je tâcherai de vous placer ailleurs.

— Non, non ; j'espère revenir à mon joli Martindale avant qu'il soit longtemps, et garder encore les bois comme j'ai été accoutumé à le faire. Car, quant à dame Debbitch, quand ma tante et elle ne m'auront plus pour but commun, elles tourneront bientôt leurs flèches l'une contre l'autre. Tenez, voici la vieille dame Ellesmere avec votre déjeuner. Je vais seulement donner quelques instructions au sujet des daims à mon aide, Rough Ralph ; puis j'irai seller mon poney et le cheval de Votre Honneur, qui n'est pas des meilleurs, et nous serons prêts à nous mettre en route.

Julien ne fut pas fâché de cette adjonction ; car Lance s'était montré, le soir précédent, garçon aussi intelligent que hardi et attaché à son maître. Il tâcha donc d'accoutumer la tante à l'idée de se séparer temporairement de son neveu. Le dévouement sans bornes d'Ellesmere pour « la famille » fit acquiescer sans trop de peine la vieille dame à la proposition, non pourtant sans donner tout bas un soupir à la ruine d'un château aérien qu'elle avait élevé sur la bourse bien garnie de Déborah Debbitch. — En tout cas, pensa-t-elle, il n'y avait pas de mal à ce que Lance se trouvât hors du chemin de cette effrontée coquine à longues jambes, Cis Sellok, qui était pauvre comme un mendiant.

Mais pour la pauvre Deb, l'expatriation de Lance, vers lequel

---

[1] Galette de farine d'avoine, cuite sous la cendre. C'est le pain de ménage des paysans pauvres du nord de l'Angleterre, et surtout de l'Écosse. (L. V.)

elle avait toujours eu les yeux tournés, comme le marin songe au port situé sous le vent, et où il peut se réfugier si le temps devient mauvais, cette expatriation fut un nouveau coup qui ne lui fut pas moins sensible que son renvoi du service profitable du major Bridgenorth.

Julien voulut voir l'inconsolable demoiselle, dans l'espoir d'obtenir quelque lumière sur les projets de Bridgenorth au sujet de sa fille, — sur le caractère de ce Ganlesse, — et sur d'autres points que sa résidence dans la famille aurait pu lui faire connaître ; mais il la trouva en proie à un trop grand trouble d'esprit pour qu'elle pût lui fournir la moindre information. Elle ne paraissait pas se souvenir du nom de Ganlesse ; — celui d'Alice lui donnait des crises nerveuses ; — celui de Bridgenorth la rendait furieuse. Elle énuméra les divers services qu'elle avait rendus à la famille ; — elle prédit que le linge serait mal blanchi, — la volaille maigre, — la maison dilapidée et mal tenue, — Alice attaquée d'une maladie de langueur et enlevée par une mort prématurée : — tous maux, affirmait-elle, qu'elle n'avait détournés qu'à force de soins et par une surveillance continue. — Puis revenant à son fugitif, elle parlait de ce pauvre garçon à esprit étroit avec un mépris si absolu, d'un ton moitié ironique, moitié larmoyant, que Julien vit bien que ce n'était pas là un sujet susceptible d'opérer comme calmant, et qu'en conséquence, à moins qu'il ne fît à la Loge un plus long séjour que ne le lui permettait l'urgence de ses affaires, il n'était pas probable qu'il pût trouver mistress Déborah dans une situation d'esprit assez calme pour qu'il pût espérer d'obtenir d'elle le moindre renseignement raisonnable et utile.

Lance, qui bénévolement prenait sur lui tout le fardeau de l'aliénation mentale de dame Debbitch, ou de son « affection violente, » comme de tels accès de *passio hysterica* sont appelés dans le pays, Lance avait trop d'humanité pour s'offrir aux regards de cette victime de la sensibilité et de sa dureté de cœur. Il fit donc prévenir Julien, par son adjoint Ralph, que les chevaux étaient sellés devant la Loge, et que tout était prêt pour leur départ.

Julien ne se fit pas attendre. En un instant ils furent à cheval et courant d'un bon trot dans la direction de Londres, mais non par la route la plus ordinaire. Julien calcula que la voiture qui transporterait son père voyagerait lentement ; et son intention était de le devancer à Londres, s'il était possible, afin d'avoir le temps de se consulter avec les amis de sa famille sur les mesures qu'il conviendrait de prendre à l'égard de sir Geoffrey.

Ils coururent ainsi toute la journée ; le soir approchant, Julien résolut de s'arrêter pour la nuit dans une petite auberge, qui s'offrit à eux sur la route. Personne ne se présenta, à leur premier appel, pour recevoir les voyageurs et prendre leurs chevaux, quoique la maison fût bien éclairée; et on entendait partir de la cuisine un bruit de voix tel qu'un cuisinier français en peut seul produire, quand il est dans ce qu'on nomme le coup de feu. L'idée qui s'offrit tout d'abord à l'esprit de Julien, — tant il était rare alors qu'on employât le ministère de ces artistes français, — fut que les clameurs qui frappaient son oreille devaient nécessairement être produites par le sieur Chaubert, aux plats duquel il avait naguère fait honneur, en compagnie de Smith et de Ganlesse.

L'un des deux, tous les deux, peut-être, se trouvaient donc probablement dans la petite auberge; et s'il en était ainsi, il pourrait avoir quelque occasion de découvrir leurs intentions et leur vrai caractère. Comment tirer parti d'une telle rencontre, c'est ce qu'il ignorait; mais le hasard le servit mieux qu'il n'eût pu l'espérer.

— Je puis à peine vous recevoir, messieurs, leur dit l'hôte, qui parut enfin à la porte; j'ai chez moi, ce soir, une sorte de gens de qualité qui ne se contenteront pas de moins que de toute la maison, encore heureux si la maison leur suffit.

— Nous ne sommes pas difficiles, mon cher hôte, dit Julien; nous nous rendons à la foire de Moseley, et nous ne pouvons pas aller plus loin ce soir. Le moindre trou nous sera bon, n'importe quoi.

— Hé bien, reprit le digne hôte, si tel est le cas, il faut que je mette l'un de vous derrière le comptoir, malgré que ces messieurs aient désiré être seuls; l'autre fera de nécessité vertu, et m'aidera au robinet.

— A moi le robinet, s'écria Lance, sans attendre la décision de son maître. C'est un élément dans lequel je pourrais vivre et mourir.

— A moi donc le comptoir, dit Péveril; et faisant deux pas en arrière, il dit à demi-voix à Lance de changer d'habits avec lui, désirant éviter autant que possible d'être reconnu.

L'échange fut fait en un clin d'œil. Immédiatement après, l'hôte revint avec une lumière. Tout en guidant Julien dans son hôtellerie, il lui recommanda de rester tranquille à la place où il allait le loger; et, s'il était découvert, de dire qu'il appartenait à la maison, et de lui laisser le soin du reste. — Vous entendrez ce qu'ils disent, ajouta-t-il, mais je ne pense pas que ça vous serve à grand'chose; car quand ce n'est pas du français, c'est du jargon de cour, et c'est tout aussi difficile à comprendre [1].

Le comptoir, dans lequel notre héros fut introduit à ces conditions, semblait établi, par rapport à la salle publique, sur le principe d'une citadelle destinée à observer et à tenir en bride une capitale séditieuse. Là siégeait l'hôte chaque samedi soir, abrité contre la vue de ses habitués, mais à même de suivre de l'œil leurs besoins et leur conduite, et à portée aussi d'entendre leur conversation, — pratique à laquelle

---

Le français était devenu la langue à la mode de la cour de Charles II. (L. V.)

il était fort enclin, car il appartenait à cette classe nombreuse de philanthropes auxquels les affaires de leurs voisins importent autant, sinon plus, que les leurs propres.

C'est là qu'il colloqua son nouvel arrivant, avec des recommandations répétées de ne pas prononcer un mot, de ne pas faire un mouvement, qui pussent troubler les gentlemen, et la promesse qu'il ne tarderait pas à lui envoyer une tranche d'aloyau froid et un tankard de petite bière. Julien resta donc là, sans autre lumière que celle qui pénétrait, de la salle bien éclairée, à travers une sorte de judas ménagé de façon à ce que le regard de l'hôte y pût tout embrasser.

Cette situation, assez peu commode en elle-même, était, dans l'occasion actuelle, précisément celle que Julien eût choisie. Il s'enveloppa dans le manteau râpé de Lance Outram, dont le temps et les intempéries avaient nuancé de mille teintes diverses la couleur originelle, le vert de Lincoln; et avec aussi peu de bruit qu'il le put, il se mit à observer les deux personnages qui avaient accaparé pour eux seuls la totalité de la salle habituellement ouverte au public. Ils étaient assis à une table bien garnie de raretés coûteuses, telles qu'on n'avait pu se les procurer qu'à grand'peine, et que le savant M. Chaubert avait seul pu préparer : tous deux paraissaient y faire honneur.

Julien s'assura aisément que l'un des voyageurs était, ainsi qu'il l'avait prévu, le maître de Chaubert, c'est-à-dire l'homme à qui Ganlesse avait donné le nom de Smith; l'autre lui faisait face, et il ne l'avait jamais vu. Ce dernier était vêtu en élégant du premier ordre. Il est vrai que comme il voyageait à cheval, sa perruque n'était guère plus grande que celle d'un homme de loi moderne; mais le parfum qui s'en exhalait à chacun de ses mouvements imprégnait toute la salle, où ne se faisait guère sentir d'habitude que celui de cette herbe vulgaire qu'on nomme tabac. Sa redingote de voyage était galonnée dans le goût le plus nouveau et le plus galant; et Grammont lui-même[1] eût pu porter envie aux broderies de sa veste et à la coupe particulière de sa culotte boutonnant au-dessus du genou, et laissant ainsi complétement à découvert les contours d'une fort belle jambe. Aussi le propriétaire l'avait-il étalée sur un tabouret, et se complaisait-il de temps en temps à en contempler les proportions avec une satisfaction infinie.

La conversation qui avait lieu entre ces dignes personnages était d'un tel intérêt, que nous croyons devoir lui consacrer un autre chapitre.

---

[1] Nous avons déjà eu précédemment occasion de citer les très-amusants *Mémoires* du chevalier de Grammont, ce type de l'élégance et des mœurs faciles des gentilshommes débauchés de la première partie du règne de Louis XIV. Ces *Mémoires*, modèle achevé de causerie spirituelle, railleuse et médisante, et dans lesquels Hamilton, qui les a rédigés, a su conserver la légèreté d'esprit et de ton de son héros, peuvent être regardés comme une véritable chronique scandaleuse de la cour dissolue de Charles II. (L. V.)

CHAPITRE XXVII.

> C'est la créature des éléments. Elle est tout à fait semblable à votre mouette, qui décrit des cercles en faisant entendre ses chants aigus pareils à des sifflements, même alors que l'orage élève sa voix rugissante ; — à qui la crête mobile de la vague sert de couche ; — qui dort pendant le calme, et se joue de la tempête. Cependant ce n'est qu'une mouette, une véritable mouette. *Le Chieftain.*

Voici qui est à ta santé, honnête Tom, disait l'élégant fashionable que nous avons dépeint ; un verre de bienvenue à ton arrivée de la Terre des Rustres[1]. C'est un pays où tu es resté si longtemps, que tu y as, ma foi, pris toi-même à demi l'air d'un rustaud de casse-mottes. Ce pourpoint crasseux te va comme si c'était ton habit du dimanche ; et les aiguillettes ont l'air de lacets achetés pour ton amoureuse Marjory. Je suis étonné que tu puisses encore apprécier un ragoût. Il me semble que pour un estomac renfermé dans un tel justaucorps, des œufs au lard seraient un mets plus convenable.

— Raillez, mon cher lord, raillez tant que l'esprit dure, repartit son compagnon ; le vôtre n'est pas de ceux où l'on puise longtemps. Ou plutôt, dites-moi des nouvelles de la cour, puisque nous nous sommes rencontrés si à propos.

— Il y a une heure que vous m'en auriez demandé, si toutes vos pensées n'eussent été sous les plats couverts de Chaubert. Vous vous êtes souvenu que les affaires du roi ne risqueront rien à se refroidir, et que des *entremets* doivent être mangés chauds.

— Point du tout, mylord ; mais je n'ai voulu vous parler que de choses communes tant que ce maraud d'hôte à larges oreilles a été dans la chambre. Maintenant que le pays est déblayé, donnez-moi, je vous prie, des nouvelles de la cour.

— On ne donne plus suite au Complot, répondit le courtisan. — Sir Georges Wakeman est acquitté[2], — les témoins ne trouvent plus foi devant le jury, — et Scroggs, qui déblatérait d'un côté, déblatère maintenant de l'autre[3].

---

[1] *Lobby-Land.*

[2] *Voyez* la note S, à la fin du volume.

[3] Le chevalier Scroggs, premier juge du royaume, avait d'abord montré un grand zèle à poursuivre la conspiration papiste ; mais son ardeur se ralentit fort, dès qu'il vit que le roi semblait regarder le Complot comme une affaire en grande partie supposée.

— Au diable Wakeman, Complot, témoins, papistes et protestants ! pensez-vous que je me mets en peine de telles billevesées ? — Jusqu'à ce que le Complot gagne l'escalier dérobé du palais et s'empare de l'imagination du vieux Rowley lui-même [1], je me soucie comme d'un farthing de qui croit ou ne croit pas. Je tiens à quelqu'un qui me tirera d'affaire.

— Hé bien, alors, l'autre nouvelle est la disgrace de Rochester [2].

— Disgracié ! — Comment, pour quelle raison ? Le matin de mon départ, il était aussi en faveur que personne.

— C'est fini ; — l'épitaphe lui a cassé le cou [3]. — Il en peut faire une à présent sur son crédit à la cour, car il est mort et enterré.

— L'épitaphe ! hé mais, j'étais là quand elle fut composée, et celui sur qui elle était faite la regardait comme une excellente plaisanterie.

— Sans doute, et nous aussi ; mais elle s'est répandue avec la rapidité d'une meule de moulin. Elle a couru tous les cafés et a paru dans la moitié des journaux. Grammont l'a de plus traduite en français ; et on ne rit pas d'une plaisanterie si acérée, quand de tous côtés on vous la tinte aux oreilles. Aussi l'auteur a été disgracié ; et sans Sa Grâce de Buckingham, la cour serait aussi maussade que la perruque du lord-chancelier.

— Ou que la tête qu'elle couvre. — Hé bien, mylord, moins il y a foule à la cour, plus il y a de place pour ceux qui peuvent s'y évertuer. Mais voilà deux maîtresses cordes du violon de Shaftesbury rompues [4], — le Complot papiste tombé en discrédit, — et Rochester disgracié. —

Aussi les dénonciateurs, qui l'avaient d'abord exalté, ne se firent point faute de le décrier quand ils ne se virent plus favorisés par lui comme auparavant. (L. V.)

[1] Sobriquet donné à Charles II. (L. V.)

[2] Celui dont l'évêque Burnet dit dans ses *Mémoires* : « C'est l'homme d'Angleterre qui a le plus d'esprit et le moins de mœurs. » Walpole dit aussi de lui « que les muses aimaient à l'inspirer, et qu'elles rougissaient de l'avouer. » (L. V.)

[3] L'épitaphe à laquelle il est fait allusion est la fameuse épigramme faite par Rochester sur Charles II. Elle fut composée à la requête du roi, qui néanmoins en conçut un vif ressentiment.

La pièce est bien connue :

> « Here lies our sovereign lord the king,
> Whose word no man relies on;
> Who never said a foolish thing,
> And never did a wise one. »

« Ci-gît notre seigneur souverain le roi, à la parole de qui personne ne croit; jamais il ne dit rien de fou, et ne fit jamais rien de sage.» (W. S.)

[4] Une opinion très-répandue à l'époque de ce fameux Complot papiste, opinion que le roi lui-même partageait, était que le principal machinateur de la prétendue conspiration était lord Shaftesbury, alors président du conseil; on le supposait agir sous l'inspiration de sa haine pour le duc d'York, frère du roi, que l'on savait catholique, et dont ses ennemis voulaient provoquer la déchéance. (L. V.)

Le temps est au variable; — mais à la santé du petit homme qui le fera revenir au beau.

— Je vous entends, et je me joins de toute mon âme à votre toast. Croyez-moi, mylord vous aime, et il lui tarde de vous voir. Mais je vous ai fait raison : — avec votre permission, c'est maintenant à mon tour. A Sa joyeuse Grâce de Bucks[1].

— Jamais plus joyeux pair n'a fait de la nuit le jour. Oui, et ce sera une rasade à pleins bords, si vous voulez ; et je la boirai *super naculum*.

— Et quelles dispositions montre la grande Dame[2] ?

— Les plus prononcées contre tout changement. — Le petit Antoine[3] n'en peut rien faire.

— En ce cas il réduira son influence à rien. Approche l'oreille. Tu sais... (ici il dit à voix basse quelques mots dont Julien ne put rien saisir).

— Si je le connais? — Si je connais Ned[4] de l'Ile? — A coup sûr, je le connais.

— C'est l'homme qui renouera les deux cordes de violon rompues. Souviens-toi de ce que je te dis. Et sur ce, je bois à sa santé.

— A cause de cela je te fais raison ; mais à cause de cela seulement, car autrement j'y répugnerais, — attendu que Ned me paraît taillé sur le patron d'un coquin.

— Accordé, mon cher, — accordé : — un coquin renforcé; mais capable, mylord, capable et nécessaire, et, qui plus est, indispensable dans ce plan. Peuh! je crois que ce champagne devient plus fort en vieillissant.

— Écoute, mon honnête Tom, je voudrais que tu me donnasses quelques renseignements sur tout ce mystère. Tu en as la clef, je le sais; car à qui se confierait-on, si ce n'était au fidèle Chiffinch ?

— Vous êtes bien bon de parler ainsi, mylord, répondit Smith

---

[1] Il y a ici une équivoque intraduisible. En même temps que *Buck* est l'abréviation du nom de Buckingham, il signifie débauché, mauvais sujet; de sorte que le toast porté peut également s'entendre *à la santé de Buckingham*, et *à la santé du duc des libertins*. (L. V.)

[2] La duchesse de Portsmouth, maîtresse favorite de Charles II, très-impopulaire à l'époque du Complot papiste, tant à cause de sa religion qu'à cause de son pays, car elle était française et catholique. (W. S.)
Mademoiselle de Quérouaille, que Charles II créa duchesse de Portsmouth en 1672, fut en effet, de toutes ses maîtresses, et elles étaient nombreuses, celle que le roi aima le plus, et le plus longtemps. A son lit de mort il la recommanda aux bons soins de son frère le duc d'York, ce qui scandalisa grandement l'évêque Burnet, qui rapporte l'anecdote. (L. V.)

[3] Antoine Ashley Cooper, comte de Shaftesbury, le politique et l'intrigant par excellence du temps. (W. S.)

[4] Abréviation familière d'Edward. (L. V.)

(à qui nous donnerons désormais son véritable nom de Chiffinch [1]) avec une gravité d'ivrogne, car ses copieuses libations de la soirée commençaient à lui épaissir la langue; — peu de gens en savent plus et en disent moins que moi, et c'est ce qu'il faut dans ma position. *Conticuere omnes* [2], comme dit la grammaire; — tous les hommes devraient apprendre à retenir leur langue.

— Excepté avec un ami, Tom, — excepté avec un ami. Est-ce que tu serais jamais assez dur pour refuser un avis à un ami? Allons, tu deviens trop prudent et trop politique pour ton office; — les ligatures de ton pourpoint de rustaud vont éclater si tu gardes un secret qui te gonfle. Çà, déboutonne-toi, mon bon ami; c'est dans l'intérêt de ta santé. — Lâche un peu les ris [3], et fais part à ton meilleur ami de ce qui se médite. Tu sais que je suis aussi dévoué que toi au petit Antoine, si seulement il peut prendre le dessus.

— *Si,* lord mécréant! — que me parles-tu de *si?* — Il n'y a ni *si* ni *mais* dans l'affaire. La grande Dame sera baissée d'une cheville; — le grand Complot sera remonté de deux. Tu connais Ned? — l'honnête Ned a la mort d'un frère à venger.

— J'ai entendu parler de cela; et il paraît que la persistance de son ressentiment pour cette injure est un des points fort peu nombreux qui semblent montrer en lui une sorte de vertu païenne.

— Hé bien, en manœuvrant pour mener à bien sa vengeance, à laquelle il travaille depuis longtemps, il a découvert un trésor.

— Quoi! dans l'île de Man?

— Soyez-en sûr. — C'est une si charmante créature, qu'elle n'a besoin que d'être vue pour culbuter toutes les favorites, depuis Portsmouth et Cleveland jusqu'à cette bagasse à trois pence, mistress Nelly [4].

— Sur ma parole, Chiffinch, c'est un renfort choisi d'après les règles

---

[1] Chiffinch, homme qui joue sinon un grand rôle, du moins un rôle fort actif dans les mille intrigues du règne de Charles II, était le valet de chambre favori et le complaisant pourvoyeur des plaisirs amoureux de son maître, honorable emploi qu'il partageait avec un de ses collègues nommé May. (L. V.)

[2] « Tous se turent. » C'est le commencement d'un vers bien connu du second livre de l'Énéide. (L. V.)

[3] Figure empruntée aux manœuvres navales. (L. V.)

[4] La comtesse de Cleveland, plus connue dans les chroniques scandaleuses de la cour de Charles II sous le nom de Castelmaine, fut la maîtresse favorite du roi jusqu'en 1672, époque de l'avénement de la duchesse de Portsmouth. Elle se gênait fort peu pour faire de son royal amant ce qu'elle avait fait de son mari, le comte de Castelmaine. Quoique reine déchue, elle n'avait pas quitté la cour : Charles II aimait à élire de nouvelles favorites, mais non à supprimer les anciennes; Castelmaine partagea même jusqu'à un certain point la faveur de la duchesse de Portsmouth. — La Nelly, dont Chiffinch parle ici en termes si méprisants, est une piquante comédienne nommée Nell Gwyn, qui avait su captiver le roi et se vantait d'être la rivale souvent préférée de la favorite. — *Voyez* la note T, à la fin du volume. (L. V.)

de ta meilleure tactique. Mais prends garde à toi, mon cher! Pour faire une telle conquête, il faut autre chose que des joues vermeilles et un œil brillant; — il faut qu'il y ait là de l'esprit; — de l'esprit, mon cher, et des manières, et avec cela un peu de bon sens, pour conserver l'influence quand elle est conquise.

— Bah! voulez-vous m'apprendre ce qui convient à l'emploi? Tenez, à sa santé, et faites-moi raison à pleine rasade. — Oui, et vous boirez à sa santé à genoux, qui plus est. — Jamais on n'a vu beauté si captivante. — J'ai été à l'église à cause d'elle, pour la première fois depuis dix ans. — Pourtant je mens; ce n'était pas à l'église : — c'était à l'oratoire.

— A l'oratoire! — Que diable, est-ce une puritaine?

— Assurément, c'en est une. Pensez-vous que je voudrais prêter les mains à mettre une papiste en faveur dans les temps où nous sommes, quand mon bon lord a dit à la Chambre qu'il ne devrait y avoir auprès du roi ni un domestique papiste, ni une servante papiste, ni même un chien ou un chat papistes qui pussent aboyer ou miauler autour de lui[1]?

— Mais songe donc combien peu il est vraisemblable qu'elle plaise. — Quoi! le vieux Rowley, avec son esprit et son goût pour l'esprit, — avec ses singularités et son goût pour les singularités, — former une ligue avec une petite puritaine bien sotte, bien scrupuleuse, bien vide d'idées! — Il n'en ferait rien, serait-elle une Vénus.

— Tu n'entends rien à tout cela. Je te dis que le charmant contraste entre les dehors de la sainte et l'abandon de la pécheresse sera un excitant pour les inclinations du vieux gentilhomme. Si je ne le connais pas, qui le connaîtra? — A la santé de la belle, mylord, à sa santé à deux genoux, si vous voulez devenir gentilhomme privé de la chambre.

— Je vous fais raison très-dévotement. Mais vous ne m'avez pas dit comment se fera la connaissance; car vous ne pouvez pas, je pense, l'amener à White-Hall.

— Ha! ha! mon cher lord, vous voudriez avoir le secret tout entier! mais c'est ce qui ne se peut pas. — Je puis laisser entrevoir à un ami un petit coin de mes plans; mais personne ne doit porter les yeux sur les moyens par lesquels ils seront accomplis. — Et en parlant ainsi, il secouait très-gravement sa tête chargée des vapeurs du vin.

L'infâme dessein que renfermait ce discours, et que son cœur lui disait être dirigé contre Alice Bridgenorth, jeta Julien dans une telle agitation, qu'involontairement il changea de posture et porta la main à son épée.

Chiffinch entendit le bruit que fit l'arme, et s'interrompant, il s'écria : Écoute! — quelque chose a remué. — J'espère que je n'ai parlé que pour ton oreille.

---

[1] Tel était le caractère extravagant de l'éloquence de Shaftesbury. (W. S.)

— J'abattrai celles qui auront entendu une seule syllabe de tes paroles, dit le jeune seigneur ; et élevant une chandelle, il parcourut rapidement de l'œil tous les coins de la salle. Ne voyant rien qui pût éveiller son ressentiment, il reposa la lumière sur la table, et continua : — Hé bien, en admettant que la belle Louise de Quérouaille[1] passe de sa haute station au firmament, comment relèverez-vous le Complot tombé ? — car sans ce Complot, penses-en ce que tu voudras, les rênes ne changent pas de mains, et les choses restent après comme avant, avec une courtisane protestante au lieu d'une papiste. — Le petit Antoine ne peut guère avancer sans cette conspiration que je puis appeler sienne, — car je crois en conscience que c'est lui qui l'a engendrée[2].

— N'importe qui l'a engendrée, il l'a adoptée ; et ç'a été pour lui un enfant de grande espérance. Hé bien donc, quoique cela sorte de mes fonctions, je vais encore jouer le rôle de saint Pierre : — je vais prendre l'autre clef, et vous ouvrir l'autre mystère.

— Voilà qui est parler en bon camarade ; et je vais faire sauter de mes propres mains le bouchon de ce nouveau flacon de champagne, pour commencer par une rasade au succès de ta glorieuse entreprise.

— Hé bien donc, poursuivit le communicatif Chiffinch, tu sauras qu'ils avaient depuis longtemps maille à partir avec la vieille comtesse de Derby. — Ned fut donc envoyé là-bas, — il a un vieux compte à régler avec elle, tu sais, — muni d'instructions secrètes pour s'emparer de l'île, s'il le pouvait, avec l'aide de quelques-uns de ses anciens amis. Il avait toujours entretenu des espions près d'elle, et il ne se sentait pas d'aise de penser que l'heure de sa vengeance était si proche. Mais il a manqué son coup ; la vieille dame, s'étant tenue sur ses gardes, fut bientôt en position d'en faire repentir Ned. Il quittait l'île sans que son voyage lui eût procuré grand avantage, quand, par je ne sais quel moyen, — car je crois que le diable est toujours son ami, — il reçut des informations au sujet d'un messager que la vieille Majesté de Man envoyait à Londres pour s'y créer un parti. Ned s'attacha aux pas de ce drôle, — un garçon sans monde et sans expérience, fils d'un vieux radoteur de Cavalier de la vieille souche, là-bas dans le Derbyshire, — et il sut si bien gouverner le mignon, qu'il l'amena au lieu où j'étais en attente, impatient de voir arriver la jolie petite dont je vous ai parlé. Par saint Antoine ! — car je ne jurerai pas par un moindre serment, — je demeurai tout ébahi quand je vis ce grand rustre, — quoique pourtant le garçon n'ait pas trop mauvais air, — je restai ébahi comme... comme... Mon bon ami, aide-moi donc à trouver une comparaison.

— Comme le porc de saint Antoine, s'il était bien luisant : vous clignez

---

[1] Principale maîtresse *en titre* de Charles II. Elle avait été créée (comme nous l'avons déjà dit) duchesse de Portsmouth. (W. S.)

[2] On prétend que Shaftesbury lui-même dit qu'il ne savait pas qui était l'inventeur du Complot, mais que tout l'avantage de la découverte était pour lui. (W. S.)

de l'œil, Chiffie, absolument comme un de ces saints animaux. Mais qu'a de commun tout ceci avec le Complot? — Arrêtez, — j'ai assez de vin.

— Vous ne me laisserez pas en route, dit Chiffinch; et on entendit un cliquetis de verres, comme s'il eût rempli celui de son camarade d'une main mal assurée. — Eh! — que diable est ceci? — J'avais coutume de tenir mon verre d'une main ferme, — très-ferme.

— Hé bien, cet étranger?

— Ma foi, il vous expédiait le gibier et les ragoûts comme il l'aurait fait de bœuf de printemps ou de mouton d'été. Je n'ai jamais vu ourson si mal léché; — il ne savait pas plus ce qu'il mangeait qu'un infidèle. — Je le maudissais du fond de l'âme, en voyant les chefs-d'œuvre de Chaubert engloutis par un gosier si ignorant. Nous prîmes la liberté d'épicer un peu son gobelet, et de le débarrasser de ses lettres; et l'imbécile se remit en route le lendemain matin avec un paquet adroitement rempli de papier gris. Ned aurait voulu le garder avec lui, dans l'espoir d'en faire un témoin; mais l'enfant n'était pas de cette trempe-là.

— Et comment prouverez-vous l'authenticité de vos lettres?

— En êtes-vous là, mylord? on peut voir, avec la moitié d'un œil, que malgré votre pourpoint galonné vous avez été de la famille des élèves de Furnival[1], avant que la mort de votre frère vous ait envoyé à la cour. Comment prouver l'authenticité des lettres? — Hé mais, nous n'avons laissé envoler le moineau qu'avec un fil à la patte; — nous le rappellerons à nous dès que nous le voudrons.

— Ma foi, tu es devenu un vrai Machiavel, Chiffinch. Mais si le jeune homme se fût montré rétif? — J'ai entendu dire que cette race du Pic a la tête chaude et le bras fort.

— Ne vous mettez pas en peine, mylord; — ceci avait été prévu. — Ses pistolets pouvaient aboyer, mais ils ne pouvaient mordre.

— Très-habile Chiffinch, tu es devenu filou aussi bien que voleur; — tu peux en même temps voler et escamoter un homme!

— Filou et voleur! — quelles expressions sont-ce là? Il me semble que ce sont des mots à faire dégaîner. Vous allez me faire sortir des bornes. — Filou et voleur!

— Tu confonds le verbe avec le substantif; j'ai dit *voler* et *filouter*.
— Un homme peut faire par-ci par-là l'un et l'autre sans que ce soit une affaire de profession.

— Mais non sans tirer à un fou un peu de sang noble, ou quelque chose qui y ressemble par la couleur, dit Chiffinch en se levant.

— Oh si, répliqua Sa Seigneurie; tout ceci peut être sans ces terribles conséquences, et c'est ce dont vous conviendrez demain quand vous serez de retour en Angleterre. En ce moment, vous êtes sur les

---

[1] Ancienne école de droit à Londres. (L. V.)

terres de Champagne, Chiffinch ; et pour que tu puisses y rester, je bois à ta santé le coup de départ, afin de faire une doublure à ton bonnet de nuit.

— Je ne refuse pas ta santé ; mais je bois à la tienne en toute rancune et hostilité : — c'est une coupe de colère et un gage de combat. Demain, à l'aube du jour, je te verrai à la pointe de mon épée, serais-tu le dernier des Savilles. — Que diable ! pensez-vous que je vous craigne, parce que vous êtes lord ?

— Du tout, Chiffinch ; je sais que tu ne crains que le lard et les fèves, arrosés de petite bière. — Adieu, mon bon Chiffinch ; — va te mettre au lit.

A ces mots, il prit une chandelle et quitta la salle. Et Chiffinch, que le dernier coup avait presque mis à quia, n'eut juste que ce qu'il lui fallait de forces pour en faire autant ; et il marmottait en trébuchant : — Oui, il m'en rendra raison. — L'aube du jour ? — Dieu me damne, — elle est déjà venue ; voilà l'aube du jour. — Hé non, Dieu me damne, c'est la lueur du feu sur ce maudit volet rouge. — Je crois, ma foi, que je suis ivre ; — c'est l'effet d'une auberge de village, — de l'odeur de l'eau-de-vie dans cette maudite salle : — ce ne pourrait pas être le vin. — Hé bien, le vieux Rowley ne m'enverra plus courir la campagne avec ses commissions. — Ferme ! ferme !

En même temps il sortit de la salle en décrivant de larges zigzags, laissant Péveril livré aux pensées que faisait naître en lui la conversation extraordinaire qu'il venait d'entendre.

Le nom de Chiffinch, le ministre bien connu des plaisirs de Charles, n'avait rien qui répugnât au rôle qu'il semblait sur le point de jouer dans l'intrigue actuelle ; mais que Christian, qu'il avait toujours regardé comme un puritain aussi rigide que son beau-frère Bridgenorth, que ce Christian lui fût associé dans une machination si infâme, c'est ce qui paraissait à la fois monstrueux et contre nature. La proche parenté pouvait aveugler Bridgenorth, et l'autoriser à confier sa fille à la garde d'un tel homme ; mais quel misérable devait-il être, celui qui pouvait méditer de sang-froid un aussi ignominieux abus de confiance ! Doutant s'il pouvait ajouter foi un seul instant à la trame que Chiffinch avait révélée, il se hâta d'examiner son paquet, et il trouva que l'enveloppe de peau de veau marin dont il avait été recouvert ne renfermait plus qu'une égale épaisseur de mauvais papiers. S'il lui eût fallu une autre preuve, le coup de pistolet qu'il avait tiré à Bridgenorth, lequel n'avait été atteint que par la bourre, montrait qu'on avait touché à ses armes. Il examina le second pistolet encore chargé, et trouva que la balle en avait été enlevée. — Je puis périr au milieu de ces abominables intrigues, se dit-il en lui-même ; mais tu seras plus sûrement chargé, et tu me serviras plus utilement ! Le contenu de ces papiers peut perdre ma bienfaitrice ; — le fait qu'on les a trouvés sur moi peut causer la ruine de mon père ; — en avoir été le porteur peut, dans ces temps d'irritation, me coûter aussi la vie, — et c'est ce dont je me soucie le moins. — Ces papiers entrent d'ailleurs dans le plan tramé contre l'honneur et le bonheur d'une créature si pure, que c'est presque un péché de penser à elle dans le voisinage d'aussi infâmes coquins. A tous risques, je recouvrerai les lettres ; — mais comment ? c'est à quoi il faut penser. Lance est robuste et fidèle ; et quand un coup hardi est une fois résolu, on ne manque jamais de moyens d'exécution.

L'hôte revint en ce moment, en s'excusant de sa longue absence ; et après avoir servi à Péveril quelques rafraîchissements, il l'invita à accepter, pour quartiers de nuit, un grenier à foin situé à l'autre bout de la maison, et qu'il partagerait avec son camarade ; et tout en mettant cette offre en avant, il protesta qu'il se serait difficilement décidé à leur faire cette politesse, si ce n'eût été en considération des talents distingués dont Lance Outram avait fait preuve au robinet, où il paraissait probable, au reste, que ce dernier, ainsi que l'hôte, avaient, pendant toute la soirée, bu presque autant de liqueur qu'ils en avaient tiré.

Mais Lance était un vase à l'épreuve sur lequel la liqueur ne faisait pas d'impression durable. Aussi, lorsqu'au petit jour Péveril éveilla ce fidèle suivant, il lui trouva assez de sang-froid pour comprendre le projet qu'il lui communiqua de recouvrer les lettres qu'on lui avait enlevées, et pour y entrer de tout son pouvoir.

Après avoir ruminé la chose avec une assez grande attention, Lance remua les épaules, fit la grimace et se gratta l'oreille ; puis enfin il exprima sa résolution magnanime : — Hé bien, ma tante a bien raison, dans son vieux proverbe sur les Péveril :

« A leur service il ne faut craindre
Ni naufrage ni mauvais temps. »

Et ma bonne tante avait coutume de dire aussi que toutes les fois qu'un Péveril était sur le gril, un Outram était à l'étuvée. Ainsi donc je ne reculerai jamais, et je vous soutiendrai toujours, comme mes pères ont fait avec les vôtres pendant quatre générations et quelque chose de plus.

— C'est tout à fait parler en brave, Outram, dit Julien ; et si nous étions seulement débarrassés de ce petit-maître de lord et de sa suite, à nous deux nous viendrions aisément à bout des trois autres.

— Deux hommes de Londres et un Français ? — Je m'en chargerais à moi tout seul. Et pour ce qui est de mylord Saville, comme ils l'appellent, j'ai entendu dire hier au soir que lui et tous ses gens de pain d'épice doré, — qui regardaient un honnête garçon comme moi comme s'ils étaient le bon métal et moi le mâchefer, — partent tous ce matin pour je ne sais quelles courses ou autres bombances, qui ont lieu à Tutbury. C'est ce qui l'avait amené ici, où il a rencontré par hasard cet autre chat musqué.

Dans le fait, tandis que Lance parlait, un trépignement de chevaux se fit entendre dans la cour; et de la lucarne de leur grenier, ils virent les gens de lord Saville réunis, et prêts à partir dès qu'il paraîtrait.

— Ho, ho! maître Jérémie, dit l'un d'eux à une sorte d'intendant qui, en ce moment, sortait de la maison, il me semble que le vin s'est trouvé un narcotique pour mylord, cette nuit.

— Non, répondit Jérémie; mylord était sur pied avant le jour, écrivant des lettres pour Londres; et en punition de ton irrévérence, c'est toi, Jonathan, qui monteras à cheval pour retourner sur tes pas avec elles.

— Et ainsi je vais manquer la course? répliqua Jonathan d'un ton d'humeur. Je vous remercie de ce bon office, mon bon M. Jérémie, et que je sois pendu si je l'oublie.

L'apparition du jeune seigneur coupa court à la discussion. En sortant de l'auberge il dit à Jérémie : Voici les lettres; qu'un de ces drôles galoppe jusqu'à Londres comme s'il y allait de la vie et de la mort, et les remette à leurs adresses. Les autres vont monter à cheval et me suivre.

Jérémie remit le paquet à Jonathan avec un sourire de malice, et le valet désappointé tourna d'un air bourru la tête de son cheval du côté de Londres. Lord Saville et le reste de sa suite partirent en même temps d'un bon pas dans la direction opposée, accompagnés des bénédictions de l'hôte et de sa famille, qui, debout à la porte, se confondaient en saluts et en courbettes, sans doute en reconnaissance d'un écot plus que raisonnable.

Ce ne fut que trois grandes heures après leur départ que Chiffinch entra dans la salle où ils avaient soupé, enveloppé d'une robe de chambre de brocart, et la tête couverte d'un bonnet de velours vert relevé par les plus belles dentelles de Bruxelles. Il ne paraissait qu'à demi éveillé; et ce fut d'une voix encore tout endormie qu'il demanda un verre de froide petite bière. Ses manières et toute son apparence étaient celles d'un homme qui le soir précédent avait été longtemps aux prises avec Bacchus, et qui était à peine remis des effets de sa lutte contre le dieu joyeux. Lance, chargé par son maître d'épier les mouvements du courtisan, se présenta officieusement avec le breuvage rafraîchissant que celui-ci avait demandé, alléguant pour prétexte à l'hôte son désir de voir un habitant de Londres en robe de chambre et en bonnet du matin.

Dès que Chiffinch eut pris cette potion, son premier soin fut de s'enquérir de lord Saville.

Lance répondit que Sa Seigneurie était montée à cheval et partie à la petite pointe du jour.

— Comment diable! exclama Chiffinch; hé mais, c'est tout au plus poli. — Quoi! parti pour les courses avec tous ses gens?

— Tous moins un, que Sa Seigneurie a renvoyé à Londres avec des lettres.

— A Londres avec des lettres! Hé parbleu! j'y vais, à Londres, et j'aurais pu en épargner la peine à son exprès. — Mais attendez donc, — attendez; — je commence à me souvenir. — Goddam! est-ce que j'aurais parlé? — Oui, — oui, j'ai parlé; — je me souviens de tout à présent. — J'ai parlé, et avec une vraie belette de cour pour sucer le jaune des secrets des autres. Enfer et furies! — faut-il que mes soirées détruisent ainsi mon ouvrage du matin! — Il faut que je sois joyeux compagnon et bon garçon le verre à la main, — et que j'aie mes confidences et mes querelles, — et mes amis et mes ennemis, comme si un homme pouvait faire à un autre beaucoup de bien ou de mal, sauf à lui-même! La peste m'étouffe! Mais il ne faut pas que son messager arrive; — je mettrai un bâton dans sa roue. — Holà! garçon! — appelez mon domestique, — appelez Tom Beacon.

Lance obéit; mais il ne manqua pas, quand il eut amené le groom, de rester dans la salle, afin d'être témoin de ce qui se passerait entre son maître et lui.

— Écoutez, Tom, lui dit Chiffinch, voici cinq pièces d'or pour vous.

— Et qu'y a-t-il à faire maintenant? dit Tom, sans même s'arrêter à la cérémonie d'un remercîment, parce que probablement il savait bien qu'un remercîment ne serait pas reçu même en à compte sur la dette qu'il contractait.

— Monter votre meilleur coureur, Tom; — galoper comme si la bête avait le diable au corps; — rejoindre le domestique que lord Saville a dépêché à Londres ce matin; — lui rompre les os, — le soûler et le mettre aussi plein que la mer Baltique; enfin, d'une manière ou d'une autre, l'empêcher de continuer son voyage. — Pourquoi le lourdaud reste-t-il là sans me répondre? Ne m'entends-tu pas?

— Si, si, M. Chiffinch, dit Tom; et je pensais que cet honnête homme que voilà vous entend aussi, plus peut-être qu'il n'était nécessaire, à moins que ce n'ait été votre intention.

Je suis ensorcelé ce matin, se dit Chiffinch à lui-même, ou bien le champagne me trotte encore dans la tête. Mon cerveau est devenu un vrai pays-bas de Hollande : — un verre de vin l'inonderait. — Écoute, mon garçon, ajouta-t-il en s'adressant à Lance; garde pour toi ce que tu as entendu. — Il y a un pari entre lord Saville et moi à qui de nous fera le premier parvenir une lettre à Londres. Voici pour boire à ma santé et à mon heureuse chance. N'en souffle mot, et va aider Tom à brider son cheval. — Tom, avant de partir, tu vas venir prendre tes lettres de créance. Je te donnerai une lettre pour le duc de Bucks, afin que ce soit un témoignage que tu étais le premier en ville.

Tom Beacon s'inclina et sortit ; et Lance, après avoir fait quelque montre de l'aider à seller son cheval, courut porter à son maître la joyeuse nouvelle qu'un heureux hasard réduisait le parti de Chiffinch à leur propre nombre.

Péveril donna aussitôt l'ordre que ses chevaux fussent tenus prêts ; et dès que Tom Beacon eut pris au grand trot la route de Londres, il eut la satisfaction de voir Chiffinch partir en compagnie de son favori Chaubert, dans la même direction, mais d'un pas plus modéré. Il leur laissa prendre une avance telle qu'il pût les surveiller sans exciter leurs soupçons ; puis il paya son écot, monta à cheval, et suivit leurs traces, ayant soin de tenir ses hommes en vue, jusqu'à ce qu'il trouvât un endroit convenable au coup qu'il méditait.

C'avait été l'intention de Péveril que lorsqu'ils arriveraient à quelque partie solitaire de la route, lui et Lance Outram presseraient le pas peu à peu, de manière à joindre Chaubert, — et qu'alors Lance resterait en arrière pour assaillir l'homme des broches et des fourneaux, tandis que lui-même, poussant en avant, tomberait sur Chiffinch. Mais ce plan supposait que le maître et le serviteur voyageraient de la manière habituelle, — le dernier se tenant à quelques toises en arrière de l'autre. Au lieu de cela, les sujets de discussion entre Chiffinch et le cuisinier français étaient tels et si intéressants, que, sans égard aux règles de l'étiquette, ils marchaient amicalement côte à côte, tout occupés à débattre les arcanes de l'art culinaire, dans une conversation que le vieux Comus ou un gastronome moderne auraient pu entendre avec plaisir. Il devint donc nécessaire de les attaquer en même temps.

Dans ce dessein, quand Péveril vit devant lui une longue perspective de chemin sans la moindre apparence d'hommes, d'animaux ni d'habitations, il commença à presser le pas, ainsi qu'Outram, de façon à pouvoir atteindre Chiffinch sans lui donner l'alarme par une soudaine et suspecte accélération de marche. Ils avaient ainsi réduit à une trentaine de pas la distance qui les séparait, lorsque Péveril, craignant qu'en approchant davantage Chiffinch ne le reconnût et ne tentât de lui échapper par la fuite, donna à Lance le signal de l'attaque.

Au changement subit de leur pas, et au bruit qu'il produisit nécessairement, Chiffinch tourna la tête ; mais il n'eut pas le temps d'en faire davantage, car Lance, qui avait mis au grand galop son poney (beaucoup plus rapide que le cheval de Julien), se jeta sans cérémonie entre le courtisan et son suivant, et tombant sur Chaubert, qui ne put que proférer l'exclamation de morbleu ! il entraîna à la fois homme et cavalier. Celui-ci, désarçonné, roula à terre au milieu des divers ustensiles de sa profession, lesquels, s'échappant d'une bougette dans laquelle il les transportait, s'étaient dispersés sur la route dans un étrange désordre, tandis que, sautant de son palefroi, Lance ordonna à son ennemi renversé de rester immobile, ne le menaçant de rien moins que de mort s'il tentait de se relever.

Avant que Chiffinch eût pu venger la chute de son fidèle compagnon, sa propre bride fut saisie par Julien, qui, de l'autre main, lui présenta le bout d'un pistolet, en lui criant de s'arrêter ou qu'il était mort.

Chiffinch, quoique efféminé, n'était pas lâche. Il arrêta son cheval ainsi qu'on le lui ordonnait, et dit d'une voix assurée : Coquin, vous m'avez pris par surprise. Si vous êtes un voleur de grand chemin, voici ma bourse. Ne nous maltraitez pas, et épargnez le sac aux épices et aux sauces.

— M. Chiffinch, reprit Péveril, ce n'est pas le moment de plaisanter, voyez-vous. Je ne suis pas un voleur de grand chemin, mais un homme d'honneur. Rendez-moi le paquet que vous m'avez soustrait la nuit dernière, ou, par tout ce qu'il y a de plus sacré, je jure que je vous enverrai une couple de balles dans la tête, et que j'en ferai moi-même la recherche à loisir.

— Quelle nuit? quel paquet? répondit Chiffinch interdit, mais cherchant à gagner du temps, dans l'espoir que quelque secours lui arriverait, ou qu'il trouverait l'instant de prendre Péveril en défaut. Je ne sais ce que vous voulez dire. Si vous êtes homme d'honneur, laissez-moi tirer mon épée, et je vous rendrai raison comme un gentilhomme doit le faire à un autre.

— Misérable drôle, s'écria Péveril, vous ne m'échapperez pas ainsi! Vous m'avez volé quand vous aviez l'avantage sur moi, et je ne suis pas assez fou pour laisser échapper mon avantage, maintenant que mon tour est venu. Donnez le paquet; puis, si vous voulez, je vous combattrai à armes égales. Mais d'abord donnez le paquet, réitérat-il, ou je vais à l'instant même vous envoyer dans un lieu où vous aurez peine à répondre des actions de votre vie.

Le ton de Péveril, le feu de ses yeux, et la manière dont il tenait son arme chargée à quelques pouces de la tête de Chiffinch, convainquirent celui-ci qu'il n'y avait pas de compromis à attendre, non plus que ce n'était le moment de plaisanter. Il fouilla dans une poche de côté de son surtout, et avec une répugnance visible, il en tira les papiers et les dépêches que Julien avait reçus de la comtesse de Derby.

— Il y en a cinq, dit ce dernier, et vous ne m'en avez remis que quatre. Votre vie est au prix d'une restitution complète.

— Il m'aura glissé dans les doigts, repartit Chiffinch en atteignant la lettre réclamée; — le voici. Maintenant, monsieur, vous avez tout ce que vous vouliez; à moins, ajouta-t-il d'un ton sombre, que vous n'ayez dessein d'y ajouter ou le meurtre ou le vol.

— Vil misérable! dit Péveril en retirant son pistolet, mais sans perdre

CHAPITRE XXVII.

de vue les mouvements de Chiffinch, vous êtes indigne de croiser le fer avec un honnête homme ; et pourtant, si vous osez tirer l'épée, comme vous me le proposiez tout à l'heure, je suis prêt à vous combattre à égalité de chances.

— Égalité de chances ! repartit Chiffinch d'un ton de dérision ; oui, jolie égalité ! — une épée et un pistolet contre une simple rapière, et deux hommes contre un, car Chaubert ne se bat pas. Non, monsieur, je tâcherai d'obtenir réparation en quelque autre occasion plus convenable, et avec des armes plus égales.

— Par la calomnie ou par le poison, vil agent d'infamie ! ce sont là tes moyens de vengeance. Mais écoute bien. — Je connais vos desseins au sujet d'une dame trop respectable pour que son nom soit prononcé devant un homme si méprisable. Tu m'as fait une injure, et tu vois que j'ai su te la faire payer. Hé bien, si tu poursuis cette autre scélératesse, sois assuré que tu périras de ma main comme un impur reptile, dont la bave même est dangereuse pour l'humanité. Compte sur ce que je te dis, comme si Machiavel l'avait juré ; si tu persistes dans tes desseins, je poursuivrai ma vengeance. — Suis-moi, Lance, et laissons-le réfléchir à ce que je lui ai dit.

Lance avait eu, après le premier choc, un rôle fort aisé à jouer dans cette rencontre ; car tout ce qu'il avait à faire était de diriger sur le Français épouvanté le bout de son fouet en guise de fusil. Le malheureux cuisinier, gisant sur le carreau et contemplant les nuages d'un œil égaré, avait aussi peu le pouvoir ou l'intention d'opposer la moindre résistance, qu'aucun pourceau qui fût jamais tombé sous son coutelas meurtrier.

Relevé par son maître de la tâche facile de garder un prisonnier si docile, Lance remonta à cheval, et ils s'éloignèrent tous les deux, laissant leurs antagonistes déconfits se consoler entre eux de leur mésaventure comme ils le pourraient. Mais la consolation était difficile dans les circonstances. L'artiste français avait à déplorer la dispersion de ses épices et la destruction de son approvisionnement de sauces : — un enchanteur dépouillé de sa baguette magique et de son talisman n'aurait guère été réduit à un plus extrême désespoir. Chiffinch avait à regretter la ruine de son intrigue et la découverte prématurée de ses plans. — Du moins, pensa-t-il, je ne me suis vanté de rien à ce drôle : — ici mon mauvais génie seul m'a trahi. Avec cette infernale découverte, qui peut me coûter si cher de tous côtés, le champagne n'a rien à voir. S'il en reste un flacon qui ne soit pas brisé, je le boirai après dîner, et je verrai si même il ne me pourra pas encore suggérer quelque plan de rédemption ou de vengeance.

Dans cette mâle résolution, il reprit son voyage vers Londres.

CHAPITRE XXVIII

> ...Homme tellement multiple, que ce semblait être non pas un seul homme, mais l'abrégé de l'humanité entière; raide dans ses opinions, — et toujours dans le faux, — il ne faisait tout que par boutades et ne se tenait à rien. Dans le cours d'une seule lune, on le voyait tour à tour chimiste, musicien, homme d'état et bouffon; tantôt ne songeant qu'aux femmes, tantôt livré tout entier à la peinture, à la musique, à la bouteille, et à mille fantaisies mortes aussitôt que nées.
> DRYDEN.

Il nous faut maintenant transporter le lecteur au magnifique hôtel qu'occupait à cette époque, rue ***, le célèbre George Villiers, duc de Buckingham, à qui Dryden a infligé une triste immortalité par les quelques lignes que nous avons mises en tête de ce chapitre. Parmi les élégants et licencieux courtisans de la cour dissipée de Charles, le duc était le plus élégant et le plus licencieux. Et cependant, tout en dissipant une fortune de prince, une constitution robuste et des talents imminents à la poursuite de plaisirs frivoles, il nourrissait néanmoins des desseins plus profonds et plus vastes; et s'il y échoua, c'est qu'il manquait de cette volonté ferme et de cette invariable persévérance essentielles dans toute entreprise importante, et particulièrement en politique.

Midi était passé depuis longtemps, et l'heure habituelle du lever du duc, — si quelque chose pouvait être qualifié d'habituel là où tout était irrégulier, — était depuis longtemps passée aussi. Son vestibule était rempli de laquais et de valets de pied couverts des plus riches livrées, et les appartements intérieurs de gentilshommes et de pages de sa maison, dont le costume était celui des gens de la plus haute qualité, et qui, à cet égard, égalaient ou plutôt surpassaient le duc lui-même en splendeur personnelle. Mais son antichambre, en particulier, aurait pu être comparée à un rassemblement d'aigles pour fondre sur une proie, si la comparaison n'avait pas eu quelque chose de trop élevé pour désigner cette race basse et rampante qui, par cent moyens tendant à un but commun, vit des besoins d'une grandeur nécessiteuse, ou fournit aux plaisirs d'un luxe que rien n'arrête, ou stimule les désirs insensés d'une extravagante et ruineuse prodigalité, en imaginant de nouveaux motifs et de nouveaux moyens de profusion. Là se tenait l'homme à projets, au front mystérieux, promettant des richesses sans bornes à quiconque lui voudrait fournir la petite somme préalablement nécessaire pour transformer des coquilles d'œufs en grand *arcanum*. Là se voyait le capitaine Seagull[1], entrepreneur d'une colonie étrangère, portant sous son bras la carte des royaumes de l'Inde ou de l'Amérique, beaux comme le primitif Éden, et attendant les hardis occupants pour lesquels un généreux patron équiperait deux brigantins et une flûte. Là venaient, nombreux et assidus, les joueurs de toute espèce et sous toutes les formes; celui-ci novice en apparence, aux dehors légers et enjoués, l'insouciant jeune homme d'esprit et de plaisir, — le *pigeon* plutôt que le *rook*[2], — mais au fond calculateur aussi fin, aussi rusé, aussi calme que ce vieux professeur de la même science, à l'air soucieux et aux traits creusés, dont les yeux se sont affaiblis à force de suivre les dés durant les nuits, et dont les doigts en sont même venus maintenant à aider ses supputations mentales de chances et d'inégalités. Les beaux arts aussi, — je le dis à regret, — ont leurs représentants dans cette suite avide. Le pauvre poëte, à demi honteux malgré l'habitude du rôle qu'il va jouer, et rougissant à la fois du motif bas qui l'amène et de son habit noir râpé, attend, caché dans un coin, le moment favorable d'offrir sa dédicace. Beaucoup mieux vêtu, l'architecte apporte sa vision splendide de façades et d'ailes, et les plans qu'il a tracés d'un palais dont la dépense peut ouvrir à son patron les portes d'une geôle; mais, au-dessus de tous les autres, le musicien ou le chanteur favori attendant que mylord soit visible pour recevoir de lui, en or solide, le prix des doux accords qui ont égayé le banquet de la soirée précédente.

Tels étaient, avec beaucoup d'autres semblables, ceux qui, chaque matin, assistaient au lever du duc de Buckingham, — tous vrais descendants de cette fille de la Cupidité, dont le cri est : Donne, donne!

Mais le lever du duc réunissait encore d'autres personnages d'un caractère tout différent : c'était, au total, un ensemble aussi varié que ses propres opinions et ses goûts. Outre un grand nombre de jeunes seigneurs et de riches gentlemen d'Angleterre, qui faisaient de Sa Grâce le miroir devant lequel ils venaient étudier le costume du jour, et qui apprenaient de lui à parcourir avec le meilleur air et les grâces les plus nouvelles le chemin général de la ruine, il s'y trouvait des hommes plus graves : — des hommes d'État disgraciés, des espions politiques, des orateurs de l'opposition, de serviles instruments du pouvoir, hommes qui ne se rencontraient pas ailleurs, mais qui regardaient la maison du duc comme une sorte de terrain neutre; certains que s'il n'était pas aujourd'hui de leur opinion, il n'en était que plus probable que demain il penserait comme eux. Les puritains eux-mêmes ne se refusaient pas à entretenir des rapports avec un homme que ses talents auraient rendu formidable, n'eussent-ils pas

---

[1] Goëland (grand oiseau de mer).

[2] Termes de l'argot des joueurs. Celui de *pigeon* (dupe) est passé dans notre langue; le mot *rook* (fripon) rappelle, par analogie, le rok des contes orientaux, le roi des oiseaux de proie. (L. V.)

même été unis à un haut rang et à une immense fortune. Plusieurs graves personnages, vêtus de noir, portant des manteaux courts et des fraises d'une coupe sévère, se trouvaient mêlés, de même que nous voyons leurs portraits dans une galerie de peinture, à la foule bruyante des élégants couverts de soie et de broderies. Il est vrai qu'ils échappaient au scandale d'être regardés comme intimes du duc, en laissant supposer que leurs rapports avec lui avaient pour objet des affaires d'argent. Ces graves et religieux citadins mêlaient-ils la politique aux prêts d'argent, c'est ce qu'on ignorait ; mais on avait remarqué que les juifs, qui généralement se retranchent dans ce dernier département, s'étaient depuis quelque temps montrés assidus aux levers du duc.

Il y avait foule dans l'antichambre, et cela depuis plus d'une heure, lorsque le gentilhomme du duc se hasarda à pénétrer dans la chambre à coucher, où les volets, hermétiquement clos, faisaient minuit à midi, pour prendre les ordres de Sa Grâce. A sa demande, faite à demi-voix et d'un ton de douceur flûtée, si le bon plaisir de Sa Grâce était de se lever, on répondit aigrement et d'un ton bref : — Qui est là ? — Quelle heure est-il ?

— C'est Jerningham, mylord. Il est une heure, et Votre Grâce avait assigné onze heures à plusieurs des gens qui attendent là dans l'antichambre.

— Qui est-ce ? — Que veulent-ils ?

— Un message de Whitehall, mylord.

— Bah ! cela ne presse pas. Ceux qui font attendre tous les autres sont ceux qui pourront le mieux attendre à leur tour. Si j'avais à être coupable d'impolitesse, ce devrait plutôt être envers un roi qu'envers un mendiant.

— Les gens de la Cité.

— Je suis las d'eux ; — je suis las de leur hypocrisie sans religion, — de leur protestantisme sans charité. — Dites-leur d'aller trouver Shaftesbury ; — qu'ils aillent dans Aldersgate-street : — c'est le meilleur marché pour leurs denrées.

— Un jockey de Newmarket, mylord.

— Qu'il prenne sa course pour le diable ; — il a un cheval à moi et des éperons à lui. Qu'y a-t-il encore ?

— L'antichambre est pleine, mylord ; — des chevaliers et des écuyers, des docteurs et des joueurs.

— Les joueurs avec leurs docteurs dans leur poche[1], je présume.

— Des comtes, des capitaines et des clercs.

— Vous aimez l'allitération[2], Jerningham ; c'est une preuve que

---

[1] *Docteur* est un terme d'argot pour désigner des dés pipés. (W. S.)

[2] On sait que l'allitération est une figure qui consiste dans la répétition des mêmes syllabes. Les trois mots cités par Jerningham commencent par la même lettre. (L. V.)

vous avez le goût poétique. — Approchez de moi ce qu'il faut pour écrire.

Sortant à demi du lit, — passant un bras dans une robe de chambre de brocart garnie de larges fourrures de martre, et un pied dans une pantoufle de velours, tandis que l'autre, dans sa nudité primitive, posait sur le riche tapis, — Sa Grâce, sans penser davantage à ceux qui l'attendaient, se mit à écrire quelques vers d'un poëme satirique; puis il s'arrêta tout à coup, — jeta la plume dans la cheminée, — s'écria que l'inspiration était passée, — et demanda à Jerningham s'il y avait quelque lettre. Ce dernier lui en présenta un gros paquet.

— Que diable! dit Sa Grâce, pensez-vous que je vais lire tout cela? Je suis comme Clarence, qui demandait un verre de vin, et fut plongé dans un tonneau de Malvoisie. Je voulais savoir s'il y avait quelque chose qui pressât?

— Cette lettre, mylord, au sujet de l'hypothèque de l'Yorkshire.

— Ne t'ai-je pas dit de la porter au vieux Gatheral[1], mon intendant?

— Je la lui ai portée, mylord; mais Gatheral dit qu'il y a des difficultés.

— Hé bien, que les usuriers gardent le tout; — il n'y a pas de difficulté à cela. Sur une centaine de terres, je ne m'apercevrai guère de la perte de l'une d'elles. Écoutez, apportez-moi mon chocolat.

— Mais, mylord, Gatheral ne dit pas que l'arrangement soit impossible; — il n'a parlé que de difficultés.

— A quoi donc m'est-il bon, s'il ne peut les aplanir? Mais vous êtes tous nés pour me présenter des difficultés.

— Si Votre Grâce approuve les termes de cette cédule, et qu'elle la veuille signer, Gatheral se fait fort de terminer l'affaire.

— Et ne pouviez-vous me dire cela d'abord, imbécile? dit le duc en signant le papier sans même le parcourir. — Quelles sont les autres lettres? mais souvenez-vous qu'il ne faut pas me persécuter d'autres affaires.

— Des billets doux, mylord; — il y en a cinq ou six. Celui-ci a été laissé à la loge du portier par une personne masquée.

— Peuh! fit le duc en le froissant dédaigneusement, tandis que Jerningham l'aidait à s'habiller; — une connaissance qui date de trois mois.

— Celui-ci a été remis à un des pages par la femme de chambre de lady ***.

— Au diable! — Quelque jérémiade sur le parjure et la trahison, et pas une seule ligne nouvelle sur le vieux air, continua le duc en parcourant le billet des yeux. Voici l'éternel jargon : — *Homme cruel,* —

---

[1] L'Amasseur.

serments violés, — *juste vengeance du Ciel.* En vérité, cette femme a des pensées de meurtre, — non d'amour. Aucune d'elles ne devrait se permettre d'écrire sur un sujet si usé sans le rajeunir au moins quelque peu par l'expression. *La désespérée Araminte.* — Repose en paix, belle désespérée. Et celui-ci, comment est-il arrivé?

— Il a été lancé par la fenêtre du vestibule par un drôle qui s'est sauvé à toutes jambes.

— C'est un meilleur texte; et cependant il est bien vieux aussi, — vieux de trois semaines au moins. — La petite comtesse au mari jaloux; — je ne tiendrais pas à elle pour un farthing, n'était-ce ce mari jaloux. — La peste l'étouffe! il est parti pour la campagne. — *Ce soir, — en silence et sans risque. — Tracé avec une plume arrachée de l'aile de Cupidon.* — Vous lui en avez laissé assez, belle comtesse, pour qu'il se soit envolé. — Vous auriez dû lui couper les ailes pendant que vous le teniez, mylady. — *Confiante dans la foi de son Buckingham.* — Je déteste la confiance chez une jeune femme; — il faut lui donner une leçon. — Je n'irai pas.

— Votre Grâce ne sera pas si cruel!

— Tu es un drôle bien apitoyé, Jerningham; mais la présomption doit être punie.

— Mais si Votre Seigneurie reprenait quelque fantaisie pour elle?

— Hé bien, alors, vous feriez serment que le billet doux s'est égaré. Mais un moment; une idée me frappe. — Il faudra qu'il s'égare avec éclat. Dites-moi: — le poëte, — quel est donc le nom du drôle? — le poëte est-il là?

— Il y a là six gentlemen, mylord, qu'aux rames de papier qui gonflent leurs poches et à leurs habits dont les coudes montrent la corde, j'ai jugé porter la livrée des Muses.

— Encore du style poétique, Jerningham. Je veux parler de celui qui a écrit la dernière satire.

— A qui Votre Grâce a dit qu'elle lui devait cinq pièces d'or et une bastonnade?

— L'argent pour sa satire, et le bâton pour ses louanges: précisément. — Allez le trouver; — donnez-lui les cinq pièces d'or et confiez-lui le billet doux de la comtesse. — Un moment. — Prenez celui d'Araminte et tous les autres; — qu'ils entrent tous dans son portefeuille. — Ils en sortiront au Café Wits[1]; et si celui qui les produira ne prend pas sous le bâton toutes les couleurs de l'arc-en-ciel, il ne faut plus compter ni sur l'esprit de vengeance des femmes, ni sur la dureté du pommier sauvage et du cœur de chêne. — La fureur seule d'Araminte suffirait, et au delà, à la charge de deux paires d'épaules mortelles.

[1] Café des Beaux-Esprits. Très-fréquenté par Dryden et les autres poëtes et beaux-esprits du temps. (L. V.)

— Mais, mylord duc, ce Settle[1] est un coquin si stupide, que rien de ce qu'il peut écrire ne restera.

— Hé bien, comme nous lui avons donné de l'acier pour armer la flèche, nous lui donnerons des ailes pour qu'elle puisse traverser les airs : — quant au bois, il en a assez à lui pour en faire une javeline. Donnez-moi ma satire commencée ; — vous la lui remettrez avec les lettres, — et qu'il fasse du tout ce qu'il pourra.

— Mylord duc, — je vous demande pardon, — mais le style de Votre Grâce sera reconnu ; et quoique le nom des dames ne soit point sur les lettres, on ne les découvrira pas moins.

— C'est ce que je veux, être stupide. Avez-vous vécu si longtemps avec moi sans vous être aperçu que pour moi l'éclat d'une intrigue en vaut tout le reste?

— Mais le danger, mylord duc? Il y a des maris, des frères, des parents, dont la vengeance peut être éveillée.

— Et rossée pour la rendormir, répliqua Buckingham avec hauteur. J'ai Black Will et son gourdin pour les grondeurs plébéiens ; et quant à ceux de qualité, je puis m'en charger. Depuis quelque temps je ne suis plus en haleine ; je manque d'exercice[2].

— Cependant Votre Grâce.....

— Taisez-vous, fou que vous êtes ! Je vous dis que votre pauvre esprit nain ne peut mesurer la portée du mien. Je te dis que je voudrais changer en torrent le cours de ma vie. — Je suis las d'exploits faciles, et j'aspire après des obstacles que je puisse dissiper devant ma force irrésistible.

Un autre gentilhomme du duc entra en ce moment. — Je demande humblement pardon à Votre Grâce, dit-il ; mais M. Christian insiste tellement pour être reçu sur-le-champ, que je suis obligé de prendre les ordres de Votre Grâce.

— Dites-lui de revenir dans trois heures d'ici. Au diable sa cervelle politique, qui voudrait faire danser tout le monde à son air !

— Je vous remercie du compliment, mylord duc, dit Christian en entrant dans la chambre, vêtu un peu plus en courtisan que dans les diverses occasions où il avait accosté Julien Péveril durant son voyage vers Londres, mais avec le même air sans prétention, la même tournure négligée, le même calme et la même indifférence de manières. Mon objet actuel est précisément de vous jouer un air de musique ; et Votre Grâce pourra en faire son profit pour danser, si bon lui semble.

— Sur ma parole, M. Christian, dit le duc avec hauteur, il faut que l'affaire soit grave, pour bannir ainsi toute cérémonie entre nous.

[1] Elkana Settle, pitoyable écrivailleur que la jalousie de Rochester et de quelques autres essaya de produire comme rival de Dryden, circonstance à laquelle il doit une triste immortalité. (W. S.)

[2] *Voyez* la note U, à la fin du volume.

Si elle a rapport au sujet de notre dernière conversation, je dois vous demander de remettre notre entrevue à quelque autre occasion. Je suis occupé d'une affaire assez importante.

Alors tournant le dos à Christian, il reprit sa conversation avec Jerningham. — Allez trouver la personne que vous savez, et donnez-lui les papiers. Et écoutez; donnez-lui cet or pour payer le bois de sa flèche : nous avons déjà pourvu à la pointe et aux plumes.

— Tout cela est fort bien, mylord, reprit Christian avec calme, en même temps qu'il s'asseyait sur un fauteuil à quelque distance; mais la légèreté de Votre Grâce ne peut lutter avec ma longanimité. Il est nécessaire que je vous parle; et j'attendrai ici le loisir de Votre Grâce.

— *Très-bien*, monsieur, répliqua aigrement le duc; quand un mal ne peut être évité, le plus tôt qu'on s'en débarrasse est le mieux. — Je pourrai prendre des mesures pour qu'il ne se renouvelle pas. Dites-moi donc sans autre délai ce qui vous amène.

— J'attendrai que la toilette de Votre Grâce soit achevée, dit Christian du ton indifférent qui lui était habituel. Ce que j'ai à vous dire doit rester entre nous.

— Sortez, Jerningham, et ne rentrez pas que je n'appelle. Laissez mon pourpoint sur le sofa. — Hé quoi, j'ai porté cent fois cette veste d'argent.

— Seulement deux fois, sous le bon plaisir de Votre Grâce.

— Deux fois ou vingt fois, n'importe; — prenez-la pour vous, ou donnez-la à mon valet si vous êtes trop fier de votre noblesse.

— Votre Grâce a fait porter ses habits de rebut à de plus nobles que moi, dit Jerningham d'un ton révérencieux.

— Tu es malicieux, Jerningham ; — dans un sens, c'est vrai, et cela peut arriver encore. Bien ; cette veste couleur perle ira bien avec le ruban et le *George*. Emporte l'autre. — Maintenant qu'il est parti, M. Christian, puis-je de nouveau vous demander votre bon plaisir?

— Mylord duc, répondit Christian, vous aimez les difficultés dans les affaires d'État aussi bien que dans les affaires d'amour.

— J'espère que vous n'avez pas écouté aux portes, M. Christian; cela ne prouverait beaucoup de respect ni pour moi ni pour mon toit.

— Je ne sais ce que vous voulez dire, mylord.

— Au surplus, je me soucie peu qu'on ait entendu ce que je disais à Jerningham il n'y a qu'un instant. Mais venons au fait, monsieur.

— Votre Grâce est tellement occupée de ses victoires sur le beau sexe et sur les beaux-esprits, qu'elle a peut-être oublié quel enjeu elle a dans la petite île de Man.

— Nullement, M. Christian. Je n'ai pas oublié que mon Tête-Ronde de beau-père, Fairfax, avait obtenu l'île du Long-Parlement, et qu'il a été assez âne pour lâcher prise à la restauration, tandis qu'en serrant les griffes et en tenant ferme, en véritable oiseau de proie, ainsi qu'il aurait dû faire, il aurait pu la garder pour lui et les siens. C'eût été une chose précieuse d'avoir eu un petit royaume, — de faire moi-même des lois, d'avoir mon chambellan avec son bâton blanc. — J'aurais enseigné à Jerningham, en une demi-journée, à paraître aussi grave, à se tenir aussi raide et à parler aussi sottement que Harry Bennet[1].

— Vous auriez pu faire cela, et plus encore, si c'eût été le bon plaisir de Votre Grâce.

— Oui ; et si c'eût été le bon plaisir de ma Grâce, toi, Ned Christian, tu aurais été le Jack Ketch[2] de mes domaines.

— *Moi* votre Jack Ketch, mylord ? dit Christian d'un ton plus surpris que mécontent.

— Oui vraiment ; tu as perpétuellement intrigué contre la vie de cette pauvre vieille femme. Cela vaudrait un royaume pour toi, de satisfaire de tes propres mains ton humeur vindicative.

— Je n'ai cherché que justice contre la comtesse.

— Et la fin de la justice est toujours un gibet.

— Soit ! hé bien, la comtesse est dans la Conspiration.

— Le diable confonde la Conspiration, comme je crois qu'il l'a inventée ! s'écria le duc de Buckingham ; je n'ai pas entendu parler d'autre chose depuis je ne sais combien de mois. Si on doit aller en enfer, je voudrais que ce fût par quelque nouvelle route et en compagnie de gens comme il faut. Je n'aimerais pas à voyager avec Oates, Bedlow, et le reste de cette fameuse nuée de témoins.

— Ainsi Votre Grâce est déterminée à renoncer à tous les avantages qui peuvent se présenter ? Si la maison de Derby tombe en forfaiture, la concession faite à Fairfax, maintenant dignement représenté par la duchesse votre épouse, reprend son plein effet, et vous devenez seigneur et souverain de Man.

— Du chef d'une femme ; mais en vérité ma pieuse moitié me doit quelque dédommagement pour avoir vécu la première année de notre mariage avec elle et le vieux Black Tom, son refrogné et belligérant puritain de père. Autant aurait valu épouser la fille du diable, et faire maison commune avec le beau-père qu'on se serait donné[3].

— J'en conclus donc, mylord duc, que vous êtes disposé à employer votre crédit contre la maison de Derby ?

— Comme cette maison est illégalement en possession du royaume de ma femme, elle ne peut certainement s'attendre à ce que je lui sois favorable. Mais tu sais qu'il existe à Whitehall un crédit qui l'emporte sur le mien.

— Uniquement parce que Votre Grâce le veut bien.

---

[1] *Voyez* la note V, à la fin du volume.

[2] Bourreau. Littéralement, Jacques-Empoigne.

[3] Marie, fille de Thomas Fairfax, fut épousée par le duc de Buckingham, à qui sa versatilité permit pendant un temps de se rendre aussi agréable à son beau-père, presbytérien rigide, qu'au frivole Charles II. (W. S.)

— Non, non, cent fois non! s'écria le duc, dont ce souvenir éveillait la colère. Je te dis que cette vile courtisane, la duchesse de Portsmouth, s'est impudemment imaginé de me contrecarrer et de me contredire, et Charles m'a lancé devant toute la cour des regards mécontents et de dures paroles. Je voudrais seulement qu'il pût deviner quelle offense nous a mis mal ensemble, elle et moi! je voudrais qu'il le pût savoir! Mais je lui arracherai ses plumes, ou je ne me nomme pas Villiers. Une indigne fille de joie française me braver ainsi! — Christian, tu as raison; il n'est pas de passion qui vous remue comme la vengeance. J'appuierai le Complot, ne serait-ce que pour la dépiter, et mettre le roi dans l'impossibilité de la soutenir.

Tout en parlant, le duc s'échauffait graduellement; il parcourait la chambre avec autant de véhémence que si son seul intérêt au monde eût été de priver la duchesse de son pouvoir et de son crédit près du roi. Christian sourit intérieurement en le voyant approcher de la situation d'esprit où il était très-aisé de l'amener, et judicieusement il garda le silence jusqu'à ce que le duc l'eût interpellé de nouveau. — Hé bien, sir Oracle, continua-t-il, vous qui avez formé tant de projets pour supplanter cette louve gauloise, où en sont tous vos plans? — Où est l'exquise beauté qui devait à la première vue captiver les regards du souverain? — Chiffinch l'a-t-il vue? — et qu'en dit-il, ce critique supérieur en beauté et en blanc-manger, en femmes et en vin?

— Il l'a *vue* et il approuve; mais il ne l'a pas encore entendue, et ses discours répondent au reste. Nous sommes arrivés hier; et je me propose de lui présenter Chiffinch aujourd'hui, dès qu'il sera arrivé de campagne: je l'attends de moment en moment. Tout ce que je redoute, c'est la vertu sauvage de la demoiselle, qui a été élevée à la mode de nos grand'mères : — nos mères avaient plus de bon sens.

— Quoi! si belle, si jeune, si spirituelle et si intraitable? Avec votre permission, vous me présenterez à elle aussi bien que Chiffinch.

— Afin que Votre Grâce la puisse guérir de son extrême modestie?

— Ma foi, ce sera seulement lui apprendre à se montrer sous son meilleur jour. Les rois n'aiment pas à courir et supplier; il faut qu'on leur force le gibier.

— Sous le bon plaisir de Votre Grâce, répondit Christian, cela ne peut être ; — *non omnibus dormio*[1]. — Votre Grâce connaît l'allusion classique. Si cette jeune vierge devient la favorite d'un prince, le rang dore la honte et le péché; mais elle ne doit baisser pavillon devant qui que ce soit au-dessous d'une Majesté.

— Hé! fou soupçonneux, je ne voulais que plaisanter. Pensez-vous que je voulusse mettre moi-même obstacle à un plan qui m'offre autant d'avantages que celui que vous m'avez exposé?

---

[1] Je n'ai pas les yeux fermés pour tout le monde.

Christian secoua la tête en souriant. — Mylord, dit-il, je connais Votre Grâce aussi bien ou peut-être mieux que vous ne vous connaissez vous-même. Déranger une intrigue bien concertée par quelque embarras qui vînt de vous, vous donnerait plus de plaisir que de l'amener à une heureuse issue en suivant les plans des autres. Mais Shaftesbury, et tous ceux que la chose intéresse, ont résolu que du moins notre plan ne serait pas entravé. Nous comptons donc sur votre aide, et, — pardonnez-moi de parler ainsi, — nous ne nous laisserons pas contrecarrer par votre légèreté et votre inconstance d'humeur.

— Qui? — *moi*, léger et inconstant d'humeur? Vous me voyez aussi décidé qu'aucun de vous à déposséder la maîtresse et à soutenir le Complot, les deux seules choses pour lesquelles je fais cas de la vie. Personne ne peut jouer comme moi l'homme d'affaires, quand il me plaît, jusqu'à enfiler et à étiqueter mes lettres. Je suis régulier comme un scribe.

— Vous avez la lettre que Chiffinch vous a écrite? il m'a dit vous avoir informé de certaines choses qui se sont passées entre lui et le jeune lord Saville.

— En effet, — en effet, dit le duc cherchant dans ses papiers ; mais sa lettre ne me tombe pas sous la main. — Je l'ai à peine parcourue ; — j'étais occupé quand elle est arrivée. — Mais je l'ai ici en sûreté.

— Vous auriez dû agir d'après elle. L'imbécile s'est laissé soutirer son secret, et il vous priait de veiller à ce que le messager de lord Saville ne pût arriver jusqu'à la duchesse avec certaines dépêches qu'il lui envoyait du Derbyshire, et dans lesquelles notre mystère était dévoilé.

Le duc fut alors alarmé, et sonna vivement. Jerningham parut. — Où est la lettre que j'ai reçue de M. Chiffinch, il y a quelques heures?

— Si elle n'est pas parmi celles que Votre Grâce a devant elle, je ne sais pas où elle peut être, répondit Jerningham. Je ne l'ai pas vue arriver.

— Vous mentez, drôle! s'écria le duc. Devez-vous avoir meilleure mémoire que moi?

— Que Votre Grâce me permette de lui rappeler qu'elle a à peine ouvert une lettre cette semaine.

— Avez-vous jamais entendu un drôle aussi impatientant? Il pourrait être témoin dans le Complot. Il a tué ma réputation d'exactitude par son damné contre-témoignage.

— Du moins les talents et la capacité de Votre Grâce demeurent hors d'atteinte, et ce sont eux qui doivent vous servir, vous et vos amis. Si je puis vous donner un conseil, vous vous hâterez d'aller à la cour et d'y préparer l'impression que nous voulons faire. Si Votre Grâce peut prendre les devants, et jeter quelques insinuations pour traverser Saville, ce sera à merveille. Mais, par-dessus tout, tenez en occupation l'oreille du roi, ce que personne ne peut faire aussi bien que vous.

Laissez à Chiffinch le soin de remplir son cœur d'un objet convenable. Maintenant, autre chose. Il y a un vieux radoteur de cavalier qui se serait certainement remué en faveur de la comtesse de Derby : — il est sous bonne garde, avec toute la bande des témoins à ses trousses.

— Hé bien, alors, sus, Topham !

— Topham le tient déjà, mylord ; mais il y a de plus un jeune galant, fils dudit chevalier, qui a été élevé chez la comtesse de Derby, et qui a apporté des lettres d'elle au provincial des Jésuites et à d'autres personnes de Londres.

— Quels sont leurs noms? dit sèchement le duc.

— Sir Geoffrey Péveril de Martindale-Castle, du comté de Derby, et son fils Julien.

— Quoi ! Péveril du Pic? — un des Cavaliers les plus dévoués qui aient jamais prêté un serment, — homme de Worcester, qui plus est, — et véritablement un homme que l'on trouvait toujours partout où il pleuvait des coups! Je ne consentirai pas à sa perte, Christian. Ces drôles se sont trompés de piste : il faut les y remettre à coups de fouet. — Oui, ils méritent d'être complétement étrillés, et ils le seront, quand la nation aura retrouvé la vue.

— En attendant, il est de la dernière importance, pour la réussite de notre plan, que Votre Grâce s'interpose pour un temps entre eux et la faveur du roi. Le jeune homme a sur la petite une influence que nous trouverions peu favorable à nos vues; et en outre, le père de la jeune fille le tient en aussi haute estime qu'il peut le faire de quelqu'un qui n'est pas comme lui un sot puritain.

— Hé bien, très-chrétien Christian, j'ai entendu vos ordres tout au long. Je m'efforcerai de boucher les terriers sous le trône, afin qu'aucun des lords, chevaliers et écuyers en question, ne puissent y pénétrer. Quant à la belle, je dois vous abandonner, à Chiffinch et à vous, le soin de conduire son introduction aux hautes destinées qui l'attendent, puisque je ne mérite pas qu'on s'en rapporte à moi. Adieu, très-chrétien Christian.

Il fixa ses yeux sur lui et s'écria, en fermant la porte de la chambre : Quel abominable et damné scélérat! Et ce qui m'irrite plus que tout le reste, c'est l'insolent sang-froid du maroufle. Votre Grâce fera ceci, — Votre Grâce daignera faire cela... Je serais une jolie marionnette, de jouer le second rôle, ou plutôt le troisième, dans une telle intrigue ! Non; ils marcheront tous selon mes vues, ou je les traverserai. Je saurai trouver cette jeune fille en dépit d'eux, et je jugerai si leur plan paraît devoir réussir. Dans ce cas, elle sera à moi, — entièrement à moi, avant d'être au roi, et je gouvernerai celle qui doit gouverner Charles. — Jerningham[1] ! (son gentilhomme entra). — Faites suivre et épier Christian par-

---

[1] *Voyez* la note X, à la fin du volume.

tout où il ira, d'ici à vingt-quatre heures, et sachez où il va visiter une femme nouvellement arrivée en ville. — Vous souriez, drôle ?

— C'est seulement que je soupçonne une nouvelle rivale à Araminte et à la petite comtesse, dit Jerningham.

— Allez à votre affaire, maraud, et laissez-moi penser aux miennes. — Subjuguer une puritaine, — une femme qui peut devenir la favorite d'un roi, — l'abrégé de toutes les beautés de l'Ouest, — voilà le premier point. L'impudence de ce bâtard mankois à corriger, — l'orgueil de Madame la Duchesse à humilier, — une importante intrigue d'État à appuyer ou à déjouer, selon que les circonstances le rendront nécessaire à mon honneur et à ma gloire... Tout à l'heure je souhaitais de l'occupation : en voilà suffisamment. Mais Buckingham saura gouverner sa barque à travers les bas-fonds et la tempête.

CHAPITRE XXIX.

> Remarquez ceci, Bassano : — le diable peut citer l'Écriture pour arriver à ses fins.
>
> *Le Marchand de Venise.*

EN quittant la somptueuse demeure du duc de Buckingham, Christian, tout rempli des plans aussi profonds que perfides qu'il méditait, avait pris en toute hâte le chemin de la Cité, où il avait été mandé à l'improviste par Ralph Bridgenorth de Moultrassie, qui l'attendait dans une auberge décente tenue par un presbytérien. Il ne fut pas désappointé : — le major, arrivé le matin même, l'attendait impatiemment. Un voile de sombre inquiétude augmentait encore l'expression chagrine de sa physionomie, qui s'éclaircit à peine même tandis qu'en réponse aux questions qu'il lui adressait sur sa fille, Christian lui rendait le compte le plus favorable de la santé d'Alice et de sa disposition d'esprit, auquel il sut mêler, naturellement et sans affectation, sur la beauté et le caractère de la jeune fille, les éloges qui devaient sonner le plus agréablement à l'oreille d'un père.

Mais Christian était trop adroit pour s'étendre sur ce thème, quelque flatteur qu'il pût être. Il s'arrêta précisément au point où, comme parent affectionné, il pouvait être supposé en avoir dit assez. — La dame près de laquelle il avait placé Alice était ravie, dit-il, de sa figure et de ses manières, et répondait de sa santé et de son bonheur. Il n'avait pas, ajouta-t-il, mérité si peu de confiance de la part de son frère Bridgenorth que le major eût dû, contrairement à son projet et au plan qu'ils avaient arrêté ensemble, accourir ainsi de Moultrassie, comme si sa présence était nécessaire à la protection d'Alice.

— Frère Christian, répondit Bridgenorth, il faut que je voie mon enfant ; — il faut que je voie cette personne à qui elle est confiée.

— A quoi bon? répliqua Christian. N'avez-vous pas souvent avoué que l'excès d'affection charnelle que vous éprouvez pour votre fille a été un piége tendu sous vos pas? — N'avez-vous pas été plus d'une fois sur le point de renoncer à ces grands desseins qui placeraient la droiture comme conseillère auprès du trône, parce que vous auriez voulu satisfaire la passion puérile de votre fille pour ce fils de votre ancien persécuteur, — pour ce Julien Péveril?

— J'en conviens ; et j'aurais donné, je donnerais encore des mondes pour serrer ce jeune homme sur mon sein, et l'appeler mon fils. L'âme de sa mère respire dans ses yeux, et sa noble démarche me rappelle celle de son père, quand il venait chaque jour me consoler dans ma détresse, et me disait : — L'enfant va bien.

— Mais le jeune homme marche d'après ses propres lumières, et prend le météore du marécage pour l'Étoile polaire. Ralph Bridgenorth, je vais te parler avec la sincérité d'un ami. Tu ne peux penser à servir à la fois la bonne cause et Baal. Obéis, si tu le veux, à tes affections charnelles ; appelle ce Julien Péveril dans ta maison, et donne-lui ta fille pour épouse : — mais songe à la réception qu'elle trouvera près du vieux chevalier, dont la fierté est maintenant, oui, même maintenant, aussi indomptée sous ses chaînes qu'après le succès de l'épée des saints à Worcester. Tu verras ta fille repoussée de ses pieds comme un objet indigne.

— Christian, interrompit Bridgenorth, tu me presses vivement ; mais tu le fais par amitié, mon frère, et je te pardonne. — Alice ne sera jamais repoussée. — Mais cette amie, — cette dame? — Tu es l'oncle de mon enfant, et après moi, c'est toi qui as pour elle le plus d'amour et d'affection : — cependant tu n'es pas son père, — tu n'as pas pour elle les craintes d'un père. Es-tu sûr du caractère de cette femme à qui mon enfant est confié ?

— Suis-je sûr de mon propre caractère? — suis-je sûr que mon nom est Christian? — que le vôtre est Bridgenorth ? — Est-ce là une chose dans laquelle on puisse penser que j'aurais agi à la légère ? — N'ai-je pas habité cette ville pendant de longues années? Ne connais-je pas cette cour? — et suis-je un homme que l'on puisse tromper? Car je ne penserai pas que vous puissiez craindre que ce soit moi qui vous trompe.

— Tu es mon frère, — le sang et les os de la sainte que j'ai perdue ; — et je suis résolu à me confier en toi dans cette affaire.

— Tu fais bien ; et qui sait quelle récompense te peut être réservée? — Je ne puis regarder Alice sans que mon esprit soit fortement frappé de l'idée qu'une grande œuvre est réservée à une créature si fort au-dessus des femmes ordinaires. La courageuse Judith délivra Béthulie par sa valeur, et la beauté d'Esther fut une sauvegarde et une défense pour son peuple dans la terre de la captivité, quand elle eut trouvé faveur aux yeux du roi Assuérus.

— Qu'il soit fait d'elle selon la volonté du Ciel. Et maintenant, dis-moi quels progrès a faits le grand œuvre.

— Le peuple est fatigué de l'iniquité de cette cour; et si cet homme veut continuer de régner, il faut qu'il appelle dans ses conseils des hommes d'une autre trempe. L'alarme occasionnée par les coupables trames des papistes a réveillé l'énergie des âmes, et ouvert les yeux de tous sur les dangers de la situation. — Lui-même, — car il abandonnera frère et femme pour se sauver, — lui-même n'est pas éloigné d'un changement de mesures; et quoique nous ne puissions pas nous attendre à voir la cour épurée du premier coup comme le van sépare l'ivraie du bon grain, il y aura là néanmoins assez d'hommes de bien pour tenir les méchants en bride, — assez d'hommes modérés pour forcer d'accorder cette tolérance universelle après laquelle nous soupirons depuis si longtemps, comme une vierge après son bien-aimé. Le temps et l'occasion prépareront les voies pour une réforme plus complète; et nous verrons s'accomplir sans tirer l'épée ce que nos amis n'ont pu fonder sur une base solide, même quand le glaive de la victoire était dans leurs mains.

— Puisse Dieu nous accorder cette grâce! dit Bridgenorth; car j'aurais scrupule, je le crains, de rien faire qui pût arracher encore une fois du fourreau l'épée des guerres civiles. Mais bienvenu est tout ce qui arrivera par une voie pacifique et légale!

— Oui, ajouta Christian, et qui amènera en même temps l'expiation sévère que nos ennemis nous doivent depuis si longtemps. Depuis combien de temps le sang de notre frère ne crie-t-il pas vengeance de l'autel? — Maintenant, cette cruelle Française verra que ni le laps des années, ni ses puissants amis, ni le nom de Stanley, ni la souveraineté de Man, n'arrêteront la marche irrésistible du vengeur du sang. Son nom sera effacé de la liste des nobles, et un autre aura son héritage.

— Mais, mon frère Christian, ne te laisses-tu pas emporter à une trop grande âpreté de poursuite? — Comme chrétien, ton devoir est de pardonner à tes ennemis.

— A mes ennemis, mais non aux ennemis du Ciel, — non à ceux qui ont répandu le sang des saints, répliqua Christian, dont l'œil étincelait de cette expression de férocité ardente qui donnait parfois à sa physionomie insignifiante le seul caractère de passion qu'elle offrît jamais. — Non, Bridgenorth, continua-t-il, je regarde cette poursuite de vengeance comme une chose sainte; — c'est à mes yeux un sacrifice propitiatoire pour tout ce qu'il peut y avoir de mal dans ma vie.

Je me suis soumis à être dédaigneusement repoussé par l'orgueilleux ; mais au fond du cœur je me disais avec fierté : Moi, qui fais cela, — je le fais afin de pouvoir venger le sang de mon frère.

— Et cependant, mon frère, quoique je partage tes desseins, et que je t'aie prêté mon aide contre cette Moabite, je pense malgré moi que ta vengeance est plus conforme à la loi de Moïse qu'à la loi d'amour.

— Ceci te convient bien, Ralph Bridgenorth, à toi qui tout à l'heure as vu en souriant la chute de ton propre ennemi !

— Si vous voulez parler de sir Geoffrey Péveril, je n'ai pas souri à sa ruine. Il est bien qu'il soit abaissé ; mais si cela dépend de moi, quoique je puisse humilier son orgueil, je ne détruirai jamais sa maison.

— Vous connaissez le mieux vos desseins, frère Bridgenorth, et je rends justice à la pureté de vos principes ; mais ceux qui ne voient qu'avec les yeux du monde auraient peine à discerner les intentions de merci dans le magistrat sévère, dans le créancier rigoureux : — et tel vous avez été pour Péveril.

— Frère Christian, répliqua Bridgenorth, dont les joues s'animaient tandis qu'il parlait, je ne doute pas de vos intentions, non plus que je ne nie l'adresse surprenante avec laquelle vous vous êtes procuré des informations si précises sur les projets de cette femme d'Ammon. Mais je puis penser que dans vos rapports avec la cour et avec les courtisans, vous avez peut-être, au milieu de votre politique mondaine et charnelle, perdu quelque chose de ces dons spirituels pour lesquels vous avez été autrefois si renommé parmi les frères.

— Ne le craignez pas, repartit Christian, reprenant le sang-froid que cette discussion avait un peu altéré. Travaillons seulement de concert comme auparavant, et j'ai la confiance que chacun de nous sera trouvé travailler en fidèle serviteur à cette bonne vieille cause pour laquelle nous avons tiré l'épée.

A ces mots, il prit son chapeau, et disant adieu à Bridgenorth, il lui annonça l'intention où il était de revenir dans la soirée.

— Adieu, répliqua Bridgenorth ; pour cette cause, tu me trouveras toujours un adhérent sincère et dévoué. J'agirai d'après tes conseils, et ne te demanderai même pas, — quoiqu'en puisse souffrir mon cœur de père, — à qui tu as confié mon enfant, et où elle est. Je tâcherai d'arracher et de jeter loin de moi même ma main droite et mon œil droit ; mais quant à toi, Christian, si en cette affaire tu agissais autrement que d'après les règles de la prudence et de l'honnêteté, tu aurais à en rendre compte à Dieu et aux hommes.

— Ne crains rien, répondit Christian à la hâte ; et il quitta la place, agité de pensées d'une nature peu agréable.

J'aurais dû lui persuader de repartir, se dit-il quand il fut dans la rue ; sa seule présence dans ce voisinage peut renverser le plan auquel est attachée ma fortune, — oui, et celle de sa fille. Dira-t-on que je l'ai perdue, quand je l'aurai élevée au poste éblouissant de la duchesse de Portsmouth, et que peut-être j'aurai fait d'elle la mère d'une longue lignée de princes? Chiffinch s'est chargé de ménager l'occasion, et la fortune de ce fournisseur de volupté dépend du soin qu'il mettra à satisfaire le goût de son maître pour la variété. Si elle fait impression, cette impression sera sûrement profonde, et une fois établie dans les affections du prince, je ne crains pas qu'on l'y supplante. — Mais que dira son père? En homme prudent, mettra-t-il sa honte en poche, parce qu'elle sera bien dorée? ou croira-t-il devoir faire étalage de courroux moral et de fureur paternelle? Je crains qu'il ne prenne le dernier parti. — Il a toujours mené une vie trop austère pour qu'il puisse fermer les yeux sur une telle liberté. Mais à quoi servira sa colère? — Je n'ai pas besoin de paraître dans l'affaire, — et ceux qui sont en évidence se soucieront peu du ressentiment d'un puritain campagnard. Et après tout, ce que je travaille à faire réussir est ce qu'il y a de plus avantageux pour lui-même, pour la petite, et par-dessus tout pour moi, Edward Christian.

C'était par ces méprisables considérations que le misérable étouffait les reproches de sa conscience, au moment où il prévoyait la honte de la famille de son frère, et la perte d'une nièce confiée à ses soins. Le caractère de cet homme était d'une espèce peu commune, et ce n'était pas par une route ordinaire qu'il était arrivé à ce degré d'insensibilité et d'infâme égoïsme.

Edward Christian, comme le lecteur le sait déjà, était le frère de ce William Christian qui fut le principal instrument par lequel l'île de Man fut livrée à la république, et qui, par suite, fut sacrifié à la vengeance de la comtesse de Derby. Tous deux avaient été élevés dans les principes puritains; mais William était soldat, ce qui modifia un peu le rigorisme de ses opinions religieuses, tandis qu'Edward, resté dans la vie civile, semblait professer ces principes dans toute leur rigueur. Ce n'était pourtant qu'un dehors. La régularité de conduite qui lui valait une grande considération et une non moins grande influence dans le *parti modéré*, ainsi qu'ils avaient coutume de se désigner eux-mêmes, couvrait un penchant au plaisir dont la satisfaction lui était aussi douce que l'eau dérobée, aussi agréable que le pain mangé en secret. Ainsi donc, tandis que sa sainteté apparente lui valait un profit mondain, ses plaisirs cachés furent pour lui une compensation de ses austérités publiques, jusqu'à ce que la restauration, et la violence de la comtesse contre son frère, vinrent interrompre le cours des uns et des autres. Il s'enfuit alors de son île natale, brûlant du désir de venger la mort de son frère, — seule passion étrangère à lui-même qu'on lui ait jamais connue, et qui même n'était pas étrangère à tout égoïsme, puisqu'elle se rattachait au rétablissement de sa propre fortune.

Il trouva un accès facile près de Villiers, duc de Buckingham, qui, du chef de la duchesse son épouse, élevait des prétentions sur ceux des domaines de Derby que le Parlement avait concédés à son célèbre beau-père lord Fairfax. L'influence du duc à la cour de Charles, où une plaisanterie était une meilleure recommandation qu'une longue suite de fidèles services, eut une grande part dans l'abaissement de cette famille loyale et mal récompensée. Mais Buckingham était incapable, même dans son propre intérêt, de suivre d'un pas ferme la marche que Christian lui suggérait, et ses hésitations sauvèrent probablement ce qui restait des vastes domaines du comte de Derby.

Cependant, Christian était un partisan trop utile pour être congédié. Devant Buckingham et d'autres personnages de cette trempe, il n'affectait pas de cacher le relâchement de ses principes; mais vis-à-vis du parti nombreux et puissant auquel il appartenait, il sut toujours le déguiser sous des dehors de gravité qu'il ne quitta jamais. Il est vrai que la distinction entre la cour et la ville était alors si profonde et si absolue, qu'un homme aurait pu jouer pendant un certain temps deux rôles opposés, comme dans deux sphères différentes, sans que l'on découvrît d'un côté qu'il se montrait de l'autre sous un tout autre jour. D'ailleurs, quand un homme de talent se montre partisan capable et utile, ceux de son parti continueront de le protéger et de le défendre, alors même que sa conduite sera en opposition directe avec leurs principes. En de tels cas, on nie quelques faits, — on en colore quelques autres; — et on permet à l'esprit de parti de couvrir au moins autant de défauts qu'en a jamais couvert la charité.

Edward Christian avait souvent besoin de l'indulgence partiale de ses amis; mais il la trouvait toujours, parce qu'il était éminemment utile. Buckingham et d'autres courtisans de la même classe, quoique de mœurs dissolues, désiraient conserver quelque liaison avec le parti dissident ou puritain, ainsi qu'il était désigné, pour s'en faire un appui contre leurs adversaires à la cour. Dans de telles intrigues, Christian était un agent capital; et pendant quelque temps il réussit presque à établir une étroite union entre une classe d'hommes professant les principes les plus rigides de religion et de morale, et les courtisans latitudinaires, qui se piquaient de se mettre au-dessus de tout principe.

Au milieu des vicissitudes d'une vie d'intrigue, durant laquelle les projets ambitieux de Buckingham et les siens propres lui firent à diverses reprises traverser l'Atlantique, Edward Christian se vantait de n'avoir jamais perdu de vue son projet principal, — sa vengeance contre la duchesse de Derby. Il entretenait avec son île natale une correspondance active et intime, de manière à être toujours exactement au courant de tout ce qui s'y passait; et il ne perdait aucune occasion favorable de pousser la cupidité de Buckingham à se mettre en possession de ce petit royaume par la forfaiture du lord actuel. Il n'était pas difficile de tenir en haleine les vues ambitieuses de son patron à ce sujet, car la vive imagination du duc attachait un charme particulier à l'idée de devenir une espèce de souverain, même dans cette petite île; et il était, comme Catilina, aussi convoiteux du bien des autres que prodigue du sien.

Mais ce fut seulement à l'époque de la prétendue découverte du Complot papiste que les plans de Christian purent être amenés à maturité; car alors les catholiques devinrent si odieux aux yeux prévenus du peuple anglais, que sur la simple dénonciation des plus infâmes des hommes, des délateurs de profession, immondices des prisons et rebut du pilori, les accusations les plus atroces contre les personnes du plus haut rang et de la réputation la plus intacte étaient aussitôt reçues et regardées comme avérées.

Ce fut une passe que Christian ne manqua pas de mettre à profit. Il resserra son intimité avec Bridgenorth, qui à la vérité n'avait jamais été interrompue, et réussit sans peine à le faire entrer dans ses plans, lesquels, aux yeux de son beau-frère, étaient aussi honorables que patriotiques. Mais tout en flattant Bridgenorth de la perspective d'une réforme complète dans l'État, — de l'affranchissement de conscience du parti dissident, jusque-là courbé sous les lois pénales, — enfin, du redressement des odieux griefs du temps; — tout en lui montrant en outre dans l'avenir la comtesse de Derby frappée par la vengeance, et la maison de Péveril, de qui Bridgenorth avait souffert tant d'indignités, humiliée et souffrant à son tour, Christian ne négligeait pas de chercher par quels moyens il pourrait le mieux profiter de la confiance mise en lui par son crédule beau-frère.

L'extrême beauté d'Alice Bridgenorth, — la fortune considérable que le temps et l'économie avaient accumulée entre les mains de son père, — la désignaient comme un parti très-sortable pour réparer les brèches que la dissipation avait faites au patrimoine de quelques-uns des courtisans; et il se flattait de pouvoir conduire une semblable négociation de manière à la rendre éminemment profitable à son propre intérêt. Il vit qu'il réussirait sans beaucoup de peine à persuader au major Bridgenorth de lui confier la garde d'Alice. Cet infortuné s'était habitué, dès la naissance de sa fille, à regarder la présence de son enfant comme une jouissance mondaine trop grande pour qu'il s'y abandonnât; et Christian le convainquit aisément que le penchant décidé qu'il éprouvait de l'accorder à Julien Péveril, pourvu que le gendre pût être converti aux opinions politiques du beau-père, était un compromis blâmable avec la sévérité de ses principes. Des circonstances récentes avaient fait connaître à Bridgenorth l'incapacité et le peu de convenance de dame Debbitch comme unique gardienne d'un si précieux dépôt; et il accepta sans difficulté et même avec reconnaissance l'offre obligeante de Christian, oncle maternel d'Alice, de la placer à Londres sous la protection d'une dame de haut rang, tandis que lui-même serait engagé dans les scènes d'agitation et de sang qu'il prévoyait, ainsi que tous les bons protestants, être bientôt amenées par une démonstration générale des papistes, à moins que le mouvement ne fût prévenu par d'actives et énergiques mesures de la part du bon peuple anglais. Il confessa même ses craintes, que sa vive sollicitude pour le bonheur d'Alice n'énervât ses efforts en faveur de son pays ; et il ne fut pas difficile à Christian de lui arracher la promesse de ne pas s'enquérir d'elle pendant un certain intervalle.

Ainsi assuré d'être le tuteur temporaire de sa nièce pour un temps qu'il se flattait de rendre suffisant à l'exécution de ses projets, Christian tâcha d'aplanir la voie en consultant Chiffinch, que son habileté bien connue dans la politique de la cour rendait plus apte que personne à servir de conseiller en cette occasion. Mais ce digne personnage, qui, par le fait, était le pourvoyeur des plaisirs de Sa Majesté, et, par suite, fort avant dans les bonnes grâces royales, crut qu'il entrait dans la ligne de ses devoirs de suggérer un autre plan que celui pour lequel on le consultait. Une femme aussi belle qu'Alice était représentée lui semblait plutôt digne de partager les affections du joyeux monarque, dont le goût en beauté féminine était si exquis, que de devenir la femme de quelque dissipateur ruiné. Et puis, pour rendre toute justice à son caractère, il lui sembla que sa considération n'en souffrirait nulle atteinte, en même temps que sa fortune en serait à tous égards grandement améliorée, si, après avoir partagé le règne toujours assez court des Gwyns, des Davises, des Robertses et autres, Alice Bridgenorth passait de sa situation de favorite royale à l'humble condition de mistress Chiffinch.

Après avoir sondé Christian avec précaution, et trouvant que la perspective d'intérêt personnel l'empêchait de se soulever à ce plan d'iniquité, Chiffinch le lui exposa en détail, tout en tenant soigneusement hors de vue le dénouement final ; et il représenta la faveur qui attendait la belle Alice non comme un caprice passager, mais comme le commencement d'un règne aussi long et aussi absolu que celui de la duchesse de Portsmouth, dont on croyait que l'avidité et le caractère impérieux commençaient à fatiguer beaucoup Charles, quoique la force de l'habitude ne lui permît pas de s'affranchir du joug.

Amenée à ce point, la trame préparée cessa d'être simplement le plan d'un courtier des débauches royales, et un ignoble complot pour la perte d'une fille innocente : cette trame devint une intrigue d'État, ayant pour objet l'éloignement d'une favorite incommode, et par suite le changement des sentiments du roi sur différents points essentiels, à l'égard desquels il était actuellement influencé par la duchesse de Portsmouth. Ce fut sous ce point de vue que le complot fut produit au duc de Buckingham, lequel, soit pour soutenir sa réputation de galanterie audacieuse, soit pour satisfaire quelque caprice de fantaisie, avait un jour fait une déclaration d'amour à la favorite régnante, et avait été repoussé d'une manière qu'il ne pardonna jamais.

Mais un seul projet était trop peu pour occuper l'esprit actif et entreprenant du duc. Un appendice au Complot papiste fut aisément imaginé de manière à y envelopper la comtesse de Derby, que son caractère et sa religion rendaient précisément, pour la partie crédule du public, plus exposée que personne autre au soupçon d'avoir trempé dans une conspiration de cette nature. Christian et Bridgenorth se chargèrent de la mission périlleuse d'aller l'attaquer dans son petit royaume de Man, et ils reçurent à cet effet des pouvoirs qu'ils ne devaient produire que dans le cas où leur entreprise réussirait.

Mais elle échoua, comme le sait le lecteur, par suite des préparatifs de défense que la comtesse fit à temps; et ni Christian ni Bridgenorth ne crurent qu'il fût d'une bonne politique d'en venir à des mesures ouvertes, même en s'appuyant sur l'autorité parlementaire, contre une femme qui hésitait si peu à recourir aux mesures les plus propres à assurer son autorité féodale; réfléchissant prudemment que l'*omnipotence* même du Parlement, comme on disait avec quelque peu d'exagération, pourrait bien ne pas suffire à les mettre à l'abri des conséquences personnelles d'une entreprise avortée.

Mais sur le continent britannique, aucune opposition n'était à craindre; et Christian était si bien informé de tout ce qui se passait dans l'intérieur de la petite cour et de la famille de la comtesse, que Péveril eût été arrêté à l'instant même de son débarquement, sans la rafale qui obligea le navire sur lequel il faisait la traversée de courir sur Liverpool. Christian, sous le nom de Ganlesse, l'y rencontra inopinément, et le sauva des griffes des infatigables témoins du Complot, dans l'intention de s'assurer de ses dépêches, et, si cela devenait nécessaire, de sa personne aussi, de manière à le mettre à sa discrétion : — jeu serré et périlleux, qu'il crut cependant plus convenable de risquer, que de laisser à ces agents subalternes, toujours prêts à se mutiner contre ceux avec qui ils étaient ligués, l'honneur de s'emparer des papiers de la comtesse de Derby. Il était d'ailleurs essentiel aux vues de Buckingham que ces papiers ne tombassent pas entre les mains d'un officier public tel que Topham, lequel, quoique vain et stupide, était intègre et bien intentionné, avant d'avoir été soumis à la révision d'un comité secret, qui probablement trouverait quelque chose à y supprimer, en supposant même qu'aucune addition n'y fût faite. Christian, en un mot, en conduisant son intrigue particulière par le moyen de ce qu'on appelait le Grand Complot papiste, agissait précisément comme un ingénieur qui emprunte le principe moteur de son mécanisme à une machine à vapeur, ou à une puissante roue hydraulique, construite pour mettre en mouvement un autre appareil plus vaste. Il avait donc décidé que tandis qu'il tirerait tout l'avantage possible de leurs découvertes supposées, il ne souffrirait que personne intervînt à aucun titre dans ses propres plans de cupidité et de vengeance.

Voulant s'assurer par ses propres yeux que cette beauté tant vantée était digne des éloges dont elle avait été l'objet, Chiffinch avait fait tout exprès le voyage du Derbyshire ; et ce fut avec une satisfaction infinie que, pendant un sermon de deux heures à la chapelle non-conformiste de Liverpool, lequel lui donna ainsi tout le temps de faire à loisir son examen, il arriva à la conclusion que jamais il n'avait vu ni des formes ni un visage plus séduisants. Ses yeux lui ayant confirmé ce qu'on lui avait dit, il revint en toute hâte à la petite auberge qu'ils avaient choisie pour lieu de rendez-vous, et il y attendit Christian et sa nièce avec plus de confiance que jamais dans la réussite de leur projet, et avec un déploiement de luxe tout à fait propre, à ce qu'il pensait, à faire une impression favorable sur l'esprit d'une jeune campagnarde. Il fut quelque peu surpris quand, au lieu d'Alice Bridgenorth, à qui il avait compté être présenté ce soir-là, il vit que Christian était accompagné de Julien Péveril. Ce fut réellement un désappointement cruel ; car il avait eu à vaincre son indolence pour s'aventurer ainsi loin de la cour, à l'effet de mettre son infaillible goût à même de juger si Alice était en effet le prodige qu'avaient annoncé les éloges de son oncle, et, comme telle, une victime digne du sort auquel elle était destinée.

Une courte conférence entre les dignes confédérés les avait fait s'arrêter au plan d'enlever à Péveril les dépêches de la comtesse ; Chiffinch refusant nettement de prendre aucune part à l'arrestation du jeune homme, affaire à l'égard de laquelle l'approbation de son maître était fort incertaine.

Christian aussi avait ses raisons pour s'abstenir d'une démarche si décisive. Il n'était nullement probable qu'elle fût agréable à Bridgenorth, qu'il était essentiel de ne pas mécontenter ; — elle n'était pas nécessaire, car les dépêches de la comtesse avaient une bien plus grande importance que la personne de Julien. Finalement cette mesure était encore superflue sous ce rapport, que Julien se rendant au château de son père, il y avait toute probabilité que naturellement il y serait arrêté avec les autres personnes suspectes qui tombaient sous le coup du warrant de Topham et des dénonciations de ses infâmes compagnons. Loin donc d'user d'aucune violence envers Péveril, il prit avec lui un ton d'amitié, et sembla l'avertir de se tenir en garde contre les autres, afin d'échapper au soupçon d'avoir eu part à la soustraction de ses dépêches. Cette dernière manœuvre fut effectuée au moyen de l'infusion, dans le vin de Julien, d'un puissant narcotique sous l'influence duquel il dormit si profondément, que les deux confédérés purent aisément accomplir leur criminel projet.

CHAPITRE XXIX.

Les événements des jours suivants sont déjà connus du lecteur. Chiffinch reprit la route de Londres avec les papiers, qu'il était important de remettre aussitôt que possible entre les mains de Buckingham ; tandis que Christian se rendit à Moultrassie pour y recevoir Alice des mains de son père et la conduire en sûreté à Londres, — son complice ayant consenti à ajourner la curiosité qu'il avait de l'étudier de plus près, jusqu'à ce qu'ils fussent arrivés dans cette ville.

Avant de quitter Bridgenorth, Christian avait mis toute son adresse en œuvre pour le déterminer à rester à Moultrassie : il avait même outre-passé les bornes de la prudence, et, par son insistance, éveillé quelques vagues soupçons qu'il lui fut difficile de dissiper. Bridgenorth partit donc pour Londres sur les traces de son beau-frère ; et le lecteur sait déjà quels artifices Christian avait employés pour l'empêcher de s'immiscer dans les destinées de sa fille, et d'entraver ainsi les abominables projets d'un indigne tuteur. Christian, cependant, tout en parcourant les rues de la ville, s'abandonnait à de profondes réflexions. Il voyait que son entreprise était entourée de mille périls ; et de grosses gouttes de sueur ruisselaient sur son front quand il songeait à la légèreté présomptueuse et au caractère inconstant de Buckingham, — à la frivolité et à l'intempérance de Chiffinch, — aux soupçons du sombre et fanatique, mais pénétrant et honnête Bridgenorth. — Si, pensait-il, j'avais des instruments appropriés chacun à la portion de l'œuvre que je leur aurais assignée, combien il me serait facile d'écarter et de briser les obstacles qui me sont opposés ! Mais avec des appuis si légers et si fragiles, je suis chaque jour, à chaque heure, à chaque moment, exposé à voir se briser l'un ou l'autre de ces deux leviers, et à ce que les ruines me retombent sur la tête. Et pourtant, sans ces défauts dont je me plains, comment m'eût-il été possible d'acquérir sur eux tous ce pouvoir qui fait d'eux mes instruments passifs, même alors qu'ils semblent le plus suivre leurs propres inspirations ? Oui, les fanatiques ont quelque raison d'affirmer que tout est pour le mieux.

Il peut paraître étrange que parmi les divers motifs d'appréhension de Christian, il n'éprouvât jamais, du moins avec quelque durée, la crainte que la vertu de sa nièce ne fût l'écueil contre lequel ses projets viendraient se briser. Mais c'était un scélérat fieffé, en même temps qu'un libertin endurci ; et à ces deux titres, il professait une incrédulité absolue à l'égard de la vertu du beau sexe.

CHAPITRE XXX.

> Quant au roi Charles de John Dryden, j'avoue que ce ne fut jamais une chose bien merveilleuse; et pourtant c'était un compagnon diablement honnête, — qui aimait ses amis et la bouteille, et avait de bons moments.
>
> Dr WOLCOT.

LONDRES, ce grand centre des intrigues de toute espèce, avait alors attiré dans sa sombre et vaporeuse sphère le plus grand nombre des personnages que nous avons eu jusqu'ici occasion de mentionner.

Julien Péveril, entre autres, était arrivé, et avait pris son logement dans une auberge écartée au fond d'un faubourg. Il pensa que le mieux qu'il eût à faire était de garder l'incognito, jusqu'à ce qu'il eût vu en particulier les amis dont il avait le plus lieu d'attendre assistance pour ses parents, ainsi que pour la comtesse de Derby, dans la situation précaire et dangereuse où ils se trouvaient en ce moment. Parmi ces amis, le plus puissant était le duc d'Ormond, dont les fidèles services, le haut rang, les vertus et le mérite incontesté, lui conservaient toujours un ascendant à la cour même où il était en général regardé comme hors de faveur. Les manières de Charles envers ce seigneur illustre, ancien serviteur de son père, révélaient tellement, en effet, la conscience de cet ascendant, que Buckingham prit une fois la liberté de demander au roi si le duc d'Ormond avait perdu la faveur de Sa Majesté, ou Sa Majesté celle du duc, puisque toutes les fois qu'ils venaient à se rencontrer le roi paraissait le plus embarrassé des deux? Mais Péveril ne fut pas assez heureux pour obtenir les avis et l'appui de ce personnage distingué. Sa grâce le duc d'Ormond n'était pas alors à Londres [1].

La lettre à la remise de laquelle la comtesse avait paru attacher le plus d'importance, après celle destinée au duc d'Ormond, était adressée au capitaine Barstow (jésuite dont le vrai nom était Fenwicke [2]),

---

[1] Voici le portrait que dans ses *Mémoires* Grammont trace de ce seigneur : « Le duc d'Ormond avait la confiance et l'estime de son maître; il en était digne par la grandeur de ses services, l'éclat de son mérite et de sa naissance, et par les biens qu'il avait abandonnés pour suivre la fortune de Charles II. Les courtisans mêmes n'osèrent murmurer de le voir grand-maître de la maison du roi, premier gentilhomme de la chambre, vice-roi d'Irlande... C'était l'honneur de la cour de son maître. » (L. V.)

[2] Le jésuite Fenwicke fut au nombre de ceux à qui le Complet coûta la vie sur l'échafaud. (L. V.)

qu'on devait trouver, ou dont on devait au moins apprendre la demeure, chez un certain Martin Christal, dans la Savoie. Péveril se hâta de s'y rendre quand il eut appris l'absence du duc d'Ormond. Il n'ignorait pas le danger qu'il courait en devenant ainsi un intermédiaire entre un prêtre papiste et une catholique suspecte. Mais quand il s'était chargé de la périlleuse mission de sa bienfaitrice, il l'avait fait franchement, et avec la résolution sans réserve de la servir ainsi qu'elle désirait le plus que ses affaires fussent conduites. Il ne put néanmoins se défendre d'une crainte secrète, quand il se vit engagé dans le labyrinthe de passages et de galeries qui conduisaient aux différentes suites d'appartements obscurs de l'ancien édifice appelé la Savoie.

Cette construction antique et presque ruinée occupait dans le Strand une partie de l'emplacement où s'élève ce qu'on nomme communément Somerset-House. La Savoie avait été anciennement un palais, et avait pris son nom d'un comte de Savoie son fondateur. Ce palais avait servi d'habitation à John de Gaunt et à différents personnages de distinction, et par la suite avait été successivement transformé en couvent et en hôpital; finalement, à l'époque de Charles II, ce n'était plus qu'un amas presque désert de bâtiments délabrés et d'appartements en ruines, principalement occupés par ceux qui avaient quelques relations de dépendance ou autres avec le palais de Somerset-House, lequel, plus heureux que la Savoie, conservait encore son titre de maison royale, et était habité par une partie de la cour, et même de temps à autre par le roi lui-même, qui y avait ses appartements.

Ce ne fut pas sans avoir pris bien des informations et commis plus d'une méprise, qu'à l'extrémité d'un long et obscur corridor formé d'ais tellement minés par le temps qu'ils menaçaient de s'enfoncer sous ses pas, Julien trouva enfin le nom de Martin Christal, courtier et commissaire priseur, inscrit sur une porte vermoulue. Il allait frapper, quand quelqu'un le tira par son manteau; portant les yeux autour de lui, il aperçut, avec un étonnement qui alla presque jusqu'à la frayeur, la petite muette qui l'avait accompagné pendant une partie de la traversée, à son départ de l'île de Man. — Fenella! s'écria-t-il, oubliant qu'elle ne pouvait ni entendre ni répondre; — Fenella, est-ce bien vous?

Fenella, prenant l'air d'avertissement et d'autorité que précédemment elle avait déjà voulu s'arroger vis-à-vis de lui, se plaça entre Julien et la porte où il allait frapper, — la lui désigna du doigt avec un geste de défense, et en même temps fronça les sourcils et secoua la tête d'un air sévère.

Après un instant de réflexion, Julien ne put s'expliquer l'apparition et la conduite de Fenella qu'en supposant que sa maîtresse était à Londres, et qu'elle lui avait dépêché ce messager muet, comme agent confidentiel, pour le prévenir de quelque changement dans la marche qu'elle avait d'abord adoptée, qui pouvait rendre superflue, ou peut-être dangereuse, la remise de ses lettres à Barstow, *alias* Fenwicke. Il demanda par signes à Fenella si elle avait quelque message de la comtesse? Elle fit un signe de tête affirmatif. — Si elle avait quelque lettre? — Elle secoua la tête avec impatience; et suivant le passage d'un pas alerte, elle lui fit signe de venir avec elle. Il marcha sur ses pas, ne doutant pas qu'elle ne le conduisît en présence de la comtesse; mais la surprise que lui avait d'abord causée l'apparition de Fenella fut encore accrue quand il la vit parcourir le sombre labyrinthe des constructions délabrées de la Savoie d'un pas aussi rapide et avec non moins de facilité qu'il l'avait vue auparavant lui servir de guide sous les voûtes obscures du château de Rushin, dans l'île de Man.

Quand il se souvint, toutefois, que Fenella avait accompagné la comtesse pendant un long séjour que celle-ci avait fait à Londres, il ne lui parut pas improbable qu'elle pût avoir acquis alors cette connaissance locale qui semblait si exacte. Nombre d'étrangers, attachés à la reine régnante ou à la reine douairière, avaient des appartements dans la Savoie. Beaucoup de prêtres catholiques trouvaient aussi un refuge dans ses profondeurs, en dépit de la sévérité des lois contre le papisme. Qu'y avait-il de plus probable que la comtesse de Derby, catholique et Française, entretînt de secrètes relations avec de telles gens, et qu'à cet effet elle se servît, au moins occasionnellement, de Fenella.

Tout en faisant ces réflexions, Julien continuait de suivre les pas agiles de sa rapide conductrice, qui était entrée du Strand dans Spring-Garden, et de là dans le Parc.

Il était encore de bonne heure, et on ne voyait dans le Mail qu'un petit nombre de promeneurs qui venaient chercher sous ces ombrages la salutaire influence du grand air et de l'exercice. La splendeur, la gaîté et le luxe ne se déployaient à cette époque que vers l'heure de midi. Tous nos lecteurs savent sans doute que tout l'espace aujourd'hui occupé par la caserne des gardes à cheval faisait, du temps de Charles II, partie du parc Saint-James, et que le vieux bâtiment qu'on nomme maintenant la Trésorerie était une dépendance de l'ancien palais de Whitehall, lequel se trouvait ainsi immédiatement joint au parc. Le canal avait été construit par le célèbre Lenôtre, dans le but de dessécher le parc; et il communiquait avec la Tamise par un bassin couvert d'oiseaux aquatiques des espèces les plus rares. Ce fut vers ce bassin que se dirigea Fenella d'un pas toujours aussi rapide; et ils approchaient d'un groupe de deux ou trois personnes qui se promenait sur ses bords, lorsque, arrêtant ses regards avec plus d'attention sur celui qui paraissait le plus important de la compagnie, Julien sentit son cœur battre avec une force extraordinaire, comme s'il eût pressenti qu'il allait se trouver devant quelqu'un du plus haut rang.

CHAPITRE XXX.

La personne qu'il regardait ainsi avait dépassé l'âge moyen de la vie son teint brun était en harmonie avec la vaste perruque noire qu'il portait au lieu de sa propre chevelure. Ses vêtements étaient de simple velours noir; seulement une étoile en diamants brillait sur son manteau, négligemment attaché à une de ses épaules. Ses traits, fortement prononcés, peut-être même un peu durs, avaient cependant une expression de dignité enjouée; il était bien fait et vigoureusement constitué; sa démarche était à la fois pleine de noblesse et d'aisance, et, au total, tout en lui annonçait une personne du rang le plus élevé. Il marchait un peu en avant de ceux qui l'accompagnaient; mais, se retournant de temps en temps de leur côté, il leur parlait avec une grande affabilité, et probablement sur quelque sujet plaisant, à en juger par les sourires, et de temps à autre par le rire à demi réprimé avec lequel quelques-unes de ses saillies étaient reçues par ses compagnons. Ceux-ci portaient aussi des habits du matin; mais leur air et leurs manières étaient ceux d'hommes de qualité en présence de quelqu'un d'un rang supérieur. Ce dernier partageait son attention entre eux et sept ou huit petits épagneuls à poil noir et frisé, de l'espèce de ceux que nous nommons aujourd'hui *cockers*, qui suivaient leur maître d'aussi près, et peut-être avec un attachement aussi sincère que les bipèdes du groupe. Il paraissait prendre grand plaisir à leurs gambades, que tour à tour il réprimait et encourageait. En addition à ce passe-temps, un laquais le suivait aussi, portant à chaque main un petit panier où le personnage que nous avons dépeint prenait de temps à autre une poignée de graines qu'il s'amusait à lancer aux oiseaux aquatiques.

Cette occupation, amusement favori du roi, jointe à sa physionomie remarquable et à la conduite du reste de la compagnie envers lui, convainquit Julien Péveril qu'il approchait, contrairement peut-être au décorum, de la personne de Charles Stuart, le second de ce nom malheureux.

Tandis qu'il hésitait à suivre plus loin sa muette conductrice, et qu'il éprouvait l'embarras de ne pouvoir lui faire comprendre sa répugnance à s'approcher davantage, une personne de la suite royale fit entendre sur le flageolet un air vif et léger, au signal que lui avait fait le roi, qui désirait qu'on lui répétât un certain air qui, la veille au soir, l'avait frappé au théâtre. Pendant que le bon monarque marquait la mesure du pied et de la main, Fenella continuait de s'approcher de lui en prenant toutes les manières d'une personne attirée comme malgré elle par les sons de l'instrument.

Inquiet de savoir comment tout ceci finirait, et fort étonné de voir la petite muette imiter avec tant de précision les mouvements de quelqu'un qui aurait effectivement entendu les notes musicales, Péveril se rapprocha aussi, quoiqu'un peu moins que Fenella.

Le roi les regarda l'un et l'autre d'un air de bonne humeur, comme si leur enthousiasme musical lui eût paru suffisamment excuser leur indiscrétion ; mais ses regards s'attachèrent bientôt sur Fenella, dont les traits et l'extérieur, quoique plutôt singuliers que beaux, avaient quelque chose d'étrange, de fantastique, et par cela même de captivant pour un œil rassasié peut-être des formes ordinaires de la beauté féminine. Elle ne parut pas remarquer l'attention dont elle était l'objet ; mais, comme si elle eût cédé à l'irrésistible impulsion des sons qu'elle semblait écouter, elle détacha l'aiguille de tête qui tenait les longues tresses de sa chevelure enroulées sur sa tête, et les laissant tomber autour de sa taille délicate comme pour s'en former un voile naturel, elle se mit à danser avec autant de grâce que d'agilité sur l'air que jouait le flageolet.

Péveril oublia presque la présence du roi, en remarquant avec quelle grâce merveilleuse et quelle agilité Fenella gardait la mesure marquée par les notes, et qu'elle ne pouvait suivre que sur le mouvement des doigts du musicien. Il avait bien entendu parler, entre autres prodiges, d'une personne placée dans la situation malheureuse de Fenella, qui avait acquis, par un tact mystérieux et inexplicable, la faculté de jouer d'un instrument, et qui même était devenue assez bonne exécutrice pour pouvoir conduire un orchestre ; il avait entendu parler aussi de sourds et muets qui dansaient assez bien en se réglant sur les mouvements de leurs partners. Mais ce que faisait Fenella semblait encore plus prodigieux ; car le musicien était guidé par ses notes écrites, et les danseurs par les mouvements des autres, tandis que Fenella n'avait rien pour la diriger que les indices qu'elle semblait tirer avec une perspicacité extrême du mouvement des doigts de l'artiste sur son petit instrument.

Quant au roi, ignorant les circonstances particulières qui donnaient à la danse de Fenella un caractère presque merveilleux, il s'était borné d'abord à autoriser par un sourire bienveillant ce qui lui paraissait un caprice de cette singulière jeune fille ; mais quand il vit avec quel sentiment exquis, quelle justesse, quelle réunion surprenante de grâces et d'agilité, elle exécutait sur son air favori une danse absolument nouvelle pour lui, la simple adhésion de Charles se changea en un contentement qui tenait de l'enthousiasme. Il marquait du pied la mesure des mouvements de la danseuse ; — il l'encourageait de la tête et de la main ; — il semblait, ainsi qu'elle, entraîné par l'enthousiasme de l'art mimique.

Après une succession d'entrechats gracieuse quoique rapide, Fenella passa à un mouvement plus lent qui termina la danse. Faisant alors une profonde révérence, elle resta immobile devant le roi, les bras en croix sur sa poitrine, la tête inclinée et les yeux baissés vers la terre, à la manière des esclaves de l'Orient ; tandis qu'à travers le voile transparent de sa noire chevelure on pouvait remarquer que l'incarnat appelé sur ses joues par l'exercice s'effaçait peu à peu, et que son teint revenait à la nuance foncée qui lui était naturelle.

— Sur mon honneur, s'écria le roi, elle ressemble à une fée dansant au clair de la lune[1]. Il faut qu'il entre dans sa composition moins de matière que d'air et de feu. Il est heureux que la pauvre Nelly Gwyn[2] ne l'ait pas vue, sans quoi elle en serait morte de douleur et d'envie.
— Allons, messieurs, lequel de vous a imaginé cette charmante distraction matinale?

Les courtisans se regardèrent entre eux ; mais aucun ne se sentait autorisé à s'attribuer le mérite d'une idée si agréable.

— Il faut donc que nous le demandions à la nymphe aux yeux vifs, reprit le roi ; et se tournant vers Fenella, il ajouta : — Dites-nous, ma jolie enfant, à qui nous devons le plaisir de vous voir ? — Je soupçonne le duc de Buckingham, car c'est bien un tour de son métier[3].

Fenella, remarquant que le roi s'adressait à elle, s'inclina profondément, et secoua la tête en signe qu'elle ne comprenait pas ce qu'il disait. — C'est ma foi vrai, continua le roi ; ce doit nécessairement être une étrangère : — son teint et son agilité le disent assez. C'est la France ou l'Italie qui a produit ces membres élastiques, ces joues basanées et ces yeux de feu. Alors il lui demanda de nouveau, d'abord en français, puis en italien, par qui elle avait été envoyée?

A la seconde répétition, Fenella rejeta en arrière le voile que lui formaient ses longs cheveux, de manière à montrer la mélancolie répandue sur son front ; et en même temps secouant tristement la tête, elle faisait comprendre par un murmure inarticulé, mais d'un caractère doux et plaintif, que l'organe de la parole lui manquait.

— Se peut-il que la nature ait commis une telle erreur? dit Charles. Peut-elle avoir refusé à une créature si charmante la mélodie de la voix, tandis qu'elle lui a donné un sentiment si exquis de la beauté des sons?
— Un instant ; que signifie ceci? Quel est ce jeune homme que tu nous amènes? — Ah! le maître de la pièce curieuse, je suppose. — Mon ami, continua le roi en s'adressant à Péveril, qui s'était approché presque machinalement à un signe de Fenella, et qui avait mis un genou en terre, nous te remercions du plaisir de ce matin. — Lord marquis, vous m'avez triché au piquet la nuit dernière ; vous allez faire réparation de cet acte déloyal en donnant une couple de pièces d'or à cet honnête jeune homme, et cinq à la petite.

Le seigneur auquel s'était adressé le roi tira sa bourse et fit quelques

---

[1] Les danses des fées au clair de la lune forment une partie essentielle des vieilles légendes féeriques d'Angleterre. Nous renverrons aux *Lettres sur la démonologie* de notre auteur, où il entre à ce sujet dans de grands détails. (L. V.)

[2] Nous avons dit précédemment que cette Nelly était une comédienne que le roi avait donnée pour rivale à la duchesse de Portsmouth. (L. V.)

[3] Ces quatre derniers mots sont en français dans le texte.

pas en avant pour remplir les généreuses intentions de son maître. Julien éprouva un certain embarras à expliquer qu'il n'avait aucun titre à retirer un bénéfice quelconque de la danse de la jeune fille, et que Sa Majesté s'était méprise sur ce qu'il était.

— Qu'es-tu donc, mon ami? reprit Charles; mais surtout et avant tout, quelle est cette nymphe de la danse, que tu accompagnes comme un faon privé?

— La jeune personne est attachée au service de la comtesse douairière de Derby, sous le bon plaisir de Votre Majesté, répondit Péveril d'une voix mal assurée; et moi...

— Paix, paix! interrompit le roi; ceci est une danse sur un autre air, et peu convenable pour un lieu aussi public. Écoute-moi, l'ami; toi et la jeune fille vous allez suivre Empson où il vous conduira. — Empson, emmène-les; — mais écoute, à l'oreille.

— Me sera-t-il permis de faire observer à Votre Majesté, reprit Péveril, que je n'avais nullement l'intention de me présenter devant elle d'une manière aussi indiscrète, et que...

— Peste soit de celui qui ne sait pas entendre à demi-mot! s'écria le roi, coupant court à ses excuses. Que diable, jeune homme! il est des moments où la civilité devient la plus grande impertinence du monde. Suis Empson, et amuse-toi pendant une demi-heure avec la petite fée ta compagne, jusqu'à ce que nous vous envoyions chercher.

Charles prononça ces mots en jetant autour de lui un regard inquiet, et d'un ton qui indiquait la crainte d'être entendu par des oreilles indiscrètes. Julien ne put que s'incliner et suivre Empson, le même qui avait joué du flageolet avec tant de perfection

Quand ils ne furent plus en vue du roi et de sa compagnie, le musicien parut vouloir entrer en conversation avec ses compagnons, et il s'adressa d'abord à Fenella par un compliment : Par la messe! lui dit-il, vous dansez avec une rare perfection; jamais fille de théâtre n'a montré aussi jolie jambe! Je consentirais à jouer pour vous jusqu'à ce que mon gosier fût devenu aussi sec que mon flageolet. Allons, enhardissez-vous un peu; — le vieux Rowley ne quittera pas le parc avant neuf heures. Je vais vous conduire à Spring-Garden'; je vous donnerai à chacun d'excellents gâteaux et une pinte de vin du Rhin, et nous serons bons camarades. — Que diable! pas de réponse? — que signifie ceci, confrère? — Cette jolie fille que vous avez là est-elle sourde ou muette, ou tous les deux à la fois? Je m'en moquerais, tant elle saute bien au son du flageolet.

Pour se délivrer du bavardage de cet homme, Péveril lui répondit en français qu'il était étranger et ne parlait pas anglais; charmé d'é-

Jardin de la Source

CHAPITRE XXX.

chapper, même par un mensonge, au surcroît d'embarras que pourrait lui donner un sot, qui semblait disposé à lui faire des questions auxquelles la prudence ne lui permettrait peut-être pas toujours de répondre.

— Étranger! — cela veut dire qu'il vient des pays étrangers, dit le guide en se parlant à lui-même à demi-voix; encore des chiens de Français et des rosses françaises qui viennent lécher tout le bon beurre anglais de notre pain, ou peut-être un Italien qui vient faire voir ses marionnettes. Ma foi, n'était-ce que les puritains ont une aversion mortelle contre toute la *gamme*, c'en serait assez pour décider un honnête garçon à le devenir. Mais s'il faut que je joue pour elle chez la duchesse, que je sois damné, si je ne la mets pas hors de mesure, seulement pour lui apprendre à avoir l'impudence de venir en Angleterre sans parler anglais.

Après s'être marmotté à lui-même cette résolution digne d'un véritable Anglais, le musicien hâta le pas en se dirigeant vers une grande maison située près de l'extrémité de Saint-James Street, et il entra dans la cour par une grille ouvrant sur le parc, dont la maison commandait presque toute la perspective.

Péveril, se trouvant vis-à-vis d'un beau portique sous lequel ouvrait une grande et magnifique porte à deux battants, allait gravir les degrés qui conduisaient à l'entrée principale, quand son guide l'arrêta par le bras en s'écriant : — Halte-là, *Mounseer!* Eh! vous ne manquerez pas faute de courage, à ce que je vois; mais il faut que vous preniez par la petite entrée, malgré votre beau pourpoint. Ce n'est pas ici frappez et l'on vous ouvrira; mais ce pourrait bien être frappez et l'on vous frappera.

Se laissant guider par Empson, Julien s'éloigna de la porte principale et s'approcha d'une autre porte moins apparente qui ouvrait dans un angle de l'avant-cour. Le joueur de flûte frappa un coup modeste. Un valet de pied vint ouvrir, et l'introduisit avec ses compagnons; puis, à travers plusieurs corridors en pierre, il les conduisit jusqu'à un très-beau salon d'été, où une dame, ou quelque chose qui y ressemblait, habillée avec la dernière élégance, s'amusait à parcourir une pièce de théâtre en finissant son chocolat. Il serait difficile de la dépeindre autrement qu'en mettant ses qualités naturelles en opposition avec les affectations qui leur servaient de contre-poids. Elle eût été jolie sans le rouge et les *minauderies*[1]; — elle eût été affable sans ses airs exagérés de protection et de condescendance; — sa voix eût été agréable si elle eût parlé sans affectation; — ses yeux eussent été beaux si elle n'eût pas abusé de leur expression. Elle ne pouvait que gâter un joli bas de jambe en le découvrant un peu trop; et sa taille, bien que la

---

[1] Le mot est en français dans l'original.

dame ne dût pas avoir encore atteint la trentaine, avait un embonpoint qui eût mieux convenu à quarante. Elle désigna un siége à Empson de l'air d'une duchesse, et lui demanda langoureusement ce qu'il avait fait depuis un siècle qu'elle ne l'avait vu, et quelles étaient ces gens qu'il amenait avec lui?

— Des étrangers, madame, répondit Empson, de damnés étrangers; des mendiants affamés que notre vieux ami a ramassés ce matin dans le parc: — la fille danse, et le garçon joue de la trompe juive, je crois. Sur ma vie, madame, je commence à être honteux du vieux Rowley; il faudra que je le congédie, s'il ne hante à l'avenir meilleure société.

— Fi, Empson! dit la dame; songez qu'il est de notre devoir de nous prêter à ses goûts et de le tenir à flot: c'est une règle dont en vérité je ne m'écarte jamais. Dites-moi: il ne vient pas ici ce matin?

— Le temps de danser un menuet, il sera ici, répondit Empson.

— Bon Dieu! s'écria la dame avec une alarme qui n'était pas feinte; et oubliant entièrement ses airs habituels de grâce langoureuse, elle se leva vivement et courut avec la légèreté d'une laitière dans une pièce attenante, d'où aussitôt après on entendit partir quelques paroles qui semblaient indiquer une discussion vive et animée.

— Quelqu'un à écarter, je suppose, dit Empson. Il est heureux pour madame que je l'aie prévenue. — Le voilà qui s'en va, l'heureux berger.

De la place où se trouvait Julien, il put voir, par la même croisée à laquelle regardait Empson, un homme couvert d'une *roquelaure*[1] galonnée et portant sa rapière sous son bras, sortir avec précaution de la porte par laquelle ils étaient entrés, et traverser la cour en longeant la muraille du côté de l'ombre.

La dame rentra immédiatement, et remarquant la direction qu'avaient prise les yeux d'Empson, elle lui dit, avec une légère apparence de précipitation: — C'est un des gentilshommes de la duchesse de Portsmouth avec un billet; et il m'a tellement pressée pour une réponse, que j'ai été obligée d'écrire sans me servir de ma plume de diamant. Je puis dire que je me suis barbouillé les doigts, ajouta-t-elle en regardant une fort jolie main, en même temps qu'elle plongeait ses doigts dans un petit vase d'argent rempli d'eau de rose. — Mais ce petit monstre exotique que vous m'amenez, Empson, j'espère que réellement il ne comprend pas l'anglais? — Sur ma vie, elle a rougi! — Est-ce donc une si rare danseuse? — Il faut que je voie sa danse, et que je l'entende jouer de la harpe juive.

— Danser! répliqua Empson; elle a assez bien dansé pendant que *je* lui jouais la musique. Il n'y a rien que je ne puisse faire danser. Le

---

[1] Sorte de manteau ou surtout en usage au dix-septième siècle, et dont la mode venait de la cour de France. (L. V.)

vieux conseiller Clubfoot[1] a dansé pendant un accès de goutte, et vous n'avez jamais vu au théâtre un pareil pas seul. Je ferais danser une ronde à l'archevêque de Canterbury comme à un Français. Danser n'est rien ; tout est dans la musique. C'est ce que Rowley ne sait pas. Il a vu danser cette pauvre fille, et il s'en est fait une grande idée, tandis que tout venait de moi. Je l'aurais défiée de rester en repos. Et Rowley lui en donne tout l'honneur, et cinq pièces d'or par-dessus le marché, pendant que ma matinée à moi ne me vaut que deux pièces!

— C'est vrai, M. Empson, dit la dame ; mais vous êtes de la maison, quoique dans un poste inférieur, et vous devez considérer...

— Pardieu, madame, tout ce que je considère, c'est que je suis le meilleur flageolet d'Angleterre, et qu'on ne pourrait pas plus me remplacer, si l'on me renvoyait, que l'on ne pourrait remplir la Tamise avec l'eau du Fleet-Ditch[2].

— Bien, bien, M. Empson ; je ne conteste pas que vous ne soyez un homme de talent. Tout ce que je dis, c'est qu'il faut songer à l'essentiel. — Vous plaisez à l'oreille aujourd'hui ; — demain un autre a l'avantage sur vous.

— Jamais, mistress, tant que l'oreille aura la céleste faculté de distinguer une note d'une autre.

— La céleste faculté, dites-vous, M. Empson?

— Oui, madame, céleste ; car de très-jolis vers qu'on a récités à notre dernière fête disent :

> Que savons-nous des biens du céleste séjour,
> Si ce n'est qu'on y chante et qu'on y fait l'amour?

C'est M. Waller qui les a écrits, à ce que je crois ; et, sur ma parole, il mérite d'être encouragé.

— Et vous aussi, mon cher Empson, dit la dame en bâillant, ne serait-ce que pour l'honneur que vous faites à votre profession. Mais en attendant, voulez-vous demander à ces gens s'ils prendront quelques rafraîchissements? — Et vous-même, que prendrez-vous? Le chocolat est celui que l'ambassadeur portugais a apporté à la reine.

— S'il n'est pas frelaté.

— Comment, monsieur? dit la belle, en se soulevant à demi de sa pile de coussins ; — frelaté, et dans cette maison! — Ne vous connais-je pas, M. Empson? — Je crois que la première fois que je vous vis, vous distinguiez à peine le chocolat du café.

— Pardieu, madame, vous avez parfaitement raison. Et comment puis-je mieux faire voir combien j'ai profité de l'excellente chère de Votre Seigneurie, qu'en me montrant difficile?

---

[1] Pied-tortu.
[2] Fossé de la Flotte.

— Vous êtes excusé, M. Empson, repartit la petite maîtresse en se laissant mollement retomber sur la couche de duvet d'où une irritation passagère l'avait fait se soulever. — Je crois que le chocolat vous plaira, quoiqu'il ne vaille pas celui que nous avons du résident d'Espagne, Mendoza. — Mais il faut offrir quelque chose à ces étrangers. Voulez-vous leur demander ce qu'ils préfèrent, du café ou du chocolat, ou de la venaison froide, du fruit et du vin? Il faut qu'ils soient traités de manière à leur faire voir où ils sont, puisqu'ils y sont.

— Sans nul doute, madame; mais en ce moment j'oublie les mots français qui expriment le chocolat, le pain grillé, le café, le gibier et les boissons.

— C'est singulier; et moi j'oublie aussi en ce moment mon français et mon italien. Mais peu importe; — je vais faire apporter les choses, et ce sera à eux de se souvenir des noms.

Cette plaisanterie fit pousser un gros rire à Empson, et il jura sur son âme que l'aloyau froid qu'on apporta immédiatement après était le meilleur emblème de rosbif qu'il y eût au monde. D'abondants rafraîchissements furent servis, et Fenella ainsi que Julien en prirent leur part.

Cependant, le joueur de flageolet s'était rapproché davantage de la dame de la maison; — leur intimité fut cimentée et leur verve excitée par un verre de liqueur, sous l'inspiration duquel ils se mirent à passer en revue avec plus d'assurance les divers personnages de la cour, tant les courtisans d'une sphère supérieure que ceux de moindre rang, dont on pouvait supposer qu'eux-mêmes faisaient partie.

Il est vrai que durant cette conversation, la dame montra fréquemment la supériorité entière et absolue qu'elle avait sur M. Empson, et à laquelle le musicien acquiesçait humblement chaque fois qu'on la lui faisait sentir, soit par une contradiction directe, soit par quelque insinuation ironique, soit par un air d'importance ou d'autorité, soit enfin par quelqu'un des mille moyens qui servent ordinairement à revendiquer et à soutenir une supériorité de cette nature. Mais l'amour évident de la dame pour la médisance était l'appât qui bientôt la faisait descendre de la position où sa dignité s'était un instant retranchée, et la replaçait de niveau avec son compagnon sur le terrain du commérage.

Leur conversation était trop futile et se rapportait trop exclusivement à de petites intrigues de cour auxquelles il était complétement étranger, pour que Julien y pût trouver le plus léger intérêt. Comme elle se prolongea durant plus d'une heure, il cessa bientôt d'apporter la moindre attention à un entretien qui ne se composait que de sobriquets, de propos décousus et de sous-entendus; et il se laissa aller aux réflexions que suscitaient en lui la complication de ses affaires, et l'issue probable de l'entrevue qu'il allait bientôt avoir avec le roi, entrevue qui lui avait été procurée par un si singulier agent et par des moyens si inattendus. Il portait souvent les yeux sur son guide Fenella; et il remarqua qu'elle était presque constamment plongée dans une profonde méditation. Trois ou quatre fois seulement, — et c'était quand les airs d'importance du musicien et de leur hôtesse s'élevaient à la plus extravagante exagération, — il remarqua que Fenella dardait obliquement sur eux quelques-uns de ces regards pleins d'amertume et presque sinistres qui, dans l'île de Man, étaient regardés comme les indices de la colère méprisante d'un *elf*[1]. Il y avait dans toutes ses manières quelque chose de si extraordinaire, joint à sa subite apparition et à sa conduite en présence du roi, conduite si étrange, et cependant si bien imaginée pour lui procurer une audience particulière (qu'il aurait bien pu solliciter vainement par des moyens plus graves), que toutes ces circonstances justifiaient presque l'idée, dont cependant il souriait en lui-même, que le petit agent muet était aidé dans ses machinations par les esprits auxquels, selon les superstitions mankoises, remontait sa généalogie.

Une autre pensée se présentait quelquefois à Julien, quoiqu'il la repoussât comme non moins ridicule que ces idées qui rattachaient Fenella à une race différente de la race humaine : — Était-elle réellement affligée de ces imperfections organiques qui avaient toujours paru la séquestrer de l'humanité? — S'il en était autrement, quels motifs avaient pu pousser une créature si jeune à s'infliger une pénitence si pénible pendant tant d'années consécutives? et combien devait être formidable la force d'un esprit qui avait pu se condamner lui-même à un si épouvantable sacrifice! — Combien puissant et grave devait être le dessein pour lequel elle s'y était condamnée!

Mais une récapitulation rapide du passé suffit pour lui faire rejeter cette conjecture comme tout à fait absurde et visionnaire. Il n'eut qu'à se rappeler les divers stratagèmes employés par son étourdi de compagnon, le jeune comte de Derby, envers cette malheureuse fille, — et les conversations tenues devant elle, dans lesquelles ils discutaient avec une liberté parfois satirique le caractère d'une créature qui en toute occasion se montrait si irritable et si impressionnable, sans que jamais elle eût manifesté par le moindre indice qu'elle se doutât de ce dont il s'agissait; — il n'eut, dis-je, qu'à se rappeler tout cela pour être convaincu qu'une déception si profonde n'aurait jamais pu être suivie pendant tant d'années par une jeune fille d'un tour d'esprit si particulièrement irascible.

Renonçant donc à cette idée, il tourna ses pensées sur ses propres affaires et sur son entrevue prochaine avec son souverain ; méditation

---

[1] Être qui, dans les légendes superstitieuses du Nord, participe de la double nature des simples mortels et des esprits aériens. Le mot *fée*, par lequel cette expression est ordinairement rendue, n'en donne pour nous qu'une idée imparfaite et peu exacte

(L. V.)

dans laquelle nous nous proposons de le laisser, jusqu'à ce que nous ayons sommairement passé en revue les changements qui avaient eu lieu dans la position d'Alice Bridgenorth.

CHAPITRE XXXI.

> C'est surtout quand l'aube et la soutane, ou, à leur défaut, le manteau du vieux Calvin, cachent son pied fourchu, que je crains le diable.
> *Anonyme.*

ULIEN Péveril avait à peine fait voile pour Whitehaven, qu'Alice Bridgenorth et sa gouvernante, sur l'ordre imprévu du major, furent embarquées avec non moins de hâte et de secret sur un petit bâtiment qui devait les conduire à Liverpool. Christian les accompagnait dans leur voyage, comme le parent à la garde duquel Alice devait être confiée à l'avenir quand elle serait séparée de son père; et sa conversation amusante, jointe à ses manières agréables, quoique froides, et à sa qualité de proche parent, firent qu'Alice, dans sa situation isolée, se regarda comme heureuse d'avoir un semblable tuteur.

Ce fut à Liverpool, ainsi que le lecteur le sait déjà, que Christian fit ouvertement le premier pas dans la scélératesse qu'il avait tramée contre l'innocente fille, en l'exposant, dans une chapelle de non-conformistes, aux regards profanes de Chiffinch, afin de le convaincre qu'elle était douée d'une beauté assez peu commune pour lui mériter la promotion dégradante à laquelle ils projetaient de l'élever.

Hautement satisfait de son extérieur, Chiffinch ne le fut pas moins du sens droit et de la finesse de sa conversation, quand ensuite il la revit à Londres avec son oncle. La simplicité, et en même temps l'esprit qu'elle montrait dans ses remarques, la lui firent voir du même œil que son savant artiste français, le cuisinier Chaubert, aurait pu regarder une sauce nouvellement inventée, douée de qualités assez piquantes pour réveiller l'appétit d'un épicurien blasé et repu. Il dit et jura qu'elle était la pierre angulaire sur laquelle, avec des ménagements convenables, et en suivant ses instructions, quelques honnêtes gens pourraient édifier leur fortune à la cour.

Afin que l'introduction nécessaire pût avoir lieu, les confédérés jugèrent convenable de la confier aux soins d'une dame expérimentée que quelques-uns nommaient mistress Chiffinch et d'autres la maîtresse de Chiffinch[1], — une de ces créatures obligeantes qui ne demandent

---

[1] On ne peut rendre que fort imparfaitement en français le jeu de mots aussi concis

pas mieux que de remplir tous les devoirs d'une épouse, sans les inconvénients d'une cérémonie indissoluble.

Une des conséquences fâcheuses, et non la moindre, peut-être, de la licence de cette époque de relâchement, était que la ligne de démarcation entre la vertu et le vice était tellement effacée et nivelée, que l'épouse fragile et l'amie tendre qui n'avait pas le titre d'épouse ne perdaient pas nécessairement leur place dans la société; mais qu'au contraire, si elles gravitaient dans de hautes régions, il leur était permis de se mêler aux femmes dont la position était la mieux établie et la réputation la plus intacte.

Une *liaison*[1] régulière, comme celle de Chiffinch et de sa belle, causait peu de scandale; et telle était son influence comme premier ministre des plaisirs de son maître, que, selon l'expression même de Charles, la dame que nous avons présentée à nos lecteurs dans le dernier chapitre avait obtenu un brevet pour prendre rang de femme mariée. Et pour rendre justice à la bonne dame, nulle épouse n'eût pu se montrer plus attentive à favoriser les plans du noble pourvoyeur, ni plus disposée à faire honneur à ses revenus.

La partie du palais qu'elle habitait était désignée par le nom d'appartements de Chiffinch : — théâtre de mainte intrigue d'amour et de politique, et où Charles établissait souvent ses parties secrètes pour la soirée, quand la mauvaise humeur de la sultane régnante, la duchesse de Portsmouth, l'empêchait de souper avec elle, ce qui arrivait fréquemment. La prise qu'un tel arrangement donnait à un homme tel que Chiffinch, adroit comme il était à en profiter, lui assurait un trop haut degré d'importance pour qu'il fût négligé même par les premiers personnages de l'État, à moins qu'ils ne se tinssent tout à fait à l'écart de toute intrigue de politique ou de cour.

Edward Christian avait donc remis à la charge de mistress Chiffinch et de celui dont elle portait le nom la fille de sa sœur et de son confiant ami, contemplant d'un œil calme la perte d'Alice comme un événement certain, et faisant reposer sur cet événement l'espoir d'une fortune plus assurée que celle qu'il avait pu trouver jusqu'alors dans une vie toute d'intrigues.

L'innocente Alice, sans être à même de discerner le piège caché sous le luxe inaccoutumé dont elle était entourée et sous les manières de son hôtesse, prévenante et caressante à la fois par politique et par nature, — Alice sentait pourtant en elle l'appréhension instinctive que tout cela ne fût pas bien : — sentiment de l'esprit humain analogue, peut-être, à ce sens du danger que montrent les animaux quand ils se

---

que piquant de l'original: *Whom some called* mistress Chiffinch, *and others* Chiffinch's mistress. — L'équivoque repose ici sur la double acception du mot *mistress*, madame et maîtresse. (L. V.)

[1] Le mot est en français dans l'original.

trouvent dans le voisinage des ennemis naturels de leur race, qui fait que les oiseaux se rapprochent de la terre quand le faucon plane au-dessus d'eux dans les airs, et que les animaux tremblent quand le tigre parcourt le désert. Elle se sentait sur le cœur un poids que rien ne pouvait dissiper; et le peu d'heures qu'elle avait déjà passées chez Chiffinch étaient comme celles que passe dans une prison l'homme qui ignore également et la cause et l'issue de sa captivité. Ce fut le troisième jour de son arrivée à Londres qu'eut lieu la scène à laquelle nous allons maintenant revenir.

La grossière impertinence d'Empson, qu'on lui passait à cause de son talent sans rival sur son instrument, se donnait libre carrière aux dépens de tous les autres musiciens, et mistress Chiffinch l'écoutait avec une indifférence insouciante, quand on entendit quelqu'un parler haut et d'un ton animé dans l'appartement intérieur.

— O gémeaux et eau de giroflée! exclama la demoiselle, oubliant ses grands airs et retombant dans sa vulgarité de langage, en même temps qu'elle courait à la porte de communication; — pourvu qu'il ne soit pas revenu et que le vieux Rowley.....

En ce moment son attention fut attirée par un coup léger frappé à la porte de l'autre extrémité de la chambre. — Elle lâcha le bouton de celle qu'elle allait ouvrir, comme s'il lui eût brûlé les doigts, et se reculant vers son sofa, elle demanda : — Qui est là?

— Le vieux Rowley lui-même, madame, dit le roi en entrant dans la chambre avec son air habituel de calme et d'aisance.

— O crimini ! — Votre Majesté ! — Je croyais.....

— Que je ne pouvais vous entendre, sans doute; et vous parliez de moi comme on parle d'amis absents. Pas d'excuses. Je crois avoir entendu des dames dire de leurs dentelles que mieux valait une déchirure qu'une reprise. — Asseyez-vous. — Où est Chiffinch?

— Il est descendu à York-House, sire, répondit la dame, qui cherchait, mais non sans peine, à retrouver le calme affecté de ses manières habituelles. Lui enverrai-je les ordres de Votre Majesté?

— J'attendrai son retour. — Permettez-moi de goûter de votre chocolat.

— Il y en a de plus chaud à l'office, répondit la dame; et se servant d'un petit sifflet d'argent, elle fit paraître un petit nègre richement vêtu à l'orientale, ses bras nus ornés de bracelets d'or, et un collier de même métal à son cou également nu. Cette espèce de page apporta le breuvage favori du matin, sur un plateau couvert des plus riches porcelaines.

Tout en portant à ses lèvres sa tasse de chocolat, le roi parcourut l'appartement des yeux; et remarquant Fenella, Péveril et le musicien, qui étaient restés debout près d'un large écran indien, il s'adressa de nouveau à mistress Chiffinch d'un ton indifférent, quoique

CHAPITRE XXXI.

poli : — Je vous ai envoyé les violons ce matin, — ou plutôt la flûte, — Empson et une petite fée que j'ai rencontrée dans le parc et qui danse divinement. Elle nous a apporté la sarabande la plus nouvelle de la cour de la reine Mab[1], et je vous l'ai fait venir ici pour que vous la puissiez voir à loisir.

— Votre Majesté me fait beaucoup trop d'honneur, dit la Chiffinch en baissant les yeux, et en mettant dans sa voix l'accent d'humilité convenable.

— Il est vrai, ma petite Chiffinch, reprit le roi d'un ton de familiarité aussi méprisante que le comportait sa politesse naturelle, que ce n'était pas tout à fait pour ton oreille privée, quoiqu'elle mérite bien d'entendre toutes sortes de doux sons; je croyais que Nelly serait avec toi ce matin[2].

— Je puis l'envoyer chercher par Bajazet, sire.

— Non, je ne veux pas donner à votre petit sultan païen la peine d'aller si loin. Mais il me semble que Chiffinch a dit que vous auriez de la compagnie, — une cousine de province, je crois, ou quelque chose comme cela. — Cette personne n'est-elle pas ici?

— Une jeune provinciale, répondit mistress Chiffinch, en s'efforçant de cacher l'embarras qu'elle éprouvait ; mais elle n'est pas préparée à l'honneur d'être admise en présence de Votre Majesté; et...

— Et par conséquent d'autant mieux faite pour le recevoir, Chiffinch. Il n'y a rien de si beau dans la nature que la première rougeur d'une petite campagnarde partagée entre la joie et la crainte, l'étonnement et la curiosité. C'est le duvet sur la pêche : — quel dommage qu'il se flétrisse si vite! — Le fruit reste, mais le coloris de la première fraîcheur et la saveur exquise sont partis. — Ne te pince pas la lèvre pour cela, Chiffinch, car c'est comme je te le dis; ainsi donc fais-nous venir *la belle cousine*[3].

Mistress Chiffinch, plus embarrassée que jamais, s'avança de nouveau vers la porte de communication qu'elle était sur le point d'ouvrir quand Sa Majesté était entrée. Mais au moment où elle toussait assez fort, peut-être comme signal à quelqu'un du dedans, des voix se firent entendre de nouveau sur un ton d'altercation animée, — la porte s'ouvrit tout à coup, et Alice s'élança de l'appartement intérieur, suivie jusqu'à la porte par l'entreprenant duc de Buckingham, qui s'arrêta immobile de surprise, en voyant que sa poursuite de la belle éplorée l'avait amené en présence du roi.

Alice Bridgenorth paraissait transportée d'une colère qui ne lui permit de songer ni au rang ni au caractère de ceux en présence de qui elle s'était si soudainement présentée. — Je ne reste pas plus long-

---

[1] La reine des fées. (L. V.)
[2] Nelly Gwyn, la comédienne dont il a déjà été précédemment question. (L. V.)
[3] Ces mots sont en français dans l'original.

temps ici, dit-elle à mistress Chiffinch d'un ton de résolution bien arrêtée ; je quitte à l'instant même une maison où je suis exposée à une compagnie que je déteste et à des sollicitations que je méprise.

L'épouvantée mistress Chiffinch ne put que la conjurer, à demi-voix et par des interjections entrecoupées, de s'apaiser et de se taire ; et désignant Charles, qui était resté les yeux fixés sur l'audacieux courtisan plutôt que sur le gibier que celui-ci poursuivait, elle ajouta : Le roi, — le roi !

— Si je suis en présence du roi, tant mieux, reprit Alice à voix haute et avec le même entraînement d'irritation, tandis qu'à travers les larmes qui les inondaient ses yeux étincelaient de colère et de modestie outragée ; — c'est le devoir de Sa Majesté de me protéger, et je me confie à sa protection.

— Ces mots, qu'elle prononça d'une voix forte et assurée, rappelèrent tout à coup Julien à lui-même, car jusque-là il était demeuré comme stupéfait. Il s'approcha d'Alice, et lui disant à l'oreille qu'elle avait près d'elle quelqu'un qui la défendrait au prix de sa vie, il la conjura de se confier à sa garde dans cette extrémité.

Alice s'attacha au bras de ce défenseur inattendu avec un transport de gratitude et de joie ; le courage dont elle venait d'être animée pour sa propre défense se fondit en un torrent de larmes, quand elle se vit soutenue par celui qu'elle eût peut-être souhaité le plus reconnaître pour son protecteur. Elle laissa Péveril l'attirer doucement vers l'écran en avant duquel il était resté. Sans lui quitter le bras elle s'efforça de se cacher derrière cet abri ; et ils attendirent ainsi la conclusion d'une scène si singulière.

Le roi parut d'abord tellement surpris de l'apparition inopinée du duc de Buckingham, qu'il ne fit que peu ou point d'attention à Alice, cause innocente de l'introduction fort peu cérémonieuse de Sa Grâce en présence de son souverain, dans un moment des plus inopportuns. Dans cette cour d'intrigues, ce n'était pas la première fois que le duc s'était aventuré à entrer dans la lice de galanterie en concurrence avec son souverain, et son insulte actuelle n'en était que plus intolérable. Le dessein qui l'avait amené en secret dans ces appartements privés était expliqué par les exclamations d'Alice ; et Charles, nonobstant la placidité de son caractère et le soin habituel avec lequel il maîtrisait ses émotions, conçut autant de ressentiment à cette tentative de séduction dirigée contre une femme qui lui était destinée, qu'en eût fait éprouver à un sultan oriental l'insolence d'un visir qui l'aurait devancé au marché des esclaves dans l'acquisition projetée d'une belle captive. Les traits basanés de Charles se couvrirent de rougeur, et les lignes fortement accusées de son visage se gonflèrent, quand il dit, d'une voix tremblante de colère : Buckingham, vous n'auriez pas osé insulter ainsi votre égal ! Quant à votre maître, vous pouvez en toute sécurité lui faire un affront, puisque son rang colle son épée au fourreau.

L'altier Buckingham ne laissa pas ce brocard sans réponse. — Mon épée n'est jamais restée dans le fourreau, dit-il avec emphase, quand le service de Votre Majesté a demandé qu'elle en sortît.

— Votre Grâce veut dire quand son service était requis par les intérêts de son maître, répliqua le roi; car vous ne pouviez gagner la couronne de duc qu'en combattant pour la couronne royale. Mais c'est fini; — je vous ai traité en ami, — en compagnon, — presque en égal : — vous m'avez payé par l'insolence et l'ingratitude.

— Sire, repartit le duc d'un ton ferme, mais respectueux, je suis malheureux d'avoir pu vous déplaire; mais c'est du moins un bonheur que vos paroles ne puissent ni retirer ni altérer l'honneur qu'elles peuvent conférer. Il est dur, ajouta-t-il en baissant la voix de manière à ne pouvoir être entendu que du roi seul, — il est dur que les criailleries d'une fille fassent oublier tant d'années de services!

— Il est encore plus dur, répliqua le roi du même ton de voix, qui fut conservé de part et d'autre jusqu'à la fin de cette conversation, que les yeux brillants d'une fille fassent oublier à un noble seigneur la décence qui doit être observée dans une maison royale.

— Oserai-je demander à Votre Majesté en quoi consiste cette décence?

Charles se mordit les lèvres pour ne pas rire. — Buckingham, reprit-il, ceci est une sotte affaire; nous ne devons pas oublier (ce que nous avons presque fait) que nous avons un auditoire témoin de cette scène, et que nous devons nous tenir avec dignité sur le théâtre. Je vous montrerai votre faute en particulier.

— Il suffit que Votre Majesté ait été mécontente, et que j'en aie été la malheureuse cause, dit le duc d'un ton respectueux, quoique je ne sois coupable que de quelques mots de galanterie. Et c'est ainsi que je sollicite le pardon de Votre Majesté.

A ces mots, il mit gracieusement un genou en terre. — Je te l'accorde, Georges, dit le prince facile à s'apaiser. Je crois que tu te lasseras plutôt de m'offenser, que moi de pardonner.

— Puisse Votre Majesté vivre assez longtemps pour faire aux autres l'offense dont son bon plaisir chargeait tout à l'heure mon innocence!

— Qu'entendez-vous par là, mylord? dit Charles, dont le front se couvrit de nouveau un instant d'un nuage de déplaisir.

— Votre Majesté a trop d'honneur pour nier que sa coutume ne soit de chasser avec les flèches de Cupidon sur les garennes des autres. Vous vous êtes attribué le droit royal de libre chasse sur le parc de chacun de vos sujets. Il est dur que vous vous montriez si mécontent, si par hasard vous entendez le sifflement d'un trait près de vos enclos.

— Qu'il n'en soit plus question, dit le roi; mais voyons où s'est réfugiée la colombe.

— L'Hélène a trouvé un Pâris tandis que nous nous querellions.

— Ou plutôt un Orphée, et, ce qui est pis, un Orphée déjà pourvu d'une Eurydice. — Elle s'est accrochée au joueur de violon.

— C'est une simple frayeur, comme celle de Rochester quand il se tapit dans la basse de viole pour se soustraire aux regards de sir Dermot O'Cleaver.

— Il faut que ces gens nous montrent leurs talents, reprit le roi, et que nous leur fermions la bouche à force d'argent et d'honnêtetés; autrement cette folie courra la moitié de la ville.

Le roi s'approcha alors de Julien, et lui exprima le désir de lui voir prendre son instrument pour faire exécuter une sarabande à sa petite compagne.

— J'ai déjà eu l'honneur d'informer Votre Majesté, répondit Julien, que je ne puis contribuer à son plaisir de la manière qu'elle me l'ordonne, et que cette jeune fille est.....

— Attachée à lady Powis, interrompit le roi, sur l'esprit de qui les choses qui n'avaient pas un rapport direct à ses plaisirs ne faisaient qu'une impression très-légère. Pauvre dame, elle est dans l'embarras au sujet des lords, là-bas dans la Tour.

— Pardon, sire; c'est à la comtesse de Derby qu'elle est attachée.

— C'est vrai, c'est vrai; c'est lady Derby, qui a aussi ses peines dans ces malheureux temps. Savez-vous qui a appris à danser à la jeune personne? Quelques-uns de ses pas ressemblent singulièrement à ceux de Lejeune de Paris.

— Je présume qu'elle a appris la danse à l'étranger, sire; quant à moi, je suis chargé par la comtesse d'une affaire importante que je désirerais communiquer à Votre Majesté.

— Nous vous renverrons à notre secrétaire d'État. Mais cet envoyé dansant ne nous gratifiera-t-il pas encore une fois de la vue de son savoir-faire? — Empson, maintenant que je me souviens, c'est au son de votre flûte qu'elle a dansé. — Allons, marquez la mesure, et donnez la vie à ses pieds.

Empson se mit à exécuter un air bien connu; mais, ainsi qu'il en avait menacé, il faussa plus d'une fois la mesure, jusqu'à ce que le roi, qui avait l'oreille fort juste, s'écria : — Maraud, es-tu déjà ivre à l'heure qu'il est, ou veux-tu me jouer un de tes tours? Tu te crois né pour battre la mesure, mais je la ferai battre sur tes épaules.

L'avertissement fut suffisant, et Empson eut grand soin d'exécuter son air d'une manière digne de sa réputation méritée. Mais la musique ne fit pas la plus légère impression sur Fenella. Elle était plutôt appuyée que debout contre le mur de l'appartement, les traits couverts d'une pâleur mortelle, les bras et les mains pendants et immobiles, et ne donnait signe de vie que par les sanglots qui soulevaient son sein et les larmes qui s'échappaient de ses yeux à demi fermés.

— Peste soit de tout cela! dit le roi; il y a quelque mauvais esprit en l'air ce matin, et je crois que toutes les filles sont ensorcelées. Égaie-toi, mon enfant. Qui diable t'a métamorphosée tout à coup de nymphe en Niobé? Si tu restes là plus longtemps, tu vas t'attacher au marbre du mur. — Ou bien..... Que diantre, Georges, avez-vous aussi décoché une flèche dans ces quartiers-là?

Avant que Buckingham eût pu répondre à cette accusation, Julien fléchit une seconde fois le genou devant le roi, et le pria de vouloir bien l'entendre, ne serait-ce que cinq minutes. — La jeune fille, ajouta-t-il, avait été longtemps attachée à la comtesse de Derby, et elle était privée de la faculté de parler et d'entendre.

— Diantre, l'ami! et elle danse si bien? En vérité, tout le collége de Gresham ne me fera jamais croire cela.

— Je l'aurais cru également impossible si je ne l'avais vu aujourd'hui, répliqua Julien. Mais permettez-moi seulement, sire, de vous remettre la pétition de lady Derby.

— Et qui es-tu toi-même, l'ami? reprit Charles; car, bien que tout ce qui porte corset et nœud de gorge ait droit de parler à un roi et d'en recevoir réponse, je ne savais pas qu'il eût celui de réclamer audience par envoyé extraordinaire.

— Je suis Julien Péveril du Derbyshire, répondit le solliciteur; je suis fils de sir Geoffrey Péveril de Martindale-Castle, qui.....

— Sur mon âme, — un ancien de Worcester? Comment donc! je me souviens très-bien de lui. — Je crois qu'il lui est arrivé quelque malheur. — N'est-il pas mort, ou du moins fort malade?

— Mal à l'aise, sire, mais non pas malade. Il a été emprisonné sur l'accusation d'avoir pris part à ce Complot.

— Voyez-vous cela, dit le roi? Je savais bien qu'il était dans l'embarras; et néanmoins je ne sais trop comment je viendrai en aide au brave chevalier. Je puis moi-même à peine échapper au soupçon d'avoir trempé dans le Complot, quoique le principal but de cette conspiration soit de m'ôter la vie. Si je remuais un doigt pour sauver un accusé, je serais certainement taxé de complicité. — Buckingham, tu as quelque crédit sur ceux qui ont bâti cette belle machine d'État, ou qui du moins l'ont traînée en avant; — montre de la bonté d'âme une fois, quoique ce ne soit pas ta coutume, et interviens en faveur de notre vieux ami de Worcester, sir Godfrey. Tu ne l'as pas oublié?

— Non, sire, répondit le duc; car c'est la première fois que j'entends prononcer son nom.

— C'est sir Geoffrey que Sa Majesté a voulu dire, reprit Julien.

— Et quand Sa Majesté *aurait* dit sir Geoffrey, M. Péveril, je ne vois pas en quoi je puis servir votre père, répliqua froidement le duc. Il est accusé d'un grand crime, et ni prince ni pair ne peuvent protéger un sujet britannique atteint d'une telle accusation. Il faut qu'il attende son jugement et sa délivrance de Dieu et de son pays.

— Que le Ciel te pardonne ton hypocrisie, Georges, dit vivement le roi. J'aimerais autant entendre le diable prêcher la religion, que toi donner des leçons de patriotisme. Tu sais aussi bien que moi que la nation a été prise d'un accès de fièvre chaude par la crainte de ces pauvres catholiques qui ne sont pas deux contre cinq cents, et que l'esprit public est tellement harassé chaque jour de récits de conspirations et de nouvelles horreurs, qu'on a maintenant aussi peu le sens réel de ce qui est juste ou injuste, que ceux qui parlent en dormant n'ont le sens de ce qui est ou non raisonnable. J'en ai souffert assez longtemps; — j'ai vu le sang couler sur les échafauds, et je n'ai osé l'arrêter dans la crainte d'irriter la furie de la nation. — Fasse le Ciel que moi ou les miens n'ayons pas à en répondre! Je ne céderai pas plus longtemps au torrent, auquel l'honneur et la conscience m'ordonnent d'opposer une digue. — J'agirai en souverain, et sauverai de nouveaux crimes à mon peuple, même en dépit de lui-même.

Charles parcourait la chambre à grands pas, en exprimant ces sentiments inaccoutumés avec une énergie non moins inhabituelle en lui. Après un instant de silence, le duc reprit d'un ton grave : — C'est parler en roi, sire, mais, — pardonnez-moi, — non en roi d'Angleterre.

Charles s'était arrêté, pendant que le duc prononçait ces mots, près d'une fenêtre d'où l'on apercevait tout Whitehall, et ses yeux s'étaient involontairement portés sur la fatale fenêtre de la salle des banquets par laquelle son malheureux père fut conduit à la mort. Charles était brave par nature, ou, pour mieux dire, par tempérament; mais une vie consacrée au plaisir, jointe à l'habitude de se gouverner plutôt d'après ce qui était expédient que d'après ce qui était juste, le rendait incapable d'affronter et les dangers et le martyre qui avaient mis fin au règne et à la vie de son père. La réflexion fit évanouir sa résolution à demi formée, comme la pluie éteint le feu d'un fanal. Dans un autre que lui, la perplexité qu'il montrait eût paru presque ridicule; mais Charles ne pouvait perdre, même dans ces circonstances, la dignité et la grâce qui lui étaient aussi naturelles que son insouciance et sa bonne humeur. — Notre conseil doit décider en cette affaire, reprit-il en regardant le duc; mais soyez assuré, jeune homme, ajouta-t-il en s'adressant à Julien, que votre père aura un intercesseur dans son roi, autant que les lois me permettront d'intercéder en sa faveur.

Julien allait se retirer, quand Fenella, avec un regard expressif, lui glissa dans la main un carré de papier sur lequel elle avait écrit à la hâte : « Les lettres! — remettez-lui les lettres. »

Après un instant d'hésitation durant lequel il réfléchit que Fenella était l'organe des intentions de la comtesse, Julien se décida à obéir.

— Permettez-moi donc, sire, reprit-il, de déposer en vos royales mains ce paquet que m'a confié la comtesse de Derby. Les lettres m'ont déjà une fois été soustraites, et j'ai maintenant peu d'espoir de pouvoir les remettre à ceux à qui elles sont adressées. Je les place donc dans vos royales mains, certain qu'elles attesteront l'innocence de celle qui les a écrites.

Le roi secoua la tête en prenant le paquet d'un air de répugnance.
— Vous vous êtes chargé d'une mission dangereuse, jeune homme, reprit-il; un messager a quelquefois eu la gorge coupée à cause de ses dépêches. — Mais donnez-les-moi; — et toi, Chiffinch, procure-moi de la cire et une lumière.

Il recouvrit lui-même d'une autre enveloppe le paquet de la comtesse. — Buckingham, continua-t-il, vous êtes témoin que je ne les aurai pas lues avant de les remettre au conseil.

Buckingham s'approcha et offrit ses services pour faire l'enveloppe; mais Charles refusa son assistance, et ayant achevé sa tâche il scella le paquet de son propre anneau. Le duc se mordit les lèvres.

— Maintenant, jeune homme, reprit le roi, votre mission est terminée, du moins quant à présent.

Julien s'inclina profondément, comme pour prendre congé, les derniers mots du roi lui paraissant avec raison un avertissement de se retirer. Alice Bridgenorth, qui n'avait pas cessé de s'attacher à son bras, fit un mouvement pour sortir avec lui. Le roi et Buckingham échangèrent un regard d'étonnement, non cependant sans éprouver une forte envie de rire, tant il leur semblait étrange que la proie qu'ils se disputaient tout à l'heure leur glissât ainsi des doigts, ou plutôt leur fût enlevée par un troisième compétiteur dont ils n'eussent pas cru avoir quelque chose à craindre.

— Mistress Chiffinch, dit le roi avec une hésitation qu'il ne put dissimuler, j'espère que votre jolie cousine ne va pas vous quitter?

— Non certainement, sire, répondit la Chiffinch. Alice, mon amour — vous vous trompez de porte; — voici celle qui conduit à votre appartement.

— Pardonnez-moi, madame, répondit Alice; je me suis en effet trompée de route, mais c'est quand je suis entrée ici.

— La demoiselle errante est résolue à ne pas se tromper de route une seconde fois; elle a choisi un bon guide. Et en prononçant ces mots, Buckingham lançait à Charles un regard d'intelligence, autant du moins que le lui permettait l'étiquette; puis il le reportait sur Alice, toujours suspendue au bras de Julien.

— Et cependant, répliqua le roi, les histoires disent que de tels guides ont égaré les jeunes filles.

Alice rougit jusqu'aux yeux; mais elle recouvra sur-le-champ son sang-froid, en voyant que sa liberté allait sûrement dépendre de la résolution qu'elle montrerait. Par un sentiment de délicatesse blessée, elle quitta le bras de Julien; mais en parlant elle continua de tenir un pan de son habit. — Je me suis en effet trompée de route, répéta-t-elle, en s'adressant toujours à mistress Chiffinch; mais c'est quand j'ai passé ce seuil. L'outrage auquel j'ai été exposée dans votre maison m'a déterminée à la quitter à l'instant même.

— C'est ce que je ne permettrai pas, ma petite amie, dit la Chiffinch, jusqu'à ce que votre oncle, qui vous a remise à mes soins, m'ait dégagée de ma responsabilité.

— Je rendrai compte de ma conduite à mon oncle, et, ce qui est plus important, à mon père. Il faudra bien que vous me permettiez de partir, madame; je suis libre, et vous n'avez aucun droit de me retenir.

— Pardonnez-moi, ma jeune demoiselle; j'en ai le droit, et, qui plus est, j'en userai.

— C'est ce que je vais savoir avant de quitter la présence royale, repartit Alice avec fermeté; et s'avançant d'un ou deux pas, elle mit un genou en terre devant le roi. — Sire, dit-elle, — si en effet je suis à genoux devant le roi Charles, — Votre Majesté est le père de ses sujets.

— De bon nombre d'entre eux, dit le duc de Buckingham à part.

— J'implore votre protection, continua Alice, au nom du Ciel et du serment qu'a fait Votre Majesté quand elle a placé sur sa tête la couronne du royaume!

— Vous avez ma protection, répondit le roi, quelque peu déconcerté par un appel si inattendu et si solennel. Restez en paix chez cette dame, près de laquelle vos parents vous ont placée; ni Buckingham ni personne autre ne vous importunera de sa présence.

— Sa Majesté, ajouta Buckingham du même ton, et cédant à l'inspiration malfaisante d'un esprit de contradiction qu'il ne put jamais réprimer, même lorsqu'en s'y abandonnant il péchait le plus non-seulement contre les convenances, mais contre son propre intérêt, — Sa Majesté vous protégera contre toute indiscrétion, sauf contre celles qui ne doivent pas être qualifiées ainsi.

Alice lança sur le duc un regard pénétrant, comme pour lire sa pensée dans ses yeux; puis elle regarda le roi, pour s'assurer si elle avait bien interprété ce qu'avait dit Buckingham. Elle vit sur le front de Charles une confusion coupable, qui la confirma dans sa résolution de partir. — Votre Majesté me pardonnera, reprit-elle; ce n'est pas ici que je puis profiter de votre royale protection. Je suis décidée à quitter cette maison. Si j'y suis retenue, il faudra que ce soit par violence, et j'espère que personne n'osera s'y porter contre moi en présence de Votre Majesté. Monsieur, que je connais depuis longtemps, me reconduira près de mes parents.

— Nous ne faisons ici qu'une sotte figure, il me semble, dit le roi à demi-voix au duc de Buckingham; mais il faut qu'elle parte. — Je ne veux ni n'ose l'empêcher de retourner près de son père.

— Si elle y retourne, se jura le duc en lui-même, je veux, comme disait sire André, ne jamais toucher la main d'une belle dame; et, s'approchant d'Empson, il lui dit quelques mots à voix basse. Le musicien quitta l'appartement pendant deux ou trois minutes.

Le roi semblait incertain de la conduite qu'il devait tenir dans une circonstance si singulière. Être battu dans une intrigue galante, c'était s'exposer au ridicule dans sa cour frivole; y persister par des moyens qui approcheraient de la contrainte, c'eût été une tyrannie, et, ce qu'il eût peut-être regardé comme une inculpation non moins grave, une conduite indigne d'un gentilhomme. — Sur mon honneur, jeune dame, reprit-il avec emphase, vous n'avez rien à craindre dans cette maison. Mais il ne convient pas, par égard pour vous-même, que vous la quittiez d'une manière si brusque. Si vous voulez avoir la bonté d'attendre seulement un quart d'heure, la voiture de mistress Chiffinch sera à vos ordres pour vous conduire où vous voudrez vous rendre. Mais épargnez-nous, à vous le ridicule, et à moi le déplaisir de vous montrer quittant la maison d'un de mes serviteurs comme si vous vous échappiez d'une prison.

Le roi parlait avec la sincérité d'un bon naturel, et Alice fut tentée un instant de se rendre à son avis; mais, se souvenant qu'il lui faudrait chercher son père ou son oncle, ou, à leur défaut, quelque lieu de résidence sûr et convenable, elle réfléchit qu'elle n'aurait sûrement guère à se fier, pour la diriger et l'assister dans une telle recherche, aux gens de mistress Chiffinch. Elle persista donc avec une fermeté respectueuse dans sa détermination de partir immédiatement. Elle n'avait pas besoin d'autre escorte, dit-elle, que celle que M. Julien Péveril, qui était bien connu de son père, ne lui refuserait pas; et elle n'en avait besoin que jusqu'à ce qu'elle fût arrivée chez son père.

— Adieu donc, madame, au nom du Ciel! dit le roi; je suis fâché de voir tant de beauté unie à tant de méfiance. — Quant à vous, M. Péveril, j'aurais cru que vous aviez assez de vos propres affaires sans vous mêler des caprices du beau sexe. Le soin de conduire dans le droit chemin des demoiselles égarées est, de la manière dont vont les choses dans cette bonne ville, une entreprise un peu épineuse pour votre jeune inexpérience.

Impatient de conduire Alice en sûreté hors d'un lieu dont il commençait à apprécier pleinement les dangers, Péveril ne répondit rien à ce sarcasme; il salua respectueusement et sortit avec elle. La soudaine apparition d'Alice et la scène animée qui l'avait suivie avaient entièrement absorbé, pour le moment, le souvenir de son père sir Geoffrey et celui de la comtesse de Derby; et tandis que la muette suivante de cette dernière restait dans la chambre, spectatrice silencieuse, et, en quelque sorte, stupéfaite de tout ce qui s'était passé, Péveril, dominé par l'intérêt qu'avait éveillé en lui la situation critique d'Alice, avait totalement oublié sa présence. Mais il n'eut pas plutôt quitté la chambre, sans songer à elle et sans l'attendre, que Fenella, sortant tout à coup comme d'un profond abattement, releva vivement la tête et promena autour d'elle un œil égaré de l'air de quelqu'un qui vient de s'éveiller d'un rêve, comme pour s'assurer que son compagnon était parti, parti sans lui avoir accordé la plus légère attention ! Elle joignit les mains et leva les yeux vers le ciel avec une expression d'angoisse dans laquelle Charles crut pouvoir lire les pénibles pensées de son esprit. — Ce Péveril est un parfait modèle d'heureuse perfidie, dit le roi; il a non-seulement réussi à la première vue à enlever cette reine des Amazones, mais je crois qu'à sa place il nous a laissé une Ariane désolée. — Ne pleurez pas, ma princesse des gentils mouvements, continua-t-il en s'adressant à Fenella; si nous ne pouvons faire venir Bacchus pour vous consoler, nous vous remettrons aux soins d'Empson, qui, la coupe à la main, gagerait mille livres contre le *Liber Pater*, et je serai le premier à parier pour lui.

Le roi parlait encore, que Fenella, s'élançant hors de la chambre avec sa rapidité ordinaire et avec beaucoup moins de cérémonie que n'en eût demandé la présence royale, descendit les escaliers comme un trait et sortit de la maison, sans songer à s'adresser au monarque en aucune manière. Celui-ci vit ce brusque départ avec plus de surprise que de déplaisir; et, partant d'un éclat de rire, il dit au duc : — Sur ma foi, Georges, ce jeune galant pourrait en remontrer au plus habile de nous sur la manière de gouverner les filles ! J'ai eu quelque expérience en ce genre; mais je n'ai jamais pu réussir ni à les gagner ni à les perdre avec si peu de cérémonie.

— L'expérience, sire, ne s'acquiert qu'avec les années.

— C'est vrai, Georges; et vous voulez me donner à entendre, je suppose, que le galant qui l'acquiert perd en jeunesse autant qu'il gagne en savoir-faire? Je me moque de votre insinuation, Georges. Tout vieux que vous croyez votre maître, vous ne pouvez le tromper ni en amour ni en politique. Vous n'avez pas le secret de *plumer la poule sans la faire crier*[1], témoin la besogne de ce matin. Je vous ferai un avantage à tous les jeux, — oui, et même à la paume, qui plus est, si tu oses accepter mon défi. — Hé bien, Chiffinch, pourquoi contourner ton joli cou et ta figure à force de sanglots, pour y faire venir des larmes rebelles?

— C'est que je crains, fit la Chiffinch d'un ton dolent, que Votre Majesté ne pense.... que vous ne croyiez.....

— Que je ne croie à la gratitude d'un courtisan ou à la foi d'une femme? interrompit le roi en lui passant la main sous le menton pour lui faire relever la tête; — bah! ma colombe, je ne suis pas d'une exigence si ridicule.

[1] Cet adage est en français dans l'original.

— C'est cela, dit la Chiffinch en continuant de sangloter d'autant plus amèrement, qu'elle se sentait incapable de verser une seule larme ; je vois que Votre Majesté est décidée à rejeter tout le blâme sur moi, quand je suis innocente comme l'enfant au ventre de sa mère. — J'en prends Sa Grâce pour juge.

— Sans doute, sans doute, Chiffie, reprit le roi. Sa Grâce et vous serez d'excellents juges et de non moins excellents témoins dans la cause l'un de l'autre. Mais, pour éclaircir l'affaire avec impartialité, nous devons examiner nos témoins séparément. — Mylord duc, nous nous rencontrerons au Mail à midi, si Votre Grâce ose accepter mon défi.

Sa Grâce de Buckingham salua et se retira.

CHAPITRE XXXII.

> Mais quand le spadassin, d'un pas fanfaron, relève de côté son large chapeau bordé d'un galon terni, ne lui cédez pas le haut du chemin ; — bravez sa fierté d'emprunt, et repoussez-le vers la fange du ruisseau. Néanmoins, endure plutôt la pluie et la crotte, que de risquer ta vie dans une sotte querelle.
> GAY. *Trivia.*

JULIEN Péveril, conduisant et soutenant à la fois Alice Bridgenorth, avait atteint le milieu de Saint-James's-street[1] avant d'avoir songé à la direction qu'ils devaient prendre. Il demanda alors à Alice où elle voulait qu'il la conduisît ; et il apprit, avec autant de surprise que d'embarras, que, loin de savoir où trouver son père, elle n'était pas même certaine qu'il fût à Londres, et que seulement, d'après quelques mots qu'il lui avait dits en la quittant, elle espérait qu'il serait arrivé. Elle mentionna l'adresse de son oncle Christian, mais avec doute et hésitation, en songeant entre quelles mains il l'avait déjà placée ; et la répugnance qu'elle éprouvait à se remettre sous sa protection fut fortement confirmée par son jeune guide, lorsque quelques mots eurent achevé de le convaincre de l'identité de Ganlesse et de Christian. — Que faire ?

— Alice, dit Julien après un instant de réflexion, il faut que vous alliez trouver votre plus ancienne, votre meilleure amie, — ma mère. Elle n'a pas maintenant de château pour vous recevoir ; — elle n'a qu'un misérable logement, tellement près de la prison où mon père est enfermé, qu'il semble presque en faire partie. C'est ce que m'ont appris

---

[1] Rue Saint-Jacques.

mes informations, car je ne l'ai pas vue depuis mon arrivée ici. Nous allons nous rendre sur-le-champ près d'elle; quel que soit l'appartement qu'elle occupe, je sais qu'elle le partagera avec une personne aussi innocente et dépourvue d'appui que vous l'êtes.

— Bonté divine! s'écria la pauvre fille, suis-je donc si complétement isolée, qu'il me faille aller implorer la pitié de celle qui dans le monde entier a le plus de raisons de me repousser loin d'elle? — Julien, me le pouvez-vous conseiller? — N'y a-t-il ici personne autre à qui je puisse demander un refuge de quelques heures, jusqu'à ce que j'aie des nouvelles de mon père? — n'aurai-je d'autre protectrice que celle dont la ruine a été, je le crains, accélérée par..... Julien, je n'ose paraître devant votre mère! Elle doit me haïr à cause de ma famille, et me mépriser à cause de mon origine. Me retrouver une seconde fois sous sa protection, quand une première fois elle en a été si mal récompensée..... Julien, je n'ose aller avec vous!

— Elle n'a jamais cessé de vous aimer, Alice, répondit son conducteur, dont elle continuait de suivre les pas, tout en déclarant sa résolution de n'en rien faire; elle n'a jamais éprouvé pour vous que des sentiments de bienveillance, oui, et même pour votre père : car malgré la dureté avec laquelle il nous a traités, elle peut passer beaucoup de choses à cause des provocations qu'il avait reçues. Croyez-moi, près d'elle vous serez aussi en sûreté que près d'une mère; — et peut-être contribuerez-vous à mettre fin aux dissensions dont nous avons tant souffert.

— Dieu le veuille! dit Alice. Mais comment pourrai-je regarder votre mère en face? Et pourra-t-elle me protéger contre ces hommes puissants, — contre mon oncle Christian? Hélas! faut-il que je doive l'appeler mon plus dangereux ennemi!

— Elle aura l'ascendant que l'honneur a sur l'infamie, la vertu sur le vice; et elle ne vous abandonnera à nul pouvoir humain qu'à celui de votre père, si vous consentez à la choisir pour protectrice. Venez donc avec moi, Alice, et.....

Julien fut interrompu par quelqu'un qui avait saisi son habit, et qui le tira avec assez de force pour le forcer de s'arrêter et lui faire porter la main à son épée. Il se retourna en même temps, et aperçut Fenella. Les joues de la muette étaient enflammées, ses yeux étincelaient, et ses lèvres étaient serrées avec force, comme si elle eût eu peine à réprimer ces cris inarticulés qui accompagnaient habituellement ses accès de colère, et qui auraient à l'instant même rassemblé la foule autour d'eux si elle les eût proférés en pleine rue. Son apparence, au surplus, était si singulière, et son émotion si évidente, que chacun la regardait en passant, et se retournait après l'avoir dépassée, tant ses gestes étaient bizarres et pétulants, tandis que tenant d'une main le manteau de Péveril, elle lui faisait de l'autre les signes les plus instants et les plus impérieux pour lui faire quitter Alice Bridgenorth et le déterminer à la suivre. Elle toucha la plume de sa coiffure, pour lui désigner le comte ; — elle posa la main sur son cœur, pour indiquer la comtesse ; — elle leva sa main fermée, comme pour lui commander de leur part ; puis aussitôt après elle joignit les deux mains, comme pour le conjurer en son propre nom ; en même temps que désignant Alice avec une expression où se peignaient à la fois la colère et une dérision méprisante, elle agitait la main vivement et d'un air dédaigneux, pour indiquer que Péveril la devait repousser comme un être indigne de sa protection.

Effrayée, sans savoir pourquoi, de ces gestes étranges, Alice se serra contre Julien plus qu'elle n'avait d'abord osé le faire, et cette marque de la confiance qu'elle paraissait mettre en son protecteur parut encore accroître la fureur de Fenella.

Julien était dans un terrible embarras ; sa situation était déjà assez précaire, même avant que les passions ingouvernables de Fenella vinssent le menacer de ruiner le seul plan qu'il avait été en état d'imaginer. Que lui voulait-elle ? — jusqu'à quel point le sort du comte et de la comtesse dépendait-il de ce qu'il la suivît ? C'est ce qu'il ne pouvait même conjecturer ; mais quelque impérieux que pût être l'appel, il était décidé à ne s'y rendre qu'après avoir vu Alice en lieu sûr. En attendant, il résolut de ne pas perdre Fenella de vue, et sans s'arrêter aux refus répétés qu'avec un emportement dédaigneux elle avait faits du bras qu'il lui avait offert, il fit si bien qu'enfin elle parut s'adoucir, et que, saisissant son bras droit de l'air de quelqu'un qui désespère d'en amener un autre dans ses propres voies, elle sembla se résoudre à le suivre dans celle que lui-même choisirait.

Ainsi placé entre deux jeunes femmes, l'une et l'autre attachées à son bras, et toutes deux singulièrement propres à attirer l'attention publique, quoiqu'à des titres bien différents, Julien résolut de gagner le bord de la rivière par le chemin le plus court, et de prendre là une barque pour Blackfriars, le point de débarquement le plus rapproché de Newgate, pensant que Lance Outram avait déjà annoncé son arrivée à Londres à sir Geoffrey, alors habitant de cette triste région, et à lady Marguerite, qui partageait et adoucissait l'emprisonnement de son époux, autant que le lui permettait la rigueur du geôlier.

L'embarras de Julien, tandis qu'il traversait Charing-Cross et Northumberland-House, fut assez grand pour être remarqué des passants ; car il lui fallait régler son pas de manière à concilier la course inégale et rapide de Fenella avec la marche lente et timide de son autre compagne ; et tandis qu'il eût été inutile de s'adresser à la première qui ne pouvait l'entendre, il n'osait parler à Alice, de peur de changer en frénésie la jalousie ou du moins l'impatience de Fenella.

Beaucoup de passants les regardaient avec étonnement, et quelques-uns en souriant ; mais Julien en remarqua deux qui ne les perdaient jamais de vue, et à qui sa situation, ainsi que les manières de ses compagnes, semblaient fournir un sujet de gaîté non déguisée. C'étaient des jeunes gens tels qu'on en peut rencontrer encore aujourd'hui dans le même lieu, sauf la différence des modes. Ils portaient d'énormes perruques, et étaient couverts de plusieurs centaines d'aunes de rubans disposés en nœuds sur leurs manches, leurs hauts-de-chausses et leurs vestes, véritables caricatures de la mode du temps. Une immense quantité de galons et de broderies rendait leurs habits plus riches que de bon goût. Ils offraient, en un mot, cette exagération de la mode dénotant parfois un étourdi de qualité qui veut se faire remarquer comme un petit-maître du premier ordre, mais qui, beaucoup plus souvent, sert à déguiser ceux qui désirent être pris sur l'habit pour des gens de qualité, n'ayant pas d'autre moyen de se distinguer de la foule.

Ces deux beaux-fils devancèrent plus d'une fois Péveril, se tenant bras dessus bras dessous ; puis ils s'arrêtaient de manière à l'obliger a passer à son tour devant eux, riant et chuchotant durant toutes ces manœuvres, — regardant en face Julien et ses deux compagnes, — et, quand ils se trouvaient en contact, ne se dérangeant nullement pour leur faire place, ainsi que le prescrivent en de tels cas les règles du savoir-vivre.

Péveril ne remarqua pas d'abord leur impertinence ; mais quand elle devint trop grossière pour échapper à son attention, sa bile commença à s'échauffer ; et pour ajouter à tous les autres embarras de sa situation, il eut à combattre le vif désir qu'il éprouvait de bâtonner d'importance les deux freluquets qui semblaient vouloir l'insulter de propos déterminé. Il est vrai que la patience et la longanimité lui étaient impérieusement prescrites par les circonstances ; mais à la fin il lui devint presque impossible d'écouter plus longtemps leurs conseils.

Quand pour la troisième fois Julien eut été obligé de passer avec ses compagnes devant ce fâcheux couple de fats, ils se tinrent sur ses talons, en parlant assez haut pour être entendus, et d'un ton qui faisait voir qu'il leur était parfaitement indifférent qu'il les écoutât ou non.

— C'est bien un bonheur de rustre, disait le plus grand des deux (homme d'une taille remarquable) en faisant allusion à la simplicité du costume de Péveril, qui était tout au plus convenable pour les rues de Londres ; — deux si jolies filles sous la garde d'une casaque grise et d'un gourdin de chêne !

— Dites plutôt un bonheur de puritain, repartit l'autre, et plus encore. Vous pouvez reconnaître le puritain à sa démarche et à sa patience.

— Juste comme une pinte bien mesurée, Tom ; — Issachar est un âne courbé entre deux fardeaux,

CHAPITRE XXXII.

— J'ai idée de soulager ce Laurent à longues oreilles de l'un de ses embarras. Cette petite aux yeux noirs qui brillent comme des escarboucles a l'air de vouloir lui fausser compagnie.

— Oui, et la trembleuse aux yeux bleus a l'air de vouloir tomber en arrière dans mes bras amoureux.

A ces mots, Alice se serra encore plus qu'auparavant au bras de Péveril, et pressa le pas presque au point de courir, afin d'échapper à des gens dont le langage était si inquiétant; en même temps que de son côté Fenella avançait aussi d'un pas plus rapide, les gestes et la conduite de ces hommes lui ayant peut-être causé la même appréhension que leurs discours avaient inspirée à Alice.

Redoutant les conséquences d'une querelle dans les rues, qui devait nécessairement le séparer des deux femmes qui resteraient ainsi sans protection, Péveril s'efforça de faire céder encore à la prudence la colère qui s'élevait en lui; et au moment où les deux importuns s'efforçaient de passer devant eux, près de Hunterford-Stairs[1], il leur dit, avec un calme forcé : Je vous dois quelque chose, messieurs, pour l'attention que vous avez accordée aux affaires d'un étranger. Si vous avez quelque prétention au titre de *gentlemen*, vous me direz où je pourai vous rencontrer.

— Et dans quel dessein, dit le plus grand des deux en ricanant, votre très-rustique gravité, ou votre très-grave rusticité, nous fait-elle une telle demande?

Et en même temps ils se placèrent tous les deux devant lui, de manière à ce qu'il fût impossible à Julien de faire un pas de plus.

— Gagnez l'escalier, Alice, dit-il; je suis à vous dans un instant. Se dégageant alors avec difficulté des mains de ses deux compagnes, il rejeta vivement son manteau sur son bras gauche, et dit d'un ton impérieux à ses adversaires : Voulez-vous me donner vos noms, messieurs; ou voulez-vous bien me faire place?

— Non pas avant que nous sachions à qui nous avons à faire place, répondit l'un d'eux.

— A quelqu'un qui sans cela va vous apprendre ce qui vous manque, — la politesse; et en même temps Péveril s'avança comme pour passer de force entre eux.

Il se séparèrent; mais un d'eux avança le pied devant Péveril, comme pour lui donner un croc-en-jambe. Le sang de ses ancêtres lui bouillait déjà dans les veines; il frappa au visage de son bâton de chêne celui qui tout à l'heure lui avait ri au nez, et jetant cette arme il tira son épée. Les deux autres en firent autant et se précipitèrent à la fois sur lui. Il reçut la pointe de l'une des deux rapières dans son manteau, et para l'autre avec la sienne; mais il aurait pu être moins heureux à la

---

[1] Escalier d'Hunterford, qui descend à la Tamise. (L. V.)

seconde botte, si un cri ne s'était élevé parmi les mariniers : Honte ! honte ! Deux contre un !

— Ce sont des gens du duc de Buckingham, dit un des hommes de la foule ; — il ne serait pas sûr de se frotter avec eux.

— Que ce soient les gens du diable si ça veut ! s'écria un vieux Triton en brandissant son aviron ; je dis qu'il faut jouer beau jeu, et vive la Vieille Angleterre ! Et je dis que je vais coucher par terre les deux farauds galonnés, s'ils ne se battent pas chacun à leur tour contre la casaque grise, comme d'honnêtes garçons ; l'un à bas, l'autre en avant.

Les basses classes de Londres se sont fait remarquer en tout temps par le plaisir qu'elles prennent à un combat singulier, soit au bâton, soit à coups de poing, et par l'impartiale équité qu'elles apportent à ce que tout s'y passe en règle. La noble science de l'escrime était à cette époque si généralement connue, qu'un combat à la rapière excitait autant d'intérêt et aussi peu d'étonnement qu'aujourd'hui une partie de boxe. Les assistants, accoutumés à de telles scènes, formèrent sur le-champ un cercle dans lequel Péveril et le plus grand de ses deux antagonistes furent bientôt aux prises, tandis que l'autre, intimidé par les spectateurs, était obligé de se tenir à distance.

— Bien tapé, le grand ! — bien poussé, les longues jambes ! — hourra pour les deux aunes un quart ! telles étaient les acclamations par lesquelles le combat fut d'abord salué. L'adversaire de Péveril, en effet, non-seulement montrait en escrime autant d'activité que d'adresse, mais il tirait en outre un grand avantage de l'inquiétude avec laquelle les regards de Julien se promenaient autour de lui pour y apercevoir Alice Bridgenorth, pour la sûreté de laquelle il montrait un soin qui lui fit oublier, au commencement de la lutte, celui qu'il aurait dû apporter exclusivement à défendre sa vie. Une légère blessure au côté l'avertit de sa négligence, en même temps qu'elle l'en punit ; alors, donnant toute son attention à l'affaire dans laquelle il était engagé, et enflammé de colère contre son impertinent agresseur, le combat prit bientôt une autre face, au milieu des cris de Bien riposté, la casaque grise ! — essaie le métal de son pourpoint d'or ! — Joliment poussé ! — parfaitement paré ! — encore un œillet à sa jaquette brodée ! — Bien pincé, goddam ! Cette dernière exclamation fut proférée au milieu d'un tonnerre d'applaudissements arrachés par une botte heureuse et décisive : Péveril venait de transpercer son gigantesque antagoniste. Il arrêta un instant ses regards sur son ennemi renversé ; puis, revenant à lui-même, il demanda vivement à ceux qui l'entouraient ce qu'était devenue la dame qu'il accompagnait.

— Ne vous mettez pas en peine de la dame, si vous êtes prudent, dit un des mariniers ; le constable sera ici dans un instant. En un clin d'œil et en un coup de rame je vais faire traverser l'eau à Votre

Honneur. Il peut y aller de votre cou. Ça ne vous coûtera qu'un jacobus¹.

— Le diable t'enlève, comme il a enlevé ton père! s'écria un des confrères du marinier; pour un jacobus j'installerai le gentleman en Alsace², où ni bailli ni constables n'oseront le suivre.

— La dame, drôles! la dame! exclama Péveril; — où est la dame?

— Je mènerai Votre Honneur où vous en aurez assez de dames, si c'est là ce qu'il vous faut, répliqua le vieux Triton; et en même temps les clameurs recommencèrent parmi les mariniers, chacun d'eux espérant tirer profit du danger de la situation de Julien.

— Un *sculler*³ sera moins suspect, Votre Honneur, dit un de ces hommes.

— Une paire de rames vous emportera à travers la rivière comme un canard sauvage, dit un autre.

— Mais vos bateaux ne sont pas couverts, confrères, dit un troisième. Moi je puis transporter le gentleman aussi à l'aise que s'il était sous des écoutilles.

Au milieu des jurements et des clameurs occasionnées par cette contestation nautique entre ceux qui se disputaient sa pratique, Péveril leur fit enfin comprendre qu'il donnerait un jacobus, non à celui dont le bateau serait le meilleur rameur, mais à quiconque l'informerait de ce qu'était devenue la dame.

— Quelle dame? demanda un rusé matois; car, à mon avis, il y en avait une couple.

— Toutes les deux, toutes les deux, repartit Péveril; mais d'abord la dame aux cheveux blonds?

— Oui, oui, celle qui a tant crié quand le camarade à la jaquette galonnée l'a fait entrer dans le n° 20.

— Qui? — Quoi? — Qui a osé porter la main sur elle? s'écria Péveril.

— Mais, maître, je vous en ai assez dit pour quelqu'un qui n'a encore rien reçu, dit le marinier.

— Sordide coquin! s'écria Péveril en lui donnant une pièce d'or, parlez, ou je vous passe mon épée à travers le corps.

— Quant à ce qui est de ça, maître, ça ne sera pas tant que je pourrai manier c't'aviron. — Mais un marché est un marché, et je vous dirai donc, pour votre pièce d'or, que le camarade de celui-là a forcé une de vos filles, celle aux cheveux blonds, d'entrer bon gré mal gré dans le bachelet de Tickling Tom; et ils sont à c't'heure assez loin en amont de la Tamise, avec le vent et la marée.

¹ Monnaie d'or du temps. (L. V.)

² Lieu de refuge alors existant à Londres. C'est le théâtre d'une partie des *Aventures de Nigel*. (L. V.)

³ Batelet à un seul rameur. (L. V.)

— Juste Ciel! et je suis ici! exclama Julien.

— Hé mais, c'est parce que Votre Honneur ne veut pas prendre une barque.

— Vous avez raison, mon ami. — Une barque! — une barque à l'instant même!

— Suivez-moi donc, squire. — Un coup de main, Tom; — le gentleman est à nous.

Une bordée d'imprécations nautiques fut échangée entre l'heureux postulant de la pratique de Péveril et ses confrères désappointés; enfin le vieux Triton, d'une voix qui dominait toutes les autres, cria « que le gentleman était en beau chemin pour faire un voyage à l'île des Dupes, attendu que Jack était un malin qui n'avait fait que se moquer de lui; — que le n° 20 avait fait route pour York Buildings. »

— A l'île du Gibet, cria un autre; car voici venir quelqu'un qui mettra l'embargo sur son voyage en amont de la Tamise, et qui le fera descendre au dock[1] des Exécutions.

En effet, cet homme avait à peine achevé, qu'un constable, suivi de trois ou quatre de ses aides armés de ces hallebardes à l'antique encore usitées à cette époque pour armer ces gardiens de la paix publique, coupa court à la marche de notre héros vers le bord de l'eau, en l'arrêtant au nom du roi. Tenter de faire résistance eût été folie, entouré de toutes parts comme il l'était; de sorte que Péveril fut désarmé et conduit devant le juge de paix le plus voisin, pour être interrogé et envoyé en prison.

Le sage magistrat devant lequel Julien fut mené était un homme d'intentions fort honnêtes, de talents très-bornés, et d'un caractère passablement timide. Avant l'alarme universelle donnée à l'Angleterre, et à la ville de Londres en particulier, par la mémorable découverte du Complot papiste, M. Maulstatute avait trouvé un innocent orgueil et un plaisir sans trouble à s'acquitter de ses fonctions de juge de paix, et à jouir de tous les priviléges honorifiques et de l'autorité redoutée que lui assuraient ces fonctions. Mais le meurtre de sir Edmondsbury Godfrey avait frappé son esprit d'une impression ineffaçable; et depuis ce triste et mémorable événement, il n'entrait plus qu'en tremblant dans la cour de Thémis.

Ayant une haute idée de son importance officielle, et une idée non moins haute de l'importance de sa personne, Son Honneur n'avait plus sous les yeux depuis lors que cordes et poignards; et jamais il ne mettait le pied hors de sa maison, où il avait établi en guise de garnison un renfort d'une demi-douzaine de *watchmen* et de constables, sans se croire épié par un papiste déguisé, avec une épée nue sous son manteau. On se disait même tout bas que dans l'angoisse de ses frayeurs le respectable

---

[1] Bassin. (L. V.)

CHAPITRE XXXII.

M. Maulstatute avait pris sa cuisinière tenant un briquet, pour un jésuite armé d'un pistolet; mais celui qui eût osé rire d'une telle méprise eût bien fait de rire en secret, de peur d'être atteint de la grave accusation de tourner le Complot en dérision, — crime presque aussi grand que d'être soi-même un des conspirateurs. Dans le fait, les craintes de l'honnête juge, malgré leur exagération ridicule, étaient tellement d'accord avec le cri général du temps et la fièvre nerveuse dont tout bon protestant avait été atteint, que M. Maulstatute était regardé comme l'homme le plus hardi et le meilleur magistrat, parce que, sous la terreur des poignards imaginaires que son esprit frappé lui mettait continuellement sous les yeux, il continuait de rendre la justice dans la partie la plus reculée de sa demeure, et même, à l'occasion, d'assister aux sessions de trimestres, dont le local était gardé par un corps de milice suffisant. Tel était l'homme à la porte soigneusement verrouillée duquel le constable qui avait Julien en garde frappait en ce moment le coup bien connu par lequel il annonçait son importante arrivée.

Nonobstant ce signal officiel, le prisonnier et son escorte ne furent admis que lorsque le greffier, qui remplissait les fonctions de haut sénéchal, fut venu les reconnaître à travers un guichet grillé; car qui pouvait assurer que les papistes n'eussent pas surpris le signal du constable, n'eussent pas organisé une fausse patrouille pour pénétrer chez le juge et l'égorger dans sa maison, sous prétexte de conduire devant lui un criminel? — Des trames moins bien ourdies avaient figuré dans les révélations du Complot papiste.

Tout étant trouvé en règle, la clef tourna dans la serrure, les verrous furent tirés et la chaîne décrochée, de manière à laisser pénétrer le prisonnier, le constable et les aides; puis la porte fut brusquement refermée sur les témoins, gens en qui on ne pouvait mettre la même confiance, et qui furent requis (à travers le guichet) de rester dans la cour jusqu'à ce qu'on les appelât à tour de rôle.

Si Julien avait été disposé à la gaîté, ce qui était loin d'être, il n'aurait pu voir sans rire le ridicule accoutrement du greffier, qui avait ceint par-dessus son habit de bougran noir un baudrier de buffle soutenant une grande épée et une paire de longs pistolets d'arçon; et qui, au lieu du chapeau à forme plate qui remplaçait pour un scribe le bonnet de ville, avait recouvert ses cheveux gras d'un morion d'acier rouillé, contemporain de Marston-Moor, et en travers duquel, en guise de panache, se projetait sa plume infatigable, — la forme du casque ne lui ayant pas permis de la déposer, selon l'usage, derrière son oreille.

Ce personnage grotesque conduisit le constable, ses aides, et le prisonnier, dans la salle basse où la justice était administrée par son supérieur, lequel offrait un extérieur encore plus singulier que celui de son coadjuteur.

Nombre de bons protestants, qui avaient d'eux-mêmes une assez haute opinion pour se supposer dignes d'être particulièrement en butte à la cruauté catholique, avaient pris à cette occasion des armes défensives. Mais on s'aperçut bientôt qu'une cuirasse à l'épreuve, attachée par des agrafes de fer, n'était pas une enveloppe commode pour un homme qui aime à faire honneur à une table chargée de venaison et de pâtisseries, et qu'une cotte de buffle ou de mailles ne s'accordait guère mieux avec les mouvements nécessaires en de telles occasions. Il y avait encore d'autres objections, telles que l'aspect menaçant et l'air d'alarme qu'un appareil guerrier de cette espèce donnait à la Bourse et aux autres lieux de réunion habituels des marchands; et les excoriations étaient un sujet de plaintes amères pour beaucoup de gens, qui, n'appartenant ni aux compagnies d'artillerie ni à la milice régulière, n'avaient pas l'habitude de porter une armure défensive.

Pour parer à ces inconvénients, et en même temps mettre la personne de tout bon protestant à l'abri des attaques à force ouverte et des assassinats individuels de la part des papistes, quelque ingénieux industriel, appartenant, selon toute apparence, à la respectable corporation des merciers, avait imaginé une sorte d'armure, dont l'arsenal de la Tour, non plus que la salle gothique de Gwinnap et l'inappréciable collection d'armes anciennes du docteur Meyrick, n'ont conservé aucun spécimen. On lui donnait le nom d'armure de soie[1], parce qu'elle se composait d'un pourpoint et de culottes de soie matelassée, formés de plusieurs doubles si bien piqués et d'une telle épaisseur, qu'ils étaient à l'épreuve de la balle et de l'acier. Un épais bonnet, formé des mêmes matériaux, avec de longs oreillards, et au total ressemblant fort à un bonnet de nuit, complétait l'équipement, et garantissait de la tête aux genoux la sûreté de celui qui en était couvert.

Entre autres dignes citadins, M. Maulstatute avait adopté cette singulière panoplie, qui offrait l'avantage d'être tout à la fois douce, chaude et souple, en même temps que sûre. Quand Julien entra, il était assis dans son fauteuil de juge; — c'était un petit homme rond et court, ayant l'air d'être enveloppé de coussins, car telle était l'apparence de ses vêtements piqués, et dont le nez proéminent, se détachant en saillie sous son casque de soie, contribuait, avec la lourde épaisseur de l'ensemble du personnage, à donner à Sa Seigneurie une ressemblance frappante avec l'enseigne du *Cochon Armé*, ressemblance que fortifiait encore notablement la couleur rougeâtre du vêtement défensif, laquelle rappelait assez bien la teinte de ces porcs à demi sauvages qu'on trouve dans les forêts du Hampshire.

A l'abri de ces enveloppes invulnérables, Sa Seigneurie était sans inquiétude, quoique séparée de ses armes offensives, c'est-à-dire de sa

---

[1] *Voyez* la note Y, à la fin du volume.

rapière, de son poignard et de ses pistolets, qui n'étaient cependant pas très-loin de sa chaise. Il est vrai qu'il avait jugé prudent de tenir sur sa table un instrument d'attaque, posé près de son épais volume des Commentaires de Coke sur Littleton. C'était une sorte de fléau de poche, formé d'un fort manche de frêne d'environ dix-huit pouces de longueur, auquel était attaché un bâton mobile de *lignum vitæ*, presque deux fois aussi long que le manche, mais réuni à celui-ci de manière à pouvoir se replier aisément. Cet instrument, auquel on avait donné le singulier nom de fléau protestant, pouvait être tenu caché sous les vêtements jusqu'à ce que les circonstances rendissent nécessaire de le produire. Une précaution contre toute surprise, plus efficace que les armes tant offensives que défensives du magistrat, était un fort grillage en fer qui traversait la chambre en avant de la table du magistrat; ce grillage, dans lequel on avait ménagé une porte également grillée et qui était habituellement tenue fermée, établissait une séparation complète entre l'accusé et son juge.

M. Maulstatute, tel que nous l'avons dépeint, crut devoir ouïr le rapport des témoins avant d'interroger Péveril. Le détail de la querelle fut succinctement donné par ceux qui s'y étaient trouvés, et parut faire une impression profonde sur l'esprit de l'examinateur. Il secoua son casque de soie d'un air expressif, quand il apprit qu'après quelques paroles échangées entre les parties, et que les témoins n'avaient pas bien comprises, le jeune homme là présent avait porté le premier coup et tiré son épée avant que l'homme qui avait été blessé eût eu le temps de dégaîner la sienne. Il secoua une seconde fois, et avec une expression encore plus solennelle, sa tête embéguinée, quand il entendit l'issue du combat; et il la secoua de nouveau quand un des témoins déclara qu'autant qu'il le pouvait savoir celui qui avait succombé était un gentilhomme de la maison de Sa Grâce le duc de Buckingham.

— Un digne pair, dit le magistrat armé; — un vrai protestant, un ami de son pays. Bonté divine! à quel degré d'audace le siècle est arrivé! Nous voyons bien, et nous aurions pu le voir, eussions-nous été aveugles comme une taupe, de quel carquois cette flèche a été tirée!

Il mit alors ses lunettes; et ayant ordonné de faire approcher Julien, il jeta sur lui un regard terrible à travers cette enveloppe de verre ombragée par son turban piqué.

— Si jeune, dit-il, et si endurci! — Hélas! — et un papiste, je le garantirais.

Péveril eut le temps de se souvenir combien il lui importait d'être libre, s'il lui était possible de se faire relâcher, et il opposa ici une contradiction civile à la gracieuse supposition de Sa Révérence. — Il n'était pas catholique, dit-il, mais membre indigne de l'Église d'Angleterre.

— Peut-être n'est-ce qu'un protestant tiède, néanmoins, reprit le sage magistrat ; il y en a parmi nous qui cheminent au grand galop vers Rome, et qui ont déjà fait la moitié du chemin. — Hum ! — hum !

Péveril l'assura qu'il n'était pas de ceux-là.

— Et qui êtes-vous donc? repartit le juge ; car, à vous parler franchement, l'ami, votre visage ne me revient pas. — Hum ! — hum !

Cette petite toux sèche tout à fait expressive était accompagnée à chaque accès d'un mouvement de tête indiquant la parfaite conviction où était M. Maulstatute qu'il avait fait l'observation la plus judicieuse, la plus sage et la plus ingénieuse que comportassent les prémisses.

Julien, irrité par toutes les circonstances de sa détention, répondit d'un ton quelque peu élevé à la question du juge : — Mon nom est Julien Péveril.

— Que le Ciel nous protége ! dit le juge effrayé. — Le fils de ce papiste, de ce traître réprouvé, sir Geoffrey Péveril, maintenant dans les mains de la justice, et à la veille d'être jugé ! ! !

— Comment, monsieur ! s'écria Julien, oubliant sa situation ; et s'approchant de la grille, il la secoua avec une violence qui l'ébranla. Le juge fut tellement épouvanté de ce mouvement inattendu, que, saisissant son fléau protestant, il en allongea un coup à son prisonnier, pour repousser ce qu'il regardait comme une attaque préméditée. Mais, soit par suite du trouble de M. Maulstatute, soit par défaut d'expérience dans le maniement de l'arme, non-seulement il manqua son coup, mais il ramena vers son propre crâne la partie mobile de la machine, et en reçut un contre-coup assez violent pour mettre complétement à l'épreuve l'efficacité de son heaume matelassé, et, malgré ce préservatif, pour lui faire éprouver une sensation d'étourdissement, qu'il imputa un peu à la hâte à un coup que lui aurait porté Péveril.

Ses assistants ne confirmèrent pas directement, à la vérité, l'opinion que le juge avait adoptée avec si peu de fondement ; mais tous convinrent unanimement que sans leur prompte intervention on ne pouvait savoir ce qu'aurait fait une personne aussi dangereuse que le prisonnier. L'opinion qu'il avait dessein de procéder par voies de fait à son élargissement était, en effet, si générale et si bien établie parmi tous ceux qui se trouvaient là, que Julien vit qu'il lui serait inutile de chercher à présenter sa défense, d'autant plus qu'il ne sentait que trop que les conséquences inquiétantes et probablement fatales de sa rencontre avec le bretteur rendraient sa détention inévitable. Il se contenta donc de demander dans quelle prison on allait le conduire ; et, quand le formidable mot Newgate lui fut jeté pour réponse, il eut du moins la satisfaction de penser que, quelque rude et dangereux que fût l'abri de ce toit, il en jouirait du moins de compagnie avec son père, et qu'il aurait peut-être quelque moyen d'y obtenir la triste consolation d'une entrevue, au milieu des circonstances calamiteuses qui de toutes parts semblaient menacer leur maison.

Prenant sur lui de montrer plus de patience qu'il n'en avait réellement, Julien donna au magistrat (dont toute la douceur de ses manières ne put cependant lui regagner la bienveillance) l'adresse de la maison où il logeait, et le pria en même temps de faire que son domestique Lance Outram eût la permission de lui apporter son argent et ses effets, ajoutant qu'il consentait volontiers à ce que tout ce qui pouvait être en sa possession, c'est-à-dire ses armes et ses papiers, — les premières se composant d'une paire de pistolets de voyage, et les derniers de quelques notes de peu d'importance, — restât à la disposition du magistrat. Ce fut en ce moment qu'il se félicita intérieurement d'avoir déjà déposé entre les mains du souverain les importants papiers de la comtesse de Derby.

Le juge promit d'avoir égard à ses demandes; mais il ajouta, d'un ton de grande dignité, que dans son propre intérêt il eût dû prendre, dès le commencement, ce ton décent et soumis, au lieu de troubler l'audience du magistrat par les marques audacieuses de l'esprit de malignité, de rébellion et de meurtre qui animait les papistes, et qu'il avait montrées d'abord. — Cependant, ajouta-t-il, comme c'était un jeune homme de bonne mine et d'honorable qualité, il ne le laisserait pas traîner dans les rues comme un scélérat, et lui ferait avoir un carrosse.

Son Honneur M. Maulstatute prononça le mot *carrosse* du ton d'importance d'un homme qui a conscience, comme l'a dit le docteur Johnson à une époque plus rapprochée, de la dignité de faire mettre ses chevaux à sa voiture. Le respectable M. Maulstatute ne fit cependant pas à Julien, en cette occasion, l'honneur de faire atteler à son lourd carrosse de famille les deux haridelles qui avaient coutume de traîner la pesante machine à la chapelle du pur et précieux M. Howlaglass, pour y entendre, le jeudi soir, une instruction, et le dimanche, un sermon de quatre heures. Il eut recours à un véhicule en cuir, encore rare à cette époque où ils venaient d'être introduits, mais qui faisaient déjà pressentir les facilités qu'ont depuis apportées les voitures de place à toute espèce de communication honnête ou déshonnête, licite ou illicite. Notre ami Julien, jusqu'alors plus habitué à la selle qu'à aucun autre moyen de transport, se vit bientôt embarqué dans un carrosse de louage, avec le constable et deux assistants pour compagnons, tous les trois armés jusqu'aux dents; — le port de destination étant, comme ils le lui avaient déjà dit, l'antique forteresse de Newgate.

CHAPITRE XXXIII.

> C'est le gros chien noir de notre geôle ; — regardez-le, je vous prie, mais à distance respectueuse. — Ne l'éveillez pas : — il n'aboie pas qu'il ne déchire.
>
> *Le Chien noir de Newgate.*

La voiture s'arrêta devant ces terribles portes, semblables à celles du Tartare, sauf qu'elles permettent un peu plus fréquemment d'en sortir avec honneur et sûreté, quoique au prix de non moins d'anxiétés et de travaux qu'il n'en coûta à Hercule et à quelques autres demi-dieux pour se tirer de l'enfer de l'ancienne mythologie, et quelquefois, dit-on, avec l'aide de rameaux d'or.

Julien descendit du fiacre, attentivement soutenu de chaque côté par ses compagnons, et de plus par un couple de porte-clefs que le premier son de la grosse cloche extérieure avait appelés à leur aide. On se doute bien que cette attention avait moins pour motif la crainte qu'il ne fît un faux pas, que l'appréhension qu'il ne cherchât à s'échapper, ce dont il n'avait nulle intention. Quelques apprentis et un certain nombre de petits fainéants du marché voisin, qui tiraient un grand profit de l'augmentation du nombre de pratiques que le Complot papiste amenait à la prison, et qui, en conséquence, étaient de zélés protestants, le saluèrent à sa descente par les joyeuses acclamations de : A bas le papiste ! A bas le papiste ! — Au diable le pape et tous ses adhérents !

Ce fut sous de tels auspices que Péveril franchit l'obscure entrée où tant de gens, en y arrivant, disaient adieu à la fois à l'honneur et à la vie. L'effrayante et sombre voûte sous laquelle il se trouva bientôt débouchait sur un vaste préau où un grand nombre de prisonniers pour dettes s'occupaient à jouer à la balle, à *pitch and toss*[1], à *hustle cap*[2] et à d'autres jeux : amusements pour lesquels la rigueur de leurs créanciers leur donnait plein loisir, en même temps qu'elle les privait des moyens de se livrer au travail honnête par lequel ils auraient pu rétablir leurs affaires, et soutenir leurs familles mourant de faim et réduites à la besace.

Mais Julien ne devait pas faire partie de ce groupe insouciant à force de désespoir. Il fut conduit ou plutôt entraîné par ses conducteurs vers une porte basse et cintrée soigneusement assujettie par des verrous et

---

[1] Littéralement. Enfonce et jette. (L. V.)
[2] Agite-bonnet.

des barres; un côté de cette porte s'ouvrit pour le recevoir, et se referma aussitôt sur lui, avec toutes les précautions dont elle était entourée. On lui fit alors traverser deux ou trois passages obscurs, défendus, à chaque point d'intersection, par un égal nombre de forts guichets, l'un fermé de barreaux de fer, les autres en chêne solide recouvert de plaques de métal et garni de grosses têtes de clous. Il ne lui fut pas permis de se reposer avant d'être parvenu à une petite pièce circulaire et voûtée, à laquelle aboutissaient plusieurs de ces passages, et qui, à l'égard du labyrinthe dont Julien venait de traverser une partie, avait quelque analogie avec le point central d'une toile d'araignée, auquel viennent toujours se terminer les principaux linéaments du curieux tissu de cet insecte.

La ressemblance ne se terminait pas là, car dans cette pièce voûtée, dont les parois étaient tapissées de mousquets, de pistolets, de coutelas et d'autres armes, ainsi que de divers appareils de chaînes et de ferrements de toute espèce, le tout disposé dans un ordre parfait et prêt pour le service, était assis un homme qu'on aurait assez bien pu comparer à une araignée épaisse et ramassée, placée là pour saisir la proie tombée dans sa toile.

Ce personnage officiel avait été jadis un homme d'une très-forte structure et de très-grande taille; mais trop de nourriture, peut-être, et le défaut d'exercice, lui avaient donné un tel embonpoint, qu'il ne ressemblait pas plus à ce qu'il avait été autrefois, qu'un bœuf nourri pour la boucherie ne ressemble encore au taureau sauvage. Il n'est pas d'homme dont la vue soit aussi repoussante que celui dont un mauvais naturel a marqué les traits de son cachet habituel. Un tel homme semble un démenti au vieil adage « la gaîté engraisse, » et avoir prospéré sous l'influence des pires dispositions de l'esprit. Nous pouvons excuser l'emportement chez un joyeux mortel; mais il semble qu'il soit contraire à sa nature d'être brutal et bourru. Or, les traits rudes et suiffeux de cet homme, ses membres boursouflés et disproportionnés, sa large panse et son épaisse encolure, faisaient naître l'idée qu'une fois introduit dans cette retraite centrale, il y avait vécu, comme la belette de la fable, en s'y nourrissant avec une insatiable gloutonnerie, au point d'être devenu incapable d'effectuer sa retraite par aucune des étroites issues aboutissant à sa cellule; et qu'il était ainsi contraint d'y demeurer, comme un crapaud sous sa pierre, s'engraissant de l'air fétide des cachots qui l'entouraient, et qui eût été mortel à tout autre qu'à lui. D'épais registres à agrafes de fer étaient posés devant ce repoussant spécimen d'obésité : — annales de cet empire des misères humaines, dont il était le premier ministre. Si Péveril se fût trouvé là comme visiteur indifférent, son cœur se serait soulevé en songeant à la masse de maux inévitablement accumulés dans ces fatals volumes; mais son esprit était trop accablé du sentiment de sa propre détresse pour qu'il pût s'abandonner à des réflexions générales de cette nature.

Le constable et l'épais fonctionnaire se parlèrent à demi-voix, après que le premier eut remis à l'autre le warrant d'emprisonnement de Julien. L'expression *à demi-voix* n'est pas tout à fait exacte ; car ils s'exprimèrent moins en paroles que par le jeu expressif de leurs regards et de leurs signes, langage muet par lequel tous les hommes placés dans des situations analogues apprennent à remplacer le langage articulé, et par lequel ils ajoutent le mystère aux terreurs déjà assez grandes du captif. Les seuls mots qui purent être entendus furent les suivants, prononcés par le geôlier, ou, comme on l'appelait alors, le capitaine de la prison : — Un autre oiseau en cage....

— Qui sifflera Joli pape de Rome aussi bien qu'aucun sansonnet de votre quartier du Chevalier [1], repartit le constable d'un air facétieux, contenu néanmoins par le respect dû à celui en présence de qui il se trouvait.

Les traits sinistres du geôlier se détendirent en une sorte de sourire à la saillie du constable; mais reprenant aussitôt sa sombre gravité un instant altérée, il regarda avec une expression farouche son nouvel hôte, et d'une voix solennelle, quoique sourde, il prononça ces seuls mots singulièrement expressifs : — *Votre bienvenue!*

Julien Péveril s'efforça de répondre avec calme ; car il connaissait par ouï-dire les usages des prisons, et il était déterminé à s'y soumettre, afin d'obtenir, s'il était possible, la faveur de voir son père, faveur qu'il supposait, et avec raison, dépendre en grande partie de sa complaisance à flatter l'avarice du gardien. — Je suis tout prêt, dit-il, à me conformer aux habitudes du lieu où le malheur veut que je me trouve. Vous n'avez qu'à me dire ce que vous demandez, et je vais vous satisfaire.

A ces mots il tira sa bourse, se regardant comme heureux d'avoir conservé sur lui une somme considérable en or. Le capitaine en mesura des yeux la largeur, la profondeur, l'extension et la dépression, avec un sourire involontaire ; mais ce sourire avait à peine contracté son épaisse lèvre inférieure et les rudes poils de la moustache graisseuse qui recouvrait la lèvre supérieure, qu'il fut réprimé par le souvenir des règlements qui posaient des limites à sa rapacité, et qui l'empêchaient de fondre sur sa proie comme un milan et de la saisir d'un seul coup.

Cette réflexion mortifiante valut à Péveril la réponse suivante, qui fut faite d'un ton bourru : — Il y avait plusieurs taux ; c'était à chacun à choisir celui qui convenait. Il ne demandait rien que ses honoraires. Mais la civilité devait se payer, ajouta-t-il entre ses dents.

— Et elle le sera, si on peut l'avoir en payant, dit Péveril. Mais le prix, mon cher monsieur, le prix?

---

[1] On verra tout à l'heure que le *quartier du Chevalier* était une des divisions de la prison de Newgate. (L. V.)

CHAPITRE XXXIII.

Il prononça ces mots avec un certain degré de mépris, qu'il chercha d'autant moins à dissimuler, qu'il voyait que sa bourse lui donnait, même dans cette prison, une influence indirecte, mais bien réelle, sur son geôlier.

Le capitaine semblait éprouver le même sentiment, car en parlant il ôta de sa tête, par un mouvement involontaire, une sorte de vieux bonnet fourré dont elle était couverte. Mais ses doigts, se révoltant contre un acte de déférence si peu habituel, s'en dédommagèrent en se mettant à gratter son chef grisonnant, en même temps qu'il marmottait, du ton radouci d'un mâtin qui a cessé d'aboyer après un intrus que ses aboiements n'ont pas intimidé : Il y a différents taux. Il y a la *petite aise*, au taux courant d'une couronne : — un peu sombre, et l'égout commun passe au-dessous; et puis quelques personnes n'en aiment pas la compagnie, qui se compose principalement de voleurs et de filous. Il y a ensuite le *côté du maître*. — La bienvenue va à une pièce d'or; — et personne n'y est entré, qui ne soit arrivé ici pour un meurtre tout au moins.

— Dites-moi votre prix le plus élevé, monsieur, et je vais vous le donner, répliqua Julien d'un ton sec.

— Trois pièces d'or pour le *quartier du Chevalier*, repartit le gouverneur de ce Tartare terrestre.

— En voici cinq pour me placer avec sir Geoffrey, dit Julien, en jetant l'argent sur la table devant laquelle le cerbère était placé.

— Sir Geoffrey? — hum! — Oui, sir Geoffrey, fit le geôlier, comme réfléchissant à ce qu'il devait faire. Bon, bon; il y en a plus d'un qui a donné de l'argent pour voir sir Geoffrey : — pas tout à fait autant que vous, pourtant. Mais aussi vous serez sûrement le dernier à le voir. — Ha! ha! ha!

Julien ne put comprendre ces exclamations entrecoupées et à peine articulées, que termina un gros rire qui ressemblait assez bien au grognement de plaisir du tigre sur sa proie; et il n'y répondit qu'en réitérant sa requête d'être placé dans la même chambre que sir Geoffrey.

— Oui, monsieur, répondit le geôlier; ne vous mettez pas en peine. Je vous tiendrai ma parole, attendu que vous paraissez savoir assez bien ce qui convient à votre situation et à la mienne. Et écoutez; Jem Clink vous apportera les darbies [1].

— Derby! interrompit Julien. — Le comte ou la comtesse seraient-ils...

— Le comte ou la comtesse! — Ha! ha! ha! exclama le gardien, faisant de nouveau entendre l'espèce de grognement qui chez lui prenait le nom de rire. Où avez-vous la tête? Vous êtes de la haute volée, apparemment; mais ici tout le monde est égal. Les darbies sont les fers, — les menottes, mon enfant; — la caution de bonne conduite,

---

[1] L'auteur emploie ici un terme de l'argot des prisons. On prononce *derbies*. (L. V.

mon chéri; et si vous faites le méchant, je puis vous y ajouter un bonnet de nuit d'acier, et un curieux ami du cœur, pour vous tenir chaud par une nuit d'hiver. Mais ne vous découragez pas ; vous vous êtes bien montré, — et vous ne serez pas trompé. Et quant à votre affaire, il y a dix contre un que ça se trouvera être un meurtre sans préméditation, au pis aller; et alors ça n'est plus qu'une brûlure au pouce, au lieu d'un cou tordu : — toujours en supposant qu'il n'y a pas de papisme sous jeu, car alors je ne réponds de rien. — Emmenez Son Honneur, Clink.

Un porte-clefs, qui faisait partie de ceux par qui Pévéril avait été conduit en présence de ce cerbère, le précéda en silence ; et le prisonnier eut alors à parcourir un second labyrinthe de passages sur lesquels diverses cellules ouvraient de chaque côté, jusqu'à ce qu'il fût arrivé à celle qui devait le recevoir.

En traversant ces tristes régions, le porte-clefs laissa à diverses reprises échapper ces exclamations : Eh ! il faut que le gentleman soit tout à fait fou ! Il aurait pu avoir à lui tout seul la meilleure chambre à croisée pour une bienvenue moitié moindre, et il faut qu'il paie le double pour avoir la moitié du taudis de sir Geoffrey ! Ha! ha! — Est-ce que sir Geoffrey est votre parent, si on peut prendre la liberté de vous demander ça?

— Je suis son fils, répondit sèchement Pévéril, dans l'espoir de mettre quelque frein à l'impertinence de ce drôle ; mais l'homme ne fit que rire plus fort qu'auparavant.

— Son fils! — Eh! voilà le meilleur de tout. — Vous êtes, ma foi, un beau jeune homme ; — cinq pieds huit pouces au moins[1], — et fils de sir Geoffrey ! — Ha ! ha ! ha !

— Trêve d'impertinences, dit Julien. Ma position ne vous donne pas le droit de m'insulter.

— Je ne vous insulte pas non plus, répliqua le porte-clefs en étouffant son éclat de gaîté, se souvenant peut-être que la bourse du prisonnier n'était pas épuisée. Je riais seulement parce que vous disiez que vous étiez fils de sir Geoffrey. Mais il n'y a pas de quoi ; — c'est un enfant malin celui qui connaît son père. Au surplus, voilà la chambre de sir Geoffrey ; vous et lui pourrez régler entre vous votre paternité.

A ces mots, il introduisit son prisonnier dans une cellule, ou plutôt dans une chambre fort propre où se trouvaient quatre chaises, un lit à roulettes, et quelques autres pièces d'ameublement.

L'œil impatient de Julien chercha son père ; mais, à sa grande surprise, la chambre lui parut inoccupée. Il se tourna avec colère vers le porte-clefs, et lui reprocha de ne pas l'avoir conduit où il le devait

---

[1] Il ne faut pas oublier qu'il s'agit de pieds anglais, ce qui réduit la taille de Julien Pévéril à un peu plus de cinq pieds deux pouces, mesure de France. (L. V.)

conduire. — Non, non, monsieur, répondit l'homme, je ne vous ai pas trompé. Votre père, si père il y a, sera tapi dans quelque coin. Il ne faut pas un grand trou pour le cacher; mais je vais bientôt vous l'avoir fait lever. — Holà ! eh ! — délogez, sir Geoffrey ! — Voici, — ha ! ha ! ha ! — votre fils, — ou le fils de votre femme, — car je ne crois pas que vous puissiez y être pour grand'chose, — qui vient vous voir.

Péveril ne savait que penser de l'insolence du drôle. A vrai dire, son inquiétude et l'appréhension de quelque étrange malentendu se mêlaient à sa colère et la neutralisaient jusqu'à un certain point. Il parcourut de nouveau la chambre des yeux avec plus d'attention, et enfin il avisa quelque chose blotti dans un coin obscur, et qui ressemblait plutôt à un petit paquet de drap rouge qu'à une créature animée. A l'interpellation énergique du porte-clefs, cet objet parut néanmoins recevoir la vie et le mouvement; — il se déroula en partie, et avec quelques efforts se dressa sur ses pieds, toujours couvert de la tête aux talons de la draperie rouge dans laquelle il était d'abord enveloppé. Au premier coup d'œil, et d'après la taille, Julien crut voir un enfant de cinq ans; mais un ton de voix aigu et tout particulier lui fit bientôt reconnaître sa méprise.

— Geôlier, dit cette voix qui n'avait rien d'un accent terrestre, que signifie cela? Pourquoi me troubler ainsi? Avez-vous de nouvelles insultes à accumuler sur la tête d'un homme qui a toujours été en butte à la malice de la fortune? Mais j'ai une âme qui peut lutter contre tous mes malheurs; elle est aussi grande qu'aucun de vos corps.

— Eh bien, sir Geoffrey ! dit le porte-clefs, est-ce de cette façon que vous recevez votre fils ? — Mais vous autres gens de qualité, vous avez des manières à vous.

— Mon fils! exclama la petite figure. Audacieux...

— Il y a ici quelque étrange méprise, dit Péveril en même temps. Je voulais voir sir Geoffrey...

— Vous l'avez devant vous, jeune homme, repartit le pygmée d'un air de dignité, en même temps qu'il jetait sur le plancher son manteau cramoisi, et se dressait devant eux de toute sa hauteur de trois pieds trois pouces; — moi, poursuivit-il, qui fus le favori de trois souverains successifs de la couronne d'Angleterre, et qui maintenant occupe ce cachot, jouet de la brutalité de ses gardiens. Je suis sir Geoffrey Hudson.

Julien, quoiqu'il n'eût jamais vu cet important personnage, reconnut sans peine, d'après le portrait qu'il en avait entendu faire, le célèbre nain d'Henriette Marie, qui avait survécu aux dangers de la guerre civile et des querelles privées, — au meurtre de son royal maître Charles Ier et à l'exil de sa veuve, — pour être atteint par les langues envenimées de ces malheureux temps, et se voir mêlé dans une accusation relative au Complot papiste. Julien salua l'infortuné vieillard, et s'empressa de lui expliquer, ainsi qu'au porte-clefs, que celui dont il avait désiré partager la prison était sir Geoffrey Péveril de Martindale-Castle, dans le Derbyshire.

— Vous auriez dû dire cela avant de lâcher la poudre d'or, mon maître, repartit le tourne-clefs; car l'autre sir Geoffrey, c'est-à-dire le grand et gros homme à cheveux gris, a été envoyé à la Tour la nuit dernière. Le capitaine pensera vous avoir bien assez tenu parole en vous logeant ici avec sir Geoffrey Hudson, qui est le plus curieux à voir des deux.

— Allez vers votre maître, je vous prie, dit Péveril; expliquez-lui l'erreur, et dites-lui que je demande à être envoyé à la Tour.

— A la Tour? — ha! ha! ha! La Tour est pour les lords et les chevaliers, et non pas pour les simples squires; — pour haute trahison, et non pour avoir joué dans les rues de la rapière et de la dague. Et puis il faut un warrant du secrétaire d'État pour vous envoyer là.

— Du moins ne me laissez pas être un fardeau pour monsieur. Il est inutile de nous loger ensemble, puisque nous ne nous connaissons même pas. Allez dire à votre maître la méprise qui a eu lieu.

— Ma foi, j'irais tout de même, répondit Clink en grimaçant une sorte de sourire, si je n'étais pas sûr qu'il sait déjà ce qui en est. Vous avez payé pour être placé avec sir Geoffrey, et il vous a placé avec sir Geoffrey. Vous êtes inscrit en conséquence sur le registre, et il ne le raturera pas pour homme au monde. Allons, allons, soyez docile, et vous aurez des fers légers qui ne vous gêneront pas; — c'est tout ce que je puis faire pour vous.

Voyant que la résistance eût été aussi inutile que les prières, Péveril se soumit à recevoir aux chevilles une paire de ferrements légers, qui lui permettaient de marcher dans la chambre.

Durant cette opération, il réfléchit que le geôlier, qui avait profité de l'équivoque entre les deux sirs Geoffrey, devait avoir agi comme le porte-clefs le donnait à entendre, et l'avoir trompé avec intention, puisque le mandat de détention le désignait comme fils de sir Geoffrey Péveril. C'eût donc été se dégrader sans utilité que d'avoir encore à ce sujet recours à un tel homme. Julien se décida à se soumettre à son sort, comme à une chose que nul effort de sa part ne pouvait détourner.

Le porte-clefs lui-même fut touché jusqu'à un certain point de sa jeunesse, de sa bonne mine, et de la patience avec laquelle, après la première effervescence de désappointement, le nouveau prisonnier se résigna à sa situation. — Vous paraissez un brave jeune homme, dit-il; et vous aurez du moins un bon dîner, et une aussi bonne paillasse pour dormir qu'on en peut trouver entre les murailles de Newgate.

— Et vous, maître sir Geoffrey, vous devez faire grand cas de lui, vous qui n'aimez pas les grandes tailles; car je puis vous dire que M. Péveril est ici pour avoir fait une entaille au long corps de Jack Jenkins, qui était un maître en fait d'escrime, — un homme aussi grand qu'il y en ait à Londres, toujours en exceptant le concierge du roi, M. Evans, qui vous a porté dans sa poche, sir Geoffrey, comme tout le monde l'a entendu dire.

— Sortez, drôle! s'écria le nain. Drôle, je vous méprise!

Le porte-clefs poussa un gros rire, et se retira en donnant à la porte un double tour de clef.

CHAPITRE XXXIV.

Jeune homme dégénéré, vous n'êtes pas de la race de Tydée, qui dans un petit corps logeait un si grand cœur.

Iliade.

Se trouvant enfin tranquille, sinon seul, pour la première fois, depuis les événements variés de ce jour si plein d'incidents, Julien se jeta sur un vieux siége en chêne près des restes d'un feu de tourbe, et se mit à réfléchir à la misérable situation, pleine d'inquiétude et de dangers, dans laquelle il se trouvait. De quelque côté que se tournât sa pensée, qu'il se rappelât les intérêts de son amour, ses affections de fils ou ses sentiments d'ami, tout lui présentait une perspective pareille à celle que du pont de son vaisseau qui n'obéit plus au gouvernail contemple le marin qui de toutes parts est entouré d'écueils.

Tandis que Péveril se laissait aller à un profond découragement, son compagnon d'infortune apporta une chaise au coin opposé de la cheminée, et se mit à l'examiner avec une sorte d'attention solennelle, qui le força enfin, presque en dépit de lui-même, d'accorder quelque attention à l'être singulier qui semblait si fort occupé à le contempler.

Geoffrey Hudson (nous omettons ici le titre de *sir*, indicatif du rang de chevalier, que le roi lui avait conféré dans un moment de bonne humeur, mais qui pourrait jeter quelque confusion dans notre histoire), Geoffrey Hudson, disons-nous, quoique nain de la plus petite espèce, n'avait rien de précisément laid dans la physionomie, ni de contrefait dans ses membres. Sa tête, ses mains, ses pieds, étaient grands, à la vérité, et hors de proportion avec sa taille, et le tronc lui-même était plus gros que ne l'eût voulu la symétrie; mais cette disproportion était plutôt plaisante que désagréable à voir. Ses traits, en particulier, s'il eût été d'une stature un peu plus grande, auraient pu être regardés comme beaux dans sa jeunesse; et maintenant, dans un âge plus avancé, ils avaient encore quelque chose de remarquablement expressif: c'était seulement la disproportion inhabituelle entre la tête et le corps qui donnait à la physionomie quelque chose de grotesque et de bizarre, — effet qu'accroissaient notablement les moustaches du nain, ornement qu'il se plaisait à porter si grand, qu'il allait presque se confondre en arrière avec les boucles de ses cheveux grisonnants.

Le costume de cette singulière créature annonçait qu'elle n'était pas entièrement affranchie de ce malheureux goût qui porte fréquemment ceux que la nature a marqués d'une difformité personnelle, à se distinguer, et en même temps à se ridiculiser, par l'usage de couleurs voyantes, et de vêtements d'une coupe extraordinaire et fantastique. Mais les galons du pauvre Geoffrey Hudson, ses broderies et les débris de son élégance, étaient déplorablement usés et ternis par son long séjour en prison, où il avait été jeté sur l'accusation vague que la méchanceté avait articulée contre lui, que d'une manière ou d'une autre il avait trempé dans la Conspiration papiste, tourbillon qui engouffrait et dévorait tout, — car il n'était pas de réputation, si pure fût-elle, qui pût se croire à l'abri de la souillure qu'entraînait alors une telle accusation, fût-elle articulée par la bouche la plus impure et la plus vile. On verra tout à l'heure que dans les manières du pauvre homme, dans sa façon de penser et le ton de sa conversation, il y avait quelque chose d'analogue à l'absurde ensemble de sa toilette; car, de même que, dans celle-ci, de riches étoffes et des objets de prix étaient rendus ridicules par la manière bizarre dont ils étaient employés, de même les lueurs de bon sens et de sentiments honorables que montrait souvent le petit homme étaient ridiculisées aussi par les airs d'importance qu'il voulait continuellement se donner, et par la crainte qu'il éprouvait d'être méprisé à cause de la singularité de sa conformation extérieure.

Après que nos deux compagnons de captivité se furent regardés quelque temps en silence, le nain, avec la conscience de sa dignité comme premier occupant de leur appartement commun, pensa que c'était à lui d'en faire les honneurs au nouveau venu. — Monsieur, lui dit-il, en adoucissant autant que possible les tons alternativement aigres et rauques de sa voix, je comprends que vous êtes le fils de mon digne homonyme et vieille connaissance, le brave sir Geoffrey Péveril du Pic. Je vous garantis que j'ai vu votre père dans un endroit où il y avait à recevoir plus de coups que de pièces d'or, et pour un homme un peu grand et lourd, qui manquait, à ce qu'il nous semblait, à nous autres combattants, de l'agilité et de la souplesse de nos cavaliers plus légèrement taillés, il s'acquittait de son devoir comme un homme pouvait le désirer. Je suis heureux de voir son fils; et quoique ce soit par suite d'une méprise, je suis charmé d'avoir à partager avec vous cette incommode retraite.

Julien s'inclina et le remercia de sa courtoisie; et Geoffrey Hudson, ayant une fois rompu la glace, se mit à le questionner sans plus de cérémo-

nie. — Vous n'êtes pas attaché à la cour, je présume, jeune homme?
Julien répondit négativement.

— Je le pensais bien, continua le nain ; car bien que je n'aie pas maintenant de fonction officielle à la cour, région où se sont écoulées mes jeunes années, et où j'ai fait autrefois une figure importante, je n'en visitais pas moins la *présence* de temps à autre, quand j'étais en liberté, comme mes anciens services m'en faisaient un devoir, et c'est chez moi une vieille habitude de remarquer les jeunes gens du cercle, ces esprits d'élite de notre époque parmi lesquels j'étais autrefois enrôlé. Sans compliment, vous avez une figure digne d'attention, M. Péveril, — quoique vous soyez un peu trop grand, de même que votre père; — et je ne crois pas que je vous eusse oublié, si je vous avais vu quelque part.

Péveril pensa qu'en toute justice il aurait pu rendre le compliment; mais il se contenta de dire qu'il avait à peine vu la cour d'Angleterre.

— Et c'est grand dommage, reprit Hudson; un jeune homme ne peut guère se former sans fréquenter la cour. Mais peut-être avez-vous été à une plus rude école. Vous avez servi, sans doute?

— Mon créateur, je l'espère¹.

— Fi donc! vous ne me comprenez pas : je voulais dire, — à la française², — vous avez servi à l'armée?

— Non. Je n'ai pas encore eu cet honneur.

— Quoi! ni courtisan, ni soldat, M. Péveril? dit l'important petit homme : votre père est blâmable. Par le pâté de volailles, il est blâmable, M. Péveril! Comment un homme se fera-t-il connaître et se distinguera-t-il, si ce n'est par sa conduite en paix et en guerre? Je vous dis, monsieur, qu'à Newberry, où je chargeai avec ma compagnie à côté du prince Rupert, et où nous fûmes tous deux battus, comme vous pouvez l'avoir entendu dire, par ces méchants rustauds de miliciens de Londres, — nous fîmes ce que des hommes pouvaient faire; et je crois que, pendant trois ou quatre minutes, après que la plupart de nos gens eurent été mis en déroute, Son Altesse et moi nous continuâmes de tailler leurs longues piques à coups d'épée; et je crois même que nous les aurions entamés, si je n'avais eu une grande brute de cheval à longues jambes, et si mon épée n'eût été un peu courte : — si bien qu'enfin nous fûmes obligés de faire volte-face; et alors, comme j'allais vous dire, les drôles furent si contents d'être débarrassés de nous, qu'ils poussèrent de grands cris de joie : voilà le prince Robin et Coq Robin qui partent! — Oui, oui; il n'y a pas un

---

¹ Il y a là en anglais une équivoque qui n'aurait pas eu lieu dans notre idiome, où l'expression *servir*, employée d'une manière absolue, emporte une idée exclusivement militaire. (L. V.)

² Cette phrase incidente est en français dans le texte. (L. V.)

de ces coquins qui ne me connût bien. Mais ces temps sont passés.
— Et où avez-vous été élevé, jeune homme?

Péveril désigna la maison de la comtesse de Derby.

— Une très-honorable dame, sur ma parole de gentilhomme, dit Hudson. — J'ai bien connu la noble comtesse, quand j'étais près de la personne de ma royale maîtresse, Henriette Marie. C'était le vrai modèle de tout ce qui était loyal, aimable et noble. C'était, à la vérité, une des quinze belles de la cour à qui je permettais de m'appeler Piccoluomini [1] : mauvaise plaisanterie sur ma taille un peu petite, qui m'a toujours distingué des êtres ordinaires, même quand j'étais jeune : l'âge, en me courbant, m'a beaucoup fait perdre de ma stature ; mais les dames me plaisantaient toujours. — Peut-être, jeune homme, en ai-je été dédommagé par quelques-unes d'entre elles, n'importe où, ni comment : — je ne dis *pas* si je l'ai été ou non ; encore bien moins voudrais-je rien insinuer contre le respect qui est dû à la noble comtesse. Elle était fille du duc de la Trémouille, ou plus exactement, du duc Des Thouars. Mais certainement, servir les dames, et se prêter à leurs caprices, même quand ils sont un peu trop libres ou trop bizarres, est le véritable cachet du gentilhomme.

Quel que fût l'accablement de Péveril, il eut peine à ne pas rire en regardant le pygmée qui lui débitait ces histoires avec une complaisance infinie, et paraissait disposé à se servir de héraut à lui-même pour proclamer qu'il avait été un vrai modèle de valeur et de galanterie, quoique l'amour et les armes semblassent deux choses tout à fait inconciliables avec sa physionomie ridée, ses traits flétris et ses membres usés. Julien avait cependant un tel désir d'éviter de causer la moindre peine à son compagnon, qu'il s'efforça de lui plaire en lui disant qu'incontestablement un homme qui avait, comme sir Geoffrey Hudson, passé sa vie dans les cours et dans les camps, savait exactement quand il convenait de permettre des libertés, et quand il les devait réprimer.

Le petit chevalier, avec une grande vivacité, quoique non sans quelque peine, se mit à traîner sa chaise du coin de la cheminée qu'elle occupait vers celui où était assis Julien, et il réussit enfin à la placer près de celle de notre héros, en signe de cordialité croissante.

— Vous avez bien raison, M. Péveril, répondit le nain ; et j'ai donné selon les occasions des preuves de complaisance et des leçons de politesse. — Oui, monsieur, il n'est pas de désir de ma très-royale maîtresse Henriette Marie auquel je ne me fusse prêté, monsieur ; j'étais son serviteur dévoué, tant à la guerre que dans les fêtes, dans les batailles et les pompes de la cour. A la demande spéciale de Sa Majesté, j'eus une fois la condescendance de me loger, — les dames, vous le sa-

---

[1] Petit homme.

CHAPITRE XXXIV.

vez, ont d'étranges fantaisies, — de me loger, pour un temps, dans l'intérieur d'un pâté.

— D'un pâté! répéta Julien avec quelque étonnement.

— Oui, monsieur, d'un pâté. J'espère que vous ne trouvez rien de risible dans ma complaisance?

— Non, certes, monsieur; j'ai en ce moment en tête d'autres pensées que l'envie de rire.

— Je vous ressemblais en ceci, reprit le champion lilliputien, quand je me vis emprisonné dans un grand pâté, de dimensions peu ordinaires, comme vous pouvez croire, puisque j'y pouvais tenir étendu tout de mon long, et que je fus comme enterré entre des murailles de croûte et un immense couvercle de pâtisserie, le tout formant une sorte de sarcophage de taille à recevoir l'épitaphe d'un officier-général ou celle d'un archevêque. Et nonobstant les précautions qui avaient été prises pour me ménager de l'air, cela, monsieur, ressemblait plus à un appareil à m'enterrer tout vivant qu'à toute autre chose [1].

— Je le conçois, monsieur.

— De plus, monsieur, il y avait fort peu de gens dans le secret de cette plaisanterie, qui avait été imaginée pour divertir la reine ; et pour y contribuer, je me serais glissé dans une coquille de noisette, si cela eût été possible. Peu de gens, comme je le disais, ayant été mis dans le secret, il y avait plus d'un accident à craindre. Je songeais, pendant que j'étais étendu dans ma sombre retraite, que quelque domestique maladroit pourrait me laisser choir, comme je l'avais vu arriver à un pâté de venaison, ou qu'un convive impatient pouvait anticiper sur le moment de ma résurrection en enfonçant son couteau dans la croûte qui me recouvrait. Et bien que j'eusse mes armes sur moi, jeune homme, comme ç'a été ma coutume dans toutes les occasions périlleuses, néanmoins, si quelque imprudent eût plongé un peu avant dans les entrailles du pâté supposé, mon épée et ma dague n'auraient pu servir qu'à me venger, et non assurément à prévenir la catastrophe.

— Certainement je comprends bien cela, dit Julien, qui commençait cependant à sentir que la compagnie du petit Hudson, babillard comme il se montrait, devait probablement aggraver plutôt qu'adoucir les inconvénients d'une prison.

— Mais j'eus un bien autre sujet d'appréhension, continua le petit homme s'étendant sur son sujet ; car il plut à lord Buckingham, le père de Sa Grâce actuelle, et qui était alors dans la plénitude de sa faveur à la cour, d'ordonner que le pâté fût redescendu à l'office et remis au four, alléguant fort mal à propos qu'il serait meilleur mangé chaud que froid.

— Et ceci, monsieur, ne troubla pas votre longanimité?

---

[1] *Voyez* la note Z, à la fin du volume.

— Si fait, mon jeune ami, je ne puis le nier ; — la nature a ses droits sur l'homme le plus brave et le plus hardi. — Je pensais à Nabuchodonosor et à sa fournaise ardente, et je grillais déjà de crainte. Mais, grâces au Ciel, je pensai aussi à mes devoirs envers ma royale maîtresse, et cette pensée m'obligea, en même temps qu'elle m'en donna la force, de résister à toute tentation de me montrer prématurément. Le duc, néanmoins, — si c'est par malice, que le Ciel lui pardonne ! — le duc me suivit jusqu'à l'office, et pressa vivement le chef de cuisine de faire réchauffer le pâté, ne serait-ce que pendant cinq minutes. Mais le chef de cuisine, initié aux intentions bien différentes de ma royale maîtresse, résista courageusement à cet ordre ; et je fus rapporté sain et sauf sur la table royale.

— Et délivré en temps convenable de votre prison, je n'en doute pas ?

— Oui, monsieur ; cet heureux moment, et je puis dire ce moment glorieux, arriva enfin. Le couvercle fut enlevé ; — je me dressai au son de la trompette et du clairon, comme l'âme d'un guerrier quand sonnera le dernier appel, — ou plutôt (si cette comparaison n'était pas trop ambitieuse) comme un champion enchaîné par un charme et délivré de son enchantement. Ce fut alors que mon bouclier à mon bras et ma fidèle Bilboa à la main, j'exécutai une sorte de danse guerrière dans laquelle mon adresse et mon agilité me faisaient exceller, déployant en même temps mes attitudes de défense et d'attaque d'une manière si complétement inimitable, que je fus presque assourdi par les applaudissements de tous ceux qui m'entouraient, et à demi noyé sous les flots d'eaux de senteur dont m'inondaient les flacons des dames de la cour. Je tirai aussi vengeance de Sa Grâce de Buckingham ; car tandis que j'exécutais de long en large sur la table les pas rapides d'une mauresque, tantôt feignant d'attaquer avec mon épée, tantôt rompant et reculant, je lui portai un coup au nez, — une sorte d'estramaçon [1], — coup dont le mérite consiste à raser du plus près possible l'objet auquel vous semblez viser, sans pourtant le toucher. Vous avez pu voir un barbier faire le même tour d'adresse avec son rasoir. Je vous assure que Sa Grâce recula d'au moins dix-huit pouces. Il me menaça de me briser le crâne avec un os de poulet, ainsi qu'il s'exprima dédaigneusement ; mais le roi lui dit : Georges, vous n'avez qu'un Roland pour un Olivier [2]. Et moi je continuai ma danse, montrant une hardie insouciance de son déplaisir, ce que peu de gens auraient osé faire alors, quoique je fusse soutenu par les sourires des braves et des belles. Mais, hélas, monsieur ! la jeunesse, et ses modes, et ses folies, et ses plaisirs, et toutes ses pompes et son orgueil, sont toutes choses aussi vaines et aussi peu durables que le pétillement d'un fagot d'épines sous une marmite.

[1] Coup de tranchant. (L. V.)
[2] Proverbe anglais, dont l'application explique assez le sens. (L. V.)

La fleur qui serait jetée au four serait une meilleure comparaison, pensa Péveril. — Juste Ciel, se dit-il, faut-il qu'un homme vive assez longtemps pour regretter le temps de sa jeunesse où on le traitait comme un morceau de viande cuite au four, et où on le servait dans un pâté !

Son compagnon, dont la langue était depuis plusieurs jours aussi étroitement recluse que la personne, semblait décidé à indemniser sa loquacité en lui donnant pleine carrière, dans l'occasion actuelle, aux dépens de son compagnon. Il continua donc, d'un ton solennel, de moraliser sur l'aventure qu'il venait de raconter.

— Les jeunes gens, dit-il, regarderont sans doute comme digne d'envie celui qui était ainsi mis à même de devenir le favori et l'admiration de la cour — (Julien se disculpa intérieurement de tout reproche à cet égard) ; — et cependant il vaut mieux avoir moins de moyens de distinction, et ne pas être exposé aux calomnies, aux médisances et aux haines qui accompagnent toujours les faveurs des cours. Ceux qui n'avaient pas d'autre prétexte lançaient des réflexions sur moi parce que ma taille différait quelque peu des proportions communes ; et j'étais parfois l'objet de plaisanteries inconsidérées de la part de ceux auxquels le devoir m'attachait, et qui n'avaient peut-être pas réfléchi que la main qui a formé l'outarde a aussi formé le roitelet, et que le diamant, bien que petit par le volume, est dix mille fois plus précieux que le grossier granit. Néanmoins elles n'agissaient ainsi que par gaîté ; et comme le devoir, ainsi que la reconnaissance, m'interdisaient de riposter à des nobles et à des princes, je fus contraint de chercher dans mon esprit comment je vengerais mon honneur vis-à-vis de ceux qui, étant du même rang que moi, c'est-à-dire serviteurs et simples courtisans, agissaient néanmoins avec moi comme s'ils eussent été d'une classe supérieure par l'honneur et le rang, aussi bien que par la circonstance accidentelle de la stature. Et comme une leçon pour mon orgueil et celui des autres, il arriva que la fête que je viens de vous raconter, — et que je considère avec raison comme le jour le plus honorable de ma vie, sauf peut-être la part distinguée que j'ai prise à la bataille à laquelle j'assistai avec le prince Ruppert, — devint la cause de l'événement le plus tragique, que je regarde comme le plus grand malheur de mon existence.

Le nain fit une pause, poussa un soupir grossi à la fois par les regrets et par le sentiment d'importance convenable au sujet d'une histoire tragique ; puis il continua ainsi :

— Vous auriez cru dans la simplicité de votre cœur, jeune homme, que le joli divertissement que je vous ai raconté ne pouvait être cité qu'à mon avantage, comme une rare folie de carnaval, parfaitement imaginée et non moins adroitement exécutée ; et pourtant la malice des courtisans, qui me portaient haine et envie, les fit se tendre l'esprit et s'épuiser l'imagination pour donner à la chose les interprétations les plus fausses et les plus ridicules. Bref, mes oreilles furent tellement rebattues d'allusions à des pâtés, à des feuilletages, à des fours et autres choses semblables, que je me vis forcé d'interdire de tels sujets de plaisanterie, sous peine de sentir à l'instant tout le poids de mon déplaisir. Mais il arriva qu'à cette époque il se trouvait à la cour un jeune homme de qualité, fils d'un chevalier baronnet, tenu en haute estime parmi les plus considérés de sa sphère, de plus mon ami intime, et de qui, par conséquent, je n'avais lieu d'attendre aucune de ces railleries que j'avais déclaré regarder à l'avenir comme une grave offense. Néanmoins il plut à l'honorable M. Crofts (c'est ainsi que ce jeune homme était nommé et désigné), un soir que chez le portier du roi il se trouvait pris de vin et disposé à la raillerie, de revenir sur ce sujet usé, et de dire, à propos d'un pâté d'oie, quelque chose que je ne pus regarder que comme dirigé contre moi. Je le priai cependant, d'un ton calme et sérieux, de choisir un autre sujet de conversation, à défaut de quoi je le prévins que j'en tirerais une vengeance immédiate. Malgré mon injonction, il continua du même ton, et même il aggrava l'offense en parlant de mésanges et en se laissant aller à d'autres allusions aussi déplacées que malsonnantes ; sur quoi, je fus dans l'obligation de lui envoyer un cartel. Nous nous rencontrâmes, en conséquence. Comme j'aimais réellement ce jeune homme, je n'avais d'autre intention que de le corriger par une ou deux blessures dans les chairs, et j'aurais voulu pour cela qu'il choisît l'épée. Mais il fit choix du pistolet ; et étant à cheval il sortit de sa poche en guise d'arme une sotte machine dont les enfants ont coutume de se servir malicieusement pour lancer de l'eau : une... une... enfin, j'ai oublié le nom.

— Une seringue, sans doute, dit Péveril qui commença à se souvenir d'avoir entendu quelque chose de cette aventure.

— C'est cela ; vous avez nommé ce petit engin dont j'ai plus d'une fois éprouvé l'effet en traversant les cours de Westminster. — Hé bien, monsieur, cette marque de dédain m'obligea d'adresser au jeune homme un langage qui lui rendit bientôt nécessaire de recourir à des armes plus sérieuses. Nous nous battîmes à cheval, — prenant du terrain, et avançant l'un sur l'autre à un signal donné · et comme je ne manque jamais mon but, j'eus le malheur de tuer au premier feu l'honorable M. Crofts. Je ne souhaiterais pas à mon plus cruel ennemi la douleur que je ressentis quand je le vis chanceler sur sa selle et tomber de cheval ! — et quand je vis que la vie s'écoulait avec son sang, j'aurais demandé au Ciel de le racheter au prix de tout le mien. Ainsi périt un jeune homme plein de bravoure et d'avenir, victime d'une mauvaise plaisanterie et de railleries inconsidérées ; et pourtant, hélas ! que pouvais-je faire, puisque l'honneur est en quelque sorte le souffle de nos narines, et qu'en aucun sens on ne peut dire que nous vivions, si nous permettons qu'on nous en prive ?

Le ton de sensibilité avec lequel le héros en miniature termina son histoire donna à Julien une meilleure opinion de son cœur et même de son jugement que celle qu'il avait pu concevoir d'un homme qui se glorifiait d'avoir, en une grande occasion, formé le contenu d'un pâté. Il put conjecturer, par ce qu'il venait d'entendre, que le champion nain avait été déterminé à se prêter à cette folie par la nécessité de sa situation, par sa propre vanité, et par les flatteries que lui prodiguaient ceux qui voulaient s'amuser à ses dépens. Le sort de l'infortuné Crofts, cependant, ainsi que les divers exploits de ce héros en raccourci, durant les guerres civiles dans lesquelles il avait réellement, et avec une grande bravoure, commandé une troupe de chevaux, rendirent beaucoup de gens plus circonspects, et les empêchèrent de le railler ouvertement, ce qui, à la vérité, était d'autant moins nécessaire, que lorsqu'on l'abandonnait à lui-même, il manquait rarement de se montrer sous un jour ridicule.

A une heure après midi, le porte-clefs, fidèle à sa parole, apporta aux prisonniers un dîner très-tolérable, et un flacon de clairet léger, mais d'assez bon goût ; et le vieillard, qui était quelque peu *bon vivant*, fit observer avec un soupir que la taille de ce flacon était de proportions presque aussi réduites que les siennes. La soirée se passa ainsi, mais non sans de nouvelles preuves de loquacité de la part de Geoffrey Hudson.

Il est vrai que celles-ci furent d'un caractère plus grave que celles qu'il avait données jusque-là ; car lorsque le flacon fut vide, il récita une longue prière en latin. Cet acte de dévotion donna à ses discours un tour plus sérieux que ne l'avaient eu ses premiers thèmes de guerre, d'amour des dames et de splendeurs royales.

Le petit chevalier s'étendit d'abord sur des points polémiques de théologie ; puis il sortit de ce sentier épineux pour entrer dans la région voisine et obscure du mysticisme. Il parla d'avertissements secrets, — de prédictions de prophètes, de malheurs, — de visites d'esprits moniteurs, — des secrets cabalistiques des Rose-Croix : tous sujets dont il parlait avec une telle apparence de conviction, et dans lesquels il faisait si souvent intervenir, en outre, son expérience personnelle, qu'on l'aurait pu prendre pour un membre de la confrérie des gnomes ou esprits, avec lesquels sa taille lui donnait tant de ressemblance.

En un mot, il se livra, jusqu'à une heure avancée, à un tel flux de parlage inutile, que Péveril résolut, à tout événement, de se procurer, s'il était possible, un logement séparé. Après avoir récité ses prières du soir, en latin comme auparavant (car le vieillard était catholique, seule cause qui avait fait planer le soupçon sur lui), Hudson recommença sur nouveaux frais, tandis qu'ils se déshabillaient, et il continua son caquetage jusqu'à ce que le sommeil y vînt mettre un terme en fermant à la fois ses yeux et ceux de son compagnon.

CHAPITRE XXXV.

Des langues aeriennes qui prononcent des noms humains.
COMUS.

JULIEN s'était endormi la tête plus remplie de ses tristes réflexions que de la science mystique du petit chevalier ; et cependant il sembla dans ses songes que la dernière fût plus présente à son esprit que les premières.

Il rêva d'esprits qui glissaient rapidement devant lui, de fantômes prononçant des mots inarticulés, de mains sanglantes, qui, dans l'obscurité du crépuscule, semblaient lui faire signe d'avancer, comme à un chevalier errant condamné par son vœu à de lugubres aventures. Plus d'une fois il se réveilla en sursaut, tant était vive l'impression que ces visions faisaient sur son imagination, et chaque fois il lui semblait en s'éveillant que quelqu'un se tenait près de son lit. Ses pieds glacés, le poids de ses fers et le bruit qu'ils faisaient quand il se retournait sur sa couche, lui rappelaient alors où il était et dans quelles circonstances il se trouvait. L'extrémité à laquelle il voyait réduit tout ce qui lui était cher serrait son cœur sous un froid plus glacial que celui que le fer répandait dans ses membres, et il ne pouvait se rendormir sans avoir imploré la protection du Ciel par une prière mentale. Mais quand, pour la troisième fois, il fut arraché à son sommeil par ces images effrayantes, l'agitation de son esprit se manifesta par des paroles, et il ne put retenir cette exclamation à demi empreinte d'une expression de désespoir : — Que Dieu ait pitié de nous !

— Amen ! répondit une voix douce « comme la rosée du ciel, » et qui semblait partir de son chevet.

Ce que Julien en pouvait naturellement inférer, c'est que son compagnon d'infortune, Geoffrey Hudson, avait répondu à l'invocation qui convenait si bien à la situation de tous les deux. Mais la voix différait tellement des tons rudes et dissonants de celle du nain, que Péveril fut pénétré de la certitude que ce ne pouvait être celle d'Hudson. Frappé d'une terreur involontaire dont il aurait eu peine à rendre raison, ce ne fut pas sans effort qu'il put articuler cette question : — Sir Geoffrey, avez-vous parlé ?

Il ne reçut pas de réponse. Il répéta la question plus haut, et la même voix argentine qui déjà avait dit *amen* à ses prières, répondit à sa question : — Votre compagnon ne s'éveillera pas tant que je serai ici.

— Qui êtes-vous? — Que cherchez-vous? — Comment vous êtes-vous introduit ici? demanda Péveril avec précipitation.

— Je suis un être malheureux, mais qui vous aime; — je viens pour votre bien; — ne vous inquiétez pas du reste.

Il se présenta alors à l'esprit de Julien qu'il avait entendu parler de personnes douées du merveilleux talent de contrefaire les voix avec une perfection telle, qu'elles pouvaient persuader à ceux qui les entendaient que les sons partaient d'un point de l'appartement tout à fait opposé à celui d'où ils venaient réellement. Convaincu qu'il avait pénétré le mystère, il répliqua : — Ce badinage, sir Geoffrey, est hors de saison. Dites ce que vous avez à dire, avec votre propre voix et votre ton habituel. Ces plaisanteries ridicules ne conviennent pas, à une pareille heure, dans un cachot de Newgate.

— Mais à l'être qui vous parle, repartit la voix, ce qui convient est l'heure la plus sombre, ce sont les lieux les plus tristes.

Impatient d'éclaircir ses doutes, et résolu à satisfaire sa curiosité, Julien sauta tout à coup de son lit, espérant saisir celui qui lui parlait, et dont la voix indiquait la proximité. Mais il échoua complétement dans sa tentative, et n'embrassa que le vide.

Péveril fit dans la chambre un ou deux tours au hasard, les bras tendus en avant; et alors il réfléchit qu'embarrassé dans ses entraves, et avec le bruit qui accompagnait nécessairement ses mouvements, et annonçait son approche, il lui serait impossible de mettre les mains sur quiconque voudrait se tenir hors de son atteinte. Il tâcha donc de regagner son lit; mais en cherchant son chemin à tâtons, il rencontra d'abord celui de son compagnon de captivité. Le nain dormait d'un sommeil lourd et profond, ainsi que l'indiquait sa respiration; et après l'avoir écoutée un moment, Julien acquit la certitude ou que Geoffrey Hudson était le plus habile des ventriloques et des prestidigitateurs, ou qu'en ce moment il se trouvait un tiers dans l'enceinte de cette chambre si bien gardée, un être que sa seule présence semblait annoncer comme n'appartenant pas à la classe des êtres humains.

Julien était peu disposé à croire au surnaturel; mais son siècle était bien loin d'avoir, au sujet des esprits et des apparitions, l'incrédulité du nôtre, et il pouvait, sans déroger au bon sens, partager les préjugés de son temps. Ses cheveux commencèrent à se dresser sur sa tête, et son front à se couvrir de grosses gouttes de sueur; il appela alors son compagnon à haute voix, et le conjura au nom du Ciel de s'éveiller.

— Le nain répondit — mais il parlait encore aux trois quarts endormi : — Au diable le point du jour! Dites au maître du cheval que je n'irai pas à la chasse à moins d'avoir le petit genet noir.

— Je vous dis, reprit Julien, qu'il y a quelqu'un dans la chambre. N'avez-vous pas un briquet qui puisse nous procurer du feu?

— Je me soucie peu que mon cheval n'ait pas de feu, repartit le dormeur, continuant de suivre le cours de ses propres idées, qui le ramenaient sans doute aux bois verdoyants de Windsor, et aux chasses royales qu'il y avait vues. — Je ne suis pas bien pesant ; — je ne monterai pas cette grande brute du Holstein, sur laquelle il faut que je grimpe avec une échelle, et où j'ai l'air d'une pelote sur un éléphant.

Julien secoua enfin le nain par l'épaule, et le tira ainsi de son rêve ; Hudson, après s'être ébroué deux ou trois fois, demanda d'un ton d'humeur et en grognant « qui diable le poussait? »

— Le diable lui-même, autant que je puis savoir, répondit Péveril, est en ce moment près de nous dans la chambre.

A cet avis, le nain se leva vivement, fit le signe de la croix, et se mit à battre le briquet en toute hâte, jusqu'à ce qu'il eût allumé un bout de chandelle, qui, dit-il, était consacré à sainte Brigitte, et avait, pour chasser toute espèce de lutins et d'esprits malfaisants ou suspects, hors des lieux éclairés de ses rayons, la même puissance que l'herbe appelée *fuga demonum*, ou le foie de poisson brûlé par Tobie dans la maison de Raguel ; — si toutefois, ajouta le nain circonspect, il y avait des lutins ou des esprits ailleurs que dans l'imagination de son compagnon de chambre.

En conséquence, l'appartement ne fut pas plus tôt éclairé par le saint bout de chandelle, que Julien commença à douter du témoignage de ses propres oreilles ; car, non-seulement il n'y avait dans la chambre personne autre que sir Geoffrey Hudson et lui-même, mais la porte était si bien fermée qu'il paraissait impossible qu'on eût pu l'ouvrir et surtout la refermer sans un bruit qu'il eût nécessairement entendu, puisqu'il était sur pied et en train de fouiller la chambre, quand l'inconnu, si c'était un être terrestre, aurait dû en sortir.

Julien regarda un moment, avec grande attention et une non moins grande perplexité, d'abord la porte verrouillée, puis la fenêtre garnie de barreaux de fer ; et il commença à accuser son imagination de lui avoir joué un tour fort peu agréable. Il répondit à peine aux questions d'Hudson, et, retournant à son lit, il écouta sans mot dire un long et savant discours sur les mérites de sainte Brigitte, discours qui comprenait la plus grande partie de la longue légende de la sainte, et qui se termina par l'assurance que, d'après toutes les traditions conservées sur elle, cette vénérable sainte était la plus petite des femmes, sauf celles de la race des pygmées.

Quand le nain cessa de parler, l'envie de dormir avait repris Julien ; et après avoir encore une fois promené son regard autour de la chambre, que continuait d'illuminer la lumière expirante du cierge consacré, ses yeux se refermèrent de nouveau, il retomba dans l'oubli du sommeil, et son repos ne fut plus troublé de la nuit.

L'aurore brille sur Newgate ainsi que sur la montagne la plus escarpée qu'aient jamais gravie Welche[1] ou chèvre sauvage ; mais d'une manière si différente, que les rayons même du précieux astre du ciel, quand ils pénètrent dans les profondeurs de la prison, ont l'air d'y être aussi sous les verrous. Néanmoins, éclairé par la lumière du jour, Péveril se persuada aisément que ce qu'il avait cru entendre la nuit précédente était une pure vision ; et il sourit en songeant que ces récits fantastiques, pareils à ceux dont son oreille avait été si souvent frappée dans l'île de Man, avaient pu produire sur lui une telle impression, quand il les avait entendus sortir de la bouche d'un être aussi singulier que ce Hudson, et dans la solitude d'une reclusion forcée.

Avant le réveil de Julien, sir Geoffrey avait déjà quitté son lit et s'était assis au coin de la cheminée, où de ses propres mains il avait allumé un peu de feu ; là, son attention se partageait entre un petit pot qu'il avait placé sur la flamme, et un énorme in-folio posé devant lui sur la table, et qui paraissait presque aussi grand et aussi épais que le nain lui-même. Celui-ci était enveloppé dans le manteau d'un rouge foncé dont nous avons déjà fait mention, et qui lui servait de robe de chambre ainsi que de préservatif contre le froid ; sa tête était enveloppée d'un large *montero*[2] pareil. La singularité de ses traits, et ses yeux, munis de lunettes, et qui tantôt étaient tout occupés de l'objet de ses études, tantôt se portaient sur le petit vase, eussent donné à Rembrandt la tentation de les reproduire sur la toile, soit sous l'aspect d'un alchimiste, soit sous celui d'un nécromancien livré à quelque étrange expérience, dans laquelle il aurait été guidé par un de ces épais manuels qui traitent de la théorie de ces sciences mystiques.

L'attention du nain était pourtant dirigée sur un objet plus positif. Il était seulement occupé à préparer pour le déjeuner une soupe assez savoureuse dont il invita Péveril à prendre sa part. — Je suis un vieux soldat, dit-il, et, je dois ajouter, un ancien prisonnier ; je sais comment me tirer d'affaire mieux que vous ne pouvez le savoir, jeune homme. — Au diable ce coquin de Clink ! il a mis la boîte à épices hors de ma portée. — Voudriez-vous me l'atteindre ? elle est sur le manteau de la cheminée. — Je vous apprendrai, comme dit le Français, *à faire la cuisine*[3] ; et alors, si cela vous convient, nous partagerons en frères les travaux de notre prison.

Julien consentit sans peine à la proposition amicale du petit homme, sans lui faire pressentir qu'il pourrait bientôt cesser de partager sa cellule. Le fait est que bien qu'au total il fût disposé à regarder la douce voix de la nuit précédente comme produite par son imagination frappée, il éprouvait néanmoins la curiosité de voir comment se passerait

---

[1] *Welshman*, habitant du pays de Galles. (L. V.)

[2] Espèce de capuchon. (L. V.)

[3] Ces mots sont en français dans le texte.

une seconde nuit dans la même chambre ; et l'accent de son visiteur invisible, que dans les ténèbres il avait entendu avec terreur, excitait maintenant en lui par le souvenir une sorte d'agitation douce et nullement pénible : — effet combiné d'une crainte mystérieuse et de la curiosité excitée.

Les jours de captivité ont peu d'incidents qui en rompent la triste monotonie : celui qui succéda à la nuit que nous avons décrite n'offrit rien digne de remarque. Le nain prêta à son jeune compagnon un livre semblable à celui qui occupait ses propres lectures, et qui se trouva être un volume de l'un des romans maintenant oubliés de Scudéri, dont Geoffrey Hudson était grand admirateur, et qui alors étaient fort à la mode à la cour d'Angleterre aussi bien qu'à la cour de France ; quoiqu'ils réunissent dans leurs immenses in-folios toutes les invraisemblances et les absurdités des vieux romans de chevalerie, sans ce cachet d'imagination dont ceux-ci sont empreints, et toutes les absurdités métaphysiques que Cowley et les poëtes de son siècle ont amoncelées sur la passion de l'amour, comme une trop grande charge de menu charbon sur un feu languissant, et qui l'étouffe au lieu de l'alimenter. Mais Julien n'avait d'autre alternative que de rêver aux douleurs d'Artamène et de Mandane, ou aux difficultés compliquées de sa propre situation ; et dans ces distractions peu attrayantes, la matinée se traîna tant bien que mal.

Midi d'abord, puis ensuite la chute du jour, furent successivement marqués par une courte visite de leur sombre porte-clefs, qui, sans bruit et d'un air bourru, s'acquitta du service nécessaire pour les repas des prisonniers, échangeant avec eux aussi peu de paroles qu'un official de la sainte inquisition aurait pu s'en permettre en une occasion semblable. Avec la même gravité taciturne, bien différente de l'humeur joviale dans laquelle il s'était laissé surprendre la veille, il frappa leurs fers d'un petit marteau, pour s'assurer, par le son qu'ils rendraient, qu'ils n'avaient pas été travaillés par la lime ou autrement. Il monta ensuite sur une table pour soumettre à la même épreuve les barreaux de la fenêtre.

Le cœur de Julien battait avec force ; car ne pouvait-il pas se faire que l'un de ces barreaux eût été déplacé de manière à livrer passage au visiteur nocturne ? Mais ils rendirent à l'oreille expérimentée de M. Clink, quand il les frappa tour-à-tour de son marteau, un son clair et résonnant qui lui garantit leur parfaite intégrité.

— Il serait difficile que quelqu'un s'introduisît par ces ouvertures, dit Julien, exprimant tout haut les pensées qui l'agitaient.

— Peu de gens en seraient tentés, répondit le valet d'un ton bourru, se méprenant sur le sens que Péveril avait attaché à ses paroles ; et laissez-moi vous dire, maître, que les gens trouveraient le chemin tout aussi difficile pour sortir. Là-dessus il se retira, et la nuit ne tarda pas à venir.

Le nain, qui ce jour-là s'était chargé de tous les soins de la chambre, rôdait çà et là en faisant grand bruit, éteignait le feu, remettait en place divers objets dont on s'était servi dans la journée, et pendant tout ce temps se parlait à lui-même d'un ton d'importance, tantôt vantant l'adresse avec laquelle un vieux soldat pouvait mettre la main à tout, tantôt s'étonnant qu'un courtisan de premier ordre pût descendre à faire quelque chose par lui-même. Puis vint la répétition de ses prières accoutumées ; mais sa disposition à causer ne se remontra pas, comme la veille, après ses dévotions. Au contraire, longtemps avant que Julien eût fermé l'œil, la respiration sonore de sir Geoffrey Hudson attesta que le nain était déjà dans les bras de Morphée.

Au milieu de l'obscurité absolue de la chambre, et avec un désir impatient qui n'était pas sans quelque mélange de crainte, de voir se renouveler les mystérieuses interpellations de la nuit précédente, Julien resta longtemps éveillé sans que rien interrompît ses pensées, sauf le bruit des heures que sonnait l'horloge voisine du clocher du Saint-Sépulcre. Il se laissa enfin aller au sommeil ; mais il avait à peine dormi une heure, à ce qu'il put croire, qu'il fut réveillé par le son que son oreille attentive avait si longtemps attendu en vain.

— Pouvez-vous — voulez-vous — osez-vous dormir ? telles furent les questions qui lui furent adressées, par la même voix claire, douce et mélodieuse qu'il avait entendue l'autre nuit.

— Qui me fait cette question ? dit Julien. Mais que les intentions de celui qui me questionne soient bonnes ou mauvaises, je réponds que je suis un prisonnier innocent, et que l'innocence peut désirer et oser goûter un tranquille sommeil.

— Ne me faites pas de questions, reprit la voix ; ne cherchez pas non plus à découvrir qui vous parle : mais sachez que la folie seule peut dormir quand la perfidie l'entoure et que le danger est devant elle.

— Vous qui me parlez de dangers, pouvez-vous m'indiquer comment les combattre ou les éviter ?

— Mon pouvoir est borné ; et cependant je puis faire ce que vous dites, comme le ver luisant peut montrer un précipice. Mais il faut vous confier en moi.

— Il faut que la confiance engendre la confiance. Je ne puis mettre la mienne en un être dont j'ignore la nature.

— Ne parlez pas si haut, dit la voix d'un ton très-bas.

— La nuit dernière, vous disiez que mon compagnon ne s'éveillerait pas, répliqua Julien.

— Cette nuit je ne garantis pas que son sommeil ne sera point interrompu.

En ce moment même la voix rude, hachée et discordante du nain se fit entendre, demandant à Julien pourquoi il parlait pendant son sommeil, — pourquoi il ne dormait pas et ne laissait pas dormir les autres, — et enfin si ses visions de la nuit précédente étaient revenues?

— Si vous dites oui, reprit la voix, d'un ton si bas, et cependant si distinct, que Julien douta presque que ce ne fût pas l'écho de sa propre pensée, — si vous dites seulement oui — je pars pour ne plus revenir !

Dans les circonstances extrêmes, on a recours à des remèdes étranges et inhabituels; et quoique hors d'état de calculer les chances favorables que lui préparait cette singulière communication, Julien ne se sentit pas disposé à ce qu'elles lui échappassent tout à coup. Il répondit au nain qu'il avait été agité par un rêve alarmant.

— Je l'aurais jugé, dit Hudson, au son de votre voix. Il est vraiment étrange que vous autres hommes de taille exagérée, ne soyez jamais doués de l'extrême vigueur nerveuse qui nous est propre, à nous autres qui avons été jetés dans un moule plus compacte. Ma voix, à moi, conserve en toute occasion ses sons mâles. Le docteur Cockerel était d'opinion qu'il y a dans tous les hommes, quelle que soit leur taille, la même quantité de nerfs et de muscles, et que la nature en a filé la masse en linéaments plus minces ou plus forts, selon l'étendue dans laquelle cette masse doit être répartie. Il arrive de là que les créatures les plus petites sont souvent les plus vigoureuses. Mettez un escarbot sous un grand chandelier, et l'insecte le déplacera dans ses efforts pour se dégager; ce qui est, en force relative, comme si un de nous ébranlait, par des efforts analogues, la prison royale de Newgate. Les chats aussi, et les belettes, sont des créatures douées de plus de force et de vie que les chiens ou les moutons. Et en général, vous pouvez remarquer que les petits hommes dansent mieux, et éprouvent moins de fatigue dans leurs mouvements de toute espèce, que ceux qui sont nécessairement surchargés de leur propre poids. Je vous respecte, M. Péveril, parce qu'on m'a dit que vous aviez tué un de ces géants qui s'en vont se pavanant, comme si leur âme était plus grande que la nôtre, parce que leur nez est d'un couple de coudées plus près des nuages. Mais ne vous enorgueillissez pas de ceci comme d'une chose très-extraordinaire. Je voudrais que vous sachiez bien qu'il en a toujours été ainsi, et que dans l'histoire de tous les siècles, l'homme petit, bien fait, alerte et bien découplé, l'a emporté sur son épais antagoniste. Je n'ai besoin que de vous citer un exemple tiré des saintes Écritures, la chute célèbre de Goliath, et celle d'un autre gros pitaud qui avait plus de doigts aux mains et plus de pouces dans sa taille qu'il ne convient à un honnête homme, et qui fut tué par un neveu du bon roi David. Il y en a encore d'autres dont je ne me souviens pas, si ce n'est que c'étaient tous des Philistins de nature gigantesque. Dans les classiques, aussi, vous avez Tydée et d'autres héros de taille compacte et ramassée, dont les petits corps logeaient de grandes âmes. Et vous pouvez remarquer, en effet, dans l'histoire sacrée aussi bien que dans l'histoire profane, que vos géants sont toujours des hérétiques et des blasphémateurs, des brigands et des oppresseurs, des persécuteurs du sexe et des railleurs de l'autorité légitime. Tels étaient Gog et Magog, que nos chroniques authentiques attestent avoir été tués près de Plymouth, par le brave petit chevalier Corineus, qui a donné son nom au Cornouailles. Ascaparte aussi fut vaincu par Bevis, et Colbrand par Guy, ainsi qu'en peuvent témoigner Southampton et Warwick. Pareillement, il y a le géant Hoël, qui fut tué en Bretagne par le roi Arthur. Et si Ryence, roi de North-Wales, qui fut mis à mort par le même prince, digne champion de la chrétienté, n'est pas précisément appelé géant, il est clair qu'il ne valait guère mieux, puisqu'il requit, pour la fourrure de sa robe, vingt-quatre barbes de rois, lesquelles se portaient alors dans toute leur longueur; d'où il résulte qu'en comptant chaque barbe à raison de dix-huit pouces (et vous ne pouvez accorder moins à une barbe royale), et supposant que le devant seul de la robe en fût garni, comme nous les garnissons d'hermine, et que le reste fût doublé et bordé, au lieu de peaux de chats et d'écureuils, de barbes de comtes et de ducs, et d'autres dignitaires inférieurs, — le tout peut se monter à... Mais je ferai le calcul demain.

Pour quiconque n'est ni philosophe ni financier, rien n'est plus soporifique qu'un calcul de chiffres; et quand on est au lit, l'effet en est irrésistible. Sir Geoffrey s'endormit en calculant la taille du roi Ryence d'après la longueur supposée de son manteau. S'il ne se fût pas achoppé à ce sujet de calcul abstrus, on ne peut dire combien de temps il aurait encore pu discourir sur la supériorité des hommes de petite stature; sujet si important pour lui, que quelque nombreuses que soient de telles relations, le nain avait rassemblé à peu près tous les exemples que rapportent l'histoire et les romans, de leurs victoires sur des géants.

Des signes non équivoques du profond sommeil de sir Hudson n'eurent pas plus tôt frappé l'oreille de Julien, qu'il recommença à écouter avec une attention inquiète, dans l'espoir de voir se renouveler cette communication mystérieuse qui excitait à la fois son intérêt et ses craintes. Même tandis que Geoffrey lui parlait, il n'avait pas cessé, au lieu d'accorder son attention au panégyrique des hommes de petite taille, de prêter une oreille attentive au plus léger bruit qui pourrait se faire entendre dans la chambre; de sorte qu'il croyait à peu près impossible qu'une mouche même en fût sortie sans qu'il eût entendu ses mouvements. Si donc son moniteur invisible était en effet une créature de ce monde, — opinion à laquelle le bon sens de Julien lui permettait difficilement de renoncer, — cet être, quel qu'il fût, ne pouvait avoir quitté la chambre, et Julien attendait impatiemment qu'il reprît leur entretien. Il fut désappointé. Pas le plus léger son ne parvint à son oreille, et le visiteur nocturne, s'il était encore là, paraissait décidé à se taire.

Ce fut en vain que Péveril toussa, fit des hum! hum! répétés, et par d'autres indices annonça qu'il ne dormait pas; son impatience s'accrut enfin à un tel point, qu'il résolut, à tout risque, de parler le premier, dans l'espoir de renouer la communication interrompue. — Qui que tu sois, dit-il assez haut pour être entendu d'une personne éveillée, mais non assez pour troubler le sommeil de son compagnon endormi, — qui ou quoi que tu sois, toi qui as montré quelque intérêt au sort d'un malheureux isolé tel que Julien Péveril, parle encore, je t'en conjure; et que tu aies à m'annoncer du bien ou du mal, crois que j'y suis également préparé.

Nulle réponse ne fut faite à cette invocation, et rien, pas même le son le plus léger, n'indiqua la présence de l'être à qui elle était si solennellement adressée.

— Je parle en vain, reprit Julien; et peut-être l'objet que j'invoque est-il insensible aux sentiments humains, ou prend-il un malin plaisir à voir nos souffrances.

Un léger soupir à demi étouffé, qui partit d'un coin de la chambre, sembla répondre à cette exclamation et contredire l'accusation qu'elle renfermait.

Julien, naturellement courageux, et commençant alors à se familiariser avec sa situation, se dressa sur son séant et étendait le bras pour répéter son adjuration, quand la voix, comme si elle eût été alarmée de son action et de son énergie, lui dit bien bas, et avec une agitation qu'elle n'avait pas manifestée jusque-là : — Restez tranquille, — ne bougez pas, — ou je me tais pour toujours.

— C'est donc un être mortel que j'ai près de moi, pensa naturellement Julien, et qui, de plus, craint probablement d'être découvert : j'ai alors quelque pouvoir sur mon visiteur, quoique je doive être prudent dans l'usage que j'en ferai. — Si vos intentions sont amicales, reprit-il, jamais je n'ai eu plus besoin d'amis, jamais un service n'aurait mérité de moi plus de reconnaissance. Le destin de tous ceux qui me sont chers est dans la balance, et je paierais du monde entier la nouvelle qu'ils sont en sûreté.

— Je vous l'ai dit, mon pouvoir est limité, répliqua la voix. Je puis *vous* sauver ; — mais le sort de vos amis est hors de mon influence.

— Faites-le-moi du moins connaître; et quel qu'il soit, je ne balancerai pas à le partager.

— De qui vous informez-vous? demanda la douce et faible voix, non sans un léger tremblement, comme si cette question était faite avec une répugnance défiante.

— Mes parents, répondit Julien après un instant d'hésitation, comment se portent-ils? — quel sera leur sort?

— Ils sont comme le fort sous lequel l'ennemi a creusé une mine redoutable. Le travail peut avoir coûté des années, tant les mineurs avaient d'obstacles à surmonter; mais le temps porte l'occasion sur ses ailes.

— Et quel sera l'événement?

— Puis-je lire dans l'avenir, si ce n'est par comparaison avec le passé? — Qui a été poursuivi de ces atroces et impitoyables accusations, sans avoir fini par y succomber? Une haute et noble naissance, un âge vénérable, une bienveillance reconnue, ont-ils sauvé l'infortuné lord Stafford[1]? Le savoir, l'esprit d'intrigue et une haute faveur de cour ont-ils racheté Colman[2], quoique serviteur de confiance de l'héritière présomptive du trône d'Angleterre? — L'esprit et l'adresse, et les démarches de nombreux amis, ont-ils sauvé Fenwicke, ou Whitbread[3], ou aucun des autres prêtres accusés? — Groves, Pickering[4], et les autres malheureux de rang plus humble, ont-ils trouvé un refuge dans leur obscurité? — Il n'est ni conditions, ni talents, ni principes, qui puissent protéger contre une accusation qui nivelle toutes les conditions, confond tous les caractères, transforme les vertus en crimes, et regarde les hommes comme d'autant plus dangereux qu'ils ont plus d'influence, quoique cette influence ils l'aient acquise de la manière la plus honorable et n'en aient usé que pour le bien. Accusez l'homme le plus irréprochable d'avoir trempé dans le Complot, — qu'il soit seulement désigné dans les témoignages de Oates ou de Dugdale, — et le plus aveugle devra prévoir l'issue de leur jugement.

— Prophète de malheur! dit Julien, mon père a pour le protéger un bouclier invulnérable. Il est innocent.

— Qu'il allègue son innocence au tribunal céleste; elle lui servira peu devant celui que Scroggs préside.

— Je ne crains pourtant rien, repartit Julien, affectant plus de confiance qu'il n'en avait réellement; la cause de mon père sera plaidée devant douze citoyens anglais.

— Mieux vaudrait, répliqua la voix invisible, qu'elle le fût devant douze bêtes sauvages, que devant des Anglais influencés par les préjugés de l'esprit de parti, par la passion, par la terreur épidémique d'un danger imaginaire. Ils sont enhardis au crime en proportion du nombre entre lequel le crime est réparti.

— Porteur de mauvais présages, ta voix est faite pour accompagner le son de la cloche nocturne et le cri du hibou. Parle pourtant encore. Dis-moi, si tu le peux... (il aurait voulu nommer Alice Bridgenorth'

---

[1] Fils du comte d'Arundel et oncle du duc de Norfolk. Exécuté en 1680. (L. V.)

[2] Secrétaire particulier de la duchesse d'York. Colman fut condamné sur les dénonciations de Oates et de Bedlow, en 1678. (L. V.)

[3] Jésuites impliqués dans le Complot papiste, et envoyés à l'échafaud. (L. V.)

[4] Prêtres officiants de la chapelle de la reine, condamnés, comme les précédents, sur les témoignages de Oates et de Bedlow. (L. V.)

mais son nom semblait attaché à ses lèvres), — dis-moi si la noble famille de Derby...

— Qu'elle reste sur son rocher comme l'oiseau de mer pendant la tempête; il peut se faire que son rocher soit pour elle un sûr refuge. Mais il y a du sang sur leur hermine; et la vengeance les suit de l'œil depuis bien des années, comme un limier que sa proie a devancé le matin, mais qui peut encore saisir sa curée avant que le soleil se couche. En ce moment, au surplus, ils sont en sûreté. — Dois-je maintenant vous parler plus particulièrement de vos propres affaires, où il ne s'agit guère moins que de votre vie et de votre honneur? ou est-il encore d'autres personnes aux intérêts desquelles vous pensiez plus qu'aux vôtres?

— Il y a, dit Julien, une personne de qui j'ai été avant-hier séparé par la violence; si j'étais seulement tranquillisé sur sa sûreté, la mienne m'importerait peu.

— Une! seulement *une* personne de qui vous avez été séparé avant-hier?

— Et séparé d'elle, je me suis senti privé de tout le bonheur que peut me donner ce monde.

— Vous voulez parler d'Alice Bridgenorth, dit l'être invisible avec une certaine amertume; mais vous ne la reverrez plus. Votre vie et la sienne sont attachées à ce que vous vous oubliiez l'un l'autre.

— Je ne puis racheter ma vie à ce prix.

— Meurs donc dans ton obstination! dit l'être mystérieux. Et toutes les supplications de Julien n'en purent obtenir un mot de plus dans le cours de cette nuit mémorable.

CHAPITRE XXXVI.

<small>Un homme à court jarret, mais plein d'orgueil.
ALLAN RAMSAY.</small>

LE sang de Julien Péveril était rempli d'une telle ardeur fiévreuse par l'état dans lequel le laissait son invisible visiteur, qu'il fut, pendant assez longtemps, incapable de goûter le moindre sommeil. Il fit le serment intérieur qu'il découvrirait et livrerait le démon nocturne qui ne lui dérobait ses heures de repos que pour ajouter un nouveau fiel à l'amertume de sa captivité, et pour verser du poison sur des blessures déjà si cuisantes. Il n'était rien auquel son pouvoir d'agir pût atteindre, dont sa rage ne le menaçât. Il se proposait de faire un examen plus attentif et plus minutieux de sa chambre, de manière à découvrir le moyen par lequel s'introduisait son persécuteur, fût-ce par une ouverture aussi imperceptible qu'un trou de tarière. Si ses recherches se trouvaient infructueuses, il était résolu à tout découvrir aux geôliers, à qui il ne pouvait être indifférent de savoir que leur prison était ouverte à de telles intrusions. Il se promettait de lire dans leur regard si ces visites leur étaient déjà connues; et, dans ce cas, les dénoncer aux magistrats, aux juges, à la Chambre des Communes, était le moins que se proposât son ressentiment. Le sommeil gagna ses membres brisés au milieu de ses plans d'exploration et de vengeance, et, ainsi qu'il arrive fréquemment, avec la clarté du jour vinrent aussi des résolutions plus calmes.

Il réfléchit alors qu'il n'était nullement fondé à regarder les motifs de son visiteur comme précisément malveillants, bien qu'il ne lui eût guère donné lieu d'espérer son assistance sur les points qu'il avait le plus à cœur. Envers lui personnellement, il n'avait montré que des dispositions sympathiques et bienveillantes; et s'il pouvait, à la faveur de ces sentiments d'intérêt, recouvrer sa liberté, il pourrait alors l'employer en faveur de ceux dont la sûreté le touchait plus que la sienne propre. — J'ai agi en fou, se dit-il; j'aurais dû temporiser avec cet être singulier, apprendre les motifs de son intervention, et mettre son secours à profit, pourvu que je le pusse sans me soumettre à des conditions déshonorantes. Ces conditions, il eût toujours été temps de les rejeter quand elles m'auraient été proposées.

En même temps, il formait un plan pour mettre plus de prudence dans ses rapports avec l'inconnu, dans le cas où leurs communications se renouvelleraient, quand il fut interrompu dans ses méditations par l'injonction péremptoire de sir Geoffrey Hudson, qu'il voulût bien à son tour s'acquitter de ces soins intérieurs de leur habitation commune, dont lui-même s'était chargé la veille.

Il n'y avait pas à se refuser à une requête si raisonnable. Péveril se leva donc, et se mit à vaquer à l'arrangement de leur prison, tandis que sir Hudson, perché sur un escabeau dont ses jambes pendantes mesuraient à peine la moitié de la hauteur, pinçait une vieille guitare en se donnant des airs d'aimable langueur, et chantait, d'un ton abominablement faux, des chansons espagnoles, mauresques et françaises. Il ne manquait pas, à la fin de chacune, de favoriser Julien d'un commentaire sur ce qu'il venait de chanter, soit en guise de traduction, soit comme anecdotes historiques, surtout quand le lai se trouvait avoir rapport à quelque partie de l'aventureuse histoire de sa propre vie, dans le cours de laquelle le pauvre petit homme avait une fois été pris par un pirate de Salé, qui l'avait conduit captif à Maroc.

Hudson avait coutume de rapporter à cette époque de sa vie une foule d'aventures étranges; et s'il fallait l'en croire, il avait fait de prodigieux ravages dans le cœur des odalisques dont le sérail de l'empereur était peuplé. Mais quoique peu de gens fussent en situation de le contredire au sujet d'intrigues amoureuses dont la scène était si éloignée, c'était un propos courant parmi les officiers de la garnison de Tanger, que le seul usage auquel la tyrannie des Maures pût appliquer un esclave de corpulence si chétive était de le faire tenir au lit tout le jour pour couver des œufs de dindons. La moindre allusion à cette rumeur le mettait habituellement hors de lui jusqu'à la frénésie, et l'issue fatale de son duel avec le jeune Crofts, commencé par une bouffonnerie et terminé par du sang, fit que chacun mit plus de circonspection qu'auparavant à faire de l'ardent petit héros le sujet de ses railleries.

Tant que Péveril fut livré aux soins communs de l'appartement, le nain se tint fort à l'aise, roucoulant ainsi que nous l'avons dit ; mais quand il vit Julien essayer des fonctions de cuisinier, sir Geoffrey Hudson sauta de l'escabeau sur lequel il siégeait en *signor*, au risque de briser sa guitare et de se rompre le cou, s'écriant « qu'il aimerait mieux préparer le déjeuner chaque matin jusqu'au jour du dernier jugement, que de remettre des fonctions d'une telle conséquence à l'inexpérience d'un novice tel que son compagnon. »

Le jeune homme résigna de grand cœur ses fonctions à l'irritable petit chevalier, et ne fit que rire de la colère du nain quand celui-ci ajouta que, pour un être de moyenne stature, Julien était aussi stupide qu'un géant. Laissant sir Hudson préparer le repas à sa guise, Péveril s'occupa à inspecter des yeux le moindre recoin des murs de la chambre, pour tâcher de découvrir quelque ouverture secrète par laquelle son visiteur nocturne eût pu s'introduire, et que peut-être il pût faire servir au besoin à sa propre évasion. Le plancher fut ensuite l'objet d'une inspection non moins minutieuse, et dont le résultat fut plus heureux.

Tout près de son lit, et placé à terre de manière à ce qu'il eût dû l'apercevoir plus tôt, n'eût été la hâte avec laquelle il avait obéi à l'appel de son impatient compagnon, était un papier cacheté, et portant pour suscription les lettres J. P., qui semblaient indiquer avec certitude que la lettre lui était adressée. Il profita pour l'ouvrir du moment où la soupe était en pleine ébullition, et toute l'attention du nain absorbée par ce qu'il regardait, d'accord en cela avec des hommes plus sages et plus grands que lui, comme une des principales affaires de la vie ; de sorte que sans courir le risque d'être observé par lui, ni d'éveiller sa curiosité, Julien put lire ce qui suit :

« Quelles que soient votre témérité et votre obstination, il est une personne au monde qui sacrifierait beaucoup pour s'interposer entre vous et votre destin. Vous devez être transféré demain à la Tour, où votre vie ne saurait être assurée pour un seul jour ; car, durant le peu d'heures que vous avez passées à Londres, vous avez provoqué un ressentiment

CHAPITRE XXXVI.

qu'il n'est pas facile d'apaiser. Il ne vous reste qu'une chance : renoncez à A. B., — ne pensez plus à elle. Ou si cela est impossible, pensez à elle comme à quelqu'un que vous ne pouvez jamais revoir. Si votre cœur peut se résoudre à abjurer un attachement que vous n'auriez jamais dû nourrir, et que ce serait folie de conserver plus longtemps, indiquez votre acquiescement à cette condition en mettant à votre chapeau un cordon blanc, une plume blanche, un nœud de ruban de la même couleur, enfin celui de ces objets que vous pourrez le plus aisément vous procurer. Dans ce cas, une barque heurtera, comme par accident, celle qui doit vous conduire à la Tour. Profitez de la confusion pour sauter dans l'eau et gagner à la nage le bord méridional de la Tamise, du côté de Southwark. Des amis vous y attendront pour favoriser votre évasion, et vous vous trouverez avec quelqu'un qui perdra la réputation et la vie plutôt que de souffrir qu'un cheveu tombe de votre tête, mais qui, si vous rejetez cet avis, ne pourra plus vous regarder que comme un insensé qui doit périr dans sa folie. Puisse le Ciel vous faire apprécier sainement votre situation ! C'est la prière que lui adresse quelqu'un qui, si vous le voulez, sera

« VOTRE AMI INCONNU. »

La Tour ! — ce mot éveillait des idées de terreur, plus même qu'une prison ordinaire ; car par combien de passages ce sombre édifice ne conduisait-il pas à la mort ! Les exécutions cruelles dont ses murs avaient été témoins sous les règnes précédents, n'étaient peut-être pas plus nombreux que les meurtres secrets qui avaient été accomplis dans son enceinte ; et cependant Péveril n'hésita pas un moment sur le parti qu'il avait à prendre. — Je partagerai le destin de mon père, se dit-il. Je ne songeais qu'à lui quand ils m'ont amené ici ; je ne penserai pas à autre chose quand ils me conduiront à cet autre lieu de captivité encore plus redoutable. La Tour est sa prison : ce doit être celle de son fils. — Et toi, Alice Bridgenorth, le jour où je renoncerai à toi puissé-je être regardé comme un traître et un lâche ! — Loin de moi, faux conseiller, et partage le sort des séducteurs et des prédicateurs d'hérésie !

Il ne put s'empêcher de proférer ces derniers mots à haute voix, en même temps qu'il jetait le billet au feu avec une véhémence qui fit tressaillir le nain de surprise. — Jeune homme, s'écria-t-il, que parlez-vous de brûler les hérétiques ? Sur ma foi, il faut que votre zèle soit plus échauffé que le mien, pour que vous parliez d'un tel sujet quand les hérétiques sont en nombre dominant. Que j'aie six pieds de hauteur, si nous ne serions pas les mauvais marchands avec les hérétiques, au cas où nous en viendrions là. Prenez garde à de telles paroles !

— Il est trop tard pour prendre garde à des paroles prononcées et entendues, dit le porte-clefs, qui avait ouvert la porte avec des précautions inaccoutumées et s'était glissé dans la chambre sans être aperçu, pourtant, M. Péveril s'est conduit en gentleman, et je ne suis pas rapporteur, à condition qu'il aura égard aux peines que j'ai eues en tout ceci.

Julien n'avait d'autre alternative que de saisir l'insinuation du drôle et de lui glisser dans la main quelques pièces de monnaie, libéralité dont M. Clink fut tellement satisfait, qu'il s'écria « que ça lui allait au cœur de se séparer d'un si bon gentleman, et qu'il eût tourné la clef sur lui pendant vingt ans avec plaisir; mais que les meilleurs amis devaient se quitter. »

— Je vais donc quitter Newgate?

— Oui vraiment, monsieur; le warrant est arrivé du Conseil.

— Pour me conduire à la Tour?

— Tiens! — qui diable vous l'a dit? Mais puisque vous le savez, il n'y a pas de mal à vous répondre que oui. Tenez-vous donc prêt à partir immédiatement; et d'abord, allongez vos jambes, que je vous ôte vos darbies.

— Est-ce l'usage? dit Péveril, étendant ses pieds en avant ainsi que le porte-clefs le lui disait, tandis que celui-ci détachait ses fers.

— Eh oui, monsieur! ces fers appartiennent au capitaine, et il n'est pas d'avis de les envoyer au lieutenant[1], j'imagine. Non, non, les gardiens devront apporter leur attirail avec eux; ils ne s'en fourniront pas ici, je le leur promets. Pourtant, si Votre Honneur avait dans l'idée de s'en aller avec ses fers, pour émouvoir la compassion...

— Je n'ai nulle envie de faire paraître ma situation pire qu'elle ne l'est, interrompit Julien; et en même temps il lui venait à l'esprit qu'il fallait que son correspondant anonyme fût bien au fait et de ses habitudes personnelles et des usages de la prison, puisque la lettre lui proposait un plan d'évasion qui ne pouvait être exécuté que par un hardi nageur, et que d'autre part on avait dû savoir qu'il ne serait pas aux fers pendant son trajet à la Tour. Ce qu'ajouta le porte-clefs lui suggéra de nouvelles conjectures.

— Il n'y a rien au monde que je ne fisse pour un si brave hôte, reprit Clink; je chiperais pour vous des rubans de ma femme, si Votre Honneur avait envie d'arborer le pavillon blanc à son chapeau.

— A quoi bon? dit Julien d'un ton bref, rattachant, comme il était naturel, la proposition de cet homme à l'avis donné et au signal prescrit par la lettre.

— Ma foi, je ne sais pas trop à quoi bon, répondit le porte-clefs; seulement c'est la mode de se faire blanc et innocent, — c'est comme qui dirait une espèce de signe par lequel on est bien aise de faire voir au monde si on est réellement coupable ou non; quoique je ne saurais dire que les mots coupable ou non-coupable signifient grand'chose, excepté dans le verdict.

---

[1] Titre du commandant de la Tour. (L. V.)

— Il est étrange, pensa Péveril, bien que l'homme semblât parler tout naturellement et sans double entente, il est étrange que tout paraisse se réunir pour effectuer le plan d'évasion, si seulement j'y voulais consentir! Et n'aurais-je pas raison de le faire? Quiconque fait tant pour moi doit être un ami, et un ami ne voudrait jamais insister sur les injustes conditions au prix desquelles ma libération m'est proposée.

Mais cette irrésolution ne dura qu'un instant. Il réfléchit aussitôt que quel que fût celui qui l'aiderait dans sa fuite, il devait nécessairement s'exposer à de grands risques, et qu'il avait le droit de prescrire les conditions qu'il y voudrait mettre. Il réfléchit en outre que la fausseté n'est pas moins une chose vile, exprimée par un signe muet ou par des paroles, et que c'était mentir que d'arborer le signal désigné en témoignage de sa renonciation à Alice Bridgenorth, tout autant que s'il faisait cette renonciation en termes exprès sans avoir l'intention de s'y tenir.

— Si vous voulez m'obliger, dit-il au porte-clefs, vous me procurerez une bande de crêpe noir pour l'usage dont vous parlez.

— De crêpe! Qu'est-ce que ça signifie? Les *bien morts*[1] qui viendront vous voir passer vous prendront pour un ramoneur le jour de mai[2].

— Cela montrera mon profond chagrin, aussi bien que ma résolution bien arrêtée.

— Comme vous voudrez, monsieur; je vais vous procurer une guenille noire d'une sorte ou de l'autre. Ainsi donc, maintenant, partons.

Julien répondit qu'il était prêt, et s'approcha de son compagnon, le valeureux Geoffrey Hudson, pour lui faire ses adieux. La séparation ne se fit pas sans émotion de part et d'autre, surtout du côté du pauvre nain, qui avait pris en affection toute particulière le compagnon dont il allait être privé. — Adieu, mon jeune ami, dit-il en levant ses deux bras pour prendre la main de Julien, attitude qui lui donnait quelque ressemblance avec celle d'un marin hissant une corde. — Il en est plus d'un, dans ma situation, qui se croirait humilié, comme soldat et attaché à la chambre du roi, en vous voyant partir pour une prison plus honorable que celle où je suis confiné. Mais, grâces à Dieu, je ne vous envie pas la Tour, non plus que je ne vous envierais les roches de Scilly, ni même Carisbrooke-Castle, quoique le dernier ait été honoré par la détention de mon bienheureux maître le roi martyr. N'importe où vous alliez, je vous souhaite toutes les distinctions d'une honorable prison, et une heureuse et prompte délivrance, dès que ce sera la volonté de Dieu. Quant à moi, ma course est à son terme, et cela, parce que je succombe martyr des affections de mon cœur. Il y

---

[1] Terme d'argot. Les jolies filles. (W. S.)

[2] Jour de la fête des ramoneurs à Londres. (L. V.)

a une circonstance, mon bon M. Péveril, dont je vous aurais fait part, si la Providence avait permis que nous eussions de plus longs rapports; mais il n'en peut être question à l'heure actuelle. Allez donc, mon ami, et portez témoignage à la vie et à la mort que Geoffrey Hudson se met au-dessus des insultes et des persécutions de la fortune, comme il mépriserait et a souvent méprisé les mauvaises plaisanteries d'un grand écolier.

A ces mots, il se détourna et se couvrit le visage de son petit mouchoir. Julien éprouvait, en le regardant, cette sensation tragi-comique qui nous émeut de pitié pour l'objet qui l'excite, en même temps qu'à notre compassion se mêle une certaine envie de rire. Le porte-clefs fit un signe auquel Péveril obéit, laissant le nain à sa triste solitude.

Tandis que Julien suivait le gardien à travers les nombreux détours de ce labyrinthe de misères, l'homme se mit à dire « que c'était un chaud compagnon, ce petit sir Geoffrey, et, pour la galanterie, un vrai coq de Bentam, tout vieux qu'il était. » — Il y avait certaine luronne, ajouta-t-il, qui l'avait harponné; mais ce qu'elle voulait faire de lui, à moins qu'elle ne voulût l'emmener à Smithfield et gagner de l'argent en le faisant voir comme une marionnette, c'était, dit-il, difficile à deviner.

Encouragé par cette ouverture, Julien demanda à son guide s'il savait pourquoi on le changeait de prison.

— Pour vous apprendre à vous faire sans commission facteur de la poste royale, répondit l'homme.

Il s'arrêta dans son babil; car ils approchaient de ce formidable point central où gisait étendu dans son fauteuil recouvert en cuir l'épais commandant de la forteresse, qui semblait fixé pour jamais au milieu de sa citadelle, comme on dit parfois que le gigantesque boa couvre de ses replis les trésors enfouis des radjâhs de l'Orient, dont il est le gardien. Cet énorme agent de l'autorité arrêta sur Julien un sombre regard, comme l'avare sur la guinée dont il faut qu'il se sépare, ou le chien affamé sur la nourriture qu'on porte à un autre chenil. Il grognait dans ses dents en feuilletant son sinistre registre, afin d'y inscrire la note de translation de son prisonnier. — A la Tour! — à la Tour! — Oui, oui, il leur faut à tous la Tour : — c'est la mode. — Une prison militaire pour des citoyens anglais libres; comme si nous n'avions ici ni verrous ni chaînes! J'espère que le Parlement s'occupera de toutes ces translations à la Tour; voilà tout. — Au surplus, le jeune homme ne gagnera pas au change, et c'est une consolation.

Ayant terminé en même temps et son enregistrement et son soliloque, il fit signe à son aide d'emmener Julien, qui fut conduit, par ces mêmes passages tristes et obscurs qu'il avait parcourus à son arrivée, jusqu'à la porte de la prison, où une voiture escortée par deux officiers de justice le conduisit au bord de l'eau.

CHAPITRE XXXVI.

Une barque l'y attendait avec quatre gardes de la Tour, à la responsabilité desquels il fut formellement résigné par ceux qui l'avaient escorté jusque-là. Mais Clink le porte-clefs, avec lequel il avait contracté une connaissance plus particulière, ne prit pas congé de lui avant de lui avoir remis le morceau de crêpe noir que Julien lui avait demandé. Péveril l'attacha à son chapeau au milieu des chuchotements de ses nouveaux gardiens. — Le gentleman est bien pressé de prendre le deuil, dit l'un d'eux; il aurait peut-être mieux fait d'attendre qu'il ait une raison pour cela.

— D'autres pourront peut-être bien porter le deuil pour lui avant qu'il ait le temps de le porter pour personne, répliqua un autre de ces fonctionnaires.

Cependant, malgré ces propos tenus à demi-voix, la conduite de ces gens à l'égard de leur prisonnier fut plus respectueuse que ne l'avait été celle de ses autres gardiens, et aurait pu être qualifiée de civilité bourrue. Les officiers de police ordinaire étaient généralement grossiers, attendu qu'ils avaient affaire à des coquins de toute espèce; tandis que ceux-ci ne se trouvaient en rapport qu'avec des personnes accusées de crimes d'état, — gens qui par leur naissance ainsi que par leur position étaient habituellement en droit d'attendre des égards, et avaient les moyens de les reconnaître.

Julien fit à peine attention à ce changement d'escorte, non plus qu'à la scène active et variée que présentait le large et beau fleuve sur lequel il était alors embarqué. Une centaine de barques passèrent près de la leur, portant de nombreux groupes aux lieux où les appelaient leurs affaires ou leurs plaisirs. Julien ne portait les yeux sur elles que dans l'espoir mêlé d'amertume que quel que fût celui qui s'était efforcé de corrompre sa fidélité par une perspective de délivrance, il pourrait voir, à la couleur du signe qu'il avait arboré, combien il était décidé à résister à la tentation qui lui était offerte.

C'était l'heure de la haute marée. Un grand et fort bateau remontait la rivière à la voile et à la rame, se dirigeant si directement sur celui qui portait Julien, qu'il semblait vouloir l'aborder. — Apprêtez vos carabines, cria le chef des gardiens à ses gens. Que diable peuvent vouloir ces coquins?

Mais l'équipage de l'autre bateau parut avoir reconnu sa méprise, car il changea subitement de direction, et gagna le large, en même temps qu'un torrent d'injures était échangé entre les hommes de son bord et ceux de la barque, dont les premiers avaient menacé d'interrompre la marche.

— L'Inconnu a tenu sa parole, se dit Julien en lui-même; j'ai aussi tenu la mienne.

Il lui sembla même, au moment où les deux embarcations se trouvèrent rapprochées, entendre partir de l'autre barque comme un cri ou un gémissement étouffé; et quand ce moment de tumulte fut passé, il demanda au gardien assis près de lui quel était ce bateau.

— Des marins de quelque vaisseau de ligne qui font leurs folies, je suppose, répondit le gardien. Je ne connais personne autre d'assez impudent pour courir en plein sur une barque du roi ; car je suis sûr que c'était l'idée du drôle qui tenait le gouvernail. Mais peut-être bien, monsieur, que vous en savez là-dessus plus long que moi.

Cette insinuation prévint de nouvelles questions de la part de Julien, et il garda le silence jusqu'au moment où le bateau arriva au pied des sombres bastions de la Tour. La marée les transporta sous une arche sombre et d'aspect lugubre, fermée à son extrémité intérieure par cette porte bien connue sous le nom de la Porte du Traître[1], et formée, comme un guichet, de gros madriers de bois croisés, à travers lesquels on pouvait apercevoir indistinctement les soldats et les gardiens en sentinelle, ainsi que la montée en pente raide qui conduit des bords de l'eau à l'intérieur de la citadelle. C'était par cette porte, — et personne n'ignore que c'est à cette circonstance qu'elle avait dû son nom, — que les accusés de crimes d'État étaient ordinairement introduits dans la Tour. La Tamise offrait une voie secrète et silencieuse pour amener là ceux dont les grandeurs déchues eussent pu exciter la commisération, ou dont la popularité eût peut-être soulevé la sympathie publique. Et lors même qu'il n'existait pas de raison qui commandât spécialement le secret, on évitait ainsi de troubler le calme de la ville par le tumulte inséparable du passage d'un prisonnier et de ses gardes à travers les rues les plus fréquentées.

Mais cet usage, bien que commandé par la politique d'État, doit avoir bien souvent glacé le cœur du criminel, soustrait ainsi en quelque sorte à la société, et atteignant le lieu de sa réclusion sans même rencontrer sur sa route un regard de commisération. Et lorsque après avoir franchi cette arche ténébreuse il mettait pied à terre sur ces degrés de granit contre lesquels le flot venait expirer en petites vagues incessantes, et qu'avaient usés les pas de tant d'autres malheureux en proie comme lui à l'anxiété; lorsque en ce moment il regardait devant lui la montée rapide conduisant à une prison gothique, et en arrière la partie de la rivière dont le cintre surbaissé de la voûte lui permettait la vue, combien de fois ne doit-il pas avoir senti qu'il laissait derrière lui la lumière du jour, l'espérance et même la vie !

Tandis que le chef des gardes se faisait reconnaître, Péveril tâchait d'apprendre de ses conducteurs où il allait être placé ; mais leur réponse fut aussi laconique que peu précise : — Où le lieutenant vous enverra.

— Ne pourrait-il lui être permis de partager la prison de son père, sir Geoffrey Péveril?

---

[1] *Voyez* la note du chapitre XXVII des *Aventures de Nigel*. (W. S.)

CHAPITRE XXXVI.

Il n'oublia pas cette fois d'ajouter son surnom de famille.

Le gardien, vieillard à l'air respectable, le regarda fixement, comme s'il eût été surpris de l'extravagance de la demande, et lui répondit brusquement : — C'est impossible.

— Du moins, reprit Péveril, montrez-moi où mon père est enfermé, afin que je puisse regarder les murailles qui nous séparent.

— Jeune homme, répliqua le vieux gardien en secouant sa tête grise, j'en suis fâché pour vous, mais vos questions ne peuvent vous servir à rien. Ici nous ne connaissons ni pères ni enfants.

Mais quelques minutes après, le hasard sembla offrir à Péveril cette satisfaction que la rigueur de ses gardes était disposée à lui refuser. Comme il gravissait la montée rapide qui conduit sous ce qu'on nomme la tour de Wakefield, une voix de femme s'écria, d'un ton où la joie et la douleur se confondaient dans un accent intraduisible : — Mon fils ! — mon cher fils !

Ceux même qui escortaient Julien parurent touchés de cet accent de douleur aiguë. Ils ralentirent le pas et s'arrêtèrent presque, pour lui laisser le temps de lever les yeux vers les fenêtres d'où partait ce cri d'angoisse maternelle ; mais l'ouverture était si étroite et garnie de barreaux tellement serrés, que tout ce qu'on put apercevoir fut une blanche main de femme qui saisit un de ces barreaux rouillés, comme si la personne qui était à l'intérieur s'y fût soutenue, tandis que l'autre main agitait un mouchoir blanc qu'elle laissa échapper. Puis au même instant la fenêtre fut abandonnée.

— Donnez-le-moi, dit Julien à l'officier qui avait ramassé le mouchoir ; c'est peut-être le dernier don d'une mère.

Le vieux gardien déploya le mouchoir, et l'examina avec l'attention minutieuse d'un homme habitué à découvrir des correspondances secrètes dans les choses les plus insignifiantes.

— Il peut y avoir de l'écriture en encre invisible, lui dit un de ses camarades.

— Il est humide, mais je crois que ce n'est que de larmes, répondit le vieillard. Je ne puis le refuser au pauvre jeune homme.

— Ah ! M. Coleby, reprit son camarade d'un ton de demi-reproche, vous porteriez aujourd'hui un meilleur habit que celui de yeoman [1], si vous aviez eu le cœur moins tendre.

— Qu'importe ce que j'éprouve en m'acquittant de mon devoir, répliqua le vieux Coleby, ou quel habit abrite ma vieille poitrine contre le froid, tant que mon cœur est fidèle à mon roi ?

Péveril, cependant, serra dans son sein ce signe d'affection maternelle qu'il devait au hasard ; et quand il eut été conduit à la petite chambre solitaire qu'on lui dit de regarder comme la sienne tant qu'il

[1] Garde de la Tour. (L. V.)

demeurerait à la Tour, il fut ému jusqu'aux larmes par ce léger incident, qu'il ne put s'empêcher de regarder comme un présage que ses infortunés parents n'étaient pas entièrement abandonnés de la Providence.

Mais les pensées d'un prisonnier et les événements de son existence sont trop uniformes pour un récit, et il nous faut maintenant transporter nos lecteurs au sein d'une scène plus agitée.

CHAPITRE XXXVII.

> Désormais c'en est fait; — je suis réconcilié avec la fortune. Je dois vivre, maintenant, car Buckingham l'ordonne.
> POPE.

La spacieuse habitation du duc de Buckingham, avec ses dépendances, portait originairement le nom d'York-House, et occupait une vaste portion des terrains adjacents à la Savoie. Cette habitation avait été élevée par son père, le favori de Charles Ier, qui s'était plu à y déployer une splendeur pouvant presque rivaliser avec celle de Whitehall même. Mais la manie toujours croissante d'édifier de nouvelles rues, et presque de créer une nouvelle ville qui devait réunir Londres et Westminster, avait donné une grande valeur à ces terrains; et le second duc de Buckingham, à la fois épris de toute entreprise nouvelle et souvent à court d'argent, avait adopté un plan proposé par quelque architecte aventureux, pour élever, sur les vastes terrains qui entouraient son palais, ces rues, ces impasses et ces ruelles qui conservent encore son nom et ses titres. Ceux qui demeurent dans Buckingham-street, Duke-street, Villier's-street, ou dans Of-alley (car cette particule même[1] est conservée dans les dénominations locales), pensent rarement, sans doute, au spirituel, bizarre et licencieux Georges Villiers duc de Buckingham, dont les titres subsistent encore dans les noms de leurs résidences et du voisinage.

Le duc était entré dans ce plan de constructions avec toute l'ardeur qu'il apportait habituellement à ce qui était nouveau. Ses jardins furent détruits, — ses pavillons rasés, — ses splendides écuries abattues; — ce magnifique domaine hors-ville fut entièrement dévasté, encombré de ruines, coupé par les fondations des nouveaux bâtiments et des caves, bouleversé par les nivellements des différentes lignes que devaient

[1] *Of*, en anglais, *de*. — *George Villiers Duke of Buckingham*. (L. V.)

CHAPITRE XXXVII.

occuper les rues projetées. Mais l'entreprise, quoique par la suite elle se soit trouvée heureuse et lucrative, fut à l'origine tenue en échec, en partie par le manque de fonds nécessaires, en partie aussi par le caractère impatient et inconstant du duc, qui bientôt l'entraîna vers quelque objet plus nouveau. Aussi, quoiqu'on eût beaucoup démoli, très-peu, en comparaison, était bâti en place, et rien n'était achevé. Le principal corps de l'habitation ducale restait encore intact; mais le terrain sur lequel elle s'élevait offrait une étrange analogie avec l'irrégularité d'esprit du noble propriétaire. Ici s'élevait un beau groupe d'arbres et d'arbrisseaux exotiques, débris du jardin, au milieu des tranchées ouvertes pour construire des égoûts, et parmi des monceaux de décombres. Dans un endroit, une vieille tour menaçait de s'écrouler sur le spectateur; dans un autre, il courait le risque d'être englouti sous une voûte neuve. La grandeur de conception se pouvait découvrir dans l'entreprise; mais presque partout elle était gâtée par la pauvreté ou la négligence d'exécution. Tout cet ensemble, en un mot, était le véritable emblème de l'intelligence et des talents mal employés, devenus plus dangereux qu'utiles à la société par le défaut de principes stables et l'imprévoyance du possesseur.

Il y avait des gens qui supposaient que le duc avait d'autres vues en permettant que son palais fût ainsi entouré, et que les abords en fussent occupés par des constructions modernes inachevées ou d'anciens bâtiments à demi démolis. Ils prétendaient qu'engagée comme elle l'était dans tant de mystères d'amour et de politique, et avec la réputation de l'intrigant le plus audacieux et le plus dangereux de son temps, Sa Grâce trouvait convenable de s'entourer de ce labyrinthe de ruines, dans lequel les officiers de justice n'auraient pu pénétrer aisément et sans quelque risque, et qui en outre pouvait à l'occasion offrir un abri sûr et secret aux instruments tels que ceux auxquels on a recours dans des affaires d'une certaine nature, en même temps qu'un moyen d'accès privé et à l'abri des regards pour ceux que le duc aurait eu quelque raison spéciale de recevoir secrètement.

Laissant Péveril à la Tour, il nous faut encore une fois faire assister nos lecteurs au lever du duc, qui, le matin où Julien fut transféré à cette forteresse, s'adressait ainsi à son premier ministre et principal serviteur : — J'ai été si satisfait de votre conduite en cette affaire, Jerningham, que si Old Nick[1] se présentait à moi et m'offrait à ta place le meilleur de ses diables familiers, je regarderais son offre comme un pauvre compliment.

— Une légion de diables, répondit Jerningham en s'inclinant, n'aurait pas été plus occupée que je ne l'ai été au service de Votre Grâce : Mais Votre Grâce me permettra de lui dire que tout son plan a été sur

---

[1] Le vieux Nick (Nicolas), sobriquet du diable. (L. V.)

le point d'échouer parce qu'elle n'est point rentrée dans la nuit, ou plutôt ce matin.

— Et pour quelle raison, sage Jerningham, serais-je, je vous prie, revenu ici un instant plus tôt que ne le voulait mon bon plaisir ou ma convenance?

— Je n'en sais rien, mylord duc; seulement, quand vous nous envoyâtes dire par Empson, chez la Chiffinch, de nous assurer de la petite à tout prix et à tout risque, vous prévîntes que vous seriez de retour ici dès que vous auriez pu vous débarrasser du roi.

— Me débarrasser du roi, maraud! Quelle est cette manière de parler?

— C'est Empson qui s'en est servi, mylord, comme venant de Votre Grâce.

— Il est des choses très-convenables dans la bouche de Ma Grâce, qu'il ne convient nullement que celle d'Empson ou la vôtre répète, dit le duc avec hauteur; mais il reprit au même instant son ton de familiarité, car son humeur était aussi capricieuse que ses goûts. — Au surplus, continua-t-il, je sais où tu veux en venir; d'abord Votre Sagesse voudrait savoir ce que je suis devenu depuis le moment où je t'ai envoyé mes ordres chez la Chiffinch; ensuite Votre Valeur sonnerait volontiers une autre fanfare en l'honneur de ta très-adroite retraite, quand tu as laissé ton camarade aux prises avec les Philistins.

— Sous le bon plaisir de Votre Grâce, je n'ai fait retraite que pour sauver le bagage[1].

— Quoi! jouez-vous à l'esprit avec moi? Sachez qu'un simple loustic de paroisse serait fustigé s'il essayait de faire passer une pointe ou un quolibet pour une bonne plaisanterie, même parmi les commissionnaires et les porteurs de chaises.

— Et cependant j'ai entendu Votre Grâce se laisser aussi aller à des *jeux de mots*[2].

— Mons Jerningham, congédie ta mémoire, ou enseigne-lui la discrétion; sans quoi elle nuira à ton élévation dans le monde. Il peut se faire aussi que tu m'aies vu avoir le caprice de jouer à la balle, ou d'embrasser une servante, ou de boire de l'ale et de manger une rôtie au fromage dans un moment d'ivresse et de fantaisie; mais dois-tu te souvenir de pareilles folies? Qu'il ne soit plus question de cela. — Et dis-moi : comment se fait-il que ce grand imbécile de Jenkins, lui qui était un maître dans la noble science de l'escrime, se soit si sottement laissé traverser de part en part par un berger rustique comme ce Péveril?

---

[1] *For the preservation of the baggage*, dit le texte; jouant ici sur le mot *baggage*, qui signifie à la fois bagage et fille de mauvaise vie, bagasse. (L. V.)

[2] Cette expression est en français dans le texte.

— Sous le bon plaisir de Votre Grâce, ce Corydon n'est pas si novice. J'ai vu le combat; et excepté par une main, je n'ai jamais vu une épée maniée avec autant d'activité, de grâce et d'aisance.

— Oui-da? fit le duc en prenant à la main sa rapière couverte de son fourreau; je ne l'aurais pas cru. Je suis quelque peu rouillé, et j'ai besoin de me tenir en haleine. Péveril est un nom connu. Autant vaut aller à Barns-Elms[1] ou derrière Montagu-House avec lui qu'avec un autre. On dit d'ailleurs que son père a trempé dans le Complot. Le public m'en tiendra compte comme d'une chose convenable à un zélé protestant. J'ai besoin de faire quelque chose pour maintenir ma bonne renommée dans la cité, et pour expier ma négligence à suivre les prières et les prêches. Mais votre Laertes est retenu dans le port; et je suppose que son nigaud d'adversaire est mort ou mourant.

— Au contraire, mylord, il va mieux; heureusement la lame n'a pas touché de parties vitales.

— Au diable ses parties vitales! Dites-lui de retarder sa guérison, s'il ne veut que je le tue tout de bon.

— Je préviendrai son chirurgien, ce qui vaudra tout autant.

— Fais; et dis lui qu'il ferait mieux d'être lui-même sur son lit de mort, que de guérir son malade avant que je ne lui en donne avis. — A tout prix, il ne faut pas que ce jeune drôle soit relâché.

— Il n'y a guère de danger, mylord. J'ai entendu dire que quelques-uns des témoins avaient lancé leurs filets sur lui à raison de je ne sais quelles affaires qui se sont passées dans le nord, et qu'il doit être transféré à la Tour pour cela, aussi bien, à ce que le bruit court, que pour certaines lettres de la comtesse de Derby.

— Qu'il aille donc à la Tour, et qu'il en sorte comme il pourra; et quand vous aurez appris qu'il est claquemuré, que notre maître d'escrime guérisse aussi vite que lui et le chirurgien pourront arranger cela entre eux.

Le duc, après cela, fit quelques tours dans l'appartement, et parut plongé dans une profonde méditation. Jerningham en attendit patiemment l'issue, sachant bien que cette disposition d'esprit, durant laquelle son maître semblait fortement préoccupé d'un objet unique, n'était jamais d'assez longue durée pour mettre sa patience à une bien rude épreuve.

Après un espace de sept ou huit minutes, le duc rompit en effet le silence; et prenant sur la toilette une grande bourse en soie qui paraissait pleine d'or : Jerningham, dit-il, tu es un drôle fidèle, et ce serait péché de ne pas t'encourager. J'ai battu au mail le roi qui avait eu la hardiesse de me défier. L'honneur est assez pour moi; toi, mon enfant, tu en auras le gain.

---

[1] Les Ormes de la Grange.

Jerningham empocha la bourse, avec les remercîments convenables.

— Jerningham, continua Sa Grâce, je sais que vous me blâmez de changer trop souvent mes plans; et, sur mon âme, je vous ai entendu si bien raisonner à ce sujet, que je suis maintenant de votre avis, et que depuis deux ou trois grandes heures je me reproche à moi-même de ne pas me fixer à un objet aussi fermement que je le ferai sans doute quand l'âge aura rendu cette girouette trop rouillée (se touchant le front) pour tourner à chaque nouvelle brise; mais tant que j'ai encore en moi du feu et de l'activité, qu'elle tourne comme celle qui est placée au haut du grand mât pour indiquer au pilote comment il doit diriger sa course; et quand je change la mienne, songe que je suis frété pour suivre la fortune, et non pour la contrôler.

— La seule chose que je puisse comprendre à tout ceci, sous le bon plaisir de Votre Grâce, c'est qu'il vous a plu de changer quelques mesures projetées, et que vous croyez avoir eu raison de le faire.

— Vous en jugerez vous-même. J'ai vu la duchesse de Portsmouth... Vous tressaillez? C'est vrai, par le Ciel! je l'ai vue, et d'ennemis jurés que nous étions, nous sommes devenus amis à toute épreuve. Le traité entre de si hautes puissances comprenait certains articles importants; en outre, j'avais affaire à un négociateur français : vous conviendrez donc que quelques heures d'absence n'étaient pas trop pour régler nos conventions diplomatiques.

— Votre Grâce me surprend. Le plan de Christian pour supplanter la grande dame est donc entièrement abandonné? Je pensais que vous n'aviez désiré avoir ici la beauté qui lui devait succéder, qu'afin de vous ménager les moyens de tout conduire par vous-même.

— Je ne sais plus ce que je voulais alors, dit le duc, si ce n'est que j'avais résolu qu'elle ne se jouerait pas de moi comme elle l'a fait du bonhomme de roi; et c'est à quoi je suis toujours décidé, puisque vous me faites repenser à la belle. Mais j'ai reçu de la duchesse un billet de contrition pendant que nous étions au mail. Je suis allé la voir, et j'ai trouvé une parfaite Niobé. — Sur mon âme, Jerningham, en dépit des yeux rouges, des traits gonflés et des cheveux en désordre, il est réellement certaines femmes qui paraissent, comme disent les poëtes, belles dans l'affliction. On avoua la cause de cette douleur; et ce fut avec une telle humilité, une telle contrition, en se mettant si complètement à ma merci (elle, le plus fier démon de toute la cour), qu'il eût fallu que j'eusse un cœur d'acier pour résister à tout cela. Il paraît que dans un moment d'ivresse Chiffinch avait jasé, et mis le jeune Saville au fait de notre intrigue. Saville a voulu nous jouer un tour, et a informé la duchesse par un messager, qui heureusement est arrivé un peu tard sur le marché. Elle avait su en outre, car c'est un vrai diable pour être instruite de tout, qu'il y avait eu quelques démêlés entre le maître et moi au sujet de cette nouvelle Philis, et que, selon toute probabilité, ce serait moi qui attraperais l'oiseau ; — ce que chacun peut deviner en nous regardant tous les deux. Il faut que ce soit Empson qui ait été flûter tout ceci aux oreilles de Sa Grâce. La duchesse, pensant qu'elle et moi pouvions chasser de concert, me conjure de déjouer le plan de Christian, et de tenir la petite hors de la vue du roi, surtout si c'est une aussi rare beauté que la renommée le rapporte.

— Et Votre Grâce a promis son bras pour soutenir l'influence dont vous avez si souvent juré la ruine?

— Oui, Jerningham : mon but était aussi bien atteint, dès lors qu'elle se mettait en mon pouvoir et me criait merci. — Et fais attention que peu m'importe par quelle échelle j'arriverai au cabinet du roi. Celle de Portsmouth est toute placée ; — mieux vaut y monter que de l'abattre pour en dresser une autre en place. — Je déteste toute peine inutile.

— Et Christian?

— Peut aller au diable comme un âne infatué de lui-même. Un des plaisirs de ce tissu d'intrigues est de me venger de ce misérable, qui s'est cru si indispensable, que, par le Ciel! il s'est introduit de vive force dans ma privauté et m'a sermonné comme un écolier. Au diable ce froid hypocrite, ce gibier de potence! S'il parle, je lui ferai fendre le nez comme celui de Coventry [1]. — Dites-moi, le colonel est-il venu?

— Je l'attends à chaque instant, mylord.

— Envoyez-le-moi dès qu'il arrivera. — Pourquoi restez-vous à me regarder? Que voulez-vous encore?

— Les ordres de Votre Grâce au sujet de la jeune dame, dit Jerningham.

— Sur ma foi, je l'avais totalement oubliée. — Est-elle bien éplorée? — excessivement affligée?

— Elle ne s'emporte pas comme j'en ai vu quelques-unes le faire ; mais pour une indignation fixe et concentrée, je n'en ai vu aucune l'égaler.

— Hé bien, nous la laisserons se refroidir. Je ne veux pas voir immédiatement une seconde beauté dans l'affliction. Je suis fatigué quant à présent des sanglots, des yeux gonflés et des joues boursouflées ; et en outre il faut ménager mes moyens de consolation. Retirez-vous, et envoyez-moi le colonel.

— Votre Grâce veut-elle me permettre une autre question? reprit le confident.

---

[1] Le traitement barbare infligé à sir John Coventry par quelques gardes du corps, en représailles de quelques mots dits dans le Parlement sur les amours de théâtre du roi, fut l'occasion de ce qu'on nomma l'Acte-Coventry (*Coventry's Act*) contre les mutilations exercées sur les personnes. (W. S.)

— Demande ce que tu voudras, Jerningham, et puis va-t'en.

— Votre Grâce est décidée à renvoyer Christian. Puis-je demander ce que devient le royaume de Man?

— Oublié, sur mon âme de chrétien! aussi complétement oublié que si je n'avais jamais nourri ces idées d'ambition royale. — Diable! il faudra renouer les fils rompus de cette intrigue. — Pourtant ce n'est qu'un misérable rocher, qui ne vaut pas l'embarras qu'il m'a causé. Quant à un royaume, — cela sonne assez bien, à la vérité; mais au fait je pourrais aussi bien attacher une plume de coq à mon chapeau et l'appeler un panache. D'ailleurs, maintenant que j'y pense, il ne serait guère honorable à moi d'enlever cette chétive royauté à la maison de Derby. J'ai gagné mille pièces au jeune comte lors de son récent séjour ici, et j'ai souffert qu'à la cour il se pendît à mes talons. Je ne sais si tout le revenu de son royaume vaut deux fois autant. S'il était ici, je pourrais le lui gagner avec moins d'embarras qu'il ne m'en coûterait pour suivre ces ennuyeuses intrigues de Christian.

— S'il m'est permis de le dire, mylord, Votre Grâce est peut-être un peu sujette à changer d'avis; mais il n'est personne en Angleterre qui ait à donner pour cela de meilleures raisons.

— Je le crois de même, Jerningham, et c'est peut-être une raison pour changer. On aime à justifier sa conduite, et à trouver de bonnes raisons pour faire ce dont on a envie. — Et maintenant, encore une fois, va-t'en. Mais écoute, — écoute. — J'aurai besoin d'avoir quelques pièces d'or sous la main. Tu peux me laisser la bourse que je t'ai donnée; je te remettrai un mandat de la même somme, avec deux années d'intérêt, sur le vieux Jacob Doublefee [1].

— Comme il plaira à Votre Grâce, dit Jerningham, que toute sa soumission put à peine mettre à même de cacher la mortification qu'il éprouvait en échangeant contre un mandat à longue échéance, et d'une espèce qui depuis quelque temps n'était pas très-régulièrement acquittée, le brillant contenu de la bourse qu'il avait en poche. Il fit le serment intérieur, mais solennel, que deux années d'intérêts ne compenseraient pas seules ce changement involontaire dans la forme de sa rémunération.

Au moment où le confident assez peu satisfait quittait l'appartement, il rencontra, au haut du grand escalier, Christian lui-même, qui, usant de la liberté d'un ancien ami de la maison, prenait, sans se faire annoncer, le chemin du cabinet de toilette du duc. Jerningham, présumant que sa visite ne serait rien moins que bien venue en ce moment de crise, tâcha de l'arrêter en lui assurant que le duc était indisposé, et renfermé dans sa chambre à coucher; et il eut soin de parler assez haut pour que son maître pût l'entendre, et, si cela lui convenait, pût

---

[1] Double-honoraire.

réaliser l'excuse qu'il présentait en son nom, en se retirant dans sa chambre à coucher comme dans son dernier sanctuaire, et en tirant le verrou pour se mettre à l'abri de toute intrusion.

Mais, loin d'adopter un stratagème auquel il avait eu plus d'une fois recours pour éviter ceux qu'il ne voulait pas recevoir, même quand lui-même avait désigné l'heure et qu'il s'agissait d'affaires importantes, Buckingham éleva la voix, de son cabinet de toilette, et ordonna à son chambellan d'introduire sur-le-champ son bon ami M. Christian, en lui reprochant d'avoir hésité un instant à l'admettre.

— Si Christian connaissait le duc aussi bien que moi, pensa Jerningham, il soutiendrait le choc d'un lion, comme l'intrépide apprenti de Londres, plutôt que de s'aventurer en ce moment avec mon maître, dont l'humeur n'est maintenant guère moins dangereuse que celle de l'animal.

Il introduisit alors Christian en présence du duc, ayant soin de se tenir en dehors à portée d'entendre ce qui se passerait entre eux.

CHAPITRE XXXVIII.

> Ne parlez pas de délicatesse quand nous courons la chance d'un naufrage, dit le capitaine alors que les dames détournaient la tête à la vue du dauphin expirant, qui s'agitait sur le pont. Quand nous coulons à fond, ces messieurs soupent de nos carcasses; nous dînons des leurs quand nous pouvons les haler. Les hommes sages nous applaudissent quand nous mangeons les mangeurs, comme le diable rit quand on trompe les trompeurs.
> *Le Voyage par mer.*

Rien dans les manières du duc envers Christian n'eût pu faire soupçonner à celui-ci, quelle que fût son expérience des plus mauvais côtés du monde, que Buckingham, en ce moment même, eût reçu la visite du diable plus volontiers que la sienne; si ce n'est peut-être que la courtoisie extraordinaire de la réception de Sa Grâce vis-à-vis d'une aussi ancienne connaissance aurait pu exciter un certain degré de soupçon.

Après avoir échappé, non sans peine, à la vague région des compliments généraux, qui a autant de rapport avec celle des affaires que, selon Milton, le *Limbo patrum* en présente avec la terre sensible et matérielle, Christian demanda à Sa Grâce de Buckingham, de ce ton de brusque franchise qui servait habituellement de voile à la profonde dissimulation de son caractère, s'il avait vu depuis peu l'un des deux Chiffinchs?

— Ni l'un ni l'autre depuis quelque temps, répondit Buckingham. Mais vous-même, ne les avez-vous pas été voir? — J'aurais cru que vous vous seriez montré plus empressé au sujet du grand projet.

— J'y suis allé plusieurs fois, dit Christian; mais je n'ai pu parvenir jusqu'à ce couple important. Je commence à craindre qu'ils ne biaisent avec moi.

— Par les étoiles du firmament! c'est ce dont vous ne seriez pas lent à tirer vengeance, M. Christian. Je connais vos principes puritains sur ce point. C'est bien avec justice qu'on dit que la vengeance est douce, puisque tant d'hommes graves et sages sont prêts à échanger pour elle toutes les friandises que les plaisirs offrent aux pauvres pécheurs de ce monde, sans parler du sacrifice de ces douceurs qu'ils disent attendre *post obitum* [1].

— Vous pouvez plaisanter, mylord; mais...

— Mais vous voudriez vous venger de Chiffinch et de sa complaisante compagne. Et cependant la tâche pourrait être difficile. — Chiffinch a tant de manières d'obliger son maître, — sa petite femme est une espèce d'écran si gentil et si commode, et elle a aussi tant de petits moyens de séduction, que, ma foi, à votre place, je ne voudrais pas me frotter à eux. Que signifie ce refus de leur porte, au surplus? C'est ce que de temps à autre nous faisons tous à nos meilleurs amis, aussi bien qu'aux créanciers et aux fâcheux.

— Si Votre Grâce est en humeur de donner ainsi carrière à ses plaisanteries, elle sait de vieille date quelle est ma patience; — je puis attendre qu'il vous plaise de parler plus sérieusement.

— Sérieusement! — Pourquoi non? — quand je saurai quelle est votre affaire sérieuse.

— Pour être bref, mylord, je vous dirai que d'après les refus que j'ai éprouvés à la porte de Chiffinch, et plusieurs démarches inutiles que j'ai faites à celle de Votre Grâce, je crains ou que notre plan n'ait échoué, ou qu'on n'ait quelque intention de m'exclure de la conduite ultérieure de l'affaire. Christian prononça ces mots avec une extrême emphase.

— Il y aurait à la fois sottise et perfidie d'exclure du butin celui-là même qui a dirigé l'attaque. Mais écoutez-moi, Christian. — Je suis fâché de vous annoncer de mauvaises nouvelles sans vous y avoir préparé; mais puisque vous insistez pour savoir le pis des choses, et que vous n'avez pas honte de soupçonner vos meilleurs amis, il faut tout vous dire. — Votre nièce a quitté la maison de Chiffinch avant-hier matin.

Christian chancela comme s'il eût reçu un coup violent, et le sang afflua à son visage avec une telle force, que le duc le crut frappé d'a-

---

[1] Après la mort.

poplexie. Mais appelant à son secours l'empire extraordinaire qu'il pouvait exercer sur lui-même dans les moments les plus critiques, il reprit bientôt, d'une voix dont le calme formait un contraste hors nature avec l'altération de ses traits : — Dois-je en conclure qu'en abandonnant la protection du toit sous lequel je l'avais placée, la jeune fille a trouvé un abri sous celui de Votre Grâce?

— Monsieur, répliqua gravement Buckingham, la supposition fait à ma galanterie plus d'honneur qu'elle n'en mérite.

— Oh! mylord duc, je ne suis pas de ceux à qui vous puissiez imposer par cette espèce de jargon de cour. Je sais de quoi Votre Grâce est capable ; je sais que pour satisfaire le caprice d'un moment vous n'hésiteriez pas à faire échouer même les projets auxquels vous-même auriez prêté la coopération la plus active. — Supposons que la plaisanterie soit couronnée. Riez des précautions par lesquelles, dans ma simplicité, j'avais voulu servir les intérêts de Votre Grâce aussi bien que ceux des autres ; mais sachons jusqu'où vous avez poussé la folie, et avisons aux moyens d'en réparer les conséquences.

— Sur ma parole, Christian, dit le duc en riant, vous êtes le plus obligeant des oncles et des tuteurs. Peu vous importe que votre nièce traverse autant d'aventures que la Fiancée du roi de Garbe, de Boccace. Pure ou souillée, elle n'en deviendra pas moins le marchepied de votre fortune.

Un proverbe indien dit que le dard du mépris percera même l'écaille de la tortue ; cela est surtout vrai quand la conscience avertit que le sarcasme est mérité. Christian, piqué du reproche de Buckingham, prit tout à coup un air de hauteur et de menace on ne peut moins convenable à une physionomie sur laquelle la faculté de tout souffrir sans s'émouvoir semblait avoir imprimé le cachet dont elle avait marqué le front de Shylock[1]. — Vous êtes, s'écria-t-il, un insolent indigne de votre rang, mylord ; et je vous proclamerai tel, si vous ne me donnez réparation de l'insulte que vous m'avez faite.

— Et moi, que vous proclamerai-je, *vous*, qui vous puisse donner le moindre titre à l'attention d'un homme tel que moi? Quel nom donnerai-je à la petite transaction qui a été l'occasion d'une mésintelligence si peu attendue?

Christian resta silencieux, soit de rage, soit de conviction intérieure.

— Allons, allons, Christian, reprit le duc en souriant, nous nous connaissons trop bien tous les deux pour nous quereller impunément. Nous pouvons nous détester mutuellement, — nous pouvons nous tromper l'un l'autre : — c'est l'habitude des cours. — Mais le proclamer! — fi donc!

— Je n'en suis venu là que parce que Votre Grâce m'a poussé à

---

[1] Le juif du *Marchand de Venise* de Shakspeare. (L. V.)

bout. Vous savez, mylord, que j'ai porté les armes tant dans mon pays qu'à l'étranger; et vous ne penseriez pas que j'endurerais aucune indignité que je puisse laver avec le sang.

— Au contraire, dit le duc du même ton de politesse ironique, je puis affirmer en toute sécurité que la vie d'une douzaine de vos amis serait fort peu de chose à vos yeux, Christian, si leur existence pouvait apporter quelque dommage, je ne dirai pas à votre réputation, mais, ce qui est bien plus important, au moindre de vos intérêts. — Fi donc, Christian! il y a longtemps que nous nous connaissons l'un l'autre. Je ne vous ai jamais regardé comme un lâche; seulement, j'aime à voir que je pourrais tirer quelques étincelles de chaleur de votre âme froide et calme. Je vais, si vous voulez, vous apprendre sans détour le sort de la jeune dame, auquel, je vous prie de le croire, je prends un sincère intérêt.

— Je vous écoute, mylord duc. La contraction de votre lèvre supérieure et de vos sourcils ne m'a pas échappé. Votre Grâce connaît le proverbe français : *Rira bien qui rira le dernier*. Mais je vous écoute.

— Remerciez-en le Ciel; car le cas où vous vous trouvez demande de la promptitude, je vous assure, et n'offre pas le moindre sujet de rire. Écoutez donc la simple vérité, en témoignage de laquelle (s'il convenait à un homme tel que moi d'invoquer aucune garantie à l'appui de ce qu'il affirme être vrai) je pourrais vous engager ma vie, ma fortune et mon honneur. C'était avant-hier matin, qu'ayant inopinément rencontré le roi chez la Chiffinch, — où j'avais été pour y consumer une heure et savoir où en était notre projet, — je fus témoin d'une scène fort singulière. Votre nièce épouvanta Chiffinch, — je parle de la Chiffinch femelle, — défia le roi à sa barbe, et sortit en triomphe sous l'escorte d'un jeune drôle fort peu remarquable, si ce n'est par une assez bonne mine et une imperturbable impudence. Tête-Dieu! j'ai peine à m'empêcher de rire quand je pense à la manière dont le roi et moi nous fûmes joués; car je ne nierai pas que j'eusse essayé un instant de badiner avec la belle Indamore. Mais le jeune drôle nous l'enleva, ma foi, à notre nez et à notre barbe, avec la prestesse de mon propre Drawcansir[1] faisant rafle générale à la table de banquet des deux rois de Brentford. Il y avait dans la glorieuse retraite du galant une dignité qu'il faut que je tâche d'inculquer à Mohun[2]; elle ira admirablement à son rôle.

— Ceci est incompréhensible, mylord duc, dit Christian, qui sur ces entrefaites avait recouvré son sang-froid habituel; vous ne pouvez vous attendre à ce que j'en croie rien. Qui aurait eu la hardiesse d'en-

---

[1] Matamore de *La Répétition* de Buckingham. (L. V.)
[2] Acteur renommé de l'époque. (W. S.)

lever ainsi ma nièce, et en présence d'un si auguste personnage? et quel est l'étranger, car ce devait être un étranger pour elle, avec lequel, sage et réservée comme je la connais, elle eût consenti à partir ainsi?

— Mylord, je n'en puis rien croire.

— Un de vos prêtres, mon très-dévot Christian, vous répondrait : Meurs, infidèle, dans ton incrédulité! mais je ne suis qu'un pauvre pêcheur mondain, et j'ajouterai les bribes d'informations que j'ai pu me procurer. Le nom du jeune drôle, à ce que j'ai su, est Julien, fils de sir Geoffrey, qu'on nomme Péveril du Pic.

— Péveril du Diable, qui y a sa caverne! car je connais le galant, et je le crois capable de tout ce qui est hardi et résolu. Mais comment se serait-il introduit en présence du roi? Il faut qu'il ait l'aide de l'enfer, ou que le Ciel se mêle des choses de ce monde plus que je ne le croyais. S'il en est ainsi, que Dieu nous pardonne, à nous qui ne pensions pas qu'il songeât à nous!

— Amen! très-chrétien Christian. Je suis ravi de voir qu'il y ait encore en toi quelque sentiment de grâce qui te fasse augurer ainsi de la Providence. Mais Empson, la Chiffinch, et une demi-douzaine d'autres témoins ont vu l'entrée et la sortie du berger. Que Votre Sagesse les interroge, si vous pensez que votre temps ne puisse être mieux employé à suivre les traces des fugitifs. Je crois qu'il a obtenu entrée comme faisant partie de je ne sais quelle troupe de masques ou de danseurs. Rowley, vous le savez, est aisément accessible à quiconque se présentera comme pouvant contribuer à l'amuser. C'est ainsi que s'est introduit ce redoutable Termagant, comme Samson au milieu des Philistins, pour nous faire crouler notre beau plan sur les oreilles.

— Je vous crois, mylord, reprit Christian; je ne puis m'empêcher de vous croire. Je vous pardonne aussi, car il est dans votre nature de vous faire un jeu de tout ce qui est ruine et destruction. Mais quel chemin ont-ils pris?

— Celui de Derbyshire, je présume, pour se rendre près du père de la belle. Elle parlait d'aller chercher la protection paternelle, au lieu de la vôtre, M. Christian. Il s'était passé chez la Chiffinch certaines choses qui lui donnaient lieu de soupçonner que la manière dont vous aviez disposé d'elle n'obtiendrait probablement pas l'approbation de son père.

— Elle ne sait donc pas, le Ciel en soit loué! que son père est à Londres. Ils se rendront alors ou au château de Martindale, ou à Moultrassie-Hall, et dans les deux cas ils sont en mon pouvoir. — Il faut que je les suive de près. — Je vais reprendre à l'instant même le chemin de Derbyshire; je serais perdu si elle revoyait son père avant que ces fautes soient réparées. Adieu, mylord. Je vous pardonne la part que Votre Grâce, je le crains, a eue dans l'irréussite de notre entreprise; — ce n'est pas le moment des récriminations mutuelles.

— Vous avez raison, M. Christian, et je vous souhaite plein succès. Puis-je vous aider d'hommes, de chevaux ou d'argent?

— Je remercie Votre Grâce, répondit Christian; et il sortit en toute hâte.

Le duc prêta l'oreille à ses pas tandis qu'il descendait l'escalier; et quand il eut cessé de les entendre, il s'écria, en s'adressant à Jerningham qui entrait : *Victoria! victoria! magna est veritas, et prævalebit* [1]!
— Si j'avais dit au coquin un mot de mensonge, il est tellement familiarisé avec toutes les régions de l'imposture, — sa vie entière n'a tellement été qu'une fausseté continuelle, que j'aurais été découvert sur-le-champ; mais je lui ai dit vrai, et c'était le seul moyen de l'abuser. *Victoria!* mon cher Jerningham. Je suis plus fier d'avoir trompé Christian, que je ne le serais d'avoir circonvenu un ministre d'état.

— Votre Grâce fait grand cas de son habileté.

— De son astuce, au moins; et dans les affaires de cour, l'astuce a souvent l'avantage du vent sur l'habileté, — de même que, dans la rade d'Yarmouth, une barque de pêcheur l'emportera sur une frégate. Il ne reviendra pas à Londres, si je puis l'empêcher, avant que toutes ces intrigues aient été menées à fin.

En ce moment, le colonel, dont Sa Grâce s'était enquis à diverses reprises, fut annoncé par un gentilhomme de la maison. — Il n'a pas rencontré Christian? demanda vivement le duc.

— Non, mylord, répondit l'introducteur; le colonel est arrivé par le vieux escalier du jardin.

— Je le pensais bien, répliqua le duc; c'est un hibou qui ne montrera pas ses ailes à la clarté du jour, tant qu'il y aura un buisson à l'abri duquel il puisse se blottir. Le voilà qui sort d'une enfilade de ruelles, de voûtes et de ruines, la mine presque aussi sinistre que celle de l'oiseau de mauvais augure auquel il ressemble.

Le colonel, à qui il ne semblait pas qu'on donnât d'autre qualification que celle de son grade militaire, entra dans la chambre. C'était un homme de haute stature, fortement bâti; il avait dépassé l'âge moyen de la vie, et, n'eût été le nuage épais qui siégeait sur son front, sa physionomie eût paru belle. Soit par humilité, soit par toute autre cause, tandis que le duc lui parlait, ses grands yeux, où se lisait une expression de gravité, se tenaient baissés vers la terre; mais il les levait en répondant, et son regard était alors celui d'un observateur pénétrant. Ses vêtements étaient fort simples, et tenaient plus du costume puritain que de celui des Cavaliers de l'époque; un chapeau noir à grands bords, pareil au *sombrero* espagnol, un ample manteau noir et une longue rapière, lui donnaient quelque chose des dehors d'un Castillan, ressemblance que fortifiaient encore sa gravité et la raideur de ses manières.

---

[1] Victoire! victoire! La vérité est grande, et elle prévaudra.

CHAPITRE XXXVIII.

— Hé bien, colonel, dit le duc, voilà longtemps que nous sommes étrangers l'un à l'autre. — Comment avez-vous conduit la vie?

— Comme les hommes d'action dans des temps de calme, répondit le colonel ; comme un bon *war-caper*[1] qui gît sur le flanc dans une crique vaseuse, et dont les planches et les bordages craquent et se fendent par la sécheresse.

— Hé bien, colonel, j'ai déjà donné de l'emploi à votre valeur, et je puis lui en donner encore ; de sorte qu'il faut voir le bâtiment promptement radoubé, et complétement remis en état.

— Je conjecture, en ce cas, que Votre Grâce a quelque voyage en projet?

— C'est, au contraire, un voyage qu'il s'agit d'interrompre.

— C'est une variation du même air. — Hé bien, mylord, j'écoute.

— Oh! après tout, ce n'est qu'une bagatelle. — Vous connaissez Ned Christian?

— Oui, sûrement, mylord ; nous nous sommes longtemps connus.

— Il est sur le point de partir pour le Derbyshire, en quête d'une certaine nièce à lui qu'il aura peine à y trouver. Or, je compte sur votre amitié éprouvée pour interrompre son retour à Londres. Faites route avec lui ou allez à sa rencontre, cajolez-le ou attaquez-le, prenez-vous y avec lui comme vous voudrez : — seulement tenez-le éloigné de Londres pour une quinzaine au moins, et alors je me soucie peu qu'il y revienne.

— Car alors, je suppose, vous consentez à ce que la fille soit retrouvée par quiconque croira qu'elle vaille la peine qu'on la cherche.

— Tu pourrais la regarder comme valant la peine que tu la cherches pour toi-même, repartit le duc ; je puis t'assurer qu'elle a bien des milliers de points à son jupon[2]. Une femme comme celle-là t'épargnerait la peine de vivre aux dépens du public.

— Mylord, je vends mon sang et mon épée, mais non mon honneur, répliqua l'homme d'un air refrogné ; si je me marie, mon lit sera pauvre, mais il sera honnête.

— Ta femme sera donc la seule chose honnête que tu aies jamais possédée, — du moins depuis que je te connais.

— Vraiment Votre Grâce peut dire sur ce point ce qu'il lui plaît. Ce sont principalement vos affaires que j'ai faites dans ces derniers temps ; et si elles étaient moins strictement honnêtes que je ne l'aurais souhaité, celui qui fait agir est autant à blâmer que celui qui agit. Mais quant à épouser une maîtresse congédiée, homme qui vive (sauf Votre Grâce, envers qui je suis lié) n'oserait me le proposer.

---

[1] Bâtiment corsaire. (W. S.)

[2] Phrase proverbiale : elle a une bonne dot. (L. V.)

Le duc partit d'un grand éclat de rire. — Ma foi, dit-il enfin, c'est juste l'indignation de mon vieux Pistol :

> « Serai-je un sir Pandarus de Troie, tandis que je porte une épée ? — Qu'alors tout aille au diable ! »

— Mon éducation a été trop simple pour que je puisse comprendre des bouts de vers de comédie, mylord, dit le colonel d'un ton bourru. Votre Grâce n'a pas d'autre service à me commander?

— Aucun autre ; — seulement j'ai appris que vous aviez publié une *narration*¹ au sujet du Complot?

— Et pourquoi non, mylord? J'ose croire que je suis un témoin aussi compétent qu'aucun de ceux qui ont paru jusqu'ici?

— En vérité, c'est aussi ma sincère opinion ; et c'eût été dommage, quand un mauvais coup si profitable était en l'air, qu'un si excellent protestant n'y fût pas venu chercher sa part.

— Je suis venu pour prendre les ordres de Votre Grâce, et non pour servir de but à votre esprit, mylord.

— Bravement parlé, très-résolu et très-immaculé colonel! Comme vous allez être pendant un mois à mon service à paye entière, je vous prie d'accepter cette bourse pour vos besoins imprévus et votre équipement ; de temps à autre vous recevrez mes instructions.

— Elles seront ponctuellement suivies, mylord ; je connais les devoirs d'un officier subalterne. Je souhaite le bonjour à Votre Grâce.

A ces mots il empocha la bourse, sans affecter la moindre hésitation et sans autre remercîment, mais tout simplement comme étant la condition d'une transaction régulière ; et il sortit de l'appartement avec la même fierté de démarche et la même gravité sombre qu'à son arrivée.

— Voilà bien un coquin selon mon cœur, dit le duc ; voleur dès son berceau, meurtrier depuis qu'il a pu tenir un couteau, profond hypocrite en fait de religion, plus grand hypocrite encore en fait d'honneur ; — qui vendrait son âme au diable pour accomplir une scélératesse, et couperait la gorge à son frère si son frère osait donner à sa vilenie le nom qui lui appartiendrait. — Hé bien! pourquoi cet air ébahi, mon bon M. Jerningham? et qu'avez-vous à me regarder comme vous regarderiez quelque monstre des Indes dont la vue vous aurait coûté un schilling, et devant lequel vous ouvririez des yeux ronds comme une paire de lunettes? Clignez, mon cher, pour ne pas vous fatiguer la vue, et laissez à votre langue le soin de m'expliquer le mystère.

— Sur ma parole, mylord duc, répondit Jerningham, puisqu'il faut que je parle, tout ce que je puis dire, c'est que plus je vis près de Votre Grâce, plus je suis en peine de pénétrer les motifs de vos actions. D'autres forment des plans pour retirer de leur exécution ou du profit

---

Narrative ; c'était le titre habituel que les *témoins* du fameux Complot donnaient à l'exposé de leurs prétendues découvertes. — *Voy.* la note ZA, fin du vol. (L. V.)

ou du plaisir; mais Votre Grâce ne se plaît qu'à contrecarrer ses propres projets quand ils sont en train de réussir, comme un enfant — pardonnez-moi — qui brise son joujou favori, ou un homme qui mettrait le feu à sa maison à demi bâtie.

— Et pourquoi non, s'il avait besoin de se chauffer les mains à la flamme?

— A la bonne heure, mylord; mais s'il s'y brûlait les doigts? — Mylord, une de vos plus nobles qualités est que vous savez quelquefois écouter la vérité sans vous en offenser; mais n'en serait-il pas ainsi, je ne pourrais, en ce moment, m'empêcher de parler à tout risque.

— Hé bien, continue, je puis t'entendre, dit le duc en se jetant sur un fauteuil, et en faisant jouer son curedent d'un air de gracieuse indifférence et de magnanimité. J'aime à savoir ce que des pots de terre tels que toi pensent de notre manière d'agir, à nous qui sommes de pure porcelaine.

— Au nom du Ciel, mylord, permettez-moi donc de vous demander quel mérite vous prétendez retirer ou quel avantage vous attendez de l'inextricable confusion que vous avez su mettre dans tout ce qui vous concerne? car le chaos que vous y avez introduit égale celui que ce Tête-Ronde aveugle a placé dans son poëme[1], dont Votre Grâce est si enthousiasmé. A commencer par le roi, en dépit de tout son bon naturel, il sera irrité de vous retrouver encore comme rival.

— Sa Majesté m'en a défié.

— Vous avez perdu tout espoir sur l'île, en vous querellant avec Christian.

— Je m'en soucie maintenant comme d'un farthing.

— Dans ce Christian lui-même, que vous avez insulté et dont vous voulez déshonorer la famille, vous avez perdu un adhérent habile, un agent plein d'adresse et de sang-froid.

— Pauvre Jerningham! Christian en dirait autant de toi, je n'en doute pas, si tu étais congédié demain. C'est l'erreur commune d'instruments tels que toi et lui, de vous croire indispensables. Quant à sa famille, qui n'a jamais été honorable, aucune sorte de rapprochement avec ma maison ne la peut déshonorer.

— Je ne dis rien de Chiffinch, tout blessé qu'il sera quand il apprendra comment et par qui son plan a été renversé et la dame enlevée; — de lui ni de sa femme je ne dis rien.

— Et vous n'avez besoin d'en rien dire; car lors même que ce seraient des gens dont il conviendrait de me parler, la duchesse de Portsmouth a fait marché pour leur disgrâce.

— Et puis, ce limier de colonel, comme il se nomme lui-même, Votre Grâce ne peut même lâcher *celui-là* sur la proie qu'elle lui désigne, qu'il

---

[1] On sait que Milton, ancien secrétaire du Protecteur, était aveugle quand il écrivit *le Paradis perdu*. (L. V.)

ne vous faille en même temps lui faire un affront dont il ne manquera pas de se souvenir, pour vous sauter à la gorge si jamais il trouve l'occasion de se tourner contre vous.

— J'aurai soin qu'il ne la trouve pas; et vos craintes, Jerningham, sont des appréhensions de bas lieu. Battez votre chien fort et ferme si vous voulez qu'il vous soit soumis. Laissez toujours voir à vos agents que vous les connaissez pour ce qu'ils sont, et que vous les prisez en conséquence. Un coquin qu'il faudrait traiter en homme d'honneur serait sujet à s'élever au-dessus de sa besogne. Assez donc de vos avis et de votre censure, Jerningham; nous différons de tout point. Si vous et moi nous étions ingénieurs, vous passeriez votre vie à étudier quelque rouet de vieille femme, qui file le chanvre once à once; moi il faudrait que je fusse au milieu des machines les plus variées et les plus compliquées, réglant les poids et les contre-poids, balançant les forces, éprouvant les ressorts et les rouages, dirigeant et commandant cent puissances combinées.

— Et pendant ce temps, votre fortune? Pardonnez cette dernière observation, mylord.

— Ma fortune est trop immense pour se ressentir d'une faible blessure; et j'ai, tu le sais bien, mille onguents en réserve pour les égratignures et les atteintes qu'elle reçoit parfois en graissant mes machines.

— Votre Grâce ne veut pas parler de la poudre de projection du docteur Wilderhead[1]?

— Peuh! c'est un charlatan, un banquiste, un mendiant.

— Ni du plan du solliciteur[2] Drownland[3] pour dessécher les marais.

— C'est un fripon, — *videlicet*[4] un procureur.

— Ni de la vente des bois des Highlands du laird de Lackpelf[5]?

— C'est un Écossais, — *videlicet* à la fois mendiant et fripon.

— Ni des rues adjacentes élevées sur les terrains de votre noble palais?

— L'architecte est un voleur, et le plan une duperie. Je suis fatigué de la vue de ces décombres, et je remplacerai bientôt nos vieux berceaux, nos allées et nos parterres, par un jardin à l'italienne et un nouveau palais.

— Ceci, mylord, dévasterait votre fortune, au lieu de l'améliorer.

— Lourdaud! esprit épais que tu es! tu as oublié un projet plus riche d'avenir que tous les autres, — les Pêcheries de la Mer du Sud; — les actions ont déjà monté de cinquante pour cent. Cours à l'*allée*, et dis au vieux Manassès de m'en acheter pour vingt mille livres[6]. —

---

[1] Tête-à-l'envers.
[2] Procureur.
[3] Terre-noyée.
[4] Autrement dit.
[5] D'Argent-court.
[6] 500,000 fr., somme qui représente, eu égard à l'époque, quatre fois au moins cette valeur au taux actuel. (L. V.)

Pardonne-moi, Plutus; j'oubliais de déposer mon sacrifice sur ton autel, et j'attendais tes faveurs ! — Cours de toute ta vitesse, Jerningham; — cours, cours, cours, comme s'il y allait de ta vie[1] !

Les mains et les yeux levés au ciel, Jerningham quitta l'appartement; et sans penser davantage à ses intrigues anciennes et nouvelles, — aux alliances qu'il avait contractées et aux ennemis qu'il avait provoqués, — à la beauté qu'il avait enlevée à ses protecteurs naturels ainsi qu'à son amant, — au monarque, enfin, vis-à-vis duquel il s'était posé en rival, — le duc se mit à calculer des chances avec tout le zèle de Demoivre, se fatigua au bout d'une demi-heure de cette occupation fastidieuse, et refusa de voir l'agent actif qu'il avait employé dans la cité, parce qu'il était tout occupé de composer une nouvelle satire.

CHAPITRE XXXIX.

> Ah! tête changeante! cœur inconstant!
> *Les progrès du mécontentement.*

NUL événement n'est plus ordinaire dans les ouvrages de la nature de celui-ci, que l'enlèvement d'une femme sur le sort de laquelle l'intérêt est supposé se concentrer; mais celui d'Alice Bridgenorth eut ceci de particulier, que le duc de Buckingham l'ordonna par esprit de contradiction bien plus que par amour ou par un sentiment de rivalité, et que, de même qu'il avait fait ses premières démarches chez la Chiffinch plutôt pour aller sur les brisées de son souverain que par suite de l'impression que la beauté d'Alice eût faite sur son cœur, de même il avait formé tout à coup le plan de la faire enlever par ses agents, moins par le désir de la posséder chez lui que pour intriguer Christian, le roi, Chiffinch, et tous ceux qui avaient trempé dans l'intrigue. Et il est tellement vrai que l'amour était parfaitement étranger à tout ceci, que Sa Grâce fut plus surprise que satisfaite du succès de l'entreprise qui avait fait d'Alice une habitante d'York-House, bien qu'il soit probable qu'il se fût abandonné à un accès de colère furieuse si on lui eût annoncé un échec au lieu d'un succès.

Vingt-quatre heures s'étaient écoulées depuis qu'il était rentré dans

---

[1] Ce qu'on nomme les affaires d'agio, c'est-à-dire le partage par actions des monopoles, des concessions, et de toutes les espèces de sociétés en réunion, était pour le moins aussi commun au temps de Charles II que de nos jours; et comme ces sortes d'opérations ouvrent vers la fortune une route où l'industrie n'est pas nécessaire, elles étaient alors très-suivies par les débauchés de la cour. (W. S.)

son palais; et malgré les avertissements réitérés de Jerningham, il n'avait pu même prendre sur lui de rendre une visite à sa belle captive. Quand enfin il s'y détermina, ce fut avec la répugnance intérieure d'un homme que la nouveauté seule peut arracher à l'indolence.

— Je m'étonne que je me sois embarrassé de cette fille, se disait-il, et que je me sois condamné à affronter toutes les rapsodies nerveuses d'une Philis provinciale, dont la tête est farcie des leçons de sa grand'mère sur la vertu et la Bible, quand avec bien moins de peine j'aurais pu avoir les plus belles et les mieux élevées des femmes de Londres. C'est grand dommage qu'on ne puisse monter le char de triomphe du vainqueur sans avoir à se vanter d'une victoire; c'est pourtant, ma foi, ce que font la plupart de nos galants modernes, mais c'est ce qui ne conviendrait pas à Buckingham. — Hé bien, il faut que je la voie, se dit-il par forme de conclusion, quoique ce ne sera guère que pour en débarrasser la maison. La Portsmouth ne voudra pas entendre parler de la relâcher si près de Charles, tant elle redoute qu'une nouvelle beauté n'enlève le vieux pécheur à son allégeance. Ainsi donc la manière dont il faudra disposer de la petite — car je ne me soucierai guère de la garder ici, et elle est trop riche pour l'envoyer à Cliefden comme femme de charge, — est une chose à considérer.

Il demanda alors un costume qui pût faire ressortir sa bonne mine naturelle, — attention qu'il crut se devoir à lui-même; quant au reste, il se disposa à aller présenter ses hommages à sa belle prisonnière, avec aussi peu d'empressement qu'un brave à se rendre sur le terrain d'un duel auquel il n'apporte d'autre intérêt que le désir de maintenir sa réputation d'homme courageux.

L'appartement consacré à l'usage de ces favorites qui de temps à autre faisaient du palais de Buckingham leur demeure temporaire, et qui souvent, en fait de liberté, étaient tenues de se soumettre à des règles toutes monastiques, cet appartement était séparé du corps principal de la vaste habitation du duc. Il vivait dans un siècle où ce qu'on qualifiait du titre de galanterie justifiait les actes les plus atroces de perfidie et de violence; ce dont on peut citer en preuve la catastrophe d'une actrice infortunée, dont la beauté avait attiré l'attention du feu comte d'Oxford, De Vere. La vertu de l'actrice défiant ses séductions, il l'abusa par un faux mariage; et il fut récompensé d'un succès qui occasionna la mort de sa victime, par l'applaudissement général des galants beaux-esprits qui remplissaient les antichambres de Charles.

Buckingham avait réuni dans l'enceinte de son habitation ducale tout ce qui était nécessaire pour des exploits de même nature; et la suite d'appartements où il se rendait en ce moment offrait au besoin, et selon le degré de répugnance ou de bonne volonté de celles qui y étaient amenées, ou des moyens de contrainte, ou des ressources de luxe et d'amusement.

CHAPITRE XXXIX.

Comme ces appartements servaient maintenant de prison, la clef en fut remise au duc par une vieille dame encapuchonnée, et le nez couvert d'une paire de lunettes, occupée à lire un livre de dévotion dans le vestibule qui servait de point de communication entre ce corps de logis (communément appelé le Couvent) et le reste de la maison. Cette douairière expérimentée remplissait en ces sortes d'occasions les fonctions de maîtresse des cérémonies, et elle était dépositaire de plus d'intrigues que n'en voyaient dans un même espace de temps une douzaine de matrones exerçant sa respectable profession.

— C'est une aussi jolie linotte qui ait jamais chanté en cage, dit-elle en ouvrant la première porte.

— Je craignais, Dowlas, qu'elle ne fût plus disposée à s'attrister qu'à chanter, repartit le duc.

— C'est en effet ainsi qu'elle a été jusqu'à hier, sous le bon plaisir de Votre Grâce; et même, pour dire la vérité, ce matin encore, de bonne heure, on n'entendait autre chose que des sanglots. Mais l'air de la maison de Votre noble Grâce est favorable aux oiseaux chantants; et aujourd'hui les choses se sont fort amendées.

— C'est bien soudain, dame Dowlas; et il est quelque peu singulier, moi ne l'ayant pas encore visitée, que la jolie trembleuse se soit sitôt réconciliée à son destin.

— Ah! l'influence magique de Votre Grâce est telle, qu'elle se communique même à vos murailles, comme dit la sainte Écriture, Exode, chapitres un et sept : Elle s'attache aux murs et aux piliers des portes.

— Vous êtes trop partiale, dame Dowlas.

— Je n'ai rien dit que de vrai; et que je sois rejetée de la bergerie des agneaux, si je ne crois pas que l'extérieur même de cette demoiselle est changé depuis qu'elle est sous le toit de Votre Grâce. Il me semble qu'elle a des formes plus sveltes, une démarche plus légère, une allure plus dégagée; — je ne puis dire en quoi, mais je crois qu'il y a un changement. Mais, hélas! Votre Grâce sait que je suis aussi vieille que fidèle, et que mes yeux deviennent un peu troubles.

— Surtout quand vous les lavez avec un verre de canarie, dame Dowlas, répliqua le duc, qui savait que la tempérance n'était pas au nombre des vertus cardinales dont la pratique était la plus familière à la vieille dame.

— Est-ce de canarie que parle Votre Grâce? s'écria la matrone offensée; — est-ce bien avec du canarie que Votre Grâce supposerait que je me suis lavé les yeux? Je suis fâchée que Votre Grâce ne me connaisse pas mieux.

— Je vous demande pardon, dame Dowlas, dit le duc en secouant d'un air dédaigneux la manche de son habit que la duègne avait saisie dans l'ardeur de sa justification; je vous demande pardon. Vous m'avez convaincu, en vous approchant de moi, que mon imputation était erronée. — J'aurais dû dire du nantz [1], et non du canarie.

A ces mots, il pénétra dans les appartements intérieurs, remplis d'un air de voluptueuse magnificence.

— La vieille a pourtant raison, se dit le fier propriétaire de cette demeure splendide dont lui-même avait ordonné la distribution et les ornements; — une Philis provinciale peut bien se réconcilier avec une prison telle que celle-ci, sans qu'il soit même besoin qu'un habile oiseleur fasse entendre l'appeau. Mais où donc est-elle, cette Fidélia champêtre? Aurait-elle fait retraite, comme un commandant aux abois, dans la citadelle de la place, la chambre à coucher, sans même essayer de défendre les avant-postes?

Tout en faisant cette réflexion, il traversait une antichambre et une petite salle à manger meublées avec un goût exquis, et tapissées d'excellents tableaux de l'école vénitienne.

Au delà de ces deux premières pièces se trouvait un boudoir disposé dans un style d'élégance encore plus étudiée. Les fenêtres étaient garnies de vitraux peints, dont les riches et vives couleurs donnaient aux rayons lumineux qui les traversaient les teintes harmonieuses du soleil couchant, et, selon l'expression célèbre du poëte, « apprenaient à la lumière à simuler l'obscurité. »

Les sensations et le goût de Buckingham avaient été trop souvent et trop promptement satisfaits, pour lui permettre, dans les cas ordinaires, d'être aisément accessible même à ces plaisirs que l'affaire de toute sa vie avait été de poursuivre. Le voluptueux rassasié ressemble à l'épicurien arrivé à cet état de satiété où rien ne réveille plus son appétit languissant, punition suffisante d'avoir fait de la bonne chère le principal objet de ses pensées et de ses jouissances. La nouveauté a cependant toujours quelques charmes, et l'incertitude plus encore.

Ce doute : Comment serai-je reçu? — le changement d'humeur qu'on disait s'être opéré en sa prisonnière, — la curiosité de savoir quelle conduite allait tenir une jeune fille telle qu'on lui avait dépeint Alice Bridgenorth, dans les circonstances où elle se trouvait si inopinément placée, avaient pour effet d'exciter en Buckingham un intérêt inaccoutumé. Il n'éprouvait pourtant aucune de ces émotions inquiètes avec lesquelles un homme, même de l'esprit le plus vulgaire, arrive près de la femme à laquelle il désire plaire; encore moins ressentait-il les sentiments plus raffinés d'amour et de respect, de désir et de crainte, qu'éprouve un amant plus délicat en approchant de l'objet aimé. Il avait été trop complétement *blasé* (pour employer un mot français fort expressif), même dès ses plus jeunes années, pour qu'il pût maintenant

---

[1] Eau-de-vie, ainsi nommée de la ville de Nantes, d'où il s'en faisait de fortes exportations pour l'Angleterre. (L. V.)

CHAPITRE XXXIX.

connaître l'impatience tout animale de l'un, et moins encore la jouissance plus sentimentale de l'autre. Ce n'est pas une légère aggravation de cet état d'esprit sans ressort et sans désirs, que le voluptueux ne puisse renoncer aux poursuites dont il est repu, et qu'il lui faille continuer, pour l'honneur de sa réputation ou par la simple force de l'habitude, de supporter le travail, la fatigue et les dangers de la chasse, alors qu'il prend si peu d'intérêt réel aux résultats.

Buckingham sentit donc qu'il devait à sa réputation d'heureux héros d'intrigues, de mettre une apparence d'empressement dans la manière dont il aborderait Alice Bridgenorth; et en ouvrant la porte de l'appartement intérieur, il s'arrêta pour se demander lequel convenait le mieux en cette occasion du ton de la passion ou de celui de la galanterie. Ce délai lui permit d'entendre quelques accords d'un luth dont on touchait avec une exquise habileté, et qu'accompagnaient les accents encore plus doux d'une voix de femme, laquelle, sans exécuter aucune mélodie déterminée, semblait se faire un jeu de rivaliser avec les sons argentins de l'instrument.

Une créature si bien élevée, se dit le duc, et avec le bon sens dont on la dit douée, rirait, toute rustique qu'elle peut être, des extravagances d'un Orondates. C'est la manière de Dorimont — qui jadis était la tienne, Buckingham, — qui convient ici, outre que c'est le rôle le plus aisé.

Cette détermination prise, il entra dans la chambre avec cette aisance gracieuse qui caractérisait les galants courtisans parmi lesquels il brillait, et il s'approcha de la jolie prisonnière, qu'il trouva assise près d'une table couverte de livres et de musique, ayant à sa gauche la large fenêtre, à demi ouverte, dont les vitraux peints n'admettaient qu'une lumière incertaine dans ce boudoir somptueux, tendu des plus riches tapisseries des Gobelins, orné de vases de porcelaine et de glaces magnifiques, et qui semblait une retraite construite par un prince pour y recevoir sa fiancée.

Les splendides atours de la dame qui l'occupait étaient en rapport avec le goût de l'appartement, et tenaient du costume oriental, que la très-admirée Roxelane avait alors mis à la mode. Un pied mignon et un bas de jambe délicat, qui s'échappaient d'un large pantalon de satin bleu couvert de broderies et de riches ornements, étaient les seules parties de sa personne qu'on pût voir distinctement; le reste était enveloppé, de la tête aux pieds, d'un long voile de gaze d'argent, qui, de même qu'un brouillard vaporeux et transparent suspendu sur un beau paysage, laissait deviner l'exquise beauté de ce qu'il cachait, et portait même l'imagination à ajouter encore aux charmes dérobés aux regards. Ce qu'on voyait du reste du costume avait, de même que le voile et le pantalon, un caractère oriental; un riche turban et un magnifique caftan étaient plutôt indiqués que distincts à travers les plis du voile. L'ensemble de cette parure accusait tout au moins de la coquetterie, chez une belle à qui sa situation devait faire attendre une visite accompagnée de quelques prétentions, et porta Buckingham à sourire intérieurement de ce que lui avait dit Christian au sujet de la candeur de sa nièce et de son extrême simplicité.

Il s'approcha cavalièrement de la dame, et lui adressa la parole de l'air d'un homme qui tout en reconnaissant sa faute a conscience que l'aveu qu'il en fait en est une excuse suffisante. — Belle mistress Alice, dit-il, je sens combien je vous dois d'excuses pour le zèle aveugle de mes gens, qui, vous voyant abandonnée et exposée sans protection pendant une malheureuse querelle, ont pris sur eux de vous conduire sous le toit d'un homme qui exposerait sa vie pour vous épargner un moment d'inquiétude. Est-ce ma faute, si ceux qui m'entourent ont cru devoir intervenir pour votre sûreté, et si, connaissant tout l'intérêt que je devais prendre à vous, ils vous ont retenue jusqu'à ce qu'il me fût possible de venir moi-même recevoir vos ordres?

— Vous ne vous êtes guère empressé, mylord, répondit la dame. Depuis deux jours je suis prisonnière, — négligée, — laissée aux soins de mercenaires.

— Que dites-vous, madame? — Négligée! Par le Ciel! serait-ce le meilleur de mes serviteurs qui eût manqué à ses devoirs envers vous, il serait renvoyé à l'instant!

— Je ne me plains pas du manque d'égards de vos gens, mylord; mais il me semble que ce n'eût été que le devoir du duc lui-même de m'expliquer plutôt pourquoi il a eu la hardiesse de me retenir comme prisonnière d'état.

— La divine Alice peut-elle douter que si le temps et la distance, ces cruels ennemis de l'essor de la passion, m'en eussent laissé la faculté, l'instant où vous avez franchi le seuil de votre vassal eût vu à vos pieds le maître dévoué de cette demeure, lui qui n'a eu d'autre pensée, depuis qu'il vous a vue, que les charmes que cette fatale matinée ont mis sous ses yeux chez la Chiffinch?

— J'en dois donc conclure, mylord, que vous avez été absent, et que vous n'avez eu aucune part à la contrainte qui a été exercée sur moi?

— Absent par les ordres du roi, madame, et occupé de l'accomplissement de son devoir, répondit Buckingham sans hésiter. Que pouvais-je faire? — Lorsque vous quittâtes la maison de Chiffinch, Sa Majesté m'ordonna de monter à cheval, et il me fallut obéir avec une telle précipitation que je n'eus pas le temps de remplacer mes bottines de satin par des bottes de voyage[1]. Si mon absence a entraîné pour vous un moment d'inconvénient, blâmez-en le zèle inconsidéré de ceux qui, me

---

[1] Ce cas n'est pas sans précédent. Parmi les griefs et les soupçons exprimés par le Long-Parlement, on insista beaucoup sur le départ d'un certain agent royal pour le

voyant partir de Londres presque hors de moi à l'idée de me séparer de vous, ont, dans leur grossièreté bien intentionnée, fait tous leurs efforts pour sauver leur maître du désespoir, en lui conservant la belle Alice. A qui auraient-ils pu vous remettre, en effet? Celui que vous aviez choisi pour champion est en prison ou en fuite; — votre père n'est pas à Londres; — votre oncle est dans le nord. Vous aviez exprimé pour la maison de la Chiffinch une aversion bien fondée; quel asile plus convenable vous restait donc que la maison de votre esclave dévoué, où vous devez toujours régner en reine?

— Reine emprisonnée : je ne désire pas une telle royauté.

— Hélas! vous feignez volontairement de ne me pas comprendre, dit le duc en fléchissant un genou devant elle. Quel droit pouvez-vous avoir de vous plaindre de quelques heures d'une contrainte peu rigoureuse, vous qui condamnez tant de malheureux à une captivité sans espoir? Soyez une fois miséricordieuse, et écartez ce voile envieux ; car les divinités sont toujours plus cruelles quand elles rendent leurs oracles du fond de retraites inaccessibles. Souffrez du moins que ma main téméraire....

— J'épargnerai à Votre Grâce cette peine indigne d'elle, interrompit la dame avec hauteur ; et se levant en même temps, elle rejeta en arrière sur ses épaules le voile dont elle était enveloppée. — Regardez-moi, mylord duc, dit-elle en même temps, et voyez si ces charmes sont bien ceux qui ont fait sur Votre Grâce une impression si profonde.

Buckingham arrêta ses yeux sur elle; et l'effet que la surprise produisit sur lui fut si fort, qu'il se releva subitement et resta un instant comme pétrifié. Celle qui était là devant lui n'avait ni la taille ni les suaves contours d'Alice Bridgenorth; et quoique parfaitement bien faite, ses formes étaient si déliées qu'elles avaient quelque chose d'enfantin. Son costume se composait de trois ou quatre vestes courtes de satin brodé disposées l'une sur l'autre, de couleurs différentes, ou plutôt de différentes nuances de la même couleur ; car tout contraste tranchant était soigneusement évité. Ces vestes s'ouvraient par devant, de manière à laisser voir une partie de la gorge et du cou, à demi voilés par un tissu de la plus fine dentelle; la veste extérieure était encore surmontée d'une sorte de manteau de riche fourrure. Sur sa tête était négligemment posé un petit mais magnifique turban, d'où s'échappait une profusion de cheveux d'un noir de jais qu'aurait pu envier Cléopâtre. Le goût et la splendeur du costume oriental s'harmonisaient d'ailleurs avec le teint foncé de la dame, qui eût presque convenu à une Indoue.

Dans cet ensemble de traits où une expression de finesse faisait com

---

continent, départ si brusque, qu'il n'eut pas le temps de changer ses vêtements de cour, — notamment ses bottines blanches et sa culotte de soie noire, — pour un équipement plus convenable en voyage. (W. S.)

pensation au manque de régularité, deux points essentiels, des yeux brillant de l'éclat du diamant, et des dents aussi blanches que la perle, n'échappèrent pas au duc de Buckingham, parfait connaisseur en charmes féminins. En un mot, l'être fantasque et bizarre qui se montrait ainsi inopinément devant lui avait une de ces physionomies qu'on ne peut voir sans qu'elles fassent impression sur vous, dont on se souvient longtemps encore après qu'on est éloigné d'elles, et pour lesquelles, dans nos rêveries, nous sommes tentés d'inventer cent histoires pour flatter notre imagination, en supposant ces traits sous l'influence de différentes sortes d'émotions. Il n'est personne qui n'ait en souvenir des physionomies de cette espèce, qu'une originalité stimulante et une expression pleine de charmes ont gravées dans notre mémoire, et qui ont pour l'imagination quelque chose de plus séduisant même qu'une beauté régulière.

— Mylord-duc, reprit la dame, il semble qu'en levant mon voile j'ai produit sur Votre Grâce l'effet d'un charme magique. Hélas! est-ce ainsi que devait être accueillie la vue de la princesse captive dont le moindre signe devait être un ordre pour un vassal si magnifique? Il me semble qu'elle court grandement la chance d'être mise à la porte, comme une seconde Cendrillon, pour aller chercher fortune parmi les laquais et les porte-torches.

— Je suis confondu! dit le duc. Ce Jerningham... J'aurai le sang du scélérat!

— Ne maltraitez pas Jerningham à cause de tout ceci, reprit l'inconnue; mais prenez-vous-en à vos malheureux engagements. Tandis que vous couriez la poste vers le nord, mylord-duc, en bottines de satin blanc, pour travailler aux affaires du roi, la véritable et légitime princesse était dans les larmes et le deuil, au milieu de la triste solitude à laquelle votre absence la condamnait. Pendant deux jours, elle se désola en vain; mais le troisième, est venue une enchanteresse africaine, qui a opéré pour elle un changement de scène, et pour Votre Grâce un changement de personnes. Il me semble, mylord, que cette aventure sonnera assez mal, quand quelque fidèle écuyer racontera ou écrira les histoires galantes du second duc de Buckingham.

— Battu et bafoué du même coup! dit le duc; — mais le singe femelle a l'esprit tourné pour la satire, de par tout ce qui est piquant! — Dites-moi, belle princesse, comment avez-vous osé vous aventurer à être complice d'un pareil tour?

— Oser, mylord! Faites la question à d'autres; mais non à celle qui ne craint rien.

— Par ma foi, je le croirais, car ton front est bronzé par la nature. — Dites-moi encore, mistress : — quel est votre nom et votre condition?

— Ma condition, je vous l'ai dite : — je suis une sorcière mauritanienne. Mon nom est Zarah.

— Mais il me semble que ces traits, ces formes, ces yeux... Quand t'es-tu fait passer pour une fée dansante? — Tu étais un diablotin de ce genre, il n'y a que quelques jours.

— Vous aurez peut-être vu ma sœur, — ma sœur jumelle; ce n'est pas moi que vous avez vue, mylord.

— Vraiment, ce double de toi-même, si ce n'était pas toi, était possédé d'un esprit muet, comme toi de l'esprit du babil. Je crois encore que toi et elle ne faites qu'une, et que Satan, toujours si puissant sur ton sexe, a eu l'art, lors de notre première rencontre, de te faire retenir ta langue.

— Croyez-en ce que vous voudrez, mylord; cela ne peut changer la vérité. — Et maintenant, mylord, je vous dis adieu. Avez-vous quelques ordres pour la Mauritanie?

— Attendez un peu, ma princesse; souvenez-vous que vous avez volontairement pris la place d'une autre, et qu'il est juste que vous soyez soumise à telle peine qu'il me plaira de vous imposer. Personne ne bravera Buckingham impunément.

— Je ne suis pas pressée de partir, si Votre Grâce a quelques ordres pour moi.

— Quoi! ne craignez-vous ni mon ressentiment ni mon amour, belle Zarah?

— Ni l'un ni l'autre, de par ce gant! Votre colère serait un sentiment bien étroit si elle s'abaissait à une créature aussi faible que moi; et quant à votre amour, — hélas! hélas!

— Pourquoi ces hélas et ce ton de mépris, madame, dit le duc piqué en dépit de lui-même. Croyez-vous que Buckingham ne puisse aimer, ou qu'il n'ait jamais été payé de retour?

— Il a pu se croire aimé, répondit la jeune fille; mais par quelles femmes! — par des créatures dont on pouvait tourner la tête évaporée avec des transports de comédie, — dont la cervelle n'était remplie que de souliers à talons rouges et de bottines de satin, — et pour lesquelles une décoration et une étoile devenaient un argument à les rendre tout à fait folles.

— Et n'y a-t-il pas de belles aussi fragiles dans vos climats, très-dédaigneuse princesse?

— Il y en a, sans doute; mais les hommes les regardent comme des perroquets et des singes, — comme des créatures privées d'âme et de jugement, des êtres sans tête ni cœur. Notre proximité du soleil a purifié nos passions en même temps qu'elle leur a donné plus de force. Les glaçons de votre froid climat convertiront des barres de fer rouge en socs de charrues, avant que la niaiserie prétentieuse de votre prétendue galanterie fasse un instant d'impression sur une âme comme la mienne.

— Vous parlez en femme qui sait ce que c'est qu'une passion. Asseyez-vous, belle dame, et ne vous fâchez pas si je vous retiens encore. Qui pourrait consentir à se séparer d'une bouche dont les paroles ont tant de mélodie, d'un œil dont l'expression a tant d'éloquence? — Vous avez donc su ce que c'est que d'aimer?

— Oui, je le sais, — peu importe que ce soit par expérience ou par ouï-dire; — mais je sais qu'aimer comme j'aimerais ce serait ne pas céder un atome à la cupidité, pas un pouce à la vanité; ce serait ne pas sacrifier le moindre sentiment à l'intérêt ou à l'ambition, mais TOUT donner à la fidélité du cœur et à une affection réciproque.

— Et combien croyez-vous qu'il existe de femmes susceptibles d'éprouver une passion si désintéressée?

— Mille fois plus qu'il n'existe d'hommes qui la méritent. Hélas! que de fois vous voyez la femme, pâle, misérable, dégradée, suivre encore avec une patience qui ne se dément jamais les pas de quelque despote qui la tyrannise, et se soumettre à toutes ses injustices avec la soumission d'un chien fidèle et maltraité, qui estime un regard de son maître, quoique son maître soit le misérable le plus bourru qui ait jamais déshonoré l'humanité, plus que tous les plaisirs que le reste du monde lui pourrait donner! Songez ce qu'une telle femme serait pour l'homme qui serait digne de son dévouement et qui le paierait de retour.

— Tout l'opposé, peut-être; et quant à votre comparaison, je la trouve peu exacte. Je ne puis reprocher à mon chien aucune trahison; mais quant à mes maîtresses.... A vrai dire, il me faudrait toujours être au pas de course si je voulais avoir l'honneur de les quitter avant qu'elles ne changent.

— Et elles vous traitent selon vos mérites, mylord; car qu'êtes-vous?
— Oh! ne froncez pas le sourcil, car il faut qu'une fois vous entendiez la vérité. La nature a fait sa part, en vous donnant un bel extérieur; l'éducation des cours y a ajouté la sienne. Vous êtes noble, c'est un hasard de naissance; — bien fait, c'est un caprice de la nature; — généreux, parce que donner est plus aisé que refuser; — élégant, c'est un honneur qui revient à votre tailleur; — généralement d'un bon naturel, parce que vous avez la jeunesse et la santé; — brave, parce que ne pas l'être serait se dégrader; — spirituel, parce que vous ne pouvez vous empêcher de l'être.

Le duc jeta un regard sur une des larges glaces. — Noble, bien fait, poli, généreux, élégant, de bonne humeur, brave et spirituel! dit-il; — vous m'accordez beaucoup au delà de mes prétentions, madame, et sûrement assez pour réussir, jusqu'à un certain point du moins, dans la faveur des femmes.

— Je ne vous ai accordé ni cœur ni tête, reprit Zarah avec calme. Ne rougissez pas comme si vous vouliez vous jeter sur moi. Je ne dis pas que la nature n'ait pu vous les donner; mais la folie a bouleversé l'une, et l'égoïsme perverti l'autre. L'homme que je regarde comme digne de ce nom est celui dont les pensées et les actions ont pour objet les autres plutôt que lui-même, — dont les nobles desseins sont fondés sur des principes de justice, et qui ne les abandonne jamais tant que le Ciel ou la terre lui donnent les moyens de les accomplir. C'est celui qui jamais ne cherchera un avantage indirect par une route équivoque, non plus qu'il ne prendra un mauvais chemin pour arriver à un but réellement bon. Tel serait l'homme pour lequel le cœur d'une femme devrait battre tant que cet homme vivrait, et se briser quand il mourrait.

Elle s'exprimait avec une telle énergie que des larmes brillaient dans ses yeux, et que ses joues s'étaient colorées d'un vif éclat.

— Vous parlez, dit le duc, comme si vous-même aviez un cœur qui pût payer plein tribut au mérite que vous dépeignez avec tant de chaleur.

— Et ne l'ai-je pas, en effet? s'écria-t-elle en posant la main sur son sein. Le cœur qui bat ici justifierait ce que j'ai dit, à la vie et à la mort.

— S'il était en mon pouvoir, reprit le duc, qui commençait à se sentir plus ému des paroles de cette femme singulière qu'il ne l'eût d'abord cru possible, — s'il était en mon pouvoir de mériter un attachement si fidèle, il me semble que je mettrais tous mes soins à le récompenser.

— Vos richesses, vos titres, votre réputation de galanterie, — tout ce que vous possédez, mylord, serait trop peu pour mériter une affection aussi sincère.

— Allons, belle dame, répliqua le duc un peu piqué, ne soyez pas tout à fait si dédaigneuse. Songez que si votre amour est un or pur, un pauvre diable tel que moi vous peut offrir l'équivalent en argent.

— En fait d'affection, la quantité, chez moi, devrait faire passer sur la qualité.

— Mais je ne porte pas la mienne au marché, mylord, et conséquemment je n'ai pas besoin de l'argent de mauvais aloi que vous m'offrez en échange.

— Comment le saurais-je, ma toute belle? Ceci est le royaume de Paphos; — vous savez mieux que moi dans quel dessein vous l'avez envahi, mais je ne pense pas que vos intentions soient d'accord avec ces airs de cruauté que vous vous donnez maintenant. Allons, allons, — des yeux si vifs peuvent briller de plaisir aussi bien que lancer des éclairs de dédain et de colère. Vous êtes ici en vagabondage dans les domaine de Cupidon, et je dois vous arrêter au nom du souverain.

— Ne songez pas à me toucher, mylord. Ne m'approchez pas, si vous voulez apprendre la cause de ma présence ici. Votre Grâce peut s'il lui plaît se supposer un Salomon; mais moi je ne suis pas une princesse voyageuse, venue de climats lointains soit pour flatter votre orgueil, soit pour admirer votre gloire.

— Un défi, par Jupiter!

— Vous vous trompez de signal, mylord; je ne suis pas venue ici sans prendre les précautions nécessaires pour assurer ma retraite.

— C'est parler bravement; mais jamais forteresse n'a ainsi vanté ses ressources, que la garnison n'ait eu quelque idée de se rendre. Voilà comment j'ouvre ma première tranchée.

Jusqu'alors ils avaient été séparés l'un de l'autre par une table longue et étroite placée dans l'enfoncement de la large fenêtre que nous avons mentionnée, et qui avait formé une sorte de barrière entre la dame et l'aventureux galant. Le duc, en prononçant les derniers mots, fit un mouvement rapide pour la tirer à lui; mais, attentive à tous ses mouvements, la dame s'élança au même instant par la fenêtre entr'ouverte.

Buckingham poussa un cri d'horreur et de surprise, ne doutant pas, au premier moment, qu'elle ne se fût précipitée d'une élévation d'au moins quatorze pieds, car la croisée n'était pas à une moindre distance du sol. Mais s'en étant précipitamment approché, il vit, à son grand étonnement, qu'elle avait opéré sa descente avec autant de sécurité que de prestesse.

L'extérieur de cette demeure splendide était décoré d'une quantité de sculptures de ce style mélangé tenant à la fois du gothique et du grec, qui caractérise l'époque d'Élisabeth et de son successeur; et, bien que le fait parût surprenant, les saillies de ces ornements avaient suffi pour donner un point d'appui à une créature si légère et si agile, même dans sa descente précipitée.

Excité à la fois par la mortification et la curiosité, Buckingham eut d'abord la pensée de la suivre par cette route assez dangereuse; déjà même, à cet effet, il était monté sur l'appui de la fenêtre, et examinait où il pourrait poser le pied avec le plus de sécurité pour descendre, quand, d'un bouquet d'arbrisseaux voisins, au milieu duquel la sylphide avait disparu, il l'entendit chanter un couplet d'une chanson burlesque alors à la mode, faite sur un amant au désespoir qui avait recours à un précipice:

> Quand il fut au bord,
> Et vit l'ouverture,
> Notre pauvre lord
> Fit triste figure.
> Mon amour est malheureux,
> Se dit-il d'un air piteux:
> On remplace une infidèle,
> Par une autre belle;
> Mais un cou rompu, hélas!
> Ça ne se remplace pas.

Le duc ne put s'empêcher de rire, quoique fort à contre-cœur, de l'allusion que faisait ce couplet à la situation absurde où lui-même se trouvait, et, redescendant dans l'appartement, il renonça à une tentative qui aurait pu être dangereuse aussi bien que ridicule. Il appela ses gens, et se borna à ne pas perdre de vue le petit bosquet, ne pouvant se résoudre à croire qu'une femme qui s'était en grande partie jetée au-devant de lui eût l'intention réelle de le mortifier par une retraite.

En un instant la question fut résolue. Une forme humaine, enveloppée d'un manteau, et couverte d'un chapeau à grands bords surmonté d'une large plume, se glissa hors des bosquets, et se perdit presque aussitôt dans les ruines des anciens et des nouveaux bâtiments qui, ainsi que nous l'avons déjà dit, couvraient dans toutes les directions les terrains autrefois appelés York-House.

Les domestiques du duc, obéissant à ses ordres impatients, s'étaient promptement dispersés dans le jardin, à la recherche de l'insaisissable sirène. Leur maître, pendant ce temps, ardent et impétueux dans toute nouvelle poursuite, surtout quand sa vanité était en jeu, les excitait par ses ordres, ses menaces et ses promesses. Tout fut inutile. — Ils ne trouvèrent de la princesse mauritanienne, ainsi qu'elle-même s'était qualifiée, que le turban et le voile qu'elle avait laissés dans les arbres avec ses pantoufles de satin, objets que sans doute elle avait mis de côté pour les échanger contre d'autres moins remarquables.

Voyant que toutes ses recherches étaient vaines, le duc de Buckingham, à l'exemple des enfants gâtés de tout âge et de toute condition, s'abandonna à un fol accès de colère. Dans sa fureur, il jura qu'il tirerait vengeance de celle qui venait de le jouer ainsi, et qu'il gratifiait de mille épithètes outrageantes, parmi lesquelles l'élégante expression de *créature*[1] était la plus fréquemment proférée.

Jerningham lui-même, qui connaissait les courants et les bas-fonds de l'humeur de son maître, et qui craignait rarement d'y lancer la sonde, même au milieu de ses plus violents orages, Jerningham se tint hors de vue dans l'occasion actuelle, et, renfermé avec la vieille duègne dévote, il lui déclara, entre deux verres de ratafia, qu'il craignait, si Sa Grâce n'apprenait pas à mettre quelque frein à son caractère, que les chaînes, l'obscurité, la paille et Bedlam ne fussent le lot final du brillant duc de Buckingham.

[1] *Jilt*, coquette, dans la pire acception du mot. (L. V.)

CHAPITRE XL.

> Les querelles violentes, ardentes et passionnées, ne surgissent pas d'une petite cause. *Albion.*

Les querelles entre mari et femme sont devenues proverbiales ; mais que les bons et honnêtes époux ne pensent pas que des liaisons d'une nature moins permanente soient exemptes de semblables orages. La frasque du duc de Buckingham, et l'évasion d'Alice Bridgenorth, qui s'en était suivie, avaient suscité d'ardentes dissensions au sein du ménage de Chiffinch, quand, à son arrivée en ville, il avait appris ces deux nouvelles assourdissantes.

— Je vous répète, disait-il à son obligeante compagne, qui paraissait peu s'émouvoir de tout ce qu'il pouvait dire à ce sujet, je vous répète que votre damnée insouciance a ruiné l'ouvrage de bien des années.

— C'est, je crois, la vingtième fois que vous le dites, répliqua la dame. Il n'était pas besoin d'une assurance aussi répétée pour que je fusse tout à fait disposée à croire que la moindre bagatelle pouvait renverser un plan de vous, quelque temps que vous ayez mis à le mûrir.

— Comment avez-vous eu la folie de laisser pénétrer le duc dans la maison quand vous attendiez le roi?

— Mon Dieu! Chiffinch, ne devriez-vous pas faire une pareille question au portier plutôt qu'à moi? — J'étais occupée à mettre mon bonnet pour recevoir Sa Majesté.

— Et avec l'adresse d'une chouette, vous donniez, pendant ce temps, la crème à garder au chat.

— Vraiment, Chiffinch, ces courses en province vous rendent excessivement vulgaire! Il y a quelque chose de brutal jusque dans vos bottes, et il n'y a pas jusqu'à vos manchettes de mousseline, chiffonnées comme elles sont, qui ne donnent à vos poignets une sorte de rusticité que je puis bien qualifier de campagnarde.

— Je devrais, marmotta Chiffinch, employer mes bottes et mes poignets à te guérir de ta sotte affectation! Puis, élevant la voix, il ajouta, en homme qui voudrait couper court à un argument en arrachant à son adversaire l'aveu qu'il n'a pas la raison de son côté : A coup sûr, Kate[1], vous devez sentir que tout dépend du bon plaisir de Sa Majesté.

---

[1] Abréviation familière de Katharine ou Catherine. (L. V.)

— Reposez-vous sur moi, répondit-elle; je sais mieux que vous ne pourriez me l'apprendre comment il faut plaire à Sa Majesté. Croyez-vous Sa Majesté assez nigaude pour se désoler comme un écolier parce que son moineau s'est envolé? Sa Majesté a meilleur goût. Je suis surprise que vous, Chiffinch, ajouta-t-elle en se redressant, qui passiez autrefois pour vous connaître en jolies femmes, ayez fait tant de bruit de cette fille de campagne. Elle n'a vraiment pas même le mérite campagnard d'être dodue comme un poulet de basse-cour; elle ressemble plutôt à une alouette de Dunstable, dont on ne ferait qu'une bouchée, os et tout. Qu'importe d'où elle venait et où elle va? Il en reste d'autres, sans aller si loin, qui sont beaucoup plus dignes d'être honorées de l'attention de Sa Majesté, même quand la duchesse de Portsmouth prend ses airs de moquerie.

— Vous voulez parler de votre voisine mistress Nelly; mais c'est déjà ancien, Kate. Qu'elle emploie son esprit à briller dans une compagnie moins élevée; car le jargon d'une troupe de comédiens n'est pas un langage convenable pour la chambre d'un roi¹.

— Peu importe ce que je veux dire et de qui je veux parler; mais je vous dis, Tom Chiffinch, que vous trouverez votre maître tout à fait consolé de la perte de cet échantillon de pruderie puritaine dont vous vouliez l'affubler. Comme si le bon homme n'avait pas assez, pour le tourmenter, des puritains du Parlement, sans que vous les ameniez jusque dans sa chambre à coucher !

— Fort bien, Kate; un homme aurait-il tout le bon sens des sept sages, une femme trouverait encore assez de non-sens pour l'en étourdir. Je ne dirai donc plus rien à ce sujet; mais fasse le Ciel que je trouve le roi dans l'humeur que vous dites! J'ai reçu l'ordre de l'accompagner aujourd'hui sur la Tamise jusqu'à la Tour, où il va faire je ne sais quelle inspection d'armes et de munitions. Ce sont d'adroits compagnons, ceux-là qui parviennent à empêcher Rowley de s'occuper d'affaires; car, sur ma parole, il y est tout disposé.

— Je vous garantis, dit la Chiffinch en se donnant des airs de tête, moins pour son politique époux que pour sa propre figure réfléchie dans

---

¹ Dans les Mémoires d'Evelyn on trouve le curieux passage qui suit au sujet de Nell Gwin, qui vient d'être nommée dans le texte : « Je me promenai avec lui (le roi Charles II), et nous traversâmes le parc Saint-James jusqu'au jardin; là je vis et entendis un entretien très-familier entre... (le roi) et mistress Nelly, comme on la nomme, une comédienne favorite, elle appuyée sur le bord de la terrasse de son jardin de niveau avec le sommet du mur, et (le roi) debout au-dessous sur la pelouse. Je fus profondément affecté de cette scène. » (Evelyn's *Memoirs*, tome 1, p. 416.) (W. S.)

Nous avons précédemment donné sur Nell Gwin quelques détails auxquels nous renvoyons. (*Voyez* la note T.)

Quant à Evelyn, on peut lire une esquisse biographique intéressante de cet agronome homme de bien, dans la septième Lettre du *Voyage historique et littéraire* d'Amédée Pichot en Angleterre et en Écosse, tome 1. (L. V.)

une glace, — je vous garantis que nous trouverons pour l'occuper des moyens qui rempliront suffisamment son temps.

— Sur mon honneur, Kate, je vous trouve étrangement changée, et, pour dire la vérité, il me semble que vous avez acquis une grande confiance en vos propres opinions. Je serai heureux si cette confiance est bien fondée.

La dame sourit dédaigneusement, mais ne daigna pas faire d'autre réponse, à moins qu'on ne prenne pour tel ce qu'elle ajouta « qu'elle allait commander une barque pour suivre sur la Tamise la compagnie royale ».

— Prenez garde à ce que vous faites, Kate ; des femmes du premier rang osent seules se permettre cela. La duchesse de Bolton, — la duchesse de Buckingham, — la duchesse.....

— Qui se soucie d'une liste de noms? Pourquoi ne me mettrais-je pas en avant aussi bien que les plus grands B. de votre enfilade de duchesses[1]?

— Oh! ma foi, tu peux déjà le disputer à la plus grande b...[2] de la cour ; ainsi fais-en ce que tu voudras. Mais ne laisse pas oublier à Chaubert de tenir une collation prête, et un *souper au petit couvert*[3], dans le cas où on le commanderait pour ce soir.

— Oui, c'est là que commence et finit votre connaissance tant vantée des affaires de cour : — Chiffinch, Chaubert et Compagnie. — Rompez l'association, et Tom Chiffinch est ruiné comme courtisan.

— Amen, Kate! et permettez-moi de vous dire qu'il est aussi sûr de compter sur les doigts d'un autre que sur son propre esprit. Mais il faut que je donne des ordres pour les embarcations. — Si vous voulez prendre la pinasse, il y a dans la chapelle des coussins de drap d'or qui pourront servir aujourd'hui à garnir les bancs. On ne s'en sert jamais là où ils sont, ainsi vous pourrez en faire ce que vous voudrez.

Madame Chiffinch se mêla donc à la flottille qui escortait le roi sur la Tamise, et au milieu de laquelle se trouvait la reine, accompagnée de quelques-unes des principales dames de la cour. La petite Cléopâtre rondelette, parée autant à son avantage que son goût avait pu le lui suggérer, et assise sur ses coussins brodés comme Vénus dans sa conque, ne négligea aucune des ressources d'une effronterie minaudière pour attirer sur elle un peu de l'attention du roi; mais Charles, qui n'était pas en bonne humeur, ne daigna pas même tourner les yeux de son côté, jusqu'à ce que les bateliers de la dame, s'étant aventurés à s'approcher de la barge de la reine plus près que ne le permettait l'éti-

---

[1] Faisant allusion à ce que les noms cités par Chiffinch commencent tous par un B. (L. V.)

[2] Il y a là une grossière allusion tout à fait intraduisible, et qui eût été plus sensible en français si les noms des grandes dames cités eussent commencé par un P. (L. V.)

[3] Les mots imprimés en italique sont en français dans le texte.

CHAPITRE XL.

quette, reçurent l'injonction péremptoire de faire volte-face et de sortir du cortége royal. Madame Chiffinch en pleura de dépit, et, transgressant l'avis de Salomon, maudit le roi dans son cœur ; mais elle n'avait pas de meilleur parti à prendre que de retourner à Westminster, et de diriger les préparatifs de Chaubert pour la soirée.

Cependant la barge royale s'arrêta au pied de la Tour ; et le joyeux monarque, accompagné d'une troupe enjouée de dames et de courtisans, fit retentir les échos des antiques murailles de la prison d'accents inaccoutumés de gaîté et de rires. Tandis que le cortége montait des bords de la rivière au centre de l'édifice, d'où le vieux et majestueux donjon de Guillaume-le-Conquérant, appelé la Tour Blanche, domine les ouvrages extérieurs, Dieu sait à combien de galants jeux de mots, bons ou mauvais, donna naissance le parallèle de la prison d'État de Sa Majesté avec celle de Cupidon, et quelles comparaisons alambiquées furent faites entre les yeux des dames et les canons de la forteresse ; ce qui, débité avec le bon air à la mode, et accueilli par le sourire d'une jolie dame, formait la belle conversation de l'époque.

Ce joyeux essaim de têtes frivoles ne s'attacha pas constamment, du reste, aux pas du roi, quoiqu'il eût formé son escorte sur la rivière. Charles, qui souvent prenait des résolutions mâles et sensées, quoiqu'il en fût trop aisément détourné par l'indolence ou les plaisirs, avait eu quelque velléité de voir par lui-même l'état des approvisionnements militaires d'armes et autres dont la Tour, alors comme aujourd'hui, était le dépôt ; et quoiqu'il eût amené le nombre de courtisans qui formait son entourage habituel, trois ou quatre seulement l'accompagnèrent dans l'inspection qu'il avait projetée. Ainsi donc, tandis que le reste de sa suite s'amusait autant que possible dans les autres parties de la Tour, le roi, accompagné des ducs de Buckingham et d'Ormond, et d'un ou deux autres seigneurs, parcourait la salle bien connue dans laquelle est réuni le plus riche magasin d'armes du monde, et qui, bien que loin alors du point de rare perfection où elle est actuellement parvenue, était déjà un arsenal digne de la grande nation à laquelle il appartenait.

Le duc d'Ormond, bien connu par ses services durant la grande guerre civile, était alors, comme nous l'avons déjà fait remarquer précédemment, en termes assez froids avec son souverain, qui néanmoins le consultait en mainte occasion, et qui avait voulu avoir ses avis dans le cas actuel, en un moment où il n'était pas peu à craindre que le Parlement, dans son zèle pour la foi protestante, ne témoignât le désir de prendre sous sa surveillance exclusive les magasins d'armes et de munitions. Tandis que Charles manifestait tristement ses craintes que les méfiances populaires du temps ne conduisissent à ce résultat, et s'entretenait avec Ormond des moyens d'y échapper ou de le détourner, Buckingham, se tenant un peu en arrière, s'amusait à tourner en ridicule l'apparence antique et les manières embarrassées du vieux gardien qui les accompagnait en cette occasion, et qui se trouva être celui-là même qui avait escorté Julien Péveril à sa nouvelle place de détention. Le duc poursuivait le cours de ses railleries avec d'autant plus d'activité, qu'il trouva dans le vieillard, malgré la contrainte imposée par le lieu et la présence royale, un homme au total assez bizarre, et propre à fournir à son persécuteur ce que les mystificateurs appellent *beau jeu*. Les diverses pièces d'armures antiques dont les murailles étaient couvertes servaient principalement de prétexte aux jeux d'esprit du duc, qui insistait pour entendre de la bouche du vieillard, qui, disait-il, pouvait mieux que personne avoir conservé le souvenir des choses passées depuis les temps du roi Arthur tout au moins, l'histoire des différentes armes de guerre, et les anecdotes relatives aux batailles dans lesquelles ces armes avaient été portées. Le vieillard souffrait évidemment lorsqu'il était obligé, par des questions répétées, de raconter les légendes (souvent assez absurdes) que la tradition du lieu avait rattachées à chaque relique particulière. Loin de brandir sa pertuisane et de grossir sa voix, selon l'usage ancien et moderne de ces *ciceroni* guerriers, ce n'était qu'à grand'peine qu'on arrachait de lui une seule parole sur ces objets au sujet desquels leur érudition est habituellement intarissable.

— Savez-vous, mon ami, lui dit enfin le duc, que je commence à changer d'opinion sur vous? Je supposais que vous deviez avoir servi comme archer des gardes depuis les rudes temps du roi Henri, et je m'attendais à entendre quelque chose de vous au sujet du champ du Drap d'Or; — je pensais même à vous demander la couleur du nœud de corsage d'Anne de Boulen, qui coûta trois royaumes au pape. Mais je crains que vous ne soyez qu'un novice dans de tels souvenirs d'amour et de chevalerie. Es-tu bien sûr de n'être pas sorti de quelque obscure boutique du quartier de la Tour pour te faufiler dans ton office guerrier, et de n'avoir pas échangé une aune à fausse mesure pour cette glorieuse hallebarde? — Je garantis que tu ne pourrais même dire à qui cette pièce d'antique panoplie a appartenu?

Le duc désignait au hasard une cuirasse suspendue parmi d'autres, et qui n'était guère remarquable que parce qu'elle était plus luisante.

— Je devrais connaître cette pièce de fer, répondit le gardien avec brusquerie, quoique sa voix fût légèrement altérée; car je l'ai vue sur la poitrine d'un homme qui n'aurait pas enduré la moitié des impertinences que j'ai entendues aujourd'hui.

Le ton du vieillard, aussi bien que ses paroles, attirèrent l'attention de Charles et du duc d'Ormond, qui n'étaient qu'à deux pas en avant. Ils s'arrêtèrent tous deux et se retournèrent, le premier disant en même temps : Qu'est ceci, maraud? — Que signifie une telle réponse? — De quel homme parlez-vous?

— D'un homme qui n'est plus rien maintenant, répondit le gardien, quelque chose qu'il ait pu être.

— Le vieillard parle sûrement de lui-même, dit le duc d'Ormond en examinant avec plus d'attention la physionomie du gardien, qui s'efforçait en vain de se détourner. — Je suis sûr que ces traits ne me sont pas inconnus. — N'êtes-vous pas mon vieil ami le major Coleby ?

— J'aurais voulu que la mémoire de Votre Grâce fût moins fidèle, répondit le vieillard dont les traits se colorèrent d'une vive rougeur, et qui baissa les yeux vers la terre.

Le roi fut vivement ému. — Grand Dieu ! s'écria-t-il, le brave major Coleby, qui nous rejoignit à Warrington avec ses quatre fils et cent cinquante hommes ! — Est-ce là tout ce que nous pourrions faire pour un vieil ami de Worcester ?

De grosses larmes remplirent les yeux du vieillard, tandis que, d'une voix entrecoupée, il répondait : Ne pensez pas à moi, sire ; je suis assez bien ici : — c'est un soldat usé qui se rouille parmi de vieilles armures. Pour un vieux Cavalier mieux partagé, il en est vingt plus à plaindre. — Je suis fâché que Votre Majesté en ait rien su, puisque cela la chagrine.

Avec cette bonté qui, chez lui, rachetait bien des défauts, Charles, tandis que le vieillard parlait, lui prit la pertuisane des mains, et la mit dans celles de Buckingham, en disant : Ce que la main de Coleby a porté ne peut déshonorer ni la vôtre ni la mienne, — et vous lui devez cette réparation. Il fut un temps où, avec moins de provocation, il vous en aurait donné sur les oreilles.

Le duc s'inclina profondément ; mais il rougit de colère, et profita de la première occasion de déposer négligemment la pertuisane contre un faisceau d'armes. Le roi ne remarqua pas un mouvement de mépris qui peut-être lui aurait déplu, attendu qu'en ce moment il était tout occupé du vieux soldat qu'il exhortait à s'appuyer sur son bras, tandis qu'il le conduisait vers un siége, ne permettant pas que personne autre l'assistât. — Restez ici, mon vieil et brave ami, lui dit-il ; il faudrait vraiment que Charles Stuart fût bien pauvre pour que vous portassiez cet habit une heure de plus. — Vous devenez bien pâle, mon bon Coleby, vous qui étiez si coloré il y a quelques minutes. Ne vous affectez pas de ce que dit Buckingham ; personne ne fait attention à ses folies. — Vous paraissez de plus en plus mal. Allons, allons, cette rencontre vous a trop agité. Restez tranquillement assis, — ne vous levez pas, — ne cherchez pas à mettre un genou en terre. Je vous ordonne de vous reposer jusqu'à ce que j'aie fait le tour de ces salles.

Le vieux Cavalier baissa la tête en signe d'obéissance à l'ordre de son souverain ; mais il ne la releva plus. La tumultueuse agitation de ce moment avait été trop forte pour un esprit depuis longtemps réduit à un état d'affaissement, et pour une santé très-délabrée. Quand le roi et sa suite, après une demi-heure d'absence, revinrent à la place où ils avaient laissé le vétéran, ils le trouvèrent mort et déjà froid, dans l'attitude d'un homme doucement endormi. Le roi fut violemment ému, et ce fut d'une voix profondément altérée qu'il ordonna que le corps fût honorablement enseveli dans la chapelle de la Tour [1]. Il resta ensuite silencieux jusqu'à ce qu'il fût parvenu aux degrés qui sont au front de l'arsenal, et où tous ceux qui l'avaient accompagné en venant commencèrent à se réunir à son approche, ainsi que quelques autres personnes d'apparence respectable, que la curiosité avait attirées.

— Ceci est horrible, dit le roi. Il nous faut trouver quelques moyens de soulager la détresse et de récompenser la fidélité de nos serviteurs malheureux; sinon la postérité jettera l'anathème sur notre mémoire.

— De pareils plans ont été souvent agités dans le conseil de Votre Majesté, dit Buckingham.

— C'est vrai, Georges, répondit le roi. Je puis dire en toute sûreté que ce n'est pas ma faute. Voilà des années que j'y pense.

— Un tel sujet ne saurait être trop mûrement considéré, repartit Buckingham; d'ailleurs, chaque année rend la tâche plus aisée.

— Sans doute, dit le duc d'Ormond, en réduisant le nombre de ceux qui souffrent. Voici le pauvre vieux Coleby qui ne sera plus un fardeau pour la couronne.

— Vous êtes trop sévère, mylord d'Ormond, dit le roi, et vous devriez respecter les sentiments que vous blessez. Vous ne pouvez supposer que nous eussions permis que ce pauvre homme restât dans une telle situation, si elle nous eût été connue?

— Hé bien donc, sire, au nom du Ciel, reprit le duc d'Ormond, que vos yeux, qui viennent de s'arrêter sur le cadavre d'un ancien ami, se tournent sur la détresse des autres. Ici se trouve le vieux et brave sir Geoffrey Péveril, qui s'est montré, durant toute la guerre, partout où il y avait des coups en l'air, et qui, je crois, fut le dernier en Angleterre à mettre bas les armes; — ici se trouve son fils, de qui j'entends parler de la manière la plus honorable, comme d'un jeune homme plein d'ardeur, de talents et de courage; — ici se trouve l'infortunée famille de Derby. — Par pitié, sire, intervenez en faveur de ces victimes que cet hydre de Complot a enveloppées de ses plis pour les étouffer; — montrez-vous sévère pour les ennemis acharnés à leur perte, et trompez l'espoir des harpies avides de leurs dépouilles. Depuis huit jours la malheureuse famille, le père et le fils, est destinée à être mise en jugement pour des crimes dont elle est aussi innocente, je ne crains pas

---

[1] Une anecdote de ce genre est conservée parmi les légendes de la Tour. Les circonstances de ce fait touchant sont, je crois, rapportées dans un des petits livrets que l'on met entre les mains des visiteurs; mais on ne les trouve pas dans les éditions récentes. (W. S.)

de l'affirmer, qu'aucun de ceux qui se trouvent en ce moment en présence de Votre Majesté. Pour l'amour de Dieu, sire, laissez-nous espérer que si les préventions du peuple les condamnaient, comme elles en ont condamné d'autres, vous vous placeriez enfin entre les limiers altérés de sang et leur proie.

Le roi parut dans une grande perplexité, et il l'était en effet.

Buckingham, qu'une inimitié constante et presque mortelle séparait de d'Ormond, s'interposa pour effectuer une diversion en faveur de Charles. — La bienveillance royale de Votre Majesté, dit-il, ne manquera jamais de sujets sur lesquels elle se puisse exercer, tant que le duc d'Ormond sera près de votre personne. Il garde ses manches taillées amplement à l'ancienne mode, afin de pouvoir toujours y conserver un assortiment de Cavaliers ruinés pour les produire à volonté, rare collection de vieux enfants décharnés, au nez aviné, au front chauve, aux jambes en fuseau, aux interminables histoires d'Edgehill et de Naseby.

— Ma manche, j'en conviens, est de coupe antique, répliqua d'Ormond en regardant le duc en face ; mais je n'y attache ni spadassins ni coupe-jarrets, mylord de Buckingham, comme j'en vois amarrés aux habits taillés à la nouvelle mode.

— Ceci est un peu trop vif pour notre présence, mylord, dit le roi.

— Non, si je prouve ce que j'ai dit, sire. — Mylord de Buckingham, voudriez-vous nommer l'homme à qui vous avez parlé en sortant de la barge ?

— Je n'ai parlé à personne, répondit vivement le duc. — Ah ! si, je me trompe ; je me souviens qu'un homme m'a dit à voix basse que quelqu'un que je croyais sorti de Londres était encore en ville. C'est une personne avec laquelle je suis en affaires.

— N'était-ce pas là le messager ? dit d'Ormond en désignant, parmi ceux qui se pressaient dans la cour, un homme de haute stature, d'assez mauvaise apparence, enveloppé d'un grand manteau, la tête couverte d'un chapeau de feutre noir à larges bords, et portant une longue épée à l'espagnole : — ce même colonel, en un mot, que Buckingham avait dépêché en quête de Christian, et qu'il avait chargé de le retenir loin de Londres.

Les yeux de Buckingham suivirent la direction du doigt de d'Ormond, et il ne put s'empêcher de rougir assez pour attirer l'attention du roi[1].

— Quelle nouvelle folie est ceci, Georges ? dit-il. — Messieurs, faites avancer cet homme. Sur ma vie, il a l'air d'un vrai bandit ! — Dites-moi, l'ami, qui êtes-vous ? Si vous êtes honnête homme, la nature a oublié d'en mettre le cachet sur votre physionomie. — Personne ici ne le connaît-il ?

---

[1] *Voyez* la note ZB, à la fin du volume.

« Avec tous les dehors d'un vrai coquin, parbleu,
Si c'est un honnête homme il cache bien son jeu ! »

— Il est parfaitement connu de bien des gens, sire, reprit d'Ormond ; et le voir marcher sur cette place, la tête sur ses épaules et les membres libres, est une preuve, entre beaucoup d'autres, que nous vivons sous la domination du prince le plus miséricordieux d'Europe.

— *Oddsfish*[1] ! qu'est cet homme, mylord duc? reprit le roi. Votre Grâce parle en énigmes. — Buckingham rougit, — et le coquin lui-même se tait.

— S'il plaît à Votre Majesté, répondit le duc d'Ormond, cet honnête homme, que la modestie rend muet, quoiqu'elle ne le puisse faire rougir, est le fameux colonel Blood, comme il se nomme lui-même, dont la tentative pour s'approprier la couronne royale de Votre Majesté eut lieu, il n'y a pas bien longtemps, ici même, à la Tour de Londres.

— Cet exploit ne saurait s'oublier aisément, dit le roi ; mais si le drôle vit encore, cela montre la clémence de Votre Grâce aussi bien que la mienne.

— Je ne puis nier que j'aie été entre ses mains, sire ; et j'aurais certainement été assassiné par lui s'il eût voulu me tuer sur la place au lieu de me réserver — je le remercie de l'honneur — pour être pendu à Tyburn. J'aurais certainement été expédié, s'il m'eût jugé digne d'un coup de coutelas ou de pistolet, ou de toute autre chose que de la corde. — Regardez-le, sire ! Si le coquin osait, il dirait en ce moment, comme Caliban dans la comédie : — Ho, ho ! que ne l'ai-je fait !

— *Oddsfish* ! il a, sur ma foi, mylord, un sourire perfide qui semble en dire tout autant ; mais, mylord duc, nous lui avons pardonné, de même que Votre Grâce.

— Il eût été malséant à moi, sire, de poursuivre avec sévérité une tentative contre mon humble vie, quand il avait plu à Votre Majesté de lui pardonner sa tentative encore plus outrageuse et plus insolente contre votre couronne royale. Mais je dois regarder comme un trait de suprême insolence de la part de ce bretteur sanguinaire, n'importe qui le soutienne maintenant, qu'il se montre à la Tour, théâtre d'une de ses scélératesses, et devant moi, qui fus presque la victime d'une autre.

— Nous y mettrons ordre pour l'avenir, repartit le roi. — Écoutez-moi, misérable Blood ; si jamais vous osez de nouveau vous montrer devant nous, je ferai faire connaissance au coutelas du bourreau avec vos oreilles de mauvais drôle !

Blood s'inclina ; et avec un sang-froid d'impudence qui faisait grand honneur à l'impassibilité de ses nerfs, il répondit qu'il n'était venu à la Tour qu'accidentellement, pour faire part à un ami particulier d'une

---

[1] Sorte de juron favori de Charles II. (L. V.)

affaire importante. — Mylord duc de Buckingham, ajouta-t-il, savait bien qu'il n'avait pas d'autres intentions.

— Éloignez-vous, infâme coupe-jarrets, s'écria le duc, aussi choqué des prétentions d'intimité du colonel Blood que pourrait l'être un débauché de bonne famille contre les ignobles compagnons de ses courses nocturnes par la ville, s'ils venaient l'accoster en plein jour au milieu d'une meilleure compagnie. — Éloignez-vous ! et si vous osez citer encore mon nom, je vous ferai jeter dans la Tamise.

Blood, ainsi rebuffé, tourna sur ses talons et s'éloigna du groupe royal avec le sang-froid le plus insolent ; tous les yeux fixés sur lui comme sur quelque étrange et monstrueux prodige, tant il était renommé pour sa résolution et sa scélératesse audacieuse. Quelques personnes même le suivirent, pour examiner plus à loisir le fameux colonel Blood, comme la troupe de petits oiseaux qui vole autour du hibou quand il se montre à la lumière du soleil. Mais de même que dans ce cas ces curieux inconsidérés ont soin de se tenir à distance du bec et des serres de l'oiseau de Minerve, de même aucun de ceux qui suivaient et contemplaient Blood comme quelque chose de sinistre augure ne se souciait d'échanger un regard avec lui, non plus que de supporter et de rendre ceux que d'un air sombre et irrité il lançait de temps à autre sur les plus rapprochés de lui. Il s'avança ainsi, semblable à un loup relancé mais encore menaçant, craignant de s'arrêter et ne voulant pas fuir, jusqu'à la porte du Traître ; là, sautant dans un batelet qui l'attendait, il disparut aux yeux de tous.

Charles aurait voulu effacer tout souvenir de cette apparition. Il fit observer qu'il serait honteux qu'un tel misérable réprouvé fût un sujet de discorde entre deux seigneurs de distinction, et il ordonna aux ducs de Buckingham et d'Ormond de se donner la main, et d'oublier une mésintelligence née d'une cause si peu digne d'eux.

Buckingham répondit d'un air d'insouciance que « les honorables cheveux blancs du duc d'Ormond le justifiaient suffisamment, lui Buckingham, de faire les premières avances pour une réconciliation ; » et il tendit la main au vieux duc. Mais d'Ormond se contenta de saluer, et dit qu'il n'y avait pas à craindre que la cour fût troublée par ses ressentiments personnels, puisque le temps ne pouvait lui ôter vingt années, ni le tombeau lui rendre son brave fils Ossory. — Quant au scélérat qui s'était introduit devant eux, ajouta-t-il, il lui avait une obligation, puisque en montrant que la clémence de Sa Majesté s'étendait même au plus indigne des criminels, il fortifiait son espoir d'obtenir la faveur du roi pour ceux de ses amis innocents qui se trouvaient alors en prison et en danger, sous les odieuses accusations élevées contre eux au sujet du Complot papiste.

Le roi ne répondit à cette insinuation qu'en ordonnant qu'on se rembarquât pour retourner à Whitehall ; et il prit alors congé des officiers de la Tour qui l'entouraient, par un de ces compliments flatteurs que personne ne savait tourner mieux que lui, sur leur exactitude à s'acquitter de leurs devoirs. En même temps, il donna des ordres sévères et précis pour la garde et la défense de l'importante forteresse confiée à leurs soins, et de tout ce qu'elle renfermait.

Avant de se séparer de d'Ormond, à leur arrivée à Whitehall, il se tourna vers lui en homme dont la résolution est arrêtée, et il lui dit : Soyez satisfait, mylord duc ; — la situation de nos amis sera prise en considération.

Dans la même soirée, l'attorney général [1], et North, lord président de la cour des Plaids-Communs, reçurent l'ordre secret de se rendre le soir même près de Sa Majesté, pour des affaires d'État, dans les appartements de Chiffinch, centre général de tous les genres d'affaires, sérieuses ou galantes.

CHAPITRE XLI.

> Et cependant, Corah, tu échapperas à l'oubli. Élève-toi, bronze monumental, aussi haut que le serpent fait d'airain comme toi, tandis que les nations se tiendront à l'abri sous ton ombre !
>
> *Absalom et Achitophel.*

La matinée que Charles avait passée à visiter la Tour avait été bien différemment employée par les malheureux que leur mauvais destin et la singularité du temps avaient conduits, quoique innocents, dans les donjons de cette prison d'état, et qui avaient reçu l'avis officiel que leur procès serait instruit le septième jour suivant, devant la cour du Banc du roi, à Westminster. Le bon vieux Cavalier ne répondit d'abord à l'officier qu'en se plaignant, sur un ton de plaisanterie, qu'il eût troublé son déjeuner par la nouvelle qu'il lui apportait ainsi ; mais il se montra fort affecté quand il sut que Julien était compris dans le même acte d'accusation.

Nous ne voulons nous arrêter que très-sommairement sur la nature de leur procès, qui ne différa pas, dans sa généralité, de la plupart de ceux auxquels donna lieu le Complot papiste. C'étaient quelques témoins infâmes et parjures dont la profession de délateurs habituels était devenue effroyablement lucrative, qui affirmaient sous serment que

---

[1] Le procureur-général. (L. V.)

les accusés s'étaient eux-mêmes déclarés attachés à la grande confédération catholique. Puis, nombre d'autres produisaient des faits ou des inductions propres à attaquer le caractère de bons protestants et de fidèles sujets des parties ; et de cet amas de témoignages directs ou de présomptions, on extrayait habituellement de quoi justifier, pour une cour vendue et des jurés parjures, le verdict fatal de culpabilité.

La fureur du peuple avait pourtant commencé à se calmer, épuisée par sa propre violence. La nation anglaise diffère de toutes les autres, même de celle des deux royaumes-frères unis sous le même sceptre, en ce qu'elle se rassasie aisément de supplices, alors même qu'ils sont regardés comme le mieux mérités. D'autres peuples ressemblent au tigre apprivoisé, qui ne respire que le carnage quand une fois on a laissé se réveiller son appétit naturel pour le sang. Les Anglais ont toujours ressemblé davantage à ce qu'on dit de cette race de chiens [1] ardente et bruyamment acharnée à poursuivre sa proie, mais qui abandonne la piste dès qu'elle est marquée par des traces de sang.

Les esprits commençaient à se calmer ; — le caractère des témoins était examiné de plus près ; — leurs dépositions n'étaient plus si aveuglément admises ; — enfin, on avait commencé à concevoir un salutaire soupçon contre des gens qui ne voulaient jamais dire qu'ils avaient indiqué tout ce qui était à leur connaissance, mais qui toujours réservaient ouvertement quelque circonstance nouvelle à révéler pour appuyer de nouvelles accusations.

Le roi aussi, qui était resté passif durant le premier débordement de la furie populaire, commençait lui-même à sortir de son apathie, ce qui produisait un effet bien marqué sur la conduite du Conseil de la Couronne, et même sur celle des juges. Sir Georges Wakeman [2] avait été acquitté, en dépit du témoignage direct de Oates, et l'attention publique était vivement excitée au sujet de l'issue de la prochaine affaire, qui se trouvait être celle des deux Péveril père et fils, près desquels, d'après je ne sais quel point de rapprochement, le nain Hudson fut placé à la barre de la cour du Banc du Roi.

Ce fut un spectacle attendrissant de voir un père et son fils, séparés depuis si longtemps, réunis dans de si tristes circonstances ; et bien des larmes coulèrent quand le majestueux vieillard, — car tel il était encore, malgré le poids des années, — serra son fils sur son cœur, avec un mélange de joie, de tendresse et d'amères prévisions de l'issue du procès. Cette vue produisit dans la cour une émotion qui, pour un moment, fit taire toute irritation et toute prévention de parti. Nombre

---

[1] *Sleuth-dogs.*

[2] Médecin de la reine. Ce procès avait été regardé comme un des plus importants de la fameuse Conspiration, en ce que la reine elle-même se trouvait en quelque sorte inculpée en même temps que son médecin. Aussi cet acquittement, qui marque une nouvelle ère dans l'histoire du Complot, eut-il un grand retentissement. (L. V.)

de spectateurs versèrent des larmes, et on entendit même, dans diverses parties de l'auditoire, le bruit de sanglots étouffés.

Ceux des spectateurs à qui il restait assez de sang-froid pour accorder quelque attention au nain Geoffrey Hudson, qui avait à peine été remarqué au milieu de l'intérêt dominant excité par ses compagnons d'infortune, furent frappés de l'air de mortification profonde qui se peignait sur la physionomie de ce pauvre petit être. Il avait consolé sa grande âme par la pensée de remplir le rôle qu'il était appelé à soutenir, d'une manière dont on se souviendrait longtemps dans la cour; et à son entrée, il avait regardé les nombreux spectateurs, ainsi que les juges, d'un air cavalier où il avait voulu mettre à la fois de la grâce, un parfait savoir-vivre, un sang-froid absolu, et une noble insouciance de l'issue du jugement. Mais sa petite personne fut tellement rejetée dans l'ombre et mise de côté au moment de l'entrevue du fils et du père, lesquels avaient été amenés de la Tour sur des barques différentes, et placés à la barre au même moment, que sa détresse et sa dignité furent également repoussées à l'arrière-plan, et qu'elles n'excitèrent ni sympathie ni admiration.

Le parti le plus sage que le nain eût pu prendre pour attirer l'attention eût été de se tenir en repos, car un extérieur aussi remarquable que le sien n'aurait pu manquer d'obtenir à son tour la part d'attention publique qu'il convoitait si ardemment. Mais quand la vanité personnelle a-t-elle écouté les suggestions de la prudence? — Notre impatient ami grimpa, non sans quelque difficulté, sur le banc qui lui devait servir de siége; et là, « se donnant toutes les peines du monde pour se tenir sur la pointe des pieds, » comme le brave sir Chaunticlere de Chaucer, il appela sur lui les regards de l'auditoire en saluant et en interpellant comme ancienne connaissance son homonyme *major* sir Geoffrey, dont il atteignait à peine les épaules, malgré sa station élevée.

Sir Péveril, dont l'esprit était bien différemment occupé, ne fit nulle attention à ces avances du nain, et s'assit avec la résolution de plutôt mourir sur la place que de montrer le moindre symptôme de faiblesse devant des Têtes-Rondes et des presbytériens; épithètes vieillies sous lesquelles il réunissait tous ceux qui avaient pris part à ses embarras actuels, l'esprit trop plein d'anciennes idées pour trouver dans les nouvelles qualifications de partis des dénominations d'une date plus récente.

Par le changement de position de sir Geoffrey le grand, son visage se trouva de niveau avec celui de sir Geoffrey le petit, lequel profita de l'occasion pour le tirer par l'habit. Le sir Geoffrey de Martindale-Castle, par un mouvement plutôt machinal que réfléchi, se tourna vers la large face ridée qui, partagée entre le désir de se donner un air d'importance aisée et l'impatience de se faire remarquer, grimaçait à deux pas de lui. Mais ni la singulière physionomie du nain, ni les signes de tête qu'il lui adressait, ni les sourires de connaissance qui contournaient ses traits, ni l'étrange petit corps que surmontait cette tête, n'eurent le pouvoir de réveiller le moindre souvenir dans l'esprit du chevalier ; et ayant regardé un instant le pauvre petit homme d'un air étonné, le gigantesque homonyme de celui-ci détourna la tête et ne lui accorda pas une plus longue attention.

Julien Péveril, connaissance plus récente du nain, éprouva, même au milieu de ses émotions douloureuses, quelque sympathie pour celles de son petit compagnon de souffrances. Dès qu'il se fut aperçu qu'il se trouvait avec lui à cette redoutable barre, bien qu'il ne pût se rendre compte du rapport qui réunissait leurs causes, il lui secoua cordialement la main, marque de souvenir que le vieillard lui rendit avec une dignité affectée et une gratitude véritable. — Digne jeune homme, lui dit-il, ta présence est fortifiante, comme le *nepenthès*[1] d'Homère, même dans cette *syncopè*[2] de notre destin mutuel. Je suis fâché de voir que l'âme de votre père n'a pas la même chaleur que les nôtres, qui sont logées dans une enveloppe plus restreinte, et qu'il a oublié un ancien camarade, un vieux compagnon d'armes, qui se trouve maintenant près de lui pour faire avec lui, peut-être, sa dernière campagne.

Julien répondit en peu de mots que son père avait dans l'esprit bien des causes de préoccupation. Mais le petit homme, — qui, pour lui rendre justice, ne se souciait pas plus (pour employer sa propre phrase) d'un danger imminent ou de la mort que de la piqûre d'une *proboscis*[3] de puce, — ne renonça pas aisément au secret objet de son ambition, à savoir, d'obtenir une marque d'attention du grand et robuste sir Geoffrey Péveril, qui, ayant au moins trois pouces de plus que son fils, était proportionnellement doué de cette excellence supérieure que le pauvre nain plaçait, dans le fond de son âme, au-dessus de toute autre distinction, quoique dans ses discours il en fît l'objet continuel de ses sarcasmes. — Mon cher camarade et homonyme, reprit-il en étendant le bras de manière à toucher de nouveau l'habit de sir Péveril, je vous pardonne votre manque de mémoire, attendu qu'il s'est écoulé bien du temps depuis que je vous ai vu à Naseby, combattant comme si vous aviez eu autant de bras que le fabuleux Briarée.

Le chevalier de Martindale, qui avait une seconde fois tourné la tête vers le nain, et qui avait écouté en homme qui s'efforce de comprendre quelque chose à ce qu'on lui dit, l'interrompit ici par une brusque exclamation de — peuh !

— Peuh ! répéta sir Geoffrey le petit ; *peuh* est une expression qui dans toutes les langues indique peu d'égards, — du mépris, même ; — et si cet endroit était un lieu convenable...

[1] Panacée.
[2] Défaillance, crise.
[3] Trompe.

Mais les juges venaient de prendre place, les huissiers réclamèrent le silence; et la voix sévère du lord-président (le célèbre Scroggs) demanda à quoi pensaient les officiers de la cour en permettant que les accusés communiquassent ensemble après que la séance était ouverte?

On peut faire observer que cet illustre personnage était, dans l'occasion actuelle, fort en peine de l'attitude qu'il avait à prendre. Une tenue calme, digne et convenable à ses hautes fonctions, n'avait en aucun temps caractérisé sa conduite judiciaire. Il déblatérait et rugissait toujours, soit dans un sens, soit dans l'autre; et depuis quelque temps il avait été fort empêché quant à la ligne à suivre, étant absolument incapable d'en adopter une qui eût le moindre semblant d'impartialité. Lors des premiers jugements relatifs au Complot, quand le torrent de la fureur populaire était débordé contre les accusés, personne n'avait crié aussi haut que Scroggs; — essayer d'attaquer le caractère de Oates ou de Bedlow, ou de tout autre témoin important, était pour lui un crime plus odieux que de blasphémer l'évangile sur lequel ils avaient prêté serment; — c'était étouffer la vérité, et discréditer les témoins du roi : — crime qui ne différait guère, s'il en différait, de celui de haute trahison contre le roi lui-même.

Mais plus récemment une nouvelle clarté avait commencé à luire sur le jugement de cet interprète des lois. Habile à saisir les indices du temps, il commençait à voir que le flot allait tourner, et que la faveur de la cour, tout au moins, et probablement aussi l'opinion populaire, ne tarderaient pas, selon toute apparence, à se déclarer contre les témoins en faveur des accusés.

L'opinion que Scroggs avait eue jusqu'alors de la haute estime que Charles professait pour Shaftesbury, le patron du Complot, avait été décidément ébranlée par la confidence suivante de son confrère North : Sa Seigneurie n'a pas à la cour plus de crédit que votre laquais.

Cet avis, reçu le matin même d'une aussi bonne part, avait mis le juge dans un cruel embarras; car bien qu'indifférent à la fixité de principes en elle-même, il avait fort à cœur de sauver les apparences. Il ne pouvait avoir oublié combien dans les occasions antérieures il s'était montré violent en faveur de ces poursuites; et sentant en même temps que, bien qu'ébranlé dans l'opinion des plus judicieux, le crédit des témoins était aussi entier que jamais parmi la masse du peuple, il avait un rôle difficile à jouer. Aussi sa conduite durant tout le jugement peut-elle se comparer aux mouvements incertains d'un vaisseau sur le point de virer de bord, dont les voiles ont été déchirées par le vent avant d'avoir reçu l'impulsion qui doit lancer le navire dans une direction nouvelle. En un mot, il était si incertain quant au côté qu'il était de son intérêt de favoriser, qu'on peut dire qu'en cette occasion il fut plus près qu'il ne l'avait jamais été auparavant ou ne le fut jamais par la suite, d'un état d'impartialité absolue. C'est ce dont on put s'apercevoir aux rebuffades qu'il distribuait tantôt aux accusés, tantôt aux témoins, comme un dogue trop irrité pour rester calme et ne pas aboyer, mais incertain qui il doit mordre d'abord.

On donna lecture de l'acte d'accusation ; et sir Geoffrey Péveril en entendit avec assez de calme la première partie, établissant qu'il avait placé son fils dans la maison de la comtesse de Derby, papiste récusante, en vue d'aider à l'horrible et sanguinaire Complot papiste ; — d'avoir tenu des armes et des munitions cachées dans sa maison ; — enfin, d'avoir reçu une commission en blanc de lord Stafford, condamné à mort à cause du Complot. Mais quand l'accusation en vint à lui reprocher d'avoir entretenu dans le même dessein des communications avec Geoffrey Hudson, appelé quelquefois sir Geoffrey Hudson, maintenant ou précédemment au service privé de la reine douairière, il jeta les yeux sur son compagnon comme s'il se fût tout à coup souvenu de lui, et interrompit la lecture d'un ton d'impatience : — Ces mensonges, dit-il, sont trop grossiers pour qu'on s'y arrête un seul instant. Je puis bien avoir eu des rapports, quoique pour rien que de loyal et d'innocent, avec feu lord Stafford, mon noble parent, — je lui donnerai ce titre, malgré ses malheurs, — ainsi qu'avec la parente de ma femme, l'honorable comtesse de Derby ; mais quelle vraisemblance peut-il y avoir que je me sois fait le collègue d'un bouffon décrépit, avec lequel je n'ai jamais eu un instant de communication, sauf une fois, à une fête de Pâques, où je sifflais un air de cornemuse tandis qu'il dansait sur un grand plat de bois pour amuser la compagnie ?

La rage du pauvre nain lui fit venir les larmes aux yeux, tandis qu'avec un rire forcé il répondait qu'au lieu de rappeler ces traits de gaîté juvénile sir Geoffrey Péveril eût pu se souvenir de l'avoir vu charger avec lui à Wiggan-Lane.

— Sur ma parole, reprit sir Geoffrey après un instant de réflexion, je vous rendrai justice, M. Hudson ; — je crois que vous y étiez, — et je crois aussi avoir entendu dire que vous vous y étiez bien comporté. Mais vous conviendrez que vous auriez pu vous trouver près de quelqu'un sans qu'il s'en aperçût.

La naïveté du témoignage du plus grand des deux sirs Geoffreys produisit dans la cour une sorte de rire étouffé, que le nain s'efforça de réprimer en se dressant sur la pointe des pieds et en promenant autour de lui un regard courroucé, comme pour avertir les rieurs qu'ils ne se livraient à leur hilarité qu'à leurs risques et périls. Mais s'apercevant que cette attitude fière ne faisait que provoquer de nouveaux rires de dédain, il prit un air d'insouciance méprisante, et fit observer en souriant qu'on ne craignait pas le regard d'un lion enchaîné : comparaison superbe, qui accrut plutôt qu'elle ne diminua la gaîté de ceux qui l'entendirent.

Contre Julien Péveril on ne manqua pas d'articuler l'accusation aggravante d'avoir servi de messager entre la comtesse de Derby et d'autres papistes, prêtres et séculiers, engagés dans la détestable conspiration où avaient trempé tous les catholiques. L'assaut de Moultrassie-Hall, l'escarmouche de Julien avec Chiffinch, et son attaque, ainsi qu'on la qualifia, contre la personne de John Jenkins, serviteur du duc de Buckingham, furent rapportés tout au long, comme autant d'actes patents de trahison ouverte. A ces imputations Péveril se contenta constamment de répondre : Je ne suis pas coupable.

Son petit compagnon ne se borna pas à une défense si simple ; car lorsqu'il entendit la lecture d'un passage de l'acte d'accusation relatif à sa cause, où il était dit qu'il avait reçu d'un agent du Complot une commission en blanc comme colonel d'un régiment de grenadiers, il répondit, d'un ton de colère méprisante, que Goliath de Gath lui-même fût-il venu à lui avec une telle proposition, et lui eût-il offert le commandement de tous les fils d'Anak en corps, Goliath n'aurait jamais eu ni l'occasion ni l'opportunité de renouveler la même tentation près d'un autre. — Je l'aurais tué, dit le petit héros de *loyalisme;* je l'aurais tué sur la place !

L'accusation fut développée de nouveau par l'avocat de la couronne ; puis arriva le fameux docteur Oates, tout bruissant dans sa grande robe de soie ecclésiastique, car il n'affectait pas alors peu de dignité d'extérieur et de manières.

Cet homme singulier, qui, aidé par les obscures intrigues des catholiques eux-mêmes, et par la circonstance fortuite du meurtre de Godfrey[1], avait pu faire recevoir par le public la masse d'absurdités que présentait l'ensemble de ses témoignages, n'avait d'autre talent pour l'imposture qu'une impudence qui défiait également la conviction et la honte. Un homme sensé et réfléchi, essayant de donner à son complot plus d'apparence de probabilité, aurait très-vraisemblablement failli, comme il arrive souvent aux hommes raisonnables s'adressant à la multitude, parce qu'ils n'osent compter sur la prodigieuse capacité de la crédulité populaire, surtout quand les fictions qu'on lui présente réunissent l'effrayant et l'horrible.

Oates était d'une nature colérique, et le crédit qu'il avait acquis l'avait rendu insolent et vaniteux. Son extérieur même avait quelque chose de mauvais augure. Toute une toison de perruque blanche faisait ressortir un visage d'une longueur peu ordinaire, dont la bouche, comme l'organe par lequel il devait s'élever à une position éminente, occupait le centre même, et qui montrait au spectateur étonné autant de menton au-dessous de l'ouverture, qu'il y avait au-dessus de nez et de front. Il s'était fait en outre une prononciation affectée, se distinguant surtout par l'accentuation toute particulière qu'il donnait aux voyelles.

[1] Sir Edmundsbury Godfrey, le juge de paix. (L. V.)

Ce fameux personnage, tel que nous l'avons dépeint, comparut dans le procès actuel, et débita son étonnante déposition au sujet de l'existence d'un Complot catholique pour la subversion du Gouvernement et le meurtre du roi, avec les détails généraux qu'on peut trouver dans toutes les histoires d'Angleterre. Mais comme le docteur avait toujours en réserve quelque déclaration spéciale touchant ceux qui se trouvaient en jugement, il lui plut, dans la présente occasion, d'inculper grièvement la comtesse de Derby. — Il avait vu, dit-il, cette honorable dame lorsqu'il était au collége des jésuites de Saint-Omer. Elle l'avait fait venir à une hôtellerie ou *auberge*, comme on dit dans le pays, — à l'enseigne de *l'Agneau d'Or*, et l'avait fait déjeuner dans la même chambre avec elle ; puis elle lui avait dit ensuite que, sachant qu'il avait la confiance des pères de la société, elle était déterminée à lui donner aussi une part dans la sienne ; que là-dessus elle avait tiré de son sein un large couteau à pointe affilée, pareil à ceux avec lesquels les bouchers tuent les moutons, et lui avait demandé à *quel usage* il pensait que ce couteau fût destiné ? que quand lui, le témoin, avait dit à quel usage il le croyait propre, elle lui avait tapé sur les doigts avec son éventail en l'appelant esprit bouché, et lui avait dit qu'il était destiné à tuer le roi.

A cet endroit de la déposition, sir Geoffrey Péveril ne put contenir plus longtemps sa surprise et son indignation. — Merci du Ciel ! s'écria-t-il, qui a jamais entendu parler de dames de qualité portant sur elles des couteaux de bouchers, et disant au premier vaurien venu qu'elles veulent s'en servir pour tuer le roi ? — Messieurs les jurés, je vous demande seulement si cela est croyable ? — quoique si le misérable pouvait prouver par un témoignage honnête que lady Derby a jamais reçu une écume telle que lui en conversation privée avec elle, je consentirais à croire tout ce qu'il pourrait dire.

— Sir Geoffrey, dit le juge, tenez-vous calme ; — vous ne devez pas vous emporter. — La passion ne peut vous servir ici. — Laissez continuer le docteur.

Le docteur Oates rapporta ensuite comment la dame s'était plainte des injustices que la maison de Derby avait éprouvées de la part du roi, ainsi que de l'oppression de sa religion, et s'était vantée des projets des jésuites et des prêtres séminaristes, qui devaient être appuyés par son noble parent de la maison de Stanley. Il attesta finalement que la comtesse et les pères du séminaire de Saint-Omer comptaient beaucoup sur les talents et le courage de sir Geoffrey Péveril et de son fils, — ce dernier ayant été élevé chez elle. Tout ce dont il se souvenait, quant à Hudson, était d'avoir entendu dire à un des pères « que, bien que ce ne fût qu'un nain par la stature, il se montrerait géant dans la cause de l'Église ».

Quand il eut terminé sa déposition, il se fit une pause, jusqu'à ce que le juge demandât au docteur Oates, comme une chose dont la pensée lui fût venue tout à coup, s'il avait jamais mentionné le nom de la comtesse de Derby dans aucun des rapports qu'il avait faits sur cette affaire devant le Conseil privé ou ailleurs?

Oates parut quelque peu surpris de la question, et ce fut en rougissant de colère qu'il répondit, avec l'accent qui lui était particulier :

— Hé mais, non, myloârd.

— Et, s'il vous plaît, docteur, reprit le juge, d'où vient qu'un révélateur de mystères tel que vous vous êtes montré dans ces derniers temps, a pu laisser ignorer une circonstance aussi grave que l'accession de cette puissante famille au Complot?

— Myloârd, dit Oates avec une grande effronterie, je ne viens pas ici pour vouâr mon témoignage mis en doute quant au Comploât.

— Je ne mets pas votre témoignage en doute, docteur, reprit Scroggs (car le temps n'était pas encore arrivé où il osa le traiter durement), non plus que je ne doute de l'existence du *Comploât*, puisque vous avez bien voulu l'affirmer par serment. J'aurais seulement voulu, par égard pour vous-même et pour la satisfaction de tous les bons protestants, que vous pussiez expliquer pourquoi vous avez tenu cachée au roi et au pays une circonstance si importante.

— Myloârd, je vais vous dire une petite fable.

— J'espère, dit le juge, que ce sera la première et la dernière que vous débiterez ici.

— Myloârd, continua Oates, il y avait une fois un renaârd, qui, ayant à poôrter une oaie sur une rivière gelée, et craignant que la glaâce ne fût pas assez foôrte pour lui et son butin, y poôrta d'aboârd une pierre, myloârd, pour essayer la force de la glaâce.

— Ainsi vos premières dépositions n'étaient que la pierre, et maintenant, pour la première fois, vous nous avez apporté l'oie? Nous dire ceci, docteur, c'est prendre pour des oies la cour et le jury.

— Je désire que mes paroôles soaient bien interprétées par Votre Seigneurie, répliqua Oates, qui vit que le courant tournait contre lui, mais qui était décidé à payer d'effronterie. — Tout le monde sait à quel prix j'ai donné mon témoignaâge, qui a toujours été, après Dieu, le moayen par lequel cette pâuvre nâation a été tirée du dangereux état de sécurité où elle était plongée. Bien des gens ici saâvent que j'ai été obligé de foôrtifier mon loôgement à Whitehall contre la fureur sanguinaire des papistes. Il n'était pas à penser que je produirais toute l'histoaire d'un seul coup. Je ne crois pas que votre prudence m'en eût donné le conseil [1].

— Aussi n'est-ce pas à moi à vous guider dans cette affaire; c'est à

---

[1] Ce fut en de pareils termes que le docteur Oates ne craignit pas de réclamer le privilége extraordinaire de déterminer la nature et l'étendue de la déposition qu'il voulait

messieurs les jurés à vous croire ou non. Quant à moi, je siége ici pour assurer une égale justice à l'accusateur et à l'accusé. — Messieurs les jurés ont entendu votre réponse à ma question.

Le docteur Oates quitta le banc des témoins, rouge comme un coq d'Inde, en homme tout à fait inaccoutumé à voir discuter ce qu'il lui plaisait de déposer devant les cours de justice; et il y eut pour la première fois peut-être, parmi les avocats et les procureurs, ainsi que parmi les étudiants en droit là présents, un murmure distinct et prononcé défavorable au caractère de l'illustre père du Complot papiste.

Everett et Dangerfield, avec lesquels le lecteur a déjà fait connaissance, furent alors appelés à leur tour comme témoins à charge. C'étaient des délateurs en sous-ordre, — une sorte de sous-aiguillons, comme on les appelait en argot de palais, — qui suivaient le sentier tracé par Oates, avec toute la déférence que méritait d'eux la supériorité de son génie d'invention, et qui faisaient accorder et coïncider leurs fictions avec les siennes, autant que leurs talents y pouvaient réussir. Mais comme en aucun temps leur témoignage n'avait été reçu avec la pleine et entière confiance que l'impudence de Oates avait su inspirer au public, ils commençaient alors à tomber en discrédit un peu plus vite que leur prototype, de même que les tourelles sur-ajoutées d'un édifice mal construit sont naturellement les premières à crouler.

Ce fut en vain qu'Everett, avec sa précision hypocrite, et Dangerfield, avec son audace de spadassin, racontèrent la double rencontre qu'ils avaient faite de Julien Péveril, d'abord à Liverpool, puis au château de Martindale, en y joignant l'accompagnement convenable de circonstances d'invention et d'insinuations perfides. Ce fut en vain qu'ils décrivirent les armes et les équipages qu'ils prétendaient avoir trouvés en possession du vieux sir Geoffrey, et qu'ils firent un récit des plus effrayants de la manière dont le jeune Péveril avait été enlevé de Moultrassie-Hall à main armée.

Les jurés écoutèrent froidement, et il fut aisé de voir que l'accusation ne les avait que très-médiocrement émus; d'autant plus que le président, tout en professant sa croyance au Complot, et en protestant de son zèle pour la religion protestante, leur rappelait de temps à autre que des présomptions n'étaient pas des preuves, — que des ouï-dire n'étaient pas un témoignage, — que ceux qui faisaient métier de découvrir pouvaient bien, en toute probabilité, appeler l'invention en aide à leurs recherches; — et que, sans rien préjuger quant à la culpabilité

---

bien faire devant une cour de justice. Le seul sens dans lequel l'histoire du renard, de la pierre et de l'oie pourrait être applicable, serait d'admettre qu'il voulait expérimenter l'étendue de la crédulité de ses compatriotes avant de lui donner plein aliment. (W. S.)

des malheureuses personnes placées à la barre, il aurait voulu entendre articuler contre elles des témoignages d'une autre nature.

— On nous parle d'un rassemblement armé, et d'une évasion du jeune Péveril de la maison d'un digne et grave magistrat, connu, je pense, de la plupart d'entre nous. Pourquoi, M. le procureur, n'appelez-vous pas M. Bridgenorth lui-même pour constater le fait, et toute sa maison, si cela est nécessaire? — Un soulèvement armé est une affaire trop notoire pour qu'on se contente du rapport de seconde main de ces deux hommes; — quoique à Dieu ne plaise que je leur suppose l'intention de dire un mot qu'ils ne croient vrai. Ce sont les témoins du roi, et, ce qui nous est également cher, ceux de la foi protestante, et des témoins déposant contre un Complot infâme et païen. D'autre part, voici un vieux et respectable chevalier; car je dois le supposer tel, puisqu'il a souvent versé son sang en combattant pour le roi, — et tel, dis-je, je le suppose, jusqu'à preuve contraire; et voici son fils, jeune homme plein d'espérance : — nous devons veiller à ce que justice leur soit rendue, M. le procureur.

— Indubitablement, mylord, répondit celui-ci : Dieu nous garde qu'il en soit autrement! Mais nous allons prouver plus invinciblement les accusations portées contre ces malheureux gentilshommes, si Votre Seigneurie nous permet de reprendre la suite des témoignages.

— Continuez donc, M. le procureur, dit le président en se renfonçant dans son fauteuil. A Dieu ne plaise que nous entravions l'accusation du roi! Je dis seulement ce que vous savez aussi bien que moi, que *de non apparentibus et non existentibus eadem est ratio* [1].

— Nous allons donc appeler M. Bridgenorth, comme le demande Votre Seigneurie. Je le crois ici, prêt à comparaître.

— Non! répondit du milieu de la foule une voix qui paraissait être celle d'une femme; il est trop sage et trop honnête pour être ici.

La voix était aussi distincte que le fut celle de lady Fairfax [2], quand elle osa s'élever au sein du tribunal, lors du jugement de Charles Ier; mais, dans l'occasion actuelle, les recherches que l'on fit pour découvrir celle qui avait parlé furent inutiles.

Quand le léger tumulte occasionné par cette circonstance fut apaisé, le procureur, qui avait échangé quelques paroles à demi-voix avec les conseils de la couronne, dit aux juges : Quelle que soit la personne qui nous a donné ainsi cet avis, mylord, elle était bien informée. J'apprends que M. Bridgenorth est devenu subitement invisible depuis ce matin.

---

[1] Ce qui n'est pas prouvé est comme non avenu.

[2] « Lady Fairfax montra la généreuse audace particulière aux femmes : de la tribune où elle assistait au procès, elle osa contredire les commissaires. On la menaça de faire tirer les soldats sur les tribunes. » (Châteaubriand, *Les Quatre Stuarts*.) (L. V.)

CHAPITRE XLI.

— Hé bien ! voyez, monsieur le procureur, repartit le président ; — ceci vient de ce qu'on n'a pas réuni ensemble les témoins de la couronne, afin qu'ils soient prêts à déposer. — A coup sûr, je ne puis en supporter les conséquences.

— Ni moi non plus, mylord, dit le procureur-général avec humeur. J'aurais pu prouver, par ce respectable gentleman, M. le juge de paix Bridgenorth, l'ancienne amitié qui existe entre l'accusé ici présent sir Péveril et la comtesse de Derby, des actes et des intentions de laquelle le docteur Oates a donné un témoignage si précis. J'aurais pu prouver qu'il lui a donné asile dans son château contre l'action de la loi, et qu'il l'a arrachée des mains de ce même juge de paix Bridgenorth, par la force des armes et non sans employer la violence. De plus, j'aurais pu établir contre le jeune Péveril tout le désordre dont il est accusé par des témoins non moins dignes de foi.

Ici le juge plaça ses pouces dans sa ceinture, ce qui était son attitude favorite en de telles occasions, et s'écria : Bon, bon, monsieur le procureur ! — ne me dites pas que vous *auriez* pu prouver ceci, et que vous *auriez* pu prouver cela ; — prouvez ce que vous voudrez, mais que ce soit par la bouche de vos témoins. La vie des hommes ne doit pas être à la merci des coups de langue d'un homme de loi.

— Non plus qu'un abominable Complot ne doit être étouffé par la précipitation de Votre Seigneurie, répliqua le procureur-général. Je ne puis pas davantage faire comparaître M. Chiffinch, car il est en mission pour les affaires privées du roi, ainsi que je viens d'en être informé de Whitehall.

— En ce cas, monsieur le procureur, produisez les papiers dont ce jeune homme est dit avoir été porteur.

— Ils sont devant le Conseil privé, mylord.

— Pourquoi donc vous appuyez-vous ici sur eux ? — c'est en quelque sorte vous jouer de la cour.

— Puisque Votre Seigneurie le prend ainsi, répliqua le procureur en se rasseyant brusquement, vous pouvez conduire la cause comme vous l'entendrez.

— Si vous n'avez plus de témoins à produire, reprit le président, je vous prierai de récapituler l'accusation pour messieurs les jurés.

— Je n'en prendrai pas la peine ; je vois clairement quelle direction est donnée à l'affaire.

— Réfléchissez-y, cependant. Faites attention que l'accusation n'est qu'à demi prouvée contre les deux Péverils, et qu'elle ne l'est nullement contre le petit homme, dont le docteur Oates a dit seulement qu'en un certain cas il deviendrait un géant, ce qui paraît un miracle papiste assez peu probable.

Cette saillie excita dans la cour un rire qui parut encore augmenter le dépit du procureur-général

— Monsieur le procureur, dit Oates, qui intervenait toujours dans la conduite de ces sortes de causes, ceci est un abandon pur et simple de l'accusaâtion; — c'est, je doais le dire, étouffer le Complôat.

— Hé bien donc, que le diable qui l'a enfanté lui redonne la vie si cela lui plaît! repartit le procureur-général; et jetant son résumé à terre, il quitta la cour, paraissant également irrité contre tous ceux qui avaient pris part à l'affaire.

— Le président ayant obtenu silence, — car un murmure s'était élevé dans la cour quand l'avocat de la couronne avait jeté son résumé à terre, — se mit à résumer l'affaire pour les jurés, balançant, ainsi qu'il l'avait fait dans tout le cours des débats, les différentes opinions par lesquelles il semblait être alternativement dominé. Il protesta sur son salut qu'il ne doutait pas plus de la réalité de l'horrible et abominable conspiration désignée sous le nom de Complot papiste, que de la trahison de Judas Iscariot, et qu'il regardait Oates comme l'instrument suscité par la Providence pour sauver la nation de tous les malheurs qui auraient suivi l'assassinat de Sa Majesté, et d'une seconde Saint-Barthélemy accomplie dans les rues de Londres. Mais ensuite il posa en principe que la loi anglaise, sainement interprétée, voulait que pire était le crime, plus forte en fût la preuve. Or, dans cette cause on voyait les complices mis en jugement, tandis que la partie principale, — car c'était ainsi qu'il devait qualifier la comtesse de Derby, — n'était ni accusée ni sous la main de la justice; et, quant au docteur Oates, tout ce qu'il avait dit se rapportait personnellement à cette noble dame, dont les paroles, si elle en avait proféré de telles dans un moment d'exaltation, touchant l'aide qu'elle attendait, pour certains projets criminels, des deux Pévérils et de ses parents ou de ceux de son fils de la maison de Stanley, pouvaient n'avoir été qu'un éclat de colère de femme, — *dulcis Amaryllidis iræ*, comme dit le poëte. Qui même pourrait dire que le docteur Oates, — homme de manières aisées, — ne s'était pas trompé en prenant ce coup d'éventail pour un châtiment de son manque de courage dans la cause catholique, quand peut-être il avait eu un tout autre sens, les dames papistes mettant volontiers, disait-on, de tels néophytes et d'aussi jeunes séminaristes à de sévères épreuves? — Je parle de ceci en plaisantant, continua le juge, ne voulant nullement entacher la réputation ni de l'honorable comtesse ni du révérend docteur; seulement je pense que ce qui s'est passé entre eux peut avoir eu rapport à quelque chose tout autre qu'une affaire de haute trahison. Quant à ce que le procureur-général a dit au sujet d'enlèvement de vive force, et de je ne sais quoi encore, assurément quand de telles choses arrivent dans un pays civilisé, elles peuvent être prouvées, et ni vous ni moi, messieurs, ne devons accepter comme preuves de simples assertions. Touchant cet autre accusé, ce *Galfridus minimus*, il était forcé de dire, poursuivit-il, qu'il ne voyait pas contre lui l'ombre d'un soupçon. Pouvait-on

CHAPITRE XLI.

penser qu'un tel avorton se lancerait dans les profondeurs de la politique, et, à plus forte raison, dans des stratagèmes de guerre? on n'avait qu'à le regarder pour s'assurer du contraire. — L'âge du pauvre petit homme devait le faire penser au tombeau plutôt qu'à une conspiration; — et par sa taille et son apparence il convenait mieux à l'intérieur d'un cabinet de curiosités qu'aux intrigues d'un complot.

La voix aigre du nain s'éleva ici contre le président, pour l'assurer que tel qu'on le voyait il avait pris part à sept conspirations du temps de Cromwell; et cela, ajouta-t-il fièrement, en compagnie de quelques-uns des hommes les plus grands d'Angleterre. L'attitude incomparable et l'air avec lesquels sir Geoffrey Hudson proféra cette rodomontade, excitèrent une hilarité universelle, et accrurent le ridicule dont toute la cause commençait à être enveloppée; de sorte que ce fut au milieu des bruyants éclats d'un fou rire qu'un verdict général de non-culpabilité fut prononcé, et les prisonniers renvoyés de la barre.

Mais un sentiment plus chaleureux s'éveilla parmi ceux qui virent le père et le fils se précipiter dans les bras l'un de l'autre, et, après un embrassement cordial, tendre les mains à leur pauvre petit compagnon de danger, qui, de même qu'un chien dans une scène semblable, avait enfin réussi, en se dressant jusqu'à eux en même temps qu'il élevait une voix dolente, à s'assurer une part de leur intérêt et de leurs félicitations.

Telle fut la singulière issue de ce jugement. Charles lui-même parut très-désireux de se faire honneur près du duc d'Ormond de la manière dont la loi avait été éludée, grâce à sa propre connivence; et il fut à la fois surpris et mortifié de la froideur avec laquelle Sa Grâce répondit qu'il se réjouissait de ce que les pauvres Cavaliers étaient hors de danger, mais qu'il eût mieux aimé que le roi les sauvât en prince, par sa royale prérogative de grâce, que de les voir soustraits par le juge à l'action de la loi, comme un escamoteur fait de ses gobelets et de ses muscades.

CHAPITRE XLII.

Sur un terrain loyal j'en battrais bien quarante!
Coriolan.

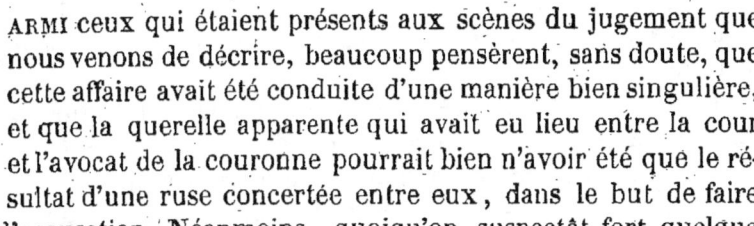ARMI ceux qui étaient présents aux scènes du jugement que nous venons de décrire, beaucoup pensèrent, sans doute, que cette affaire avait été conduite d'une manière bien singulière, et que la querelle apparente qui avait eu lieu entre la cour et l'avocat de la couronne pourrait bien n'avoir été que le résultat d'une ruse concertée entre eux, dans le but de faire échouer l'accusation. Néanmoins, quoiqu'on suspectât fort quelque arrangement semblable pris sous main, comme la majeure partie de l'auditoire, composée d'hommes éclairés et intelligents, avait commencé à entrevoir le peu de fondement réel du Complot papiste, elle fut charmée que des accusations basées sur ce qui déjà avait coûté tant de sang pussent être éludées de quelque manière que ce fût. Mais la foule, qui attendait le résultat du procès dans la cour des requêtes, dans le vestibule et au dehors, vit sous un tout autre jour ce qu'elle regarda comme une chose combinée entre le président et le procureur-général pour faire échapper les accusés.

Oates, que des provocations bien moindres qu'il n'en avait reçu ce jour-là poussaient souvent à des accès de fureur, se jeta au milieu de la foule, et répéta jusqu'à s'enrouer : — Ils ont étouffé le Comploât! — ils ont étraanglé le Comploât! — Myloârd président et monsieur le proâcureur se sont ligués pour assurer l'évaâsion des conspiraâteurs et des paâpistes!

— C'est une invention de la s.... papiste de Portsmouth, disait l'un
— Du vieux Rowley lui-même, disait l'autre.
— S'il pouvait s'assassiner lui-même, exclamait un troisième, ma foi, au diable ceux qui l'en empêcheraient!
— Il devrait être mis en jugement, disait un quatrième, pour conspirer sa propre mort, et pendu *in terrorem*[1].

Sur ces entrefaites, sir Geoffrey, son fils et leur petit compagnon quittèrent le tribunal, dans l'intention de se rendre au logement de lady Péveril, qui était alors dans Fleet-street. Elle avait été sauvée de bien des inconvénients, à ce que sir Geoffrey donna à entendre à Julien, par un ange descendu près d'elle sous les traits d'une jeune

---

[1] Pour effrayer les autres.

CHAPITRE XLII.

amie, et sans doute en ce moment elle les attendait avec impatience. Un sentiment d'humanité, et quelque idée confuse d'avoir sans intention blessé la susceptibilité du pauvre nain, portèrent l'honnête Cavalier à engager ce malheureux resté sans protection à les accompagner.
— Il savait que le logement de lady Péveril n'était pas grand, ajouta-t-il ; mais il serait étrange qu'il ne s'y trouvât pas quelque buffet assez large pour y loger le petit gentleman.

Le nain enregistra dans sa mémoire cette observation bien intentionnée, pour en faire le sujet d'une explication convenable, en même temps que sur la malheureuse réminiscence de la danse dans le plat de bois, dès que les circonstances lui permettraient d'aborder un sujet si délicat.

Ce fut ainsi qu'ils sortirent de la salle, objets de l'attention générale, tant à cause des circonstances au milieu desquelles ils venaient de se trouver, que par leur ressemblance, signalée par un espiègle étudiant du Temple, avec les trois degrés de comparaison, le plus grand, le moindre et le plus petit. Mais avant qu'ils eussent été bien loin dans la rue, Julien s'aperçut que des passions plus malveillantes qu'une simple curiosité commençaient à agiter la foule qui les suivait et en quelque sorte épiait leurs mouvements.

— Voilà ces coupe-jarrets de papistes, dit un compagnon ; les voilà qui courent à Rome !

— Vous voulez dire qu'ils courent à Whitehall ! repartit un autre.

— Ha ! vociférait une femme, les scélérats sanguinaires ! Ce serait une honte d'en laisser un seul en vie, après le cruel assassinat du pauvre sir Edmundsbury !

— Honte sur la bouche enfarinée des jurés qui ont lâché les limiers sur une ville innocente ! cria un quatrième.

En un mot le tumulte s'accroissait, et parmi les plus exaspérés on entendait déjà passer de bouche en bouche : Lambons-les, enfants ! lambons-les ! — expression de l'argot du temps, dérivée du sort du docteur Lambe, astrologue et charlatan, qui eut la tête brisée par la populace du temps de Charles Ier.

Julien commença à être fort alarmé de ces symptômes de violence, et regretta qu'ils n'eussent pas gagné la Cité par eau. Il était maintenant trop tard pour penser à ce moyen de retraite, et en conséquence il recommanda à voix basse à son père d'avancer hardiment vers Charing-Cross, sans faire attention aux insultes qui pourraient leur être adressées, dans l'espoir que la fermeté de leur démarche et de leur maintien empêcherait la populace de se porter aux dernières extrémités. Mais quand ils eurent dépassé le palais, cette prudente résolution ne put s'accorder ni avec le caractère bouillant de sir Geoffrey, ni avec la disposition non moins colérique de *Galfridus minimus*, dont l'âme courageuse méprisait toute inégalité, aussi bien de nombre que de taille.

— La peste crève les coquins, avec leurs hurlements et leurs huées! dit le plus grand chevalier; par le Ciel! si je pouvais seulement mettre la main sur une arme, j'inculquerais à coups de bâton la raison et la loyauté dans quelques-unes de leurs carcasses!

— Et moi aussi, dit le nain, pour qui c'était un rude travail de suivre les longues enjambées de ses compagnons, et qui en conséquence était presque hors d'haleine; — moi aussi je bâtonnerais outre mesure ces drôles plébéiens! — hé! — hem!

Parmi la foule qui se pressait autour d'eux, et qui entravait leur marche par tous les moyens, sauf par des voies de fait effectives, se trouvait un mauvais drôle d'apprenti cordonnier. Il entendit cette malheureuse bravade du valeureux nain, et y répondit en lui appliquant de toute sa force sur la tête une botte qu'il reportait à une pratique de son maître; le coup fut si violent qu'il enfonça le chapeau du petit champion jusque sur ses yeux. Le nain, devenu par là incapable de découvrir de quel bras venait l'insulte, se jeta, par une ambition instinctive, sur le plus grand de ceux qui se trouvaient là; celui-ci riposta à l'assaut par un coup de poing au milieu de l'estomac, qui rejeta le pauvre Hudson sur ses deux compagnons. Ils furent alors assaillis de tous côtés; mais la fortune, favorable au désir de sir Geoffrey, voulut que la scène se passât près de l'échoppe d'un armurier; parmi les armes exposées au dehors, sir Geoffrey Péveril saisit une grande épée à deux mains, qu'il se mit à brandir autour de lui avec l'adresse formidable d'un homme auquel le maniement d'une telle arme est depuis longtemps familier. Julien, tout en réclamant à haute voix un officier de paix, et en faisant remarquer aux assaillants qu'ils attaquaient des passants inoffensifs, ne vit rien de mieux que de suivre l'exemple de son père, et saisit aussi une des armes qui s'offraient à eux si à propos.

Au premier moment de ces démonstrations de défense, la populace se pressa sur eux avec une impétuosité telle que le malheureux nain en fut renversé, et qu'il eût été foulé aux pieds si son vigoureux homonyme n'eût écarté les assaillants par quelques moulinets de son arme, et, saisissant le champion abattu, ne l'eût mis hors de danger (sauf les projectiles) en le plaçant vivement sur l'auvent, ou toit plat en bois, de l'échoppe de l'armurier. Parmi les armes rouillées étalées à sa portée, le nain s'empara sur-le-champ d'une vieille rapière et d'un bouclier, et, se couvrant de l'un, se mit à faire des passes avec l'autre, à la face et aux yeux des gens qui encombraient la rue, tellement enchanté de l'avantage de son poste, qu'il cria à ses amis, escarmouchant à termes plus égaux, quant à la position, avec la canaille ameutée, de venir promptement se mettre sous sa protection. Mais loin d'avoir besoin de son assistance, le père et le fils se seraient aisément fait jour à travers la populace, s'ils avaient pu se résoudre à laisser le nain dans la situation précaire où il se trouvait, et où, à tout autre œil qu'au sien, il était posté comme un petit mannequin muni d'une épée et d'un bouclier, pour servir d'enseigne à la porte d'un maître d'armes.

Pierres et bâtons commencèrent alors à voler dru, et la foule, nonobstant les efforts des deux Péverils pour l'écarter en faisant le moins de mal possible, semblait déterminée à mal, quand quelques honnêtes gens qui avaient assisté au jugement, apprenant que les prisonniers qu'on venait d'acquitter étaient en danger d'être massacrés par la populace, mirent l'épée à la main et se frayèrent passage pour venir à leur secours ; au même moment on vit s'avancer d'un autre point un petit détachement des gardes du roi, qui étaient accourus de leur poste à la première nouvelle de ce qui se passait. Quand ce renfort inattendu arriva, le vieux chevalier distingua avec joie, parmi les acclamations de ceux qui venaient prendre part à l'action, quelques-uns des cris qui avaient excité ses années plus actives.

— Où sont ces coquins de Têtes-Rondes ? criaient les uns. — A bas ces mauvais drôles ! criaient les autres. — Vivent le roi et ses amis, et au diable tout le reste ! exclamait un troisième groupe, avec plus de jurements que, dans notre siècle plus délicat, il ne convient d'en confier au papier.

Le vieux soldat, dressant les oreilles comme un ancien cheval de chasse au cri des limiers, aurait volontiers balayé le Strand, maintenant qu'il se voyait si bien soutenu, dans la charitable intention, comme il le disait, de faire entrer dans des bouteilles d'osier la canaille de Londres qui l'avait insulté ; mais il fut retenu par la prudence de Julien, qui, bien que fort irrité lui-même des mauvais traitements non provoqués qu'ils avaient reçus, se voyait dans une situation où il leur importait plus de songer à leur sûreté qu'à leur vengeance. Il pria et supplia son père de chercher quelque lieu de retraite temporaire contre la fureur de la populace, tandis que cette mesure de prudence était encore en leur pouvoir. L'officier subalterne qui commandait le détachement des gardes du corps pressa vivement le vieux Cavalier de suivre ce conseil, faisant même intervenir le nom du roi en guise d'ingrédient surexcitant, tandis que Julien avait recours à celui de sa mère. Le vieux chevalier regardait, de l'air d'un homme qui n'est qu'à demi satisfait, sa lame rougie du sang de quelques-uns des assaillants les plus acharnés, qu'il avait blessés légèrement.

— J'aurais voulu au moins, dit-il, en tailler un de la bonne façon ; — mais je ne sais comment cela s'est fait : quand je regardais leurs larges faces rondes anglaises, je répugnais à user de ma pointe, et j'ai seulement tailladé un peu les coquins.

— Mais le bon plaisir du roi, dit l'officier, est que ce tumulte ne dure pas plus longtemps.

— Ma mère mourra de frayeur, ajouta Julien, si la rumeur de cette affaire arrive jusqu'à elle avant qu'elle ne nous ait vus.

— Oui, oui, répondit le chevalier : Sa Majesté le roi et ma bonne dame ; — hé bien, que leur volonté soit faite, c'est tout ce que je puis dire. — On doit obéir aux rois et aux dames. Mais par où faire retraite, puisque la retraite est nécessaire?

Julien aurait été assez en peine d'aviser au parti à prendre, car chacun dans les environs avait fermé sa boutique et verrouillé sa porte, en voyant la scène prendre une tournure si menaçante. Le pauvre armurier, cependant, dont ils avaient ainsi mis le fonds à contribution, leur offrit un asile de la part du propriétaire de la maison à laquelle était adossée son échoppe, se contentant de leur donner doucement à entendre qu'il espérait que ces messieurs auraient égard à l'usage qu'ils avaient fait de ses armes.

Julien réfléchissait à la hâte si la prudence leur permettait d'accepter l'invitation de cet homme, sachant par expérience combien de ruses étaient employées entre deux factions ennemies, dont la haine était trop invétérée pour leur laisser beaucoup de scrupules sur la nature de leurs stratagèmes, quand le nain, élevant sa voix éraillée au plus haut diapason, et criant comme un héraut épuisé, du haut de la station qu'il occupait toujours sur l'auvent de la boutique, les exhorta à accepter l'offre du digne homme. — Lui-même (ajouta-t-il, tandis qu'il se reposait après la glorieuse victoire à laquelle il avait eu quelque part), lui-même avait été favorisé d'une vision béatifique, trop splendide pour être décrite aux oreilles des simples mortels, mais qui lui avait ordonné, d'une voix qui lui avait fait bondir le cœur comme le son d'une trompette, de chercher un refuge chez le digne maître de la maison, et d'engager ses amis à en faire autant.

— Une vision ! dit le chevalier du Pic ; — le son d'une trompette ! — Le petit homme est tout à fait fou.

Mais l'armurier leur expliqua en toute hâte que leur petit ami avait été averti par une dame de sa connaissance qui lui avait parlé d'une fenêtre, tandis qu'il était perché sur l'auvent, qu'ils trouveraient une retraite sûre chez le propriétaire de la maison ; et, leur faisant remarquer quelques cris encore distants qui s'élevaient de nouveau, il les prévint que la populace était encore en émoi, et qu'elle retomberait bientôt sur eux, en plus grand nombre et avec plus de violence que tout à l'heure.

Le père et le fils se hâtèrent donc d'offrir leurs remercîments à l'officier et à son détachement, ainsi qu'aux autres personnes qui étaient volontairement accourues à leur aide ; et, enlevant le petit sir Geoffrey Hudson du poste éminent qu'il avait si honorablement occupé durant l'escarmouche, ils suivirent les pas du maître de l'échoppe, qui leur fit traverser une ruelle obscure et une ou deux cours, au cas, leur dit-il, que quelqu'un les épierait pour savoir où ils allaient se terrer, et les conduisit ainsi jusqu'à une porte de derrière. Cette porte leur donna accès sur un escalier soigneusement garanti de l'humidité par des nattes de paille, et au haut duquel ils entrèrent dans une chambre assez spacieuse dont les murs étaient tapissés de grosse serge verte bordée de cuir doré, sorte de tenture dont les citadins économes ou peu riches de l'époque se servaient au lieu de tapisseries ou de lambris.

Le pauvre armurier reçut ici de Julien une récompense si libérale pour le prêt de ses armes, qu'il en abandonna généreusement la propriété aux gentilshommes qui en avaient fait si bon usage, d'autant plus, ajouta-t-il, qu'il voyait bien, à la manière dont ils s'en servaient, qu'elles étaient entre les mains de gens aussi distingués par le courage que par la taille.

Le nain lui sourit d'un air courtois, et s'inclina en mettant la main à sa poche; mais il l'en retira d'un air d'insouciance, n'y trouvant probablement pas de quoi fournir à la petite libéralité qu'il avait projetée.

L'armurier ajouta, en saluant pour se retirer, qu'il voyait que de joyeux jours se préparaient encore pour la Vieille Angleterre, et que les lames de Bilbao regagneraient un aussi bon prix que jamais. — Je me souviens, messieurs, poursuivit-il, quoique je ne fusse alors qu'apprenti, des demandes d'armes des années quarante-un et quarante-deux [1] ; les lames d'épée étaient plus recherchées que les cure-dents, et le vieux Ironsides [2] mon maître vendait plus cher une misérable rapière de Provant que je n'oserais demander aujourd'hui pour un Toledo. Mais à coup sûr la vie d'un homme dépendait de la lame qu'il portait ; les Cavaliers et les Têtes-Rondes en venaient tous les jours aux mains aux portes de Whitehall, comme il pourrait se faire qu'à votre bon exemple, messieurs, la chose se fît encore ; et alors je pourrais quitter ma pauvre échoppe et ouvrir une boutique de plus belle apparence. J'espère, messieurs, que vous me recommanderez à vos amis. Je suis toujours pourvu de marchandises sur lesquelles un gentilhomme peut risquer sa vie.

— Merci, mon bon ami, dit Julien ; mais, je vous prie, laissez-nous. J'espère que de quelque temps au moins nous n'aurons besoin de vos marchandises.

L'armurier se retirait, quand le nain lui cria, du haut de l'escalier, qu'il aurait bientôt recours à lui pour se munir d'une lame plus longue et plus convenable pour une action, quoique la petite arme qu'il avait fût suffisante comme épée de parade, ou pour une escarmouche contre de la canaille comme celle avec laquelle ils venaient de se trouver engagés.

L'armurier remonta à cet appel, et convint de satisfaire le petit

---

[1] 1641 et 1642, années qui furent marquées par les commencements de la grande guerre civile qui se termina par le triomphe de Cromwell et la mort de Charles Ier.
(L. V.)

[2] Côtes de fer.

homme en lui fournissant une arme plus digne de son courage; puis il ajouta, comme si cette idée se présentait soudainement à lui : Mais ce serait une étrange besogne, messieurs, de traverser le Strand vos épées nues à la main, et cela ne pourrait guère manquer d'ameuter de nouveau la populace. Si vous le trouvez bon, tandis que vous vous reposez ici, je puis ajuster des fourreaux à vos lames.

La proposition semblait si raisonnable que Julien et son père remirent leurs armes à l'honnête artisan, et le nain aussi à leur exemple, quoique avec quelque hésitation, ne se souciant pas, dit-il pompeusement, de se séparer sitôt de l'amie fidèle que la fortune avait placée entre ses mains il y avait à peine quelques instants. L'homme se retira emportant les épées sous son bras; et quand il referma la porte après lui, ils l'entendirent donner un tour de clef.

— Avez-vous entendu? dit sir Geoffrey à son fils; — et nous sommes désarmés!

Julien, sans répondre, examina la porte, qui était bien fermée; puis il regarda les fenêtres, qui étaient à un étage du sol, et garnies en outre de barreaux de fer. — Je ne puis croire, dit-il après un court silence, que le drôle ait voulu nous tromper; et à tout événement, j'espère que nous n'aurions pas grande difficulté à forcer la porte ou à trouver quelque autre moyen d'évasion. Mais avant de recourir à des mesures aussi violentes, je pense que le mieux est de donner à la canaille le loisir de se disperser, en laissant à cet homme un temps raisonnable pour revenir avec nos armes; et alors s'il ne reparaît pas, je compte que nous pourrons sans trop de peine nous tirer d'embarras.

Comme il parlait ainsi, la tapisserie se souleva, et par une petite porte qu'elle masquait le major Bridgenorth entra dans la chambre.

CHAPITRE XLIII.

> Il vint parmi eux comme un esprit évoqué, leur dire les terribles jugements qui les menaçaient, et la colère qui allait éclater sur eux
> *Le Réformateur.*

L'ÉTONNEMENT que cette apparition inattendue fit éprouver à Julien, succéda presque aussitôt l'appréhension de la violence de son père, dont il avait toute raison de craindre l'explosion contre un homme dont lui, Julien, ne pouvait que respecter le caractère, en même temps qu'il vénérait en lui le père d'Alice. Rien cependant, dans l'apparence de Bridgenorth, n'était de nature à éveiller le ressentiment. Sa physionomie était calme, sa démarche lente et mesurée; et si ses yeux n'étaient pas exempts d'une certaine expression de profonde anxiété, du moins n'y lisait-on rien qui ressemblât à un sentiment de colère ou de triomphe. — Sir Geoffrey Péveril, dit-il, vous êtes le bienvenu dans cette maison d'abri et d'hospitalité; aussi bienvenu que vous l'auriez été en d'autres temps, quand nous nous donnions les noms de voisins et d'amis.

— Sur mon âme! s'écria le vieux chevalier, si j'avais su que ce fût votre maison, j'aurais vu tout mon sang couler dans le ruisseau avant que mon pied eût passé votre seuil, — pour y chercher un refuge, s'entend.

— Je vous pardonne votre haine, repartit le major Bridgenorth, à cause de vos préventions.

— Gardez votre pardon, répliqua le Cavalier, jusqu'à ce que vous-même soyez pardonné. Par saint Georges! j'ai juré que si jamais je mettais les talons hors de cette infernale prison, où j'ai été envoyé en grande partie grâce à vous, M. Bridgenorth, vous paieriez l'écot de mon mauvais logis. Je ne frapperai personne dans sa propre maison; mais si vous voulez me faire rapporter mon arme par ce drôle, et venir faire un tour avec moi dans cette cour borgne ici dessous, vous verrez bientôt quelle chance a un traître contre un homme loyal, un chien de puritain contre un Péveril du Pic.

Bridgenorth sourit sans s'émouvoir. — A une époque où j'étais plus jeune et d'un sang plus chaud, répondit-il, j'ai refusé votre cartel, sir Geoffrey; il n'est pas probable que je l'accepte maintenant, quand vous et moi ne sommes plus qu'à un pas de la tombe. Je n'ai pas épargné mon sang pour mon pays, et ne l'épargnerais pas encore, s'il le réclamait.

— C'est-à-dire s'il y avait quelque chance de trahison contre le roi.

— Mon père, dit Julien, écoutons M. Bridgenorth! Nous avons trouvé un abri dans sa maison; et quoique nous le voyions maintenant dans Londres, nous ne devons pas oublier qu'il n'a pas comparu aujourd'hui contre nous, alors que son témoignage aurait pu donner un tour fatal à notre situation.

— Vous avez raison, jeune homme, reprit Bridgenorth; et vous devriez regarder comme un gage de la sincérité de mes dispositions amicales, que j'aie été aujourd'hui absent de Westminster, quand quelques mots de ma bouche auraient terminé la longue lignée des Péverils du Pic : il ne me fallait que dix minutes de marche jusqu'à Westminster-Hall, pour assurer votre condamnation. Mais le pouvais-je, sachant, comme je le savais, que c'était toi, Julien Péveril, qui avais arraché ma fille, — ma chère Alice, — le dernier souvenir de sa mère que j'ai perdue, — aux piéges que l'enfer et la corruption avaient creusés autour d'elle?

— J'espère qu'elle est en sûreté, dit vivement Péveril, oubliant presque la présence de son père; — j'espère qu'elle est en sûreté et sous votre propre garde?

— Non sous la mienne, répondit tristement le père, mais sous celle d'une personne dont la protection, après celle du Ciel, doit m'inspirer la confiance la plus entière.

— Êtes-vous certain, — êtes-vous bien certain de cela? répéta Julien avec la même anxiété. Je l'ai trouvée dans les mains d'une personne à qui elle avait été confiée, et qui cependant.....

— Et qui cependant était la plus vile des femmes, interrompit Bridgenorth; mais celui qui l'avait choisie pour lui confier ce dépôt avait été trompé sur son caractère.

— Dites plutôt que vous étiez trompé sur le sien. Souvenez-vous que lorsque nous nous quittâmes à Moultrassie, je vous avertis que ce Ganlesse, — ce...

— Je sais ce que vous voulez dire, interrompit de nouveau Bridgenorth, et vous ne vous trompiez pas en le représentant comme un homme d'esprit mondain. Mais il a réparé son erreur en délivrant Alice des dangers dont elle était entourée quand elle fut séparée de vous; et d'ailleurs je n'ai pas cru devoir lui confier de nouveau le dépôt de ce qui m'est le plus cher au monde.

— Je rends grâces à Dieu, que vos yeux se soient enfin en partie ouverts!

— Ce jour va les ouvrir tout à fait ou les fermer à jamais.

Durant ce dialogue rapide, que les deux interlocuteurs avaient tenu ensemble sans songer que d'autres auditeurs étaient présents sir Geoffrey écoutait avec surprise et curiosité, s'efforçant d'y saisir quelque chose qui lui rendît leur conversation intelligible; mais ne pouvant réussir à trouver la clef de ce dont ils parlaient, le vieux chevalier s'écria brusquement : — Sang et tonnerre, Julien ! quel inutile commérage est ceci ? Qu'as-tu à faire avec ce drôle autre chose que de le bâtonner, si tu crois qu'il vaille la peine de rosser un aussi vieux coquin ?

— Mon père, dit Julien, vous ne connaissez pas monsieur ; — je suis certain que vous êtes injuste envers lui. Les obligations que je lui ai sont nombreuses ; et je suis sûr que quand vous viendrez à les connaître...

— J'espère que je mourrai avant que ce moment vienne, interrompit sir Geoffrey ; et il continua avec une violence toujours croissante : J'espère de la merci du Ciel que je serai dans le tombeau de mes ancêtres avant d'avoir appris que mon fils, — mon unique fils, — le dernier espoir de mon antique maison, — le dernier débris du nom des Péverils, — a consenti à contracter des obligations de l'homme que j'aurais le plus de raison de détester sur la terre, si je n'en avais encore plus de le mépriser ! — Chien dégénéré ! ajouta-t-il avec une extrême véhémence, vous rougissez et ne répondez pas ! Parlez et désavouez une telle honte ; ou, par le Dieu de nos pères !...

Le nain s'avança tout à coup en s'écriant : Arrêtez ! d'une voix à la fois si discordante et si impérative, qu'elle semblait surnaturelle. Homme de péché et d'orgueil, continua-t-il, arrêtez ! n'invoquez pas le saint nom d'un Dieu de paix en témoignage de vos ressentiments impies !

Cette admonestation prononcée d'un ton si hardi et si impérieux, et l'enthousiasme avec lequel le nain s'était exprimé, donnèrent à cet être méprisé un ascendant momentané sur l'esprit impétueux de son gigantesque homonyme. Sir Geoffrey Péveril arrêta un instant ses yeux sur lui d'un air surpris et intimidé, comme il eût pu regarder une apparition surnaturelle ; puis il reprit en balbutiant : Que sais-tu de la cause de ma colère ?

— Rien, répondit le nain ; — rien qu'une chose : — c'est que nulle cause ne peut justifier le serment que tu allais proférer. Homme ingrat ! Tu as été délivré aujourd'hui de la colère dévorante des méchants par un merveilleux concours de circonstances ; — penses-tu que ce soit un jour à choisir pour t'abandonner à des ressentiments précipités ?

— Je mérite ce reproche, dit sir Geoffrey, mais il m'arrive par une singulière voie ; — la sauterelle, comme dit le livre des prières, est devenue un fardeau pour moi. — Julien, je te parlerai plus tard de ces affaires ; et quant à vous, M. Bridgenorth, je ne veux pas avoir d'autres rapports avec vous, ni pacifiques ni hostiles. Le temps s'écoule vite, et j'aspire à retourner vers ma famille. Faites-nous rendre nos armes, faites ouvrir les portes, et laissez-nous partir sans autre altercation, qui ne pourrait que nous troubler l'esprit et nous aigrir.

— Sir Geoffrey Péveril, repartit Bridgenorth, je n'ai nul désir d'irriter ni votre esprit ni le mien; mais quant à vous renvoyer sitôt, c'est ce qui ne peut guère se faire, car votre départ actuel ne pourrait s'accorder avec l'œuvre que j'ai en main.

— Comment, monsieur! voulez-vous dire qu'il nous faut rester ici de gré ou de force? dit le nain. N'était-ce que je suis tenu de demeurer ici par quelqu'un qui a le droit le plus absolu de commander à ce pauvre microscome, je vous ferais voir que ni barres ni verrous ne peuvent arrêter un homme tel que moi.

— Je crois en effet, dit sir Geoffrey, que le petit homme pourrait s'échapper au besoin par le trou de la serrure.

Un demi-sourire se dessina sur les traits de Bridgenorth à l'héroïque rodomontade du pygmée et au commentaire dédaigneux de sir Geoffrey Péveril; mais une telle expression ne séjournait jamais deux secondes de suite sur son visage, et il répliqua aussitôt: Messieurs, il faut vous résigner. Croyez qu'on ne veut vous faire aucun mal; votre séjour ici servira au contraire à assurer votre sûreté, qui autrement serait sérieusement compromise. Ce sera votre faute si un seul de vos cheveux est touché. Mais la force est de mon côté; et quoiqu'il pût arriver si vous tentiez de recourir à la violence, ce serait sur vous qu'en retomberait tout le blâme. Si vous ne voulez pas m'en croire, je permettrai à M. Julien Péveril de m'accompagner jusqu'à un endroit où il verra que je suis amplement pourvu des moyens de réprimer la violence.

— Trahison! — trahison! exclama le vieux chevalier; — trahison contre Dieu et le roi Charles! Oh! que n'ai-je pour une demi-heure l'épée dont je me suis séparé comme un âne!

— Calmez-vous, mon père, je vous en conjure! dit Julien. Je vais aller avec M. Bridgenorth, puisqu'il le requiert. Je m'assurerai par moi-même s'il y a du danger, et quelle en est la nature. Il est possible que je puisse obtenir de lui qu'il renonce à toute mesure extrême, si tel est en effet son dessein. Quelque chose qui arrive, ne craignez pas que votre fils fasse rien qu'il ne doive faire.

— Faites comme vous voudrez, Julien, répondit son père; je me confie en vous. Mais si vous trahissez ma confiance, la malédiction d'un père s'attachera à vous.

Bridgenorth fit alors signe à Péveril de le suivre, et ils repassèrent la petite porte par laquelle il était entré.

Elle ouvrait sur une sorte de vestibule ou d'antichambre, autour de laquelle on voyait plusieurs autres portes, et où plusieurs corridors paraissaient aboutir. Bridgenorth ouvrit une porte et précéda Julien dans un de ces passages, après lui avoir recommandé par un signe de marcher en silence et avec précaution. A mesure qu'ils avançaient, on entendait de plus en plus distinctement des sons qui semblaient être ceux de voix humaines déclamant avec une chaleureuse emphase. Continuant de marcher lentement et sans bruit, Bridgenorth lui fit franchir une porte qui terminait ce corridor ; et comme ils entraient dans une petite galerie fermée d'un rideau, le son de la voix du prédicateur — car tel alors il parut être — put être entendu distinctement.

Julien ne douta pas qu'il ne fût dans un de ces conventicules qui, bien qu'en opposition aux lois en vigueur, continuaient d'être régulièrement tenus dans différentes parties de Londres et des faubourgs. Beaucoup de ces conventicules, fréquentés par des personnes d'opinions modérées en politique, quoique séparées de l'Église anglicane par principe de conscience, étaient tolérés par la prudence ou la timidité du gouvernement. Mais plusieurs autres, qui réunissaient les sectes les plus ardentes et les plus exaltées, indépendants, anabaptistes, hommes de la Cinquième Monarchie, et autres dont le farouche enthousiasme avait si puissamment contribué à renverser le trône du dernier roi, étaient recherchés, supprimés et dispersés, partout où ils pouvaient être découverts.

Julien ne put pas douter longtemps que l'assemblée dans laquelle il était ainsi introduit secrètement ne fût de cette dernière classe, et du caractère le plus exalté, s'il fallait en juger par la violence du prédicateur. Il en fut encore plus directement convaincu, quand, sur un signe de Bridgenorth, il écarta avec précaution un coin du rideau suspendu devant la galerie, et put ainsi, sans être vu lui-même, promener son regard sur l'auditoire, et apercevoir le prédicateur.

Environ deux cents personnes étaient rassemblées dans l'enceinte qui s'étendait au-dessous de la galerie, et qui était entièrement garnie de bancs, comme pour l'exercice du culte ; pas une femme ne s'y trouvait, et tous les assistants étaient armés de piques et de mousquets, ainsi que de pistolets et d'épées. Beaucoup d'entre eux semblaient être d'anciens soldats, ayant dépassé l'âge moyen de la vie, mais conservant encore une apparence de vigueur qui pouvait suppléer à l'agilité de la jeunesse. Les uns étaient debout, les autres assis, mais tous dans une attitude de profonde attention ; appuyés sur leurs lances ou sur leurs mousquets, ils tenaient les yeux invariablement fixés sur le prédicateur, qui couronna la violence de sa déclamation en déployant du haut de sa chaire un drapeau sur lequel était représenté un lion avec la devise : *Vicit Leo ex tribu Judœ*[1].

Le torrent d'éloquence mystique et animée du prédicateur, — vieillard à cheveux gris, à qui le zèle semblait rendre une puissance d'organe et de geste dont les années l'avaient privé, — était approprié au goût de son auditoire, mais ne pourrait être reproduit sur ces pages sans scandale et inconvenance. Il menaça les chefs de l'Angleterre de tous les jugements portés contre ceux de Moab et d'Assur ; — il excita

---

[1] Le Lion de Juda a vaincu.

les *saints*[1] à être forts, à se lever et à agir; — il leur promit ces miracles qui, dans les campagnes de Josué et de ses successeurs les vaillants Juges d'Israël, suppléaient à l'inégalité du nombre contre les Amorrhéens, les Madianites et les Philistins. Il sonna les trompettes, ouvrit les fioles, rompit les sceaux, et proclama les jugements qui s'approchaient, en employant tous les symboles mystiques de l'Apocalypse. La fin du monde fut annoncée, accompagnée de toutes les terreurs qui la devaient précéder.

Julien, avec une vive anxiété, en eut bientôt assez entendu pour le convaincre que l'assemblée se devait probablement terminer par une insurrection ouverte, pareille à celle des hommes de la Cinquième Monarchie sous Venner, à une époque rapprochée des premières années du règne de Charles; et il ne fut pas médiocrement affecté en songeant que, sans nul doute, Bridgenorth était impliqué dans une entreprise si criminelle et si désespérée. S'il avait conservé quelque incertitude sur l'issue de l'assemblée, elle aurait dû s'évanouir quand il entendit le ministre exhorter ses auditeurs à renoncer à l'espoir entretenu jusqu'alors de sauver la nation par la seule exécution des lois ordinaires du pays. — Cet espoir, dit-il, n'était rien de plus qu'une attente charnelle après une assistance terrestre, — une descente en Égypte pour y chercher du secours, ce que l'œil jaloux de leur divin Chef regarderait comme une fuite vers un autre rocher, et comme une bannière différente de celle qui, en ce jour, était déployée au-dessus d'eux. — A ces mots, il agita solennellement au-dessus de leurs têtes le lion représenté sur la bannière, comme l'enseigne unique sous laquelle ils devaient chercher la vie et le salut. Puis, reprenant son discours, il répéta que recourir à la justice ordinaire était une chose vaine en même temps qu'un péché.

— Ce qui s'est passé aujourd'hui à Westminster, ajouta-t-il, peut vous apprendre que l'Homme de Whitehall ressemble à l'Homme son père; et il termina une longue tirade contre les vices de la cour par l'assurance que Tophet[2] était ordonné depuis longtemps, — que depuis longtemps il était chauffé pour le roi.

Bridgenorth, absorbé dans l'attention profonde avec laquelle il dévorait en quelque sorte les paroles du ministre, semblait avoir oublié pendant quelque temps la présence de Julien; mais quand le prédicateur aborda le tableau de la théocratie prochaine qu'il osa prophétiser, il parut subitement revenir à lui-même, et prenant Julien par la main, il le fit sortir de la galerie, dont il ferma la porte avec soin, et le conduisit à une chambre peu distante.

---

[1] Qualification que se donnaient les sectaires. (L. V.)

[2] Expression et image symboliques empruntées aux prophètes, et dont le sens est que tout est prêt pour le sacrifice de la victime expiatoire. (L. V.)

CHAPITRE XLIII.

Lorsqu'ils y furent arrivés, il prévint les observations de Julien, en lui demandant, d'un ton de triomphe austère, si ces hommes qu'il venait de voir paraissaient devoir accomplir leur tâche avec négligence, et s'il ne serait pas périlleux de vouloir sortir par force d'une maison dont tous les abords étaient gardés par de tels hommes, — habitués depuis leur enfance au métier des armes.

— Au nom du Ciel! dit Julien, sans répondre à la question de Bridgenorth, dans quel dessein téméraire avez-vous réuni tant d'hommes exaltés? Je sais que vous avez en religion des principes particuliers; mais prenez garde de vous tromper vous-même. Nulles vues de religion ne peuvent sanctionner la rébellion et le meurtre; et telles sont cependant les conséquences naturelles et nécessaires des doctrines que nous venons d'entendre professer devant ces fanatiques et violents enthousiastes.

— Mon fils, dit Bridgenorth avec calme, dans les jours de ma première jeunesse je pensais comme vous pensez aujourd'hui. Je croyais suffisant de payer mes dîmes de cumin et d'anis, — mes chétives observances de l'ancienne loi; je croyais accumuler des choses précieuses, quand elles n'avaient pas plus de valeur que les cosses que l'on jette à l'auge du pourceau. Béni soit le Ciel! les écailles sont tombées de mes yeux; et après avoir erré quarante ans dans le désert de Sinaï, je suis enfin arrivé à la Terre de Promission. — Je me suis dégagé de la corruption de ma nature humaine, — j'ai dépouillé le vieux homme, et je puis maintenant avec quelque conscience mettre la main à la charrue, certain que je ne laisse pas de faiblesse en arrière, quelque part que je porte les yeux. — Les sillons doivent être larges et profonds, ajouta-t-il en fronçant les sourcils, et le regard brillant d'un feu sombre; les sillons doivent être profonds, et arrosés du sang des puissants.

Il se fit dans le ton et l'expression de Bridgenorth, quand il prononça ces singulières paroles, un changement qui convainquit Julien que l'esprit du major, qui pendant tant d'années avait flotté entre son bon sens naturel et l'enthousiasme insensé du temps, s'était finalement abandonné au dernier; et comprenant le danger dans lequel allaient vraisemblablement se trouver placés le malheureux Bridgenorth lui-même, l'innocente et belle Alice, et son propre père à lui, Julien, — pour ne rien dire du péril qu'une insurrection soudaine ferait courir à la société tout entière, — il sentit en même temps qu'il n'y avait aucune chance de l'emporter par le raisonnement sur un homme qui opposerait la conviction religieuse à tous les arguments que la raison pourrait élever contre ses projets insensés. S'adresser à son cœur semblait une ressource plus probable; aussi Julien conjura-t-il Bridgenorth de penser combien l'honneur et la sûreté de sa fille étaient intéressés à ce qu'il renonçât à la démarche dangereuse qu'il méditait. — Si vous succombez, dit-il, ne tombe-t-elle pas sous le pouvoir et la tutelle de son oncle, que vous convenez vous-même s'être montré capable de la plus grossière méprise dans le choix d'une protectrice, et que moi, sur de bonnes raisons, je crois avoir fait ce choix infâme les yeux ouverts?

— Jeune homme, répondit Bridgenorth, vous me faites éprouver ce qu'éprouve le pauvre oiseau à l'aile duquel un espiègle enfant a fixé une ficelle, pour ramener à terre à volonté la misérable créature luttant vainement contre le lien qui l'enchaîne. Sache donc, puisque tu veux jouer ce rôle cruel, et me faire descendre de mes contemplations plus élevées, que celle près de qui Alice est placée, et qui a plein pouvoir de diriger ses mouvements et de décider de son sort futur, en dépit de Christian et de qui que ce soit, est... Mais je ne te dirai pas qui c'est. — Il te suffit de savoir que personne, — toi moins qu'un autre, — n'a rien à craindre pour sa sûreté.

En ce moment une porte latérale s'ouvrit, et Christian lui-même entra dans la chambre. Il tressaillit et changea de couleur en apercevant Julien Péveril; mais affectant aussitôt un air d'indifférence et se tournant vers Bridgenorth, il lui demanda « si Saül était parmi les prophètes? — si un Péveril était parmi les *saints?* »

— Non, frère, répondit Bridgenorth; son temps n'est pas venu, non plus que le tien. — Vous êtes trop profondément enfoncés, toi dans les intrigues ambitieuses de l'âge mûr, lui dans les passions vertigineuses de la jeunesse, pour entendre une voix plus calme. — Plus tard, vous l'entendrez l'un et l'autre; c'est l'objet de mes vœux et de mes prières.

— M. Ganlesse, ou Christian, ou quel que soit le nom que l'on vous donne, dit Julien, par quelque motif que vous soyez dirigé dans cette affaire dangereuse, *vous*, du moins, n'êtes influencé par aucune idée d'ordres immédiats du Ciel prescrivant de commencer les hostilités contre l'État. Laissant donc, quant à présent, tout sujet de discussion qui peut exister entre nous, je vous conjure, comme homme de prévoyance et de sens, de vous joindre à moi pour dissuader M. Bridgenorth de la fatale entreprise qu'il médite en ce moment.

— Jeune homme, répondit Christian avec le plus grand calme, quand nous nous rencontrâmes dans l'Ouest, je voulus faire de vous un ami, mais vous repoussâtes mes avances. Vous avez pu cependant, même alors, voir assez de moi pour être assuré que vraisemblablement je ne me jetterais pas avec trop de témérité dans une entreprise désespérée. Quant à celle qui nous attend, mon frère Bridgenorth y apporte la simplicité, sinon l'innocence de la colombe, et moi la subtilité du serpent. Il a la direction des saints qui sont mus par l'esprit; et moi, je puis ajouter à leurs efforts un corps puissant d'auxiliaires qui ont pour instigateurs le monde, le démon et la chair.

— Et pouvez-vous accéder à une mission si indigne? dit Julien en regardant Bridgenorth.

— Je ne m'unis pas à eux, répondit celui-ci; mais je ne puis sans

CHAPITRE XLIII.

crime rejeter l'aide envoyée par la Providence pour assister ses serviteurs. Nous-mêmes sommes en petit nombre, quoique résolus ; — ceux dont l'épée vient aider à la moisson doivent être les bienvenus : — quand leur œuvre sera accomplie, ils seront convertis ou dispersés. — Avez-vous été à York-Place, frère, trouver cet épicurien vacillant ? Il nous faut sa dernière résolution ; il nous la faut avant une heure.

Christian jeta les yeux vers Julien, comme si sa présence l'eût empêché de répondre ; sur quoi Bridgenorth se leva, et, prenant le jeune homme par le bras, lui fit quitter la chambre et le reconduisit à celle où ils avaient laissé son père. Il l'assura, en chemin, que des gardes vigilantes et déterminées avaient été placées à toutes les issues par lesquelles une évasion pourrait être tentée, et qu'il ferait bien de persuader à son père de rester tranquillement prisonnier pendant quelques heures.

Julien ne répliqua pas, et Bridgenorth se retira immédiatement, le laissant seul avec son père et Hudson. A toutes leurs questions il ne put que répondre succinctement qu'il craignait qu'ils ne fussent tombés dans un piége, attendu qu'ils se trouvaient dans la maison avec au moins deux cents fanatiques complétement armés, et paraissant préparés pour quelque entreprise désespérée. Privés d'armes, ils ne pouvaient recourir à la violence ouverte ; et quelque désagréable qu'il pût être de rester dans une telle situation, il semblait difficile, d'après la solidité des portes et des fenêtres, de tenter une évasion secrète sans être aussitôt découverts.

Le vaillant nain conservait seul des espérances qu'il s'efforçait vainement de faire partager à ses compagnons d'affliction. La belle, dit-il, dont les yeux étaient comme les astres jumeaux de Léda, — car le petit homme était grand admirateur du style élevé, — ne l'avait pas invité, lui le plus dévoué et non peut-être le moins favorisé de ses serviteurs, à entrer dans cette maison comme dans un port, pour qu'il y fît naufrage ; et il assura généreusement ses amis qu'ils trouveraient leur sûreté dans la sienne.

Sir Geoffrey, peu consolé par cette assurance, exprimait son désespoir de ne pouvoir aller jusqu'à Whitehall, où il comptait trouver assez de joyeux Cavaliers pour l'aider à étouffer dans leur ruche tout cet essaim de guêpes ; tandis que Julien pensait que le meilleur service qu'il pût maintenant rendre à Bridgenorth serait de découvrir à temps son complot, et, s'il était possible, de le faire en même temps avertir de mettre sa personne en sûreté.

Mais nous devons les laisser méditer à loisir sur leurs plans. Comme ils dépendaient tous de l'évasion préalable des trois prisonniers, la réussite d'aucun d'eux ne semblait guère probable.

CHAPITRE XLIV.

> Quelques-uns firent, par prudence, le terrible saut ; d'autres s'y croyaient appelés par la voix du Ciel. Ceux-ci sautèrent par ambition, ceux-là par amour du lucre ; — moi je sautai par badinage.
> *Le Songe.*

APRÈS un entretien privé avec Bridgenorth, Christian se rendit en toute hâte à l'hôtel du duc de Buckingham, en ayant soin de prendre une route où il ne fût pas exposé à être rencontré par des gens de connaissance. Il fut introduit dans l'appartement du duc, qu'il trouva assis devant un flacon d'excellent vin blanc, cassant et mangeant des noisettes.

— Christian, dit sa Grâce, venez m'aider à rire. — J'ai mordu sir Charles Sedley ; — je l'ai fait sauter de mille guinées, de par tous les dieux !

— Je suis charmé de votre bonne chance, mylord duc, répondit Christian ; mais je suis venu ici pour des affaires sérieuses.

— Sérieuses ? — Sur ma foi, il me sera dorénavant difficile de garder mon sérieux. — Ha ! ha ! ha ! — Une bonne chance ? ce n'est pas cela : — de l'esprit tout pur, un excellent tour ; et n'était-ce que je ne veux pas faire affront à la fortune, je lui pourrais dire en face, comme l'ancien général grec : Tu n'y es pour rien. Vous avez su, Ned Christian, que la mère Cresswell est morte.

— Oui, j'ai su que le diable a pris ce qui lui appartenait.

— Ah ! vous êtes un ingrat, car je sais que vous avez été son obligé aussi bien que les autres. Par saint Georges ! une très-obligeante et très-secourable vieille dame ; et pour qu'elle ne dorme pas dans une tombe sans honneur, j'ai parié, — remarquez bien, — j'ai parié avec Sedley que j'écrirais son oraison funèbre ; que chaque mot en serait à la louange de sa vie et de ses habitudes ; que tout y serait vrai ; et que cependant le diocésain ne pourrait mettre le pouce sur Quodling, mon petit chapelain, qui la prononcerait.

— Je vois parfaitement la difficulté, mylord, dit Christian ; car il savait bien que s'il voulait obtenir l'attention de ce seigneur aux idées si mobiles, il fallait d'abord lui laisser épuiser le sujet, quel qu'il fût, qui s'était temporairement emparé de sa glande pinéale[1].

— Hé bien, voici ce que j'ai fait dire à mon petit Quodling pour

---

[1] Petite glande en forme de pomme de pin placée au milieu du cerveau. Quelques métaphysiciens-physiologistes en ont fait le siége de l'entendement. (L. V.)

oraison funèbre : « Que malgré les mauvais bruits qui avaient couru durant la vie de la digne matrone dont on venait de rendre les restes à la terre, la méchanceté elle-même ne pouvait nier qu'elle ne fût *bien* née, ne se fût *bien* mariée, n'eût *bien* vécu et ne fût *bien* morte, puisqu'elle était née à Shadwell, s'était mariée à Cresswell, avait vécu à Camberwell, et était morte à Bridewell¹. » Là finit l'oraison funèbre, et avec elle l'espoir ambitieux de Sedley d'être plus fin que Buckingham.
— Ha! ha! ha! — Et maintenant M. Christian, quels sont vos ordres pour moi, aujourd'hui?

— J'ai d'abord à remercier Votre Grâce de l'attention qu'elle a eue de charger un homme aussi formidable que le colonel Blood d'accompagner votre humble ami et serviteur. Il prenait, ma foi, un tel intérêt à mon départ de la ville, qu'il voulait me forcer de l'accélérer à la pointe de l'épée, de sorte que j'ai été obligé de répandre un peu de son sang malappris. Les spadassins de Votre Grâce ont eu du malheur depuis quelque temps; et c'est d'autant plus fâcheux, que vous choisissez toujours les meilleures mains, et des coquins sans scrupules, qui plus est.

— Allons donc, Christian, ne prenez pas ce ton de triomphe avec moi; un grand homme, si je puis me donner ce titre, n'est jamais plus grand qu'au milieu des mécomptes. Je ne vous ai joué ce petit tour, Christian, que pour imprimer en vous une idée salutaire de l'intérêt que j'apporte à tous vos mouvements. Que le faquin ait osé tirer l'épée contre vous, c'est ce que je ne lui pardonnerai pas. — Quoi! attaquer les jours de mon ancien ami Christian!

— Et pourquoi non, dit Christian froidement, si votre ancien ami est assez entêté et assez peu complaisant pour ne pas quitter Londres quand Votre Grâce l'en a requis, dans l'honnête intention de distraire sa nièce en son absence?

— Comment! — Que voulez-vous dire? — Distraire votre nièce! Votre nièce était un personnage fort au-dessus de mes humbles attentions, car elle était destinée, si je ne me trompe, à quelque chose comme la faveur royale.

— Elle n'en était pas moins destinée aussi à venir occuper le Couvent de Votre Grâce pendant une couple de jours ou environ. Grâce à Dieu, mylord, le père confesseur n'était pas au logis, et — car les couvents ont été escaladés depuis quelque temps — quand il est revenu, l'oiseau était envolé.

— Christian, tu es un vieux renard. — Je vois qu'il n'y a pas à jouer au fin avec toi. Ainsi, c'est toi qui m'as dérobé ma jolie prise, mais en me laissant en place un oiseau si fort à mon goût, que s'il ne s'était fait des ailes pour prendre sa volée, je l'aurais mis dans une cage d'or. Ne

¹ Le jeu de mots roule sur la terminaison *well* (bien) de ces quatre mots. (L. V.)

te laisse pas abattre, mon cher Christian; je te pardonne, — je te pardonne.

— Votre Grâce est dans une disposition fort miséricordieuse, d'autant plus que c'est moi qui ai reçu l'injure; et les sages ont dit que l'offenseur est moins disposé à pardonner que l'offensé.

— C'est vrai, c'est vrai, Christian; il y a là, comme tu disais, quelque chose de neuf, et qui place ma clémence sous un point de vue éminent. Hé bien donc, homme pardonné, quand reverrai-je ma princesse mauritanienne?

— Quand je serai certain qu'un jeu d'esprit, un pari, une comédie ou un sermon ne la banniront pas de la mémoire de Votre Grâce.

— Tout l'esprit de South et d'Etheredge, pour ne rien dire du mien, repartit vivement Buckingham, ne pourra me faire oublier à l'avenir ce que je dois à la princesse mauresque.

— Cependant, pour détourner votre pensée de la belle dame un instant, — un très-court instant, car je jure qu'en temps convenable Votre Grâce la reverra, et connaîtra en elle la femme la plus extraordinaire que le siècle ait produite; — pour détourner d'elle votre pensée un court instant, comme je disais, Votre Grâce a-t-elle depuis peu des nouvelles de la santé de la duchesse votre épouse?

— De sa santé? — hem! — non, rien de particulier. Elle a été malade; — mais...

— Elle ne l'est plus, mylord; elle est morte dans le Yorkshire il y a quarante-huit heures.

— Il faut que tu correspondes avec le diable! s'écria le duc.

— Cela conviendrait mal à quelqu'un de mon nom, répliqua Christian [1]; mais dans le court intervalle qui s'est écoulé depuis que Votre Grâce est instruite d'un événement qui n'est pas encore arrivé aux oreilles du public, vous avez, je crois, fait des propositions au roi pour la main de lady Anne, la seconde fille du duc d'York [2], et les propositions de Votre Grâce ont été rejetées.

— Flammes et enfer! s'écria le duc en se levant tout à coup et en saisissant Christian au collet; qui t'a dit cela, misérable?

— Lâchez mon habit, mylord-duc, et je pourrai vous répondre. J'ai en moi un mauvais reste d'humeur puritaine; je ne puis souffrir l'imposition des mains. Lâchez mon habit, ou je trouverai moyen de vous y forcer.

Le duc, dont la main droite était posée sur la poignée de sa dague, pendant que de la gauche il tenait le collet de Christian, lâcha prise tandis que celui-ci parlait, mais lentement, en homme qui suspend plutôt qu'il n'abandonne l'exécution de quelque inspiration soudaine;

---

[1] Le lecteur a déjà vu que *Christian* est la forme anglaise du mot chrétien. (L. V.)

[2] Frère de Charles II, et son successeur sous le nom de Jacques II. (L. V.)

et Christian, rajustant son habit avec un calme parfait, lui dit : Bien ; — mon habit étant dégagé, nous parlerons sur le pied de l'égalité. Je ne viens pas pour insulter Votre Grâce, mais pour lui offrir une vengeance de l'insulte qu'elle a reçue.

— La vengeance ! — c'est l'offre la plus chère qui me puisse être faite dans la disposition où je suis. Je suis affamé de vengeance, — j'en suis altéré ; — je mourrais pour assurer ma vengeance ! — Mort de ma vie ! continua-t-il en parcourant le vaste appartement avec toutes les marques de la plus violente agitation ; j'ai chassé ce refus de ma cervelle par mille folies, parce que je ne le croyais connu de personne. Mais il l'est, et de toi, l'égout des secrets de la cour ! — L'honneur de Villiers est à ta garde, Ned Christian ! Parle, homme d'astuce et d'intrigues ! — de qui me promets-tu vengeance ? Parle donc ! et si tes réponses s'accordent avec mes désirs, je ferai marché avec toi aussi volontiers qu'avec ton maître Satan lui-même !

— Je ne serai pas aussi déraisonnable dans mes conditions que les histoires le disent du vieil Apostat. J'offrirai à Votre Grâce, comme il le pourrait faire, la prospérité temporelle et la vengeance, ce qui est la monnaie dont il allèche souvent ses recrues ; mais quant à votre salut à venir, je vous laisserai à vous-même le soin d'y pourvoir à votre volonté.

Le duc, arrêtant sur lui un regard triste, répondit : — Plût à Dieu, Christian, que je pusse lire dans tes traits quel projet d'infernale scélératesse tu as à me proposer, sans qu'il te fût nécessaire d'employer la parole !

— Votre Grâce peut essayer, dit Christian en souriant d'un air calme.

— Non, reprit le duc après l'avoir examiné de nouveau pendant une minute ; tu as sur la figure une telle couche d'hypocrisie, que tes traits ignobles et tes yeux gris pourraient tout aussi bien cacher un crime de haute trahison qu'un misérable plan de brigandage ou de vol, plus convenable à ta condition.

— Haute trahison, mylord ? vous pourriez avoir mieux deviné que vous ne le pensiez. J'honore la pénétration de Votre Grâce.

— Haute trahison ! répéta le duc. Qui ose me nommer un tel crime ?

— Si le mot effraie Votre Grâce, elle y peut substituer celui de vengeance : — vengeance contre la cabale des conseillers qui s'est toujours mise à la traverse de vos desseins, en dépit de votre esprit et de votre crédit sur le roi ; — vengeance contre Arlington et d'Ormont, — contre Charles lui-même !

Non, par le Ciel ! exclama le duc, en recommençant à parcourir la chambre à pas précipités et inégaux. — Vengeance contre ces rats du Conseil privé, — pour celle-là j'adopte tous les moyens. Mais le roi ! — jamais, — jamais ! Je l'ai cent fois offensé, sans qu'il me l'ait à peine rendu une fois. Je l'ai contrecarré dans les intrigues d'État, — j'ai été son rival en amour, — je l'ai battu des deux manieres, — et, de par le diable! il m'a pardonné. La trahison me plaçât-elle sur son trône, de ma part elle serait sans excuse ; — ce serait une ingratitude dégradante.

— C'est noblement parlé, mylord, et d'une manière qui s'accorde également et avec les obligations qu'a Votre Grâce à Charles Stuart, et avec la reconnaissance que vous en avez montrée. Mais peu importe. Si Votre Grâce refuse de prendre notre entreprise sous son patronage : il y a Shaftesbury, — il y a Monmouth.....

— Misérable! s'écria le duc en proie à une agitation toujours croissante ; pensez-vous poursuivre avec d'autres une entreprise que j'aurais refusée? — Non, de par tous les dieux païens et chrétiens! — Ecoutez, Christian ; je vais vous arrêter ici même ; — je le ferai de par tous les dieux et les diables! et je vous emmènerai dévoiler votre complot à Whitehall.

— Et les premiers mots que j'y prononcerai, répliqua l'imperturbable Christian, seront pour révéler au Conseil privé en quel lieu on peut trouver certaines lettres dont Votre Grâce a honoré votre humble vassal, et qui contiennent, je crois, des particularités que Sa Majesté lira avec plus de surprise que de plaisir.

— Par la mort, scélérat! s'écria le duc en portant de nouveau la main à son poignard, tu as encore un avantage sur moi. Je ne sais ce qui m'empêche de te poignarder sur la place!

— Je puis succomber, mylord duc, dit Christian en rougissant légèrement et en mettant sa main droite dans son sein ; je puis succomber, mais non, je crois, sans être vengé : — je n'ai pas ainsi mis ma personne en péril tout à fait sans moyen de défense. Je puis succomber ; mais, hélas! la correspondance de Votre Grâce est entre des mains qui, dans ce cas, ne tarderaient guère à la faire tenir au roi et au Conseil privé. Que dites-vous de la princesse mauresque, mylord duc? Et si je l'avais constituée mon exécutrice testamentaire, avec certaines instructions sur ce qu'elle aurait à faire si je ne revenais pas sain et sauf de York-Place? Oh! mylord, quoique ma tête soit dans la gueule du loup, je n'ai pas été assez oison pour l'y placer sans indiquer combien de carabines seraient tirées sur le loup, dès que mon râle de mort se ferait entendre. — Allons donc, mylord duc! vous avez affaire à un homme de sens et de courage, et vous lui parlez comme à un enfant et à un lâche.

Le duc se jeta dans un fauteuil, tint les yeux fixés à terre, et reprit sans se lever : Je vais appeler Jerningham ; mais ne craignez rien, — c'est seulement pour lui demander du vin. — Cette boisson qui est là sur la table peut suffire à faire passer des noix et des avelines, mais non des communications comme les vôtres. — Apportez-moi du champagne, dit-il au serviteur qui répondit à son appel.

Le domestique revint, et apporta un flacon de champagne avec deux larges gobelets d'argent. Il en emplit un pour Buckingham, lequel, contre l'étiquette ordinaire, était toujours servi le premier chez lui; puis il offrit le second à Christian, qui le refusa.

Le duc vida le large gobelet qui lui était présenté, puis il tint un moment la main sur son front; mais relevant vivement la tête, il s'écria : Christian, parlez clairement. Nous nous connaissons. Si ma réputation est, jusqu'à un certain point, entre vos mains, vous savez bien que votre vie est dans les miennes. Asseyez-vous, continua-t-il en tirant de son sein un pistolet qu'il posa sur la table; — asseyez-vous, et détaillez-moi votre proposition.

— Mylord, dit Christian en souriant, je ne produirai pas de mon côté cet argument suprême, quoiqu'il pût se faire qu'au besoin je ne m'en trouvasse pas dépourvu. Mais ma défense est dans la situation des choses, et dans l'examen réfléchi qu'en fera sans doute Votre Majesté.

— Ma Majesté! répéta le duc. — Mon bon ami Christian, vous avez si longtemps vécu de compagnie avec les puritains, que vous confondez les titres ordinaires de la cour.

— Je ne sais quelle excuse en donner, repartit Christian, à moins que Votre Grâce ne suppose que je prophétisais.

— Comme le diable prophétisait à Macbeth, dit le duc; — et de nouveau il se mit à parcourir la chambre, puis il se rassit en reprenant : Soyez clair, Christian; — dites tout d'un coup, et en homme, ce que vous proposez.

— *Moi?* — Que pourrais-je faire? — Je ne puis rien en une telle affaire; mais j'ai pensé qu'il convenait que Votre Grâce fût prévenue que les *saints* de cette ville (il appuya sur le mot avec une sorte de grimace ironique) sont impatients de leur inactivité, et qu'il faut nécessairement qu'ils se lèvent et agissent. Mon frère Bridgenorth est à la tête de toute la congrégation du vieux Weiver; car il est bon que vous sachiez qu'après avoir flotté d'une foi à une autre, il a maintenant franchi les bornes, et est devenu un homme de la Cinquième Monarchie. Il y a près de deux cents hommes des gens de Weiver, complètement équipés et prêts à agir; et avec un peu d'aide des gens de Votre Grâce, ils ne peuvent manquer d'emporter Whitehall, et de faire prisonniers tous ceux qui s'y trouvent.

— Misérable! Et c'est à un pair d'Angleterre que vous faites cette communication?

— Oh! je conviens que ce serait une extrême folie à Votre Grâce de se montrer jusqu'à ce que tout soit fini. Mais permettez-moi de dire à Blood et aux autres un mot de votre part. Il y a en outre les quatre congrégations allemandes, — les vrais knipperdolings et les anabaptistes, — qui nous seront particulièrement utiles. Vous êtes prudent, mylord, et connaissez la valeur d'un corps de gladiateurs privés, aussi bien qu'Octave, Lépide et Antoine, lesquels, au moyen de semblables forces domestiques, se partagèrent le monde en trois parts.

— Un moment, un moment! Alors même que ces limiers se joindraient à vous, — ce que je ne permettrais pas sans les assurances les plus positives pour la sûreté personnelle du roi, — si donc ils se joignaient à vous, quel espoir auriez-vous d'enlever la cour?

— Le matamore Tom Armstrong[1], mylord, a promis d'employer son influence sur les gardes du corps. Puis il y a les vigoureux enfants de lord Shaftesbury dans la Cité : — trente mille hommes pour lesquels il n'a qu'à lever un doigt.

— Qu'il lève les deux mains, et s'il en a seulement cent par doigt, ce sera plus que je n'aurais pensé. Vous ne lui avez pas parlé?

— Assurément non, avant de connaître le bon plaisir de Votre Grâce. Mais si nous n'avons pas recours à lui, il y a toute la séquelle hollandaise, la congrégation de Hans Snorehout, dans le Strand; — il y a les protestants français de Piccadilly; — il y a la famille de Lévi de Lewkenor's-Lane; — les Mugletoniens de Thames-street, — les.....

— Pouah! — fi donc! fi donc! — Comme les coquins pueront le fromage et le tabac quand ils en viendront à l'action! — ils absorberont tous les parfums de Whitehall. Épargne-moi le détail; dis-moi, mon cher Ned, la somme totale de tes forces très-odoriférantes.

— Quinze cents hommes bien armés, outre la populace qui certainement se soulèvera; elle a déjà presque mis en pièces les prisonniers acquittés ce matin au sujet du Complot.

— Hé bien, je comprends tout; — et maintenant, écoute-moi, très-chrétien Christian, continua le duc en faisant rouler son siège précisément en face de celui sur lequel était assis son agent. Vous m'avez dit bien des choses, aujourd'hui; — serai-je également communicatif? Vous ferai-je voir que l'exactitude de mes renseignements égale celle des vôtres? Vous dirai-je, en un mot, pourquoi vous avez tout à coup résolu de pousser chacun, depuis le puritain jusqu'au franc-penseur, à une attaque générale du palais de Whitehall, sans me donner, à moi pair du royaume, le temps de réfléchir à un pas si désespéré, ni celui de m'y préparer? Vous dirai-je pourquoi vous voudriez m'amener ou me pousser, par séduction ou par contrainte, à appuyer vos mesures?

— S'il vous plaît de me faire connaître vos conjectures, mylord, je vous dirai sincèrement si vous avez rencontré juste.

— Hé bien, la comtesse de Derby est arrivée aujourd'hui, et elle se

---

[1] Thomas, ou sir Thomas Armstrong, qui s'était distingué dans sa jeunesse par ses duels et ses exploits bachiques. Il était particulièrement lié avec le duc de Monmouth, et prit, dit-on, part à la conspiration de Rye-house, pour laquelle il souffrit la peine capitale le 20 juin 1684. (W. S.)

rend ce soir à la cour avec l'espoir d'y recevoir un accueil très-bienveillant ; elle peut être surprise au milieu de la mêlée. — Ha ! n'ai-je pas bien deviné, M. Christian? Vous qui prétendez m'offrir la vengeance, vous en connaissez l'exquise saveur.

— Je n'oserais pas, repartit Christian en souriant à demi, offrir un plat à Votre Grâce sans remplir les fonctions de dégustateur en même temps que celles de pourvoyeur.

— C'est honnêtement répondu. Va donc, mon ami. Donne cet anneau à Blood ; — il le connaît, et sait comment obéir à celui qui le porte. Qu'il réunisse mes gladiateurs, comme tu appelles très-spirituellement mes *coupe-jarrets*[1]. On peut avoir recours au vieux projet de musique allemande, car je pense que tu tiens les instruments prêts. Mais fais attention que je ne sais rien de tout cela, et que la personne de Rowley doit être sauve : — je pendrai et brûlerai de toutes parts si un seul cheveu de sa perruque noire[2] est touché par la flamme. — Mais ensuite ? — un Lord-Protecteur du royaume ? — Ou plutôt, attends : — Cromwell a quelque peu souillé et dépopularisé le mot ; — un Lord-Lieutenant d'Angleterre ? Les patriotes, qui prennent sur eux de venger les injures faites au pays, et d'écarter les mauvais conseillers du trône du roi, afin qu'à l'avenir il puisse être fondé sur la justice, — c'est bien le style, je crois ? — les patriotes ne peuvent manquer de faire un choix convenable.

— Assurément, mylord, puisque dans les trois royaumes il n'y a qu'un homme sur lequel ce choix puisse tomber.

— Je vous remercie, Christian, et je compte sur vous. Allez et préparez tout. Soyez certain que vos services ne seront pas oubliés. Nous vous conserverons près de nous.

— Mylord duc, vous m'attachez doublement à vous. Mais souvenez-vous que comme on épargne à Votre Grâce tous les dangers qui peuvent accompagner une exécution militaire, et tous les autres périls préliminaires, il est à propos que vous vous teniez prêt à vous mettre, au premier avis, à la tête d'une troupe honorable d'amis et d'alliés, et à vous rendre immédiatement au palais, où vous serez reçu par les vainqueurs comme un chef, et par les vaincus comme un sauveur.

— Je vous comprends, — je vous comprends. Je serai prêt au premier mot.

— Bien, mylord ; et, au nom du Ciel ! qu'aucune de ces futilités qui sont les véritables Dalilas de votre imagination ne vienne assié-

---

[1] L'expression est en français dans l'original.

[2] Charles, à cause de la teinte foncée de sa peau, portait toujours une perruque noire. Il avait coutume de dire des comédiens que « s'ils voulaient représenter un scélérat sur la scène, odds-fish ! ils l'affublaient toujours d'une perruque noire, tandis que le plus grand coquin d'Angleterre (voulant probablement désigner le docteur Oates) en portait une blanche. » Voyez l'*Apologie* de Cibber. (W. S.)

ger Votre Grâce ce soir, et entraver l'exécution de ce plan sublime.

— Hé quoi! Christian, me croyez-vous fou? répondit emphatiquement Sa Grâce. C'est vous qui perdez du temps, quand tout devrait être disposé pour un coup si hardi. Allez donc. — Mais, un instant, Ned; avant de vous éloigner, dites-moi quand je reverrai cet être de feu et d'air, — cette Péri d'Orient qui pénètre dans les appartements par le trou des serrures, et s'envole par la fenêtre, — cette houri aux yeux noirs du paradis de Mahomet? — Dites-moi, quand la reverrai-je?

— Quand Votre Grâce tiendra le bâton de Lord-Lieutenant du royaume, répondit Christian. Et il quitta l'appartement.

Buckingham resta plongé dans une profonde méditation pendant quelques instants après son départ. — Aurais-je dû faire ce que j'ai fait, se dit-il en repassant l'affaire dans son esprit; mais plutôt, avais-je la possibilité d'agir autrement? Ne devrais-je pas courir à la cour, et instruire Charles de la trahison qui le menace? C'est ce que je vais faire, de par le Ciel! Jerningham, ma voiture, avec la promptitude de l'éclair!

— Je vais me jeter à ses pieds, et lui dire toutes les folies que j'ai rêvées avec ce Christian. — Et puis il me rira au nez et me repoussera? — Non; déjà une fois aujourd'hui je me suis jeté à ses genoux, et il m'a repoussé avec dureté. Être méprisé une fois en un jour est assez pour Buckingham.

Après ces réflexions, il s'assit, et se mit à dresser à la hâte une liste des jeunes nobles et des jeunes gens de qualité et autres, très-ignobles compagnons des premiers, qu'il supposait pouvoir aisément le prendre pour chef dans un moment d'agitation populaire. Il avait presque complété cette liste, quand Jerningham entra pour le prévenir que sa voiture allait être prête à l'instant, et pour apporter l'épée, le chapeau et le manteau de son maître.

— Que le cocher détèle, mais qu'il ne s'éloigne pas. Envoie chez toutes les personnes dont tu trouveras les noms sur cette liste; qu'on leur dise seulement que je suis quelque peu indisposé, et que je désire les avoir à une légère collation. Qu'on se hâte, et ne regarde pas à l'argent. On trouvera la plupart d'entre eux au Club-House, dans Fuller's Rents[1].

Les préparatifs de la fête furent promptement faits, et les convives invités, pour la plupart gens toujours prêts à répondre à l'appel du plaisir, quoique parfois plus sourds à celui du devoir, ne tardèrent pas

---

[1] Lieu de réunion du club du Ruban Vert. « Leur lieu de réunion, dit Roger North, était une sorte de carrefour dans Chancery-Lane (Passage de la Chancellerie), dans un centre d'affaires et de compagnie très-convenable à de tels pêcheurs de fous. La maison avait sur la façade un double balcon, comme on le peut voir encore, où les clubistes venaient se placer *in fresco*, sans perruque, le chapeau sur la tête, la pipe à la bouche, la face épanouie, le gosier dilaté pour leurs allocutions à la *canaglia* rassemblée en bas dans les occasions ordinaires et extraordinaires. » (W. S.)

CHAPITRE XLIV.

à arriver. Il s'y trouvait beaucoup de jeunes gens du plus haut rang, et, avec eux, comme il est ordinaire dans de tels cercles, beaucoup d'autres d'une classe différente, que leurs talents, leur impudence, leur esprit ou leur goût pour le jeu avaient élevés au rang de compagnons des grands et des débauchés. Le duc de Buckingham était le patron général des personnes de cette sorte; et en cette occasion la réunion fut nombreuse.

La fête fut, comme de coutume, animée par le vin, la musique et les jeux de hasard; mais à cette époque il s'y mêlait beaucoup plus d'esprit, et une beaucoup plus grande liberté de conversation dissolue, que n'en pourraient fournir les talents de la génération actuelle, ou qu'il ne conviendrait à son goût.

Le duc lui-même fit preuve du pouvoir absolu qu'il possédait sur son caractère versatile, en donnant l'exemple des folies, du rire et des plaisanteries, tandis que son oreille recueillait avec avidité les bruits les plus distants qui pouvaient lui indiquer le commencement d'exécution des plans révolutionnaires de Christian. Des bruits de cette sorte se faisaient entendre de temps à autre, et toujours ils s'éloignaient et s'éteignaient peu à peu, sans aucune de ces conséquences que Buckingham en attendait.

Enfin, et alors que la soirée s'avançait, Jerningham annonça M. Chiffinch venant de la cour, et ce digne personnage suivit de près l'annonce.

— Il est arrivé d'étranges choses, mylord duc, dit-il; Sa Majesté requiert sur-le-champ votre présence à la cour.

— Vous m'alarmez, dit Buckingham en se levant. J'espère qu'il n'est rien arrivé; — j'espère qu'il n'y a rien de fâcheux. — J'espère que Sa Majesté se porte bien?

— Parfaitement bien; et elle souhaite voir Votre Grâce sans un instant de retard.

— Ceci est bien subit. Vous voyez que j'ai joyeuse compagnie, et que je ne suis guère en état de paraître, Chiffinch.

— Votre Grâce semble être en fort bon état; et vous savez que Sa Majesté est assez indulgente pour passer sur bien des choses.

— C'est vrai, répliqua le duc, fort inquiet en lui-même touchant la cause de cet appel inattendu; — c'est vrai. — Sa Majesté est très-indulgente. — Je vais commander ma voiture.

— La mienne est en bas; cela vous épargnera du temps, si Votre Grâce veut bien en user.

Forcé dans tous ses retranchements, Buckingham prit un verre sur la table, et pria ses amis de rester à son palais tant qu'ils y trouveraient des moyens d'amusement. Il comptait, leur dit-il, revenir presque immédiatement; sinon il prendrait congé d'eux avec son toast habituel: Puissent tous ceux d'entre nous qui ne seront pas pendus dans l'intervalle se réunir de nouveau ici le premier lundi du mois prochain!

Ce toast ordinaire du duc cadrait avec le caractère de quelques-uns de ses convives; mais, cette fois, il ne le prononça pas sans quelque prévision de son propre sort, dans le cas où Christian l'aurait trahi. Il répara à la hâte le désordre de ses vêtements, et accompagna Chiffinch à Whitehall.

CHAPITRE XLV.

> Il y avait grande réception. — Les lambris dorés retentissaient des joyeux toasts, — les pas des danseurs suivaient les accords de la musique, — le joueur insouciant abandonnait son monceau d'or au gré de la fortune, et riait également en le voyant grossir ou diminuer : tant l'air de la cour est souverain pour nous enseigner la patience que prêchent en vain les philosophes!
>
> *Pourquoi ne venez-vous pas à la Cour?*

Dans l'après-midi de ce jour fertile en événements, Charles tint sa cour dans les appartements de la reine, lesquels furent ouverts à une heure particulière pour les invités de classe inférieure, mais qui étaient accessibles sans restriction aux classes les plus élevées de la noblesse et aux courtisans revêtus de charges, à qui leur naissance ou leurs fonctions assuraient leurs entrées.

Un des traits du caractère de Charles, qui sans nul doute lui valut un popularité personnelle et retarda jusqu'à un autre règne la chute de sa famille, était d'avoir banni de sa cour nombre de restrictions d'étiquette dont précédemment les rois étaient entourés. Il avait conscience de la grâce naturelle de ses manières, et il s'y fiait, souvent avec raison, pour effacer les mauvaises impressions produites par des actions qu'il sentait ne pouvoir être justifiées sur le terrain d'une politique généreuse ou nationale.

Dans la journée, le roi était fréquemment vu en public, se promenant seul ou accompagné seulement d'une ou deux personnes; et sa réponse aux remontrances de son frère sur le danger de s'exposer ainsi est bien connue : — Croyez-moi, Jacques, lui dit-il, personne ne m'assassinera pour vous faire roi.

De même, les soirées de Charles, à moins qu'elles ne fussent destinées à de plus secrets plaisirs, étaient fréquemment passées au milieu de tous ceux qui avaient un prétexte quelconque à approcher d'un cercle de la cour; et il en était ainsi le soir dont nous parlons. La reine

Catherine, habituée ou résignée à son sort, avait depuis longtemps cessé de manifester aucun sentiment de jalousie, et, qui plus est, semblait si absolument morte à une telle passion, qu'elle recevait à son cercle, sans scrupule et même avec affabilité, les duchesses de Portsmouth et de Cleveland, ainsi que d'autres dames qui jouissaient, bien que moins ouvertement, de l'honneur d'avoir été favorites du roi[1]. Toute contrainte était bannie d'un cercle ainsi composé, et qui en même temps était fréquenté par les courtisans les plus spirituels, sinon les plus sages, qui se soient jamais réunis autour d'un monarque, et à qui la part que beaucoup d'entre eux avaient eue aux privations, aux expédients et aux folies de l'exil royal, avait donné une sorte de licence privilégiée, que le bon prince, lorsqu'il eut atteint sa période de prospérité, aurait pu difficilement réprimer, lors même qu'il eût été de son caractère facile de le vouloir. Mais c'était le dernier des soucis de Charles. La dignité naturelle de ses manières le mettait à l'abri d'un manque de respect grossier; et il ne voulait contre les excès de familiarité d'autre protection que cette dignité même et sa présence d'esprit.

Dans l'occasion actuelle, il était tout particulièrement disposé à jouir de la scène de plaisir qui avait été préparée. La mort singulière du major Coleby, qui, arrivée en sa présence même, avait proclamé, semblable au son passager d'une cloche d'avertissement, la négligence ingrate du prince auquel il avait tout sacrifié, cette mort avait douloureusement affecté Charles. Mais, dans son opinion du moins, il avait complétement expié cette négligence par l'embarras qu'il s'était donné pour sir Geoffrey Péveril et son fils, dont il regardait la libération non-seulement comme une excellente action en elle-même, mais, en dépit de la grave réprimande du duc d'Ormond, comme ayant été effectuée d'une manière très-pardonnable, eu égard aux difficultés dont elle était entourée. Il éprouva même une certaine satisfaction à recevoir de la Cité l'avis qu'il y avait eu des troubles dans les rues, et que quelques-uns des fanatiques les plus violents s'étaient rendus aux lieux de leurs réunions, sur une convocation soudaine, pour y rechercher, selon l'expression de leurs prédicateurs, les causes de la colère du Ciel et de l'apostasie de la cour, des avocats et du jury, qui avaient abrité et sauvé d'un châtiment mérité les infâmes et sanguinaires fauteurs du Complot papiste.

Le roi, nous le répétons, semblait entendre ces rapports avec plaisir, même quand on lui rappelait la dangereuse susceptibilité du caractère de ceux qui manifestaient de tels soupçons.—Quelqu'un osera-t-il encore avancer, disait-il avec complaisance, que je néglige complétement les intérêts de mes amis? — Vous voyez le péril dans lequel je me

---

[1] C'est dans les *Mémoires* déjà plusieurs fois cités du chevalier de Grammont, qu'il faut lire le piquant détail de la situation respective de Charles II et de la reine. (L. V.)

place, et même le risque auquel j'ai exposé la paix publique, pour délivrer un homme que je n'ai guère vu qu'une fois depuis vingt ans, et cela seulement dans sa cotte de buffle et ses bandoulières, avec d'autres officiers des milices, aux baise-mains lors de la restauration. On dit que les rois ont les bras longs ; — je crois qu'il faudrait tout autant qu'ils eussent de longues mémoires, puisqu'on attend d'eux qu'ils reconnaîtront et récompenseront tout Anglais qui a seulement montré sa bonne volonté en criant Vive le roi !

— Et les faquins sont même encore plus déraisonnables, dit Sedley ; car il n'est pas un de ces coquins qui ne pense avoir droit à la protection de Votre Majesté dans une bonne cause, qu'il ait ou non crié Vive le roi !

Charles sourit et se détourna vers une autre partie de la salle splendide où était réuni tout ce qui pouvait, d'après le goût de l'époque, faire agréablement passer le temps.

Sur un point, un groupe de jeunes seigneurs et de dames de la cour prêtait l'oreille aux sons inimitables de la flûte d'Empson, l'ancienne connaissance du lecteur, accompagnant une jeune sirène, qui, le sein palpitant d'orgueil et de crainte, chantait devant ce noble et galant auditoire l'air charmant qui commence ainsi :

> Je suis jeune et ne sais pourtant
> Comment captiver un amant, etc.

Son air et l'expression de sa voix s'accordaient si bien avec les vers passionnés du poëte et la mélodie voluptueuse dont les paroles avaient été revêtues par le célèbre Purcel, que les hommes se pressaient autour d'elle avec extase, tandis que la plupart des dames croyaient convenable ou de paraître complétement indifférentes à ce qu'elle chantait, ou de se retirer du cercle aussi tranquillement que possible. Au chant succéda un concert exécuté par une troupe choisie des plus habiles musiciens, que le roi, dont le goût était incontestable, avait lui-même organisée.

Assis à d'autres tables, les courtisans plus âgés rendaient un culte à la Fortune, en jouant aux différents jeux alors à la mode, tels que l'hombre, le quadrille, le hasard, et autres ; tandis que les monceaux d'or placés devant les joueurs grossissaient ou diminuaient à chaque retourne de carte ou à chaque jet de dés. Bien souvent un seul coup emportait une année de revenu d'un beau domaine, qui, dépensée dans le vieux manoir abandonné, aurait réparé les ravages que le canon de Cromwell avait fait éprouver aux murailles, et rouvert des sources d'abondance et d'hospitalité desséchées, dans le dernier siècle, par les amendes et les séquestrations, et qui maintenant étaient en beau chemin d'être complétement épuisées par une insouciante prodigalité. Ailleurs, sous prétexte de suivre le jeu ou d'écouter la musique, les galants et les belles de cette époque licencieuse échangeaient des signes ou des paroles d'amour, quoique observés de près par les laids et les vieux, qui se promettaient au moins le plaisir de surprendre, et peut-être celui de divulguer des intrigues auxquelles ils ne pouvaient plus prendre part.

Le joyeux monarque allait d'une table à l'autre, tantôt échangeant un regard avec une beauté de la cour, tantôt une plaisanterie avec un bel-esprit courtisan, ou bien battant du pied la mesure de la musique, et de temps à autre perdant ou gagnant quelques pièces d'or au jeu dont il se trouvait alors le plus près : — le plus aimable des voluptueux, — le plus enjoué et le meilleur des compagnons, — celui de tous les hommes qui eût le mieux rempli son rôle, si la vie n'eût été qu'une fête continuelle, et qu'elle eût eu pour fin unique de jouir de la vie actuelle et de la faire passer le plus agréablement possible.

Mais les rois moins que personne sont exempts du lot ordinaire de l'humanité ; et Seged d'Éthiopie n'est pas le seul, parmi les monarques, qui ait éprouvé combien peu l'on doit compter sur un jour, sur une heure de sérénité sans nuage. Un huissier de la cour vint tout à coup annoncer à Leurs Majestés qu'une dame, qui ne voulait s'annoncer que comme pairesse d'Angleterre, désirait être admise en leur présence.

La reine répondit vivement que c'était *impossible*, et qu'aucune pairesse n'avait droit, sans annoncer son titre, au privilége de son rang.

— Je jurerais, dit un des seigneurs présents, que c'est quelque fantaisie de la duchesse de Newcastle [1].

L'huissier porteur du message dit qu'en effet il croyait que c'était la duchesse, tant à cause de la singularité de la demande, que parce que la dame avait un accent légèrement étranger.

— Au nom de la folie, recevons-la donc, dit le roi. Sa Grâce réunit en elle toute une collection de pièces curieuses ; — c'est toute une mascarade, une sorte de Bedlam [2] privé, tant ses idées ressemblent à autant de maniaques fous d'amour et de littérature, et ne rêvant dans leurs folies que de Minerve, de Vénus et des neuf Muses.

— Le bon plaisir de Votre Majesté doit toujours l'emporter sur le mien, dit la reine ; seulement j'espère qu'on ne s'attendra pas à ce que j'entretienne un personnage aussi fantasque. — La dernière fois qu'elle vint à la cour, Isabelle (elle parlait à une de ses dames d'honneur portugaises) — vous n'étiez pas encore de retour de notre chère Lisbonne [3], — Sa Grâce eut l'assurance de prétendre au droit d'amener une porte-queue jusque dans mon appartement ; et comme cette prétention n'avait pas été reçue, que croyez-vous qu'elle fît ? — elle se fit faire une queue si longue, que trois mortelles aunes de satin et argent restaient

---

[1] La douairière bel-esprit dont il a été question ci-dessus, dans une note du chapitre xv. (L. V.)

[2] L'hôpital des fous. (L. V.)

[3] La reine, Catherine de Bragance, était Portugaise. (L. V.)

dans l'antichambre, portées par quatre filles, tandis que l'autre bout était attaché à la personne de Sa Grâce, qui me rendait ses devoirs tout au haut de la chambre de réception. C'est trente aunes de la plus belle étoffe que la folie de Sa Grâce employa de cette manière.

— Et elles étaient aussi des plus jolies, dit le roi, les demoiselles qui portaient cette terrible queue, — queue qui n'a eu d'égale que celle de la grande comète de 1566. Sedley et Etheredge nous en ont dit merveille ; car un avantage de la nouvelle mode introduite par la duchesse, c'est qu'une matrone peut rester complétement étrangère aux coquetteries de sa queue et de ses suivantes.

— Dois-je comprendre que le bon plaisir de Votre Majesté est que cette dame soit admise? demanda l'introducteur.

— Certainement, répondit le roi ; c'est-à-dire si notre inconnue a réellement droit à l'honneur qu'elle réclame. — Il serait aussi bien de lui demander son titre ; — il y a de par le monde d'autres folles que la duchesse de Newcastle. J'irai moi-même dans l'antichambre recevoir votre réponse.

Mais avant que Charles, se dirigeant vers l'antichambre, eût atteint l'extrémité inférieure de l'appartement, l'introducteur surprit l'assemblée en annonçant un nom qui depuis bien des années n'avait pas été entendu dans ces salons royaux : — La comtesse de Derby !

Grande et majestueuse, et toujours droite malgré son âge, la noble dame s'avança vers son souverain du pas dont elle se fût approchée de son égal. Il n'y avait cependant rien dans ses manières qui indiquât ni hauteur ni présomption déplacées en présence du monarque ; mais la conscience qu'elle avait d'injustices éprouvées sous le gouvernement de Charles, et de la supériorité de la partie outragée sur ceux par qui ou au nom desquels l'outrage a été commis, donnaient de la dignité à son regard et de la fermeté à sa démarche. Elle portait des habits de deuil, taillés à la mode de l'époque où son époux avait été conduit à l'échafaud, mode à laquelle, durant les trente années écoulées depuis cet événement, elle n'avait jamais permis à ses femmes d'apporter la moindre altération.

Ce ne fut pas pour le roi une surprise agréable ; et maudissant dans son cœur la précipitation avec laquelle il avait ordonné que la dame fût introduite au milieu de la scène enjouée que la cour présentait en ce moment, il vit cependant la nécessité de la recevoir d'une manière convenable à son propre caractère et au rang de la comtesse à la cour britannique. Il s'approcha d'elle d'un air d'affabilité dans lequel il mit toute sa grâce naturelle, et il lui dit en français : Chère comtesse de Derby, puissante reine de Man, notre très-auguste sœur...

— Parlez anglais, sire, interrompit la comtesse, s'il m'est permis de réclamer une telle faveur ; — je suis pairesse de cette nation, — mère d'un comte anglais, et veuve, hélas ! d'un autre. C'est en Angleterre

CHAPITRE XLV.

que j'ai passé le petit nombre de mes jours de bonheur et mes longues années de douleur et de veuvage. La France et son langage ne sont pour moi que les rêves d'une enfance sans intérêt. Je ne connais d'autre langue que celle de mon époux et de mon fils. Permettez-moi, sire, comme veuve et mère de Derbys, de vous rendre ainsi mes hommages.

Elle voulut fléchir le genou ; mais le roi la prévint gracieusement, et l'embrassant sur la joue, suivant l'usage, la conduisit vers la reine, et s'acquitta lui-même de la cérémonie d'introduction. — Votre Majesté, dit-il, doit être informée que la comtesse a mis une interdiction sur le français, — le langage de la galanterie et des compliments. J'espère que Votre Majesté, quoique étrangère elle-même, trouvera assez de bon anglais pour assurer la comtesse de Derby du plaisir que nous éprouvons de la voir à la cour, après tant d'années d'absence.

— J'y ferai du moins mon possible, répondit la reine, sur laquelle les dehors de la comtesse de Derby firent une impression plus favorable que ceux de bien des étrangers qu'à la requête du roi elle était dans l'habitude de recevoir avec courtoisie.

Charles lui-même reprit la parole : — A toute autre dame du même rang, dit-il, je pourrais demander pourquoi elle s'est tenue si longtemps éloignée de notre cercle ; mais je crains qu'à la comtesse de Derby je puisse demander seulement quel heureux motif nous vaut le plaisir de la voir ici.

— Ce n'est pas une heureuse cause, sire, quoique c'en soit une puissante et urgente.

Le roi n'augura rien d'agréable de ce début, et à vrai dire, dès la première entrée de la comtesse, il avait prévu quelque fâcheuse explication, qu'en conséquence il se hâta de détourner, après avoir donné à ses traits une expression de sympathie et d'intérêt.

— Si, dit-il, cette cause est de nature à ce que nous puissions lui prêter assistance, nous ne pouvons attendre de Votre Seigneurie qu'elle nous l'explique en ce moment ; mais un mémoire adressé à notre secrétaire d'état, ou, si vous l'aimez mieux, à nous-même directement, sera de notre part l'objet d'une attention immédiate, et j'espère n'avoir pas besoin d'ajouter, d'une considération toute particulière.

La comtesse s'inclina avec dignité. — L'affaire qui m'amène, sire, est en effet importante, répondit-elle ; mais elle est si brève qu'elle n'exigera que peu de minutes enlevées à des occupations plus agréables, — bien qu'elle soit tellement urgente que je crains de la retarder même d'un instant.

— Cette demande est inusitée, dit Charles. Mais vous êtes, comtesse de Derby, un hôte inaccoutumé, et vous devez disposer de mon temps. L'affaire réclame-t-elle un entretien privé?

— En ce qui me concerne, répondit la comtesse, toute la cour peut écouter; mais peut-être Votre Majesté préférera m'entendre en présence d'un ou deux de ses conseillers.

— Ormond, dit le roi en jetant les yeux autour de lui, suivez-nous pour un instant; — et vous aussi, Arlington.

Le roi les précéda dans un cabinet adjacent, et après s'être assis, invita la comtesse à prendre aussi un siége. — Cela est inutile, sire, répondit-elle; puis s'arrêtant un moment comme pour rassembler ses esprits, elle reprit avec fermeté.

— C'est avec raison que Votre Majesté a dit qu'il n'avait pas fallu une cause légère pour m'arracher de mon habitation retirée. Je ne suis pas venue ici quand les biens de mon fils, — ces biens qu'il tenait d'un père mort pour soutenir Votre Majesté, lui furent arrachés sous des prétextes de justice, afin d'en alimenter d'abord la cupidité du rebelle Fairfax, puis de fournir à la prodigalité de son gendre Buckingham.

— Ces expressions sont trop rigoureuses, madame, dit le roi. Une pénalité légale, nous nous en souvenons, fut encourue par un acte de violence irrégulière: — c'est ainsi que le qualifient nos cours et nos lois, quoique personnellement je ne refuse pas de le nommer avec vous un acte d'honorable vengeance. Mais en admettre de tels pour obéir aux lois de l'honneur, c'est souvent s'exposer à encourir nécessairement de fâcheuses conséquences légales.

— Je ne viens pas récriminer contre la spoliation et la confiscation de l'héritage de mon fils, sire; je n'en parle que pour rappeler quelle fut ma patience sous cette pénible épreuve. Je viens maintenant pour racheter l'honneur de la maison de Derby, qui m'est plus cher que tous les trésors et les domaines qui lui aient jamais appartenu.

— Et par qui l'honneur de la maison de Derby est-il attaqué? dit le roi. Sur ma parole, vous m'en apportez la première nouvelle.

— N'a-t-on pas imprimé ici une Narration, ainsi qu'on qualifie ces étranges fictions, au sujet du Complot papiste, — de ce prétendu Complot, comme je le nommerai? — n'a-t-on pas, dis-je, imprimé ici une Narration dans laquelle l'honneur de notre maison a été attaqué et souillé? Et n'y a-t-il pas ici deux nobles gentilshommes, le fils et le père, alliés de la maison de Stanley, sur le point de se trouver en danger de mort, à raison de choses dans lesquelles nous sommes les principaux inculpés?

Le roi jeta un regard autour de lui, et sourit en arrêtant les yeux sur Arlington et Ormond. — Le courage de la comtesse, dit-il, fait, ce me semble, honte au nôtre. Quelles lèvres auraient osé qualifier de *prétendu* l'immaculé Complot, et d'*étranges fictions* les Narrations des témoins qui nous ont sauvé des poignards papistes? — Mais, madame, ajouta-t-il, tout en admirant la générosité de votre intervention en faveur des deux Pévérils, je dois vous informer que cette intervention est inutile. — Ils ont été acquittés ce matin.

— Oh! Dieu soit loué! dit la comtesse en joignant les mains. A peine ai-je dormi un instant depuis que j'ai appris la nouvelle de l'accusation élevée contre eux, et je suis venue ici pour me livrer à la justice de Votre Majesté ou aux préventions de la nation, dans l'espoir que je pourrais du moins par là sauver la vie de mes nobles et généreux amis, atteints par le soupçon principalement, uniquement peut-être, à cause de leurs liaisons avec nous. — Sont-ils réellement acquittés?

— Ils le sont, sur mon honneur, répondit le roi. Je suis étonné que vous n'en ayez rien su.

— Je ne suis arrivée que d'hier au soir, et je suis restée dans la plus stricte réclusion, craignant de faire aucune démarche qui me pût faire découvrir avant que j'eusse vu Votre Majesté.

— Et maintenant que nous nous *sommes* vus, dit le roi en lui prenant affectueusement la main, — entrevue qui me fait le plaisir le plus grand, — puis-je vous recommander de repartir promptement pour votre île royale, avec aussi peu d'éclat qu'en a eu votre arrivée ici? Le monde, ma chère comtesse, est bien changé depuis notre jeunesse. On se battait durant la guerre civile avec des épées et des mousquets; maintenant nous nous battons à coups d'accusations et de serments, et avec des armes légales de cette sorte. Vous n'êtes pas initiée à une telle guerre; et quoique je n'ignore pas que vous sachiez fort bien tenir dans un château, je doute beaucoup que vous ayez l'art de parer un acte d'accusation. Ce Complot a fondu sur nous comme un ouragan; — il ne faut pas songer à gouverner le navire sous le coup de la tempête : — nous devons courir sur le havre le plus proche, et heureux si nous en pouvons atteindre un!

— C'est couardise, sire! s'écria la comtesse. — Pardonnez le mot, sire; — ce n'est qu'une femme qui l'a prononcé. Appelez autour de vous vos nobles amis, et résistez au choc comme votre royal père. Une chose est bien ou elle est mal; — il n'y a qu'une route droite et honorable. Tout chemin qui en dévie est oblique et indigne de vous.

D'Ormond vit la nécessité d'intervenir entre la dignité du souverain et la franchise trop libre de la comtesse, accoutumée qu'était celle-ci à recevoir bien plus qu'à accorder des marques de respect. — Votre langage, ma respectable amie, est énergique et plein de résolution, dit-il; mais il ne convient pas au temps. Ce que vous conseillez pourrait occasionner le renouvellement de la guerre civile et de toutes ses misères, mais ne pourrait guère avoir les résultats que vous prévoyez avec trop de confiance.

— C'est une témérité, mylady, ajouta d'Arlington, non-seulement de vous précipiter vous-même au-devant du danger, mais d'y vouloir entraîner Sa Majesté. Permettez-moi de vous dire franchement que dans ces temps de soupçons vous avez eu tort d'échanger la sécurité du château de Rushin contre la chance d'un logement à la Tour de Londres.

— Et dussé-je y baiser le billot, repartit la comtesse, comme mon époux à Bolton-le-Moors, je le ferais de grand cœur, plutôt que d'abandonner un ami! — un ami, surtout, que j'ai moi-même jeté dans le danger, ainsi que je l'ai fait du jeune Péveril.

— Mais ne vous ai-je pas donné l'assurance que les deux Péverils, le vieux et le jeune, étaient hors de danger? reprit le roi; quel autre motif, ma chère comtesse, vous pousserait donc à vous jeter *vous-même* dans un danger d'où vous compteriez sans doute être tirée par mon intervention? Il me semble qu'une dame douée d'autant de jugement que vous ne devrait pas se jeter elle-même volontairement à l'eau, uniquement pour que ses amis aient le risque et le mérite de l'en retirer.

La comtesse répéta que son intention était de réclamer un jugement solennel; — les deux conseillers lui donnèrent de nouveau l'avis de repartir, dût-elle encourir l'accusation de se soustraire à la justice, et de se tenir dans son royaume féodal.

Le roi, en ne voyant pas de fin au débat, rappela en souriant à la comtesse que Sa Majesté la reine serait jalouse s'il retenait plus longtemps Sa Seigneurie, et il lui offrit la main pour la reconduire près de la compagnie. Elle ne pouvait refuser; elle revint donc dans les appartements de réception, où immédiatement après eut lieu un événement dont le récit doit être renvoyé au chapitre suivant.

CHAPITRE XLVI.

> Me voici, frais, dispos et l'œil vif, quoique petit de stature; si quelqu'un dément mes paroles, entre lui et moi il y aura des lances brisées.
> *Lai du petit Jéhan de Saintré.*

Lorsque le roi eut ramené la comtesse de Derby dans le salon d'apparat, il la conjura à voix basse, avant de se séparer d'elle, de se laisser gouverner par un bon conseil, et de songer à sa propre sûreté; puis il s'éloigna d'un air d'aisance, comme pour partager également ses attentions entre les autres personnes présentes.

Mais en ce moment elles furent distraites par l'arrivée d'une troupe de musiciens, au nombre de cinq ou six. L'un d'eux, Allemand d'origine, et sous le patronage du duc de Buckingham, était particulièrement renommé pour son habileté sur le violoncelle. Celui-ci avait été retenu inactif dans l'antichambre en attente de son instrument qui n'arrivait pas; enfin il venait de lui être apporté.

CHAPITRE XLVI.

Le domestique qui plaça devant le virtuose la caisse dans laquelle était renfermé l'instrument, parut enchanté d'être débarrassé du fardeau; et il ne se retirait que très-lentement, comme s'il eût été bien aise de voir quelle sorte d'instrument on allait tirer de sa case, qui pouvait être si pesant. Sa curiosité fut satisfaite, et d'une manière fort extraordinaire; car tandis que le musicien cherchait la clef dans ses poches, la caisse étant posée droit contre le mur, celle-ci s'ouvrit subitement d'elle-même, et l'on en vit sortir le nain Geoffrey Hudson.

— A cette apparition subite, qui ne semblait pas être de ce monde, les dames poussèrent des cris de frayeur et s'enfuirent à l'autre extrémité de l'appartement. Les courtisans eux-mêmes tressaillirent; et le pauvre Allemand, à la vue de cet effrayant enfantement de son étui de viole, tomba à la renverse sur le plancher, supposant peut-être que son instrument avait été métamorphosé en cette étrange figure qui en tenait la place. Dès qu'il fut un peu revenu à lui, néanmoins, il se glissa hors des salons, et fut suivi de la plupart de ses compagnons.

— Hudson ! s'écria le roi. — Mon ancien petit ami, je ne suis pas fâché de vous voir; quoique Buckingham, que je suppose l'inventeur de la plaisanterie, ne nous ait servi que du réchauffé.

— Votre Majesté veut-elle m'honorer d'un moment d'attention? dit Hudson.

— Assurément, mon bon ami, répondit le roi. De toutes parts ce soir surgissent de vieilles connaissances, et notre loisir ne peut guère être mieux employé qu'à les écouter. — C'est un sot tour de Buckingham, ajouta-t-il à l'oreille d'Ormond, de nous envoyer ici la pauvre créature, le jour surtout qu'il a été jugé pour l'affaire du Complot. En tout cas, il ne vient pas demander notre protection, puisqu'il a eu la bonne fortune si rare de sortir blanc de la Conspiration. Il ne veut que pêcher, je suppose, quelque petit présent ou quelque pension.

Le petit homme, esclave de l'étiquette de la cour, mais impatient du délai que le roi apportait à l'écouter, se tenait au milieu du salon, piétinant et se trémoussant valeureusement, semblable à un poney d'Écosse qui prendrait les airs d'un cheval de bataille, agitant continuellement son petit chapeau orné d'une plume ternie, et saluant de temps en temps comme pour marquer son impatience d'être entendu.

— Hé bien donc, parle, mon ami, lui dit Charles; si on t'a tourné quelque allocution poétique, débite-nous-la, afin que tu puisses ensuite reposer tes petits membres frétillants.

— Je n'ai pas de discours poétique, très-puissant souverain, repartit le nain; mais en simple et très-loyale[1] prose, j'accuse de haute tra-

---

[1] On n'a pas oublié que le mot *loyal*, dans la langue politique de l'Angleterre, avait pris l'acception de *royaliste*.

hison, devant cette compagnie, celui qui fut autrefois le noble duc de Buckingham!

— Bien et courageusement parlé! — poursuis, mon ami, dit le roi, qui ne douta pas que ce ne fût l'introduction de quelque tour d'esprit burlesque, étant loin de s'imaginer que cette accusation solennelle pût être sérieuse.

De bruyants éclats de rire s'élevèrent parmi ceux des courtisans qui avaient entendu, et même parmi beaucoup de ceux qui n'avaient pu entendre ce qu'avait dit le nain; les premiers excités par l'emphase extravagante du ton et des gestes du petit champion, et les autres riant d'autant plus fort qu'ils riaient par imitation et de confiance.

— D'où vient toute cette gaîté? dit-il d'un ton de grande indignation; — est-ce un sujet de rire que moi, Geoffrey Hudson, chevalier, devant le roi et ses nobles, j'accuse de haute trahison George de Villiers, duc de Buckingham?

— Non pas un sujet de gaîté, certainement, dit le roi en composant ses traits; mais un grand sujet d'étonnement. — Allons, quitte tes grands airs de colère, et cesse cette mascarade. Si c'est une plaisanterie, allons, finis-en; sinon, va au buffet, et bois un verre de vin pour te rafraîchir après ton étroite reclusion.

— Je vous dis, sire, reprit Hudson avec impatience, quoique à demi voix et de manière à être entendu du roi seul, je vous dis que si vous perdez encore beaucoup de temps en paroles inutiles, vous serez convaincu par une funeste expérience de la trahison de Buckingham. Je vous dis — je l'affirme à Votre Majesté — que deux cents fanatiques armés seront ici avant une heure pour surprendre les gardes.

— Éloignez-vous, mesdames, dit le roi, ou vous pourrez en entendre plus que vous ne vous soucieriez d'en écouter. Vous savez que les plaisanteries de mylord de Buckingham ne sont pas toujours tout à fait convenables pour des oreilles de femmes; d'ailleurs, nous avons quelques mots à dire en particulier à notre petit ami. Vous, mylord d'Ormond, — et vous, Arlington (et il désigna encore un ou deux autres seigneurs), vous pouvez rester avec nous.

La foule joyeuse se retira et se dispersa dans les appartements: — les hommes cherchant à deviner quelle serait la fin de ce qu'ils regardaient comme une parade, et de quelle plaisanterie, comme disait Sedley, la case à violoncelle était accouchée; — les dames admirant et critiquant le costume antique et les riches broderies de la fraise et du mantelet de la comtesse de Derby, à qui la reine témoignait des égards tout particuliers.

— Maintenant, reprit le roi en s'adressant au nain, au nom du Ciel, et entre amis, que signifie tout ceci?

— Trahison, mylord roi! — trahison envers Sa Majesté d'Angleterre! — Pendant que j'étais confiné dans cet instrument, mylord, les compagnons allemands qui me charriaient m'ont porté dans une certaine chapelle, pour veiller, se disaient-ils entre eux, à ce que tout fût prêt. Sire, je suis allé où jamais violoncelle n'avait pénétré auparavant, dans un conventicule d'hommes de la Cinquième Monarchie ; et quand ils m'ont remporté, le prédicateur terminait son sermon, et en était à parler de partir, comme le bélier porteur de la sonnette, à la tête de son troupeau, pour venir surprendre Votre Majesté au milieu de sa cour! Je l'ai entendu à travers les fentes de ma caisse, quand le drôle m'a déposé un moment pour profiter de cette précieuse doctrine.

— Il serait singulier, dit lord Arlington, qu'il y eût quelque réalité au fond de cette bouffonnerie ; car nous savons que ces fanatiques ont eu ensemble aujourd'hui diverses consultations, et que cinq conventicules ont observé un jeûne solennel.

— S'il en est ainsi, dit le roi, ils sont certainement déterminés à quelque scélératesse.

— Si j'osais énoncer mon avis, dit le duc d'Ormond, ce serait de mander le duc de Buckingham en votre présence. Ses liaisons avec les fanatiques sont bien connues, quoiqu'il affecte de les cacher.

— Vous ne voudriez pas, repartit le roi, faire à Sa Grâce l'injure de le traiter en criminel sur une accusation telle que celle-ci? Cependant, ajouta-t-il après un instant de réflexion, la légèreté d'esprit de Buckingham le rend accessible à toute espèce de tentation. Je ne serais pas surpris qu'il eût nourri des espérances d'une nature ambitieuse ; — je crois en avoir eu la preuve tout récemment. — Écoute, Chiffinch. Rends-toi chez lui sur-le-champ, et amène-le ici sous tel prétexte plausible que tu pourras imaginer. Je voudrais bien lui sauver ce que les légistes nomment un commencement d'exécution. La cour serait morne comme un cheval mort si Buckingham s'était fourvoyé.

— Votre Majesté n'ordonnera-t-elle pas que ses gardes à cheval se mettent en selle? demanda le jeune Selby, officier de ce corps, qui était présent.

— Non, Selby, répondit le roi ; je n'aime pas le jeu des chevaux. Mais qu'ils se tiennent prêts. Que le grand bailli réunisse ses officiers civils, et ordonne aux sheriffs de convoquer leurs respectables suppôts, depuis les porte-javelines jusqu'aux exécuteurs des hautes-œuvres[1], et de les avoir sous la main en cas de tumulte soudain. — Doublez les sentinelles aux portes du palais, — et veillez à ce qu'aucun étranger n'y pénètre.

— Ni *n'en sorte*, ajouta le duc d'Ormond. Où sont les étrangers qui ont apporté le nain?

On se mit à leur recherche ; mais on ne les trouva plus. Ils avaient

---

[1] *Voyez* la note ZC, à la fin du volume.

fait retraite, abandonnant leurs instruments; circonstance qui semblait s'élever contre le duc de Buckingham, leur patron.

Des préparatifs furent faits à la hâte pour opposer une résistance efficace à tout effort de désespoir auquel pourraient être entraînés les conspirateurs supposés, et, sur ces entrefaites, le roi s'étant retiré dans le cabinet où la comtesse de Derby avait eu son audience, avec d'Arlington, d'Ormond, et quelques autres conseillers, reprit l'interrogatoire du petit révélateur. Sa déclaration, quoique faite en termes singuliers, était parfaitement cohérente; le ton romanesque qui s'y mêlait étant au fait une partie de son caractère, qui souvent lui valait d'exciter le rire à ses dépens, lorsque autrement il eût commandé la compassion ou même l'estime.

Il commença par un prélude au sujet de ce qu'il avait souffert à propos du Complot, prélude auquel l'impatience de d'Ormond eût coupé court, si le roi n'eût rappelé à Sa Grâce qu'une toupie qu'on ne fouette pas doit nécessairement s'arrêter d'elle-même en un temps donné, au lieu que l'excitation du fouet peut la tenir sur sa pointe durant des heures entières.

Il fut donc permis à Geoffrey Hudson d'épuiser le sujet de son emprisonnement, qui pourtant, dit-il au roi, n'avait pas été sans un rayon de lumière; — une émanation de béatitude, — un ange mortel, — à la démarche vive et à l'œil brillant, — qui plus d'une fois avait apporté dans sa prison des paroles de consolation et de joie.

— Sur ma foi, dit le roi, on est mieux à Newgate que je ne le croyais. Qui eût pensé que le petit homme eût eu, dans un pareil lieu, la consolation d'une compagnie féminine?

— Je prie Votre Majesté, dit le nain d'un ton de protestation solennelle, de ne se livrer à aucune mauvaise interprétation. Ma dévotion pour cette belle créature est semblable à celle que nous autres pauvres catholiques avons pour les bienheureux saints, plutôt que mêlée d'aucun sentiment plus grossier. Il est vrai qu'elle ressemble moins à quelque chose de charnel qu'à une sylphide du système des Rose-Croix; car elle est plus mince, plus légère et moins grande que le commun des femmes, qui ont dans leur structure quelque chose de cette grossièreté qu'elles tiennent sans doute de la race pécheresse et gigantesque des antédiluviens.

— Bien, bien, dit Charles; continue. N'as-tu pas découvert qu'au total cette sylphide n'était qu'une simple fille mortelle?

— Qui? — moi, sire? Ah! fi!

— Allons, mon petit ami, ne sois pas si fort scandalisé; je t'assure que je ne te soupçonne nullement d'audace en fait de galanterie.

— Le temps s'écoule, dit le duc d'Ormond avec impatience, en regardant à sa montre. Chiffinch est parti depuis dix minutes, et dans dix minutes il sera de retour.

— C'est vrai, répondit Charles d'un ton sérieux. Au fait, Hudson ; dis-nous ce que cette femme a de commun avec ton arrivée ici d'une manière si extraordinaire.

— Beaucoup, mylord, repartit le petit Hudson. Je l'ai vue deux fois durant ma détention à Newgate, et, dans ma pensée, elle est l'ange gardien de ma vie et de mon bonheur ; car, après mon acquittement, comme je me dirigeais vers la Cité, en compagnie de deux grands gentilshommes qui s'étaient trouvés dans l'embarras en même temps que moi, et au moment où nous nous mettions en défense contre la canaille ameutée, et que je venais de prendre possession d'une station élevée qui me donnait quelque avantage contre la grande inégalité du nombre, j'ai entendu le son d'une voix presque céleste partant d'une fenêtre derrière moi, et me conseillant de chercher un refuge dans certaine maison ; ce à quoi j'ai aisément fait consentir mes braves amis les Péverils, qui se sont toujours montrés disposés à suivre mes avis.

— Faisant preuve à la fois par là de sagesse et de modestie, dit le roi. Mais que s'en est-il suivi ? Sois bref, — bref comme toi-même, mon bon ami.

— Pendant quelques moments, sire, reprit le nain, on eût dit que je n'étais pas le principal objet d'attention. D'abord le jeune Péveril nous fut enlevé par un homme d'apparence respectable, quoique sentant un peu le puritain, car il portait des bottes de cuir de vache, et son arme n'avait pas de nœud d'épée. Quand M. Julien revint, nous sûmes par lui pour la première fois que nous étions au pouvoir d'un corps de fanatiques armés, qui étaient, comme dit le poëte, tout disposés à d'horribles attentats. Et Votre Majesté remarquera que le fils et le père se laissaient jusqu'à un certain point aller au désespoir, et qu'à partir de ce moment ils n'eurent aucun égard aux assurances que je leur donnais que l'astre auquel mon culte était voué brillerait quand il en serait temps comme signal de notre sûreté. Et s'il plaît à Votre Majesté, en réponse à mes consolantes exhortations à la confiance, le père ne répondit que *bah !* et le fils *peuh !* ce qui montrait combien la prudence humaine et l'urbanité sont altérées par l'affliction. Néanmoins ces deux gentilshommes, les Péverils, persuadés de la nécessité qu'il y avait pour eux de se remettre en liberté, n'eût-ce été que pour donner à Votre Majesté connaissance de ces dangereuses machinations, commencèrent à attaquer la porte de la chambre, moi aussi les aidant de toute la force que le Ciel m'a donnée et que m'ont laissée quelque soixantaine d'années. Mais il se trouva malheureusement que nous ne pûmes diriger nos tentatives assez silencieusement pour que nos gardes ne nous entendissent pas ; entrant en force, ils nous séparèrent, et contraignirent mes compagnons, la pique et le poignard sous la gorge, de passer dans quelque autre appartement plus éloigné, nous isolant ainsi les uns des autres. Je fus de nouveau renfermé dans la chambre devenue solitaire, et je confesserai que j'éprouvai alors un certain découragement. Mais quand la misère est à son plus haut point, selon l'expression du poëte, le profit n'est pas loin;. car une porte d'espé-; rance s'ouvrit subitement.....

— Au nom du Ciel, sire, interrompit le duc d'Ormond, faites que l'histoire de cette pauvre créature soit traduite en langage de sens commun par quelqu'un des écrivailleurs de romans attachés à la cour, afin que nous y puissions trouver un sens.

Geoffrey Hudson jeta un regard courroucé sur le vieux seigneur irlandais, comme pour lui reprocher son impatience, et il lui dit, d'un ton plein de dignité, « qu'un duc sur les bras d'un pauvre gentilhomme était assez à la fois, et que sans les occupations actuelles que lui donnait le duc de Buckingham, il n'aurait pas supporté de telles expressions de la part du duc d'Ormond. »

— Modérez votre valeur et contenez votre colère par égard pour notre requête, très-puissant sir Geoffrey Hudson, dit le roi; pardonnez au duc d'Ormond à cause de moi, et surtout poursuivez votre histoire.

Geoffrey Hudson porta la main à son cœur et s'inclina, en signe de soumission pleine d'une noble fierté aux ordres de son souverain ; puis il fit de la main un signe de gracieux pardon à d'Ormond, en l'accompagnant d'une horrible grimace, en guise de sourire d'oubli et de réconciliation. — Donc, reprit-il, sous le bon plaisir du duc, quand j'ai dit qu'une porte d'espérance s'ouvrit à moi, j'ai voulu parler d'une porte masquée par la tapisserie, et d'où sortit cette belle vision, — moins belle, cependant, que brillante d'un sombre éclat, comme la beauté d'une nuit du continent, quand l'azur d'un ciel sans nuages nous enveloppe d'un voile plus attrayant que la clarté du jour! — Mais je remarque l'impatience de Votre Majesté; — c'en est assez. Je suivis mon aimable guide dans une chambre où je vis confusément mêlés des armes de guerre et des instruments de musique. Parmi ceux-ci, je remarquai celui dans lequel j'ai tout à l'heure été temporairement enseveli, — un violoncelle. A mon grand étonnement, passant derrière l'instrument, elle le fit s'ouvrir en pressant un ressort, et me fit voir qu'il était rempli de pistolets, de dagues et de munitions, attachés par des bandoulières. — Ces armes, me dit-elle, sont destinées à surprendre ce soir la cour de l'imprudent Charles; — (Votre Majesté me pardonnera de répéter ses propres paroles) — mais si tu oses te mettre en leur place, tu peux être le sauveur du roi et du royaume : si tu crains, garde le secret, je courrai moi-même l'aventure. — Le Ciel préserve Geoffrey Hudson d'être assez lâche pour vous laisser courir un tel risque! répondis-je. Vous ne savez pas, — vous ne pouvez savoir comment il faut agir dans de semblables cachettes et de pareilles embuscades : — j'y suis accoutumé; — je me suis caché dans la poche d'un géant, et j'ai formé le contenu d'un pâté. — Entre donc, reprit-elle, et ne perds pas de temps. Néanmoins, tout en me disposant à obéir, je ne nierai

pas que ma bouillante valeur n'ait reçu la froide atteinte de quelques
appréhensions, et je lui confessai que si la chose était possible, j'aimerais mieux me rendre au palais sur mes propres jambes. Mais elle ne
m'écoutait pas, et me disait précipitamment que je serais arrêté en
chemin ou qu'on refuserait de m'admettre; qu'il fallait donc que j'usasse
des moyens qu'elle m'offrait d'être introduit en votre royale présence,
et, quand j'y serais, de prévenir Votre Majesté d'être sur ses gardes.
— Il n'en faudra pas plus, a-t-elle ajouté; car une fois le plan connu,
il devient à peu près inexécutable. — Avec une hardiesse téméraire,
je dis adieu à la lumière du jour qui s'affaiblissait. Elle enleva le contenu de l'instrument destiné à me servir de cachette, et ayant jeté les
armes derrière l'écran de la cheminée, elle m'introduisit en leur place.
Tandis qu'elle m'y renfermait, je la conjurai d'avertir les hommes à
qui je devais être confié d'avoir soin de tenir en haut le manche du
violoncelle; mais avant d'avoir eu le temps de finir ma requête, j'étais
seul et dans les ténèbres. Un instant après entrèrent deux ou trois
hommes, qu'à leur langage, que je comprenais en partie, je reconnus pour Allemands, et que j'appris être sous l'influence du duc de
Buckingham. Je les entendis recevoir du chef des instructions sur la
manière dont ils se devaient conduire, quand ils en seraient à prendre
les armes cachées; et je compris qu'ils avaient l'ordre précis — car je
rendrai justice au duc — non-seulement d'épargner la personne du
roi, mais aussi celle des courtisans, et de protéger tous ceux qui pourraient se trouver à la réception royale contre une irruption des fanatiques. Du reste, ils devaient désarmer les gentilshommes-pensionnaires dans la salle des gardes, et finalement se rendre maîtres du palais.

A cette communication, le roi parut soucieux et décontenancé, et
il chargea lord Arlington de veiller à ce que Selby fît visiter sans bruit
l'intérieur des autres cases qui avaient été apportées comme contenant
des instruments de musique. Il fit alors signe au nain de continuer
son histoire, et lui demanda à diverses reprises, de la manière la plus
solennelle, s'il était certain d'avoir entendu mentionner le nom du duc,
comme dirigeant ou approuvant ce complot.

Le nain répondit affirmativement.

— Ceci, dit Charles, est pousser un peu loin la plaisanterie.

Le nain reprit son récit, et dit comment, après sa transformation,
il avait été porté dans la chapelle, où il avait entendu le prédicateur
qui paraissait terminer son discours, dont il avait déjà mentionné la teneur. — Des paroles, ajouta-t-il, ne pourraient peindre les angoisses
qu'il avait ressenties quand il s'était aperçu que l'homme qui le portait
était sur le point, en posant l'instrument dans un coin, d'en intervertir la position, auquel cas, dit-il, la faiblesse humaine aurait pu
l'emporter sur l'amour, sur le loyalisme, sur l'obéissance à sa dame,
et même sur la crainte de la mort qui aurait pu suivre sa découverte.

attendu qu'il ne savait trop s'il eût pu demeurer planté sur la tête pendant bien des minutes avant d'avoir crié à haute voix.

— Et je n'aurais pu te blâmer, dit le roi; si je me fusse trouvé en semblable posture dans le chêne royal, je n'aurais pu moi-même m'empêcher de rugir. Est-ce là tout ce que tu as à nous dire sur cette étrange conspiration? Sir Geoffrey Hudson répondit affirmativement, et le roi reprit aussitôt : — Va, mon petit ami, tes services ne seront pas oubliés. Puisque pour nous tu t'es blotti dans le cœur d'un violon, nous sommes obligé, par le devoir et la conscience, de te trouver à l'avenir une habitation plus spacieuse.

— C'était un violoncelle, et non un violon ordinaire, si Votre Majesté veut bien s'en souvenir, dit le petit homme dans sa susceptibilité jalouse, quoique pour le service de Votre Majesté je me fusse blotti même dans un violon de poche.

— Quelque chose qu'aucun de nos sujets eût pu faire en ce genre, tu l'aurais fait pour nous, — nous n'en doutons pas un instant. Retire-toi pour quelques moments, et écoute : fais attention, quant à présent, à ce que tu diras sur cette affaire. Laisse regarder ton apparition — tu me comprends bien? — comme une folie du duc de Buckingham, et pas un mot de la conspiration.

— Ne vaudrait-il pas mieux s'assurer de sa personne, sire? dit le duc d'Ormond quand Hudson fut sorti.

— Cela est inutile, répondit le roi. Je me souviens de vieille date de ce pauvre petit homme. La fortune, pour faire de lui un modèle d'absurdité, a renfermé une âme vraiment grande dans cette misérable enveloppe avortée. Pour manier son épée et garder sa parole, c'est un parfait Don Quichotte en petit format. On aura soin de lui. — Mais, *oddsfish!* mylords, cette frasque de Buckingham n'est-elle pas une ingratitude par trop infâme?

— Il n'aurait pas eu les moyens d'en venir là, dit le duc d'Ormond, si Votre Majesté avait eu moins d'indulgence en d'autres occasions.

— Mylord, mylord, dit vivement Charles, — Votre Seigneurie est l'ennemi bien connu de Buckingham; nous prendrons d'autres conseils plus impartiaux. — D'Arlington, que pensez-vous de tout ceci?

— Avec l'agrément de Votre Majesté, répondit d'Arlington, je pense que la chose est absolument impossible, si le duc n'a eu avec Votre Majesté quelque querelle que nous ignorons. Sa Grâce est fort étourdie, sans doute; mais ceci paraît être de la folie pure.

— Il est vrai que quelques paroles ont été échangées entre nous ce matin. — Il paraît que la duchesse sa femme est morte. Ne voulant pas perdre de temps, Sa Grâce a jeté les yeux autour de lui pour trouver les moyens de réparer sa perte, et il a eu l'assurance de nous demander notre agrément pour adresser ses hommages à ma nièce lady Anne.

— Agrément que Votre Majesté a refusé, sans nul doute?

— Et non sans remettre son assurance un peu à sa place.

— En particulier, sire, ou devant témoins? dit le duc d'Ormond.

— Entre nous seulement; — sauf pourtant le petit Chiffinch. Mais vous savez qu'il ne compte pas.

— *Hinc illæ lacrymæ*, reprit d'Ormond. Je connais Sa Grâce; tant que l'échec de son audacieuse insolence serait resté un secret entre Votre Majesté et lui, il aurait pu le supporter; mais le recevoir en présence d'un homme par qui il était assez probable que toute la cour en serait instruite, c'était un affront qu'il fallait venger.

En ce moment, Selby entra précipitamment pour annoncer que Sa Grâce de Buckingham venait d'arriver dans les appartements.

— Le roi se leva. — Qu'une barque soit tenue prête, dit-il, avec un détachement des gardes. Cela pourra être nécessaire pour prévenir plus ample trahison, et l'envoyer à la Tour.

— Ne faudra-t-il pas faire préparer un warrant du secrétaire d'état? demanda d'Ormond.

— Non, mylord duc, répondit aigrement le roi. J'espère encore que nous pourrons éviter d'en venir là.

CHAPITRE XLVII.

L'altier Buckingham devient circonspect.

Richard III.

Avant de rendre compte au lecteur de l'entrevue qui eut lieu entre Buckingham et son souverain offensé, nous pouvons mentionner une ou deux circonstances de moindre importance survenues entre Sa Grâce et Chiffinch, dans le court intervalle qui séparait York-Place de Whitehall.

Au moment du départ, le duc tâcha d'apprendre du courtisan quel motif particulier le faisait mander si précipitamment à la cour. Chiffinch répondit avec circonspection qu'il croyait que quelques divertissements allaient avoir lieu, pour lesquels le roi désirait la présence du duc.

Cette réponse ne satisfit pas complétement Buckingham, car avec la conscience de son criminel projet, il craignait malgré lui d'être découvert. — Chiffinch, dit-il brusquement après un instant de silence, avez-vous rapporté à quelqu'un ce que le roi m'a dit ce matin au sujet de lady Anne?

— Mylord duc, répondit Chiffinch en hésitant, assurément mon devoir envers le roi, mon respect pour Votre Grâce...

— Ainsi vous n'en avez parlé à personne? reprit le duc d'un ton bref.

— A personne, repartit Chiffinch d'une voix mal assurée, car il était intimidé par la sévérité croissante des manières du duc.

— Vous mentez, drôle! s'écria le duc; — vous l'avez dit à Christian!

— Votre Grâce... Votre Grâce... Votre Grâce doit se souvenir que je vous ai dit le secret de Christian, l'arrivée de la comtesse de Derby.

— Et vous pensez qu'une trahison en peut compenser une autre? Mais non. Il me faut une meilleure réparation. Soyez assuré que je vous ferai sauter la cervelle avant que vous quittiez ce carrosse, si vous ne me dites la vérité sur ce message de la cour.

Chiffinch hésitait sur ce qu'il devait répondre; mais en ce moment un homme, qui pouvait aisément reconnaître, à la lueur des torches que portaient toujours à cette époque et les laquais montés derrière le carrosse, et les valets courant aux portières, quelles personnes occupaient la voiture, s'en approcha, et se mit à chanter, d'une voix forte et retentissante, le refrain d'une vieille chanson française sur la bataille de Marignan, refrain où l'on a imité le jargon franco-allemand des Suisses mis en déroute :

> Tout est verlore [1],
> La tintelore,
> Tout est verlore,
> Bei Gott.

— Je suis trahi, se dit le duc, qui comprit sur-le-champ que ce refrain, signifiant *tout est perdu*, était chanté par un de ses fidèles agents, par forme d'avis que leurs machinations étaient découvertes.

Il essaya de sauter à bas de la voiture; mais Chiffinch le retint par une étreinte ferme quoique respectueuse. — Ne vous perdez pas vous-même, mylord, lui dit-il d'un ton de profonde humilité; — le carrosse est entouré de soldats et d'officiers de paix pour assurer l'arrivée de Votre Grâce à Whitehall et empêcher votre évasion. La tenter serait vous avouer coupable; je vous conseille fortement de n'en rien faire.

— Le roi est votre ami; — n'abandonnez pas vous-même votre cause.

Le duc réfléchit un moment, puis il répondit d'un air sombre : Je crois que vous avez raison. Pourquoi fuirais-je, quand je ne suis coupable de rien autre chose que d'avoir envoyé quelques pièces d'artifice pour divertir la cour, au lieu d'un concert musical?

— Et le nain qui est sorti si inopinément de la case à violoncelle...

— Était une plaisanterie de mon invention, interrompit le duc, quoique la circonstance lui fût encore inconnue. Chiffinch, vous me rendrez un service que je n'oublierai jamais, si vous voulez me permettre d'avoir une minute d'entretien avec Christian.

---

[1] *Verlore*, perdu; *bei Gott*, par Dieu. (L. V.)

CHAPITRE XLVII.

— Avec Christian, mylord? — Où le trouveriez-vous? — Vous savez que nous devons nous rendre directement à la cour.

— C'est vrai ; mais je crois que je ne puis manquer de le trouver. Vous n'êtes pas officier de paix, M. Chiffinch, et vous n'avez de warrant ni pour me retenir prisonnier, ni pour m'empêcher de parler à qui bon me semble.

— Votre génie est si grand, mylord duc, et vous avez tant de moyens de vous tirer des plus mauvaises affaires, que ce ne sera pas volontairement que je nuirai à un homme si habile et si populaire.

— Hé bien donc, tout n'est pas désespéré, dit le duc; et il fit entendre un sifflement aigu. M. Christian se montra aussitôt près de la petite boutique d'armurier que le lecteur connaît déjà, et un instant après il était à la portière de la voiture. — *Ganz ist verloren* [1], lui dit le duc.

— Je le sais, répondit Christian ; et à cette nouvelle tous nos saints amis se sont dispersés. Le colonel et ces coquins d'Allemands nous ont heureusement prévenus à temps. Tout est sauf. — Vous allez à la cour ; — écoutez, je vais vous y suivre.

— Vous, Christian? Ce serait plus amical que prudent.

— Pourquoi? qu'y a-t-il contre moi? Je suis innocent comme l'enfant encore à naître ; — et Votre Grâce aussi. Il n'y a qu'une créature au monde qui pourrait porter témoignage contre nous ; mais j'espère la faire paraître en scène en notre faveur. — D'ailleurs, si je n'y allais pas, on ne tarderait pas à m'envoyer chercher.

— L'esprit familier dont je vous ai entendu parler, je suis sûr?

— Encore un mot à l'oreille.

— Je comprends, et je ne retarderai pas plus longtemps M. Chiffinch, — car vous saurez que c'est lui qui est mon conducteur. — Hé bien, Chiffinch, ordonnez de repartir. — Vogue la galère [2] ! s'écria-t-il au moment où la voiture se remettait en route ; j'ai fait voile au milieu d'écueils encore plus dangereux que ceux-ci.

— Ce n'est pas à moi d'en juger, dit Chiffinch; Votre Grâce est un hardi commandant, et Christian a comme pilote l'astuce du diable. Seulement... Au surplus, je demeure l'humble ami de Votre Grâce, et je me réjouirai sincèrement de vous voir sorti d'embarras.

— Donnez-moi une preuve de votre amitié. Dites-moi ce que vous savez de ce que Christian nomme son esprit familier.

— C'est je crois la même danseuse qui vint chez moi avec Empson le matin où mistress Alice nous échappa. Mais vous l'avez vue, mylord?

— Moi? Quand l'ai-je vue?

— Je crois qu'elle a été employée par Christian à mettre sa nièce en

---

[1] Tout est perdu.

[2] Ces mots sont en français dans l'original.

liberté, quand il se vit obligé de satisfaire son fanatique beau-frère en lui rendant sa fille; outre qu'il était mû, je pense, par le désir personnel de jouer un tour à Votre Grâce.

— Umph! Je m'en doutais bien. Il me le paiera. Mais d'abord sortons-nous de l'embarras actuel. — Ainsi cette petite sorcière numide était son esprit familier; et elle était du complot pour me jouer? — Mais nous voici à Whitehall. — Maintenant, Chiffinch, sois mon ami en actions comme en paroles; — et toi, Buckingham, sois digne de toi-même!

Mais avant de suivre Buckingham en présence de son royal maître, où il avait à soutenir un rôle si difficile, il peut n'être pas hors de propos d'accompagner Christian après son court entretien avec le duc. Rentrant dans la maison par un passage détourné qui partait d'une ruelle assez éloignée et traversait plusieurs cours, Christian monta en toute hâte à une chambre nattée où Bridgenorth était assis seul, lisant la Bible à la lueur d'une petite lampe de cuivre, avec la plus parfaite sérénité de physionomie.

— Avez-vous renvoyé les Péverils? demanda vivement Christian.

— Oui, répondit le major.

— Et avec quelle garantie? — Se sont-ils engagés à ne nous pas dénoncer à Whitehall?

— Ils m'en ont fait d'eux-mêmes la promesse quand je leur ai fait voir que nos amis armés s'étaient séparés. Leur intention est, je crois, de tout révéler demain.

— Et pourquoi pas ce soir, s'il vous plaît?

— Pour nous laisser le temps de fuir.

— Pourquoi donc n'en profitez-vous pas? Pourquoi êtes-vous encore ici?

— Mais plutôt pourquoi *vous-même* n'êtes-vous pas en fuite? Assurément vous êtes aussi compromis que moi.

— Frère Bridgenorth, je suis le renard qui connaît cent moyens de tromper les limiers; vous, vous êtes le daim dont la seule ressource est une prompte fuite. Ne perdez donc pas de temps; — partez pour la province. — Ou plutôt le bâtiment de Zédékiah-Fish, *la Bonne Espérance*, est en rade dans la rivière, frété pour le Massachussets : — prenez les ailes du matin, et partez. — Vous pouvez être descendu à Gravesend¹ avec la marée.

— Et je te laisserai, frère Christian, le soin de ma fortune et de ma fille? Non, frère; il faut que je retrouve ma confiance en toi, avant de t'en donner de nouvelles preuves.

— Hé bien, fais ce que tu voudras, fou soupçonneux! répliqua Christian réprimant avec peine le violent désir qu'il éprouvait d'employer un

¹ Petit port à l'embouchure de la Tamise. (L. V.)

langage plus offensant; ou plutôt reste où tu es, et cours la chance de la potence!

— Tout homme doit mourir une fois, repartit Bridgenorth, et ma vie n'a été qu'une mort continuelle. Mes plus beaux rejetons ont été tranchés par la hache du forestier; — celui qui a survécu doit, s'il fleurit jamais, être greffé ailleurs et loin de mon tronc décrépit. Plus tôt donc la racine sentira l'atteinte de la hache, plus le coup sera le bienvenu. J'aurais été heureux, il est vrai, de ramener cette cour licencieuse à un caractère plus pur, et d'alléger le joug du peuple souffrant de Dieu. Ce jeune homme aussi, — le fils de cette femme rare, à qui je dois le dernier lien qui attache encore faiblement mon esprit épuisé à l'humanité, — que n'ai-je pu travailler avec *lui* à la bonne cause! — Mais cette espérance, comme toutes les autres, est à jamais détruite! Et puisque je ne suis pas digne de servir d'instrument dans une si grande œuvre, je désire peu rester plus longtemps dans cette vallée de douleur.

— Adieu donc, fou sans énergie! dit Christian, incapable, malgré tout son flegme, de contenir plus longtemps l'expression de son mépris pour le fataliste. Découragé et résigné! — Faut-il que le sort m'ait associé à de tels confédérés! murmura-t-il en quittant la chambre. — Ce bigot imbécile est maintenant à peu près hors d'état de rien entendre; — il me faut aller trouver Zarah, car elle, ou personne, peut nous tirer de ce passage difficile. Si seulement je puis flatter son caractère irritable, et exciter sa vanité à agir, — aidés par son adresse, par le faible du roi pour le duc, et par l'effronterie sans pareille de Buckingham, nous pouvons encore, en tenant moi-même le gouvernail, surmonter la tempête qui assombrit l'horizon autour de nous. Mais quoi que nous fassions, il faut agir avec promptitude.

Il trouva dans un autre appartement la personne qu'il cherchait, — la même qui avait visité le harem du duc de Buckingham, et qui y avait pris la place d'Alice Bridgenorth après l'avoir délivrée, ainsi que nous l'avons déjà raconté ou plutôt donné à entendre. Elle était alors beaucoup plus simplement vêtue que lorsqu'elle avait tourmenté le duc par sa présence; mais son costume avait néanmoins encore quelque chose d'oriental qui s'harmonisait bien avec le teint foncé et les yeux brillants de celle qui le portait. Elle tenait un mouchoir sur ses yeux quand Christian entra dans la chambre; mais elle le retira vivement, et lui lançant un regard d'indignation méprisante, elle lui demanda pourquoi il s'introduisait ainsi dans un lieu où sa présence n'était ni recherchée, ni désirée?

— Question bien convenable, répondit Christian, d'une esclave à son maître!

— Dites plutôt question bien convenable, et la plus convenable de toutes, d'une maîtresse à son esclave! Ne savez-vous pas que du moment où vous avez mis à nu votre inexprimable bassesse, vous m'avez rendue maîtresse de votre sort? Tant que vous ne m'êtes apparu que comme un démon de vengeance, vous commandiez la terreur, et avec raison ; mais un esprit impur tel que vous vous êtes montré depuis peu, — un fourbe si indigne et si bas, inspiré par le diable, — un aussi vil agent infernal de perdition, ne peut obtenir que le mépris d'une âme telle que la mienne.

— Bien prêché, et avec toute l'emphase voulue!

— Oui, je puis parler — quelquefois. — Je puis aussi être muette ; et c'est ce que personne ne sait mieux que toi.

— Tu es un enfant gâté, Zarah, et tu abuses de l'indulgence que je montre pour ton humeur fantasque. Tes esprits ont été troublés depuis ton arrivée en Angleterre, et tout cela pour l'amour de quelqu'un qui n'a pas plus souci de toi que de la dernière coureuse des rues, au milieu desquelles il t'a abandonnée pour se battre pour une autre qu'il préférait.

— Qu'importe, répliqua Zarah, réprimant évidemment une émotion violente, qu'importe qu'il en préfère une autre? Il n'en est pas une — non, pas une, — qui l'ait jamais aimé ou le puisse aimer jamais autant que moi.

— Je vous prends en pitié, Zarah ! dit Christian avec une certaine expression de mépris.

— Je mériterais votre pitié, si votre pitié était digne d'être acceptée de moi. Qu'ai-je à remercier de mes misères, si ce n'est vous? — Vous m'avez élevée dans la soif de la vengeance, avant que j'eusse appris que le bien et le mal étaient autre chose que des mots ; — pour obtenir vos éloges, et pour satisfaire la vanité que vous aviez excitée, je me suis pendant des années soumise à une pénitence devant laquelle des milliers d'autres auraient reculé.

— Des milliers, Zarah ! dites cent mille, dites un million. Il n'est pas de créature sur terre, il n'est pas de femme mortelle, qui eût affronté la trentième partie de ton abnégation.

— Je le crois, dit Zarah, en redressant sa taille mince, mais élégante; je le crois : — j'ai en effet supporté une épreuve que bien peu eussent soutenue. J'ai renoncé aux douces relations de ma race; j'ai contraint ma langue à n'articuler, comme celle d'un espion, que ce que mon oreille avait recueilli en écoutant lâchement aux portes. Et j'ai fait cela pendant des années, — des années ! — et le tout pour vos éloges secrets, — et dans l'espoir de tirer vengeance d'une femme, qui, si elle avait mal fait en assassinant mon père, l'avait amèrement payé en nourrissant dans son sein un serpent, qui avait la dent venimeuse sinon la surdité de la vipère.

— Bien, — bien, — bien ! réitéra Christian. Et n'as-tu pas eu ta récompense dans mon approbation, — dans la conscience de ton adresse sans égale, — de cette adresse qui t'a élevée au-dessus de toutes celles de ton sexe que l'histoire ait jamais signalées, en te mettant en état d'endurer ce que jamais femme n'avait enduré, l'insolence sans la remarquer, l'admiration sans y répondre, les sarcasmes sans y répliquer ?

— Non pas sans y répliquer! s'écria Zarah avec feu. La nature n'a-t-elle pas donné à mes sentiments un moyen d'expression plus frappant que des paroles? et ceux-là même ne tremblaient-ils pas à mes cris, qui se seraient peu mis en peine de mes supplications ou de mes plaintes? Et cette orgueilleuse comtesse, qui assaisonnait ses charités de brocards qu'elle croyait que je ne pouvais entendre, — elle a été justement payée par le passage de ses secrets les plus chers et les plus précieux aux mains de son ennemi mortel. Et le comte, — quoique ce fût un être aussi insignifiant dans sa vanité que la plume qui ondulait à son chapeau; et les dames ou damoiselles qui se raillaient de moi, — je me suis vengée, ou j'ai pu aisément me venger d'eux tous. — Mais il en est *un*, ajouta-t-elle en levant les yeux au Ciel, qui jamais ne m'a raillée; qui, dans sa générosité, pouvait traiter la pauvre muette comme il eût traité sa sœur; qui jamais ne dit un mot d'elle que ce ne fût un mot d'excuse ou de défense : — et vous me dites que je ne dois pas l'aimer, que c'est folie de l'aimer! — Je *serai* donc folle, car je l'aimerai jusqu'à mon dernier souffle !

— Songe donc un instant, fille insensée, — insensée sur un seul point, puisque dans tous les autres tu l'emportes sur le reste des femmes, — songe à la carrière si brillante que je t'ai proposée au prix de ton affection sans espoir ! — Songe seulement qu'il ne dépend que de toi d'être la femme — la femme légitime — du noble Buckingham ! Avec tes talents, — avec ton esprit et ta beauté, — avec son amour passionné pour tout ce qui est beauté, esprit et talent, — peu de temps pourrait suffire pour te placer au rang des princesses d'Angleterre. — Laisse-toi seulement guider par moi : — il est maintenant dans une passe terrible, — dans une passe où il a besoin de l'assistance de tous pour se remettre à flot, — et par-dessus tout de l'assistance que nous seuls lui pouvons donner. Mets-toi sous ma conduite, et le destin lui-même ne pourrait t'empêcher de porter une couronne de duchesse.

— Une couronne de duvet et de feuilles de chardon ! — Je ne connais pas d'être plus insignifiant que votre Buckingham. Je l'ai vu pour vous obéir ; — je l'ai vu alors que comme homme il aurait dû se montrer noble et généreux. — J'ai poussé l'épreuve aussi loin que vous l'aviez voulu, car je ris de ces dangers que redoutent et fuient en rougissant les pauvres créatures de mon sexe. Qu'ai-je trouvé en lui ? — un voluptueux faible et indécis, et dans ses mouvements les plus rapprochés de la passion, un misérable feu de paille, qui peut bien jeter un peu de flamme ou de fumée, mais qui ne saurait ni échauffer ni dévorer. Christian ! sa couronne ducale serait-elle en ce moment à mes pieds, je prendrais plutôt une couronne de pain d'épice doré, que je n'avancerais la main pour la relever.

— Vous êtes folle, Zarah; — avec tout votre bon goût et vos talents, vous êtes tout à fait folle! Mais laissons Buckingham. — Ne me devez-vous rien, *à moi*, dans ce moment extrême? — Ne devez-vous rien à celui qui vous a délivrée de la barbarie de votre maître le saltinbanque, pour vous placer au sein de la richesse et du bien-être?

— Christian, répondit-elle, je vous dois beaucoup. Si je ne l'avais senti, je vous aurais dénoncé à la cruelle comtesse, comme j'en ai été plus d'une fois tentée, et elle vous aurait fait attacher à un gibet sur les murailles de son château féodal de Rushin, laissant à votre famille le soin de se venger des aigles, qui depuis longtemps auraient tapissé leur aire de vos cheveux, et nourri leurs petits de votre chair.

— Je suis vraiment charmé que vous ayez eu tant de bonté pour moi.

— Cette bonté, je l'ai eue, je vous le dis sincèrement et en toute vérité. — Je l'ai eue, non à cause de ce que vous aviez fait pour moi, — car il n'était pas un de vos bienfaits qui n'eût un but intéressé, qui ne vous fût inspiré par l'égoïsme le plus absolu. Je les ai d'ailleurs mille fois payés par la soumission à vos volontés, que j'ai montrée au risque des plus grands dangers personnels. Mais jusqu'à ces derniers temps je respectais votre force d'esprit, — et votre inimitable empire sur vos propres passions, — et la puissance morale que je vous avais toujours vu exercer sur tous, depuis le bigot Bridgenorth jusqu'au débauché Buckingham. — C'est en cela que j'avais reconnu mon maître.

— Et ce pouvoir est aussi grand que jamais; et si tu me prêtes ton assistance, tu verras les mailles les plus fortes que les lois de la société civile aient jamais tissues pour emprisonner la dignité naturelle de l'homme, se rompre comme les fils d'une toile d'araignée.

Elle se tut un instant, puis elle reprit : Tant qu'un noble motif t'enflamma, — oui, un noble motif, quoique illégal, — car j'étais née pour regarder en face le soleil qui fait baisser les yeux aux pâles filles de l'Europe, — je pus te servir. — J'aurais pu te suivre, tant que tu aurais eu pour guide la vengeance ou l'ambition : — mais l'amour des *richesses!* — et comment acquises! — quelle sympathie pouvais-je éprouver pour un tel mobile? — Ne voulais-tu pas te faire le pourvoyeur des débauches du roi, quoique la victime dût être ta propre nièce? — — Vous souriez? — Souriez encore quand je vous demanderai si vous n'aviez pas en vue de me livrer moi-même, lorsque vous me recommandâtes de rester dans la maison de ce misérable Buckingham? — Souriez à cette question, et, par le Ciel! je vous frappe au cœur. A ces mots elle porta la main à son sein, et en tira à demi le manche d'un petit poignard.

CHAPITRE XLVII.

— Si je souris, dit Christian, ce n'est que de dédain à une accusation si odieuse. Jeune fille, je ne t'en dirai pas la raison; mais il n'existe pas sur la terre de créature sur laquelle je veillerais comme sur ton honneur et ta sûreté. Je te désirais épouse de Buckingham, il est vrai; et avec ta beauté et ton esprit, je ne doutais pas que ce mariage ne fût possible.

— Vain flatteur, dit Zarah qui néanmoins parut s'adoucir à la flatterie qu'elle tournait en dérision, vous vouliez me persuader que c'était un amour honorable que vous vous attendiez à me voir offrir par le duc. Comment avez-vous osé recourir à une déception si grossière, à laquelle le temps, le lieu et les circonstances donnaient un démenti? — Comment osez-vous la mentionner maintenant, quand vous savez bien qu'au moment dont vous parlez la duchesse vivait encore?

— Elle vivait, mais à son lit de mort; et quant au temps, au lieu et aux circonstances, si ta vertu, ma chère Zarah, en eût dépendu, serais-tu ce que tu es? Je te savais en état de le défier; — sans cela — car tu m'es plus chère que tu ne le peux croire — je ne t'aurais pas risquée pour gagner le duc de Buckingham; non, t'eût-il apporté la couronne d'Angleterre. — Ainsi donc, maintenant, veux-tu te laisser diriger par moi et me suivre?

Zarah, ou Fenella, car depuis longtemps nos lecteurs doivent avoir reconnu l'identité des deux personnages, Zarah baissa les yeux et resta longtemps silencieuse. — Christian, dit-elle enfin d'un ton solennel, si mes idées de bien et de mal sont confuses et incohérentes, je le dois d'abord au sang ardent que le soleil sous lequel je suis née a fait couler dans mes veines; ensuite, à mon enfance passée au milieu des ruses, des tours et des exploits de jongleurs et de charlatans; enfin, à une jeunesse de fraude et de dissimulation dans la carrière que tu m'avais prescrite, où, il est vrai, je pouvais tout entendre, mais sans un mot de communication avec qui que ce fût. Cette dernière cause de mes erreurs coupables, si elles le sont, vient de vous seul, ô Christian; de vous, par les intrigues duquel je fus placée près de cette dame, et qui m'enseignâtes que venger la mort de mon père était mon premier, mon plus grand devoir sur terre, et que la nature m'ordonnait de détester et de trahir celle qui me recueillait et me nourrissait, à la vérité comme elle eût nourri et caressé un chien, ou tout autre muet animal. Je pense aussi — car je serai franche avec vous — que vous n'auriez pas si aisément découvert votre nièce dans l'enfant dont l'agilité surprenante faisait la fortune de ce banquiste brutal, et que vous ne l'auriez pas non plus si aisément décidé à se séparer de son esclave, si vous ne m'aviez vous-même placée sous sa charge, pour des raisons qui vous étaient propres, en vous réservant le droit de me réclamer quand il vous plairait. Sous tout autre maître, je n'aurais pu m'identifier avec le personnage de muette, auquel votre intention était de me condamner pour la vie.

— Vous êtes injuste envers moi, Zarah. — Je vous trouvai capable de remplir, comme peu l'eussent pu faire, une tâche nécessaire à l'expiation de la mort de votre père ; — et je vous y consacrai, comme j'y avais consacré ma vie et mes espérances. Et vous regardâtes ce devoir comme sacré, jusqu'à ce que cet amour insensé pour un jeune homme qui aime votre cousine...

— Qui... aime... ma... cousine? répéta Zarah (car nous continuerons de lui donner son nom véritable) lentement et comme si les mots fussent tombés de ses lèvres sans qu'elle en eût conscience. Hé bien, — soit! — homme d'astuce, je suivrai tes traces encore quelque temps, encore bien peu de temps ; mais prends garde! — Ne me fatigue pas de remontrances contre le trésor de mes pensées secrètes, — contre mon affection sans espoir pour Julien Péveril, — et n'essaie pas de me faire aider à aucun piége que tu jetterais autour de lui. Vous et votre duc regretterez amèrement l'heure où vous m'aurez provoquée. Vous pouvez me croire en votre pouvoir ; mais souvenez-vous que les serpents de mon brûlant climat ne sont jamais si dangereux que quand vous les saisissez.

— Je me soucie peu de ces Péverils ; — je me soucie de leur destin comme d'un chétif brin de paille, à moins qu'il ne se lie à celui de cette femme vouée à la mort, dont les mains sont rougies du sang de votre père. Croyez-moi ; je puis séparer son destin du leur. Je vous expliquerai comment. Et quant au duc, les citadins vantent son esprit, les soldats sa valeur, les courtisans son élégance et ses manières ; pourquoi donc, avec son haut rang et son immense fortune, laisseriez-vous échapper une occasion dont je pourrais profiter maintenant, et...

— Ne m'en parle plus, interrompit Zarah, si tu veux que notre trêve, — souviens-toi que ce n'est pas une paix, — si, dis-je, tu veux que notre trêve dure l'espace d'une heure.

— Voilà donc, reprit Christian faisant un dernier effort pour opérer sur la vanité de cette créature singulière, celle qui prétendait à une telle supériorité sur les passions humaines, qu'elle pouvait traverser indifféremment et sans émotion, ignorante et ignorée, les salles du riche et le cachot du captif, — ne sympathisant ni avec les plaisirs de l'un, ni avec les douleurs de l'autre, mais poursuivant ses propres plans d'un pas assuré, quoique silencieux, sans s'arrêter au spectacle des uns ou des autres!

— Mes propres plans ! — Dis les *tiens*, Christian : — tes plans destinés à extorquer par surprise aux prisonniers les moyens de les convaincre ; — tes propres plans formés de concert avec de plus puissants que toi, pour pénétrer les secrets des autres et les tourner en accusations contre eux, afin d'entretenir l'erreur de la nation.

CHAPITRE XLVII.

— De telles facilités d'accès vous avaient été ménagées, à la vérité, comme mon agent, et pour favoriser un grand changement national. Mais comment en avez-vous usé? — pour favoriser votre passion insensée.

— Insensée? — Si celui à qui je m'adressais n'eût pas été moins qu'un insensé, lui et moi serions loin maintenant des embûches que vous nous aviez tendues à tous les deux. J'avais tout prévu, et en ce moment nous aurions perdu de vue pour jamais les rivages de la Grande-Bretagne.

— Et le misérable nain? — Etait-il digne de vous d'abuser cette pauvre créature par des visions flatteuses, — de l'endormir au moyen de drogues? Est-ce moi qui ai fait *cela*?

— C'était l'instrument que je me préparais, dit Zarah avec hauteur. Je me souvenais trop bien de vos leçons pour ne pas l'employer comme tel. Et pourtant ne le méprisez pas tant. Je vous dis que ce misérable nain, dont j'ai fait mon jouet dans la prison, — ce misérable avorton de la nature, je le choisirais pour époux plutôt que de m'unir à votre Buckingham. — Avec sa vanité et sa sottise, le pygmée est doué du moins de la chaleur d'âme et de la noblesse de sentiments dont un homme devrait s'honorer avant toute chose.

— Au nom du Ciel, faites donc comme vous l'entendrez! et qu'instruit par mon exemple, jamais homme à l'avenir ne contraigne une femme dans l'usage de sa langue, puisqu'il faut qu'il l'en dédommage avec usure en lui abandonnant le privilége de faire toutes ses volontés. Qui l'eût pensé? Mais le poulain a échappé à la bride, et il faut maintenant que je le suive, puisque je ne puis plus le diriger.

Notre narration nous ramène à Whitehall, à la cour du roi Charles.

CHAPITRE XLVIII.

> Mais, oh! que te dirai-je, lord Scroop? à toi, créature ingrate et cruelle, inhumaine et sauvage! toi qui avais la clef de tous mes conseils, qui connaissais le fond de mon âme, qui eusses presque pu me convertir en monnaie d'or, si tu avais employé ton pouvoir sur moi!
>
> *Henry V.*

aucune époque de sa vie, non pas même quand ses jours furent menacés par des dangers imminents, la gaîté naturelle de Charles ne parut couverte d'un nuage aussi sombre que pendant qu'il attendait le retour de Chiffinch avec le duc de Buckingham. Son âme se révoltait à l'idée que l'homme pour lequel il s'était montré si indulgent, que celui qu'il avait choisi pour ami de ses heures de loisir et d'amusement, se trouverait capable d'avoir trempé dans un complot qui paraissait dirigé contre sa liberté et sa vie. Plus d'une fois il réinterrogea le nain, mais il ne put tirer de lui rien de plus que ce que renfermait sa première déclaration. Il avait dépeint sous des couleurs si fantastiques et si romanesques l'apparition de la femme dans le cachot de Newgate, que le roi ne put s'empêcher de croire la tête du pauvre homme un peu tournée; et comme rien n'avait été trouvé dans le tambour, non plus que dans les autres instruments apportés pour l'usage de la troupe de musiciens étrangers du duc, il conservait encore un faible espoir, ou que le plan tout entier pouvait n'être qu'une simple plaisanterie, ou que l'idée d'une conspiration effective était fondée sur un malentendu.

Les hommes envoyés pour surveiller les mouvements de la congrégation de M. Weiver rapportèrent la nouvelle qu'elle s'était séparée tranquillement. Il est vrai qu'on sut en même temps que les membres de cette congrégation s'étaient réunis en armes; mais on ne pouvait conclure de là qu'ils eussent aucune intention spéciale d'agression, dans un temps où tous les *purs* protestants se croyaient à chaque heure en danger d'être égorgés, où les chefs de la Cité avaient fait des appels réitérés à la milice, et jeté mainte fois l'alarme parmi les habitants de Londres, sous l'idée d'une imminente insurrection catholique; lorsque enfin, pour tout dire en un mot, et pour employer l'expression emphatique d'un alderman contemporain, c'était une croyance générale qu'un beau matin ils se réveilleraient tous le cou coupé. Qui devait accomplir ces horribles forfaits, c'est ce qu'il était plus difficile d'établir; mais tout le monde en reconnaissait la possibilité, puisque déjà un juge de paix avait été assassiné. Il n'y avait donc pas d'intentions hostiles contre l'État à déduire positivement de ce qu'une congrégation de protestants par excellence, principalement composée d'anciens soldats, s'était rendue en armes au lieu destiné à l'exercice de son culte, au milieu d'une panique si universelle.

Le langage violent du ministre, en le supposant avéré, ne pouvait non plus être l'indice certain d'un complot prémédité. Les paraboles favorites des prédicateurs, ainsi que les métaphores et les ornements qu'ils affectionnaient, avaient en tout temps une teinte militaire; et « prendre d'assaut le royaume des Cieux, » forte et belle image quand elle est employée dans son acception générale, comme dans l'Écriture, était une phrase qu'ils délayaient dans leurs sermons, avec tout le langage technique d'attaque et de défense d'une place fortifiée. Le danger, en un mot, quel qu'il pût être en réalité, avait disparu aussi subitement qu'une bulle formée sur l'eau et qui crève au moindre contact accidentel, et il avait laissé derrière lui tout aussi peu de traces. Il devenait donc fort douteux qu'il y eût même eu aucun danger.

Tandis que divers rapports arrivaient du dehors, et que la teneur en était discutée par le roi et ceux des seigneurs et des hommes d'État qu'il avait cru devoir consulter en une telle occurrence, une gêne et une anxiété graduelles se mêlèrent à la gaîté de la soirée et finirent par la dominer. Tout le monde s'aperçut qu'il se passait quelque chose d'extraordinaire; et la distance inaccoutumée que Charles maintenait entre lui et ses hôtes, en même temps qu'elle ajoutait si grandement à l'ennui qui commençait à régner dans les salons de réception, indiqua aussi que quelque chose d'inhabituel se passait dans l'esprit du roi.

Aussi le jeu fut négligé, — la musique se tut ou joua sans être écoutée, — les galants cessèrent de faire des compliments et les dames d'en attendre; une sorte de curiosité anxieuse envahit le cercle. Chacun demandait aux autres pourquoi ils étaient sérieux; et personne ne pouvait répondre, non plus que ne le pourrait faire un troupeau de bestiaux instinctivement agité par l'approche d'un orage.

Pour ajouter à l'appréhension générale, on commença à se dire tout bas qu'une ou deux des personnes présentes, qui avaient voulu quitter le palais, avaient été informées que qui que ce soit ne pouvait avoir la permission de se retirer avant l'heure ordinaire du départ. Et puis ces personnes, à leur rentrée dans les salons, avaient dit en confidence que les sentinelles étaient doublées aux portes, et qu'une compagnie de gardes était à cheval dans la cour, — circonstances assez peu habituelles pour exciter la curiosité la plus inquiète.

Telle était la situation de la cour quand un bruit de roues se fit entendre du dehors, et que le mouvement qui eut lieu annonça l'arrivée de quelque haut personnage.

— Voici Chiffinch, dit le roi, avec sa proie dans les serres.

C'était en effet le duc de Buckingham. Lui non plus n'approcha pas sans émotion de la présence royale. En entrant dans la cour, les flambeaux portés autour du carrosse avaient éclairé les uniformes rouges, les chapeaux galonnés et les sabres nus des gardes à cheval, — spectacle inusité, et propre à frapper de terreur une conscience qui n'était pas des plus nettes.

Le duc, en descendant de voiture, se contenta de dire à l'officier de service : — Vous êtes bien tard sous les armes ce soir, capitaine Carleton.

— Tels sont nos ordres, monsieur, répondit Carleton avec un laconisme militaire; puis il commanda aux quatre sentinelles à pied posées à la première porte de face de faire place au duc de Buckingham. Sa Grâce ne fut pas plutôt entrée, qu'elle entendit derrière elle l'ordre : — Serrez vos rangs, sentinelles ! — rapprochez-vous de la porte! et il lui sembla que ces mots lui enlevaient toute chance de salut.

A mesure qu'il montait le grand escalier, le duc remarqua d'autres indices d'alarme et de précaution. Les yeomen de la garde étaient en nombre inhabituel, et portaient la carabine au lieu de la hallebarde ; les gentilshommes-pensionnaires, avec leurs pertuisanes, paraissaient aussi beaucoup plus nombreux que de coutume. En un mot, toutes les forces de la maison du roi paraissaient avoir été réunies à la hâte et mises sous les armes pour quelque motif urgent.

Buckingham montait l'escalier royal, l'œil attentif à ces préparatifs, et d'un pas aussi lent et aussi pesant que s'il eût compté les marches qu'il foulait. — Qui m'assurera de la fidélité de Christian? pensa-t-il. Qu'il tienne bon, et nous sommes sauvés. Sans cela.....

Comme il se formulait l'alternative, il entra dans le grand salon.

Le roi était debout au milieu de l'appartement, entouré des personnages avec lesquels il s'était consulté. Le reste de la brillante assemblée, partagé en divers groupes, se tenait à quelque distance, et regardait. Tout le monde se tut quand Buckingham entra, dans l'espoir d'avoir quelque explication des mystères de la soirée. Chacun tendait la tête en avant, quoique l'étiquette ne permît pas d'approcher, pour saisir, s'il était possible, quelque chose de ce qui allait se passer entre le roi et son intrigant favori. Au même moment, les conseillers qui entouraient Charles se reculèrent de chaque côté, de manière à permettre au duc de rendre ses hommages à Sa Majesté selon les formes ordinaires. Buckingham accomplit le cérémonial avec sa grâce habituelle, mais il fut reçu par Charles avec une gravité tout à fait inaccoutumée.

— Nous vous avons attendu, mylord duc, dit le roi. Il y a longtemps que Chiffinch nous a quittés pour requérir votre présence ici. Je vois que vous êtes soigneusement costumé. Votre toilette était inutile en cette occasion.

— Inutile pour la splendeur de la cour de Votre Majesté, dit le duc, mais non pour moi. C'était aujourd'hui jour d'exécution[1] à York-Place, et mon club des *Pendables*[2] était une pleine orgie quand les ordres de Votre Majesté me sont arrivés. Je ne pouvais être en compagnie d'Ogle, de Maniduc, de Dawson et des autres, sans avoir besoin de quelques ablutions avant de me présenter ici.

— J'espère que la purification sera complète, reprit le roi, sans la moindre disposition au sourire qui toujours adoucissait l'expression naturellement sombre, sévère et même dure de ses traits. — Nous souhaitons questionner Votre Grâce sur la signification d'une sorte de divertissement musical que vous nous destiniez, mais qui a échoué, à ce qu'on nous a fait entendre.

— Il faut en effet que le mauvais succès ait été complet, répliqua le duc, puisque Votre Majesté l'a pris si fort au sérieux. Je croyais faire plaisir à Votre Majesté (ayant vu que vous daigniez parfois vous amuser de telles aventures) en lui envoyant le contenu de cette basse ; mais je crains que la plaisanterie n'ait été désagréable. — Je crains que les pièces d'artifice n'aient fait quelque mal.

— Pas celui qu'elles étaient destinées à faire, peut-être, repartit le roi gravement ; vous voyez, mylord, que nous sommes tous en vie et bien portants.

— Puisse Votre Majesté être longtemps ainsi ! Cependant je vois qu'il y a de ma part quelque malentendu ; — et ce doit être une chose impardonnable, quoique inintentionnelle, puisqu'elle a déplu à un maître si indulgent.

— Un maître en effet trop indulgent, Buckingham ; et le fruit de mon indulgence a été de changer en traîtres des hommes loyaux.

— S'il plaît à Votre Majesté, je ne puis rien comprendre à ceci.

— Suivez-nous, mylord, et nous tâcherons de vous l'expliquer.

Accompagné des personnages qui se tenaient près de lui, et suivi du duc de Buckingham, sur qui tous les yeux étaient fixés, Charles rentra dans le cabinet qui durant cette soirée avait été la scène de consultations répétées. Là, croisant ses bras sur le dossier d'un fauteuil, Charles procéda à l'interrogatoire du seigneur soupçonné.

— De vous à moi parlons sans détour, dit-il. Avouez tout, Buckingham. Quel était, en un mot, le régal qui nous était destiné ce soir ?

— Un simple divertissement, sire. Une petite danseuse devait sortir de cet instrument et exécuter des danses que je croyais devoir être du goût de Votre Majesté ; — il y avait aussi quelques pièces d'artifice chinoises, que j'espérais, pensant que le divertissement aurait lieu dans la salle

---

[1] *Black Monday*, dit le texte ; littéralement *lundi noir*. On désigne ainsi les lundis destinés aux exécutions publiques ; et la phrase subséquente de Buckingham explique sa pensée en la complétant. (L. V.)

[2] Ce mot est en français dans l'original.

de marbre, pouvoir être tirées sans danger et sans la moindre alarme, à la première apparition de ma petite sorcière, et qui étaient destinées à envelopper en quelque sorte son entrée en scène. J'espère qu'il n'y a pas eu de perruques brûlées, — pas de dames effrayées, — pas d'espoir de noble lignée trompé par ma plaisanterie malencontreuse?

— Nous n'avons pas vu de tels feux d'artifice, mylord; et votre danseuse, dont nous entendons parler maintenant pour la première fois, nous est apparue sous la forme de notre ancienne connaissance Geoffrey Hudson, dont les jours de danse sont assurément passés.

— Votre Majesté me surprend! Je vous en conjure, envoyez chercher Christian, Edward Christian : — on le trouvera à sa demeure, dans une grande maison du Strand, près de Sharper l'armurier. Sur ma vie, sire, je m'étais reposé sur lui des préparatifs de tout ceci, attendu que la danseuse lui appartient. S'il a fait quelque chose de nature à gâter mon concert ou à nuire à ma réputation, il mourra sous le bâton!

— Il est singulier, reprit le roi, et j'en ai souvent fait la remarque, que ce Christian porte le blâme des fautes de chacun ; — il remplit le rôle qui, dans les grandes familles, est habituellement assigné à ce personnage malfaisant qu'on nomme Personne [1]. Chiffinch fait-il une bévue, il s'en prend toujours à Christian. Sheffield écrit-il une satire, je suis certain d'apprendre que Christian l'a corrigée, ou copiée, ou distribuée : — il est à ma cour l'*âme damnée* [2] de chacun, le bouc émissaire destiné à porter toutes les iniquités ; et il aura un cruel fardeau à emporter au désert. Mais quant aux péchés de Buckingham, en particulier, il en est la caution régulière et uniforme ; et je suis convaincu que Sa Grâce s'attend à ce que Christian supporte toutes les punitions qu'il aura encourues dans ce monde et dans l'autre.

— Non, sire, répondit le duc du ton le plus respectueux ; je n'ai pas l'espoir d'être pendu ou damné par procuration. Mais il est clair que quelqu'un a retouché et altéré mon idée première. Si je suis l'objet de quelque accusation, que du moins je la connaisse, et que je voie mon accusateur.

— C'est justice, dit le roi. Faites sortir notre petit ami de derrière l'écran de la cheminée.

Hudson ayant été tiré de sa cachette, le roi reprit :

— Voici le duc de Buckingham. Répète devant lui l'histoire que tu nous as contée. Apprends-lui ce qu'était ce contenu de la viole enlevé pour t'y faire entrer en place. Ne crains personne, et dis hardiment la vérité.

— S'il plaît à Votre Majesté, dit Hudson, la crainte est une chose qui m'est inconnue.

---

[1] *Nobody.*

[2] Ces deux mots sont en français dans le texte.

CHAPITRE XLVIII.

— Il n'y a pas de place dans son corps pour un tel sentiment, dit Buckingham ; ou un si petit corps ne vaut pas qu'on craigne pour lui. — Mais qu'il parle.

Avant qu'Hudson eût terminé son récit, Buckingham l'interrompit en s'écriant : Se peut-il que je sois l'objet des soupçons de Votre Majesté, sur la parole de cette piteuse variété de la famille des babouins?

— Lord déloyal, je t'appelle au combat! dit le petit homme, vivement offensé de la qualification qui lui était appliquée.

— L'entendez-vous? répliqua le duc ; — le petit animal est tout à fait timbré, et défie un homme qui ne demanderait d'autre arme pour le percer de part en part qu'une épingle de tête, et qui, d'un seul coup de pied, l'enverrait de Douvres à Calais sans yacht ni bateau. Et que pouvez-vous attendre d'un idiot, engoué d'une danseuse de corde qui cabriolait, à Gand en Flandre, sur la corde tendue, si ce n'est qu'ils mettent leurs talents en commun pour élever une échoppe à la foire de Barthélemy ? — N'est-il pas clair, en supposant que le petit animal soit sans malice, quoique tous ses pareils aient une animosité générale et presque invétérée contre ceux qui sont doués des proportions ordinaires d'un être humain, — ne faut-il pas avouer, dis-je, que tout ceci ne fût-il pas une fausseté insigne de son imagination malfaisante, il n'y aurait aucun fond à faire sur ce qu'il peut dire? — Avoir pris des fusées et des pétards chinois pour des armes ! Il ne dit pas que lui-même les ait touchés et maniés ; et rien qu'à en juger par la vue, je doute fort que l'infirme vieille créature, quand quelque idée bizarre ou quelque prévention s'est logée dans sa cervelle, soit capable de distinguer un mousqueton d'un boudin.

Les horribles clameurs que proféra le nain, dès qu'il entendit ainsi dépriser son habileté militaire, — la précipitation avec laquelle il fit en bredouillant le détail de ses exploits guerriers, — les grimaces ridicules dont il renforçait son histoire, tout provoqua non-seulement l'hilarité de Charles, mais aussi celle des hommes d'État qui l'entouraient, et ajouta une teinte d'absurdité au caractère bizarre de la scène. Le roi termina cette dispute en ordonnant au nain de se retirer.

On soumit alors son témoignage à une discussion plus régulière, et d'Ormond le premier fit observer qu'il avait plus de portée qu'on ne l'avait remarqué, le petit homme ayant mentionné certaine conversation extraordinaire et portant un caractère de trahison, qu'auraient tenue les dépendants du duc qui l'avaient transporté au palais.

— Je suis certain de ne jamais manquer d'un mot obligeant de d'Ormond, dit le duc d'un ton dédaigneux ; mais je le défie, ainsi que tous mes autres ennemis, et je n'aurai pas de peine à démontrer que la conspiration alléguée, si elle a le plus léger fondement, n'est qu'un complot imaginé pour rejeter sur les protestants l'odieux justement attaché aux papistes. Voici une créature demi-pendue, qui, le jour même où il échappe au gibet, que bien des gens croient lui être bien dû, vient attaquer la réputation d'un pair protestant. — Et sur quelle base? — sur la conversation suspecte de trois ou quatre ménétriers allemands, entendue à travers les fentes d'un violoncelle, et cela, qui plus est, quand la créature était renfermée dans la case et portée sur l'épaule d'un des hommes! Le nabot montre en outre, en répétant ce qu'ils ont dit, qu'il entend l'allemand aussi peu que mon cheval; et en admettant qu'il ait bien entendu, exactement compris et fidèlement rapporté ce qu'ils ont dit, mon honneur peut-il être atteint par les discours de tels hommes, avec lesquels je n'ai jamais eu d'autres rapports que ceux que peuvent avoir des hommes de mon rang avec des gens de leur sorte et de leur profession? — Pardon, sire, si j'ose dire que les profonds politiques qui se sont efforcés d'étouffer le Complot papiste par la prétendue conspiration du Tonneau de farine, ne retireront guère plus d'honneur de leurs inventions au sujet de violons et de concerts.

Les conseillers se regardèrent entre eux; Charles tourna sur ses talons, et se promena à grands pas dans le cabinet.

En ce moment, on annonça que les deux Péverils père et fils venaient d'arriver au palais. Le roi ordonna qu'on les introduisît.

Ils avaient reçu l'injonction royale dans un moment bien intéressant. Après avoir été mis en liberté par le vieux Bridgenorth, de la manière et aux conditions que le lecteur doit avoir devinées d'après l'entretien du major avec Christian, ils arrivèrent au logement de lady Péveril, laquelle les attendait avec une joie mêlée de terreur et d'incertitude. La nouvelle de l'acquittement lui était parvenue, grâce aux soins du fidèle Lance Outram; mais son esprit avait, depuis ce moment, été en proie à l'inquiétude causée par leur long retard, et par la rumeur des troubles qui avaient lieu dans Fleet-Street et dans le Strand.

Quand les premiers transports se furent calmés, lady Péveril, jetant sur son fils un regard anxieux, comme pour lui recommander la prudence, dit qu'elle allait maintenant lui présenter la fille d'un ancien ami qu'il n'avait *jamais* vue (elle appuya avec intention sur le mot jamais). — Cette jeune dame, ajouta-t-elle, était l'unique enfant du colonel Mitford du North Wales, qui la lui avait confiée pour un certain temps, se trouvant lui-même incapable de suffire à la tâche de son éducation.

— Oui, oui, dit sir Geoffrey, Dick Mitford doit être vieux maintenant; — il doit avoir passé ses soixante-dix ans, je pense. Ce n'était déjà plus un poulet, mais un bon coq, quand il joignit le marquis d'Hertford à Namptwich avec deux cents Gallois sauvages. — Par saint Georges, Julien! j'aime cette petite fille comme si c'était ma propre chair et mon sang. Lady Péveril ne serait jamais sortie de tout ceci sans elle; et puis Dick Mitford m'a envoyé un millier de guinées, fort à temps, ma foi, car il restait à peine une croix au fond de nos poches pour empêcher le diable d'y danser[1]; et il en fallait pour toutes ces affaires de loi. J'en ai usé sans scrupule, parce qu'il y a des bois à couper à Martindale, quand nous y serons de retour, et que Dick Mitford sait que j'en aurais fait autant pour lui. Il est étrange que ce soit le seul de mes amis qui ait songé que je pourrais avoir besoin de quelques pièces d'or !

Tandis que sir Geoffrey se laissait ainsi aller au cours de ses pensées, la présentation d'Alice à Julien eut lieu sans aucune remarque particulière de la part du vieux chevalier, si ce n'est qu'il dit à son fils : — Embrassez-la, Julien, — embrassez-la. Que diable ! est-ce de cette façon que vous avez appris à l'île de Man à accoster une dame, comme si ses lèvres étaient un fer à cheval chauffé au rouge? — Ne vous en offensez pas, ma jolie enfant; Julien est naturellement timide, et il a été élevé par une vieille dame; mais vous le trouverez tout à l'heure aussi galant que vous m'avez trouvé moi-même, ma princesse. — Et maintenant, dame Péveril, à dîner, à dîner ! — il n'en faut pas moins que le vieux renard ait sa provende, parce que les limiers ont été tout le jour à ses trousses.

Lance, dont il fallut ensuite recevoir les joyeuses congratulations, eut le bon esprit de les abréger, afin de se procurer chez le prochain traiteur un dîner simple, mais substantiel, auquel Julien s'assit, comme un homme placé sous un charme, entre sa maîtresse et sa mère. Il comprit aisément que celle-ci était l'amie de confiance à laquelle Bridgenorth avait finalement remis la charge de sa fille, et sa seule inquiétude avait alors pour objet l'explosion qui aurait nécessairement lieu quand la véritable parenté d'Alice serait connue de son père. Il fut cependant assez sage pour ne pas laisser troubler par ces prévisions le plaisir de sa situation actuelle, pendant laquelle de nombreux signes d'intelligence, presque imperceptibles, mais pleins de charme, furent échangés sous les yeux complaisants de lady Péveril, à l'abri de la gaîté expansive du vieux baronnet, qui parla pour deux, mangea pour quatre et but pour six. Peut-être même eût-il été un peu trop loin dans ce dernier exercice, s'il n'eût été interrompu par un gentilhomme porteur des ordres du roi, pour qu'il eût à se rendre sur-le-champ à Whitehall, en amenant son fils avec lui.

Lady Péveril fut alarmée, et une anxiété sympathique amena la pâleur sur les joues d'Alice; mais le vieux chevalier, qui ne voyait jamais que la route directe, attribua cet empressement au désir impatient qu'éprouvait le roi de le féliciter de sa délivrance, intérêt qu'il ne trouvait nullement étonnant chez Sa Majesté, sentant bien que de

---

[1] Phrase proverbiale. (L V.)

son côté il était réciproque. Il est vrai qu'il en éprouva une surprise d'autant plus joyeuse, qu'on lui avait donné à entendre, avant son départ du tribunal, qu'il serait prudent à lui de retourner à Martindale sans se présenter à la cour, — restriction qu'il supposait aussi contraire aux sentiments de Sa Majesté qu'elle l'était aux siens.

Tandis qu'il se consultait avec Lance Outram sur le moyen d'approprier aussi bien que le peu de temps le permettait son ceinturon de buffle et la poignée de sa rapière, lady Péveril trouva le moment d'informer Julien plus en détail qu'Alice était sous sa protection de l'autorité même de son père, et qu'il avait consenti à leur union si elle pouvait avoir lieu. Elle ajouta qu'elle était résolue à recourir à la médiation de la comtesse de Derby, pour aplanir les obstacles que l'on pouvait prévoir de la part de sir Geoffrey.

CHAPITRE XLIX.

Au nom du roi, baissez vos épées et vos dagues!
Le Critique.

QUAND le père et le fils entrèrent dans le cabinet d'audience, il fut aisé de voir que sir Geoffrey avait obéi à l'appel de son souverain comme il l'aurait fait au son du boute-selle; ses cheveux gris en désordre et ses habits passablement négligés, quoiqu'ils prouvassent autant de zèle et d'empressement qu'il en aurait montré quand Charles Ier le faisait mander pour un conseil de guerre, paraissaient assez peu conformes au décorum d'un salon en temps de paix. Il s'arrêta à la porte du cabinet; mais lorsque le roi l'invita à s'avancer, il s'approcha précipitamment, partagé entre les sentiments et les souvenirs des premières années et des derniers temps de sa vie, tomba à genoux devant le roi, s'empara de sa main, et, sans même essayer de parler, éclata en sanglots. Charles, dont généralement les sensations étaient vives aussi longtemps qu'il avait sous ses yeux un objet susceptible de faire impression sur lui, laissa pendant quelques instants un libre cours à l'émotion du vieillard. — Mon bon sir Geoffrey, lui dit-il enfin, vous avez été assez rudement mené; nous vous devons un dédommagement, et nous trouverons le moment de payer notre dette.

— Il n'y a plus de souffrances, — il n'y a pas de dette, répondit le vieillard. Je me souciais peu de ce que les coquins disaient de moi; — je savais bien qu'ils ne pourraient jamais trouver douze honnêtes gens

CHAPITRE XLIX.

pour croire un mot de leurs damnables mensonges. J'aurais voulu les rosser quand ils m'appelaient traître envers Votre Majesté, — cela je le confesse ; — mais avoir une si prompte occasion de rendre mes devoirs à Votre Majesté, cela dédommage de tout. Les misérables auraient voulu me persuader que je ne devais pas venir à la cour ; — aha !

Le duc d'Ormond s'aperçut que le roi rougissait ; car, dans le fait, c'était de la cour qu'était venu l'avis particulier donné à sir Geoffrey de repartir pour sa province sans paraître à Whitehall ; et de plus, il soupçonna que le bon vieux chevalier ne s'était pas levé de table tout à fait à sec, après les fatigues d'une journée si pleine d'agitations. — Mon vieil ami, lui dit-il à voix basse, vous oubliez que votre fils doit être présenté ; — permettez-moi d'avoir cet honneur.

— Je demande humblement pardon à Votre Grâce, répondit sir Geoffrey ; mais c'est un honneur que je me réserve, car je crains que personne ne soit aussi parfaitement en état que le père qui l'a engendré de le dévouer et consacrer au service de Sa Majesté. — Julien, approche, et à genoux. — Voici, s'il plaît à Votre Majesté, — Julien Péveril, — un copeau du vieux bloc, — arbre aussi vigoureux, quoique un peu moins grand, que le vieux tronc quand il était jeune. Acceptez-le pour fidèle serviteur, sire, *à vendre et à pendre* [1], comme disent les Français ; s'il craint le feu ou l'acier, la hache ou la potence, au service de Votre Majesté, je le renie, — ce n'est pas mon fils, — je le désavoue, et il peut s'en aller à l'île de Man, à l'île des Chiens ou à l'île du Diable, pour ce que je m'en soucie.

Charles jeta vers d'Ormond un coup d'œil à la dérobée ; et ayant, avec sa courtoisie accoutumée, exprimé sa parfaite conviction que Julien imiterait le loyalisme de ses ancêtres, et particulièrement de son père, il ajouta qu'il croyait que Sa Grâce d'Ormond avait à faire à sir Geoffrey quelques communications qui importaient à son service. Sir Péveril répondit à cette insinuation par son salut militaire, et se retira à l'écart avec le duc, qui s'enquit de lui des événements de la journée. Charles, cependant, s'étant d'abord assuré que le fils était plus de sang-froid que le père, lui demanda et reçut de lui un récit exact de tout ce qui s'était passé depuis le jugement.

Julien, avec la clarté et la précision que comportait un tel sujet traité devant un tel auditeur, raconta tout ce qui leur était arrivé, jusqu'au moment de l'apparition de Bridgenorth ; et Sa Majesté fut tellement satisfaite de ses manières, qu'elle exprima à d'Arlington le plaisir qu'elle éprouvait d'avoir enfin obtenu le témoignage d'un homme sensé sur ces obscurs et mystérieux événements. Mais quand Bridgenorth fut amené en scène, Julien hésita à accoler son nom à sa

---

[1] Ces mots sont en français dans le texte.

personne; et bien que mentionnant la chapelle qu'il avait vue remplie d'hommes armés, ainsi que le langage violent du prédicateur, il se hâta d'ajouter que nonobstant tout cela les hommes s'étaient séparés sans en venir à aucune extrémité, et qu'ils avaient tous quitté la maison avant que son père et lui fussent mis en liberté.

— Et vous êtes tranquillement allés à votre dîner dans Fleet-street, jeune homme, dit le roi sévèrement, sans donner avis à un magistrat de la dangereuse réunion qui se tenait au voisinage de notre palais, et dont les membres ne cachaient pas leur intention d'en venir à des mesures extrêmes?

Péveril rougit et se tut. Le roi fronça le sourcil et se rapprocha de d'Ormond, qui lui rapporta que le père semblait n'avoir rien connu de l'affaire.

— Et le fils, dit le roi, paraît, je suis fâché de le dire, moins disposé que je ne m'y serais attendu à dire la vérité. Nous avons toutes les variétés de témoignages dans cette singulière investigation : — dans le nain un témoin fou, dans le père un témoin ivre, et maintenant un témoin muet. — Jeune homme, reprit-il en s'adressant à Julien, votre conduite est moins franche que je ne l'attendais du fils de votre père. Il faut que je sache quelle est cette personne avec laquelle vous avez eu un rapport si familier. — Vous la connaissez, je présume?

Julien en convint; et mettant un genou en terre, il supplia Sa Majesté de lui pardonner s'il cachait son nom. — Il avait été mis en liberté, dit-il, à cette condition.

— D'après ce que vous dites vous-même, repartit Charles, cette promesse a été arrachée par la force, et je ne puis vous autoriser à la tenir; c'est votre devoir de dire la vérité. — Si vous craignez Buckingham, le duc se retirera.

— Je n'ai nulle raison de craindre le duc de Buckingham, répondit Péveril; si j'ai eu une affaire avec quelqu'un de sa maison, ce fut la faute de cet homme et non la mienne.

— Oddsfish! exclama le roi, la lumière commence à m'arriver; — il me semblait bien que je reconnaissais ta physionomie. Ne serais-tu pas le jeune homme que j'ai rencontré chez Chiffinch l'autre matin? — La chose m'était échappée depuis lors; mais maintenant je me souviens que tu me dis alors que tu étais le fils de ce joyeux baronnet de triple-bouteille.

— Il est vrai, répondit Julien, que j'ai rencontré Votre Majesté chez M. Chiffinch, et je crains d'avoir eu le malheur de vous déplaire; mais...

— Brisons là, jeune homme, — brisons là. — Mais je me souviens que vous aviez avec vous cette jolie sirène dansante... Buckingham, je vous parie de l'or contre de l'argent que c'était elle qui devait occuper l'intérieur de la viole?

CHAPITRE XLIX.

— Votre Majesté à deviné juste ; et je soupçonne qu'elle m'a joué le tour d'y mettre le nain à sa place, car Christian pense...

— Au diable Christian ! interrompit le roi ; — je voudrais qu'on amenât ici cet homme universel !

Ce souhait était à peine exprimé, que l'arrivée de Christian fut annoncée.

— Qu'il attende, dit le roi. — Écoutez : — une idée me frappe. — Approchez, M. Péveril. — Cette jeune danseuse, qui vous a introduit près de nous par la singulière agilité de ses pas, ne nous avez-vous pas dit qu'elle était attachée au service de la comtesse de Derby?

— Je l'y ai connue pendant des années, répondit Julien.

— En ce cas, nous allons appeler la comtesse ici. Il convient que nous sachions ce qu'est réellement cette petite fée, et si elle est maintenant si complétement à la disposition de Buckingham et de ce M. Christian ;—et puis, je crois que ce ne serait que charité d'instruire de tout ceci Sa Seigneurie de Derby, car je doute que dans ce cas elle veuille la garder à son service. D'ailleurs, ajouta-t-il à part lui, ce Julien, que son silence obstiné dans cette affaire expose au soupçon, est aussi de la maison de la comtesse. Nous voulons aller au fond de cette affaire, et rendre justice à tout le monde.

La comtesse de Derby, promptement appelée, entra par une porte dans le cabinet royal, au moment même où Christian et Zarah (ou Fenella) étaient introduits par l'autre. Le vieux chevalier de Martindale, qui s'était rapproché du roi, avait peine à se contenir, malgré les signes que lui faisait la comtesse elle-même, tant il était impatient d'aborder son ancienne amie ; mais comme d'Ormond le prit par le bras, il lui fallut céder à cette contrainte bienveillante et se tenir tranquille.

Après une profonde révérence au roi, la comtesse fit aux autres seigneurs présents un salut plus léger, sourit à Julien Péveril, et contempla avec surprise l'apparition inattendue de Fenella. Buckingham se mordit les lèvres, car il vit que l'introduction de lady Derby allait vraisemblablement confondre et déranger tout ce qu'il avait préparé pour sa défense ; et il jeta à la dérobée un regard à Christian, dont les yeux, quand ils se portaient sur la comtesse, prenaient l'horrible expression qui étincelle dans ceux de la vipère, en même temps que ses joues se coloraient d'un pourpre foncé, sous l'influence d'une émotion violente.

— Y a-t-il ici, mylady, outre vos anciens amis d'Ormond et d'Arlington, quelqu'un que Votre Seigneurie reconnaisse? dit gracieusement le roi.

— J'aperçois, sire, répondit la comtesse, deux dignes parents de la famille de mon époux, sir Geoffrey Péveril et son fils ; — celui-ci membre distingué de la maison de mon fils.

— Et personne autre?

— Une malheureuse jeune fille attachée à mon service, qui disparut de Man à l'époque même où Julien Péveril quitta l'île pour une affaire importante. On la croyait tombée du rocher dans la mer.

— Votre Seigneurie a-t-elle quelque raison de soupçonner — pardonnez-moi de vous adresser une semblable question — de soupçonner, dis-je, une intimité peu convenable entre M. Péveril et cette jeune fille?

— Sire, répondit la comtesse en rougissant d'indignation, la réputation de ma maison est intacte.

— Ne vous offensez pas, mylady; c'était une simple question. — De telles choses arrivent dans les familles le plus régulièrement tenues.

— Non dans la mienne, sire. D'ailleurs, la fierté la plus ordinaire et la simple honnêteté auraient interdit à Julien Péveril toute intrigue avec une malheureuse créature, que son infortune relègue presque en dehors de l'humanité.

Zarah regarda la comtesse et ses lèvres se comprimèrent, comme si elle eût fait effort pour retenir les paroles qui voulaient s'en échapper.

— Je ne sais ce qui en est, reprit le roi. — Ce que dit Votre Seigneurie peut être vrai en général, mais le goût des hommes a d'étranges caprices. Cette jeune fille disparaît de Man en même temps que le jeune homme quitte l'île, et à peine est-il arrivé à Londres qu'on la retrouve dans le parc de Saint-James dansant et bondissant comme une fée.

— Impossible, dit la comtesse; elle ne peut danser.

— Je crois, repartit le roi, qu'elle peut faire plus de choses que Votre Seigneurie ne le soupçonne et ne l'approuverait.

La comtesse se redressa et garda un silence d'indignation.

Le roi continua : — Péveril n'est pas plutôt à Newgate, que, d'après ce que nous en a dit le respectable petit gentleman, cette joyeuse fille se retrouve là encore lui tenant compagnie. Or, sans chercher à savoir comment elle y était entrée, je pense charitablement qu'elle a trop bon goût pour y être allée à cause du nain. — Ha, ha! je crois que la conscience de M. Julien lui dit quelque chose.

Julien avait, en effet tressailli aux paroles du roi, car elles lui rappelaient la visiteuse nocturne de sa prison.

Le roi le regarda fixement, et poursuivit : — Hé bien, messieurs, Péveril est conduit au tribunal, et à peine est-il mis en liberté que nous le trouvons dans la maison où le duc de Buckingham préparait ce qu'il nomme un divertissement musical. — Sur ma foi! je regarde comme à peu près certain que cette fille a donné le change à Sa Grâce et fait entrer le pauvre nain dans la viole, se réservant de plus précieux instants à passer avec M. Julien Péveril. — Ne le pensez-vous pas aussi, sir Christian, vous l'homme universel? N'y a-t-il pas quelque vérité dans cette conjecture?

Christian jeta un regard rapide vers Zarah, et lut dans ses yeux quelque chose qui l'embarrassa. — Il ne savait qu'en penser, dit-il. Il avait, à la vérité, engagé cette danseuse incomparable pour lui confier un rôle dans le divertissement, et elle devait apparaître au milieu d'une auréole de feux d'artifice très-habilement préparés avec des parfums pour neutraliser l'odeur de la poudre ; mais il ignorait pourquoi — si ce n'est parce qu'elle était volontaire et capricieuse comme tous les grands génies — elle avait gâté le concert, ce qui devait certainement arriver, en faisant cacher à sa place ce nain bien moins aérien qu'elle.

— Je voudrais voir cette petite fille s'approcher, reprit le roi, et porter témoignage, de telle manière qu'elle pourra s'exprimer, sur cette affaire mystérieuse. Quelqu'un ici comprend-il son langage muet ?

Christian dit qu'il en avait appris quelque chose depuis qu'il l'avait connue à Londres. La comtesse se tut jusqu'à ce que le roi l'interrogeât, et alors elle répondit sèchement qu'elle avait nécessairement quelques moyens habituels de correspondre avec une personne qui avait été, pendant tant d'années, au service immédiat de sa personne.

— Je croirais, d'après tout ce que nous avons entendu, ajouta le roi, que M. Julien Péveril a la clef la plus directe de son langage.

Le roi regarda d'abord Péveril, qui rougit comme une jeune fille à l'insinuation impliquée dans la remarque du roi ; puis il reporta soudainement ses yeux sur la muette supposée, dont les joues s'étaient faiblement colorées d'un incarnat passager. Un moment après, sur un signe de la comtesse, Fenella, ou Zarah, s'avança dans le cercle ; et après avoir fléchi le genou devant sa maîtresse et lui avoir baisé la main, elle resta debout, les deux bras en croix sur sa poitrine, avec un air d'humilité aussi différent de celui qu'elle avait dans le harem de Buckingham, que l'expression d'une Madeleine diffère de celle d'une Judith. Ce fut pourtant la moindre preuve qu'elle donna de son talent de transformation ; car elle joua si parfaitement son rôle de muette, que Buckingham, quels que fussent sa pénétration et son discernement, resta indécis si l'être qu'il avait sous les yeux pouvait en effet être la même jeune fille qui, sous un autre costume, avait si fortement frappé son imagination, ou si réellement ce n'était autre chose que la créature imparfaite dont en ce moment elle avait l'apparence. On voyait à la fois en elle tout ce qui pouvait révéler l'absence de la faculté de l'ouïe, et tout ce qui pouvait montrer la merveilleuse adresse avec laquelle la nature compense si souvent l'absence de ce qu'elle a refusé. Sa lèvre ne s'agitait à aucun son, — indice d'insensibilité à ce qui se disait autour d'elle ; tandis que, d'un autre côté, son regard vif et mobile semblait vouloir dévorer le sens de ces sons qu'elle ne pouvait recueillir autrement que par le mouvement des lèvres.

Interrogée à sa propre manière, Zarah confirma de point en point le récit de Christian, et convint qu'elle avait dérangé le projet de divertissement arrêté, en se faisant remplacer par le nain ; mais elle refusa de faire connaître le motif qu'elle avait eu en agissant ainsi, et la comtesse n'insista pas.

— Tout tend à disculper mylord de Buckingham, dit Charles, d'une accusation si absurde ; le témoignage du nain est trop fantastique, celui des deux Péverils ne touche en rien le duc, et celui de la jeune muette éloigne complètement toute possibilité qu'il soit coupable. Il me semble, mylords, que nous devons l'informer qu'il est lavé d'une accusation trop ridicule pour avoir mérité une investigation plus sérieuse que celle à laquelle nous nous sommes livrés sommairement en cette occasion.

Arlington s'inclina en signe d'acquiescement ; mais d'Ormond s'expliqua sans détour : — Sire, dit-il, je me ferais tort à moi-même dans l'opinion du duc de Buckingham, dont on connaît les talents brillants, si je me déclarais absolument satisfait. Mais je me rends à l'esprit du temps, et je conviens qu'il serait fort dangereux, sur des accusations telles que nous avons été à même d'en recueillir, d'inculper le caractère d'un zélé protestant tel qu'est Sa Grâce. — Si c'eût été contre un catholique que se fussent élevés de pareils motifs de soupçons, la Tour eût été une prison trop bonne pour lui.

Buckingham salua le duc d'Ormond avec une expression que son triomphe même ne put déguiser. — *Tu me le pagherai*[1], murmura-t-il, d'un ton de ressentiment profond et invétéré ; mais l'intrépide Irlandais, qui depuis longtemps avait bravé toute sa colère, se mit peu en peine de ces marques de son déplaisir.

Le roi, alors, faisant signe aux autres seigneurs de passer dans les appartements de réception, arrêta Buckingham qui se disposait à les suivre ; et lorsqu'ils furent seuls, il lui demanda, d'un ton significatif qui fit affluer au visage du duc tout le sang qui coulait dans ses veines, depuis quand son utile ami le colonel Blood était devenu musicien ? — Vous vous taisez, ajouta-t-il. Ne niez pas ; car lorsqu'on a vu une fois ce misérable, on ne peut plus l'oublier. A genoux, Georges, à genoux, et reconnaissez que vous avez abusé de mon caractère facile. — Ne cherchez pas d'excuse ; aucune ne vous servira. J'ai vu l'homme de mes propres yeux, parmi ceux que vous appelez vos Allemands ; et vous savez ce que je dois croire d'après une telle circonstance.

— Croyez que j'ai été coupable, bien coupable, sire, dit le duc pressé par sa conscience et tombant à genoux ; — croyez que j'ai été mal conseillé, — que j'étais fou ; — croyez tout, sauf que j'aie été capable d'attenter à votre personne, ou de tremper dans un complot contre elle.

— Je ne crois pas cela, repartit le roi ; je vois en vous, Villiers, le

---

[1] Tu me le paieras.

compagnon de mes dangers et de mon exil, et je suis si loin de supposer que vous ayez voulu pis que vous ne dites, que je suis convaincu que vos aveux vont au delà de ce que vous avez jamais voulu tenter.

— Par tout ce qu'il y a de sacré, reprit le duc toujours à genoux, si ma vie et ma fortune n'eussent été à la merci de ce scélérat de Christian.....

— Oh! si vous ramenez Christian sur la scène, dit le roi en souriant, il est temps que je me retire. Allons, Villiers, levez-vous; — je vous pardonne et ne vous impose qu'un acte de pénitence, — la malédiction que vous-même avez prononcée contre le chien qui vous a mordu: — le mariage, et la retraite dans vos terres.

Le duc se leva plein de confusion, et suivit le roi dans le cercle, où Charles entra appuyé sur l'épaule de son favori repentant; et aux manières de Charles envers lui, les observateurs les plus pénétrants doutèrent que les soupçons élevés contre le duc pussent avoir le moindre fondement réel.

Pendant ce temps, la comtesse de Derby s'était consultée avec le duc d'Ormond, avec les deux Péverils et avec ses autres amis; et d'après leur avis unanime, elle se laissa persuader, quoiqu'à grand'peine, qu'avoir ainsi fait acte d'apparition à la cour suffisait pour disculper l'honneur de sa maison, et que le plus sage parti qu'elle eût maintenant à prendre était de se retirer dans ses domaines insulaires, sans provoquer davantage le ressentiment d'une faction puissante. Elle prit formellement congé du roi, et lui demanda la permission de remmener avec elle l'infortunée créature qui avait si étrangement échappé à sa protection, pour se jeter dans un monde où sa condition l'exposait à toute espèce de malheurs.

— Votre Seigneurie me pardonnera-t-elle? dit Charles. J'ai longtemps étudié votre sexe; — je suis bien trompé si votre petite jeune fille n'est pas aussi en état qu'aucun de nous de se suffire à elle-même.

— C'est impossible! dit la comtesse.

— C'est possible et très-réel, repartit le roi à demi-voix. Je vais vous convaincre du fait sur-le-champ, quoique l'expérience soit trop délicate pour être faite par personne autre que Votre Seigneurie. La voici là-bas, n'ayant pas l'air d'entendre plus que la colonne de marbre contre laquelle elle s'appuie. Hé bien, si lady Derby veut poser sa main vers la région du cœur de la demoiselle, ou du moins sur son bras, de manière à pouvoir sentir l'accroissement des pulsations de ses artères, et que vous, mylord d'Ormond, éloigniez Julien Péveril de sa vue, — je vous prouverai dans un moment qu'il est des sons qui peuvent l'émouvoir.

La comtesse fort surprise, et craignant quelque plaisanterie embarrassante de la part de Charles, mais ne pouvant réprimer sa curiosité, fut se placer près de Fenella, comme elle appelait sa petite muette, et, tout en lui faisant des signes, parvint à placer la main sur son poignet.

En ce moment le roi, passant près d'elles, s'écria : C'est une chose horrible! — L'infâme Christian a poignardé le jeune Péveril.

Le témoignage muet du pouls, qui bondit comme si un coup de canon fût parti aux oreilles de la pauvre fille, fut accompagné d'un tel cri de désespoir, que le bon monarque en tressaillit, affligé de l'effet de son épreuve. — Ce n'était qu'une plaisanterie, dit-il ; Julien se porte à merveille, ma jolie fille. J'ai seulement employé la baguette d'une certaine déité aveugle appelée Cupidon, pour rendre à une de ses vassales sourde et muette l'exercice de ses facultés [1].

— Je me suis trahie! dit-elle les yeux baissés vers la terre, — je me suis trahie! — et il est juste que celle qui a passé toute sa vie à trahir les autres soit prise à son propre piége. — Mais où est mon maître en iniquités? — où est Christian, qui m'a appris à jouer le rôle d'espion près de cette dame sans défiance, que j'ai presque livrée entre ses mains sanguinaires?

— Voilà qui demande un examen plus secret, dit le roi. Que tous ceux qui ne sont pas directement intéressés dans cette affaire quittent l'appartement, et que ce Christian soit ramené devant nous. — Misérable! continua-t-il en s'adressant à Christian, quelles sont ces fourberies que vous avez pratiquées, et quels moyens extraordinaires avez-vous employés?

— Elle m'a donc trahi! dit Christian; — elle m'a livré aux fers et à la mort, uniquement pour une vaine passion qui ne peut jamais être heureuse! — Mais apprends, Zarah, ajouta-t-il en s'adressant à elle d'une voix sombre, apprends qu'en me faisant perdre la vie par ton témoignage, la fille a assassiné le père!

La malheureuse fixa sur lui un regard hébété. — Vous disiez, balbutia-t-elle enfin, que j'étais la fille de votre frère massacré?

— C'était en partie pour te réconcilier avec le rôle que tu devais jouer dans le drame médité de ma vengeance, — en partie pour cacher ce qu'on nomme la honte de ta naissance. Mais tu es *ma* fille! et tu dois au climat oriental sous lequel ta mère était née ce torrent de passions impétueuses que j'ai travaillé à diriger selon mes vues, mais qui est devenu, en se frayant un autre lit, la cause de la perte de ton père. — Je suis destiné à la Tour, je suppose?

Il prononça ces mots avec un grand calme, et parut à peine s'apercevoir des angoisses de sa fille, qui s'était jetée à ses pieds, en sanglotant et en versant des larmes amères.

— Cela ne peut être, dit le roi, ému de compassion à cette scène de douleur. Si vous consentez, Christian, à quitter ce pays, il y a en ri-

[1] *Voyez* la note ZD, à la fin du volume.

vière un bâtiment frété pour la Nouvelle-Angleterre ; — partez, et allez porter vos intrigues ténébreuses sur d'autres terres.

— Je pourrais contester la sentence, dit hardiment Christian ; si je m'y soumets, c'est librement et de mon propre choix. — Une demi-heure m'avait fait l'égal de cette femme orgueilleuse, mais la fortune a fait pencher la balance contre moi. — Lève-toi, Zarah ; Fenella n'existe plus ! Dis à lady Derby que si la fille d'Edward Christian, la nièce de la victime qu'elle assassina, l'a servie comme domestique, ce n'était que dans un but de vengeance, — misérablement, bien misérablement déçu ! — Tu vois ta folie, maintenant ; — tu voulais suivre cet ingrat jeune homme, — tu renonçais à toute autre pensée pour obtenir de lui la plus légère marque d'attention : et maintenant te voilà proscrite, exposée au ridicule et aux railleries de ceux que tu aurais pu fouler aux pieds, si tu t'étais conduite avec plus de prudence ! — Mais viens ; tu n'en es pas moins ma fille : — il est d'autres cieux que celui qui s'étend sur l'Angleterre.

— Retenez-le, dit le roi ; il faut que nous sachions par quels moyens cette jeune fille trouvait accès près des captifs enfermés dans nos prisons.

— Je renvoie Votre Majesté à votre très-protestant geôlier, et à vos pairs très-protestants, qui, afin d'obtenir une parfaite connaissance des profondeurs du Complot papiste, ont imaginé ces ingénieuses ouvertures par lesquelles on peut visiter de nuit et de jour les cachots des prisonniers. Sa Grâce de Buckingham peut aider Votre Majesté, si elle est disposée à faire l'enquête [1].

— Christian, dit le duc, tu es le scélérat le plus éhonté qui ait jamais respiré !

— Parmi les roturiers, cela peut être, repartit Christian ; et il sortit en emmenant sa fille.

— Veillez sur lui, Selby, dit le roi ; ne le perdez pas de vue jusqu'à ce que le navire mette à la voile. S'il ose revenir en Angleterre, ce sera à ses risques et périls. Plût à Dieu que nous pussions nous débarrasser aussi aisément d'autres non moins dangereux ! Et je voudrais aussi, ajouta-t-il après un instant de silence, que toutes nos intrigues politiques et nos alarmes fiévreuses se pussent terminer aussi innocemment que celle-ci. Voici un complot sans une goutte de sang, et tous les éléments d'un roman sans sa conclusion. Nous avons ici une princesse insulaire errante (pardon, mylady Derby), un nain, une sorcière mauresque, un coquin impénitent et un noble repentant ; et néanmoins tout se termine sans gibet ni mariage.

---

[1] On employa, dit-on, les moyens les plus indignes pour forcer les prisonniers retenus à l'occasion du Complot papiste de faire des révélations, et on rapporte que plusieurs d'entre eux furent secrètement mis à la torture. (W. S.)

— Non pas tout à fait sans le dernier des deux, dit la comtesse, qui, dans la soirée, avait eu l'occasion de causer très-confidentiellement avec Julien Péveril. Il y a un certain major Bridgenorth, qui aurait voulu supporter toutes les conséquences de cette conspiration avortée, si on les eût poursuivies, mais qui a dessein, à ce que nous apprenons, Votre Majesté n'entendant pas qu'elles soient poussées plus loin, de quitter pour toujours l'Angleterre. Or, ce Bridgenorth est devenu, par suites d'affaires légales, possesseur d'une portion considérable des domaines des Péverils; et il désire la restituer aux anciens propriétaires, en y joignant beaucoup de belles terres, sous la condition que notre Julien les recevra comme dot de sa seule enfant et unique héritière.

— Sur ma foi, dit le roi, il faut que ce soit une fille bien maltraitée de la nature, si Julien a besoin d'être longtemps pressé de l'accepter à d'aussi belles conditions

— Ils s'aiment l'un l'autre comme des amants du dernier siècle, reprit la comtesse; mais notre vieux ami le brave chevalier est peu disposé à accepter l'alliance d'une Tête-Ronde.

— Notre recommandation royale y pourvoira, dit le roi; sir Geoffrey Péveril n'a pas si souvent souffert par suite de son obéissance à nos ordres, pour refuser d'avoir égard à nos instances, quand elles ont pour objet de le dédommager de toutes ses pertes.

On peut bien supposer que le roi ne parlait pas ainsi sans être certain de l'ascendant sans bornes qu'il exerçait sur l'esprit du vieux tory; car, un mois plus tard, les cloches de Martindale-Moultrassie sonnaient l'union des deux familles aux domaines desquelles le village devait son double nom, et le fanal du château, brillant au haut de la tour qui dominait le pays environnant, appelait à se réjouir tout ce qui habitait à vingt milles de son foyer.

APPENDICE.

Les notices suivantes ont été recommandées à mon attention, de la manière la plus polie, par John Christian, esq. de Milntown dans l'île de Man, et d'Unrigg dans le Cumberland, actuellement dempster de l'île. M. Christian est naturellement intéressé aux faits qui y sont établis, comme représentant de la respectable famille des Christian, et descendant en ligne directe de William Dhône, mis à mort par la comtesse de Derby. Je ne puis avoir aucun motif de lui refuser cette justice, et je lui prête très-volontiers mon aide pour répandre la justification de la famille.

I.

NOTICES HISTORIQUES

SUR

EDWARD ET WILLIAM CHRISTIAN,

DEUX DES PERSONNAGES

DE PÉVERIL DU PIC.

Le vénérable docteur Dryasdust, dans un dialogue préparatoire, apprend à l'*eidolon* ou apparition de l'auteur « qu'il est grandement accusé d'avoir altéré les sources pures des connaissances historiques; » et à cette inculpation l'émanation du génie répond « qu'il a rendu quelque service au public s'il a réussi à lui présenter un agréable tableau d'imagination pour lequel l'anecdote ou la circonstance qu'il a pris la liberté d'enrôler de force à son service ne lui fournissait qu'une légère esquisse; » et « qu'en présentant à la jeunesse, et aux personnes qui ont peu de temps à donner à l'étude,

« La vérité sévère parée des ornements de la fiction, »

ainsi qu'en trouvant moyen d'intéresser à des aventures fictives attribuées à une époque et à des caractères historiques, le lecteur sera curieux ensuite *de connaître les faits réels*, et de savoir jusqu'à quel point le romancier les a bien représentés. »

Les aventures attribuées à des caractères historiques n'atteindraient cependant pas leur but moral, si la fiction était mise en opposition avec la vérité ; si Hampden ou Sidney, par exemple, étaient représentés comme des chevaliers d'industrie, et lady Jane Grey ou Rachel Russel comme des femmes perdues.

« Que diable! faut-il attester la vérité d'une chanson ? » quoiqu'une excellente plaisanterie, serait une mauvaise excuse en un tel cas. L'imagination peut être largement tolérée dans l'embellissement, mais non dans la perversion des faits; et si le tableau qu'elle crée n'avait pas, dans ses traits généraux, de ressemblance avec l'original, prétendre représenter

« La vérité sévère parée des ornements de la fiction »

ne serait qu'aggraver le mal.

La famille de CHRISTIAN est redevable à cet astre brillant du Nord d'une grande notoriété publique.

Le William Christian représenté d'une part comme un monstre de trahison et d'ingratitude, de l'autre comme victime d'un meurtre judiciaire, et son frère (ou parent) Edward, un des gens de la suite d'*un* duc de Buckingham [1], étaient en cela des personnages historiques réels. Les talents et l'habileté d'Edward en imposant à Fenella un silence volontaire de plusieurs années doivent-ils être rangés parmi les merveilles naturelles de ce génie fécond ? C'est sur quoi ses belles lectrices ne semblent pas être d'accord. Le reste d'un canevas rempli par la peinture, tracée de main de maître, de l'hypocrisie la plus consommée et de la plus infernale scélératesse qui aient jamais été offertes à l'imagination, est-il d'accord avec le caractère historique de cet individu? C'est un des sujets de recherches sur lesquels le romancier a lui-même appelé directement l'attention dans la lettre qui sert de préface à son œuvre.

L'histoire anglaise fournit peu de matériaux propres à faciliter l'investigation des faits, principalement circonscrits dans l'île de Man. Diverses circonstances me conduisirent, il y a nombre d'années, à visiter cette ancienne Lilliput. Que ce fût en qualité « d'élégant précipité par la fortune du haut de son tilbury, » ou comme « actionnaire de mines ruiné, » ou comme « spéculateur désappointé, » c'est ce qui importe peu. Il peut se faire que quelque embarras passager m'eût entraîné dans la retraite sans aucun des irrésistibles motifs indiqués [2] ; et le manque d'occupation, joint à l'assistance d'un antiquaire local rempli de zèle, dont j'avais fait la connaissance, me conduisit peu à peu à étudier tous les documents accessibles de ce sujet-là même parmi d'autres. Il arriva aussi que j'avais à peine pris terre depuis quelques heures, que j'entendis la lugubre ballade de « William Dhône » (*William le brun* [3] ou *aux blonds cheveux*, ce même William Christian) retentir

---

[1] Non le duc dépeint dans *Péveril*, mais le compagnon de Charles Ier dans son romanesque voyage d'Espagne. (*Cette note et toutes celles qui suivent dans cet appendice, sauf le petit nombre signées des initiales du traducteur, sont de l'auteur de la notice.*)

[2] Allusion au début du chap. XI de *Péveril*. (L. V.)

[3] *Brown*, mais pour que cette qualification ne soit pas en opposition avec la seconde interprétation, il faut l'entendre comme synonyme de rougeâtre. (L. V)

en sons mi-nasals mi-gutturaux sur la trompe du charretier, et fredonnée par la jolie fille de l'hôtesse ; bref, faisant aussi grande figure dans sa petite sphère qu'autrefois la ballade plus importante de *Chevy Chace* [1] dans son cercle plus étendu, le refrain de la chanson annonçant que William Dhône fut un miroir de vertu et de patriotisme, et que l'envie, la haine, la méchanceté et le manque de toute charité ont causé la perte du plus sage et du meilleur des hommes.

Les thèmes de sentiments populaires attirent naturellement la première attention d'un étranger, et je trouvai l'histoire de cet individu, quoique fort mélangée et décolorée dans les souvenirs des insulaires, remplie de circonstances propres à exciter l'intérêt le plus profond, mais qui, pour être rendues intelligibles, devaient être abordées par un chemin détourné où nous ne pouvions avoir pour compagnon de route ni page lutin, ni jolie fille.

Le loyal et célèbre James fut amené, par les circonstances du temps, à fixer dans l'île de Man sa résidence presque constante, de 1645 à 1651 [2]. Durant cette période, il composa, sous forme de lettre adressée à son fils Charles [3] (lord Strange), un aperçu historique de cette île, avec un exposé de ce que lui-même y avait fait. Cette lettre est entremêlée de beaucoup d'avis politiques pour diriger la conduite de son successeur ; elle est pleine d'observations fines, et qui prouvent une intime connaissance des ouvrages de Machiavel, qu'il paraît, d'après une citation [4], avoir étudiés dans une édition latine. L'ouvrage, quoique régulièrement divisé en chapitres et en paragraphes numérotés, manque réellement de méthode [5], et fournit peu de moyens de déterminer les dates relatives des faits qui y sont relatés, omission à laquelle il faut suppléer par leur propre rapprochement, et en quelques cas par conjecture.

Il paraît avoir été amené là en 1643, par des lettres annonçant le danger d'une révolte [6] : « Le peuple avait commencé à murmurer à la mode d'Angleterre : » — « il s'assemblait d'une façon tumultueuse, désirant de nouvelles lois ; il ne voulait plus d'évêques, ne payait plus de dîmes au clergé, méprisait l'autorité, délivrait les gens emprisonnés par le gouverneur, etc., etc. »

---

[1] La *Chasse des Monts Cheviot*, ballade célèbre des Borders écossaises. (L. V.)

[2] La comtesse son épouse résida à Latham-House (l'héroïque défense qu'elle y soutint est assez connue) jusqu'en 1644 ou 1645, époque où elle se retira aussi dans l'île de Man. Une publication contemporaine, le *Mercurius aulicus*, par John Birkenhead, dit « qu'il semble que la comtesse a dérobé les culottes du comte, puisque depuis longtemps il s'est enfui dans l'île de Man, et qu'en son absence elle a rempli à Latham le rôle d'un homme. » Cette insinuation est certainement injuste ; mais il semble que le comte ait regardé comme nécessaire d'expliquer « pourquoi il avait quitté l'Angleterre, quand tous les esprits braves s'étaient dévoués pour le roi et le pays. » Des dangers de révolte et d'invasion de l'île forment le fond de cette explication. Il y a cependant lieu de conjecturer qu'il avait été mécontent de se voir frustré du commandement qu'il avait droit d'attendre lorsqu'il amena à York une levée considérable pour y rejoindre le roi. Toute explication, en un mot, peut être présentée, hors celle qui mettrait en doute son loyalisme et son ardent esprit militaire, lesquels étaient au-dessus de toute atteinte.

[3] Publiée dans les *Desiderata curiosa* de Peck, en 1779.

[4] Peck, page 446 : — *Fortiter calumniari aliquid adhærebit.*

[5] Peck, page 446 : « Fatigué de demeurer trop longtemps sur un sujet, » il saute à quelque autre objet différent.

[6] Peck, page 494.

Le premier soin du comte fut de s'appliquer à étudier les causes de ces mouvements insurrectionnels; et comme il éprouva quelque opposition de la part d'*Edward Christian* [1], nous essaierons, autant que le comportent les limites que nous devons nous imposer, d'extraire ce que le comte lui-même dit de ce personnage. « J'avais récemment [2] fait la connaissance du capitaine Christian, en qui je reconnus assez de capacité pour m'être utile. Il avait fait, disait-on, une belle fortune aux Indes, bien que né dans l'île de Man. » — « C'est un excellent compagnon, aussi rude de manières que doit l'être un capitaine de navire, mais raffiné par un séjour de six mois à la cour, où il était attaché au duc de Buckingham. » — « Durant les quelques années qu'il fut gouverneur, il me plut beaucoup, etc. » — « Mais telle est la condition de l'homme, que la plupart d'entre nous auront quelque défaut, l'un si ce n'est l'autre, qui gâtera leurs plus belles qualités; le sien était de cette sorte qu'on regarde comme s'alliant à l'ivrognerie, c'est-à-dire *l'avarice*, tous deux s'accroissant et se fortifiant dans l'homme *avec les années*. » — « Quand un prince a tout donné, et que le favori ne peut plus rien désirer, ils se fatiguent mutuellement l'un de l'autre [3]. »

Un court aperçu des assemblées publiques tenues successivement par le comte, qui sortait des limites de notre esquisse, a été extrait des sommaires de chapitres (qui paraissent avoir été composés par Peck), et renfermé dans une note [4]. A la

---

[1] Pour une histoire de cette famille, établie dans l'île de Man dès 1422, consultez l'*Histoire du Cumberland* de Hutchinson, vol. III, page 146. Elle avait antérieurement résidé dans le comté de Wigton.

[2] Ceci est un exemple de la difficulté de faire concorder les dates relatives; le mot *récemment*, ainsi employé au plus tôt en 1643, se rapporte à l'année 1628, date de la nomination d'Edward Christian au poste de gouverneur de l'île de Man, qu'il occupa jusqu'en 1635 (Sachwerill's *Account of the isle of Man*, publié en 1702, page 100), le comte étant alors lord Strange, mais apparemment prenant en main les affaires publiques du vivant même de son père.

[3] Peck, page 444. Il paraît y avoir quelque erreur dans la généalogie de la famille, que donne Hutchinson dans son *Histoire du Cumberland* : « Le premier frère, John, né en 1602; le second, mort jeune; le troisième, William, né en 1608; le quatrième, Edward, vice-gouverneur de l'île de Man, 1629 (selon Sachwerill, page 100, ce fut en 1628). La naissance d'Edward ne peut être placée plus tôt que 1609, et il ne pouvait guère, à l'âge de dix-neuf ou vingt ans, avoir fait fortune aux Indes, avoir fréquenté la cour de Charles Ier, et avoir été choisi comme une personne convenable au poste de gouverneur. La personne mentionnée au texte avait évidemment atteint l'*âge mûr*; et *Edward le gouverneur* paraît avoir été le plus jeune frère de William Christian, branche de la même famille, possédant le domaine de Knockrushen, près du château de Rushen. Ce William, aussi bien qu'Edward, fut renfermé dans le château de Peel en 1643.

[4] Peck, p. 338 et suiv. — « Chap. VIII. Le comte désigne une assemblée des natifs de l'île, afin que chacun y apporte ses griefs; sur quoi quelques-uns pensent à le tromper : mais il ferme les yeux sur leurs manœuvres, n'étant pas préparé à leur tenir tête, et en conséquence il les cajole et les divise. Au jour désigné, il se montre avec une bonne garde; le peuple dépose tranquillement ses plaintes et se retire. — Chap. IX. Autre assemblée désignée, où il vient aussi avec une bonne garde. Beaucoup d'hommes affairés ne parlent que mankois, ce qu'une personne plus rusée (probablement le capitaine Christian, dernier gouverneur) voulait empêcher, mais le comte le défend. Avis public à ce sujet. Les Mankois grands parleurs et chicaneurs. Les espions du comte se mêlent parmi eux et les gagnent. — Chap. X. La nuit d'avant l'assemblée, le comte se consulte avec ses officiers au sujet de la réponse qu'il doit faire, mais il ne leur dit rien de ses espions; il compare

fin de la dernière de ces assemblées, il sembla qu'Edward Christian tentât de récapituler les affaires du jour, « mentionnant diverses choses (dit le comte) qu'il avait stylé le peuple à réclamer, et qu'ils avaient heureusement oubliées. » Le comte, en conséquence, se leva en colère, et, après une courte allocution, « ordonna que la cour fût levée, et que personne ne prît plus la parole. » — « Quelques-uns, ajoute-t-il, furent *envoyés en prison*, et y demeurèrent jusqu'à ce que, sur leur *soumission*, et l'assurance d'*être très-calmes* et *très-tranquilles*, ils furent relâchés, et d'autres emprisonnés à leur place. — Je crus devoir leur infliger une *forte amende;* depuis lors, ils se conduisirent tous avec beaucoup de soumission et d'une manière *très-affectionnée* [1]. » Moyens fort efficaces de produire la *tranquillité*, si le despote est assez fort, et avec la tranquillité autant d'*affection* qu'il convient à l'imagination d'un despote ! Au nombre des prisonniers étaient *Edward Christian* et son frère William de Knockrushen ; celui-ci fut relâché en 1644, en prenant entre autres engagements celui *de ne pas quitter l'île sans permission*.

Le comte dit d'Édouard : « Je reviendrai au capitaine Christian, dont l'affaire doit être entendue la semaine prochaine » (ou en 1644, ou vers 1645). — « *Il est encore en prison*, et je crois que beaucoup de gens s'en étonnent, comme sentant l'injustice, ainsi que de ce que son jugement est si longtemps reculé. » — « Aussi son affaire est de telle nature qu'*elle ne le concerne pas seul.* » — « Si un jury du peuple le juge (l'ayant amené par ses cajoleries à lui persuader qu'il souffre à cause de lui), il est vraisemblable qu'il sera acquitté, et alors il pourra se rire de nous ; j'aimerais mieux qu'il eût trahi. » — « Je me souviens que quelqu'un a dit qu'il était beaucoup moins dangereux de prendre la vie des gens que leurs biens, attendu que leurs enfants oublieront plutôt la mort de leur père que la perte de leur patrimoine [2]. » Edward *mourut en prison* dans le château de Peel en 1650 [3], après un emprisonnement de sept à huit ans ; et jusqu'ici, du moins, on ne voit pas sur quoi serait fondée la gratitude qu'on a dit plus tard avoir été violée par cette famille, à moins, à la vérité, que nous ne nous transportions dans ces contrées où c'est la mode de faire bâtonner aujourd'hui un fonctionnaire public, et de lui rendre demain son autorité.

Les archives de l'île donnent un détail minutieux des plaintes du peuple au sujet des exactions de l'Église, et de leur palliation par une sorte d'arbitrage public, en octobre 1645. Mais il est singulier que ni ces archives, ni l'exposé très-étudié que

---

les rapports et réserve son opinion. Il éloigne quelques-uns des officiers, qu'il savait être turbulents, sous prétexte d'autres affaires. Le gouverneur (actuel) loué de nouveau ; quels conseillers les plus utiles. — Chap. XI. Conduite du comte envers le peuple à son premier passage ; sa conduite à l'assemblée envers les pétitionnaires modestes, les impudents, les plus présomptueux et les plus dangereux, c'est-à-dire ceux qui se tiennent derrière les autres et les excitent. Toutes choses étant convenues, commence artificiellement le trouble ; la réponse du comte et son discours au peuple. Christian perd contenance ; plusieurs personnes sont envoyées en prison et mises à l'amende, ce qui les fait se tenir tranquilles. »

[1] Peck, page 444.
[2] Peck, pages 448-49.
[3] Feltham (*Voyage*, page 161) place cet événement (tandis qu'il était prisonnier dans le château de Peel), sur l'autorité d'une inscription tumulaire, en 1660, « John Greenhalgh étant gouverneur. » Or, John Greenhalgh cessa d'être gouverneur en 1651. La date est probablement une faute d'impression, pour 1650.

fait le comte des modes de discussion, des offenses et des châtiments, ne renferment pas un seul mot touchant les points les plus importants actuellement en litige entre lui et le peuple. Le fait, cependant, est pleinement développé, comme par hasard, dans un des chapitres (le 16°) de cette œuvre très-incohérente, mais pleine de sagacité. « Voici que se présente à moi à l'instant même une occasion de vous faire connaître une affaire spéciale, sur laquelle, si à raison de ces temps de troubles et de dangers je ne puis suivre mes intentions, vous pourrez réfléchir à loisir, et faire plus tard quelque usage de mon labeur actuel, relativement à une certaine coutume de ce pays, appelée la redevance de la paille [1], en vertu de laquelle *les habitants regardent leurs habitations comme leur appartenant en propre d'ancienne date,* et croient par suite qu'ils peuvent les transmettre et en disposer *sans l'autorisation du seigneur,* en lui payant seulement une simple rente peu élevée comme pour une ferme à location en Angleterre : en quoi ils s'abusent fort. »

Guillaume le Conquérant, parmi ses plans *pour l'avantage de ses sujets anglais,* adopta celui de leur faire remettre leurs terres allodiales, par persuasion ou par contrainte, pour les leur rendre à titre de tenures féodales. Le comte de Derby projeta la résignation d'un droit semblable, afin de créer des tenures qui lui fussent plus profitables, — un simple bail de trois vies, ou de vingt et un ans. La mesure était entièrement nouvelle, quoique la tentative d'empêcher l'aliénation sans autorisation du seigneur[2], en vue d'exactions moins profitables, puisse être suivie, ainsi que les scènes de violence qu'elle amena, dans maint passage des archives, qui autrement serait inexplicable.

Le comte poursuivit son but, certainement avec assez d'énergie et d'habileté. L'année même de son arrivée, en décembre 1645, il désigna des commissaires[3] chargés de composer pour les baux, et qui furent pris parmi ses principaux officiers (membres du conseil), qui eux-mêmes avaient été décidés par des raisons suffisantes à faire la remise de leurs domaines, et qu'une tradition générale accuse de s'être ligués pour abuser de la simplicité de leurs concitoyens, en leur persuadant que n'ayant pas de titres, leurs propriétés n'étaient pas assurées entre leurs mains;

---

[1] Dans le transfert des immeubles, les deux parties se présentaient devant la cour commune de justice, et le vendeur, devant la cour, transférait son titre à l'acheteur, par la remise d'une paille ; cette formalité enregistrée devenait son titre. La même pratique existait dans le transfert des propriétés mobilières. Sir Edward Coke, IV, 69, parlant de l'île de Man, dit : « Lors de la vente d'un cheval, ou de quelque contrat que ce soit pour toute autre chose, ils accomplissent la stipulation *per traditionem stipulæ* » (par la remise d'une paille). Peut-être peut-on tirer de là une meilleure étymologie de *stipulation,* que la dérivation ordinaire de *stipes* (poteau ou borne terrienne), ou de *stips* (pièce de monnaie ou salaire).

[2] Parmi ces exemples dans lesquels « les ordres du seigneur propriétaire ont été (selon l'expression emphatique des commissaires de 1791, page 67) *imposés* au peuple comme des lois, » nous trouvons, en 1583, la défense de disposer des terres sans permission du seigneur, précédée de la déclaration formelle que « contrairement à la bonne et louable disposition, et à des défenses générales répétées à diverses reprises, les habitants *ont acheté, vendu, donné, concédé, troqué, échangé,* et achètent encore, vendent, donnent, concèdent, troquent et échangent *chaque jour* leurs *terres, tenures,* etc., *à leur volonté et selon leur bon plaisir.* » Les amendes d'aliénation furent exigées pour la première fois en 1643. (Rapport des commissaires de 1791. Append. A, n. 71. R. des officiers de justice.)

[3] Le gouverneur-contrôleur, receveur ; et John Cannel, deemster

que des baux étaient des titres; et que bien qu'ils fussent nominalement à des termes limités, ils assuraient la transmission des terres à leurs fils aînés. Il est à remarquer que les noms d'*Ewan* et de *William Christian*, tous deux membres du conseil, sont seuls exclus de cette commission.

Nous avons déjà vu deux Christians jetés en prison : les notices suivantes, qui développent clairement les motifs de l'animosité du comte contre le nom de Christian, se rapportent à Ewan Christian, père de William Dhône, et l'un des deemsters exclus de la commission. « On m'a présenté une pétition contre le deemster Christian [1], en faveur d'un enfant qu'on croit avoir des droits sur sa ferme de Rainsway (Ronaldsway), une des principales tenures de ce pays ; ce Christian, à raison de sa situation éminente ici, et de ce qu'il occupe beaucoup d'autres tenures analogues en d'autres endroits, est tellement en évidence, que certainement la manière dont je déciderai cette affaire avec lui servira de règle pour les autres [2]... » — « Par adresse [3] ils se sont glissés (les Christians) dans les postes principaux du pouvoir; ils cernent le pays et en occupent le cœur; ils sont alliés aux meilleures familles... ». etc.

« La pétition [4] ci-dessus mentionnée avait pour objet d'obtenir un jugement favorable, et, *quand le droit serait reconnu, que je leur en accordasse un bail, — ceci étant dans la tenure de la paille*... » — « Par suite de certaine conférence avec le pétitionnaire, j'appris qu'une motion avait précédemment été faite par mes commissaires, à telle fin que le deemster donnât à cet homme une somme d'argent. Mais il n'en voulait rien faire, quoique maintenant il puisse se faire qu'il le voulût bien, et j'espère qu'il sera assez prudent pour s'assurer sa tenure en composant avec moi au sujet du bail de cette dite ferme, que je lui accorderai à des conditions favorables, si tous deux y agréent. Car s'il rompt la glace, je pourrais bien attraper quelque poisson [5]. »

L'issue de ce projet de pêche ne fut que trop heureuse. Ewan céda au *règne de la terreur*, et abandonna Ronaldsway à son fils William, qui accepta le bail et désigna ses propres descendants pour la concession. Néanmoins l'objet atteint était sans consistance, en tant que contraire à toute loi, écrite ou orale ; et le système était incomplet, tant qu'il ne serait pas sanctionné par un semblant de confirmation législative.

Nous avons vu que le comte avait dans l'île une force militaire considérable, et nous savons par d'autres sources [6] qu'elle était en grande partie cantonnée aux frais

---

[1] Deemster est un titre évidemment anglicisé, pour désigner la personne qui applique (*steer*) la sentence (*doom*). Cette désignation était anciennement inconnue parmi les Mankois, lesquels appellent encore ce dignitaire *brehon*, appellation identique avec le nom de ces juges et de ces lois si souvent mentionnés dans les histoires de l'Irlande.

[2] Peck, page 447.

[3] *Id.*, page 448.

[4] Je me suis assuré que la date de cette pétition est de 1643.

[5] Le chef de cette famille n'est pas accusé de cupidité; mais le comte s'amuse aux dépens de sa galanterie. — Il semble que des enfants naturels aient pris le nom de leur père, et non celui de leur mère, comme ailleurs, et que « le deemster en ait eu un grand nombre, non pas tant pour satisfaire sa concupiscence que pour faire fleurir le nom de Christian. » De celui-ci ou d'un héritier de son nom, on rapporte « qu'il gagna 500 liv. sterl. au jeu à l'évêque de Sodor et de Man, et qu'avec cette somme il acheta le manoir d'*Ewanrigg* dans le Cumberland, encore possédé par cette famille. »

[6] Témoignages sur le jugement dérisoire de William Dhône.

des habitants. Nous avons son propre témoignage pour établir qu'il arrivait à ses fins par l'emprisonnement, jusqu'à ce que ses prisonniers *promissent d'être bons;* et successivement les remplaçant par de nouveaux captifs, jusqu'à ce qu'eux aussi *se conformassent à sa théorie de la vertu publique.* Et le lecteur sera préparé à apprendre sans étonnement que les mêmes moyens le mirent à même, en 1645, d'arranger une législature [1] capable de donner un assentiment forcé à ce système remarquable de soumission et d'affection.

C'est peut-être ici la place la plus convenable pour rappeler que lors de la reddition subséquente de l'île aux troupes du Parlement, la seule stipulation faite par les insulaires fut « qu'ils jouiraient de leurs terres et de leurs franchises, comme précédemment. » De quelle manière cette stipulation fut-elle exécutée, c'est ce que mes notes ne me mettent pas à même d'établir. La restauration de Charles II, propice à d'autres égards, infligea à l'île de Man la résurrection de son gouvernement féodal; et l'affaire des tenures continua d'être un thème de perpétuelles contestations et de plaintes inutiles, jusqu'en 1703, où elle fut définitivement réglée, par la médiation de l'excellent évêque Wilson, dans un compromis législatif connu sous le nom d'*Act of settlement* (loi d'établissement), par lequel le peuple obtint pleine reconnaissance de ses anciens droits, à la condition de doubler le cens actuel, et de consentir aux droits d'aliénation exigés pour la première fois par le comte James en 1645[2].

En 1648, William Dhône fut nommé receveur général; et dans la même année nous trouvons son frère aîné John (substitut-deemster de son père Ewan) emprisonné dans le château de Peel, en une de ces occasions qui font fortement ressortir le caractère de la personne et du temps, et jettent aussi un certain jour sur les sentiments du peuple et sur la situation des Christians, victimes dévouées. Le curieux en trouvera le détail dans une note [3]; les autres lecteurs passeront outre.

Ceux qui ont lu l'histoire d'Angleterre connaissent parfaitement les circonstances de la marche du comte de Derby, en 1651, avec un corps levé dans l'île de Man pour le service du roi; de sa jonction avec l'armée royale la veille de la bataille de Worcester; de sa fuite et de son emprisonnement à Chester, après cette défaite

---

[1] Nous verrons tout à l'heure une méthode fort simple de se débarrasser d'un corps judiciaire et législatif, en éloignant et replaçant *sept individus* par un seul et même ordre.

[2] Rapport de 1791; Append. A, n. 71.

[3] Une personne nommée Charles Vaughan est amenée à déposer que se trouvant en Angleterre, elle tomba en compagnie d'un jeune homme nommé Christian, qui lui dit avoir depuis peu quitté l'île de Man et être à la recherche de son frère, secrétaire d'un officier du Parlement; qu'en réponse à quelques questions, il dit « que le comte traitait les habitants de l'île très-durement; qu'il leur avait arraché de fortes amendes; qu'il avait changé les anciennes tenures, et les avait *forcés* de prendre des baux; qu'il avait fait perdre cent livres de revenu à son père, et avait tenu son oncle en prison pendant quatre ou cinq ans; mais que si jamais le comte venait en Angleterre, il avait si durement traité les habitants qu'il était sûr qu'ils ne le laisseraient jamais rentrer dans l'île. » Ordre est donné d'emprisonner John Christian (probablement le chef présomptif de la famille, son père étant avancé en âge) dans le château de Peel, jusqu'à ce qu'il s'engageât à mener une bonne conduite, et à *ne pas quitter l'île sans permission*. — (Archives insulaires.) Il est dit que le jeune homme en question était fils de William Christian de Knockrushen.

signalée; enfin, de son jugement et de son exécution à Bolton dans le Lancastre, à la poursuite des officiers du Parlement, le 15 d'octobre de la même année.

Immédiatement après, le colonel Duckenfield, qui commandait à Chester pour le Parlement, se prépara, avec un armement de dix bâtiments et une force militaire considérable, à la réduction de l'île de Man.

William Christian fut condamné et exécuté en 1662-63, pour des actes se rattachant à cette reddition, actes antérieurs de douze années, et qui sont encore enveloppés d'obscurité. Il n'en sera donc que plus agréable à la généralité des lecteurs que nous passions sur la période intermédiaire[1], et que nous laissions les faits relatifs à cet individu, tous offrant un caractère extraordinaire, et quelques-uns un intérêt tout particulier, se dérouler d'après les pièces du procès et des documents tirés d'une autre source.

Un mandat de Charles, huitième comte de Derby, daté de Latham, septembre 1662, après s'être étendu sur l'odieux péché de rébellion, « aggravé par la circonstance que cette rébellion avait contribué à la mort du duc[2], » et avoir établi « que c'est pour lui un devoir de venger le sang d'un père, » ordonna qu'il fût sur-le-champ procédé aux poursuites contre William Christian, à raison de tous ses actes illégaux avant et après l'année 1651 (chef d'accusation assez largement établi). L'accusation lui reproche « de s'être mis à la tête d'une insurrection contre la comtesse de Derby en 1651, et de s'être emparé du pouvoir, au détriment de Leurs Seigneuries le comte et sa mère, et de leurs héritiers ».

Une série de dépositions se trouve consignée aux registres, du 5 au 15 octobre, avec un renvoi fait par les saints dépositaires de la justice de cette époque aux vingt-quatre keys[3], pour qu'ils eussent à décider « si, après lecture et examen préalables, ils trouvaient M. William Christian de Ronaldsway dans les limites

---

[1] Quelques lecteurs peuvent désirer un aperçu de cette période : La seigneurie de l'île fut donnée à lord Fairfax, qui députa des commissaires pour régler les affaires de sa nouvelle concession; l'un d'eux (Chaloner) publia un compte-rendu de l'île, en 1656. Il mentionne la destitution de William Christian comme receveur général en 1653. Nous trouvons son nom comme gouverneur, de 1656 à 1658 (Sachwerill, page 101), année où il fut remplacé par Chaloner lui-même. Parmi les anomalies de ces temps, il semblerait qu'il eût conservé les fonctions de receveur en même temps qu'il remplissait celles de gouverneur; et l'évêché ayant été aboli, et les revenus du siége épiscopal réunis à ceux de l'échiquier, il eut à rendre des comptes considérables, pour lesquels Chaloner mit en son absence le séquestre sur ses biens, puis emprisonna son frère John et le tint à caution, pour avoir aidé à ce qu'il appelle son évasion. Son fils Georges revint d'Angleterre, par la permission de lord Fairfax, pour régler les comptes de son père. Chaloner nous informe que les revenus du siége supprimé *ne furent pas appropriés* à l'usage privé de lord Fairfax, lequel, « pour l'encouragement et le soutien des ministres de l'Évangile, et pour la propagation des connaissances avait fait aux ministres entier abandon de ces revenus, qui devaient en outre fournir à l'entretien d'écoles libres, c'est-à-dire à Castletown, à Peel, à Douglas et à Ramsay. » Chaloner paie un large tribut aux talents du clergé, ainsi qu'au savoir et à la piété des derniers évêques.

[2] Voyez la remarque, dans le discours de Christian au moment de son exécution, que le feu comte avait été exécuté huit jours avant l'insurrection.

[3] La cour, pour les jugements criminels, était composée du gouverneur et du conseil (comprenant les deemsters), et des *keys*, qui, avec le seigneur, composaient aussi les trois branches du corps législatif; et c'était l'usage, dans les cas douteux, de renvoyer aux deemsters et aux keys les points de droit coutumier.

du statut de 1422, — c'est-à-dire s'il devait être jugé *sans enquête*, ou bien suivant la marche ordinaire de la loi? » Ce corps est désigné sur le registre comme se composant de dix-sept keys alors présents; mais n'étant pas encore suffisamment épurés pour approuver une *sentence sans jugement*, ils répondirent : — A être jugé suivant la marche de la loi.

On trouve au registre, sous la date du 26 novembre, que le gouverneur et l'attorney (ou procureur) général « s'étant rendus à la prison avec une garde de soldats, pour le requérir (Christian) de venir à la barre entendre son jugement, il refusa de s'y rendre et ne voulut pas les suivre » : — (admirable courtoisie, de l'inviter à se rendre à la barre au lieu de l'y amener!) sur quoi le gouverneur réclama la loi du deemster Norris, qui alors prit siége et ouvrit le jugement. Le deemster John Christian n'ayant pas comparu, et M. Edward Christian[1], son fils et substitut, ayant aussi *refusé de siéger* dans cette cour, ledit deemster Norris réclama avis et assistance des vingt-quatre keys, et ledit deemster et les keys, appliquant la loi, prononcèrent qu'il était à la merci du seigneur, pour la vie et les biens.

Il sera observé que sept des keys étaient précédemment absents, fait sur lequel nous reviendrons tout à l'heure. Tout ceci fut très-adroitement arrangé par l'ordre suivant, qui est enregistré sous la date du 29 décembre : « *Ces keys ne font plus partie des vingt-quatre, conformément à l'ordre de l'honorable mylord comte à cet égard,* » énumérant sept noms non compris dans les dix-sept ci-dessus mentionnés, et en nommant sept autres « qui ont prêté serment[2] à leur place. » La judicature fut encore épurée en transférant au conseil un huitième individu des dix-sept premiers, et en mettant à sa place une autre personne choisie. Ces faits ont été relatés avec quelque détail pour deux raisons : d'abord, parce que, bien que presque égalés par quelques-uns des actes subséquents, ils ne seraient pas crus sur une faible autorité; en second lieu, parce qu'ils rendent tout commentaire inutile, et préparent le lecteur à attendre tout jugement, quelque extraordinaire qu'il puisse être, d'un semblable tribunal.

Viennent alors les actes du 29 décembre : — les Propositions (ainsi qu'on les nomme) posées aux deemsters[3] et aux vingt-quatre keys maintenant assemblés, « pour y être répondu en point de droit. » 1° Tout malfaiteur, etc., étant accusé, etc., et refusant de se soumettre à la loi de son pays dans cette marche (nonobstant tout argument et toute défense qu'il puisse présenter pour lui-même), et par suite étant jugé en forfaiture de corps et de biens, etc., peut-il ensuite obtenir le même bénéfice, etc., etc.? A quoi, le même jour, ils répondirent par la négative. Il parut praticable d'*amener*, le 51 du même mois, le prisonnier à la barre, pour ouïr la sentence qui le condamnait « *à être fusillé à mort, jusqu'à ce que sa vie se séparât de son corps;* » laquelle sentence fut exécutée le 2 janvier 1665.

Qu'il ait fait un « excellent discours » au lieu de l'exécution, c'est ce qui est

---

[1] Le petit-fils d'*Ewan*. Il paraît, par les actes du roi en son conseil, 1663, que *lorsque la cour refusa d'admettre l'appel de feu William Christian* à l'acte d'amnistie, il *protesta* contre leurs mesures *illégales*, se retira, et vint en Angleterre solliciter Sa Majesté et implorer sa justice.

[2] Les commissaires de 1791 sont dans le doute au sujet du temps et du mode de la première élection des keys; ce remarquable précédent a peut-être échappé à leur observation.

[3] Hugh Cannel fut alors ajouté comme second deemster.

constaté là où nous nous serions peu attendus à le trouver consigné: dans le registre paroissial. L'exactitude de ce qui a été conservé comme tel dans la famille d'un ecclésiastique (et paraît avoir été imprimé en 1776, ou peut-être plus tôt[1]) repose principalement sur le rapprochement même des faits y relatés, et sur leur accord, en plusieurs points essentiels, avec les faits supprimés ou altérés dans les archives, mais établis dans les actes du Conseil privé. Il est en conséquence donné en entier, et les principaux points des témoignages compris dans les volumineuses dépositions des deux instructions[2] sont rapportés en note comme points de comparaison[3].

Voici le dernier discours de William Christian, esq., exécuté le 2 janvier 1662-3 :

[1] Une des copies en ma possession porte qu'elle a été transcrite cette année-là même sur le texte imprimé; l'autre est celle dont parle le texte.

[2] Deux instructions : la première correspond quant au but avec le grand jury anglais, avec cette différence très-essentielle que les témoignages sont admis *pour le prisonnier*, et elle devient ainsi ce qu'on nomme souvent la première instruction; la seconde, si l'accusation est fondée, ressemble à tous égards à celle du petit jury anglais.

[3] Ce témoignage sera naturellement reçu avec une juste défiance, et confronté avec la seule défense connue, celle de son discours au moment de l'exécution. Il tend à établir que Christian s'était mis à la tête d'une association liée par un serment secret « à s'opposer aux projets de lady Derby jusqu'à ce qu'elle eût cédé à leurs remontrances ou les eût prises en considération; » parmi lesquelles remontrances, durant la résidence du comte, nous trouvons incidentellement signalés « les troupes qui étaient dans l'île et leurs cantonnements chez les habitants; » — qu'il avait reproché à Sa Seigneurie lady Derby de l'avoir trompé, en entrant en négociation avec le Parlement, contrairement à la promesse qu'elle lui avait faite de n'agir en pareil cas que par son intermédiaire; — que Christian et ses associés déclarèrent qu'elle voulait les vendre au prix de deux ou trois pence par tête; — qu'il dit à ses associés qu'il était entré en correspondance avec le major Fox et le Parlement, et était autorisé par eux à soulever le pays; — qu'en conséquence de cette insurrection, Sa Seigneurie désigna des commissaires pour traiter avec les autres *pour la cause du pays*, et que l'on s'accorda sur des articles (*voyez le discours*) qui ne se retrouvent nulle part; — qu'à l'apparition des bâtiments de Duckenfield, en rade dans la baie de Ramsay, un des insurgés se rendit de Douglas à bord, « pour l'informer de l'état du pays; » à savoir, que les troupes disponibles marchaient sur Ramsay sous les ordres du gouverneur, sir Philip Mulgrave; — que quand la flotte fut à l'ancre, une députation de trois personnes, John Christian, Ewan Curphey et William Standish, se rendit à bord pour négocier la reddition de l'île (négociation dans laquelle William ne paraît pas). La perte des articles de l'accord, et le silence des archives sur l'importance des forces respectives, ne nous laissent aucun moyen d'apprécier jusqu'à quel point ces négociateurs ont mérité ou démérité, non plus que la nature précise de l'autorité sur laquelle ils s'appuyaient pour agir; mais les griefs à redresser sont complétement mis au jour par le témoignage tout à fait suffisant des conditions demandées aux vainqueurs, *qu'ils pussent jouir de leurs terres et de leurs franchises commé auparavant*; et que sur la question à eux adressée s'ils avaient quelque autre demande à faire, ils répondirent qu'ils n'avaient rien autre chose à demander que ce qu'ils avaient dit. » La prise du fort Loyal près de Ramsay (commandé par un certain major Duckenfield, qui fut fait prisonnier), et celle du château de Peel, sont mentionnées aux archives; mais rien n'y pourrait être trouvé concernant la *reddition du château de Rushen, et l'emprisonnement subséquent de la comtesse de Derby*. Si le conte souvent répété de « lady Derby traîtreusement arrêtée au milieu de la nuit par William Christian, avec ses enfants et les gouverneurs des deux châteaux, » — (Rolt, *History of isle of Man*, publiée

« Messieurs, et vous tous qui m'avez accompagné aujourd'hui aux portes de la mort, je sais que vous vous attendez à ce que je dirai quelque chose au moment de mon départ; et en effet je suis jusqu'à un certain point disposé à vous satisfaire, n'ayant pas eu, depuis mon emprisonnement, la moindre liberté de faire part à qui que ce soit de l'amertume de mes souffrances, que la chair et le sang n'auraient pu supporter sans le pouvoir et l'assistance de mon Dieu très-bon et très-clément, aux mains duquel je remets maintenant humblement mon âme, ne doutant pas que je ne sois très-promptement entre les bras de sa miséricorde.

« Je suis, et vous le voyez maintenant, traîné ici par l'autorité d'une *prétendue cour de justice*, dont les membres n'ont pour la plupart aucun droit à leur nouvelle place, et n'y conviennent nullement. Vous en pouvez dire vous-mêmes les raisons.

« La cause pour laquelle je suis amené ici, comme l'a déclaré le jury *influencé et menacé*, est le crime de haute trahison contre la comtesse douairière de Derby, à raison de ce qu'en 1651 j'aurais, dit-on, levé des forces contre elle pour la suppression et l'extirpation de cette famille. Il est très-peu de ceux qui m'entendent aujourd'hui qui ne puissent porter témoignage de l'injustice de cette accusation, et qui ne sachent que *le soulèvement populaire qui eut lieu alors*, et dans lequel je fus plus tard engagé, n'avait aucunement pour but le préjudice ou la ruine de cette famille, *dont le chef était mort, vous vous en souvenez bien, huit jours ou environ avant que cette action n'eût lieu*. Mais la vraie cause de ce soulèvement, comme *le jury l'a deux fois reconnu*[1], était de présenter des doléances à l'honorable lady Derby, ce qui fut fait par moi, et ensuite approuvé par Sa Seigneurie, sous le seing de M. Trevach, alors son secrétaire, et qui vit encore, *accord qui, depuis, m'a été dérobé, à ma propre ruine et à l'éternelle douleur de ma pauvre famille*. Puisse le Seigneur Dieu leur pardonner l'injustice de leur conduite envers moi, comme je désire du fond du cœur qu'elle ne leur soit pas un jour imputée à charge !

« Vous me voyez ici maintenant, *victime prête à être offerte en sacrifice pour avoir préservé vos vies et vos fortunes qui étaient alors en grand hasard, si je ne m'étais placé entre vous et ce qui*, selon toute apparence, *eût été votre ruine com-*

---

en 1773, p. 89) — si ce conte reposait sur la plus légère apparence de vérité, nous aurions inévitablement trouvé quelque tentative faite pour l'établir dans les actes de ce jugement dérisoire. A défaut de détails authentiques, on peut recourir à la tradition, qui rapporte que Sa Seigneurie, à la nouvelle de ce qui se passait à Ramsay, voulut s'embarquer en toute hâte sur un bâtiment qu'elle avait fait préparer, mais qu'elle fut arrêtée avant d'avoir pu l'atteindre. La même incertitude existe à l'égard de quelques négociations entamées par elle avec les officiers du Parlement, et affirmées par les insurgents. La première lettre du comte entre sa capture et son jugement dit : « Véritablement, à la manière dont vont les choses, le mieux que vous pourrez faire sera d'obtenir des conditions pour vous, vos enfants et vos amis, ainsi que nous nous l'étions proposé, ou sur lesquelles vous pourrez agréer ultérieurement avec le colonel Duckenfield, lequel, étant né si bon gentilhomme, se conduira sans doute noblement avec vous, pour son propre honneur. » Il semble aussi qu'il ait espéré alors que cela pourrait influer sur son propre sort; et l'éloquente et touchante épître écrite immédiatement avant son exécution, répète le même avis de *traiter*. — Rolt, p. 74 et 84.

[1] Ce fait comme on peut s'y attendre, n'est pas mentionné sur les registres du jugement.

plète. Je désire que vous continuiez de jouir, comme vous l'avez fait jusqu'à présent, des bienfaits et des bénédictions de la paix, quoique depuis le premier instant où j'ai été poursuivi et persécuté jusqu'au moment actuel, je n'ai moi-même jamais trouvé un abri où me reposer. Mais que mon Dieu soit à jamais loué et béni, lui qui m'a donné une si large part de patience !

« Pour les services que j'ai rendus à cette noble famille, par l'autorité de laquelle je vais maintenant rendre mon dernier soupir, j'ose en appeler à elle-même, et lui demander si je n'ai pas mérité mieux de quelques-uns de ses membres que la sentence qui condamne mon corps à la destruction, et qui enlève à mon fils le modeste domaine dont il aurait dû jouir, ayant été acquis par son grand-père qui le lui avait transmis. Il eût pu être beaucoup meilleur si je n'en avais dépensé une partie au service de l'honorable mylord Derby et de sa famille, choses que je n'ai pas besoin de vous mentionner, car la plupart d'entre vous en ont été témoins. Je réclamerai votre patience pour vous dire encore ici, en présence de Dieu, que jamais, dans toute ma vie, je n'ai rien fait avec intention au préjudice de mon souverain seigneur le roi, non plus qu'à celui du feu comte de Derby ni du comte actuel; et néanmoins, *me trouvant en Angleterre* à l'époque de l'heureuse restauration de Sa Majesté très-sacrée, je fus à Londres avec beaucoup d'autres, pour y voir mon gracieux roi, que Dieu préserve, que jusqu'alors je n'avais jamais vu. Mais je n'y fus pas longtemps avant d'être arrêté pour une action de vingt mille livres qui me fut intentée, et renfermé dans La Fleet, action pour laquelle ne pouvant, comme étranger, donner caution, je fus là tenu durant près d'une année. Ce que j'ai souffert, Dieu le sait; mais à la fin, ayant obtenu ma liberté, je crus devoir me consulter avec plusieurs personnes au sujet du gracieux acte d'amnistie que Sa Majesté promulgua à cette époque, et dans lequel je me regardais comme compris; sur quoi ces personnes me dirent qu'il n'y avait aucun doute que tous actes commis dans l'île de Man, se rapportant à la guerre civile de quelque manière que ce pût être, étaient pardonnés par l'acte d'amnistie, aussi bien que ceux qui avaient eu lieu dans les autres places et pays des états de Sa Majesté. Sur cette assurance, et ayant été contraint de rester séparé de ma pauvre femme et de mes enfants depuis près de trois années, temps que j'avais passé tout entier dans la persécution, je revins dans cette île en grande joie et contentement, espérant alors recevoir les consolations et jouir de la douce affection de mes amis et de ma pauvre famille. Hélas ! je suis tombé dans le piége de l'oiseleur; mais que mon Dieu soit loué à jamais !— quoiqu'il me tue, pourtant j'espère en lui.

« Je puis dire avec justice que nul dans cette île ne sait mieux que moi quel pouvoir y a lord Derby, sous l'autorité supérieure de Sa Majesté très-sacrée; *de quoi j'ai rendu pleinement compte dans ma déclaration présentée à mes juges, laquelle, je le crains beaucoup, ne verra jamais le jour*[1], ce qui n'est pas pour moi un léger chagrin.

« Ce fut le très-gracieux acte d'amnistie de Sa Majesté qui me donna la confiance et l'assurance de ma sûreté; sur lequel, et sur un appel que j'avais fait à Sa Majesté très-sacrée et au Conseil privé contre l'injustice des poursuites dirigées contre moi, je comptais beaucoup, étant ici sujet de Sa Majesté, et par ma naissance et ma fortune relevant de l'Angleterre. Et à l'égard *d'avoir désobéi à l'autorité de l'acte d'amnistie de mylord de Derby*, dont en ce moment vous voyez l'effet, et

---

[1] L'appréhension n'était que trop fondée.

qui annule l'acte de Sa Majesté, je déclare, malgré la violence des persécutions que j'ai souffertes, que nul sujet, quel qu'il soit, ne peut ni ne doit s'arroger le droit d'acte d'amnistie, en dehors de ceux de Sa Majesté très-sacrée, avec la confirmation du Parlement.

« Il est très-convenable que je dise quelques mots de mon éducation et de ma religion. Je ne crois pas avoir besoin de vous informer, car vous le savez tous, que j'ai été élevé dans le sein de l'Église anglicane, qui était alors dans sa splendeur et sa gloire; et à mon éternelle consolation, j'ai toujours continué depuis d'en être un membre fidèle, témoin plusieurs de mes actions aux derniers temps de la liberté. Et quant au gouvernement, je ne fus jamais contre la monarchie, et c'est à la grande satisfaction de mon âme que j'ai assez vécu pour la voir relevée et rétablie. J'ai la ferme assurance que les hommes intègres et de vie pure auront le favorable appui de notre gracieux roi, sous l'heureux gouvernement duquel puisse l'infinie miséricorde de Dieu conserver longtemps ses États et ses royaumes! Et maintenant je remercie Dieu du fond du cœur de ce que j'ai eu la liberté et le temps de me décharger de plusieurs choses qui m'ont lourdement pesé durant toute ma détention, pendant laquelle je n'ai eu *ni le temps ni la liberté de dire ou d'écrire* aucune de mes pensées; et du fond de l'âme je souhaite que toute animosité s'éteigne entièrement après ma mort, et que de ma mort elle-même personne ne fasse un sujet de nouveaux troubles, car je pardonne librement à tous ceux qui ont pris part à mes persécutions. Et puisse notre Dieu de bonté vous maintenir tous en paix et tranquillité jusqu'à la fin de vos jours!

« Vous tous, sujets de Sa Majesté très-sacrée, soyez-lui loyaux et fidèles; et, conformément à votre serment de foi et féauté à l'honorable mylord de Derby, *observez également ses ordres, en tout ce qui est juste et légitime;* et sachez que vous devez un jour rendre compte de tous vos actes. Et maintenant, que la bénédiction du Dieu tout-puissant soit avec vous tous; qu'elle vous préserve de mort violente, et vous garde toujours en paix de conscience!

« Je vais maintenant me hâter; car ma chair aspire après la dissolution, et mon esprit à être avec Dieu, qui m'a donné pleine assurance de sa merci et miséricorde pour tous mes péchés, bonté indicible, indulgence affectueuse, dont ma pauvre âme éprouve une satisfaction extrême. »

Note[1]. — Ici il tomba à genoux, et passa quelque temps en prière; alors, se levant plein de joie, il s'adressa aux soldats désignés pour son exécution, leur disant : « Quant à vous, qui êtes désignés par le sort pour être mes exécuteurs, je vous pardonne librement. » Il demanda à tous les assistants de prier pour lui, ajoutant : « Il n'y a plus qu'un léger voile entre moi et la mort; je requiers encore une fois vos prières, car je fais maintenant mon dernier adieu. »

Les soldats désiraient le lier à la place où il se trouvait. Il leur dit : « Ne vous mettez pas en peine et ne me troublez pas; car, moi qui ose affronter la mort sous quelque forme qu'elle vienne, je ne tressaillirai pas à votre feu et à vos balles, et il n'est pas en votre pouvoir de me priver de mon courage. » Sur son désir, on lui remit un carré de papier blanc, qu'avec le plus grand calme il attacha sur sa poitrine au moyen d'une épingle, pour lui servir de but; et après une courte prière il s'adressa ainsi aux soldats : « Touchez ici, et vous ferez votre affaire et la mienne. »

---

[1] Cette note est annexée à tous les exemplaires du discours.

Et au même instant, étendant ses deux bras, ce qui était le signal qu'il leur avait indiqué, il fut frappé au cœur et tomba.

Edward et Georges Christian, neveu et fils du défunt, ne perdirent pas de temps pour déférer à Sa Majesté en son Conseil ce meurtre judiciaire ; et Georges obtint un ordre « d'aller et de revenir, » etc., « et d'amener avec lui tels registres et telles personnes qu'il désirerait, pour appuyer la vérité de sa plainte. » A cet effet, Edward revint avec lui dans l'île ; car nous le trouvons en avril 1663 contraint, selon le véritable esprit du temps, de s'engager « à paraître en tout temps et à répondre à toute imputation qui pourrait être élevée contre lui, et *à ne pas quitter l'île sans permission.* » Diverses machinations empêchèrent Georges de se servir de l'ordre du roi ; mais sur une seconde pétition, le gouverneur, le deemster et les membres du conseil furent amenés à Londres par un sergent d'armes, et ces six personnes, ainsi que le comte de Derby, étant forcées de comparaître, une audience solennelle fut tenue devant le roi en personne, le chancelier, le lord chef de la justice, le lord chef-baron, et autres membres du Conseil ; jugement fut rendu le 5 du mois d'août, et le 14 du même mois il fut ordonné « qu'il serait imprimé in-folio, de la même manière que l'étaient d'habitude les actes du Parlement, avec les armes de Sa Majesté en tête ».

Ce document authentique désigne les comparaissants comme « *membres de la prétendue cour de justice* » ; il déclare « que l'acte général de pardon et d'amnistie s'étendait à l'île de Man, et aurait dû être pris en considération par les juges de cette île, *lors même qu'il n'eût pas été invoqué*, et que la cour « *avait refusé d'admettre l'appel* de feu William Christian à l'acte d'amnistie », etc. Il est ordonné que « pleine et entière restitution sera faite à ses héritiers de tous ses biens, réels et personnels ». Trois autres personnes[1] « qui étaient tenues en prison sur l'ordre de la même cour de justice, et leurs domaines *saisis et confisqués sans aucun jugement légal* », sont désignées, en même temps que les Christians, « pour être rétablies en pleine possession de leurs biens, réels et personnels, et être pleinement indemnisées de toutes les charges et dépenses auxquelles elles avaient été forcées depuis leur premier emprisonnement, aussi bien que dans la poursuite de cette affaire, comme dans leur voyage à Londres et de toute autre manière y relative ». Le mode de levée de fonds pour cette restitution est aussi singulier qu'instructif : il est ordonné que ces sommes d'argent « seront fournies par les deemsters, membres et assistants de ladite cour de justice », lesquels ont ordre « de lever l'argent et de faire tels paiements que de droit aux parties ».

« Et afin que le sang qui a été injustement répandu reçoive une sorte d'expiation, » etc., il est ordonné aux deemsters de comparaître au banc du roi pour y être procédé contre eux, etc., etc., et s'y voir condamnés à un châtiment condigne. (On croit que cette partie de l'ordre fut par la suite adoucie ou rendue illusoire.) Les trois membres du conseil furent relâchés en donnant caution de comparaître, s'ils en étaient requis, et de faire la restitution ordonnée. « Et à l'égard de ce qu'Edward Christian, étant un des deemsters ou juges de l'île de Man, *protesta, quand la cour refusa d'admettre l'appel de feu William Christian à l'acte d'amnistie, contre leurs poursuites illégales, et qu'il se retira et vint en*

---

[1] Ewan Curphey, Sammual Ratcliffe et John Casar, tous trois grands propriétaires terriens.

Angleterre solliciter Sa Majesté et implorer sa justice, il est ordonné que le comte de Derby lui rendra immédiatement ses fonctions de deemster, de manière à ce qu'il continue de les exercer, » etc. (ordre auquel il ne fut pas obéi). Et finalement, « que Henry Howell, vice-gouverneur, dont la faute a été *de ne se pas conformer à l'ordre*[1] *que Sa Majesté et son Conseil avaient envoyé dans l'île, et de n'avoir pas eu pour cet ordre l'obéissance qu'il lui devait* (ô très-débile et très-impotente conclusion!), a la permission de revenir dans l'île, et de donner force au présent ordre du roi en son Conseil. »

On ne trouve dans ce document nulle autre mention du comte de Derby. Les sacrifices faits par cette noble famille pour le soutien de la cause royale exigeaient une large part d'indulgence pour les parties répréhensibles de sa conduite; mais la mortification qui fut la suite nécessaire de cet appel, les plaintes incessantes du peuple et la difficulté ultérieurement éprouvée par les Derbys d'obtenir accès devant un tribunal supérieur, reçoivent un curieux témoignage d'un ordre du roi en son Conseil, daté du 20 août 1670, sur une pétition du comte de Derby, demandant « que le secrétaire du Conseil ne reçoive aucune pétition, appel ou plainte *contre le lord ou contre le gouvernement de l'île de Man*, sans qu'au préalable le plaignant ait donné bonne sécurité pour répondre des frais, dommages et charges.»

Les notices historiques de ce royaume de Lilliput[2] sont curieuses et instructives par rapport à d'autres temps et à des circonstances différentes, et elles n'ont pas paru demander beaucoup de commentaires ou d'observations d'antiquité; mais pour résumer ce qu'on peut réunir au sujet d'Edward Christian, le scélérat accompli de *Péveril*, les insinuations de son accusateur[3] constituent en elles-mêmes une véritable défense. Quand si peu d'imputations peuvent être faites par un semblable adversaire, il faut que le caractère soit invulnérable. La tradition ne lui attribue rien que d'aimable, de patriotique, d'honorable et de bon, dans toutes les relations de sa vie publique et privée. Il mourut après un emprisonnement de sept ou huit ans, victime d'une incorrigible obstination, selon les uns, ou d'une impitoyable tyrannie, selon un autre vocabulaire; mais n'ayant avec le caractère du roman rien de commun qu'un courage indomptable.

Les reproches de trahison et d'ingratitude ont été accumulés avec assez de profusion sur la mémoire de William Christian. A l'égard du premier de ces crimes, tout ce qui a été affirmé ou insinué dans le jugement dérisoire reposerait-il sur une base moins contestable, la postérité aurait peine à prononcer un verdict de culpabilité morale et politique contre une association formée pour renverser un gouvernement tel que son propre auteur le décrit. Les faveurs *spéciales* pour lesquelles lui ou sa famille se montrèrent ingrats ne peuvent être découvertes dans le cours de ces faits, sauf, à la vérité, sous forme de « châtiments du Tout-Puissant, — de bénédictions cachées. » Mais si on ajoute foi aux dernières paroles de William Christian, ses efforts furent strictement limités au redressement des abus,

---

[1] La tradition, d'accord avec la complainte de William Dhône, dit que l'ordre d'arrêter les poursuites et de suspendre la sentence arriva la veille de l'exécution.

[2] Le comte James, quoique épris de la profession de roi, donne de bonnes raisons pour ne jamais avoir pris ce titre, et parmi d'autres, « qu'un roi ne saurait être flatté que quelqu'un de ses sujets aimât trop ce nom, ne serait-ce que pour figurer dans une comédie. » — Peck, page 436.

[3] Peck, *passim*.

— dessein toujours criminel aux yeux de l'oppresseur. S'il eût vécu et fût mort sur une plus large scène, son nom aurait probablement été rangé parmi ceux des patriotes et des héros. Dans quelques-unes des narrations manuscrites, il est désigné comme un *martyr* des droits et des libertés de ses concitoyens; et ceux-ci ajoutent dans leur langage rustique qu'il fut condamné sans jugement et assassiné sans remords.

Nous nous sommes abstenus à dessein de toute tentative d'exciter les passions en faveur des souffrances d'un peuple, ou en haine d'oppressions qui peut-être doivent être attribuées autant au caractère du siècle qu'à celui des individus. Les faits de la cause, dépouillés de tout accessoire étranger (et sans le secours des accents singuliers et plaintifs dans lesquels les jeunes filles de l'île avaient coutume de déplorer *la triste mort de William aux blonds cheveux*[1],) sont suffisants en eux-mêmes pour éveiller la sympathie de tout esprit généreux; et ce serait un plus digne emploi de ce pouvoir absolu sur l'imagination possédé par le Grand Inconnu[2], à un degré si éminent, de conserver dans ses pages immortelles le souvenir de deux hommes semblables, que de charger leur mémoire de crimes tels que jamais être humain n'en a commis.

eeeeeeeeee

Je puis ajouter ici une traduction de la complainte sur William Christian aux blonds cheveux. L'original est composé en langage de Man, et consiste en une série d'imprécations contre les ennemis de Christian, et de prophéties dans le même esprit.

Sur la mort et le meurtre du receveur général William Christian de Ronaldsway, qui fut fusillé près de Hango-hill, le 2 janvier 1662.

Sur une scène si changeante, qui voudrait mettre sa confiance dans le pouvoir de la famille, dans la jeunesse, dans les grâces personnelles? Nul caractère n'est à l'épreuve contre l'acharnement de la haine; et ton destin, William Dhône, attriste notre âme.

Vous êtes des Derbys le receveur patriote et zélé, plein de bon sens et réputé noble; votre justice est applaudie par les jeunes et les vieux; et ton destin, William Dhône, attriste notre âme.

Protecteur généreux et habile de l'Église et de l'État, — qui donc éveilla leur ressentiment, sinon de si grands talents? Nul caractère n'est à l'épreuve contre l'acharnement de la haine; et ton destin, William Dhône, attriste notre âme.

Ton pardon, dit-on, arriva par mer et à temps; mais il fut soustrait par un scélérat[3]. Ce fut la crainte qui poussa le jury à une sentence si inique; et ton destin, William Dhône, attriste notre âme.

[1] La translation littérale m'en a été donnée par une jeune dame.
[2] Allusion à l'incognito primitif de l'auteur de Waverley. (L. V.)
[3] Une personne nommée dans le couplet suivant passa pour avoir intercepté un pardon envoyé d'Angleterre pour William Christian, et qu'on trouva, dit-on, dans le bas d'une vieille femme. La tradition est fort improbable. Si Christian avait été exécuté contre la teneur d'un pardon effectif, on n'eût pas manqué d'alléguer cette circonstance comme fortement aggravante, dans l'arrêt ultérieur du Conseil privé.

Colcott triomphe, car il ne voulait rien autre chose, quand l'orgueil des Christians gît couché dans ton sang; il lui fallait une victime, quoique ferme et courageuse. Ton destin, William Dhône, attriste notre âme.

Entaché d'adultère et souillé de sang, il porte les yeux sur Ronaldsway, comme auparavant sur Loghuecolly : ce fut la terre qui fit le coupable, comme jadis Achab; et ton destin, William Dhône, attriste notre âme.

Va à la demeure autrefois renommée des Nonnes; appelle les Colcotts à haute voix jusqu'à te déchirer les poumons : leur court triomphe est fini. Il ne reste rien d'eux; et ton destin, William Dhône, attriste notre âme.

Durant de longues années, Robert resta gisant, impotent dans son lit, et le monde ne connut pas la paix tant qu'il put lever la tête, ce fléau du voisinage, audacieux dans l'iniquité. Ton destin, William Dhône, attriste notre âme.

Parcours le pays, tu n'entendras pas un mot de plainte ni de regret sur le nom que Bemacan connut autrefois : le pauvre le charge plutôt de malédictions inouïes; et ton destin, William Dhône, attriste notre âme.

Ballaclogh et les Criggans attestent fortement leur crime; pas une âme de leur hom n'est là pour vous y recevoir : tout est passé en des mains étrangères; et ton destin, William Dhône, attriste notre âme.

L'opulent Scarlett que baigne la mer est morcelé entre Dieu sait combien de mains: il est là sans pain ni défense contre le froid; et ton destin, William Dhône, attriste notre âme.

C'est en vain qu'ils affirment que la loi a voulu ton sang, car tous ceux qui ont prêté les mains au massacre n'ont jamais prospéré. Comme le *golding* déraciné et privé de son éclat, ils languirent, se flétrirent et tombèrent atteints des rides de la vieillesse.

Quand les rejetons d'un arbre restent ainsi corrompus, comme la ronce ou le chardon ils nous font sentir leurs pointes douloureuses : sombres, noirs, ils minent sourdement comme la taupe. Ton destin, William Dhône, attriste notre âme.

Autour des infâmes qui versèrent le sang de César, se dressaient, cortége funèbre, des spectres et le remords : pas un de la bande n'atteignit les limites de la vie. Ton destin, William Dhône, attriste notre âme.

La ruine, aussi, s'empara de ceux qui répandirent *ton* sang; leurs maisons déclinèrent, leurs terres et leurs moissons disparurent comme la vapeur quand l'horizon se dore; et ton destin, William Dhône, attriste notre âme.

Du chagrin desséchant je passe à l'espérance qu'une branche des Christians ornera bientôt le siége, pour consoler ses ennemis par de royales instructions. Ton destin, William Dhône, attriste notre âme.

Ayant un livre pour oreiller, je rêvais une fois qu'une branche des Christians occupait Ronaldsway : attablés autour d'un bol, leurs conquêtes étaient le sujet d'entretien. Ton destin, William Dhône, attriste notre âme.

Et maintenant, par un vœu je terminerai mon chant : — Puisse le Tout-Puissant me préserver de mal, et protéger chaque mortel contre l'acharnement de la haine! car ton destin, William Dhône, attriste notre âme [1].

---

[1] On peut se souvenir que ces stances ont passé par l'intermédiaire d'une maigre traduction, et sont privées du secours de la mélodie; sans quoi nous penserions assurément que la mémoire de William Dhône a été faiblement honorée par son poëte compatriote. (*Note de* W. S.)

II.

En la cour de Whitehall, 5 août 1663.

Georges Christian, fils et héritier de William Christian, défunt, ayant produit une plainte adressée à Sa Majesté en son Conseil, sur ce que son père, habitant une maison à lui appartenant dans l'île de Man de Sa Majesté, a été emprisonné par certaines personnes de cette île, se prétendant cour de justice, qu'il a été accusé par elles de haute trahison, qu'elles ont prétendu avoir été commises contre la comtesse douairière de Derby, en l'année 1651, et que sur ce elles ont procédé à un jugement, et l'ont fait mettre à mort, nonobstant l'acte de pardon général et d'amnistie dont il réclamait le bénéfice, et son appel à Sa Majesté; et le requérant implorant humblement la compassion royale de Sa Majesté pour l'infortunée veuve et les orphelins du défunt : Il a plu à Sa gracieuse Majesté, avec l'avis de son Conseil, d'ordonner que Thomas Norris et Hugh Cannell, les deux juges (appelés deemsters par les habitants de cette île), Richard Stevenson, Robert Calcot et Richard Tyldesley, trois des membres de la prétendue cour de justice, et Henry Howell, député-gouverneur de ladite île, fussent incontinent recherchés et amenés ici par un sergent d'armes, devant Sa Majesté en son Conseil, pour y paraître et répondre à telles accusations qui seront produites contre eux; lesquelles six personnes susdites étant en conséquence amenées ici le quinzième jour de juillet dernier, appointé pour l'audition entière de toute l'affaire, le comte de Derby étant en outre sommé à comparoir, et le lord grand-juge [1] du banc du roi, et le lord premier baron [2] de l'échiquier de Sa Majesté, avec l'avocat [3] du roi, savant ès lois, requis d'être présents, et toutes les parties y appelées avec leurs conseils et leurs témoins, après entière audition de l'affaire de part et d'autre, et les parties retirées, lesdits juges étant requis d'émettre leur opinion, ont, en présence de l'avocat du roi, savant ès lois, déclaré que l'acte de pardon général et d'amnistie s'étendait à l'île de Man aussi bien qu'aux autres domaines de Sa Majesté et aux plantations [4] transmarines, et ne pouvait être interprété autrement, et qu'étant de notoriété publique un acte du Parlement, il aurait dû être pris en considération par les juges de l'île de Man, quoique non invoqué, et quoiqu'il n'y eût pas été proclamé. Sa Majesté étant en conséquence profondément affectée de cette violation de son acte de pardon général dont Sa Majesté a toujours été très-jalouse, attendant et voulant que tous ses sujets, de quelque partie que ce fût de ses états et plantations, jouissent du plein bénéfice et avantage dudit acte de pardon général, et ayant aujourd'hui pris l'affaire en plus ample considération, et toutes les parties appelées et entendues, a ordonné et ordonne par ces présentes, par et avec l'avis du Conseil, que toutes personnes concernées à quelque titre que ce soit dans la saisie du domaine dudit William Christian, défunt, ou qui ont pris part à l'expulsion de la veuve et des enfants hors de leurs maisons et de leur patrimoine, prennent soin qu'entière restitution soit faite de la totalité dudit domaine, soit réel, soit personnel, comme aussi de tous les dommages éprouvés, avec pleine

---

[1] *Lord Chief Justice of the king's Bench.*
[2] *Lord Chief Baron.*
[3] *Council.*
[4] Colonies

satisfaction pour tous les profits par eux réalisés depuis que ledit domaine est entre leurs mains ; et attendu que ledit William Christian défunt était un des deux derniers emphytéotes d'un domaine de Lancastre, le détriment résultant de la mor prématurée dudit William Christian, en ceci ou en autres cas semblables, sera évalué, et pareillement pleinement réparé. Qu'à l'égard des grands embarras et des charges considérables que les plaignants ont eu à supporter dans la poursuite de cette affaire, il est ordonné qu'ils produiront devant nous un compte exact de toutes dépenses et de tous dommages supportés par eux dans leurs voyages et dans ceux des témoins, ainsi que de toutes leurs autres charges durant la poursuite de cette affaire.

Et attendu qu'Ewan Curghey, Sammual Radcliffe et John Casar ont été emprisonnés par la même cour de justice, et eu leurs propriétés saisies et confisquées sans aucun jugement légal, il est ordonné que lesdits Ewan Curghey, Sammual Radcliffe et John Casar seront également réintégrés dans tous leurs biens réels et personnels, et complétement dédommagés de toutes charges et dépenses qu'ils ont eu à supporter depuis leur premier emprisonnement, aussi bien que dans la poursuite de cette affaire, dans leur voyage ici ou de toute autre manière quelconque y relative. Lesquels dédommagements et dépenses, et toutes sommes d'argent à compter en vertu de cet ordre, seront fournis par les deemsters, membres et assistants de ladite cour de justice, auxquels, par les présentes, il est ordonné de compter telles sommes susdites, et d'en faire le dû paiement, et de donner plein dédommagement aux parties respectivement désignées par les présentes pour le recevoir.

Et à cette fin que le crime du sang injustement versé reçoive en quelque sorte une expiation, et que Sa Majesté ait aussi quelque satisfaction pour la perte prématurée d'un sujet, il est ordonné que ledit Thomas Norris et Hugh Cannell, qui ont décrété cette mort violente, soient emprisonnés et demeurent prisonniers du Banc du roi, pour être procédé contre eux selon le cours ordinaire de la justice, de façon à recevoir un châtiment condigne à une action si odieuse.

Que Richard Stevenson, Robert Calcot et Richard Tyldesley soient déchargés de toute contrainte ultérieure, donnant bonne sûreté de comparoir par-devant ce bureau toutes et quantes fois ils en seront sommés, et de ne pas quitter cette ville avant que satisfaction complète soit donnée, et tous ordres quelconques de ce tribunal relatifs à cette affaire pleinement exécutés dans l'île. Et vu que de l'examen de cette affaire il ressort qu'Edward Christian, étant un des deemsters ou juges de l'île de Man, fit, quand la cour refusa d'admettre l'appel de feu William Christian à l'acte d'amnistie, sa protestation contre leurs procédés illégaux, se retira, et vint en Angleterre solliciter Sa Majesté et implorer sa justice, il est ordonné au comte de Derby de rétablir, constituer et appointer ledit Edward Christian, incontinent, par commission, de la manière voulue et accoutumée, comme un des deemsters ou juges de ladite île, pour y demeurer et continuer le dû exercice de ladite place.

Et finalement, il est ordonné que ledit Henry Howell, vice-gouverneur, dont la faute est de ne se pas être conformé et de n'avoir pas accordé due obéissance aux ordres de Sa Majesté et de son bureau, envoyés dans l'île, donnant bonne sûreté de comparoir par-devant ce bureau toutes et quantes fois il en sera sommé, soit incontinent déchargé de toute contrainte ultérieure, et qu'il lui soit permis de retourner dans l'île ; et il lui est par les présentes strictement enjoint d'employer le pouvoir et l'autorité qu'il a dans l'île, en vertu de sa commission à l'accomplissement et exécution de tous ordres et commandements de Sa Majesté et de ce bureau, dans toute cette affaire et en tout ce qui s'y rapporte. — *Signé par*

Le lord Chancelier, le lord Trésorier, le lord du Sceau privé, le duc d'Albemarle, le lord Chambellan, le comte de Berkshire, le comte de Saint-Alban, le comte d'Anglesey, le comte de Sandwich, le comte de Bath, le comte de Middleton, le comte de Carberry, le lord évêque de Londres, le lord Wentworth, le lord Berkeley, le lord Ashley, sir William Crompton, M. le Trésorier, M. le Vice-Chambellan, M. le Secrétaire Morice, M. le Secrétaire Bennett.

Richard Browne, *greffier du Conseil.*

III.

En la cour de Whitehall, 14 août 1663.

Étant présents :

Sa Très-Excellente Majesté le roi,

Le lord Chancelier,
Le lord Trésorier,
Le lord du Sceau privé,
Le duc de Buckingham,
Le duc d'Albemarle,
Le lord Chambellan,
Le comte de Berkshire,
Le comte de Saint-Alban,
Le comte de Sandwich,
Le comte d'Anglesey,
Le comte de Bath,
Le comte de Middleton,
Le comte de Carberry,
Le lord évêque de Londres,
Le lord Wentworth,
Le lord Berkeley,
Le lord Ashley,
Sir William Crompton,
M. le Trésorier,
M. le Vice-Chambellan,
M. le Secrétaire Morice,
M. le Secrétaire Bennett

Afin que le monde puisse d'autant mieux avoir connaissance de la royale intention de Sa Majesté d'observer inviolablement l'acte d'amnistie et de pardon général, pour le bien public et la satisfaction de ses sujets; — il a été ordonné aujourd'hui que copie de l'ordre de ce bureau daté du 5 du présent mois, concernant les poursuites illégales exercées dans l'île de Man contre William Christian, et sa mise à mort contrairement audit acte de pardon général, soit envoyée à l'imprimeur de Sa Majesté, à qui il est commandé de l'imprimer incontinent dans les mêmes caractères anglais, in-folio, de la même manière que les actes du Parlement sont habituellement imprimés, et les armes de Sa Majesté en tête.

RICHARD BROWNE.

NOTES

DE

PÉVERIL DU PIC.

(A) Page 33.

PRÉCIS DE LA RESTAURATION DE CHARLES II.

RICHARD, devenu Protecteur à la mort de Cromwell, était un homme commun; il ne sut que faire de la gloire et des crimes de son père. L'armée, depuis longtemps domptée par son chef, reprit l'empire. L'oncle de Richard, Desborough, son beau-frère Fleetwood, se mirent avec le général Lambert à la tête des officiers, et forcèrent le faible Protecteur de dissoudre le Parlement qui seul le soutenait.

Chaque jour amena un nouvel embarras, une nouvelle peine : Richard, qui s'oubliait et qu'on oubliait, qui détestait le joug militaire et qui n'avait pas la force de le rompre, qui n'était ni républicain ni royaliste, qui ne se souciait de rien, qui laissait les gardes lui dérober son dîner, et l'Angleterre aller toute seule, Richard abdiqua le protectorat (22 avril 1659).

De tous les soucis du trône, le plus grand pour lui fut de sortir de Whitehall, non qu'il tînt au palais, mais parce qu'il fallait faire un mouvement pour en sortir. Il n'emporta que deux grandes malles remplies des *adresses* et des *congratulations* qu'on lui avait présentées pendant son petit règne : on lui disait dans ces félicitations, à la gloire de tous les hommes puissants et à l'usage de tous les hommes serviles, que Dieu lui *avait donné*, à lui Richard, *l'autorité pour le bonheur des trois royaumes*. Quelques amis lui demandèrent ce que ces malles renfermaient de si précieux : « Le bonheur du bon peuple anglais, » répondit-il en riant. Longtemps après, retiré à la campagne, il s'amusait, après boire, à lire à ses voisins quelques pièces de ces archives de la bassesse humaine et des caprices de la fortune. Cette moquerie philosophique ne le rendait pas un fils digne de son père, mais le consolait. Son frère Henri, lord-lieutenant d'Irlande, projeta de remettre cette île entre les mains du roi; mais quoique plus ferme et plus habile que Richard, il céda au torrent qui emportait sa famille, revint à Londres, et tomba presque aussi obscurément que Richard.

Le conseil des officiers, demeuré maître, rappela, sous la présidence du républicain Lenthal, le *rump* parlement, et dans le jargon des partis, les principes du *rump* se nommèrent *la vieille bonne cause*. Il ne se trouva qu'une quarantaine de députés à la première réunion, encore fallut-il aller chercher en prison deux de ces législateurs enfermés pour dettes. Cette momie estropiée, arrachée de son tombeau, crut un moment qu'elle était puissante, parce qu'elle se souvenait d'avoir fait juger un roi. A peine ressuscitée, elle attaqua l'autorité militaire qui lui avait rendu la vie ; mais le *rump* était sans force, car il était placé entre les royalistes unis aux presbytériens qui voulaient le retour de la monarchie légitime, et les officiers indociles au joug de l'autorité civile.

Le général Lambert, ayant marché contre un parti royaliste, qui s'était levé trop tôt, le dispersa. Lâche régicide, courtisan disgracié de Cromwell, Lambert, qui s'était toujours flatté d'hériter d'une puissance trop pesante pour lui, osa tout après sa misérable victoire. Il fit présenter au *rump* une de ces humbles pétitions gonflées de menaces, dont la révolution avait introduit l'usage. Le *rump* s'emporta, destitua Lambert et Desborough, et abolit le généralat. Lambert, selon l'usage de la *bonne vieille cause*, bloqua si étroitement Westminster avec ses satellites, qu'un seul membre du prétendu Parlement, Pierre Wentworth, y put entrer. Sur ces entrefaites, Bradshaw, le fameux président de la commission qui jugea Charles, mourut. Monk, qui gouvernait l'Écosse, et qui, sans s'en ouvrir à personne, méditait le rétablissement de la monarchie, entra en Angleterre avec douze mille vieux soldats : il s'avança vers Londres.

Le comité des officiers s'adresse à lui ; le Parlement, qui ne siégeait plus, le sollicite. Monk se déclare républicain et l'ennemi de Stuart en venant le couronner. Il prend parti contre les officiers pour la cause constitutionnelle, installe le *rump* de nouveau ; mais en même temps il y fait rentrer les membres presbytériens, exclus par violence avant la mort de Charles Ier : de ce seul fait résultait le triomphe certain des royalistes. Le Long-Parlement, après avoir ordonné des élections générales, prononça sa dissolution, et mit fin lui-même à sa trop longue existence, dans laquelle se trouvait déjà la lacune des années du protectorat. Le peuple brûla en réjouissance, sur les places publiques, des monceaux de croupions de divers animaux. Quelques vrais républicains, comme Vane et Ludlow, s'enfuirent ; d'autres étaient destitués, non par le fait de Monk, mais par les proscriptions dont ils s'étaient frappés les uns les autres. Le régiment d'Haslerig fut donné par Monk à lord Falconbridge, qui, quoique gendre de Cromwell, servit Charles II. Le colonel Hutchinson, dont la femme nous a laissé des mémoires pleins d'intérêt, se retira en province. Lambert, à la restauration, s'avoua coupable, obtint grâce de la vie, et vécut trente ans dans l'île de Guernesey, sous le double poids du régicide et du mépris.

Le nouveau Parlement, divisé, selon l'ancienne forme, en deux chambres, s'assembla le 25 avril 1660 : les Communes, sous la présidence d'Harbotele-Green-Stone, ancien membre exclu du Long-Parlement pour avoir dénoncé l'ambition de Cromwell; la Chambre des pairs, sous la présidence de lord Manchester, qui jadis avait fait la guerre à Charles Ier.

Un commissaire de Charles II, Grenville, s'était entendu avec Monk. De retour des Pays-Bas, Grenville apporta la déclaration royale de Charles : elle ne promettait rien ; ce n'était pas une charte. Charles ne faisait ni la part aux conquêtes du temps, ni les concessions nécessaires aux mœurs, aux idées, à la possession et aux droits acquis ; dès lors une seconde révolution devenait inévitable, et le prince légataire du trône déshéritait sa famille. On reprocha à Monk de n'avoir obtenu aucune garantie pour la monarchie constitutionnelle : à l'immortel honneur des royalistes, ce fut un royaliste de la Chambre des communes qui réclama les libertés de la nation ; ce fut sir Mathew Hale, ce juge si intègre et si estimé, que Cromwell l'avait employé malgré le dévouement connu de Hale à ses souverains légitimes. Monk répondit que si on délibérait, il ne répondait pas de la paix de l'Angleterre : « Que craignez-vous ? dit-il ; le roi n'a ni or pour vous acheter, ni armée pour vous conquérir. »

On n'écouta plus aucune représentation ; on avait soif de repos après de si longs troubles. Des commissaires du Parlement allèrent déposer aux pieds du souverain, à Bréda, les vœux et les présents du peuple des trois royaumes. Charles II monta sur un vaisseau de la flotte anglaise à La Haye, et débarqua à Douvres le 26 mai 1660 : il embrassa Monk, qui l'attendait sur le rivage ; et, voyant une foule immense ivre de joie, il dit gracieusement : « Où sont donc mes ennemis ? » Monk jouait alors le plus grand rôle : quel petit personnage aujourd'hui que ce Monk, auprès de Cromwell, bien que sa figure en cire à la Curtius soit dans une armoire à Westminster !

Le fils de Charles Ier fit son entrée dans Londres le 29 mai, anniversaire de sa naissance, ce qui parut d'un bon augure. Il accomplissait sa trentième année ; il était jeune, spirituel, affable ; il reparaissait sur une terre où naguère il n'avait trouvé d'abri que dans les branches d'un chêne ; il était roi, il avait été malheureux : on l'adora. Qui l'aurait cru ? c'était le peuple de la *bonne vieille cause* qui poussait des cris d'allégresse à cette descente des nains dans l'île des géants !

(CHATEAUBRIAND, *Les quatre Stuarts*.) (L. V.)

(B) Page 60.

CAVALIERS ET TÊTES-RONDES.

La tentative de mettre en opposition les manières joyeuses des Cavaliers et celles des Puritains, ceux-ci enthousiastes, mais pleins de fermeté et de courage, cette tentative a été en partie suggérée par Shadwell, qui a esquissé plusieurs scènes d'*humour* avec une grande force, quoiqu'elles soient sorties pesantes de son crayon quand il a voulu les disposer pour le théâtre.

Dans une ennuyeuse comédie intitulée *Les Volontaires, ou les Agioteurs*, les personnages présents sont : « Le major-général Blunt, vieil officier royaliste, quelque peu rude en paroles, mais très-brave et très-honnête, plein de jugement et bon patriote ». En opposition au général est « le colonel Hackwell, vétéran, ancien colonel anabaptiste[1] de l'armée de Cromwell, très-brave et très-dévot, mais quelque peu immoral ».

Ces dignes personnages, ainsi caractérisés, tiennent ensemble un dialogue, qui offrira un assez bon exemple du talent dramatique de Shadwell. La scène est occupée par le major-général Blunt et quelques-unes de ses vieilles connaissances les Cavaliers, et par Hackwell, l'ancien parlementariste.

---

[1] Les anabaptistes appartenaient à la classe quelque temps redoutable des *indépendants*, également exaltés comme sectaires et comme révolutionnaires. (L. V.)

NOTE B.

LE MAJOR-GÉNÉRAL BLUNT.

« Ne craignez rien, mes vieux Cavaliers. Selon votre louable coutume, vous vous enivrerez, vous parlerez de vos hauts faits, et vous passerez en revue tous vos combats, depuis Edgehill jusqu'à Brentford. Vous n'avez pas oublié comment monsieur (*montrant le colonel Hackwell*) et ses empesés chanteurs de psaumes avaient coutume de nous étriller ?

PREMIER CAVALIER.

« Non, morbleu ! Je les ai assez sentis une fois.

BLUNT.

« Oui, ma foi ! avec leurs chapeaux pointus, leurs rabats en guise de fraises, eurs longues rapières sous leurs larges pourpoints, et leurs bottes de cuir de veau, ils avaient coutume de chanter un psaume, de tomber sur nous, et de nous donner des rossées infernales !

HACKWELL.

« Dans ce temps-là nous étions debout pour la cause ; et la cause, la cause spirituelle, ne souffrit pas sous nos armes charnelles ; mais l'ennemi fut déconfit, et voyez ! il avait l'habitude de fuir devant nous.

PREMIER CAVALIER.

« Qui aurait cru qu'un pareil nasillard, un sot chanteur de psaumes, se serait battu ? Mais ces saints compagnons se démenaient comme s'ils avaient eu le diable au corps.

SIR NICHOLAS.

« Quelle sale et dégoûtante armée c'était ! Je vous garantis que vous n'auriez pas trouvé un homme bien mis parmi les Têtes-Rondes.

BLUNT.

« Mais ces simples compagnons rossaient si bien vos beaux fils jurant et buvant, en habits galonnés tout comme aujourd'hui vous autres habitués de la cour et de Locket, — et ils les dépouillaient si bien, que, par lord Harry ! après une bataille ces saints ressemblaient aux Israélites chargés du bagage égyptien.

HACKWELL.

« Véritablement, nous prenions les dépouilles ; et elles nous servaient à regarnir nos bourses, et par là avançaient la cause. Nous combattions pour un principe qui nous donnait la victoire.

BLUNT.

« Écoute, colonel, nous connaissons ton principe ; — il n'était pas des plus droits. Tu te battais contre le baptême des enfants, et non pour la liberté, quel que fût votre tyran. Personne n'a été si zélé pour Cromwell que tu l'étais alors, non plus qu'il n'y a pas eu d'aussi furieux agitateur et homme du test que tu l'as été dans ces derniers temps.

HACKWELL.

« Voyez-vous, colonel, nous ne tendions qu'à la liberté du culte.

NOTE C.

BLUNT.

« Oh, oh ! et à quelque chose de plus. Voici quel était ton principe, colonel : *La domination est fondée sur la grâce, et le juste doit hériter de la terre.* Et ma foi, par lord Harry ! tu t'es arrangé en conséquence. Tu as gagné trois mille livres de revenu en te battant contre la cour, et moi j'en ai perdu mille en combattant pour elle. » — *Voyez les Volontaires, ou les Agioteurs;* Shadwell's Works, t. iv, p. 457.

Dans une scène précédente, le vieux officier fanatique, se croyant offensé par un des personnages, dit avec une grande naïveté : « Je t'en prie, ami, ne me pousse pas à user d'arme charnelle pour ma défense. » Tels sont les traits de dialogue par lesquels Shadwell a peint les vieux officiers puritains; et lui-même, — observateur distingué de la nature humaine, — devait avoir connu familièrement plusieurs d'entre eux.

(C) Page 62.

CACHETTE DE LA COMTESSE DE DERBY.

La retraite et la découverte de la comtesse de Derby sont tirés du récit pittoresque d'un événement semblable, que je tiens d'une personne qui en avait été témoin dans son enfance. Cette dame, nommée mistress Marguerite Swinton, et issue de cette ancienne famille, était sœur de ma grand'mère maternelle, et par conséquent ma grand'tante. Elle était, comme il arrive souvent en de telles occasions, notre constante ressource en cas d'indisposition, ou quand nous étions las de jeux bruyants, et nous nous serrions alors autour d'elle pour entendre ses histoires. Comme elle pouvait être supposée reporter les souvenirs de sa vie jusqu'au commencement du dernier siècle, le fonds qui fournissait à notre amusement avait souvent rapport aux événements de cette période. Je puis faire remarquer en passant que c'est d'elle que je tiens la déplorable histoire de la Fiancée de Lammermoor, ma grand'tante étant proche parente du lord président dont la fille fut l'héroïne de cette triste tragédie.

Le fait actuel, quoique d'un caractère différent, ne laissait pas aussi d'être de nature à faire impression, raconté par un témoin oculaire. Ma tante Marguerite était, je suppose, âgée de sept ou huit ans, alors qu'elle résidait dans le vieux manoir de Swinton; et déjà elle montrait la fermeté et la sagacité qui l'ont distinguée dans tout le cours de sa vie. Enfant d'une nombreuse famille, elle avait été laissée seule un jour à la maison, à cause d'une indisposition légère, pendant que tout le monde était allé à l'église avec sir John et lady Swinton. En quittant la petite malade, on lui avait formellement enjoint de ne pas descendre au parloir où la famille avait déjeuné. Mais quand elle se vit seule dans la partie supérieure de la maison, l'esprit de sa première mère Ève s'empara de tante Marguerite, et elle descendit pour visiter le parloir en question. Ce qu'elle y vit la frappa d'admiration et de crainte. Une dame, « excessivement belle, » était assise à la table du déjeuner, occupée à laver les tasses dont on s'était servi. La petite Marguerite n'aurait pas douté que cette vision singulière ne fût une émanation du monde des séraphiques, n'eût été son occupation qu'elle ne pouvait aisément accorder avec les idées qu'elle se formait des anges.

La dame, avec une grande présence d'esprit, fit approcher l'enfant étonnée, la combla de caresses, et évitant judicieusement de trop insister sur la nécessité du secret, elle dit simplement à la petite fille qu'il ne fallait pas qu'elle fît savoir à personne autre qu'à sa mère ce qu'elle avait vu. Ayant laissé cette issue ouverte à sa curiosité, la mystérieuse étrangère dit à la petite fille de regarder par la fenêtre du parloir si sa mère revenait de l'église. Lorsqu'elle retourna la tête, la belle vision était évanouie, sans que miss Marguerite pût s'expliquer par quels moyens.

Longtemps attendue et vivement désirée, lady Swinton revint enfin de l'église, et sa fille ne perdit pas de temps pour lui raconter son histoire extraordinaire. — Vous êtes une petite fille sensée, Peggy, lui dit sa mère; car si vous aviez parlé de cette pauvre dame à personne autre qu'à moi, cela aurait pu lui coûter la vie. Mais maintenant je ne craindrai pas de vous confier un secret, et je vais vous faire voir où vit la pauvre dame. En effet, elle l'introduisit dans une chambre secrète communiquant au parloir par un panneau mobile, et lui fit voir la dame dans la cachette qu'elle occupait. On peut dire en passant qu'il était peu de maisons en Écosse, appartenant à des familles de distinction, qui ne renfermassent de semblables retraites, les incidents politiques de ces temps les rendant souvent nécessaires.

L'histoire de la dame du cabinet secret était à la fois triste et sanglante; et quoique j'aie entendu plusieurs versions du fait, je ne prétends pas fixer la véritable. C'était une jeune femme d'une extrême beauté, qu'on avait mariée à un homme âgé, un procureur, nommé Mac Farlane. Sa situation, et peut-être ses manières, encouragèrent quelques poursuivants qui voulaient être regardés comme ses adorateurs. Parmi eux était un jeune Anglais nommé Cayley, commissaire du gouvernement pour les domaines confisqués par suite de la rébellion de 1715. En 1716, M. Cayley étant allé voir cette dame chez elle, ils eurent ensemble une vive altercation, soit par suite de quelques violences qu'il se serait permises, ou, selon une autre version, parce qu'elle lui reprochait de s'être vanté de faveurs antérieures. Elle finit par saisir une paire de pistolets chargés qui étaient dans un cabinet, son mari ayant l'intention de les emporter avec lui dans une tournée. Le galant commissaire s'approcha d'un air enjoué, en disant : Hé quoi! madame, voulez-vous jouer une comédie? — Ce sera une tragédie, répondit la dame; et faisant feu des deux pistolets, elle étendit le commissaire Cayley mort à ses pieds.

Elle prit la fuite, et resta cachée pendant un certain temps. Elle demanda un refuge à Swinton-House, je ne sais à quel titre : — probablement à cause de quelqu'un de ces indescriptibles filaments généalogiques qui lient entre elles les familles écossaises. Le motif le plus léger aurait même en tout temps suffi pour s'interposer entre un individu et la loi.

Quelles qu'eussent été les circonstances de la cause de mistress Mac Farlane, il est certain qu'elle revint résider à Édimbourg, et qu'elle y mourut sans avoir été traduite en jugement. Il est vrai qu'eu égard à l'époque, il y a peu sujet de s'en étonner; car pour le plus grand nombre, la mort d'un commissaire anglais n'était pas une circonstance qui exigeât beaucoup d'excuses. Les Swintons, néanmoins, auraient pu ne pas être de cette opinion, la famille professant des principes presbytériens et whigs.

(D) Page 72.

JUGEMENT ET EXÉCUTION DE CHRISTIAN.

Le lecteur trouvera, dans l'appendice précédent à l'Introduction, un exposé de cette tragédie, fait par quelqu'un qu'on peut regarder comme favorable à la victime. Il faut reconnaître, d'une autre part, que le jugement du capitaine Christian et son exécution furent conduits selon les lois de l'île. Il fut jugé en due forme par le deemster ou juge suprême de l'époque, dont le nom était Norris, par les keys de l'île, et par les autres autorités constituées, composant ce qu'on nomme une Cour-Tynwald. Ce mot, qu'on retrouve encore dans beaucoup de parties de l'Écosse, signifie *Vallis negotii*, et est appliqué à ces boulevards artificiels qui, dans les anciens temps, étaient assignés aux réunions des habitants lors de la tenue de leurs *comitiæ*. Il fut allégué que les chefs d'accusation contre Christian furent trouvés pleinement établis, et que, comme il refusait de se défendre à la barre, il fut, selon les lois de l'île de Man, très-justement condamné à mort. Il fut en outre établi que tout le temps nécessaire avait été laissé pour un appel en Angleterre, ayant été arrêté vers la fin de septembre et exécuté seulement le 2 janvier 1662. Ces raisons furent développées par divers fonctionnaires de l'île de Man appelés devant le Conseil privé à raison de la mort de Christian, appuyées de nombreuses citations des lois de l'île; et elles paraissent avoir été reçues comme une justification suffisante de la part qu'ils avaient eue à cette affaire.

Je dois au révérend vicaire actuel de Malew un extrait certifié de la teneur suivante : « Registres mortuaires de Malew, A. D. 1662. M. William Christian de Ronalds-Wing, ci-devant receveur, a été fusillé à Hange-Hall[1] le 2 janvier. Il est mort avec beaucoup de contrition et de courage, a fait une bonne fin, a prié avec ferveur, a prononcé un excellent discours, et le lendemain a été enterré dans le chœur de l'église de Malew. »

Il est certain que la mort de William Christian fit une très-profonde impression sur l'esprit des insulaires, et un M. Calcell, ou Colquit[2], fut très-blâmé à cette occasion. Deux incidents de moindre importance sont dignes d'attention dans l'exécution de M. Christian. La place où il reçut le coup fatal fut couverte de couvertures blanches, afin que son sang ne coulât pas à terre; et, secondement, la précaution se trouva inutile, car les blessures des armes à feu ayant occasionné un épanchement intérieur, il n'y eut pas effusion de sang.

Nombre d'habitants de l'île nient tout à fait la culpabilité de Christian, de même que son respectable descendant, le deemster actuel; mais il en est d'autres, et des hommes de poids et de jugement, qui sont d'une opinion tellement différente, que tout ce qu'ils concèdent est que l'exécution a été réprochable en ce sens que le condamné aurait dû être atteint d'une mort civile, et non d'une mort militaire. Je jette volontiers le voile sur une affaire qui eut lieu *flagrantibus odiis*, à la fin d'une guerre civile, et alors que la vengeance au moins avait les yeux ouverts, si la justice dormait.

---

[1] Dans l'Appendice, on lit Hango-Hill. (L. V.)

[2] Le Colcott des pièces citées dans l'Appendice, et de la complainte sur William aux blonds cheveux. (L. V.)

(E) Page 128.

PERSÉCUTION DES PURITAINS.

Il est naturellement à supposer que les vingt années de triomphe des puritains et les violences qu'ils exercèrent contre les *malignants*, ainsi qu'ils désignaient habituellement les Cavaliers, avaient engendré beaucoup de ressentiments et de querelles dans la plupart des localités, et que les royalistes victorieux ne manquèrent pas d'agir en conséquence aussitôt que la restauration leur eut donné le dessus. Le capitaine Hodgson, officier du Parlement, qui écrivit ses mémoires, nous en fournit beaucoup d'exemples. Je resserrerai quelque peu le long récit qu'il fait de ses souffrances.

« C'était après le retour du roi à Londres ; un soir, une troupe d'hommes armés vint à ma maison de Coalley-Hall, près d'Halifax, et à une heure indue de la nuit, demandèrent à entrer. Mes domestiques ayant échangé quelques paroles avec eux au dehors, ces hommes tinrent un langage menaçant, et dirigèrent leurs pistolets vers les fenêtres. Ma femme étant là avec l'enfant, j'ordonnai que les portes fussent ouvertes, et ils entrèrent. Après m'avoir présenté un pistolet à la poitrine, ils me montrèrent le mandat d'arrestation qu'ils avaient contre moi, signé et scellé par deux chevaliers et députés-lieutenants, « *pour avoir prononcé des paroles de trahison contre le roi.* » Le ci-devant capitaine fut mené en prison à Bradford, et caution fut refusée. Son dénonciateur se trouva être un certain Daniel Lyster, frère de l'officier de paix qui conduisait la troupe qui avait procédé à son arrestation. Il paraît que Hodgson, le prisonnier, avait autrefois réprimé les désordres de ce Daniel Lyster, alors accusé d'adultère et d'autres habitudes de débauche. « Après le retour du roi, dit Hodgson, cet homme me rencontra, et me demanda le nom de ceux qui avaient déposé contre lui, et une copie de leurs dépositions. Je lui dis que l'affaire était passée, et qu'il n'était pas raisonnable de réveiller d'anciennes querelles ; sur quoi il me menaça, et me dit qu'il les aurait. « Le soleil, ajouta-t-il, luit maintenant de notre côté de la haie. » — Tel étant son accusateur, Hodgson fut mis en cause pour avoir dit « qu'il y avait une couronne de préparée, mais que le roi ne la porterait jamais ; » à quoi il fut ajouté qu'il s'était vanté « de n'avoir jamais été une girouette, — et de n'avoir pas prêté le serment d'allégeance, ce qu'il ne ferait jamais. » Peu ou point de l'accusation fut prouvé, tandis au contraire qu'il fut établi qu'on avait entendu l'accusateur dire que si les temps changeaient jamais, il s'assiérait sur les basques de Hodgson. Finalement, Hodgson s'en tira pour cinq mois d'emprisonnement, environ trente livres sterling de dépenses, et la nécessité d'en passer par le serment d'allégeance, ce qui semble lui avoir été une amère pillule à avaler.

Vers le milieu de juin 1662, le capitaine Hodgson fut de nouveau arrêté sans autres formalités par un certain procureur nommé Peebles, quartier-maître dans la compagnie de milice à cheval de sir John Armytage. Peebles était accompagné d'une vingtaine d'autres Cavaliers qui traitèrent durement Hodgson, l'appelèrent rebelle et traître, et semblaient vouloir engager une querelle avec lui ; sur quoi il demanda à voir leur mandat. Peebles mit sa main sur la garde de son épée, et répondit que c'était un meilleur mandat qu'aucun de ceux qu'avait jamais délivré

Cromwell. Ils le laissèrent aller, néanmoins, ce qu'il dut en partie au courage de son hôtesse, laquelle se trouvait assise au bout de la table entre lui et le danger, et tint ses antagonistes à distance.

Il fut plus tard accusé d'avoir rassemblé un certain nombre de soldats, accusation basée sur ce qu'il avait été vu accidentellement chevauchant en compagnie d'un militaire; il échappa encore à celle-là. Finalement, il fut soupçonné d'avoir pris part à un complot dont le théâtre est appelé Somerby. Il n'est pas très-explicite sur cette affaire; mais le grand jury s'en référa au bill *ignoramus*.

Plus tard, le pauvre Tête-Ronde fut de nouveau accusé et arrêté; et le dernier événement dont nous ayons connaissance eut lieu le 11 septembre 1662, où il fut désarmé par son ancien ami M. Peebles, à la tête d'une troupe. Hodgson demanda à voir le warrant: sur quoi le quartier-maître lui répondit comme précédemment, en mettant la main sur la poignée de sa rapière, que c'était un meilleur mandat qu'Olivier n'avait coutume d'en délivrer. Enfin un warrant fut exhibé, et Hodgson se soumettant à leurs recherches, ils enlevèrent de chez lui pour une valeur de plus de 20 livres sterling de fusils de chasse, de pistolets, de mousquets, de carabines et autres armes. Une querelle s'ensuivit au sujet de sa cotte de buffle qu'Hodgson refusait de remettre, alléguant qu'ils n'avaient pas le droit de prendre ses vêtements. Il persista dans ce refus, même en dépit des menaces personnelles de sir John Armytage, qui l'appela rebelle et traître, et lui dit que « s'il ne se hâtait d'envoyer la cotte de buffle, il le ferait conduire en prison. » — « Je lui répondis, ajoute Hodgson, que je n'étais pas un rebelle, et qu'il avait tort de m'appeler ainsi devant les soldats et les gens présents, pour faire de moi un but auquel chacun croirait pouvoir envoyer une balle. » La cotte de buffle fut alors péremptoirement exigée, et enfin saisie de vive force. Un des frères de sir John Armytage la porta pendant plusieurs années, pensant, comme le prince Henry, qu'un pourpoint de buffle est un vêtement très-doux et de bon usage. Un agent de sir John se présenta pour composer pour ce vêtement à l'épreuve. Hodgson dit qu'il ne l'aurait pas laissé pour 10 livres sterling. Sir John en voulait donner environ quatre, mais en insistant pour que le propriétaire donnât un reçu de l'argent; ce à quoi le précédent possesseur n'étant pas disposé, le magistrat tory tint les deux côtés, et Hodgson n'obtint jamais satisfaction.

Nous ne pousserons pas plus loin le récit des petits griefs de M. Hodgson. Nous en avons assez dit pour faire ressortir le triste tableau du pays après la guerre civile, et pour montrer quel état d'irritabilité et d'oppression doit s'être étendu sur l'Angleterre, puisqu'il y eut à peine un comté où des combats n'eussent pas été livrés et de graves injustices éprouvées durant la domination des Têtes-Rondes, injustices que n'égalèrent pas ensuite les vengeances des Cavaliers.

(F) Page 131.

AMUSEMENTS POPULAIRES DANS L'ÎLE DE MAN.

Waldron fait mention des deux fêtes populaires de l'île de Man auxquelles il est fait allusion dans le texte, et je crois que cette île singulière en offre encore des vestiges. Le combat de l'Hiver et de l'Été semble venir directement des Scandinaves, longtemps maîtres de Man; car Olaüs Magnus mentionne une fête semblable chez les nations du Nord. « Le 1er mai, dit-il, le pays est divisé en deux troupes : le capitaine de l'une d'elles a toute l'apparence de l'hiver, et en porte le nom; il est vêtu de peaux d'animaux, et armé d'un fourgon[1], ainsi que sa troupe. Ils lancent des cendres à la volée, comme pour prolonger le règne de l'hiver; tandis qu'une autre troupe, dont le capitaine est appelé Florro, représente le printemps, avec des rameaux aussi verts que la saison en offre. Les deux bandes escarmouchent en se jouant, et le combat feint se termine par un festin général. » — *Histoire des nations du Nord*, par Olaüs, livre XV, ch. 2.

Waldron décrit une fête du pays de Galles, absolument semblable :

« Dans la plupart des grandes paroisses, on fait choix, parmi les filles des plus riches fermiers, d'une jeune fille qui doit être la Reine de Mai. Elle est parée des habits les plus beaux et les plus gais possible, et accompagnée d'une vingtaine d'autres, qu'on nomme les filles d'honneur. Elle a aussi un jeune homme qui est son capitaine, et qui a sous ses ordres bon nombre d'officiers inférieurs. Par opposition à celle-ci, il y a la Reine d'Hiver, laquelle est un homme habillé en femme, avec des capuchons de laine et des palatines de fourrure, et chargé des vêtements les plus chauds et les plus lourds, les uns sur les autres; ceux qui figurent sa suite sont habillés de même, et celle-là non plus n'est pas sans capitaine ni sans une troupe pour sa défense. Les deux partis ainsi équipés, comme emblèmes convenables de la beauté du printemps et de la laideur de l'hiver, ils sortent de leurs quartiers respectifs, l'un précédé de violines et de flûtes, l'autre de la musique plus rude des pincettes et des couperets. Les deux compagnies s'avancent jusqu'à ce qu'elles se rencontrent sur un commun, et alors leur suite engage un combat simulé. Si les forces de la Reine d'Hiver ont le dessus, et font prisonnière la Reine de Mai, elle est mise à rançon pour le montant des frais de la journée. Après cette cérémonie, l'Hiver et sa compagnie se retirent et vont se divertir dans une grange, tandis que les autres restent sur le pré où ils dansent pendant longtemps, après quoi ils terminent la soirée par un festin, la reine à une table avec ses filles d'honneur, le capitaine à une autre avec sa troupe. Il y a rarement moins de cinquante ou soixante personnes à chaque table, mais pas plus de trois ou quatre couteaux. Noël est fêté avec des formes beaucoup moins significatives, et infiniment plus fatigantes. Le 24 décembre, vers le soir, tous les domestiques en général ont congé; ils ne se couchent pas de la nuit, mais vont de côté et d'autre jusqu'à ce que les cloches sonnent à toutes les églises, ce qui a lieu à minuit. Après la messe, ils vont à la chasse au roitelet, et lorsqu'ils ont trouvé un de ces pauvres oiseaux, ils le tuent, le mettent dans une bière avec la plus grande solennité, l'apportent à l'église de la paroisse et l'enterrent avec des cérémonies ridicules, en chantant sur lui des chansons en langue mankoise, et qu'ils nomment son glas funèbre : après quoi Noël commence. Pendant les douze jours suivants, il n'y a pas une grange inoccupée, chaque paroisse louant à frais communs des ménétriers, toute la jeunesse, quelquefois même les gens avancés en âge, ne se faisant pas scrupule de se trouver parmi ces danseurs de nuit. » — WALDRON'S *Description of the isle of Man*, in-folio, 1731.

A l'égard des courses de chevaux, j'ai entre les mains une copie certifiée des règles sur lesquelles ce jeu était conduit, sous l'autorisation du comte de Derby; les curieux y pourront voir qu'un descendant de l'infortuné Christian fit concourir un

---

[1] Instrument à remuer le charbon allumé. (L. V.)

cheval pour le prix. Je suis redevable de cette curiosité à mon excellent ami le docteur Dibdin.

INSULA MONÆ.

Articles au sujet du plat d'argent pour lequel il sera couru dans ladite île, et dont la valeur est de cinq livres sterling (main-d'œuvre comprise), donné par le très-honorable William, comte de Derby, seigneur de ladite île, etc.

1° Il sera couru pour ledit plat le 28 juillet de chaque année, tant qu'il plaira à Son Honneur d'en faire don (ce jour étant celui de la naissance de l'honorable James lord Strange), à moins que ce ne se trouve être un dimanche, auquel cas il sera couru pour ledit plat le jour suivant.

2° Nul cheval, hongre ou jument, ne seront admis à courir pour ledit plat, à moins d'avoir été poulinés dans ladite île, ou dans le Calfe de Mann[1].

3° Tout cheval, hongre ou jument destinés à courir, seront enregistrés jusqu'au neuf juillet au plus tard, sous le nom de leur maître et le leur propre, s'ils en ont un qui soit généralement connu, ou autrement par leur couleur, en indiquant si c'est un cheval, une jument ou un hongre; et ces formalités seront remplies au bureau par le clerc des rôles alors en fonctions.

4° Toute personne qui présente un cheval, une jument ou un hongre, déposera, lors de leur enregistrement, une somme de cinq shillings par tête entre les mains dudit clerc des rôles, lesquels serviront à augmenter la valeur du plat de l'année suivante; outre un shilling par tête qui doit être donné par chacun audit clerc des rôles, pour enregistrer leur nom et copier ces articles.

5° Chaque cheval, jument ou hongre portera le poids d'un cavalier, c'est-à-dire dix stones, à quatorze livres par stone, outre la selle et la bride.

6° Chaque cheval, jument ou hongre aura une personne pour expert, choisie par le propriétaire desdits cheval, jument ou hongre, lesquels experts auront l'inspection des balances et des poids, et veilleront à ce que chaque cavalier porte le poids voulu, selon ce qui est dit à l'article précédent; et spécialement à ce que le cavalier vainqueur reçoive l'allocation ordinaire d'une livre.

7° Une personne sera désignée par les experts pour lancer les chevaux coureurs devant concourir pour ledit plat, entre une heure et trois de l'après-midi

8° Chaque cavalier passera les deux premiers poteaux qui sont dressés dans Macybraes-Close, de la manière suivante : à savoir, en laissant le premier desdits poteaux à main droite, et l'autre à main gauche. Les deux poteaux près des roches seront également laissés à gauche, et le cinquième poteau, qui est dressé au bas de Conney-Warren, sera aussi laissé à main gauche, de même que le poteau tournant, près de la maison de W. Looreyes; les deux autres poteaux, conduisant au poteau du but, seront laissés à droite : tous les poteaux susdits devant être passés par les coureurs comme il est indiqué, à la seule exception du poteau servant de but, qui peut être passé à droite ou à gauche, à la discrétion du cavalier, etc. etc., etc.

[1] On appelle Calf (Veau) de Man, un îlot situé près de la pointe S. O. de l'île.

(L. V.)

NOTE G.

14 juillet 1687.

Noms des personnes qui ont fait enregistrer leurs chevaux pour la course du plat, cette année 1687.

	liv.	sh.	den.
Rog. Heywood, esq., gouverneur de cette île, a fait enregistrer un hongre bai, appelé *Loggerhead*, et a déposé, pour être ajouté à la valeur du plat de l'année prochaine.	»	5	»
Capitaine Thomas Hudlston, a fait enregistrer un hongre blanc, appelé *Snowball*, et a déposé.	»	5	»
M. William Faigler a fait enregistrer son hongre gris, appelé *le Gray-Carraine*, et a déposé.	»	5	»
M. Nic. Williams a fait enregistrer un cheval gris de pierre, appelé *le Yorkshire-Gray*, et a déposé.	»	5	»
M. le deemster Christian a fait enregistrer un hongre appelé *Dapple-gray*, et a déposé.	»	5	»

28 juillet 1687.

Memorandum.

« Aujourd'hui il a été couru pour le plat susdit par les chevaux ci-dessus mentionnés, et le prix a été légitimement gagné par le cheval du très-respectable gouverneur, aux deux premières courses. »

17 août 1688.

« Reçu aujourd'hui la somme ci-dessus, de . . . . . , que je remettrai à mon maître pour augmenter la valeur du plat.

« JOHN WOOD. »

« C'est mon bon plaisir et ma volonté que les deux prix précédemment accordés par moi pour des courses de chevaux et un tir, continuent d'être disputés, comme ils l'ont été jusqu'à présent, à la course et au tir, et continuent ainsi tant que ce sera mon bon plaisir et ma volonté.

« Donné de ma main à Latham, 12 juillet 1669.

« DERBY. »

« *A mon lieutenant-gouverneur, et à mes autres*
« *officiers dans mon île de Man.* »

(G) Page 171.

WHALLEY LE RÉGICIDE.

C'est une tradition courante en Amérique, que cette personne, dont on n'entendit jamais parler après la restauration, se réfugia dans le Massachusetts, et qu'après avoir vécu ignorée pendant plusieurs années dans cette province, elle y termina ses jours. Le beau trait si remarquable de son apparition soudaine hors de sa retraite, pour se mettre à la tête d'une troupe de colons et leur enseigner les moyens de remporter une victoire qu'ils étaient sur le point de céder aux Indiens est raconté aussi; et il est très-probable qu'il est vrai. J'ai vu cette tradition commentée fort au long dans une publication récente de l'Amérique du Nord, qui va jusqu'à désigner la tombe obscure où les restes de Whalley furent secrètement déposés. Cette singulière histoire a récemment fourni à M. Cooper, romancier américain justement célèbre, les matériaux d'où il a tiré une de ces compositions attachantes où il a mis en scène les habitants aborigènes des forêts transatlantiques et les hardis Européens par lesquels les premiers furent attaqués et dépossédés.

(H) Page 174.

SODOR OU HOLM-PEEL, DANS L'ÎLE DE MAN.

L'auteur n'a jamais vu cette ancienne forteresse, qui renferme dans son enceinte tant d'objets attachants pour l'antiquaire. Waldron en a donné la description suivante, où il entre peut-être quelque peu d'exagération :

« Peel, ou Pile-Town, est ainsi nommée d'après sa garnison et son château, bien que réellement le château ne puisse être dit se trouver précisément dans la ville, un bras de mer s'avançant entre eux, qui, dans les hautes marées, serait assez profond pour porter un bâtiment de quarante ou cinquante tonnes, bien que parfois il soit tout à fait à sec d'eau salée; mais alors il est rempli d'eau douce par une rivière qui vient des montagnes de Kirk-Jarmyn et se dégorge dans la mer. Par sa situation, son antiquité, sa force et sa beauté, ce château pourrait avec justice être cité comme une des merveilles du monde. L'art et la nature semblent l'avoir créé à l'envi l'un de l'autre, et il n'est pas de particularité si minutieuse qui n'y soit digne d'observation. Quant à sa situation, il est bâti au sommet d'un large rocher, qui s'élève à une hauteur prodigieuse au-dessus de la mer, dont il est entouré, comme je l'ai dit tout à l'heure. Et il est en outre défendu par l'abri naturel de rochers moins élevés, qui le rendent inaccessible, si ce n'est en traversant le petit bras de mer qui le sépare de la ville, ce que vous pouvez faire dans un petit bateau; les naturels, relevant leurs vêtements sous leurs bras, et ôtant leurs souliers et leurs bas, le traversent fréquemment à gué pendant la marée basse. Quand vous arrivez au pied du rocher, vous montez environ une soixantaine de marches, qui y sont taillées à vif, jusqu'au premier rempart, lequel est d'une hauteur et d'une épaisseur prodigieuses, et construit avec une pierre brillante très-durable, quoique non de la même sorte que celle dont est bâti le château de Russin dans Castle-Town. Ce mur a quatre petites loges ou tours de guet d'où la vue domine la mer. Les portails sont de bois, mais très-curieusement cintrés, sculptés et ornés de pilastres. Après avoir passé la première muraille, vous avez à monter un escalier de près de la moitié du nombre de marches du précédent, avant d'arriver à la seconde, laquelle, de même que l'autre, est percée de meurtrières pour le canon, qui est placé sur des pierres de traverse sur une troisième muraille. Entré dans l'enceinte, vous vous trouvez dans un large espace uni au milieu duquel s'élève le château, entouré de quatre églises, dont trois sont tellement délabrées par le temps, qu'il n'en reste guère que les murailles et quelques tombes, lesquelles semblent avoir été érigées avec assez de soin pour perpétuer jusqu'à la dissolution finale de toutes choses la mémoire de ceux qui y sont enterrés. La quatrième est un peu mieux tenue en état; mais non autant à cause d'elle-même, quoique ce fût la plus belle de toutes, qu'à cause d'une chapelle qu'elle renferme, chapelle appropriée à l'usage de l'évêque, et sous laquelle est une prison, ou plutôt un cachot, réservé à ceux qui sont assez malheureux pour encourir la censure spirituelle. Ceci est certainement une des plus horribles places dont l'imagination se puisse former une idée. La mer court au-dessous, à travers les fissures du roc, avec un rugissement si continuel, que vous croiriez à chaque instant qu'elle va envahir le cachot et vous engloutir; au-dessus sont les caveaux pour l'enterrement des morts. Les marches qui descendent jusqu'à ce lieu de terreur n'excèdent pas le nombre de trente; mais elles sont si raides et si étroites qu'elles sont fort difficiles à descendre, un enfant de huit à neuf ans n'y pouvant passer que de côté. Dans l'intérieur sont treize piliers par lesquels toute la chapelle est supportée. Ils ont ici la superstition, qu'un étranger, quel qu'il soit, qui vient voir cette caverne par curiosité et qui omet de compter les piliers, commettra quelque faute qui l'y fera renfermer. Il y a aussi des places de pénitence sous chacune des autres églises, contenant plusieurs cachots noirs et horribles; dans quelques-uns il n'y a rien sur quoi l'on puisse s'asseoir ou s'étendre; dans d'autres, il y a un petit bloc en briques. Il y en a de plus ou moins bas et de plus ou moins obscurs; mais tous, à mon avis, sont assez affreux pour la plupart des crimes dont les hommes puissent se rendre coupables, bien qu'on suppose qu'ils aient été construits avec divers degrés d'horreur, afin que le châtiment fût proportionné aux fautes de ces malheureux qui devaient y être enfermés. On n'en a jamais fait usage depuis les temps du papisme; celui qui est sous la chapelle de l'évêque est la prison unique et commune pour toute offense du ressort de la cour spirituelle, et c'est à celle-là que les délinquants sont condamnés. Mais les soldats de la garnison leur permettent d'accomplir leur temps d'emprisonnement dans le château, étant moralement impossible à la constitution la plus forte de supporter, même durant quelques heures, l'humidité et l'atmosphère malsaine de la caverne, bien moins encore pendant des mois et des années, que les coupables sont parfois condamnés à y passer. Mais je reviendrai ci-après plus amplement sur la sévérité de la juridiction ecclésiastique. Il est certain que cette île a eu de très-grands architectes; car les nobles monuments que renferme cette église encore tenue en état de réparation, et même aussi les ruines des autres, montrent que les constructeurs étaient habiles dans tous les ordres de cet art, bien que le grand nombre de colonnes doriques indique qu'ils affectionnaient particulièrement celui-là. Les épitaphes et les inscriptions des tombeaux ne sont pas moins dignes de remarque; la diversité des langages dans lesquels elles sont gravées témoigne par combien de nations diverses ce petit coin du monde a été possédé. Quoique le temps ait effacé trop de lettres pour que ce qui reste soit intelligible, cependant vous pouvez aisément reconnaître des fragments de caractères hébreux, grecs, latins, arabes, saxons, écossais et irlandais; quelques dates encore lisibles attestent qu'elles ont été écrites avant la venue du Christ; et réellement, si l'on examine les murailles, leur épaisseur, et la nature presque inaltérable de la pierre dont elles sont formées, on sentira qu'un grand nombre de siècles doit s'être écoulé avant que de tels travaux aient pu être réduits à l'état où ils sont maintenant. Ces églises furent donc sans doute autrefois des temples de déités païennes, quoique consacrées depuis longtemps au culte du vrai Dieu; et ce qui me confirme plus fortement dans cette conjecture, c'est que parmi les ruines on trouve encore une large pierre d'une forme exactement semblable aux trépieds sur lesquels, dans ces jours d'ignorance, montaient les prêtres pour rendre leurs oracles menteurs. A travers une de ces anciennes églises, il existait autrefois un passage conduisant à l'appartement occupé par le capitaine de la garde; mais il est maintenant fermé. La raison qu'on vous en donne est assez singulière; mais comme je pense que la curiosité de mon lecteur ne serait pas suffisamment satisfaite, si je lui décrivais les édifices que l'île renferme sans lui faire connaître aussi les traditions qui s'y rattachent, j'aurai peu égard à la censure de ces critiques qui regardent comme faute tout ce qui sort de la route commune; et en cette occasion, comme en toutes celles qui pourront se présenter, je m'efforcerai de le faire pénétrer dans l'esprit et jusque dans l'âme du peuple mankois. Ils disent qu'une apparition, appelée dans leur langage le *Mauthe-Doog*, se montrant sous la forme d'un grand chien noir aux poils crépus et épais, avait coutume de hanter le château de Peel, et avait été fréquemment vu dans toutes les parties du château, mais plus spécialement dans le corps-de-garde, où il arrivait dès que les chandelles étaient allumées, et s'étendait devant le feu en présence de tous les soldats. Ceux-ci s'accoutumant enfin à sa vue, perdirent en grande partie la frayeur qui les avait saisis à sa première apparition. Ils conservaient cependant toujours une certaine terreur, le regardant comme un mauvais esprit qui n'attendait que l'occasion de leur faire du mal, et pour cette raison, ils évitaient, tant qu'il était là, de jurer et de tenir aucun discours profane. Mais bien qu'endurant le contact d'un tel hôte quand ils étaient tout à fait en corps, aucun d'eux ne se souciait d'être laissé seul avec lui. Or, la coutume étant qu'un des soldats fermât les portes du château à une certaine heure, et portât les clefs au capitaine, et le chemin qui conduisait à son appartement traversant une des églises, comme il a été dit, ils convinrent entre eux que le soldat qui remplirait ce devoir serait toujours accompagné par celui de ses camarades qui devrait remplir la même fonction le soir suivant, de manière à ce que personne ne fût jamais exposé seul au danger : car j'oubliais de dire que c'était toujours de ce passage qu'on voyait sortir le Mauthe-Doog à la tombée de la nuit, de même que c'était par là qu'il s'en retournait dès que le matin venait à poindre, ce qui le leur avait fait regarder comme la résidence spéciale de l'esprit. Un soir qu'un soldat était ivre, et l'influence de la boisson le rendant plus audacieux que d'ordinaire, il se moqua de la simplicité de ses camarades, et bien que ce ne fût pas son tour d'aller porter les clefs, il voulut absolument se charger de ce soin, pour montrer son courage. Tous les soldats s'efforcèrent de le dissuader; mais plus ils lui en disaient, plus il paraissait résolu, et il jura que ce qu'il souhaitait le plus était que ce Mauthe-Doog le suivît comme il en avait suivi d'autres, parce qu'il essaierait si c'était un chien ou un diable. Après avoir ainsi tenu durant quelque temps des discours très-répréhensibles, il prit les clefs et sortit du corps-de-garde. Un moment après son départ un grand bruit se fit entendre; mais personne ne fut assez hardi pour aller voir ce qui l'occasionnait. Enfin l'aventureux soldat revint, et ils s'en informèrent à lui : mais autant en les quittant il avait le ton haut et bruyant, autant maintenant il était silencieux et morne, car on ne lui entendit plus prononcer un mot; et quoique durant tout le temps qu'il vécut encore, et qui fut de trois jours, il fut conjuré par tous ceux qui l'approchaient ou de parler, ou, s'il ne le pouvait pas, de faire quelques signes par lesquels on pût comprendre ce qui lui était arrivé, on ne put obtenir de lui rien d'intelligible; si ce n'est qu'à la contorsion de ses membres et de ses traits, on put conjecturer qu'il mourait dans une agonie plus horrible qu'il n'est ordinaire dans une mort naturelle. Toutefois, le Mauthe-Doog ne fut plus revu dans le château, et personne ne voulut plus tenter de traverser ce passage; et c'est pour cette raison qu'il fut bouché, et qu'on prit un autre chemin. Cet accident arriva il y a une soixantaine d'années, et je l'ai entendu attester par plusieurs personnes, notamment par un vieux soldat, qui m'assura avoir vu le chien plus souvent qu'il ne lui restait de cheveux sur la tête. Ayant été informé de tout ce qu'il y a de remarquable dans les églises, je crois que mon lecteur sera impatient de venir visiter le château même, qui, malgré la magnificence dont l'orgueil des siècles modernes a orné les palais des princes, surpasse, par le caractère imposant de sa structure, non-seulement tout ce que j'ai vu, mais aussi tout ce dont j'ai lu la description. Quoique ce ne soit plus aujourd'hui qu'une place de garnison, vous n'y pouvez entrer sans être frappé d'une vénération que ne sauraient vous inspirer les plus beaux édifices du temps actuel. La grandeur et l'élévation des salles, l'écho sonore que vos pas y éveillent, le grand nombre de galeries sinueuses, l'aspect de la mer, et la vue des vaisseaux que l'élévation du château fait paraître comme autant de bouées flottant sur les vagues, tout fait naître en vous la pensée que vous vous trouvez dans une sphère supérieure à celle qu'habite le reste des hommes, et vous remplit des contemplations les plus pures et les plus sublimes que l'âme puisse concevoir. » — WALDRON's *Description of the isle of Man*, in-folio, 1731; p. 103.

Dans cette description, ce qui se rapporte aux inscriptions tracées en tant d'idiomes orientaux, et remontant par leur date avant l'ère chrétienne, est certainement aussi exagéré que l'histoire du *Mauthe-Doog* lui-même. Il serait très-désirable de trouver le sens du mot *mauthe* dans le langage mankois, qui est un dialecte du gaëlic. Je ferai observer que *Maithe*, en gaëlic, a parmi d'autres acceptions celle d'*actif* ou *prompt*; et en outre, qu'un chien de Richard II, mentionné par Froissart, et qu'on suppose avoir annoncé la chute de l'autorité de son maître en le quittant pour s'attacher à Bolingbroke, portait le nom de Mauthe. Mais ni l'une ni l'autre de ces deux particularités ne saurait expliquer l'histoire si frappante du chien-démon du château de Peel.

(I) Page 188.

SUPERSTITIONS MANKOISES.

L'histoire fait souvent allusion aux diverses superstitions qui sont, ou qui du moins étaient reçues par les habitants de l'île de Man, ancienne race celtique parlant encore le langage de ses pères. Ils conservent un abondant assortiment de ces légendes étranges qui subjuguaient la raison d'un âge peu éclairé, et qui aujourd'hui même troublent l'imagination de ceux qui se laissent aller à la fascination du récit, tout en lui refusant des droits à leur croyance. Les curieuses légendes traditionnelles que nous allons rapporter sont extraites de Waldron, vaste mine où j'ai tenté de découvrir quelques échantillons de pierres précieuses, si je n'y puis trouver un trésor.

« C'est à cette ignorance, dit Waldron en parlant des insulaires, qu'est due la superstition excessive qui règne parmi eux. J'en ai déjà touché quelque chose, mais non assez pour montrer ce que c'est qu'un Mankois, et quel pouvoir les

NOTE 1.

préjugés de l'éducation exercent sur des esprits faibles. Si les livres étaient de quelque usage parmi eux, on jurerait que non-seulement le comte de Gabalis a été traduit en langue mankoise, mais qu'il a été pour eux une sorte de règle de foi, puisqu'il n'est pas de fiction mentionnée par lui, dans son livre d'absurdités, à laquelle ils ne fussent prêts à donner croyance. Je ne sais, tout dévoués qu'ils sont aux prêtres, s'ils ne se révolteraient pas contre eux, si ceux-ci prêchaient contre l'existence des fées, ou même contre leurs apparitions journalières; car bien qu'un prêtre soit chez eux une sorte de dieu, la tradition est cependant pour eux un dieu encore plus grand, et de même qu'ils affirment avec confiance que les premiers habitants de leur île ont été des fées, de même ils soutiennent que ce peuple pygmée continue de résider au milieu d'eux. Ils les appellent les *Bonnes Gens* (*good people*) et ils disent qu'ils vivent dans les solitudes, dans les forêts et sur les montagnes, et qu'ils s'éloignent des grandes cités à cause de la méchanceté qui y règne; toutes les maisons qu'ils visitent sont bénies, car ils fuient le vice. On regarderait comme impudemment profane celui qui laisserait aller se coucher sa famille sans avoir auparavant préparé un baquet ou un seau plein d'eau pure pour l'usage de ces hôtes invisibles, qu'ils affirment ne jamais manquer de s'y venir baigner dès que la famille a les yeux fermés, partout où ils daignent venir. S'il arrive que quelque chose s'égare, et qu'on le retrouve dans quelque endroit où on ne s'attendait pas à le retrouver, ils vous disent aussitôt qu'une fée l'a pris et l'a rendu; si par hasard vous tombez et que vous vous blessiez, une fée a mis quelque chose dans votre chemin pour vous faire trébucher, en punition de quelque faute que vous aurez commise. J'en ai entendu beaucoup protester qu'ils avaient été portés insensiblement à de grandes distances de chez eux, et, sans savoir comment ils étaient arrivés là, s'étaient trouvés au haut d'une montagne. On me raconta notamment l'histoire d'un homme qui avait été conduit à plusieurs milles par des musiciens invisibles; hors d'état de résister à l'harmonie, il la suivit jusqu'à un vaste commun où un grand nombre de petits êtres étaient assis autour d'une table, mangeant et buvant très-joyeusement. Dans le nombre étaient plusieurs visages qu'il crut avoir déjà vus; mais il se garda de paraître les remarquer, et ils firent de même à son égard, jusqu'à ce que les petits êtres lui offrant à boire, un de ceux dont les traits ne lui semblaient pas inconnus le tira par son habit, et lui recommanda, quoi qu'il fît, de ne goûter à rien de ce qu'il voyait devant lui; car si vous y goûtez, ajouta-t-il, vous serez comme je suis, et ne retournerez plus vers votre famille. Le pauvre homme, quoique fort effrayé, résolut d'obéir à l'injonction; en conséquence, une large coupe d'argent, remplie d'une sorte de liqueur, lui ayant été mise entre les mains, il s'arrangea de façon à répandre à terre ce qu'elle contenait. Bientôt après la musique cessant, toute la compagnie disparut, lui laissant la coupe entre les mains, et il revint chez lui, quoique brisé de fatigue. Le lendemain il fut raconter au ministre de la paroisse tout ce qui lui était arrivé, et lui demanda son avis sur ce qu'il devait faire de la coupe; à quoi le ministre répondit qu'il ne pouvait mieux faire que de la consacrer au service de l'église: et cette coupe, me dirent-ils, est précisément la même qui est encore employée aujourd'hui pour mettre le vin consacré, dans l'église de Merlugh.

« Un autre exemple qu'ils me donnèrent en preuve de la réalité des fées fut celui d'un ménétrier qui était convenu avec une personne étrangère de jouer de son instrument, pour une somme déterminée, en quelque compagnie qu'il le menât, durant les douze jours de la fête de Noël, et qui, après avoir reçu des arrhes, vit son nouveau maître s'évanouir dans la terre dès que le marché fut conclu. On ne pourrait être plus épouvanté que ne le fut le pauvre ménétrier; il se vit enrôlé au service du diable, et se regarda comme déjà damné. Mais ayant eu aussi recours à un ecclésiastique, il en reçut quelque espoir. Le prêtre lui prescrivit, néanmoins, attendu qu'il avait pris les arrhes, d'aller où il serait appelé; mais, quelques airs qu'on lui demandât, de ne jouer que des psaumes. Au jour convenu, la même personne reparut, et il s'en fut avec elle, malgré toute la répugnance intérieure qu'il est aisé d'imaginer. Mais comme il obéit ponctuellement aux instructions du ministre, ceux devant lesquels il joua furent si irrités, que tous disparurent à la fois, le laissant au sommet d'une montagne élevée, tellement froissé et meurtri, quoiqu'il n'eût senti ni quand ni par qui il avait été battu, qu'il ne regagna sa maison qu'avec la plus grande difficulté. La vieille histoire d'enfants changés au berceau est ici tellement en crédit, que les mères sont, en y pensant, livrées à des terreurs continuelles. On me décida à aller voir un enfant qu'on me disait être un de ces *changelings*; et je dois convenir en effet que je fus grandement surpris et péniblement affecté à sa vue. Rien sous le ciel ne pourrait avoir un plus joli visage; mais bien que cet enfant fût âgé de cinq à six ans et qu'il eût toutes les apparences de la santé, il était si loin d'être en état de marcher ou de se tenir debout, qu'il ne pouvait même mouvoir une seule jointure. Ses membres étaient excessivement longs pour son âge, mais plus minces que ceux d'un enfant de six mois. Son teint était d'une exquise délicatesse, et il avait les plus beaux cheveux du monde. Il ne parlait ni ne criait jamais, mangeait à peine, et très-rarement on le voyait sourire; mais si quelqu'un l'appelait lutin, il fronçait le sourcil et fixait les yeux sur celui qui avait dit cela, comme s'il eût voulu le traverser de son regard. Sa mère, ou du moins celle qu'on supposait telle, étant très-pauvre, allait souvent travailler dehors et le laissait ainsi des journées entières. Les voisins, par curiosité, avaient souvent regardé du dehors à la fenêtre pour voir ce qu'il faisait quand il était seul; chaque fois que cela leur arrivait, ils étaient sûrs de le trouver riant et paraissant dans la plus grande joie. Ceci leur fit juger qu'il n'était pas sans avoir une compagnie plus agréable pour lui que ne pouvait l'être celle d'aucun mortel; et ce qui leur fit paraître cette conjecture encore plus fondée, c'est que s'il avait été laissé sale, la femme, à son retour, le retrouvait le visage propre et les cheveux peignés avec le soin le plus minutieux.

« J'ai eu un second exemple de ce genre dans une femme pour la progéniture de laquelle les fées semblaient avoir un goût tout particulier. La quatrième ou cinquième nuit après sa délivrance de son premier enfant, la famille fut alarmée par de terribles cris : Au feu! qui firent courir tout le monde hors de la maison pour voir d'où ces cris venaient, sans excepter la nourrice, qui, non moins effrayée que les autres, suivit l'exemple général. La pauvre femme resta seule dans son lit, hors d'état de se lever; elle avait le dos tourné à l'enfant, et ne vit pas qu'il était enlevé par une main invisible. Ceux qui venaient de le quitter s'étant enquis auprès des voisins, et voyant qu'il n'y avait pas de cause à l'alerte qu'ils avaient éprouvée, revenaient en riant entre eux de la méprise; mais comme ils allaient rentrer dans la maison, ils aperçurent le pauvre nourrisson étendu sur le seuil, et ses cris seuls empêchèrent qu'on ne le foulât aux pieds. Ceci étonna prodigieusement tous ceux qui en furent témoins; et la mère étant toujours dans son lit, ils ne purent trouver de meilleure raison pour expliquer comment l'enfant se trouvait là, qu'en supposant qu'il avait été déplacé par les fées, et que leur retour subit les avait empêchées de l'emporter plus loin. Environ une année après, la même femme accoucha d'un second enfant, qui n'était pas né depuis bien des nuits lorsqu'un grand bruit se fit entendre dans le bâtiment où on tenait le bétail (car dans cette île, où il n'y a pas d'abri dans les champs contre l'excès du froid ou de l'humidité, chaque famille place toutes ses vaches laitières dans une grange qu'ils appellent une étable). Tous ceux qui pouvaient bouger coururent voir ce qu'il y avait, pensant que les vaches étaient lâchées; la nourrice fut aussi prompte que les autres. Mais trouvant tout en état, et la porte de la grange fermée, ils revinrent aussitôt, non pourtant assez vite pour que le nouveau-né ne fût déjà enlevé de son berceau, comme l'avait été le premier, et jeté à leur approche en travers de la porte. C'en fut assez pour prouver que les fées avaient fait une seconde tentative, et les parents, envoyant chercher un ministre, se joignirent à lui pour remercier Dieu, qui deux fois avait préservé leur enfant d'être enlevé par elles. Mais à l'époque de sa troisième couche, chacun paraissait avoir oublié ce qui était arrivé lors de la première et de la seconde; et sur un bruit dans le bâtiment du bétail, tout le monde courut savoir ce qui l'avait occasionné. La nourrice fut la seule, sauf l'accouchée, qui demeura dans la maison, non par excès de soin ou défaut de curiosité, mais par le sommeil qui la tenait enchaînée, attendu que ce jour-là elle avait bu un peu trop copieusement. La mère, qui était bien éveillée, vit son enfant enlevé de son berceau, et emporté hors de la chambre, quoiqu'elle ne pût voir personne le toucher; sur quoi elle se mit à crier de toutes ses forces : « Nourrice! nourrice! mon enfant, mon enfant est enlevé »! Mais la vieille femme était trop profondément endormie pour se réveiller au bruit qu'elle faisait, et l'enfant fut irrévocablement emporté. Quand son mari revint avec ceux qui l'avaient accompagné, ils la trouvèrent se tordant les bras et proférant les plus piteuses lamentations sur la perte de son enfant; sur quoi le mari, regardant dans le berceau, dit : « La femme est folle! Ne voyez-vous pas que l'enfant est couché à côté de vous? » Là-dessus elle se retourna, et vit, à la vérité, quelque chose comme un enfant, mais bien différent du sien, qui était très-beau, gras et de bonne mine, tandis que ce qui en tenait maintenant la place était une pauvre créature maigre, chétive et difforme. Il était entièrement nu; mais les langes appartenant à l'enfant enlevé étaient enroulées sur le berceau. Cette créature vécut avec eux près de neuf ans, et pendant tout ce temps, elle ne mangea que quelques légumes, et on ne lui vit jamais évacuer autre chose que de l'eau. Elle ne parlait pas non plus, et ne pouvait ni se tenir sur ses pieds, ni marcher; mais elle paraissait énervée dans toutes ses articulations, comme le *changeling* que j'ai mentionné ci-dessus, et dans toutes ses actions elle se montrait d'une nature analogue.

« Une femme qui demeurait à environ deux milles de Ballasalli, et qui avait coutume de me fournir de beurre, m'amusa beaucoup une fois par une histoire qu'elle me raconta de sa fille, enfant d'environ dix ans, qui, ayant été envoyée à travers champs jusqu'à la ville, acheter pour un penny de tabac à son père, fut entourée, sur une hauteur, par un grand nombre de petits hommes qui ne voulurent pas la laisser aller plus loin. Quelques-uns dirent qu'elle viendrait avec eux, et en conséquence mirent la main sur elle; mais un d'entre eux paraissant moins impitoyable demanda qu'on la laissât aller. Les autres s'y refusant, il s'ensuivit une querelle, et celui qui avait pris le parti de la petite fille se battit bravement pour sa défense. Cela les irrita, de façon que, pour se venger sur elle d'avoir occasionné la dispute, deux ou trois d'entre eux la saisirent, et relevant ses vêtements, la fouettèrent de tout cœur, après quoi il semble qu'ils n'aient pas eu d'autre pouvoir sur elle. Elle accourut directement chez elle, où elle raconta ce qui lui était arrivé, et pour preuve montra ses fesses qui portaient encore les marques de plusieurs petites mains. Plusieurs gens de la ferme retournèrent avec elle à la montagne, et elle les conduisit au lieu de la scène. Les petits antagonistes étaient partis; mais ils avaient laissé derrière eux des preuves (comme disait la bonne femme) que ce que sa fille avait raconté était vrai; car on pouvait voir sur les pierres beaucoup de traces de sang. Elle affirmait ceci avec toute la solennité imaginable.

« Une autre femme, non moins superstitieuse que la première et également esclave de son imagination, me raconta qu'étant grosse, et attendant sa délivrance de moment en moment, comme elle était dans son lit tout éveillée, elle vit entrer dans sa chambre sept ou huit petites femmes, l'une desquelles tenait un enfant dans ses bras; elles étaient suivies d'un homme de la même taille qu'elles, mais revêtu du costume de ministre. Une des femmes fut au seau, et n'y trouvant pas d'eau, elle demanda aux autres ce qu'ils devaient faire pour baptiser l'enfant : à quoi elles répondirent qu'il fallait le baptiser dans la bière. Sur ce, celui qui avait l'apparence d'un ministre prit l'enfant dans ses bras, et accomplit la cérémonie du baptême, en plongeant sa main dans un grand baquet de bière forte que la femme avait brassée pour le moment de ses couches. Elle me dit qu'ils baptisèrent l'enfant du nom de Joan [1], ce qui fit connaître qu'elle était enceinte d'une fille, prophétie qui se vérifia quelques jours après quand elle accoucha. Elle me dit aussi qu'il n'était pas rare que les fées fissent un baptême simulé quand une personne était près de son temps, et que selon que l'enfant qu'elles apportaient était mâle ou femelle, tel serait celui que la femme mettrait au monde.

« Mais je ne puis quitter ce sujet sans mentionner ce qu'on raconte être arrivé à un jeune matelot, qui, arrivant d'un long voyage, avait mieux aimé descendre à terre, quoiqu'il fût tard dans la nuit, que de passer une nuit de plus à bord. Ayant obtenu sa permission, il fut débarqué à Douglas. C'était par un beau clair de lune, et une petite gelée avait rendu la nuit très-sèche; il ne voulut donc entrer nulle part pour se rafraîchir, et partit d'un bon pas pour la maison d'une sœur qu'il avait à Kirk-Merlugh. Au moment où il venait d'atteindre le haut d'une montagne assez élevée, il entendit un bruit de chevaux, des cris de chasseurs, et le son du cornet le plus harmonieux du monde. Il fut un peu surpris que quelqu'un se livrât pendant la nuit à ces sortes d'amusements; mais il n'eut pas le temps de faire beaucoup de réflexions, car presque aussitôt ils passèrent tous devant lui, et si près qu'il put les compter : ils étaient, dit-il, au nombre de treize, tous habillés de vert et parfaitement montés. Cette vue lui plut tant, qu'il les eût volontiers suivis s'il eût pu aller leur pas; il traversa le sentier, cependant, pour les revoir encore, ce qui arriva plus d'une fois, et pendant plusieurs milles il ne cessa d'entendre le son du cornet. Étant enfin arrivé chez sa sœur, et lui ayant raconté l'histoire, elle joignit aussitôt les mains dans sa joie de le voir arrivé sain et sauf : car, dit-elle, ceux que vous avez vus étaient les fées, et il est heureux qu'elles ne vous aient pas emmené avec elles. Il n'y a pas à les dissuader que ces chasses ne soient fréquentes dans l'île, et que ces petits gentlemen, trop fiers pour monter les chevaux mankois qu'ils trouveraient dans les champs, se servent

---

[1] Jeanne.

des chevaux anglais et irlandais que les nobles font venir. Ils disent que rien n'est plus commun que de trouver le matin ces pauvres bêtes absolument couvertes de sueur et d'écume et harassées à mort, alors que leurs maîtres ne croient pas qu'elles soient sorties de l'écurie. Un gentleman de Ballafletcher m'assura qu'il avait perdu trois ou quatre de ses meilleurs chevaux par suite de ces voyages nocturnes.

« A ma première arrivée dans l'île, et entendant ces sortes d'histoires, j'imputais la foi qu'on y donnait uniquement à la simplicité des pauvres créatures qui les rapportaient; mais je fus étrangement surpris quand j'entendis d'autres contes de ce genre et tout aussi absurdes, attestés par des gens qui passaient pour des personnes d'un jugement sain. De ce nombre fut un gentleman, mon proche voisin, qui affirmait, avec les assurances les plus solennelles, qu'étant de mon opinion, et entièrement opposé à la croyance que de tels êtres pussent errer pour les choses qu'on rapportait d'eux, il avait été à la fin convaincu par l'apparition de plusieurs petites figures jouant et sautant sur des pierres dans un champ, figures qu'à quelque distance il s'imaginait être des écoliers, et qu'il avait intention, quand il serait assez près, de réprimander de ce qu'ils n'étaient pas à leur devoir à cette heure de la journée, étant alors, disait-il, entre trois et quatre heures de l'après-midi; mais quand il n'en avait plus été qu'à une vingtaine de pas, elles avaient toutes disparu à la fois, bien qu'il ne les eût pas un instant perdues de vue depuis le premier moment qu'il les avait aperçues, et qu'il n'y eût aucune place où elles pussent se cacher si soudainement, le lieu étant un champ découvert, sans haie ni buisson, et la scène, comme je l'ai dit, se passant en plein jour.

« Un autre exemple, qui pourrait servir à appuyer le précédent, me fut rapporté par une personne qui avait la réputation de la plus haute intégrité. Cet homme désirant se défaire d'un cheval dont il n'avait pas alors grand besoin, et le conduisant au marché à cet effet, fut accosté, en passant la montagne, par un petit homme vêtu simplement, qui lui demanda s'il voulait lui vendre son cheval? — C'est pour cela que je suis en route, répondit la personne qui me racontait l'histoire. Sur quoi l'autre désira connaître le prix. — Huit livres, dit-il. — Non, repartit l'acheteur, je ne vous en donnerai pas plus de sept; si vous acceptez, voici votre argent. Le propriétaire accéda, regardant le marché comme une bonne affaire; et l'argent étant compté, l'un descendit de cheval et l'autre se mit en selle à sa place; ce qu'il n'eut pas plus tôt fait que bête et cavalier s'abîmèrent soudainement dans la terre, laissant celui qui venait de conclure le marché dans la plus grande terreur et une extrême consternation. Aussitôt qu'il fut un peu revenu à lui, il alla directement chez le ministre de la paroisse et lui raconta ce qui s'était passé, désirant savoir s'il pensait qu'il dût ou non faire usage de l'argent qu'il avait reçu. A cela, le prêtre répondit qu'ayant fait un marché loyal, et sans avoir en aucune façon ni circonvenu ni tenté de circonvenir l'acquéreur, il ne voyait nulle raison de croire, au cas où ce serait un mauvais esprit, qu'il pût avoir aucun pouvoir sur lui. Sur cette assurance, il revint chez lui très-satisfait, et nul embarras ne lui survint par la suite au sujet de cette affaire.

« Je dois à un ecclésiastique, homme de plus de piété que la généralité de ses confrères dans l'île, une seconde relation de même nature. C'était son habitude de passer une heure chaque soir dans un champ voisin de sa maison, livré à ses méditations, et repassant dans son esprit les actions de la journée. Un soir qu'il était là, plus profondément enfoncé que de coutume dans ses contemplations, il s'avança, sans songer où il se trouvait, beaucoup plus loin qu'il n'avait coutume d'aller ; et il me dit qu'il ne savait jusqu'où aurait pu l'entraîner sa profonde rêverie, s'il n'en avait été subitement tiré par un bruit qu'il prit d'abord pour le rugissement lointain d'un taureau ; mais en y prêtant une oreille plus attentive, il trouva qu'il y avait dans le son quelque chose de plus formidable que n'eût pu l'être un rugissement ordinaire. Il m'avoua qu'il n'avait pas été moins effrayé que surpris, surtout quand le bruit, se rapprochant de plus en plus, il pensa que quelle qu'en fût la cause, ce qui le produisait devait passer près de lui. Il eut néanmoins assez de présence d'esprit pour s'adosser à une haie ; et là, tombant à genoux, il se mit à prier Dieu avec toute la ferveur qu'exigeait une circonstance si périlleuse. Il ne fut pas longtemps dans cette position avant d'apercevoir un objet qui avait la forme d'un taureau, mais dans des proportions infiniment plus grandes qu'il n'en avait jamais vu en Angleterre ; et bien moins encore dans l'île de Man, où le bétail est généralement très-petit. Les yeux, dit-il, semblaient lancer des flammes, et sa course avait une telle violence que le sol tremblait sous ses pas comme dans un tremblement de terre. L'animal se dirigea tout droit vers une petite chaumière, et là il le vit avec terreur disparaître tout à coup. La lune étant alors dans son plein et brillant de tout son éclat, ces divers incidents furent parfaitement vus de notre théologien épouvanté, lequel ayant fini sa prière, et rendu grâces à Dieu de sa conservation, se rendit à la chaumière, dont on lui dit que le propriétaire venait d'expirer. Le bon vieux prêtre répugnait à exprimer une censure qu'on eût pu regarder comme peu charitable ; mais le défunt ayant la réputation d'avoir fort mal vécu, beaucoup de ceux qui entendirent l'histoire furent disposés à croire que cette terrible apparition était venue pour assister à ses derniers moments.

« Les agents de l'île font aussi grand bruit d'une apparition qui, disent-ils, hante le château de Russin, sous la forme d'une femme qui a été exécutée il y a quelques années pour le meurtre de son enfant. J'ai entendu affirmer, non-seulement par des gens qui ont été confinés là pour dettes, mais aussi par des soldats de la garnison, qu'ils l'avaient vue en divers temps ; mais le rapport auquel je m'arrêtai le plus fut celui d'un gentleman, de l'excellent jugement aussi bien que de la véracité duquel j'ai très-haute opinion. Il me dit que se trouvant dehors une nuit assez tard, et ayant été pris par un fort orage de vent et de pluie, il avait vu une femme qui se tenait devant la grande porte du château ; et comme il n'y avait pas là le moindre abri, il fut assez étonné qu'une personne, quelle qu'elle fût, et surtout une femme, ne courût pas se réfugier sous quelques-uns des porches ou des hangars qui ne sont pas rares à Castle-Town, plutôt que de rester tranquillement exposée seule à une si terrible tempête. La curiosité le poussant à s'approcher, pour voir qui prenait si peu de souci de la furie des éléments, il s'aperçut que l'apparition se reculait à son approche, et enfin il crut la voir entrer dans le château, quoique les portes en fussent fermées. Cette circonstance le forçant de penser qu'il avait vu un esprit, il revint chez lui fort épouvanté ; mais le lendemain, racontant son aventure à quelques gens du château, en leur décrivant, aussi exactement qu'il le pouvait, le costume et la stature du fantôme, ils lui dirent que c'était celui de la femme ci-dessus mentionnée, que les soldats de garde avaient souvent vue passer les portes pour entrer ou sortir, et marcher par les salles du château, bien qu'il n'y eût pas d'accès visible. Malgré l'habitude qu'on avait de la voir, personne n'avait encore eu, cependant, le courage de lui parler, et comme ils disent qu'un esprit n'a pas le pouvoir de révéler ses pensées s'il n'est conjuré à cet effet dans des formes convenables, on n'a pas su quelle raison faisait ainsi errer celui-là.

« Une autre histoire de la même espèce m'a été racontée au sujet d'une apparition qui a fréquemment été vue sur un commun isolé voisin des montagnes de Kirk-Jarmyn, apparition qui prend, dit-on, la forme d'un loup, et remplit l'air des plus terribles hurlements. Mais puisque je me suis arrêté si longtemps sur les apparitions surnaturelles, je ne puis oublier ce que m'a raconté un gentleman anglais, mon ami intime. Il se disposait à passer sur le pont de Douglas, qui existait encore; mais les eaux étant gonflées, il fut obligé de traverser la rivière, ayant sous lui un cheval excellent, habitué à nager. Il était arrivé au milieu du courant, lorsqu'il entendit ou crut entendre la symphonie la plus mélodieuse je ne dirai pas du monde, car rien d'humain ne pourrait l'égaler. Le cheval ne fut pas moins que lui sensible à l'harmonie, et il resta immobile aussi longtemps qu'elle dura; ce qui, disait mon narrateur, n'avait pu être moins de trois quarts d'heure, d'après la supputation la plus exacte qu'il en put faire, lorsque arrivé au terme de son petit voyage il vit combien de temps il y avait mis. Lui, qui jusque-là avait ri de toutes les histoires de fées, devint alors un converti, et y crut autant que Mankois y put jamais croire. Quant aux cercles de gazon, et aux empreintes de petits pieds sur la neige, je ne puis nier en avoir vu fréquemment; et une fois je crus entendre un sifflement presque à mon oreille, alors qu'il n'y avait près de moi personne à qui je pusse l'attribuer. Quant à moi, je ne prétends pas décider si de telles apparitions ont quelque réalité, ou si elles ne sont qu'un effet d'imagination; mais comme j'ai beaucoup mieux aimé y ajouter foi que d'en être convaincu par démonstration oculaire, je laisserai cela à discuter à ceux qui en ont fait une étude plus particulière, et je dirai seulement que quelque croyance que nous devions accorder à certains faits de cette sorte, il en est d'autres, et ce sont de beaucoup les plus nombreux, dont on ne peut que rire, — n'étant nullement conformes à la raison, non plus qu'à l'idée que la religion nous donne des anges déchus, de supposer que des esprits assez éminents en sagesse et en intelligence pour n'être surpassés que par leur Créateur, visiteraient la terre dans un but aussi futile que de jeter des bouteilles et des verres par une chambre, et pour mille autres tours aussi ridicules, mentionnés dans les volumineux traités des apparitions.

« Les natifs de cette île vous disent aussi qu'avant qu'une personne meure, la procession des funérailles est exécutée par une espèce d'êtres qui à cet effet se rendent visibles. J'en connais plusieurs qui ont offert d'affirmer par serment qu'au moment où ils se trouvaient sur le chemin, un de ces enterrements était arrivé derrière eux, et qu'on avait même posé la bière sur leurs épaules, comme pour reposer les porteurs. Un de ceux qui m'assuraient que la chose lui était arrivée, me disait qu'il en avait eu l'épaule toute meurtrie, et qu'elle était restée noire durant plusieurs semaines. Il est peu de gens, s'il en est, qui ne prétendent avoir vu ou entendu ces obsèques imaginaires (car je ne dois pas omettre de dire qu'ils chantent des psaumes exactement comme ceux qui accompagnent réellement le corps d'un ami défunt), lesquelles diffèrent si peu des funérailles véritables, qu'on ne peut les en distinguer avant que cercueil et cortége se soient évanouis à la fois aux portes de l'église. Ceux-là passent pour une sorte d'esprits bienfaisants, et leur emploi, dit-on, est d'avertir les gens de ce qui leur doit arriver : c'est ainsi qu'ils préviennent de la venue d'un étranger par un trépignement de chevaux à la porte de la maison où cet étranger doit se rendre. Quelque difficile qu'il m'ait paru de donner foi à ceci, j'ai souvent été fort surpris, en visitant un ami, de trouver le couvert mis et tout prêt à me recevoir, et d'entendre dire par celui chez qui je me trouvais ainsi, qu'il avait été averti de mon arrivée, ou de celle de quelque autre visite, par ces esprits bienveillants. De plus, quand j'ai été obligé de m'absenter de chez moi pour quelque temps, mes propres domestiques m'ont assuré qu'ils étaient informés de mon retour par les mêmes moyens, et qu'ils m'attendaient à l'heure même où j'étais arrivé, quoique peut-être je fusse revenu quelques jours plus tôt que moi-même n'y avais compté. C'est là un fait dont j'ai été positivement convaincu par de nombreuses preuves; mais comment et pourquoi cela est-il ainsi? ç'a été pour moi un sujet fréquent de réflexions, et pourtant je suis resté dans la même incertitude qu'auparavant. Je vais donc laisser ce sujet, et passer à des choses dont il est plus aisé de rendre compte. » — WALDRON's *Description of the isle of Man*, in-folio, 1751, p. 125.

Cette longue citation est fort curieuse, en ce qu'elle offre pour l'île de Man un exposé de ces croyances superstitieuses qu'on rencontre fréquemment en Irlande et dans les Highlands d'Écosse, et qui ont fixé l'attention de M. Crofton Croker et de l'auteur de la *Mythologie des fées* (*fairy Mythology*). Les superstitions sont à tous égards tellement semblables entre elles, qu'elles peuvent être rapportées à une source commune; à moins que nous n'en concluions qu'elles sont naturelles à l'esprit humain, et que pareilles aux familles communes du règne végétal, qui croissent naturellement sous tous les climats, elles ne s'élèvent naturellement aussi dans tous les cœurs. C'est ainsi que les meilleurs philologistes pensent que les fragments d'une langue primitive se peuvent découvrir dans la plupart des idiomes du globe.

(J) Page 229.

VENTE D'UNE PETITE DANSEUSE DE CORDE.

Un exemple semblable de la vente d'une malheureuse petite danseuse se présenta à Édimbourg à la fin du dix-septième siècle.

« 15 janvier 1687. — Reid, le saltimbanque, poursuit Scott de Harden et sa femme pour lui avoir enlevé une enfant appelée *la petite sauteuse*, qui dansait sur un théâtre; il réclame des dommages-intérêts, et produit un contrat par lequel il prouve qu'il l'a achetée à sa mère pour trente livres d'Écosse (2 l. 10 sh. st., ou un peu plus de 60 fr.). — Mais nous n'avons pas d'esclaves en Écosse, poursuit le généreux rapporteur, et les mères ne peuvent vendre leurs enfants; et les médecins attestent que le métier de sauteuse la tuerait, et que ses articulations se raidissent; et elle a refusé de retourner, quoiqu'elle fût pour le moins une apprentie, et ne pût quitter son maître. Cependant quelqu'un a cité ce que dit la loi de Moïse, que si un serviteur vient chercher un abri près de toi contre la cruauté de son maître, tu ne le lui livreras assurément pas. Les lords, *renitente cancellario*, acquittèrent Harden. » — FOUNTAINHALL's *Decisions*, t. 1, p. 441.

On peut concevoir quelque orgueil des liens qui vous unissent à un défenseur de la cause de l'humanité; on pardonnera à l'auteur de dire qu'il descend en ligne directe du père de ce champion de l'humanité.

Reid le saltimbanque savait apparemment tendre les voiles de son intérêt personnel au vent qui paraissait devoir le mieux les enfler. Il ne manqua pas de tirer parti de la passion du roi Jacques pour la conversion des hérétiques ; à ce sujet, on trouve dans Fountainhall ce *memorandum* ironique :

« Reid le saltimbanque est admis au sein de l'Église papiste, et un de ses morillons s'est laissé persuader d'accepter le baptême des prêtres catholiques, et de se faire chrétien-papiste, ce qui a été un grand trophée. Il reçut en baptême le nom de Jacques, après le roi, le chancelier et l'apôtre Jacques ! » — *Ibid.*, p. 440.

(K) Page 235.

TÉMOINS DANS LE COMPLOT PAPISTE.

Le caractère infâme de ceux qui imaginèrent et poussèrent en avant le prétendu Complot papiste peut surtout être apprécié par ce qu'on trouve dans l'*Examen* de North, qui peint Oates lui-même avec une grande force de coloris : — « Il était alors au plus haut point de sa gloire ; son Complot était dans toute sa force, dans toute sa terreur et sa vertu ; il marchait escorté de ses gardes (qu'on lui avait données de peur que les papistes ne l'assassinassent). Il avait son logement à Whitehall, et une pension annuelle de 1,200 livres sterling. Et il ne faut pas s'en étonner, après qu'il avait eu l'impudence de dire en termes clairs à la Chambre des lords que s'ils ne le pourvoyaient pas de plus d'argent il serait forcé de s'en pourvoir luimême. Il portait un costume épiscopal (à l'exception des manches de linon), la robe de soie et la soutane, le grand chapeau à torsade et à nœud de satin, avec la longue ceinture, et il était appelé, ou plutôt il n'avait pas craint de proférer un blasphème en se nommant lui-même le Sauveur de la nation. Quiconque était désigné par lui était arrêté et emprisonné ; de sorte que beaucoup de gens se tenaient hors de son chemin comme d'un fléau, et se regardaient comme heureux quand ils pouvaient établir leurs actions depuis deux ans. Rien que son souffle était pestilentiel, et s'il n'amenait pas l'emprisonnement ou la mort sur ceux qu'il atteignait, il empoisonnait leur réputation, et laissait de bons protestants transformés en papistes avérés, — et quelquefois, qui pis est, en danger d'être compris dans le Complot comme traîtres. Sur sa déposition devant les Communes, le lord chef de justice Scroggs fut mandé à la Chambre, et là signa des mandats d'emprisonnement contre cinq pairs catholiques-romains, sur quoi ils furent envoyés à la Tour. Les votes des Chambres parurent confirmer le tout. On demanda une forme de prière solennelle à l'occasion du Complot ; et quand on en eut composé une, elle se trouva fautive, parce que les papistes n'y étaient pas désignés comme auteurs de la conspiration. Dieu savait sûrement ce qu'il en était ; cependant on répara cette omission, afin que l'omniscience divine ne manquât pas d'informations. La reine elle-même fut accusée à la barre des Communes. La Cité, par crainte des papistes, tendit ses chaînes et s'entoura de postes ; et le chambellan sir Thomas Pleyer donna pour raison à la cour des aldermen de la conduite et des précautions de la Cité, qu'on ne pouvait savoir si le lendemain matin tout le monde ne se lèverait pas le cou coupé. Les procès, les condamnations et les exécutions de prêtres, de jésuites et autres avaient lieu au milieu d'une foule immense et de cris désordonnés. Il n'y avait plus à attendre dans la conduite du peuple ni raison ni modération; tous les débats, tous les mouvements, étaient passionnés et tumultueux. Toute liberté de paroles était enlevée; ne pas croire au Complot était pis qu'être Turk, Juif ou infidèle. Pour ce fait du meurtre de Godfrey, les trois pauvres gens de Somerset-House furent condamnés, ainsi qu'on l'a dit. La circonstance la plus digne de pitié fut celle de leur jugement, sous le coup des préventions populaires. Le lord chef de justice Scroggs céda au flot, et déblatéra sur le Complot, taillant et coupant le papisme comme Scanderberg taillait et coupait les Turks, et on sait qu'il ne leur était guère propice. Les autres juges étaient passifs et se mêlaient peu aux débats, à l'exception de quelques-uns qui y prenaient aussi la parole, et particulièrement le bon *recorder* Treby, qui facilita la tâche de l'attorney-général, car il faisait rarement une question dont on ne pût aisément prévoir la réponse. On peut blâmer cette conduite des juges, que l'on traite avec faveur en qualifiant de passive; mais réellement, si l'on songe à l'impossibilité d'arrêter un tel torrent, tenter de le faire eût aggravé le mal par l'insuccès, parce que cela eût irrité les deux Chambres, attiré le scandale sur eux-mêmes, et leur eût enlevé la faculté de saisir une occasion plus favorable quand elle se serait présentée. Ainsi opprimés, les prisonniers avaient assez à faire de se défendre, car là où le témoignage était positif, il était concluant: argumenter *ab improbabili* était inutile; il fallait que ce fût *ab impossibili*, ou rien. Quiconque n'observe pas bien la faculté de juger peut, dans le cours de la justice, regarder plusieurs choses comme fort étranges. Si d'une part on exige la démonstration, et que de l'autre on reçoive comme preuves des présomptions, nulle cause ne peut être gagnée. En un mot, la colère, la politique, l'inhumanité et les préventions exerçaient, à cette époque, une domination planétaire sur le plus grand nombre des esprits, et effaçaient en eux cette règle d'or : « Fais à autrui ce que tu voudrais qui te fût fait. »

Dans un autre passage, l'extérieur physique d'Oates est ainsi décrit. « C'était un homme petit de stature, mal taillé, le cou très-court, et dont la physionomie et les traits avaient quelque chose de tout à fait particulier. Sa bouche était au centre de sa face; et un compas aurait renfermé dans son périmètre le nez, le front et le menton. *Cave quos ipse Deus notavit.* En un mot, c'était un fourbe achevé, un blasphémateur vicieux, un parjure impudent, un effronté et misérable calomniateur; et n'était-ce la vérité de l'histoire et les grandes émotions publiques dont il fut cause, il ne serait pas digne (si peu il en vaut la peine) qu'on se souvînt de lui. »

(L) Page 246.

LES JÉSUITES ET LE COMPLOT PAPISTE.

Pour mettre le lecteur à même de comprendre pleinement pourquoi il est ici question de jésuites déguisés, nous allons transcrire le passage suivant des *Mémoires pour servir à l'histoire de la Grande-Bretagne sous les règnes de Charles II et de Jacques II*, etc., par G. Burnet, *évêque de Salisbury*. Ce passage expliquera d'ailleurs l'allusion précédemment faite à un certain conciliabule de jésuites conspirateurs dans une taverne à laquelle l'auteur a donné pour enseigne *le Cheval Blanc*.

« La veille de la Saint-Michel (1678), Oates comparut devant le conseil. Il y fit une ample relation de plusieurs choses qu'il avait ouï dire aux jésuites, qu'il accusa directement de vouloir tuer le roi. Il nomma les lieux, les temps et les personnes presque sans nombre. Le tour était en substance « que plusieurs jésuites « déguisés se répandaient dans les conventicules en Écosse, afin d'y entretenir la « division; que lui-même, après avoir été envoyé successivement à Saint-Omer, à « Paris et en Espagne, pour lier la partie de l'assassinat, avait été renvoyé en « Angleterre pour le même dessein; qu'ayant porté quantité de lettres et de mé- « moires, les jésuites, à son arrivée, avaient tenu une grande assemblée le premier « jour d'avril dernier, dans une taverne près de Saint-Clément; que tous ne « pouvant tenir dans la même chambre, il leur avait fallu se distribuer dans les « diverses parties de la maison; qu'on se servit de lui pour porter les résolutions « d'une Chambre à l'autre; que l'on y conclut de se défaire du roi par une arme à « feu, par le poignard ou par le poison; que l'on y avait déjà fait plusieurs ten- « tatives qui n'avaient pu réussir; que voulant découvrir ces complots, il y entrait « toujours, à dessein de les pénétrer, de manière à ce qu'il ne manquât aucune « évidence à sa dénonciation; mais qu'il s'était aperçu qu'on se défiait de lui, et « qu'alors il s'était cru obligé de révéler ce qu'il savait. » (L. V.)

(M) Page 249.

RELATIONS DU COMPLOT.

L'un des traits les plus odieux de cet abominable Complot est que les faux témoins par le serment desquels la fraude était soutenue appelaient une sorte d'intérêt littéraire sur leurs propres fabrications, en les publiant sous des titres tels que celui-ci : « Relation et découverte impartiale de l'horrible Complot papiste formé pour brûler et détruire les villes de Londres et de Westminster, avec leurs faubourgs, relatant plusieurs conciliabules, ordres et résolutions des jésuites au sujet dudit Complot, par... (ici le nom du témoin), naguère engagé dans cette horrible trame, et un des émissaires papistes pour propager ces desseins incendiaires. »

A toute autre époque, il eût paru aussi injuste qu'illégal d'empoisonner l'esprit public par de telles publications faites avant que les témoins eussent déposé devant la cour. Mais, en ce moment de frénésie, tout ce qui pouvait donner une apparence de réalité à ces illusions insensées était accueilli avec avidité, et quiconque semblait douter de la véracité des témoins, ou hésiter au sujet de l'existence du Complot, était accusé de vouloir étouffer, étrangler et dépriser la découverte de la grande Conspiration. En un mot, selon l'expression de Dryden,

« Mieux valait conspirer que douter du complot. »

(N) Page 252.

RICHARD GANLESSE.

On verra par la suite que, dans le supposé Richard Ganlesse, le détestable Edward Christian est pour la première fois introduit dans notre histoire. Jamais le crayon trop fécond de l'auteur n'a tenté d'esquisser un caractère dont les vices fussent rachetés par aussi peu de bonnes qualités. C'est un simple produit de l'imagination; et quoiqu'il puisse recevoir quelque dignité de ses talents, de son énergie et de l'influence qu'il exerce sur les autres, c'est à tous égards un monstre moral, puisque son affection même pour son frère, et le ressentiment de sa mort, sont fondés sur le sentiment d'une vengeance qui pour se satisfaire ne recule devant aucun moyen, même le plus vil. On en croira aisément l'auteur, quand il affirme que ni les temps modernes, ni ceux qui les ont précédés, ne lui ont fourni l'original d'un caractère si odieux. Le personnage est tout à fait imaginaire. L'auteur désavoue, en particulier, toute allusion à un gentleman nommé Edward Christian, qui a réellement existé durant ces temps d'agitation ; cet Edward Christian était frère de William Christian le deemster, et mourut en prison dans l'île de Man. Le caractère tracé dans le roman n'a pas le plus léger rapport avec celui de cet infortuné gentleman, non plus que les incidents de leurs vies ne se ressemblent en un point quelconque. Il exista dans ce temps, comme nous l'avons déjà fait voir, un Edward Christian qui fut capable de fort mauvaises choses, puisqu'il fut compagnon et associé du voleur Thomas Blood, et convaincu avec celui-ci d'un complot contre le célèbre duc de Buckingham. Ce caractère ne fut probablement pas très-différent de celui de son homonyme dans le roman ; du moins les faits qui lui sont attribués sont *haud aliena à Scevolœ studiis*. Mais M. Christian d'Urwin, s'il a existé un coquin de ce nom dans ce temps de corruption générale, n'en doit que d'autant plus être distingué de son infortuné parent, qui mourut en prison avant l'époque mentionnée.

(O) Page 257.

CUTLAR MAC CULLOCH.

Ceci fait allusion à un singulier usage des habitants de la côte septentrionale de l'île de Man, qui avaient coutume de manger les viandes bouillies avant le bouillon, de peur, dit-on, d'être privés de la partie la plus substantielle du repas, si, pour l'attaquer, ils attendaient le second service.

Ils rendent compte de cette anomalie ainsi qu'il suit : Vers le commencement du seizième siècle, le comte de Derby, chef jeune et ardent, avide de combats et d'honneur, fit, avec toutes ses forces, une furieuse incursion dans l'intendance (*stewartry*) de Kirkcudbright, et y commit de grands ravages, dont une chanson mankoise conserve encore le souvenir. M. Train, avec son obligeance ordinaire, m'a envoyé la traduction littérale suivante des vers originaux :

> Là vint Thomas Derby, né de sang royal ;
> C'était lui qui portait la croupière dorée.
> Dans la vaste Angleterre elle-même il n'était pas un lord
> Qui eût autant de vassaux qu'il en avait.
>
> Il se vengea sur les Écossais ;
> Il marcha sur Kirkcudbright,
> Et y fit un tel dégât dans leurs maisons,
> Qu'il en est encore aujourd'hui plusieurs d'inhabitables.
>
> N'était-ce pas beau dans un jeune homme
> De se venger lui-même à son âge de ses ennemis,
> Avant que la barbe ne garnît ses lèvres,
> Et de ramener ses hommes en sûreté chez eux

NOTE P.

Cette incursion du comte à la croupière dorée fut suivie de cruelles représailles. Ceux du nom de Mac Culloch, famille (clan) alors et encore aujourd'hui puissante du Galloway, avaient à leur tête, à cette époque, un chef courageux et actif nommé Cutlar Mac Culloch. C'était un excellent marin; il équipa promptement une flottille de course, avec laquelle il fit des descentes réitérées sur les côtes du nord de l'île de Man, où étaient les domaines du comte de Derby, emportant tout ce qui, selon l'expression des frontières, n'était ni trop chaud ni trop lourd.

Ce qui suit est la déposition de John Machariotic au sujet des pertes que lui avaient fait éprouver ce roi de la mer et ses Gallovégiens. Elle est datée de Peel-Castle. — « Enlevé par Collard Mac Culloch et ses hommes, par une spoliation violente : deux lits en bois, une cotte de mailles, deux coffres, cinq barils, une vache grasse, deux fusils, trois *bolls* de malt, un moulin à main, de la tourbe, huit *bolls* de blé battu, douze *bolls* de blé non battu, etc., etc. [1]. — CHALLERSON, p. 47; édit. de Londres, 1655.

Cet actif pirate rendit son nom si formidable, que les insulaires, dont il interrompit souvent les repas, prirent l'habitude de manger la viande avant la soupe. Ils ne l'oublièrent pas non plus dans leurs prières et leurs grâces, témoin :

« Dieu garde la maison et tout ce qui est dedans
De Cut Mac Culloch et de ses gens. »

ou, comme je l'ai entendu réciter :

« Dieu garde le bon blé, les troupeaux et les bœufs,
De Satan, du péché, et de Cut Mac Culloch. »

On raconte qu'un jour, au moment où le maître de la maison prononçait une de ces bénédictions populaires, Cutlar entra en personne, et répliqua aussitôt :

« Bonhomme, bonhomme, vous priez trop tard,
Les vaisseaux de Mac Culloch sont au Yaite. »

Le *Yaite* est un lieu de débarquement bien connu, sur la côte nord de l'île de Man.

Ce corsaire redouté est, je crois, représenté actuellement par le chef du nom, James Mac Culloch, esquire d'Ardwell, ami de l'auteur et son proche parent.

(P) Page 259.

CORRESPONDANCE DE COLEMAN.

Le malheureux Coleman, exécuté à l'occasion du Complot papiste, était secrétaire de la dernière duchesse d'York, et avait été le correspondant du père La

---

[1] Nous rétablissons ici le texte même de cet état, écrit en vieux langage et dont nous n'avons pu traduire tous les articles : « Twa box beddes and aykin burdes, i c lathe, a feder bouster, a cote of Mailzie, a mete burde, two kystis, five barrels, a gyle fate, xx *pipes*, twa gunys, three bolls of malt, a querne of rosate of VI stone, certain petes (*peats*), extending to i c load, VIII bolls of threschit corn, XII unthraschin, and XI knowte. » (L. V.)

Chaise, confesseur du roi de France. Leur correspondance fut saisie, et bien que les papiers ne continssent rien qui confirmât les monstrueuses fictions des accusateurs, ils renfermaient cependant assez de choses pour montrer que Coleman, de même que les autres zélés catholiques, désirait ardemment trouver et cherchait partout les moyens de ramener l'Angleterre à la foi romaine. « Il est certain, dit Hume, que l'esprit actif et entreprenant de l'église catholique, particulièrement des jésuites, mérite attention, et menace jusqu'à un certain point toute autre communion. Cette secte est animée d'un tel zèle de prosélytisme, que ses missionnaires ont pénétré dans toutes les régions du globe, et que, dans un sens, il existe un complot papiste en permanence contre tous les états protestants, païens et musulmans. » — *History of England*, t. vii, p. 72; édit. de 1797.

(Q) Page 260.

FUNÉRAILLES DE SIR EDMONDSBURY GODFREY.

Cette solennité est spécialement décrite par North : « La foule était prodigieuse, tant au cortége que dans l'église et aux environs, et tellement échauffée que tout ce qui aurait porté le nom de papiste, eût-ce été un chien ou un chat, eût probablement été mis en pièces en un instant. Les catholiques se tinrent tous renfermés chez eux et dans leurs maisons, se regardant heureux d'y être en sûreté, tant ils étaient loin en ce moment de songer à aucune violence. Mais on avait réuni là tout ce qui pouvait exciter une frayeur artificielle parmi le bas peuple, de façon que chacun s'imaginait presque se sentir un couteau papiste à la gorge; et au sermon, outre le prédicateur, deux épais ministres se tenaient debout dans la chaire pour le préserver d'être assassiné par les papistes pendant qu'il prêchait. Je n'ai pas été témoin de ce fait; mais il m'a été rapporté par plusieurs personnes dignes de foi, qui m'ont affirmé l'avoir vu, et je n'ai jamais rencontré personne qui le niât. Spectacle effrayant, assurément : trois ministres dans une chaire ! Il n'en fallait pas tant, et dans une moindre occasion, pour exciter les terreurs de l'auditoire. Je ne suppose pas que pareille chose eût jamais été vue, et probablement on ne la reverra jamais; et il est bien évident qu'il n'en fut ainsi alors qu'au moyen de quelque ruse fondée sur l'impétuosité de la foule ameutée. » — *Examen*, p. 104.

On peut remarquer, néanmoins, que cette circonstance singulière, la trouvaille que l'on fit du corps assassiné de sir Edmondsbury Godfrey, le juge de paix devant lequel Oates avait fait sa déposition, fut l'incident sur lequel le plus grand nombre s'appuya comme sur une preuve complète de l'existence du complot. Comme on crut qu'il avait perdu la vie de la main des papistes, pour avoir reçu la déposition de Oates, la panique se répandit avec une inconcevable rapidité, et il n'était pas d'atrocités qu'on ne redoutât, — pas de bruits, si absurdes fussent-ils, qu'on ne reçût avidement et auxquels on ne crût. Que ce malheureux ait péri d'une main papiste ou protestante, par une vengeance particulière ou de sa propre main (car c'était un homme sans énergie et d'un caractère mélancolique), c'est ce qui probablement ne sera jamais découvert[1].

---

[1] *Voyez* la note suivante. (L. V.)

(R) Page 260.

SUR LE MEURTRE DE SIR E. GODFREY.

L'évêque Burnet, dans ses *Mémoires*, fait le récit suivant de ce mystérieux événement :

« Peu de jours après, il arriva une chose fort extraordinaire, qui contribua plus que tout le reste à confirmer le public dans la créance d'un Complot. Le chevalier Godfrey, juge de paix fameux qui logeait près de Whitehall, avait eu le courage de demeurer à Londres au temps de la peste, et d'y veiller soigneusement sur la police au milieu de cette calamité générale ; ce qui lui avait valu beaucoup de réputation, et l'honneur d'être élevé au rang de *knight* ou chevalier... Bon protestant et bon anglican, Godfrey avait de la douceur pour les non-conformistes, et n'était pas des plus empressés à les inquiéter. Afin de ménager un prétexte honnête à la bonté qu'il leur témoignait, il y faisait également participer les catholiques-romains, ne recherchant ni les ecclésiastiques, ni les lieux secrets de leurs assemblées. Aussi avions-nous peu de personnes, zélées pour la religion protestante, qui vécussent en meilleure intelligence avec les papistes, que ne le faisait ce magistrat.

« Un jour avant que d'aller comparaître au Conseil, Oates était venu chez Godfrey, pour y attester par serment la vérité de la Narration qu'il imprima plus tard. Le magistrat en reçut la déposition dans la forme ordinaire, et tout cela fut trouvé très-mauvais. Quel besoin avait le dénonciateur d'aller faire sa déclaration devant un juge de paix, puisqu'il la voulait faire, dès le lendemain, en un lieu plus auguste ? Se défiait-il lui-même de la religion du Conseil, ou prenait-il ce tour malicieux pour la rendre suspecte au public ? Appréhendait-il qu'on ne supprimât ce qu'il y dirait, et ne se proposait-il que de mettre son secret en mains sûres avant de le hasarder ailleurs ? Que ce fût de sa part ruse ou imprudence, Godfrey, qui s'y prêta, méritait le blâme et fut blâmé. Il devait d'abord renvoyer cette affaire à ses supérieurs, et la manière dont il en agit déplut extrêmement. Mais c'est un mystère qu'on ne peut approfondir... Ce qu'il y a de certain, c'est que le juge de paix devint craintif et réservé, et que m'ayant rencontré dans la rue, où nous parlâmes un peu des nouvelles courantes, il me dit *qu'il s'attendait aussi bien que d'autres à avoir la tête cassée*. Cependant, peu soigneux de lui-même, il allait partout sans laquais, selon sa vieille coutume...

« Un samedi, quinze jours après la déclaration d'Oates, le chevalier Godfrey sortit de bon matin, et fut vu, vers les une heure après midi, près de l'église de Saint-Clément. Accoutumé qu'il était de se retirer le soir de bonne heure, on l'attendit chez lui, dans une grande inquiétude de ce qu'il ne revenait point. Ses gens, néanmoins, se flattèrent que sans leur en rien dire il pouvait être allé à Hammersmith voir sa mère, fort âgée, qui y demeurait, et qui peut-être était mourante. Dès la pointe du jour ils y envoyèrent, et n'y apprirent point de ses nouvelles... Dès le mardi, on publia qu'on ne savait ce qu'il était devenu. Le Conseil, informé de la chose, avait dessein d'expédier des ordres pour fouiller toutes les maisons dans la ville et aux environs. Mais on en fut détourné par quantité de faux bruits que le duc de Norfolk donnait pour des faits constants,... ce qui le rendit très-suspect d'avoir trempé dans l'affaire.

« Le jeudi, à une heure assez avancée, on découvrit le corps de sir Godfrey dans un fossé, environ à un mille hors de la ville, et près de l'église de Saint-Pancrace. La propre épée de ce gentilhomme le perçait de part en part; mais point de sang, ni sur ses habits ni sur la place. Ses souliers étaient nets, et ses poches n'avaient point été vidées. Son cou était tordu, et il n'y avait ni mouchoir ni cravate. On y voyait un cercle d'un pouce de largeur, qui donna lieu de croire qu'on l'avait étranglé. Sa poitrine était aussi toute couverte de meurtrissures. Je ne rapporte rien que sur le témoignage de mes yeux; car M. Lloyd et moi n'eûmes pas plutôt appris où était ce cadavre que nous allâmes ensemble le visiter. On trouva sur ses culottes plusieurs gouttes de cire blanche fondue. Or, comme il ne s'était jamais servi de cette sorte de chandelle, et qu'il n'y a que les personnes de qualité et les prêtres qui en fassent usage, on jugea par là de quelles mains le coup partait. C'était une chose visible qu'on avait premièrement étranglé cet homme, et qu'ensuite, après l'avoir porté dans cet endroit, on s'était avisé de lui passer sa propre épée au travers du corps. On débita d'abord que tombé dans une noire mélancolie il s'était détruit lui-même. Le cadavre fut exposé pendant deux jours, et le vit qui voulut; et ce triste spectacle aigrit si fort l'esprit du bas peuple, que nous regardâmes comme un grand bonheur qu'il ne déchargeât pas sa colère sur les papistes.

« ... Quelque temps après, on apprit qu'un certain Bedlow venait d'avertir les magistrats de Bristol, entre les mains desquels il se remit volontairement, *qu'il connaissait toutes les particularités de la mort de Godfrey.* Ces magistrats l'envoyèrent à la capitale, où il fut d'abord interrogé par le Secrétaire-d'État. Le roi lui-même m'a dit que ces premières dépositions portaient en substance « qu'il ne
« savait rien de la Conspiration qui faisait tant de bruit; qu'il avait pourtant ouï
« dire que l'on tenait prêts à Saint-Jacques en Galice quarante mille hommes,
« qui devaient s'y rencontrer sous prétexte de pèlerinage et que l'on transporte-
« rait en Angleterre; que cependant, de sa connaissance, on n'assemblait point
« de vaisseaux sur les côtes; qu'il avait vu le corps de M. Godfrey dans le palais
« royal de Somerset; qu'un domestique de mylord Bellasis lui avait offert 4,000 li-
« vres sterling pour les aider à transporter ce cadavre; et que lui, Bedlow, s'é-
« tant après l'action enfui à Bristol, sa conscience l'y avait tellement bourrelé,
« qu'il n'avait pu se mettre en repos qu'en découvrant ce qu'il en savait. »

« Ce Bedlow, ajoute Burnet, était un vrai chevalier d'industrie. Ses mœurs ne pouvaient guère être plus mauvaises. Les noms ne lui coûtaient rien; il en prenait partout de nouveaux. » (L. V.)

(S) Page 312.

PREMIER ÉCHEC DU COMPLOT.

Le premier échec reçu par le docteur Oates et ses collègues dans la tâche de soutenir le Complot par leur témoignage, eut lieu ainsi qu'il suit : Après bon nombre de tergiversations, le principal témoin porta enfin contre sir George Wakeman, médecin de la reine, l'accusation directe d'avoir voulu empoisonner le roi, et il enveloppa même dans cette accusation la reine, qu'il représenta comme complice de Wakeman. Ce dernier trait d'effronterie rappela le roi à quelques sentiments généreux. — Les misérables, dit Charles, pensent que je suis las de la reine ; mais ils verront que je ne laisserai pas persécuter une femme innocente. Scroggs, le lord chef de la justice, reçut en conséquence injonction d'être favorable à l'accusé ; et pour la première fois il en fut ainsi. Wakeman fut absous, mais il pensa que le plus sûr pour lui était de passer sur le continent. Son acquittement, cependant, indiquait un changement du vent qui si longtemps avait soufflé en faveur du Complot et des témoins qui jusqu'alors l'avaient soutenu.

(T) Page 315.

Nell Gwyn.

Nell Gwyn était la maîtresse de mylord Dorset avant que le roi devînt amoureux d'elle. On ne connaît de la jeunesse de cette actrice que ce qu'on lit dans les satires du temps. On dit qu'elle était née dans un grenier, et qu'elle vendait du poisson dans les rues ; qu'ayant une voix très-agréable, elle allait de taverne en taverne, où elle chantait pour amuser les compagnies ; qu'elle demeura ensuite chez madame Ross, fameuse courtisane ; qu'elle fut plus tard reçue actrice, et devint la maîtresse de Hart et de Lacey, deux acteurs célèbres. D'autres disent qu'elle était née dans un grenier du Coal-yard, Drury-Lane, et qu'elle fut remarquée dans la salle de comédie où elle vendait des oranges. L'évêque Burnet parle d'elle en ces termes : « Gwyn, la plus indiscrète et la plus extravagante personne qui parut jamais dans une cour, conserva un grand crédit jusqu'à la mort du roi, et était entretenue à grands frais. Le duc de Buckingham me dit que lorsqu'elle fut présentée au roi elle ne demanda que 500 livres sterling qu'il lui refusa. Mais environ quatre ans après il me déclara qu'elle avait reçu de Sa Majesté plus de 60,000 livres sterling. Elle jouait ses rôles avec tant de vivacité et amusait tellement le roi, qu'une nouvelle maîtresse même ne put la faire renvoyer ; mais il n'eut jamais pour elle les mêmes égards que pour une maîtresse. »

Madame de Sévigné, dans une de ses lettres, fait un portrait assez piquant de Nell Gwyn. « Kéroualle (depuis duchesse de Portsmouth) n'a été trompée sur rien. Elle avait envie d'être la maîtresse du roi ; elle l'est. Elle a un fils qui vient d'être reconnu, et à qui on a donné deux duchés. Elle amasse des trésors, et se fait aimer et respecter de qui elle peut ; mais elle n'avait pas prévu trouver en chemin une jeune comédienne dont le roi est ensorcelé. Elle n'a pas le pouvoir de l'en détacher un moment. La comédienne est aussi fière que la duchesse de Portsmouth ; elle la morgue, lui dérobe souvent le roi, et se vante de ses préférences. Elle est jeune, folle, hardie, débauchée et plaisante ; elle chante, elle danse, et fait son métier de bonne foi : elle a un fils, elle veut qu'il soit reconnu. Voici son raisonnement : Cette demoiselle, dit-elle, fait la personne de qualité. Elle dit que tout est son parent en France. Dès qu'il meurt quelque grand, elle prend le deuil : hé bien, puisqu'elle est de si grande qualité, pourquoi s'est-elle faite c.... ? Elle devrait mourir de honte. Pour moi, c'est mon métier. Je ne me pique pas d'autre chose. Le roi m'entretient ; je ne suis qu'à lui présentement. J'en ai un fils ; je prétends qu'il doit être reconnu ; et il le reconnaîtra, car il m'aime autant que sa Portsmouth.

« Cette créature, dit encore madame de Sévigné, tient le haut du pavé, et décontenance et embarrasse extraordinairement la duchesse. » (L. V.)

NOTE X.

(U) Page 331.

EMPLOI DES ASSASSINS EN ANGLETERRE.

Une distinction indigne que s'attribuaient les hommes d'esprit et d'honneur de la capitale, était de venger leurs querelles avec des personnes de rang inférieur par les mains de spadassins. Même au temps de la chevalerie, nous voyons par Don Quichotte que les chevaliers s'en remettaient à leurs écuyers du soin de châtier ceux de leurs adversaires qui n'avaient pas reçu l'accolade; et de même il n'était pas inhabituel aux gens de qualité de l'époque de Charles II d'employer l'assassinat pour venger leurs injures. Rochester écrit fort tranquillement au sujet d'une satire imputée à Dryden, mais en réalité composée par Mulgrave : « S'il tombe sur moi avec des grossièretés, arme fort bonne en jeux d'esprit, je lui pardonnerai, s'il vous plaît, et laisserai la repartie au bâton de Black Will. » Et conformément à cette lâche et brutale insinuation, ce poëte illustre fut attaqué et rudement battu dans Rose-street, Covent-Garden, par des bandits qu'on ne put découvrir, mais que tout indiquait être les agents de la basse vengeance de Rochester.

(V) Page 333.

LE COMTE D'ARLINGTON.

Bennet, comte d'Arlington, fut un des courtisans de Charles qui lui témoignèrent le plus d'attachement durant son exil. Après la restauration il entra au ministère, et le nom de Bennet fournit son initiale B au fameux mot Cabale[1]. Mais on soupçonna le roi d'avoir perdu le respect qu'il avait pour lui, et plusieurs seigneurs de la cour se permirent de contrefaire sa personne et ses manières, qui étaient raides et guindées. Ainsi, c'était une plaisanterie courante que quelque courtisan se mît une mouche noire au nez et se carrât une baguette blanche à la main, ce qui amusait fort le roi. Néanmoins, il conserva ses fonctions de lord-chambellan et son siége au Conseil privé jusqu'à sa mort, qui arriva en 1685.

(X) Page 336.

LETTRE D'UN MORT A UN VIVANT.

L'application du très-respectable et très-ancien nom anglais de Jerningham au valet de chambre du duc de Buckingham a eu le pouvoir d'exciter le ressentiment d'un mort qui porta autrefois cet illustre surnom; — car, à ce sujet, l'auteur a reçu par la poste les reproches suivants :

---

[1] La *cabale* était le conseil secret de Charles II; c'est l'analogue de ce que chez nous, à une époque peu éloignée, on avait nommé la *camarilla*. (L. V.)

NOTE X.

Pour remettre au savant clerc et respectable chevalier sir Walter Scott [1].

« Mon enveloppe mortelle est depuis longtemps réduite en poussière, et le jeune arbre qui fut planté le jour de mes funérailles est maintenant un chêne vénérable, s'élevant majestueusement près de la demeure de ma famille. Les vents sifflent à travers son feuillage, gémissant parmi ses branches moussues, et éveillant dans les âmes de mes descendants cette tristesse mélancolique qui dispose à reporter sa pensée vers ceux qui ne sont plus ! — Moi, qui fus autrefois la courtoise châtelaine tenant joyeuses fêtes dans ces gais bosquets, je ne suis plus maintenant qu'un esprit léger comme le vent !

« Si, par un vain désir de rappeler mon nom à la pensée, j'essaie de produire un bruit semblable au bruissement de la soie, ou à la démarche lente d'un pas nocturne sur les dalles de la chapelle, je ne fais, hélas ! qu'effrayer les simples jeunes filles, et mes pénibles efforts (plus pénibles que ne le peut dire être vivant) deviennent un objet de dérision pour mes nobles descendants. Une fois, à la vérité... Mais à quoi bon fatiguer votre oreille de ce détail, et pourquoi vous dirai-je ce qui me retient, triste et souffreteuse, entre la terre et le ciel ? sachez seulement que j'erre encore dans ces lieux (comme le fait chez elle ma compagne de jeux, votre arrière-grand'mère). Je m'assieds dans ma chaise accoutumée, maintenant reléguée dans un grenier poudreux. Je fréquente la chambre de mylady, et j'ai fait taire les cris de ses petits enfants quand la nourrice y avait perdu son adresse. Je m'assieds à la fenêtre où si longtemps une succession d'honorables dames ont occupé la place d'honneur avant de s'éteindre tour à tour ! Mais au milieu des changements amenés par les siècles, l'honneur et la vérité subsistent, et le nom de Jerningham, distingué parmi les adhérents de la fille aînée du roi Henry, parmi les fidèles sujets de ses successeurs, parmi les compagnons dévoués de l'infortuné Charles et de sa postérité, enfin parmi les serviteurs loyaux et affectionnés de la souche royale actuelle, ce nom de Jerningham est toujours resté intact dans son honneur, et n'a jamais rien fait qui fût indigne de son antique et chevaleresque origine. Vous, noble et savant baronnet, dont la plume est comme la trompette éveillant les âmes endormies à des sentiments de sublime chevalerie, — vous, sire chevalier, qui honorez dans votre cœur et par vos actions votre noble lignage, comment avez-vous pu dire, dans votre histoire ou chronique du brave chevalier Peveril du Pic, que le serviteur de mylord de Buckingham était un Jerningham !!! Vil varlet d'un noble plus vil ! Nombre d'honorables familles se sont, je le sais, détachées de la tige paternelle pour s'enfoncer dans les détours d'obscurs labyrinthes, et ont pu dépasser les limites d'un noble sang ; mais il a plu à la Providence que le lignage de mon vénérable époux, le brave sir Harry, s'il ne s'est pas changé en torrent envahissant, ait du moins toujours formé un cours pur et limpide jusqu'à mon fils bien-aimé le sir Georges Jerningham actuel (par droit légitime lord Stafford) ; et si quelqu'un de vos courtois ancêtres, qui planent autour de votre couche, pouvait parler, il vous dirait que le valet du duc ne se nommait pas Jerningham, mais Sayer ou Sims. — Sur ce, faites ce que vous croirez convenable, mais défendez les noms honorables de ceux dont vous méritez si bien d'être le champion.

« J. JERNINGHAM. »

---

[1] L'auteur anonyme de cette plaisanterie a affecté de donner à son style des formes et une orthographe vieillies, qu'une traduction ne saurait reproduire. (L. V.)

N'ayant nul moyen de savoir comment répondre à cette antique et respectable dame, je suis obligé de rejeter le blâme de mon erreur sur le mauvais exemple qui m'a égaré, et d'alléguer pour excuse que je ne me serais jamais rendu coupable d'une si grande erreur de noms, si je n'avais été entraîné par un certain Olivier Goldsmith, lequel, dans un élégant dialogue entre lady Blarney et miss Caroline-Wilhelmine-Amélie Skeggs, met dans la bouche de la première l'assurance que le matin même mylord avait appelé trois fois son valet de chambre : « Jernigan! Jernigan! Jernigan! apporte-moi mes jarretières! » Quelque souvenir inexact de ce passage aura occasionné l'offense, pour laquelle je présente ces excuses imparfaites, mais respectueuses.

(Y) Page 382.

ARMURE DE SOIE.

Roger North nous donne une description grotesque de ce costume martial, à propos du club whig siégeant dans *Fuller's Rents* : « La conversation et les discours ordinaires du club roulaient principalement sur la bravoure dont il fallait faire preuve pour défendre la cause de la liberté et de la propriété, et sur ce que devait risquer et faire tout protestant anglais, plutôt que de se soumettre au papisme et à la servitude. Là était en grande recommandation l'armure de soie, et l'on y exaltait la prudence d'en être pourvu, en un temps où les protestants étaient voués au massacre. Aussi y eut-il abondance de ces cuirasses, poitrinals et *pots* ou casques de soie confectionnés et vendus; on les prétendait à l'épreuve de la balle, de sorte que quiconque en était revêtu devait y être aussi en sûreté que dans sa maison. Il était en effet impossible qu'on frappât quelqu'un affublé d'un tel accoutrement : le rire en eût ôté la force, tant était ridicule la figure des pourceaux armés, comme on les appelait, — tableau grotesque dont on ne peut se faire une idée sans l'avoir vu, et j'ai joui de cette vue. Ceci était l'armure défensive; mais nos braves n'étaient pas tout à fait si débonnaires que de ne pas porter plus loin leurs prévisions. Le fait est qu'ils se proposaient d'attaquer s'ils trouvaient leur belle, et qu'à cette fin ils se recommandaient entre eux certaine arme de poche, à laquelle son objet et son efficacité valurent l'honneur d'être nommée le *fléau protestant*. Il était destiné pour la besogne des rues et des foules; l'instrument, perdu au fond d'une poche d'habit, pouvait aisément être produit pour l'exécution, et, en nettoyant une vaste salle, une place ou lieux semblables, emporter une élection par une manière expéditive de voter, appelée vulgairement *assommer*. Le manche ressemblait à celui d'une tapette de maréchal, et la partie mobile et frappante était assujettie à l'extrémité du manche par une forte ligature, de manière à ce que les coups fussent serrés et rapprochés. L'instrument était fait de *lignum vitæ*, ou plutôt, comme l'appellent les poëtes, de *lignum mortis*. » — *Examen*, p. 175.

Cette dernière arme rappellera au lecteur celle dont on rapporte qu'il fut fait un si cruel usage dans un meurtre commis en Angleterre il y a quelques années, meurtre par suite duquel deux personnes furent jugées et acquittées aux assises d'automne 1830.

NOTE Z.

(Z) Page 397.

GEOFFREY HUDSON.

Geoffrey ou Jeffrey Hudson est souvent mentionné dans les anecdotes de l'époque de Charles Ier. Sa première apparition à la cour eut lieu, comme il est rapporté au texte, dans un pâté, à une fête donnée par le duc de Buckingham [1] à Charles Ier et à Henriette-Marie. En cette occasion, le duc offrit le contenu du pâté à la reine, qui le garda près d'elle en qualité de page. A huit ans, il n'avait que de dix-huit à vingt pouces de haut [2]; il conserva cette stature jusque vers sa trentième année, où il atteignit une stature de trois pieds neuf pouces, qu'il ne dépassa plus.

Ce singulier *lusus naturæ* fut chargé de plusieurs négociations importantes. Il vint en France chercher une sage-femme pour sa maîtresse Henriette-Marie. A son retour, il fut pris par des corsaires de Dunkerque, qui lui enlevèrent beaucoup d'objets de prix envoyés de France en présent à la reine, et environ 2,500 livres sterling à lui appartenant. Sir William Davenant fit d'un combat, réel ou supposé, entre le nain et un coq d'Inde, le sujet d'un poëme qu'il intitula *Jeffreidos*. La scène est placée à Dunkerque, où les derniers vers représentent Jeffrey

> « étendu, faible et épuisé, et attaqué en ce moment par le bec du cruel oiseau. Près de lui, par hasard, il aperçoit en ce moment une sage-femme qui revenait avec lui de France : « Un cœur nourri dans les combats, et qui jamais jusqu'à ce « moment ne s'était abaissé, t'implore maintenant! dit-il. Toi qui en as tant « *délivré*, sois assez bonne pour me délivrer aussi ! »

On ne nous dit pas comment Jeffrey prit cette plaisanterie. Mais nous avons la certitude que c'était un personnage de conséquence, endurant difficilement les tracasseries des domestiques et des seigneurs de la cour, et qui eut nombre de prises avec le gigantesque concierge du roi.

Le fatal duel avec M. Crofts eut réellement lieu comme il est rapporté dans le texte. La scène se passa en France. Le pauvre nain eut aussi le malheur d'être fait prisonnier par un pirate turk. Il est cependant probable qu'il ne tarda pas à être remis en liberté, car Hudson était capitaine du roi durant la guerre civile. En 1644, le nain suivit en France sa royale maîtresse. La restauration le rappela en Angleterre, avec d'autres royalistes. Mais cet être infortuné, qui paraît avoir été aussi durement traité de la fortune que de la nature, n'était pas destiné à terminer paisiblement sa vie. Le pauvre Jeffrey, sur quelque soupçon relatif au Complot pa-

---

[1] Père du Buckingham si heureusement mis en scène dans *Péveril*. Voici le portrait qu'un grand écrivain trace du premier Buckingham : « C'était un de ces hommes comme il y en a tant, prodigue, débauché, d'une beauté fade, d'un orgueil démesuré, d'un esprit étroit et fou ; un de ces hommes tout physiques, où la chair et le sang dominent l'intelligence. Le favori se croyait un général et n'était qu'un soldat. Fanfaron de galanterie à la cour d'Espagne, et peut-être à celle d'Angleterre, il affectait des triomphes que souvent il n'avait pas obtenus. » — CHATEAUBRIAND, *les Quatre Stuarts*. (L. V.)

[2] Et il s'agit de pouces anglais, plus petits d'un douzième environ que les nôtres.
(L. V.)

piste, fut arrêté en 1682, et renfermé dans la prison de Gate-house à Westminster, où il mourut dans la soixante-troisième année de son âge.

Jeffrey Hudson a été immortalisé par le pinceau de Van-Dyke, et ses habits sont, dit-on, conservés comme objets de curiosité dans le cabinet de sir Hans Sloane.

(ZA) Page 436.

NARRATION DU COLONEL BLOOD.

Voici ce que dit Roger North de la *Narration* de Blood : « Il y eut un autre complot supposé d'un certain Netterville......; et ici parut le valeureux colonel Blood, qui enleva le duc d'Ormond, et qui l'eût pendu à Tyburn s'il n'eût été délivré à temps. Blood enleva ensuite la couronne, mais il ne fut pas assez heureux pour l'emporter. Il ne s'amusait pas à de petits jeux. Et ce vertueux colonel, oui, lui-même, à ce que dit ce prétendu complot, devait être tué par les papistes. Il paraît que ces papistes ne voulaient laisser la vie sauve à aucun protestant de marque. Mais quelque dédommagement fut procuré au colonel par la vente de la Narration, et il put rester Thomas Blood. Il eût été étrange que lorsqu'un tel remue-ménage était en l'air, il ne fût pas venu y prendre sa part. » — *Examen*, édition 1711, page 511.

(ZB) Page 459.

LE COLONEL BLOOD.

Le conspirateur Blood lui-même se ménagea ou s'ouvrit un chemin jusqu'à la bonne société, et s'assit à la table d'hommes distingués. Le *Journal* d'Evelyn porte, sous la date du 10 mai 1671 : « Dîné chez monsieur le trésorier, où dînait M. de Grammont et plusieurs seigneurs français, et un certain Blood, cet impudent et hardi coquin qui peu de temps auparavant avait tenté d'enlever de la Tour la couronne impériale. Il feignait d'examiner avec curiosité les *regalia*, lorsque portant au gardien un coup de poignard, qui ne fut pas mortel, il emporta audacieusement la couronne à travers les gardes, et ne fut pris que par accident, son cheval ayant fait un faux pas. Comment obtint-il son pardon et même fut-il reçu en faveur après non-seulement cet exploit, mais plusieurs autres presque aussi osés, tant en Irlande qu'ici? c'est ce que je ne pourrai jamais comprendre. Quelques personnes ont cru qu'il devint espion de plusieurs partis, étant bien avec les sectaires et les enthousiastes, et que de cette manière il rendit à Sa Majesté des services qu'âme qui vive n'aurait pu si bien rendre. Mais ce fut certainement et la plus hardie tentative et le crime unique de ce genre qu'on ait jamais pardonné. La physionomie de cet homme ne respirait pas seulement l'audace, mais aussi la scélératesse et la cruauté. Ses traits exprimaient la fausseté; mais il parlait très-bien et d'une manière dangereusement insinuante. » — EVELYN's *Memoirs*, tome I, page 415.

C'est là une des nombreuses occasions qui nous donnent lieu de faire de curieuses remarques sur le dédain qu'avaient nos pères pour les apparences, même dans les règles de la société. Que penserions-nous d'un lord de la trésorerie qui, ayant à recevoir une société de nobles français et d'Anglais de condition, inviterait comme convive Barrington, ou le major Semple, ou quelque autre chevalier d'industrie notoire? Cependant Evelyn ne paraît pas choqué de ce que l'homme est admis dans la société; mais seulement de ce qu'il n'est pas encore pendu.

Cet homme, qui était capable de concevoir et d'exécuter les entreprises les plus audacieuses, était un de ces caractères extraordinaires qui ne se peuvent produire qu'au milieu des scènes sanglantes, de la confusion, de la destruction de toute moralité, et de la violence universelle qui accompagnent la guerre civile. L'arrangement de ce volume admettant une digression de quelque étendue[1], nous ne pouvons peut-être aborder un sujet plus extraordinaire et plus capable de commander la curiosité, que l'histoire de ce spadassin fameux, qui avait en lui tous les éléments du scélérat le plus accompli. Comme le récit de ses aventures est épars dans diverses publications rares, ce sera probablement rendre service au lecteur que de placer sous ses yeux les plus remarquables, dans un tableau raccourci.

Le père de Blood passe pour avoir été forgeron; mais cette qualification n'était qu'une manière méprisante de désigner un homme qui avait un intérêt dans les fers, et avait ainsi acquis une fortune indépendante. Il entra de bonne heure dans une carrière active au temps de la guerre civile, servit comme lieutenant dans les troupes du Parlement, et fut investi par Henry Cromwell, lord député d'Irlande, de la mission de régler les conditions de la paix, à une époque où il avait à peine vingt-deux ans. Ce début de sa vie décida pour jamais de sa ligne politique; et quelque impropre que les principes d'un tel homme le rendissent pour la société de gens qui professaient la rigidité en religion aussi bien qu'en morale, telle était cependant l'utilité du coup d'œil rapide de Blood en affaires, et on le connaissait si bien capable de combiner avec sagacité et de conduire avec habileté les entreprises les plus hasardeuses, que dans ces temps d'agitation il lui fut permis de s'associer avec les *non-jureurs*, qui affectaient une austérité toute particulière de conduite et de sentiments. En 1663, l'acte de pacification (*Act of Settlement*) d'Irlande, et les mesures qui s'ensuivirent, atteignirent gravement Blood dans sa fortune, et à partir de ce moment il paraît avoir nourri la haine la plus invétérée contre le duc d'Ormond, le lord-lieutenant d'Irlande, qu'il regardait comme l'auteur des mesures qu'il eut à souffrir. Il se trouva dans le même temps un grand nombre de mécontents du même parti que lui, de sorte que le lieutenant Blood, comme le plus audacieux d'entre eux, put se mettre à la tête d'une conspiration qui avait pour but d'exciter une insurrection générale, et, comme mesure préliminaire, de s'emparer par surprise du château de Dublin. Les moyens proposés pour ce dernier objet, qui devait être le prélude du soulèvement, indiquaient assez l'audace désespérée de celui qui les avait imaginés; et cependant ils auraient pu réussir par leur hardiesse même. Une déclaration fut tracée de la main même de Blood, appelant tous les habitants à prendre les armes pour leur affranchissement et pour rétablir la Ligue solennelle et le Covenant. Pour surprendre le château, il avait été arrêté que plusieurs personnes, des pétitions à la main, attendraient dans l'intérieur des mu-

---

[1] *Péveril* était divisé en trois volumes dans la publication originale. Cette histoire abrégée du célèbre colonel Blood est rejetée entièrement à la fin du volume; nous avons cru devoir la réunir à une note dont le même personnage est aussi le sujet. (L. V.)

raillés, comme si elles eussent voulu présenter ces pétitions au lord-lieutenant, tandis qu'environ quatre-vingts anciens soldats licenciés, des plus entreprenants, resteraient au dehors, habillés en charpentiers, en forgerons, en cordonniers, et sous d'autres costumes d'artisans. Dès que le lord-lieutenant s'avancerait, un boulanger passerait près du poste principal avec un grand panier de pains blancs sur l'épaule. Faisant un faux pas, il laisserait tomber son fardeau, ce qui pourrait occasionner un mouvement parmi les soldats, qui voudraient attraper les pains; et fournir aux quatre-vingts hommes en question l'occasion de les désarmer, en même temps que les hommes aux pétitions s'assureraient de l'intérieur. Une fois maîtres du château et de la personne du duc d'Ormond, ils publieraient leur manifeste. Mais quelques-uns des principaux conspirateurs furent arrêtés environ douze heures avant le temps désigné pour l'exécution du projet, dans lequel on trouva compromis rien moins que sept membres de la Chambre des Communes (car le Parlement d'Irlande siégeait en ce moment). Un ministre nommé Leckie, beau-frère de Blood, fut mis en jugement avec plusieurs autres, condamné et exécuté. Blood parvint à s'échapper; mais telle était encore l'appréhension générale qu'il inspirait, que le bruit s'étant répandu, durant l'exécution de Leckie, que le major Blood arrivait avec une troupe pour délivrer le prisonnier, tous les gardes et l'exécuteur lui-même s'enfuirent, laissant Leckie, la corde au cou, debout et seul au pied de la potence : cependant comme personne ne parut, les gens du sheriff revinrent à leur devoir, et le criminel fut exécuté. Sur ces entrefaites, Blood s'était retiré dans les montagnes de l'Irlande, où il s'associa alternativement avec les fanatiques et avec les papistes, pourvu seulement qu'ils fussent mécontents du gouvernement. Peu de gens étaient mieux au fait des intrigues du temps que cet actif partisan, qu'on vit tour à tour quaker, anabaptiste et catholique, mais toujours rebelle et révolutionnaire. Il erra de place en place et de royaume en royaume, fut connu de l'amiral Ruyter, et devint l'âme de tout hardi complot.

Vers 1665, en particulier, M. Blood était membre d'un comité révolutionnaire ou société secrète, qui n'avait pas cessé de se réunir, quoique ces réunions fussent connues du gouvernement. Pour leur sécurité, ils apostaient une trentaine d'hommes déterminés aux abords du lieu de leurs séances, à peu près comme on dispose les sentinelles avancées d'un corps de garde. Il arriva que deux des membres de la société, soit pour se sauver eux-mêmes, soit peut-être pour obtenir une récompense, tinrent les ministres au courant de toutes leurs délibérations, ce que M. Blood ne tarda pas à soupçonner, et ce qu'il eut bientôt approfondi. Il donna rendez-vous à ces deux hommes dans une taverne de la Cité ; mais il y avait aposté sa garde, qui s'assura d'eux sans bruit et les conduisit à un lieu secret disposé à cet effet, et où Blood convoqua une sorte de cour martiale, devant laquelle leur procès fut instruit : ils furent trouvés coupables, et condamnés à être fusillés à la même place deux jours après. Quand le moment fixé fut venu, on amena les deux hommes, et on procéda à tous les préparatifs nécessaires pour l'exécution de la sentence ; ces pauvres diables, ne voyant aucun espoir d'évasion, se disposèrent à subir leur sort du mieux qu'ils pourraient. En ce moment critique, M. Blood voulut bien leur accorder gracieusement son pardon, leur recommandant en même temps d'aller vers leur nouveau maître lui dire tout ce qui était arrivé, et lui demander, au nom de leurs anciens confédérés, d'être favorable à ceux d'entre eux qui pourraient à quelque moment avoir besoin de sa merci. Rien ne nous apprend si ces deux malheureux portèrent au roi le message de M. Blood. Toutefois, il est certain que peu après toute la conspiration fut découverte ; en conséquence de quoi, le 26 avril 1666, le colonel John Ratbone, ainsi que plusieurs autres officiers de l'armée licenciée, furent jugés et condamnés à Old Bayley, pour un complot dont le but était de s'emparer de la Tour par surprise et de tuer le général Monk.

Après la dissolution de ce dangereux conclave, principalement composé de fanatiques et d'hommes de la Cinquième Monarchie, Blood changea de scène et se retira en Écosse, où il se mêla aux caméroniens, et où il dut être fort bien accueilli par John Balfour de Burley et par tous ceux qui se joignirent aux insurgents plutôt par humeur noire ou par amour de pillage que par des motifs religieux. Les écrivains de la secte semblent avoir regardé son nom comme un déshonneur, ou peut-être ne l'ont-ils pas connu ; néanmoins il est affirmé dans un pamphlet écrit par une personne qui semble avoir été bien au fait des incidents de sa vie, qu'il partagea les dangers de la défaite de Portland-Hills, le 27 novembre 1666, où les caméroniens furent totalement mis en déroute. Après l'engagement, il se fit jour jusqu'en Irlande ; mais il fut expulsé de l'Ulster par lord Dungannon, qui le poursuivit de très-près. A son retour en Angleterre, il se rendit de nouveau fameux par un exploit dont les très-singulières particularités sont contenues dans le pamphlet déjà mentionné[1]. Le récit en est ainsi conçu : Au nombre des personnes arrêtées pour la dernière conspiration fanatique, était un certain capitaine Mason, homme pour lequel M. Blood, avait une affection et une amitié toutes particulières. M. Mason devait être conduit de Londres à un des comtés du nord, pour y être jugé aux assises ; et à cet effet, il partit accompagné de huit hommes de la troupe du duc pour lui servir d'escorte, car il passait pour être plein de hardiesse et de courage. M. Blood, ayant eu vent de ce voyage, résolut de délivrer son ami pendant la route. Le prisonnier et ses gardes partirent le matin ; et M. Blood, ayant fait choix de trois de ses plus intimes, se mit en route avec eux le soir du même jour, sans bottes, montés sur de petits chevaux, et leurs pistolets cachés dans leurs pantalons, pour prévenir tout soupçon. Mais les occasions ne s'offraient pas aisément, et toutes les localités ne convenaient pas, de sorte que M. Mason et son convoi avaient déjà beaucoup dépassé Newark avant que M. Blood et ses amis fussent sur les traces du prisonnier. A un certain endroit, ils placèrent une sentinelle chargée d'épier son approche ; mais soit par crainte, soit qu'elle fût lasse d'une ennuyeuse attente, la sentinelle ne leur rapporta de nouvelles ni du prisonnier ni de sa garde, de sorte que M. Blood et ses compagnons commencèrent à penser que leur ami avait tant d'avance sur eux, qu'il serait inutile de le suivre davantage. Cependant, ne voulant pas abandonner une entreprise si généreusement commencée, et encouragés par M. Blood, ils poussèrent en avant, bien que désespérant du succès, jusqu'à ce que le soir étant venu, et ayant rencontré sur la route une hôtellerie convenable, dans un petit village non loin de Duncaster, ils se décidèrent à y passer la nuit, et à reprendre le lendemain matin le chemin de Londres. Ils n'étaient pas descendus depuis bien du temps dans cette auberge, où ils occupaient une chambre voisine de la route, déplorant entre eux le mauvais succès d'une aussi longue course et le malheur de leur ami, lorsque le convoi vint frapper à la porte de ladite auberge avec le prisonnier, le capitaine Mason ayant fait choix de cet endroit, comme lui étant bien connu, pour régaler ses gardes d'une douzaine de verres de vin. M. Blood, sans être aperçu, vit ainsi son ami tout à son

---

[1] *Remarks on the life of the famed M. Blood. London*, 1680, in-folio.

aise, ainsi que ceux à qui il aurait affaire. Il avait commandé un petit souper, qui était sur le feu, de sorte qu'il n'eut que fort peu de temps à se consulter, l'escorte du capitaine Mason ne voulant pas mettre pied à terre. Dans cette occurrence, il se borna donc à recommander en général à ses associés de suivre son exemple en tout ce qu'ils lui verraient faire. Ils demandèrent leurs chevaux en toute hâte, et jetèrent sur la table l'argent de leur écot, disant à l'hôtelière qu'ayant rencontré si bonne compagnie, ils étaient résolus de continuer leur route. Le capitaine Mason partit le premier, montant une bête assez chétive, et avec lui le chef de la troupe et quatre hommes; les autres restèrent en arrière pour achever leur rafraîchissement. Ensuite l'un d'eux partit seul, et bientôt après les deux derniers. Cependant M. Blood et un de ses amis, étant remontés à cheval, suivirent les deux qui étaient en arrière, et les rejoignirent bientôt. Tous les quatre cheminèrent quelque temps ensemble, M. Blood placé à la droite des deux soldats, et son ami à leur gauche. Tout à coup M. Blood saisit les rênes du cheval le plus rapproché de lui, tandis que son ami, conformément à ses instructions, fit la même chose de son côté; et ayant en un instant démonté les deux soldats ainsi surpris, ils enlevèrent les brides et laissèrent les chevaux en liberté d'aller paître à leur fantaisie. Assuré de ces deux-là, M. Blood poursuit sa partie, dans l'intention de rejoindre celui des soldats qui marchait seul; mais il s'était déjà réuni au reste de ses compagnons, qui alors se trouvèrent réduits à six, non compris un barbier de la ville d'York qui voyageait de compagnie avec eux. M. Blood les accosta, se plaça en avant de toute la troupe et les arrêta. Ceux qui se trouvaient le plus près de lui, le prenant pour un homme ivre ou fou, pensèrent que le fouet punirait suffisamment une si audacieuse présomption, et lui en allongèrent quelques coups avec plus de mépris que de colère; mais à la rudesse des compliments qu'il leur adressa en retour, ils comprirent que ce n'était pas une plaisanterie, mais bien une chose fort sérieuse. Il fut bientôt secondé par celui de ses amis qui était avec lui dans son premier exploit; mais il y avait eu plus d'un bon coup porté dans cette lutte inégale de six contre deux, avant que les deux autres amis de M. Blood arrivassent à son aide. Je puis en toute sûreté dire de six contre deux; car le barbier d'York, soit que par goût le jeu lui plût, soit que la bouteille, stimulant sa vaillance, lui inspirât la générosité de soutenir ses compagnons de route, le barbier, donc, voulut montrer sa valeur au commencement de la bagarre: mais mieux eût valu pour lui se trouver à la fin d'un festin; car, bien qu'il eût fait preuve de prudence en se rangeant du côté le plus fort, comme il en avait jugé par le nombre, cependant parce qu'il ne voulait pas avoir égard à l'avertissement, qui lui fut donné et répété, de ne se pas mettre en danger de perdre le doigt qui pinçait sa guitare, en se mêlant d'une affaire qui ne le regardait en rien, il perdit la vie, les autres ayant été contraints de l'expédier en premier lieu pour le punir de leur donner un embarras inutile. Le barbier mis à la raison, et les autres amis de M. Blood arrivés, l'affaire devint très-chaude, les quatre assaillants ayant choisi leurs adversaires de manière à rendre le combat aussi égal que possible. Sur ces entrefaites, le capitaine Mason, qui avait pris les devants sur son coursier de trente shillings, étonné que son escorte restât en arrière, retourna la tête, et voyant une chaude échauffourée où tout le monde était affairé jusqu'aux oreilles, ne sut que penser. Il conjectura d'abord que c'était quelque tour qu'on lui voulait jouer, comme si les soldats avaient eu dessein de lui donner la tentation de s'échapper, pour la tourner ensuite à son préjudice; de même que les chats, qui semblent, avec une insouciance dédaigneuse, donner à la pauvre souris toutes les facilités du monde de se délivrer de leurs griffes, mais qui d'un bond ont bientôt ressaisi leur proie. Aussi, ne voulant pas en passer par les hasards d'une telle épreuve, il revint sur ses pas; en ce moment M. Blood lui cria : — A cheval! vite à cheval! Dans sa surprise, il ne pouvait croire d'abord que ce fût la voix de son ami qu'il entendait; mais comme les idées d'un soldat sont bientôt recueillies et ne tiennent jamais de conseils espagnols, le capitaine prit aussitôt son parti, sauta sur le premier cheval qu'il vit errer sans maître, et poussa en avant pour aider à son propre salut. Dans ce sanglant conflit, M. Blood fut trois fois démonté, ce qui fut occasionné par son oubli, ayant omis de serrer la sangle de sa selle, que le palefrenier avait relâchée quand il avait mis pied à terre à l'auberge. Se voyant si souvent démonté, et n'en connaissant pas la cause, qu'il n'avait pas le loisir de chercher, il se décida à se battre à pied : de quoi deux des soldats, prenant avantage, l'isolèrent des autres et l'acculèrent dans une cour, où il leur tint bravement tête, son épée d'une main et son pistolet de l'autre. Un des soldats, profitant de sa position, le blessa d'un coup de feu près de l'épaule, du côté où il tenait son pistolet : en ce moment Blood avait déjà dans le corps quatre balles reçues auparavant; ce qu'observant le soldat, il lui lança son pistolet déchargé avec une telle force et d'un bras si sûr, qu'il lui en porta un coup étourdissant juste au-dessous du front, à la partie supérieure du nez, entre les deux yeux. Il fut au premier moment tellement abasourdi du choc, qu'il se regarda comme un homme mort; mais voulant porter un dernier coup avant de tomber, tant est étrange et violente l'impulsion du désespoir, d'un vigoureux revers de son épée il jeta son ennemi à bas de cheval, et l'étendit sur le sol dans un état pire que le sien. En ce moment, animé par la fureur et le désir de la vengeance, il allait achever sa victoire en lui portant le coup fatal, si, fort à propos pour le soldat renversé, le capitaine Mason, après s'être débarrassé de ses adversaires avec l'aide de ses amis, en en tuant plusieurs et en mettant les autres hors de combat, n'était arrivé et ne lui avait demandé la vie d'un homme qui s'était montré le plus civil de tous pour lui sur la route, heureux trait de bienveillance d'une part et de gratitude de l'autre. M. Blood y ayant consenti sans peine, il se rendit aisément maître de l'autre soldat, avec l'aide du capitaine; et après un combat acharné, qui avait duré plus de deux heures, la victoire fut enfin complète. On peut être certain que la lutte fut bien soutenue de part et d'autre, puisque deux des soldats, outre le barbier, furent tués sur la place, le troisième démonté, et les autres blessés. Et il est remarquable que, bien que la rencontre eût eu lieu dans un village, où un grand nombre de gens étaient spectateurs du combat, personne pourtant ne s'aventura à venir au secours de l'un ou de l'autre parti, ne sachant pas qui avait tort et qui raison, et conséquemment ne se souciant pas de se porter arbitres dans une lutte si acharnée, où ils ne voyaient que la mort pour prix de leur aide. Quand le combat fut fini, M. Blood et ses amis se séparèrent, et s'éloignèrent dans diverses directions.

Avant de s'engager dans cette aventure, Blood avait placé sa femme et son fils dans une boutique d'apothicaire à Rumfort, sous le nom de Weston. Lui-même ensuite se donna pour médecin sous celui d'Ayliffe, et il resta caché sous ce déguisement jusqu'à ce que ses blessures fussent guéries, et que les clameurs contre lui et ses complices fussent un peu apaisées.

Dans cet intervalle, cet homme extraordinaire, dont l'esprit travaillait toujours à concerter les entreprises les plus audacieuses, avait imaginé un complot qui, eu égard à la personne contre laquelle il était dirigé, avait un caractère plus ambitieux que celui de la délivrance de Mason. Ce complot avait pour objet de s'emparer, dans les rues de Londres, de la personne de son ancien ennemi, le duc d'Ormond. Quelques-uns ont cru qu'en ceci il n'avait voulu que satisfaire son ressentiment, tandis que d'autres ont supposé qu'il avait pu espérer arracher quelques avantages importants en retenant Sa Grâce prisonnière. L'historien du duc, Carte, fait le récit suivant de cette entreprise extraordinaire : — « Le prince d'Orange vint cette année (1670) en Angleterre, et ayant été invité, le 6 décembre, à une fête dans la Cité de Londres, Sa Grâce l'y accompagna. Comme il revenait chez lui par une nuit sombre, et au moment où il remontait St.-James'-street, à l'extrémité de laquelle, vis-à-vis du palais, était situé Clarendon-house que le duc habitait alors, il fut attaqué par Blood et cinq de ses complices. Le duc avait toujours coutumé de se faire accompagner par six laquais; mais comme c'était une charge trop lourde pour monter sur un carrosse, il avait toujours des piques de fer derrière sa voiture, afin qu'ils ne pussent y monter, et il conserva cet usage jusqu'à la fin de sa vie, même après cette tentative d'assassinat. Ces six laquais avaient habitude de tenir les deux côtés de la rue, à droite et à gauche de la voiture; mais par un moyen ou un autre, ils étaient tous retenus en arrière quand le duc fut arraché de son carrosse par Blood et son fils, et placé en croupe derrière un des cavaliers de sa compagnie. Le cocher se hâta d'arriver à Clarendon-house, et dit au portier que le duc venait d'être enlevé par deux hommes qui l'avaient emmené en descendant Piccadilly. Le portier courut immédiatement dans cette direction, et M. James Clarke, qui se trouvait en ce moment dans la cour de l'hôtel, le suivit avec toute la diligence possible, après avoir donné l'alarme à la famille et ordonné aux domestiques de venir après lui aussi promptement qu'ils pourraient. Il paraît que Blood, soit pour complaire à son patron, qui lui avait mis la main à cette besogne, soit pour assouvir sa propre vengeance, en soumettant Sa Grâce au même genre de mort ignominieux qu'avaient souffert ses complices lors du projet de surprise du château de Dublin, s'était fortement mis en tête de pendre le duc à Tyburn. Rien n'eût pu sauver la vie de Sa Grâce sans cette extravagance d'imagination vindicative du scélérat, lequel, laissant le duc en croupe derrière un de ses camarades auquel il était bouclé, courut en avant, et (dit-on) attacha une corde à la potence, puis revint sur ses pas pour voir ce que devenaient ses complices, qu'il trouva se sauvant de toute la vitesse de leurs chevaux. Celui auquel le duc était lié était un homme très-fort; mais embarrassé par les efforts que faisait Sa Grâce pour se dégager, il ne pouvait avancer aussi vite qu'il l'eût voulu. Il avait cependant dépassé Berkeley (maintenant Devonshire-house) d'une bonne longueur de chemin, dans la direction de Knightsbridge, quand le duc, ayant passé son pied sous celui de l'homme, le fit tomber de cheval; ils roulèrent ensemble dans la boue, où ils continuaient de lutter quand le portier et M. Clarke arrivèrent. Le scélérat se dégagea alors lui-même; et voyant que le voisinage avait pris l'alarme et que nombre de gens accouraient de leur côté, il sauta sur son cheval, et ayant, ainsi qu'un de ses camarades, déchargé ses pistolets contre le duc (qu'ils manquèrent, grâce à l'obscurité et à leur précipitation), ils décampèrent en toute hâte pour se mettre en sûreté. Le duc (alors âgé de soixante ans) était tout à fait épuisé par la lutte, de sorte que M. Clarke et le portier, à leur arrivée, le reconnurent plutôt à son étoile qu'ils sentirent qu'aux paroles qu'il put articuler ; et ils furent obligés de l'emporter jusque chez lui et de le mettre au lit avant qu'il ne recouvrât ses esprits. Il avait reçu dans la lutte quelques blessures et quelques contusions, qui le retinrent chez lui durant plusieurs jours. Le roi, en apprenant cette tentative d'assassinat contre le duc d'Ormond, manifesta une grande indignation, et rendit une proclamation pour la découverte et l'arrestation des mécréants compromis dans cette tentative. »

Blood, cependant, se tint caché, et, avec son bonheur habituel, échappa aux recherches. Tandis qu'il était ainsi confiné, il conçut et combina un exploit empreint du même caractère d'audace que les entreprises dans lesquelles il avait jusque-là été engagé; on pouvait aussi reconnaître dans son nouveau projet quelque chose de cette disposition particulière qui l'avait poussé à vouloir ajouter au meurtre du duc d'Ormond l'infamie particulière d'une exécution à Tyburn. Avec quelque chose de ce même esprit, il résolut alors de montrer son mépris pour la monarchie et tous ses symboles, en enlevant du lieu où ils étaient déposés la couronne, le sceptre et les autres objets composant les *regalia*, et en s'enrichissant, ainsi que ses amis nécessiteux, du produit des dépouilles. Ce fait, qui plus que tous les autres a conservé la mémoire de Blood, est, comme toutes ses actions, marqué d'un audacieux cachet de courage et de duplicité, et de même que la plupart de ses entreprises, il fut très-près de réussir. John Bayley, esq., dans son *Histoire des antiquités de la Tour de Londres*, fait le récit suivant de ce curieux exploit. A cette époque, sir Gilbert Talbot était gardien de ce qu'on nommait l'Hôtel des Joyaux, *Jewel-House*.

« Ce fut peu après la nomination de sir Gilbert Talbot, que les *regalia* déposés à la Tour furent pour la première fois exposés à la curiosité publique, ce que le roi Charles permit en considération de la réduction des émoluments du chef d'office. Les profits provenant de l'exhibition des joyaux aux étrangers furent assignés par sir Gilbert, en place de salaire, à la personne qu'il avait chargée d'en prendre soin. C'était un vieux domestique de confiance de son père, un certain Talbot Edwards, dont le nom est passé à la postérité comme étant gardien des *regalia* quand la fameuse tentative de voler la couronne fut faite en l'année 1675. Les détails ci-après sont principalement tirés d'une relation que M. Edwards lui-même fit de l'affaire.

« Environ trois semaines avant que cet audacieux scélérat de Blood fît sa tentative sur la couronne, il vint à la Tour en habit de ministre, avec le long manteau, la soutane et la ceinture ecclésiastique, accompagné d'une femme qu'il disait être la sienne. Ils demandèrent à voir les *regalia*, et au moment où leur désir venait d'être satisfait, la dame feignit une indisposition subite. Cet accident nécessita les bons offices de mistress Edwards, la femme du gardien, qui invita poliment la dame à se reposer chez eux; elle revint bientôt à elle, et en partant ils témoignèrent une grande reconnaissance de cette civilité. Quelques jours après, Blood revint, apportant en présent à mistress Edwards quatre paires de gants blancs de la part de sa prétendue femme; et ayant ainsi commencé la connaissance, ils firent de fréquentes visites pour la cultiver. Après les avoir suspendues pendant un court espace, le coquin déguisé revint encore; et en causant avec mistress Edwards, il lui dit que sa femme ne parlait plus que de l'obligeance de ces bonnes gens de la Tour ; — qu'elle avait longtemps cherché, et qu'enfin elle croyait avoir trouvé un bon moyen de la reconnaître. Vous avez pour fille, dit-il, une jeune et jolie personne, et moi j'ai pour neveu un jeune homme qui a deux ou trois cents livres st. de revenu en terres, et qui est à ma disposition. Si votre fille est libre, et que vous approuviez la chose, je le conduirai ici pour qu'il la voie, et nous tâcherons de faire de cela un mariage. Cette proposition fut aisément acceptée par le vieux M. Edwards, qui invita le ministre à dîner avec lui ce jour-là même, ce à quoi l'autre consentit sans peine; et prenant sur lui de dire les grâces, il s'en acquitta avec un grand semblant de dévotion, et les yeux levés au ciel il les termina par une prière pour le roi, la reine et la famille royale. Après le dîner, il monta voir les appartements; et y ayant vu appendue une jolie boîte de pistolets, il manifesta un grand désir de les acheter pour en faire présent à un jeune lord son voisin : prétexte par lequel il pensait à désarmer la maison, avant l'époque projetée pour l'exécution de son projet. A son départ, qui fut accompagné d'une bénédiction canonique de la compagnie, il prit jour et heure pour amener son jeune neveu voir sa maîtresse, et ce fut ce jour-là même qu'il fit son audacieuse tentative. Le bon vieux gentleman s'était tenu prêt à recevoir son hôte, et la fille était dans ses plus beaux atours pour plaire à son prétendu. Le ministre Blood arriva à l'Hôtel des Joyaux, avec trois autres hommes, tous armés de cannes à épée, et chacun d'eux muni d'une dague et d'une paire de pistolets de poche. Deux de ses compagnons entrèrent avec lui, sous prétexte de voir la couronne; le troisième resta à la porte, comme pour épier l'apparition de la jeune dame, joyau bien autrement précieux pour lui, mais en réalité pour faire le guet. La fille, qui aurait cru manquer à la modestie en venant avant d'être appelée, envoya la servante jeter un coup d'œil sur la compagnie, pour lui rapporter une description de son galant; et la domestique, s'imaginant que c'était le prétendu qu'elle voyait debout à la porte, attendu que c'était le plus jeune des trois, revint calmer l'anxiété de sa jeune maîtresse avec l'idée qu'elle s'était formée de sa personne. Blood dit à M. Edwards qu'ils ne monteraient pas que sa femme ne fût arrivée, et le pria de montrer la couronne à ses amis pour passer le temps jusque-là; et ils ne furent pas plutôt entrés dans la chambre, dont la porte, comme de coutume, fut refermée, qu'un manteau fut jeté sur la tête du vieillard, et qu'on lui mit un bâillon dans la bouche. Ainsi maîtres de lui, ils lui dirent que leur résolution était de prendre la couronne, le globe et le sceptre; que s'il voulait les laisser faire tranquillement, ils épargneraient sa vie; qu'autrement il n'avait pas à attendre de merci. Sur ce, lui s'efforça de faire tout le bruit possible, pour se faire entendre au-dessus; alors ils l'abattirent d'un coup de maillet, et lui dirent qu'il se tînt tranquille et qu'ils épargneraient encore sa vie; que sinon, à sa première tentative pour les faire découvrir, ils le tueraient. M. Edwards, cependant, d'après son propre récit, ne se laissa pas intimider par cette menace; mais comme au contraire il tâchait de faire le plus de bruit possible, il reçut plusieurs autres coups de maillet et un coup de poignard dans le ventre. Ces nouvelles violences firent une seconde fois tomber le pauvre homme sur le plancher, où il resta gisant pendant quelque temps dans un tel état d'insensibilité, que l'un des scélérats le déclara mort. Edwards était un peu revenu à lui, et entendant ceci il se tint sans mouvement, pensant que le mieux était qu'ils le crussent mort. Ils s'occupèrent alors de disposer de leur butin, et un d'eux, nommé Parrot, cacha le globe. Blood mit la couronne sous son manteau; et le troisième se disposait à couper le sceptre en deux avec une lime, afin de le pouvoir placer dans une sacoche apportée à cet effet : mais par bonheur le fils de M. Edwards, qui avait accompagné sir John Talbot en Flandre, et, à son retour en Angleterre, avait obtenu un congé pour accourir voir son père, arriva juste au moment où la scène se passait. Il trouva à la porte celui qu'on y avait aposté en sentinelle, qui lui demanda à qui il voulait parler; à quoi il répondit qu'il était de la maison; et s'apercevant que cet homme était étranger, il lui dit que s'il avait affaire à son père il l'en informerait, et en même temps se hâta de monter l'escalier pour embrasser ses parents. Cet incident inattendu jeta la confusion dans la troupe, et ils décampèrent sur-le-champ avec la couronne et le globe, laissant le sceptre qu'ils n'avaient pas eu le temps de limer. Le vieux gardien se remit alors sur ses jambes, se débâillonna, et se mit à crier : Trahison! Au meurtre! ce qu'entendant sa fille, qui peut-être attendait impatiemment un tout autre appel, elle sortit en courant et répéta les cris. L'alarme fut alors générale, et le jeune Edwards, avec son beau-frère le capitaine Beckman, se mirent à la poursuite des conspirateurs. Un des gardes avait voulu les arrêter; mais Blood lui tira un coup de pistolet, qui le renversa, quoique non atteint, et les voleurs atteignirent sans encombre le poste suivant, où un certain Sill, qui avait été soldat sous Cromwell, était en faction. Il ne fit aucune opposition, et en conséquence ils franchirent le pont-levis. Des chevaux les attendaient à la porte Sainte-Catherine; et tout en courant de ce côté le long du quai de la Tour, ils criaient eux-mêmes : Arrêtez les coquins! au moyen de quoi ils passèrent sans être soupçonnés, jusqu'à ce que le capitaine Beckman les rejoignît. Blood lui tira un autre coup de pistolet à la tête; mais il le manqua et fut saisi. Sous le manteau de cet audacieux scélérat on trouva la couronne, et quoique se voyant prisonnier, il eut encore l'impudence de lutter pour défendre sa proie; quand finalement elle lui fut enlevée, il dit que c'était une belle tentative, quoiqu'elle n'eût pas réussi, puisqu'il s'agissait d'une couronne. Parrot, qui avait autrefois servi sous le général Harrisson, fut pris aussi; mais Hunt, le beau-fils de Blood, atteignit son cheval, et gagna le large, ainsi que deux autres des voleurs. Néanmoins ils furent bientôt rattrapés, et également mis sous bonne garde. Dans la confusion de cette lutte, la grande perle, un gros diamant et plusieurs pierres plus petites se détachèrent de la couronne; mais les deux premières et quelques-unes des autres furent ensuite retrouvées et rendues; et le rubis-balais, qui avait été arraché du sceptre, ayant été retrouvé dans la poche de Parrot, rien de considérable ne fut perdu.

« Dès que les prisonniers furent assurés, le jeune Edwards courut trouver sir Gilbert Talbot, alors maître et trésorier de l'Hôtel des Joyaux, et lui rendit compte de l'affaire. Sir Gilbert se rendit sur-le-champ près du roi, et à son tour en informa Sa Majesté, qui lui ordonna d'aller incontinent à la Tour voir où en étaient les choses, d'interroger Blood et les autres, et de revenir lui tout rapporter. Sir Gilbert partit en conséquence; mais sur ces entrefaites quelqu'un de ceux qui entouraient le roi lui persuada de faire lui-même l'interrogatoire, et à cet effet on envoya chercher les prisonniers pour Whitehall : circonstance qu'on suppose avoir sauvé de la potence ces audacieux coquins. »

Interrogé sur cette accusation flagrante, Blood répondit effrontément « qu'il ne trahirait jamais un associé, ni ne se défendrait par un mensonge. » Peut-être même en dit-il contre lui-même plus qu'il n'y en avait, en confessant qu'il s'était caché parmi des roseaux, dans le dessein de tuer le roi d'un coup de carabine, tandis que Charles se baignerait; mais il prétendit qu'en cette occasion il avait été arrêté par une terreur respectueuse dont il n'avait pu se défendre : — paraissant ainsi confirmer cette allégation de Shakspeare « qu'un roi est protégé par quelque chose de si divin, que la trahison ne saurait le regarder en face et n'ose exécuter ce qu'elle a médité. » A cette histoire, vraie ou fausse, Blood ajouta la déclaration qu'il était à la tête de nombreux partisans, soldats licenciés et autres, qui, par des motifs de religion, étaient déterminés à ôter la vie au roi, comme au seul obstacle qui s'opposât à ce qu'ils obtinssent la liberté de culte et de conscience. Ces hommes, dit-il, seraient déterminés par son exécution à persister dans la résolution de tuer le roi; au lieu qu'en épargnant sa vie il affirmait que Charles détournerait cent poignards dont lui-même était menacé. Ce point de vue de la cause fit une forte impression sur le roi, qui était d'un rare égoïsme; néanmoins il sentit l'inconvenance de pardonner la tentative dirigée contre la vie du duc d'Ormond, et il daigna demander l'assentiment de ce fidèle serviteur, avant d'user de sa propre faculté de faire grâce à l'assassin. D'Ormond répondit que s'il plaisait au roi de pardonner la tentative faite pour voler sa couronne, lui-même pourrait aisément consentir à ce qu'un crime de bien moindre conséquence, tel qu'était un attentat contre sa propre vie, fût aussi pardonné. Charles, en conséquence, non-seulement fit grâce à Blood, mais lui accorda une pension de 500 livres sterling; ce qui porta beaucoup de gens à conclure que non-seulement le roi voulait se mettre, pour l'avenir, à l'abri des tentatives de cet homme déterminé, mais, qu'en outre, il avait en vue de s'assurer les services d'un coquin si résolu, au cas où lui-même aurait occasion de l'employer pour son propre compte. Il y a un contraste frappant entre le sort de Blood, pensionné et récompensé pour cet audacieux attentat, et celui du fidèle Edwards, qu'on pouvait assurément dire avoir sacrifié sa vie pour défendre le dépôt dont il avait la garde! En rémunération de son dévouement et de ses souffrances, Edwards n'obtint qu'un don de 200 livres sterling de l'échiquier, et 100 livres pour son fils; encore mit-on si peu de soin à acquitter exactement ces dons, que les donataires furent charmés de les vendre pour la moitié de la somme. Après cette étonnante évasion de la justice, il semble que Blood se soit donné les airs d'un homme en faveur; et on sut qu'il avait appuyé les sollicitations d'un grand nombre d'anciens républicains, pour lesquels il obtint, dit-on, des grâces considérables, tandis que les vieux Cavaliers, qui s'étaient ruinés pour la cause de Charles Ier, ne pouvaient obtenir ni appui ni restitution. Durant le ministère appelé la Cabale, il fut fort en faveur près du duc de Buckingham; mais au déclin de celle de ses patrons, la sienne commença aussi à décroître, et nous le retrouvons de nouveau en opposition à la cour. Il n'était pas probable que Blood pût rester inactif au milieu des intrigues compliquées et des factions qui suivirent la découverte de Oates. Il paraît avoir alors passé encore une fois dans les rangs d'une violente opposition à la cour; mais ses démarches ne furent plus désormais assez retentissantes pour être entendues au-dessus de celles de ses contemporains. North dit quelque chose de l'adhésion de Blood à un complot contre son ci-devant ami et patron, le duc de Buckingham. Le passage est cité textuellement dans une note précédente. (Note Z A.)

Le complot, à ce qu'il paraît, consistait en une tentative de jeter sur le duc de Buckingham quelque imputation infamante, au sujet d'une conspiration qui amena au Banc du Roi Edward Christian, Arthur O'Brien et Thomas Blood. Tous les trois furent déclarés coupables, le 25 juin 1680. Les dommages poursuivis ne s'élevèrent pas, dit-on, à moins de 10,000 liv. sterl., somme pour laquelle le colonel Blood trouva caution. Mais il paraît que sa santé fut gravement atteinte, car, le

24 août 1680, il partit de ce monde dans une sorte de léthargie. Il est assez remarquable que sa mort et ses funérailles furent généralement regardées comme une histoire apocryphe, devant préparer à quelque exploit de son métier ; ce bruit prit même une telle consistance, que le coroner fit relever le corps, et désigna des jurés chargés de vérifier si le célèbre Blood avait enfin subi le sort commun de l'humanité. Il se rencontra une difficulté imprévue à établir la preuve que les misérables restes exposés devant le jury étaient ceux du fameux conspirateur. Il fut enfin reconnu, par quelques personnes qui l'avaient autrefois fréquenté, à la grandeur surnaturelle de son pouce ; de sorte que le coroner, convaincu de l'identité, renvoya ce personnage si actif, et maintenant si tranquille, à son dernier lieu de repos, dans Tothill-Fields.

Telles furent les aventures d'un homme dont les exploits réels, soit que l'on considère le motif, le danger ou le caractère des entreprises, égalent, s'ils ne les surpassent, ces scènes fictives de violence et de périls que nous aimons à trouver dans un roman. Elles ne peuvent donc être regardées comme mal placées dans un ouvrage destiné, comme celui-ci, à conserver le souvenir de faits extraordinaires, tant réels que fictifs.

(ZC) Page 513.

LE SHERIFF DE LONDRES.

On ne peut guère avoir oublié que l'une des grandes difficultés du règne de Charles II fut d'obtenir pour la couronne le droit de choisir les sheriffs de Londres. L'ouvrage de Roger North renferme un passage piquant au sujet de son frère, sir Dudley North, qui était entré dans le parti de la cour. « Je passe sous silence la part qu'il eut à apaiser les troubles qui eurent lieu quand on voulut brûler le pape, parce qu'il en est rendu compte dans l'Examen et dans la vie du lord garde des sceaux, North. Ce n'est pas non plus le lieu de rien dire au sujet de la formation et de la découverte du complot de Rye, pour la même raison. D'ailleurs, mon objet actuel a peu de rapports avec ce dernier complot, si ce n'est que les conspirateurs avaient pris un soin tout spécial de sir Dudley North ; car il était un de ceux qui, si la conspiration avait réussi, devaient avoir la tête brisée, puis la peau farcie, et être pendus à Guildhall. Mais, tout ceci à part, il regarda comme un grand malheur que tant de jugements pour haute trahison, et un si grand nombre d'exécutions, se rencontrassent dans son année d'exercice. Dans ces affaires, cependant, les sheriffs étaient passifs ; car toutes réponses des jurés et autres expéditions légales étaient faites et transmises par des sous-fonctionnaires, ce qui était pour les premiers un utile écran. Ils assistaient aux jugements et aux exécutions, pour contenir la foule et maintenir l'ordre, et ils avaient assez à faire. J'ai entendu dire à sir Dudley North que, frappant avec sa canne, il était étonné de voir combien de coups la tête nue de ses concitoyens pouvait recevoir, sans que jamais ils y prissent garde. Et, en effet, rien ne saurait égaler l'empressement du bas peuple à voir des exécutions. Le moment le plus désagréable était de voir venir l'exécuteur chercher des ordres relativement aux membres retranchés, et savoir ce qu'il en fallait faire. Une fois, en son absence, une charrette chargée d'un certain nombre de ces débris entra dans la cour extérieure de sa maison, et effraya tellement sa femme, qu'elle faillit en perdre l'esprit, et elle ne put jamais se faire à l'idée de ce valet de bourreau disant qu'il venait parler à son maître. Ce sont là des inconvénients attachés aux fonctions de la magistrature publique, et il est nécessaire de les supporter, de même que la magistrature elle-même est nécessaire. Je n'ai maintenant rien de plus à dire des incidents de son sheriffat, si ce n'est que l'année expirée, il remit sa charge à son successeur, de la même manière qu'il l'avait reçue de son prédécesseur; et qu'étant rentré au sein de sa famille, il vécut chez lui doucement et à l'aise, comme il l'avait fait avant que ces embarras vinssent l'arracher à sa paisible existence. »

(ZD) Page 546.

Ce petit incident a été suggéré par l'anecdote suivante. L'Auteur de Waverley se trouvait en compagnie de plusieurs autres personnes, au moment où le capitaine de la *yeomanrie* de Selkirk achetait un cheval qu'il destinait à son trompette. L'animal offert était fort beau, et ni l'officier, qui était un amateur distingué d'équitation, ni aucune autre des personnes présentes, ne lui découvrirent la moindre imperfection dans le souffle ou dans les membres. Mais vint à passer un homme dont on demanda l'opinion. Cet homme était appelé Willie l'Aveugle; il faisait un petit trafic en bétail et en chevaux, et ce qui semblait non moins extraordinaire, en montres, quoiqu'il fût aveugle de naissance. Il passait pour avoir une perspicacité rare dans les objets de son triple commerce. Il eut à peine examiné le cheval en question, qu'il déclara immédiatement que l'animal et lui avaient quelque chose de commun, en simples termes qu'il était aveugle ou sur le point de le devenir; ce qui fut reconnu vrai en y regardant de plus près. Aucune des personnes présentes n'avait soupçonné ce défaut dans l'animal; ce qui n'est pas surprenant, attendu que souvent il peut exister sans qu'aucune altération extérieure soit visible dans l'organe. Willie l'Aveugle, à qui l'on demanda comment il s'était aperçu d'une chose qui avait échappé à tant de personnes bien voyantes, expliqua qu'après avoir palpé les membres du cheval, il lui avait posé une main sur le cœur en même temps qu'il passait l'autre vivement devant les yeux de l'animal, et que ne sentant aucune accélération dans le pouls produite par ce dernier mouvement, il en avait conclu que le cheval devait être aveugle.

FIN DES NOTES DE PÉVERIL DU PIC.

www.ingramcontent.com/pod-product-compliance
Lightning Source LLC
Chambersburg PA
CBHW071156230426
43668CB00009B/972